工藝匠心
傳承創新

上海工艺美术职业学院口述校史（1960－2020）

主　编　仓　平　路玲娟
副主编　王彩芸　于　洋　周观淏

上海工艺美术职业学院『双高』建设项目
上海文化发展基金会图书出版专项基金资助项目

上海交通大學出版社
SHANGHAI JIAO TONG UNIVERSITY PRESS

内容提要

本书通过采访上海工艺美术职业学院的60位知名校友，以口述实录的方式记录了不同时期上海工艺美术职业学院在师资建设、教育理念、专业建设、教学方法等方面的改革发展成果。

本书分为教育管理、工艺绘画专业教育、玉器雕刻专业教育、漆器雕刻专业教育、木器雕刻专业教育、艺术设计专业教育6个部分，适合广大工艺美术类专业的师生和关注上海工艺美术发展历史的工艺美术爱好者阅读，也可为其他工艺美术教育研究者提供参考。

图书在版编目(CIP)数据

工艺匠心，传承创新：上海工艺美术职业学院口述校史：1960—2020/仓平，路玲娟主编. —上海：上海交通大学出版社，2021.8

ISBN 978-7-313-25160-2

Ⅰ.①工… Ⅱ.①仓…②路… Ⅲ.①上海工艺美术职业学院—校史—1960—2020 Ⅳ.①G719.285.1

中国版本图书馆CIP数据核字(2021)第146174号

工艺匠心，传承创新——上海工艺美术职业学院口述校史(1960—2020)

GONGYI JIANGXIN, CHUANCHENG CHUANGXIN——SHANGHAI GONGYI MEISHU ZHIYE XUEYUAN KOUSHU XIAOSHI(1960—2020)

主　　编：仓　平　路玲娟

出版发行：上海交通大学出版社　　地　　址：上海市番禺路951号

邮政编码：200030　　电　　话：021-64071208

印　　制：上海万卷印刷股份有限公司　　经　　销：全国新华书店

开　　本：889mm×1194mm　1/16　　印　　张：25.5

字　　数：712千字

版　　次：2021年8月第1版　　印　　次：2021年8月第1次印刷

书　　号：ISBN 978-7-313-25160-2

定　　价：188.00元

版权所有　侵权必究

告读者：如发现本书有印装质量问题请与印刷厂质量科联系

联系电话：021-56928178

编 委 会

主 编

仓 平 路玲娟

副主编

王彩芸 于 洋 周观淏

参编人员

（按姓氏拼音排列）

李昊泽 沈梅丽 石 慧 杨 洋

姚晨阳 俞晓菁 袁 圆 翟有恒

前言

中国“艺术设计”教育经历了“工艺—手工艺—图案—工艺美术—工业设计—艺术设计”等概念名称的更替。1953年，“工艺美术”被确定为艺术设计学科和专业的标准名称。1956—1964年，我国创建了以中央工艺美院和上海工艺美校为代表的8所大学或中专性质的工艺美术院校。20世纪70年代后，全国先后建立了50多所工艺美术院校，初步形成了我国的应用美术设计院校体系。这些工艺美术院校在建设初期，就十分注重挖掘优秀民族文化传统中的线描、图案、色彩等造型元素，设计了一大批具有中国文化特色的现代建筑装饰、装潢设计及日用产品，初步建立了具有中国特色的设计学科体系。

20世纪80年代改革开放后，随着西方“三大构成”等美术教育方法被引入，国内原先以图案为代表的工艺美术设计方法和教育思想受到了很大冲击，1998年甚至取消了工艺美术专业，1999年中央工艺美术学院也并入清华，意味着中国特色的设计教学体系探索进入低谷。近年来，随着国力强盛，文化自信增强，学界和业界也开始重视从中国五千年的文明和文化中汲取智慧，探索建立代表新时代的中式风格的设计方法和审美体系。

目前国内有影响力的工艺美术院校仅剩上海工艺美术职业学院、苏州工艺美术职业技术学院、湖南工艺美术职业学院等。其中创办于1960年的上海工艺美术学校（2003年更名为上海工艺美术职业学院）是中华人民共和国成立后最早创办的工艺美术学校之一，也是上海解放后持续办学时间最长且唯一延续至今的独立建制的公办专业美术高校，在国内艺术类职业院校中长期名列前茅，2007年被教育部评为百所高职示范院校之一，是2020年教育部评选的56所高水平高职院校中唯一的艺术院校。上海是中国工艺美术行业发展的重镇，起源于清末、成熟于民国期间的海派工艺美术各品类更成为上海出口创汇的重要产业。

1960年成立的上海工艺美术学校，创办初期是一所中专学校，后于2003升格成为高职，至今已经有60年的办学历史。它最早的办学目标是为国家的出口创汇培养人才，开设的专业侧重于特种工艺品种，如玉雕、牙雕、漆雕、木雕、织绣等；后来随着时代的演变，逐步增设了现代设计专业，至今已经成为全国开设艺术设计类专业门类最多的艺术类高职院校，专业涵盖传统手工艺、平面设计、空间设计、数字媒体设计、时尚产品设计等多个领域。

60年来，上海工艺美术职业学院培养了上海市近半数以上的国家级工艺美术大师和省级工艺美术大师，以及大批知名的画家、当代艺术家、雕塑家、设计师、企业家、艺术教育家等。学校早期的一批沪上著名书画家、工艺美术大师们奠定了上海工艺美校的文脉基石，申石伽、顾飞、曹简楼、郁慕洁、徐宝庆、张爱泉等名师使得学生拥有了扎实的造型基础和美学修养。大批杰出的工艺美术人才被培养出来，诸多校友如萧海春、汤兆基、蔡天雄、汪凯民、许韵高、刘巽发、毛关福、刘锡洋、毕国勤、葛振纲、孙晋华、朱鸿根、宋立成、顾振鹏、林凡、杨怀琰等均成长为上海乃至全国工艺美术界的骨干，并活跃至今。改革开放后，随着西方美术流派进入中国，上海成为中国的抽象画之都。“上海工艺美校抽象派”诞生了中国当代艺术史上的许多知名人物，如余友涵、谷文达、陈箴、丁乙、余积勇、蒋正根、秦一峰、陈耀明等，其中余友涵、丁乙等更成为“85 美术新潮”的代表人物。

本书以口述史的方式，采访了 60 位上海工艺美术职业学院各个时期的知名校友，对新中国成立后上海工艺美术职业教育 60 年的办学历史、办学特色、办学思想、人才培养模式、设计思想及方法等进行系统梳理和研究，不仅再现了新中国成立后上海工艺美术教育和现代设计教育发展的历史脉络，也对当今中国传统工艺美术和现代设计艺术如何融合发展提出了新的思考，有助于推动中国设计理念的创新发展和中国设计院校的特色凝练。

本次采访的校友，分为六类，分别是工艺绘画、玉器雕刻、漆器雕刻、木器雕刻等传统工艺美术专业的校友，后来成为国画家、设计师和当代艺术家的校友，以及在学校担任过教务处长、院长和校长等教育管理者职位的校友，并根据其年龄和进入学校先后进行章节编排。综合这些校友的采访，可以将新中国成立后上海工艺美术职业教育的历史阶段和人才培养理念总结如下。

一、20 世纪 60 年代初建时期，探索建立了“美术、专业、文化三结合”的人才培养模式

1949 年后，我国的工艺美术行业快速发展，出口创汇需求逐日增加，手工业教育从小规模的师徒传授转向系统化的工艺美术学校教育。50 年代中期，上海轻工系统承担了北京人民大会堂中“上海厅”的装修工作，感到了培养工艺美术人才的迫切性，便决定在手工艺局下属的美术模型工厂用三夹板隔了几间教室，于 1960 年 4 月 1 日在黄浦区圆明园路 43 号正式成立了上海工艺美术学校。上海工艺美术学校首届开设了玉雕、牙雕、漆雕、木雕、织绣五个专业，在之后的六年内相继开设黄杨木雕、红木雕、工艺绘画、玩具等专业，传统工艺美术中侧重陈设的特种工艺品种通过这些专业的设置被继承下来。这个阶段学校的办学思想主要是培养服务于“衣食住行”的实用美术设计人才，满足出口创汇的需要。

建校初期，上海工艺美术学校的师资与包豪斯学校的组成非常相近，美术基础、专业工艺、文化学习三类师资组成了学校艺术教育与手工艺技术训练并重的教学阵容。美术老师主要是从当时的国画合作社调来的，有职业画家申石伽、大家名媛郁慕洁等，后来又从南京艺术学院和四川美术学院分配来了一批美术教师；专业老师是从工艺美术公司下面的工厂里抽调过来的，如当时玉雕厂技术最好的朱永贵师傅；文化课教师则是从轻工系统中抽调的一批有大专以上学历的干部，后来又分配进来了一些大学生充实师资。

刚开始这三方面的专业老师都不太懂如何开展工艺美术学校教育，只是各自教好课。后来意识到要有人才培养计划、要有教学大纲。1963—1964 年，在汪邦彦副校长的主持下，开始了一场声势浩大的教育改革。汪校长是南下干部，学经济出身，很有领导艺术，融合了大家的想法提出了“美术、专业、文化三结合”的人才培养方案。教育改革的指导思想是以专业为主体，每门课程都要向专业靠拢；改革调整了各专业的课时安排，比如玉雕专业就以素描为主，减少色彩课，去掉了花鸟的着色；另外调整了课程内容，比较集中的体现在素描课上，苏联提倡的契斯恰科夫体系不太适合工艺美术教育，课程总结出“形准体显结构清”的教学要求。每位老师根据这个宗旨组织教学，大家再集体评判哪一种画法最好。还有提倡美术、文化课老师学专业；提倡美术老师要熟悉专业，为专业创作；强调创新，根据当时的文艺政策，让学生做现实题材作品。当时很多毕业设计，如黄杨木雕《五卅运动》等后被上海

工艺美术博物馆收藏。

这段时期的教改很成功。一是自觉地找到了"美术、专业、文化三结合"的做法，与包豪斯的做法不谋而合，这种做法从开始就一直延续到现在，成为学校人才辈出的关键。二是专业老师不但有很高的造诣，而且非常勤恳敬业，很多教师周末才回家，平时与学生同吃同住，师生关系非常密切，亦师亦友。三是老师专业水平高，学校学风浓厚，大家互相尊重，允许各种流派自由发展。

二、20 世纪 70 年代复校时期，传承初期办学理念，人才辈出

1966 年"文化大革命"开始后学校停止了招生，在校生离校后，于 1971 年结束了在圆明园路 43 号办学。后因国家出口创汇培养人才的需要，于 1973 年在上海嘉定县外冈镇的原上海社会主义学院复校。复校后遇到第一个困难就是老师的来源，老教师基本上退休了，从社会上聘来的老师对工艺美术所知甚少，再也不能像 60 年代请厂里的老师傅来做老师了。学校留了一批老美校毕业生做老师，他们把良好的教学传统从 60 年代延续到 70 年代。1973 年这一届的学生，学校招生工作做得非常仔细，到各个学校去物色对美术有特长、有兴趣的学生，再由校领导带队上门一一家访。招收的学生素质很好，来了也勤学苦练，办学很快就有了成效。

1976 年 2 月，学校在上海工艺美术服务部举办了 1973 年复校后的学生作品展，在社会上产生了很大的影响，为当年复校后第一届毕业生走向社会做了很好的铺垫。当年学校的教学与行业的发展和生产密切相连，为 20 世纪 70—80 年代工艺美术行业的发展提供了人才，为工艺美术的创新设计做出了贡献。一批毕业生在参加工作后不久就脱颖而出，成为行业内设计和制作的佼佼者。

1973—1976 年，学校招收到一些基础非常好的学生，他们也很珍惜学习的机会，经常天不亮就起床外出去写生，晚上熄灯后再去教师宿舍中画画，与老师讨论学习问题，平时稍有时间就去学校的各个工坊做作品。后来这三届学生中出了许多优秀艺术家和设计师。

三、20 世纪八九十年代向现代设计院校转型时期，规划布局现代设计专业

80 年代早期，出口创汇推动工艺美术行业处于兴盛的时期；80 年代后期，工艺美术行业开始衰退；1995 年之后，"国企改革抓大放小"，很多工艺美术厂被关掉了，没有强有力的工艺美术公司依托，工艺美术校企结合的路就难以推进了。

为了延续工艺美术专业的发展，1992 年 7 月 14 日，轻工业部教育司发布了《关于颁布普通中等工艺美术专业学校教学大纲的通知》，由上海工艺美术学校联合全国 11 所工艺美术学校，编写了 9 个专业的教学计划和教学大纲，由上海工艺美术学校朱孝岳审订，出版了《轻工业中等工艺美术专业教学计划/教学大纲》一书。因其封面为蓝色，被称为"蓝皮书"，在全国推广。此书因规范性和系统性强，顺应了当时正在兴起的工艺美术教学改革和设计教育理念，在全国产生非常大的影响。

伴随着改革开放的思潮，人们的生活方式和审美情趣发生了很大的变化。建立在传统行业分工及产品生产方式之上的工艺美术行业受到了极大的冲击。学校也调整了办学定位，逐步加大现代设计类专业的开设比重，从工艺美术教育向现代艺术设计教育过渡，先开设了家具专业，日用品造型和装潢等设计专业。因传统师资不能满足教学要求，学校从几个方面着手解决这个问题。一是派老师到各高校去系统学习。学校先后派了多批教师去中央工艺美术学院、浙江美术学院、四川美术学院、无锡轻工业专科学校、厦门工艺美术学校、河北工艺美术学校等进修学习，如陶俊华、金湄、汪凯民去了中央工艺美院，林凡去了浙江美院，王珠珍去了四川美院，他们回来后就开始教授包豪斯的三大构成课程，学校成为最早教授三大构成的美术院校之一。二是积极与各高等院校联系，参与师资学历进修，如与浙江美院合作办了一个教资班，参与中央工艺美院、无锡轻工业学院的师资学历班培养，解决了一大批青年教师的学历问题，提高了他们的业务水平。学校还请了一些当时的大家来校授课，如中

央工艺美院的庞薰琹教授、柳冠中教授，教授现代西方建筑史的同济大学建筑系的罗小未教授，教现代工业设计史的王受之教授等。1982年，手工业局在惠罗公司里举办了装潢班和造型班的毕业展，展出的装潢海报以及用构成方法搭成的灯具等在社会上引起了强烈的反响。后来学校又陆续开出服装设计、计算机图形设计等新专业，密切配合时代和产业的发展。

四、21世纪建立高职院校，成为百所示范校中唯一的艺术院校

2003年上海工艺美校和上海第二轻工业局职工大学合并升格为高职，2007年成为国家百所示范性高职院校中唯一独立设置的艺术设计类院校。学院以非遗保护与发展、传统工艺美术传承与创新为使命，建设了5个国家级重点专业、2个全国职业院校民族文化传承与创新示范专业、16个上海市重点专业。学院还承担了国家教育体制改革试点任务，与世界500强、传播行业最大企业集团WPP集团合作成立产业学院，培养的学生连续5年获得全球创意与设计界最具声望的大奖——D&AD黄铅笔奖，获奖数量和名次为中国及东南亚地区所有专业学院之首。学院聚焦中华传统技艺和非遗传承开展创新创业教育，先后获全国创新创业典型经验50强高校、全国就业50强高校、全国高职院校育人成效50强称号。学院排名位居全国艺术类高职院校之首，上海高职类院校第一。

五、60年薪火相传，点亮艺术教育之灯

历经60年的风雨洗礼，上海工艺美术职业学院始终身兼现代设计教育和工艺美术传承教育双重职责。如何保存并发展好传统的工艺美术专业，如何透过多个文化维度梳理考证工艺美术的文化宝库，如何在现代设计教育的框架下寻找工艺美术教育新的突破口，如何增强大众对中国文化的自信并提升中国人的生活美学，如何建立中国特色的设计人才培养体系，如何提升中国设计院校的国际影响力，这些既是上海工艺美术职业学院一直以来思考并尝试解决的问题，也是本书采访60位校友想要找到的答案。

仓平

2020年12月

目录

与时俱进·教育管理的开拓者 001
朱孝岳：见证工艺美校半个世纪的发展 003
颜鸿蜀："以线为主，线面结合，形准体显结构清"教学方法的创造者 011
汪凯民：要注重培养美术基础的修养和审美意识 017
许韵高：好老师要鼓励学生、激发兴趣、因材施教 022
冯守国：创作中不断结合新技术、新材料 027
张苏中：新专业的开拓者和《数码雄鹰》的创作者 035
沈国臣：组建工艺美院高职并成功申请国家示范校建设 043
王敏：学校是帮助学生认识外部世界的一个通道 048
姜鸣：与行业头部企业联建产业学院是职业人才培养的重要渠道 056
靳明："崇术重艺"工艺美术教育践行者 061

底蕴深厚·工艺绘画的传承者 067
汤兆基：刚强美丽的牡丹是我一生的挚爱素材 069
蔡天雄："临摹—写生—创作"三位一体培养工艺绘画人才 075
林凡：工艺绘画第二代教育主力军，"海上四先生"之一 081
胡震国：教学服务于工艺美术创作 085
王守中：家族三代的传承与坚守 089
沈成旸：职业教育本质是理论指导下的职业技能型教育 093
万芾：教学相长，在教学中获得创作的灵感 099
邵伟：重建工艺绘画专业的亲历者 105
王作均：对传统的学习是思考和转化的过程 110
钱轶士：让古物融入日常生活是创作的源泉 115
鲍莺：将传统人文关怀的种子播撒到学生的心田 119
汤哲明：传承是一所学校最大的灵魂宝库 125

气韵独步 · 玉器雕刻的领军人 133
朱永贵：新中国上海首批工艺师 135
刘锡洋：新中国第一代城市雕塑家 140
张敏涛：“玉雕大师的老师” 148
赵丕成：海派玉雕中的古典美大师 152
陆君玖：一所学校，一生为师 157
周百均：现代艺术传统教育 164
胡昌民：把中国的玉雕带到了加拿大 171
陆永福：坚持上海炉瓶传承 184

工艺精湛 · 漆器雕刻的守望者 189
陈慕良：上海工艺美术行业勤务兵 191
金康伟：坚守漆器行业的卫士 198
章峻：高浮雕漆艺镶嵌一枝独秀 204
黄明国：漆工老“法师” 210
翁纪军：海派漆艺传道士 215
施森彬：“大工艺美术”的践行者 222
王永利：企业刻漆技艺精英回归母校育人岗位 231
陈明：入工美追梦，笑半生无悔 238
姜建忠：工艺美校跃出的油画家 245
张岚：建好社会美育资源，提高民众审美能力 251

炉火纯青 · 木雕艺术的实力军 259
林翊：海派黄杨木雕的传承与坚守 261
唐世储：“塑说”雕塑精神 267
韩国荣：中国工艺美术的意境美 272
刘巽发：从工艺美校走出来的雕塑家 277
毛关福：海派黄杨木雕的传承者 282
王小蕙：海派木雕的传承与开拓 289
瞿启蒙：工艺美术理论研究的践行者 293
徐侃：“知行合一”的率真艺术家 298
余积勇：上海公共雕塑的开拓者 304
杨贤龙：发扬艺术精神 311

大胆创新 · 艺术创作的常青树 317
余友涵：为工艺美院打开西方现代艺术设计之窗 319
丁乙：艺术家要找到表达时代的独特语言 328
李守白：“上海石库门先生”的海派艺术探索之路 337

黄伟：中国首个国际“黄铅笔”设计大奖获奖者 345
赵樯：强调个性化设计风格的熊猫金币设计师 352
王克强：从班长成长起来的企业家 357
韩回之：回眸历史是当代艺术创新的源泉 362
徐震：跨界的中青年前卫艺术家 370
“鸟头”组合（宋涛、季炜煜）：通过摄影和装置表达对生活的看法 378
刘毅：艺术带给我力量 383

后记 392

与时俱进·教育管理的开拓者

教育管理板块重点采访学校的老校长、教学副校长、教务处长和二级学院院长，对上海工艺美术职业教育60年的办学历史、办学思想、办学特色、人才培养模式等进行系统梳理和研究，再现上海工艺美术教育发展的历史脉络，对当今中国传统工艺美术和现代设计艺术如何融合发展提出建议。汪邦彦、朱孝岳、颜鸿蜀、冯守国、王敏等老校长相继接力，探索上海工艺美术教育的特色。

中华人民共和国成立后，我国工艺美术行业出口创汇需求日益增加，对人才的数量要求也不断增加。为了建设系统化的学校教育，上海轻工系统于1960年成立了上海工艺美术学校。首届开设了玉雕、牙雕、漆雕、木雕、织绣等侧重陈设的特种工艺专业。建校初期，美术基础、专业工艺、文化学习三类师资组成了学校艺术教育与手工艺技术训练并重的教学阵容。美术老师多是民国时期名画家的子弟；工艺教师来自工厂，是工艺最好的一批师傅；文化教师来自专业院校。1963—1964年开展教育改革，提出了"美术、专业、文化三结合"的人才培养方案。以专业为主体，每门课程都要向专业靠拢。素描课提出了"结构素描"的教学方向，提出"以线为主，线面结合，形准体显结构清"的教学改革方法。这些做法把握了教学规律，成为学校人才辈出的关键。

学校于1966年"文化大革命"开始后停止了招生，后因国家出口创汇培养人才的需要，于1973年在上海嘉定县外冈镇复校。复校后，首先在原来基础上进一步完善课程设置，增加了雕塑课程和速写创作环节。在延续60年代"文化＋美术＋专业技艺"培养理念基础上，提出了"开门办学""创作带基础"的办学思想，带学生走进生活，采集创作素材，从中凝练创作主题，提升学生贴近生活的创作实践能力。复校后的学生作品展，在社会上产生了很大的影响。

八九十年代学校向现代设计院校转型时期，一方面加强工艺美术专业规范建设，另一方面加强现代设计专业规划。80年代后期，工艺美术行业开始衰退；1995年之后，很多工艺美术厂被关掉了。为了延续工艺美术专业的发展，在轻工业部教育司的指导下，1992年上海市工艺美术学校联合全国11所工艺美术学校，编写了9个专业的教学计划和教学大纲。因其封面为蓝色，被称为"蓝皮书"，此书因规范性和系统性强，顺应了当时正在兴起的工艺美术教学改革和设计教育的理念，在全国产生非常大的影响。在工艺美术行业处于低潮期时，美校在专业的招生频度和规模方面作出调整，缩小教育规模但未放弃传承，保留了师资资源及关键硬件，将工艺美术相关技能教育，通过课程在教学中传承了下来。伴随着改革开放的热潮，人们的生活方式和审美情趣发生了很大的变化。学校也调整了办学定位，逐步加大了现代设计类专业的开设比重，先后开设了家具、日用品造型和装潢等专业。

2003年上海工艺美校和上海第二轻工业局职工大学合并升格成为高职，2007年被评选为国家百所示范性高职院校中唯一独立设置的艺术设计类院校。学院以非遗保护与发展、传统工艺美术传承与创新为使命，建设了若干国家级和省部级重点专业。学院还承担了国家教育体制改革试点任务，与世界500强、传播行业最大企业集团WPP集团合作成立产业学院，培养的学生连续5年获得全球创意与设计界最具声望的大奖——D&AD黄铅笔奖。2020年被教育部评选为56所高水平院校，"工艺美术品设计"和"产品设计"两个专业群入选高水平专业群。

60年薪火相传，点亮艺术教育之灯。历经60年的风雨洗礼，上海工艺美术职业学院始终身兼现代设计教育和工艺美术传承教育双重职责，一直在现代设计教育的框架下传承并创新工艺美术教育，建立具有中国特色的设计人才培养体系，提升中国设计院校的国际影响力。

仓　平

朱孝岳

见证工艺美校半个世纪的发展

采 访 人：仓　平
受 访 人：朱孝岳
采访时间：2018 年 11 月 2 日
采访地点：上海工艺美术职业学院徐汇校区

朱孝岳

出生于 1942 年，20 世纪 60 年代进入上海工艺美校任青年教师，80 年代开始担任美校校长直至退休，在工艺美术教育与理论领域颇有造诣。担任《中国工艺美术全集》编委会委员、国卷文献卷主编，任上海市、江苏省、安徽省、江西省 4 个省市分卷督导。

一、工艺美校初建时期（20 世纪 60 年代）

仓：非常感谢您接受我们的采访。您 1961 年从上海师范大学毕业以后进入上海工艺美术学校，一直工作到 2003 年。您经历了工艺美校不同的历史发展阶段，请您分享一下美校发展的几个历史阶段——20 世纪 60 年代、70 年代、80 年代、90 年代乃至 21 世纪以后，美校当时所面对的市场和环境的变化对学校人才培养模式的挑战，学校的应对方法以及您个人在其中的体会和成长。

朱：这次接受采访，我很荣幸。我一生从事工艺美术的教育，这次的回顾有利于我总结一生的教学经验，希望我的回顾会对今后工艺美术教育的发展有一点启发。

我是 1961 年进校的，我们的学校到今天已经迈过了 59 个年头。在 20 世纪 60 年代的时候，我们对工艺美术教育其实是所知不多的，经过 6 年的摸索，逐步建立起科学性的工艺美术教育体系，中间有许许多多的改革和创新。因为从建校开始学校就附属在工艺美术公司下面，校长就是工艺美术公司的经理，所以学校的办学思路也相对单一，完全专注于传统工艺美术。

70年代学校到嘉定外冈镇重建，初期我们还是延续教授传统手工艺，学生毕业以后马上就分配到对应的厂里面去工作。

70年代末期到80年代学校教学就有了比较大的变化，改革开放的春风已经吹到学校里来了，学校面临着专业大调整。从表面上来看，学校内并没有很大的波动，但是转型的过程还是比较困难的，学校经历了一个比较混乱的阶段，才逐步再走上正轨。

90年代以后，由于学校重视科学性，按照教育规律办校，尤其制订了比较科学的教育计划和教育大纲后，体系就比较完整。面对社会需要，学校教育内容和教育方式有很大的转变。我们也更重视学校与整个社会的结合，除了传统的工艺美术专业外，还开设了服装、产品造型、装潢和计算机等专业。学校成为高职以后我就退休了，有些情况就不太熟悉了。

仓：我们先回到20世纪60年代，建校初期被认为是学校的包豪斯时期。有人做过一个对比，发现学校早期师资的组成和德国包豪斯建校初期的师资是非常接近的，其中包括两类老师，一类是来自工厂的技术人员和手工艺者，另一类就是有非常深厚底蕴的画家和工艺美术师，这些老师共同培养了60年代初的这一批学生。刚刚入校时，您所观察到的学校的状况和您所体会的学校风气是什么样的？

朱：这要从两个方面讲，一方面讲我个人的思想情况，另一方面讲学校的情况。先讲讲我个人的思想情况。我是师范学院中文专科毕业分配到工艺美校的，从我本身的求学志愿来说，我并不想读文科的，因为某种原因被分到了中文专业。当时得知被分配到工艺美校我很高兴，认为这个学校很有艺术气氛，但是去学校报到后有一点失望，因为学校的条件实在太简陋了，不如一般的中学，所以我心里觉得不太如意。但是很快这个情绪就消解了，因为我看到这个学校的老师、同事都非常热情、诚恳，让我觉得很感动。第一个接待我的是汪邦彦校长，他给我的感觉不是一个领导干部，而是一个很和蔼可亲的校长。当时我被分配到文化基础组，组里有几位老师家都是在上海市区的，但是他们平时不回家，和学生同吃同住，把学校当家，这个氛围是一般中学所没有的。我的工作也是这样，我们做班主任的一直要等到学生晚自习结束8点多了再回去。美术老师和我们都在一个办公室，我当时主要接触的是中老年的美术老师，老先生们非常客气、和蔼。有一次下雨天，我有伞，顾飞老师没带伞，而且腿不方便，我就帮他撑了伞，他千谢万谢。我从小学、中学一路学习过来，思想也比较单纯，觉得一个人一定要努力工作，觉得这个学校还蛮适合奋发努力的，有力气可以使出来，这个单位就是很好的了。

学校从初创到1966年这一段时间发展很快，做了很多工作。我是第一个从师范学院分配来的文化老师，其他老师是从工艺美术公司各科室里面抽调过来的。当时公司内凡是有大专以上学历的，通通抽调过来做文化老师，他们被分到了语文科、历史科、政治科，但是都不是这一行出身的，对于如何教学，他们也不太知道。美术老师主要是从当时的国画合作社调来的，这些老师有的是职业画家，有的是家庭妇女——就是1958年“大跃进”后从家里面请出来的那些大家闺秀，家里会画画的都请出来劳动了。专业老师是从工艺美术公司下面的厂里面调过来的，这个时候因为计划经济，调人是很容易的，调过来的都是水平很高的技工，所以他们来了蛮自豪，认为是给领导看中调到学校去做老师了。但是这三方面的教师，实际上都不太懂教育。刚开始是各归各教，美术老师画人物的就教人物，画素描的就教素描，至于怎么结合，大家都没有想到，学校想让学生学了后自己去结合。后来就意识到要有计划、大纲，于是从文化组开始定计划，这些老师以前是做文字工作的，他们对定计划还知道一点，又从中学里学来一点，于是就定出一个教育计划来了。专业课原先基本上没有计划，后来美术组的教务科长还来向我借文化课的教育计划。

大概到1963—1964年，学校逐步意识到各归各教的教育不科学，一定要把三者结合起来，于是就展开了一场声势比较大的教育改革。这场教育改革以专业为主体，要求每门课程都要向专业学习靠拢，需要做课时和课程内容的改革。比如，玉雕专业就以素描课为主，减少色彩课，花鸟的着色课就去掉了。课程内容的改革，比较集中针对的是素描课，原先学习的是苏联提倡的“三大面五大调”的素描，叫契斯恰科夫体系，我们认为契斯恰科夫体系是为油画服务的，不是为工艺美术的功能服务的。花很多时间画背景、讲调子的变化，对我们用处不大，改成知道物体的结构就行，后来提出 7 个字叫“形准体显结构清”。大家就实验，每位老师根据这个宗旨画，不要画黑背景，画了以后大家评判哪一种最好，后来评下来颜鸿蜀老师的作品是最好的。对于这项改革大家热情蛮高的，但也有阻力，一些国画老师对自己课程的减少有点意见，也有一些老师觉得这种改革把自己的课程体系打乱了，有一点抵触。

还有一点就是提倡美术老师学专业，这一点我觉得做得蛮好。学校里面提倡每一位老师学一门工艺，我就去学了玉雕，我记得唐世储老师也是学的玉雕。另外还提倡美术老师去熟悉专业，为专业创造，这是最初的开门办学。有几位老师做得比较好，其中一位是李连昆老师，他是画图案的，就把学生带到花边的产地浙江萧山去学图案设计。孙悟音老师就结合专业画稿子。还有一位雕塑老师叫张乃雄，做了一个雕塑名为《胜利者的道路》，他做成一人高的雕塑，又跟玉雕老师结合翻成一个玉雕作品。当时形成了美术实践与专业结合的气氛，应该说蛮好的。

再有是强调创新，根据当时文艺政策，让学生创作现实题材的作品，不要去做传统的帝王将相、才子佳人，鼓励学生反映现实。这个做得比较好的就是黄杨木雕班，他们创作了一大批很好的现实题材作品，工艺美术博物馆收藏的《五卅运动》就是他们的毕业创作。我负责的玉雕班也做了好多现实题材的作品，当时知识青年下乡到新疆，觉得新疆好，有学生就创作了一件作品叫《新疆好》，反响非常好，登在报上了。玉雕专业还产生一些好作品，像《关切》就是一个护士看温度计的造型，还有一个是《新苗》，一个小姑娘拿了一枝新苗，登上报纸后被解读了好几层意思——工艺美术的新苗、创新的新苗、农村的新苗，还有《霓红灯下的哨兵》等。

这五六年我们做了大量的工作，学校给工艺美术行业引入了不可低估的创新力量。我曾经总结过这一段时期成功的三个原因：一是我们自觉地找到了一种一边学美术、一边学文化、一边学专业的做法，这种做法和包豪斯不谋而合，这一条从一开始就贯彻，一直传承到现在；二是我们的老师是很敬业的，老师有很高的造诣，上课又非常勤恳，这一点值得今天的老师学习；三是国画老师水平高，一个班级 30 个同学，起码要亲手画 15 份画稿，两个学生学习一张画稿，然后互相交换。老师还要当场示范，不只在课堂上示范，还在晚自习上，国画老师一边画一边讲，因为有一些画画的要领，不是仅用语言就能够表达的，一定要看老师怎么画才知道。还有就是老师和学生的关系非常密切，亦师亦友。同学毕业以后还总是往老师家里跑，有问题还去请教那些老先生。当时我是青年老师，学生毕业以后都到我家里来探讨一些问题，到现在还有一些当年的学生到我家里来探讨，我觉得很好。

还有一点很重要，我们学校有一种风气，就是各种流派自由发展。学校里的流派有古典的、传统的，也有新派的、现代化的。大家都互相尊重，没有相互看不起的情况，这点非常重要。

仓：您能回忆一下当时的教育改革，谁是最主要的倡导者，他对整个 20 世纪 60 年代教育思想的形成有什么帮助和贡献吗？

朱：从我个人来讲，我很感激已经过世的老校长——汪邦彦老师，美术与专业相结合就是他提出来的。当时有一种观点，要批判一心当画家，不搞工艺美术的，叫“白专”，认为艺术和工艺美术专业结合就是“又红又专”。这个看法现在看来比较简单化，但也有一定的道理。当时的教育方针就是要将教育与生产劳动相结合，学校套用了这个方针，把专业当成劳动，把美术与文化当成教育，老师就比较容易接受了。我们学校的老师思想比较简单，没有什么抵触情绪，都很愿意为专业做贡献，学玉雕、学牙雕，都开心去学了。当时校办厂不在学校里，在新乡路，还有很长一段路，学生两边跑，也没怨言。当时思想教育由校长直接抓，业务教育由教务科长抓，每一次班主任会议校长都参加，对学生的思想教育抓得很紧。学生思想也比较简单，勤学苦练，没有什么抵触的情绪。

仓：20 世纪 60 年代，学校的课程设置要求学生四天学习，还有两天要在工厂从事劳动，每个学期开学的前后两周也要求学生到工厂学习和劳动，和企业的人才培养结合得非常紧密。您觉得这样的培养模式对人才培养起到什么样的作用？

朱：当时有一个制度，就是刚才您说的那个制度。当时的实习工厂不在学校里，从圆明园路的学校到工厂大概要走 20 分钟，大家列队去，那个时候能够坚持，专业老师起了很大的作用，学校请的专业老师用今天的话说就是德艺双馨的老师，他们非常爱护学生。我所带的玉雕班的两位老师傅，就是玉雕厂的七级工，他们来了一点架子也没有，而且对学生非常耐心。比如说我们当时玉雕用的是很原始的水盆，冬天很冷，老师泡了开水，在每一个水盆里面倒开水，水就是温的，学生觉得温暖。学生是两头跑，工厂做两天，还有四天在学校，实际上工厂这两天对专业老师来说一点都没有松懈，因为一个班级 20 个人，有 20 幅稿子要画，他平时在厂里只画一幅，现在他一下子要画 20 幅。还有工具，我们的玉雕的工具一碰就坏，很多工具都做坏了，要在两天里把所有的工具整理得整整齐齐，老师的那种勤奋是令人感动的。

我们的专业劳动实际上跟下乡劳动不一样，因为它有兴趣在里面，所以学生也没有什么大的抵触，而且这模式一入学就形成，很顺利就推行了。一进来就让学生动手，他们并不觉得动手是一件辛苦的事情，他们觉得动手是好事情，也都热爱动手。黄杨木雕班学生第一件作品是小鹿，做出来后学生都开心得不得了，请求老师允许把这个小鹿带回去给自己的父母看看。

二、复校时期（20 世纪 70 年代）

仓：20 世纪 70 年代复校后是学校的第二个阶段。复校初期 1973—1976 年，也被称为我们的黄浦时期，我们有一些非常好的学生来源。想请您回忆一下，这个阶段发生了哪些故事，我们的培养模式有哪些变化？

朱：1973 年复校是非常高兴的事情，但复校以后碰到的困难很大。第一个困难就是老师，因为一些老教师都退休了，社会上聘来的老师是从各个地方来的，他们对工艺美术可以说一无所知。再也没法像 60 年代那样从厂里请来一批最好的老师傅来做老师了，只请到了几位技艺比较一般的师傅。但是学校也有一个很大的优势，就是老美校培养的一批毕业生留下来做了老师，这批老师是全才，他们既懂美术又懂专业，成为学校的骨干力量，像孙晋华、叶坪、宋立成、刘锡洋、谢红先这一批，他们土生土长，对“三结合”非常熟悉，他们把这套教学方法带到 70 年代。再加上学生的素质比较好，勤学苦练，所以培养出来了很好的学生，就是王敏他们这一届。这一届的招生我们做得非常仔细，是一个学校一个学校去物色的。当时教育局批准我们去 4 个区招生，我也跑了很多学校，跟校长、美术老师谈，由他们推荐学生，所以好几个学生是我去学校招来的。我要举赵丕成的例子。他不是我们指定的 4 个区里的，是外区的，但是听说有这么一个奇才，他可以用两颗大衣的扣子做一个小提琴，这个小提琴是空的，上面有 4 个弦，弦还可以扭动，还做了一个长江大桥的模型，就手掌这么大。经过了反复接触，上级也支持，我就把他招过来了。果不其然，他成为一位很好的玉雕师。就这样凑齐了好老师和好学生，所以会出现这么多人才。

仓：“文化大革命”结束后，形势有了变化，对我们原有传统手工艺的培养模式也提出了一些新挑战。70 年代中后期学校在教学上做了哪些改革？

朱：有好多社会因素促进了改革。一个因素就是工艺美术的行业形势，一些新的思潮进来了，想要开设一些新的专业。比较早的是从家具制作变成家具设计专业，后来又开设了日用品造型和装潢两个专业。专业开设后碰到了师资的问题，学校花力气从几个方面来解决这个问题。一是跟当时的浙江美院合作在校内办了一个教师进修班，给予学历。许多美术教师本来是中专学历，经过这个培训变成了大专学历。二是派老师到高校去学习，王珠珍老师是到四川美院去学习的，汪凯民老师是到中央工艺美院学习的，林凡老师是到浙江美院去学习的，他们回来就带回了包豪斯的三大构成课程。

经过努力，装潢班和造型班都出现了一些很好的景象，集中表现在 1982 年的展览会上，我们在当时的手工业局、现在的惠罗公司里开了一个毕业展，这里面展出的装潢海报和那些用构成方法搭成的灯具等，在社会上引起了不小的轰动。轻工业学校的老师也来看，他们说力争两年内赶上工艺美校，行业里面也觉得这个展览很好。我们还请了一些老师到学校来办讲座，有几个讲座是比较重要的。当时专门介绍西方工艺设计史的王受之，到我们学校讲了两天；我还到同济大学请了建筑系的罗小未教授来讲外国的建筑史、现代建筑历史。这些知识对师生都很新鲜，于是一些老师纷纷往创新方面靠拢。比如赵丕成老师原先是教玉雕的，他后来立体构成也教得很好，王敏老师的室内设计教得也很好。因为老师造型基础能力好，转行并不太困难，这样一来学校就有很大的变化。以我为例，以前我学的是传统工艺美术，受到了国外设计新理论的刺激后，我就开始学习研究这些外国设计史，学了以后也写了教材。我对外国设计史一无所知，但是我有外语能力，我就把原版的外语设计材料翻译过来，给那些做设计的人一看，他们说你这个东西好新鲜。后来我就出了关于现代设计的书，叫《设计概论》。这个改变是顺应时代潮流的，当然中间过程是有波折的。当时玉雕班是第三届或第四届，西方设计冲击一来，他们就想办法创新，反而做出来的东西怪怪的。还有家具专业，本来就是学木工、做家具，后来改成室内设计，把木工扔掉了，室内设计也没有学好，对空间的理解和家具的配合，没有一个很牢固的基础。老师里面也有这个问题，比如提出开一门课叫归纳色彩，认为色彩不要写实要归纳，但也不知道什么叫归纳色彩。最后这些问题都在教研活动里面解决了，学生把所有作业贴出来，老师再加以总结，之后我们学校就开设了比较好的归纳色彩课。再比如程惠琴老师的形态转化课程就是通过教研活动后自己总结成的一门新课程。

三、改革开放早期（20 世纪 80 年代）

仓：20 世纪 80 年代的时候西方的三大构成方法都已经传播进来了，对我们的教学理念和教学方法产生了很大的影响。我想了解一下当时传统手工艺这些专业的发展状况如何。

朱：这段时期的三大构成方法是由一些到外校进修的老师带回来的，我们很欣赏，但我觉得包豪斯的思想并不是三大构成能包括的。当时全国都认为三大构成就是包豪斯的理论，实际上从包豪斯的历史来讲，它当时也没有三大构成课程，包豪斯的格罗佩斯请了一些现代画家，像纳吉、康定斯基，他们把抽象画还有一些构成方法带到教育里去。但是我觉得当时大家都犯了一个错误，即认为三大构成就是新的图案课，把原先的图案课删掉了。这一点我到现在还是有意见的，中国的传统图案是非常丰富的，这个课删掉后，后面的创作就缺掉了一块。包豪斯的根本思想就是教育和技能相结合，不仅是包豪斯，德国所有的职业学校都是这样做的。我去德国考察过，考察的不是工艺美术学校，他们的教室四周就是工具设备，中间是课堂，老师教完了以后学生就散到四周去动手做了，实际上就是动手和动脑相结合。包豪斯的想法也是这样，像康定斯基之类的老师，他们一边教书，一边也去学专业，而且指导学生去做专业的东西，比如说康定斯基椅，就是因为学生崇拜老师，把自己设计的椅子命名为康定斯基椅。其实学一些传统图案，不管对传统工艺美术，还是对工业设计、视觉设计都是有好处的，因为它是一种元素，而三大构成是一个骨架，一棵树没有叶子，没有花，那怎么成为一棵树呢？有骨架以后，在上面开几朵花，长几片叶子，就是图案。当时在这样的气氛下，学校一度停招工艺美术这个专业。我为了维持这个专业，还专门想出一个旅游品设计专业，实际上是想借助旅游品设计恢复传统，招了一届学生。

仓：20 世纪 80 年代我们所依托的工艺美术品的行业有些什么样的变化？对人才的诉求产生改变了吗？

朱：20 世纪 80 年代早期出口创汇，工艺美术还有一个兴盛的时期，但是随着出口创汇在整个国家中的作用降低以后，工艺美术行业发展也受到了影响。80 年代后期，工艺美术遇到了一些问题，整个行业衰退。我举一个例子，1989 年，高桥曾经有一个东方绒绣厂，它在势头非常好的时候跟我们学校签订了一个对口培养绒绣专业人才的协议，我们就在高桥的两个学校（高桥中学和育民中学）招了 15 名学生。等到四年后毕业时，这个厂垮了，这些学生就散掉了，都改行了，只有一名学生到现在还在高桥，因为高桥现在把绒绣看成非遗了，这名学生在那边是骨干，她是唯一的正规学校出来的绒绣学生，叫金雯。因为这个情况，再加上 1995 年之后国企改革"抓大放小"，工艺美术行业内都是小厂，于是一些厂就划分给区里面，区里面干脆把那些厂关掉了，这样工艺美术就没有一个强有力的工艺美术公司依托，我们学校跟工艺美术公司的关系也就疏远了，这样工艺美术校企结合的路就走不通了。

仓：学校这个时期逐步实现了现代设计和传统工艺美术两大专业门类，但是相对来讲传统手工艺的规模明显缩小了。

四、全国重点中专时期（20 世纪 90 年代）

仓：20 世纪 90 年代，您已经开始步入校领导岗位，这个时候学校也是全国重点中专，也有很多成绩，您能回忆一下 90 年代学校的发展路径，以及传统手工艺这个专业面临着哪些发展或挑战吗？

朱：20 世纪 90 年代学校有一个比较大的事情，叫"破墙开店"，就是学校搞三产。这个时候好的地方就是，教设计的老师自己在外面都有项目了，这些老师有时候把学生也带出去做项目，这个方向是对的，但是和学校严格执行教育计划是有矛盾的，所以这个时候我也觉得很痛苦，不知怎么处理好校企结合和正规的教学之间的矛盾。我们在 90 年代做了一个比较好的事情，那就是把工艺美术教育设计得比较科学。当时轻工部有一个教育司，教育司里面有一个中专处，处长是师范出身，很懂得教育，他说要从计划抓起，从计划再抓大纲，再抓教材。当时全国就成立了一个工艺美术教学研究会，我记得最多的时候大概有 23 个学校参加，遍及全国，我是秘书长。学会就提出要制订一个样板性的教学计划和教学大纲。因为当时有的学校没有计划，甚至于对计划和大纲的性质都没有搞清楚。我们这个研究会开得热火朝天，每年开一次校长年会，因为要抓教学计划，所有的学校就把当时的教学计划归拢，当时北京的计划、我们的计划、苏州的计划比较好。在这个基础上面，我们再根据每一个专业的需求，把专业课程按比例全都弄好，最后把计划和大纲全部搞出来，后来就出了一本蓝皮书。这本书在全国影响非常大，中央工艺美院也来要。全国工艺美校的课程以上海市工艺美校为样本来推行，这体现了我们学校的引领作用，是 90 年代我做的比较大的一件事情。

仓：您能回忆一下当时编订这本蓝皮书的主体思想是什么吗？

朱：它的主体思想就是根据每一个专业的需求，定出可行的培养目标和能力分析，根据这个能力分析确定要开多少课，每门课的比例怎么分配。同样是素描课，八个专业里面素描课的分量是不一样的，素描课的教学内容也是不一样的。我觉得我们摸出了这条路，是非常重要的，就是根据专业的特点对能力进行分层、分级。

仓：那时候传统手工艺的专业还保留了哪几个，是工艺雕塑和工艺绘画吗？

朱：工艺雕塑和工艺绘画是有的。这个时候的工艺绘画班没有对口工艺美术公司，基本上就是一个绘画班，分为山水画和人物画。他们的最后一年我担任了人物班的班主任，这批学生不错，后来出

教学大纲校内研讨会(左一为朱孝岳)

现了不少画家,就是最近开展览的那些学生。工艺雕塑班现在看来不是太成功,因为它的专业方向不定,专业内容什么都有,专业劳动好像也是什么都有,也没有分类,有时创作木雕,又创作玉雕,只打了一个雕塑基础,这个教训值得总结。

五、对工艺美术教育发展的几点思考

仓:进入到 21 世纪初,随着高等教育的扩招,越来越多的生源进入到高等教育体系,给中专的体系也带来了一定的冲击,所以在 2003 年我们学校也升级成为高职校。这时您已经退休,不再全职工作,基于您对学校 2002 年之后的了解,您觉得我们在培养上进入了一个什么样的阶段,有什么特点?

朱:我退休以后对学校的了解比较少一点,对学校的规模的发展我是非常高兴的,从圆明园路那个简陋房子一直到今天的高楼大厦,我的感受是很深刻的。学校现在的设计比较合理,大部分是设计类专业,但是保留了手工艺专业,而且手工艺专业好像开得比较华丽,办得蛮好。

现在强调创新,大众创业,万众创新。我对创新有一些看法,我们培养的学生应该眼界宽一点,不要把专业跟今后的职业一一对应。现在的社会是一个变化的社会,谁也不能保证这个学生一辈子从事一种职业。我们学校要给他们三种能力。第一种能力就是文化能力,除了会读会写以外,还要给他们一些文艺知识,这个决定了你的创作是不是有一定的文化内涵。我编过一本《西方工艺设计简史》,课上讲这本书的时候大家不怎么听,但是有两个学生到国外去读硕士了,回来问我要这个教材,他们说这个教材跟国外是接轨的,这就说明文化是非常重要的。第二个是造型基础,就是美术基础,这个很重要。第三个是专业基础。木雕也好,玉雕也好,这并不一定是你今后的岗位,但是动手能力是我们学校学生出去后最有竞争力的部分,也是有别于其他学校的地方。动手能力包含了对材料、工艺的认识。你今天学的是玉雕,以后出去可能不做玉雕,做室内设计了,但是室内设计里面的几个关键还是材料和工艺的问题,而这些你都接触过,不难上手,这就是动手的好处。动手能力要占课时的百分之几,这个是要研究的,但是这些环节不能少。我们强调动手能力,但不希望什么都做,最后什么都做不成,学生可以钻研一种,花一定的时间把它学成,不强求出精品,但是通过磨炼,学生对材料、工艺的认识就比没有动手的人要强得多。举一个例子,90 年代我们学校参加了上海市旅游纪念品的设计大赛,高校和部分中专都参加,同济、华师大都参加了,结果我们得了第一名,并且得奖的东西最多。因为我们拿出来的都是实样，他们拿出来都是图纸，对比很明显。我们的实样有的是塑料的，有的是石膏的，有的是金属敲出来的。我们要理解透动手能力的概念，动手能力不是某一种专门技能，它体现在学生的手很灵活。

我有一个学生叫张尉，是学玉雕的，玉雕学得比较好，他也喜欢文化课，后来毕业以后，我把他推荐到上海博物馆，进了玉器组，后来成了鉴定专家。为什么他能成为鉴定专家，他说我的鉴定跟人家不一样，我会动手做，我就看藏品的做法，说明它应该是什么年代的，这个是其他考古系出身的人说不出来的。学生的基础要培养好，学校要教给他这三种本领，这是学校最重要的任务。

仓：随着时代的发展，有人格魅力和艺术特色的新一代的艺匠、手工艺工作者是非常受欢迎的，您觉得学校该怎样结合学生和市场的发展诉求，培养出更有特色、更有个性化发展能力的从业者和学生？

朱：这就联系到创新了。创新应该是循序渐进的过程，而不是突然的过程，一个时代有创新出现，需要有孕育创新的社会土壤和技术改进的推动。创新是一棵老树发出的新芽，没有基础何来创新，基础牢固，自然而然地会迸发出许多新的东西。学校一定要提倡创新，使学生的眼界宽阔，也一定要把基础打实，学生创新出来的东西可能不成熟，但要鼓励他、逐渐引导他创作出好作品来，而不是拍脑袋拼一个新花样。我可能比较保守，我看了现在一些新书法，可能不是用笔写出来的，是用棉花画出来的，我认为这种看不出功力的书法不是创新。所以学校的教学要把心沉下来，一边把基础打好，一边鼓励创新。

仓：有校友回忆说早年在老师的带领下，在工艺美院的绘画专业临摹了 120 张名画，所以中国画底子就很强。如果我们的学生心中有 120 种经典图案，那可能出去以后就不一样。

朱：对，这里面我想到两个问题。第一个问题就是我们国画的培养方向和培养方式。我们请来的国画老师都是些老先生，他们让学生从临摹着手，所以一些非常有名的画，像《八十七神仙卷》《溪山行旅图》《秋水凫鹭图》等，学生都从头临摹多遍，这些方法是浙江美院没有的。他们比较新，要学生下乡生活、写生，这样一来差距就拉开了。但是在许韵高这一代就改革了，学生一边临摹一边去写生，回来再评点稿子。另外一个问题就是图案，现在让学生跑到动物园画一只老虎，他很难把现实的老虎变成图案。有许多很经典的老虎图案，是传统留下的，是几十代人凝练出来的，如果几个小时就能变出来那肯定是抄来的。

采访心得

朱校长是贯穿工艺美校发展历史的灵魂人物。他从 1961 年进入工艺美校做文化课老师开始，自学玉雕和艺术理论，先后担任过教研组长、教务处长、校长等职务，对工艺美术的发展有着非常深入的思考。对他的访谈让我们对工艺美校每个阶段的发展背景、教学特色、专业建设均有了非常好的总结和提炼，知道了工艺美校值得传承的人才培养特色和未来值得努力的方向。

颜鸿蜀

“以线为主，线面结合，形准体显结构清”教学方法的创造者

采访人：仓　平　袁　圆
受访人：颜鸿蜀
采访时间：2020 年 6 月 19 日
采访地点：上海工艺美术职业学院徐汇校区

颜鸿蜀

1943 年出生，1964 年毕业于四川美术学院，进入上海工艺美校工作。1968 年陪同学生分配去了黑龙江农场工作，在农场办报办班工作十多年后，20 世纪 80 年代中期又回到学校工作至退休，中间从事了开门办学、创办企业、创办新专业等工作，对工艺美术教育有自己深刻的理解。

一、成长和求学经历

仓：我想先从您个人的成长环境谈起。是什么样的家庭背景和成长环境使得您长大以后走上了做一名艺术类教师的道路？

颜：我出生在四川丰都县的一个农村，从小家境贫寒。但我们那个地区非常重视教育，哪怕家里吃不上饭，穿不上衣服，也要送孩子上学。所以我 4 岁就被送到育婴堂小学读书去了，那是一所教会办的学校，也没有什么美术老师。我快小学毕业的时候，有一次在舅舅家里看到一本《芥子园画谱》，我很喜欢，有时间就照着临摹，也没有老师指导，就是自己画，慢慢就培养起兴趣来了。因为抗战时期全国好多名校都搬到四川来了，所以上了中学以后，美术老师都是正规美术学院毕业的，教我们素描、

写生。我那时候已经非常喜欢美术了，毕业的时候，我就选择了报考美术学院。

仓：您是1964年毕业于四川美术学院工艺美术装潢设计专业，您当时为什么报考这个专业？在四川美院的学习经历对您后来的艺术创作，或者从事教育有什么样的影响？

颜：当初报美院主要是想画画，我报的是建筑专业，报了清华的建筑系还有重庆的建筑学院，我想建筑里面也有美术。我进入四川美院的时候专业还叫室内设计专业，是全国第一个开设的室内设计专业。这个专业当初是很热门的，学了一年以后正好是"三年困难时期"，怕工作分配不出去，室内设计就改成装潢美术设计了。四川美院对我的影响还是很深很大的，它有比较系统的、正规的美术技术训练。当时的教学方法基本上属于苏联的契斯恰科夫教学方法。我认为系统地接受工艺美术教育很重要。四川美院有个老师叫李有行，留学法国回来以后创办了西南美专，最后并到四川美院了，他提出一种新的教学方法，叫色彩归纳法；还有一个老师叫沈福文，当时是工艺美术学院的系主任，他是一个漆器专家，他的漆器金鱼盘很好；还有我们专业的指导老师程尚俊。这些老师既懂美术又懂专业，把专业和美术结合得很好。我们在那接受了比较系统的工艺美术教育，现在也称为艺术设计教育。我们画的水粉画、色彩画，都是用色彩归纳的方法。另外我们要到工厂、设计事务所实习很长时间，我还没毕业的时候就到上海来实习过，因为当时上海是全国装潢专业最发达，也是水平最高的地方。当时学校给我们这么好的系统教育，对我后来从事教育工作还是有很大影响的，我非常感谢我的母校。

二、工作和教学经历

仓：您1964年分到上海工艺美术学校，1968年去黑龙江，实际上在学校工作了四年多，当时学校是什么状况，您主要从事哪方面的教学工作？

颜：我来了以后，分到图案玩具组，这个组专门搞图案设计的。当时就三个组，即绘画组、图案组和专业组。我上的第一门课是美术字；第二门课是图案课，当时叫玩具图案课；第三门课是玩具包装设计课，因为我是搞装潢的，就是搞包装设计、广告设计。实际上课时间就两年，从1966年5月份开始就不怎么上课了，1968年我就和学生一起到黑龙江去了。那个时候搞课程改革，上课要求符合专业需要。工艺美校建校初期，找了一些画家和工厂的老师傅做老师，有玉雕、牙雕、红木雕，还有家具行业顶级的师傅教学生搞雕刻，画家教学生画画。后来又进来一批美术老师教素描色彩。但素描都是契斯恰科夫那种画法，画一张素描要画几十个小时。我们学校是中专，素描课时很少，哪有时间去磨。所以当时的校长要搞教学改革，技术课要适合专业课，否则学生都想当画家，专业也受影响。第一个搞的是素描课的改革，找老师来画素描，看哪个素描符合需要，我也参与了。最后选了我那幅画，认为它最符合专业需要。我那个画基本上以线为主，就是后来的结构素描。大家把我的画作为样本，按照这个来教学生，并且总结出几条：以线为主，线面结合，形准体显结构清。具体说，就是以线条为主，因为当时搞玉雕、牙雕实际上就是勾勒线条，把线条勾勒准，线面结合，有点体积感觉，画出来的效果图看上去也能感觉到立体效果；还有就是形准，形一定要准确，立体感要显出来，结构要清。当时就是总结出这么几条来，叫专业素描。还对水粉画、水彩画、图案、雕塑都做了一定的改革。当时改革比较大的还有图案，像我教玩具专业的，设计的图案要适合玩具。雕塑也是个重头戏，因为我们学校当初很多专业都是属于雕塑类型的，玉雕、牙雕、红木雕、白木雕，都是属于雕刻性质的，对立体造型要求较高，要求他们改成小型雕塑，还要结合设计内容，提了很多要求。

当初我们学校提出来三个结合，即艺术美术和工艺结合，动脑和动手结合，还有继承传统和创新设计结合，这些都是汪邦彦校长提出来的，对我们学校整个的发展、人才的培养都起了很大作用。到1965年时，工艺美校在中苏友好大厦举办了学生作品汇报展，轰动上海乃至全国，这就是三个结合的成果。上海的报纸用了很大篇幅报道，这实际上就是对我们学校成绩的肯定。那几年学校的整个风貌就是欣欣向荣，学生也是精神抖擞，意气风发，作品也出来很多。

仓：1968 年您去了黑龙江生产建设兵团工作，1980 年的时候又回到了工艺美校，想问问您当时因为什么而重回工艺美校？您回来以后觉得工艺美校的专业设置和课程，跟 60 年代相比，您有什么异同？

颜：1968 年上山下乡，学校也停课了，我也一腔热血，和学生一起去了边疆。到那里以后，工作了几年，基本上都在报社工作。工艺美校复办后，轻工业发展起来，很需要装潢设计、产品造型设计的人才，学校就开办了两个新的专业，一个是包装装潢设计专业，还有工业品造型设计专业。学校原来的老师都是搞传统工艺的，这方面人才比较少，我之前是学这个的，学校也很希望我能回来。这两个专业在我回来之前，1979 年就开始招生了，专业改革实际上是学校领导目光敏锐加上形势所迫。

仓：您在黑龙江先后工作了 10 多年，其间您是不是继续从事艺术创作？这段生活经历对您后来的艺术创作和教学思路方法有什么影响吗？

颜：应该是影响很大的。我到那去以后，在连队就待了一个月，当初兵团要组建兵团战士报，就把我调报社去了。我在报社是美术编辑，当时编辑只有两个，另一个是文字编辑。报社也小，三个记者、两个编辑，再加上两个总编就成了一个报社。我就负责美术编辑、摄影，以及出版工作，每天的工作就是搞版面设计，基本上每天都在搞美术创作，但这些创作是小的。有时候搞一些连环画、宣传画，但是也是比较应时的，不过我一直没有脱离美术。当初很多兵团战士是从北京、上海来的知识青年，很多人都有美术天赋。还有中央美院附中的一些学生，工艺美校也去了好几个，还有其他美术学院的，所以美术力量非常强。1971 年，兵团搞了第一期美术学习班，当时让我负责这个美术学习班，后来很多美术界的大人物就是从我们第一届美术学习班出来的。像陈宜明、刘宇廉、李斌共同创作的水墨连环画《伤痕》，获得第二届全国连环画评奖一等奖，他们都是很有名的画家。兵团工作对我的影响很大，一个是让我坚持美术创作，另一个让我的思想更有黏性。

仓：您回校之后就开始担任教学副校长，学校在 80 年代、90 年代有很大的发展，90 年代被评为全国重点中专。您回顾一下学校 80 年代和 90 年代主要的教学思想有哪些特点？

颜：汪校长制定的教学思路、教育思想基本上都是很符合当时潮流的，我们当时根据他提出的三个结合又加以丰富完善。那个时期学校发展很迅速，我认为主要是因为我们做了这几点工作。第一，我们做了课程改革。我是 1986 年回来的，当时王珠珍老师开了平面设计课，后来叫平面构成，我回来以后开了色彩构成课。我们还有个原来搞建筑的老教师，他家是建筑世家，舅舅是孙中山陵墓的设计师，他开了立体构成课，所以我们在很短时间内在上海率先开设了三大课程。这个对我们后来的教学有一定的影响。素描课也进行了改革，开了结构素描，还开了摄影课，是国内唯一开摄影课的美术学院。当初老师和设备都没有，我们请复旦大学、同济大学的老师来教，后面陆续还开了很多新的课程。课程改革对学校和学生的发展都有很大的帮助。

第二，我们进行了专业改革。我们原来是搞传统工艺美术的，但是这个时候最需要的是符合人民生活需要的新的艺术设计。我回来之前学校已经开始了改革，开设了装潢设计和造型设计专业；我回来以后 1982 年又开设了服装设计专业。当时服装专业的学生提出来自己设计、自己制作，还要自己表演，我们还有服装模特队，到过全国好几个学院巡演，当时也很受欢迎。这样的人才对我们后来行业的发展也有很大影响。

当时我们提出来，学校的专业要根据形势做一些改变，于是把传统专业压缩成了工艺绘画和工艺雕塑两个专业，重点发展如装潢美术、装潢设计、产品造型、计算机设计等热门专业，并且积极开拓新专业。我们还提出“敢为人先”的口号，只要市场需要，争取每年开设一个新专业。后来根据形势的发展，新技术不断涌现，出现了计算机，学校最早开始搞了一个工艺设计，就用计算机搞设计，当初也是全国第一家无纸化设计。《人民日报》《新民晚报》《解放日报》都专门报道了我们的无纸化设计。除了开设计算机设计专业，很多专业都开设了计算机图形设计课。后来我们还与上海科技大学联合办学，开设了工艺设计专业，属于本科。

第三，学校的发展离不开师资队伍建设。1984 年学校实行教师工作量制，取消坐班制，当时有名的画家、艺术设计者都到我们学校来了，引进了一大批人才，对学校的发展起了很大作用。同时，学校加大对青年老师的培养，考虑到当时一些老师学历不够，和外面的美院联合办大专班，又和上海师范大学联合办本科班，所以不少老师从中专升到本科，甚至有的研究生课程都学好了。我们还把一大批老师送到中央工艺美院等去学习，提高师资水平。除此之外，我们鼓励老师搞创作、办画展、出画册，甚至还提供奖励，提高了老师们的工作积极性。

三、教学和人才培养建议

仓：美术专业的教学经过了几轮教学思想的变化，比如开始的时候是以中国传统图案设计作为教学的主体，80 年代初期以后，三大构成成为很多美术和艺术院校主要的教学方法。您跟您的夫人王珠珍老师合写过一本《图案学》，这两年也有人呼吁在工艺美术学校里面重新建立图案学的教学课程体系。对于这种教学模式的变化您是如何理解的？如果重建图案学的课程体系的话，您觉得应该注意哪些方面？

颜：三大构成实际上是从外国引进来的，主要目标就是用简便直观的方式分析美学，使学生尽快掌握形态构成，是一种好的训练方法，对我们国家设计领域、教育领域有一定的作用，带来了一些发展。它把一些模糊概念的东西变成了简单直观的东西，让学生很容易掌握，但是它不能够代替图案。图案不光是构成的概念、构成的技巧，还包括中国的传统图案、民间图案、外国图案，包括图案创作、图案学，这些内容也是要让学生掌握形式美的构成原则，还要学生掌握各种图案语言，这些都是构成课解决不了的。图案创作、创新设计思维也是构成课无法解决的。从培养创新设计人才的角度来讲，图案课是少不了的。现在图案已经发展到更加深入的地步，不是以前的那种图案学了，它可以包含构成课的很多内容。我发现构成课解决的东西相对来说比较肤浅，图案课搞得比较深入，很有内涵，并且牵扯到整个设计的品位。为什么我们那本图案教材从 2002 年开始发行，到现在还要再版，因为它讲了很多图案的起源，什么样的生活环境、社会环境出什么样的图案，你在三大构成里面根本找不到这些内容。

仓：在八九十年代的时候，美校也非常重视和市场、企业对接。我记得有一段时间学校还办过一些企业，您也负责过一个公司。您能跟我们回顾一下那个时候的经历吗？

颜：我在四川美院上学的时候，有两个老师就是在社会上自己开公司的，我当时就有个印象，我们能从中了解很多新的东西。工艺美校从 1988 年开始开广告公司，1992 年开了一个工艺设计事务所，当时我们开公司的目的不是赚钱，是想让学校服务社会，同时服务教学，所以搞工艺设计事务所就是考虑到要用一些新技术融入学校相关专业的设计。接的业务就是室内设计、产品设计、装潢设计，都是交给学校的老师去做。1983 年上海开东亚运动会，当时有一个项目是一个商厦的改造，我们也参与竞争了。实际上我们事务所很小，只有几个人，跟我们竞争的都是些建筑事务所。我们就用计算机设计出方案，当场用计算机演示出来，非常直观，对方如果觉得哪里不合适我们可以当场修改。最后我们的设计被选中了，说明新技术给设计带来了不小的影响。我们好几个项目都采用了新技术，包括上海第一百货公司的项目也是我们搞的。

仓：学校当时办了一批公司，后来有些陆续关停了。您觉得当时学校开门办企业的利弊如何？

1990 年日本设计家八卷俊雄教授来我校讲学

颜：我觉得学校搞企业不是坏事，但是看你怎么搞，如果只是为了赚钱，和专业不结合，那没有意义。以前我们还搞了一个装潢设计事务所，是搞室内设计的，因为我们学校有这个专业，很多项目由专业老师和学生设计，一方面能锻炼学生，另一方面也提高了学校的知名度。我们办这个公司对学校的专业建设起了很大作用，如果老是待在学校，肯定学不到新的技术。我们学校的游戏、计算机图形设计专业，都是与社会实际需求结合的。

仓：您应该是 2003 年退休，后来学校让您搞教学研究，延长到 2009 年退休。这段时间正好是工艺美校和二轻职大合并形成上海工艺美院的阶段。您回想一下，这六年时间内在教学模式上面遇到哪些挑战和改革？

颜：这段时间学校从中专层次变为大专专科层次，是一个飞跃。从原来的以传统美术为主转变为以现代艺术设计为主的模式，学生的层次、规模也不一样了，这是很大的挑战。实际上我觉得学校做得很不错。其中示范性建设搞得很好，我也参加了示范性建设，还做了很多课题研究提高教师水准。因为要实现改革，教师的培养很重要，要把工艺型的、操作型的变为研究型的，或者带有一点研究型的教师，需要搞课题，搞教学实践，在这方面学校做了很多工作。1984 年受轻工业部委托，举办了针对全国工艺美术中专学校的工艺设计理论培训班，请了很多知名教授来上课。1991 年跟华东理工学院搞了工艺设计学科国际论坛，全世界最顶尖的设计人物都来参加了，影响很大。

仓：颜校长，结合您长期的教学研究，您觉得在当代我们工艺美术院校培养学生应该具有哪些知识结构和能力结构？

颜：首先，我觉得美术技术不能少。美术课不光是教会学生画画，要培养观察能力、审美观念。为什么国外的小学、中学还有大学，不管什么专业都要有美术课，这是培养对外界的认识与感受，通过美术来提炼。美术课不能少，有的人说我学点构成、学点专业知识就可以搞设计了，实际上搞不深的，所以美术技术课还是要有，但是要掌握好比例。

其次，还是设计构成，这个课程也是很重要的。还有就是一些工艺或者是市场调研，理论和思维训练要加重。现在上海有很多游戏行业还都是我们学校的学生在挑大梁，说明他这方面的技能掌握得还可以，但是如果想要进一步发展，技术上就欠缺一些，所以理论各方面还要加强。

最后，设计思维上，我觉得最重要的是要提高创新思维能力，学生不光要会临摹、会描绘，还要根据需要来创作新的东西，我觉得创新思维的培养是非常重要的。现在要结合市场的需要、结合消费的需要、结合产品的需要来搞创新思维。

仓：从余友涵开始，上海工艺美校抽象艺术画派迄今在中国当代艺术当中留名的，应该有近十位，您对此如何看待？

颜：抽象艺术实际上和设计关系非常密切，像包豪斯里面好多美术老师都是当时的抽象艺术的大师。这么多抽象艺术的老师对我们学校的发展也起了很大作用，对思维的开拓帮助是很大的。学校也要让老师有更多自由发挥的余地，可以搞一些美术工作室、绘画工作室。学校转型的时候，工艺美术专业、工艺设计专业学生很少，但是我们原来一大批工艺美术的老师、画家怎么办，不能没有课了就不要了，我们给他安排工作，把人才留下来。

采访心得

颜校长是最早一批从四川美术学院分配进上海工艺美校的专业教师，他来了以后积极参与学校教学改革，结合工艺美术专业特点，总结出“以线为主，线面结合，形准体显结构清”的结构素描教学方法，成为美校后期秉承的设计基础的教学方式。他还积极推动教改，开门办学，引领了工艺美校现代设计专业的发展。

汪凯民

要注重培养美术基础的修养和审美意识

采 访 人：周观湨　张爱勤　刘海锐
受 访 人：汪凯民
采访时间：2019 年 10 月
采访地点：汪凯民宅中

汪凯民

1946 年出生，江苏苏州人。1966 年上海工艺美术学校工艺绘画专业毕业。1966—1973 年，任职于上海工艺美术公司，1973 年起在上海工艺美术学校任教，教授花鸟、山水画。1982—1983 年，就读于北京中央工艺美术学院。1984—1994 年，任上海工艺美术学校分部负责人、教务长，副教授。1994 年起长住新加坡，讲授中国绘画、书法，兼任新加坡教育部华文在职教师艺术进修课程。2006 年，从上海工艺美术学院退休，现常住上海。上海美术家协会会员、上海黄浦画院画师。

一、早年求学与建校初期

周：请问您在就读上海工艺美校前有没有接触过美术，当时考美校是怎样的过程？

汪：我的一个表哥是上海美专毕业的，他既懂音乐又懂美术，我从他那里开始接触、了解素描的概念。还有我的隔壁邻居，他叫房介福，是江寒汀的学生，是高桥中学的美术老师，对我也有影响。

上海工艺美校在 1960 年春季和秋季招生，一年招了两届。1961 年招了一届黄杨木雕专业，第四届是 1962 年招的我们班。当年工艺美校是校考的，统一招生，我记得考的门类，一个是素描，一个是命题画。

当时的命题画，用水彩画、中国画都可以表现。当年的考题好像是“上海的早晨”，这个题材范围很广，由自己创作。

周：当时的第一届的工艺绘画专业是怎样的状况？

汪：我们专业刚开始不是叫工艺绘画，是叫陶瓷彩绘班。因为当年出口的瓷器都是在景德镇绘画和烧制，运输到上海的过程中经常有破损的问题，后来就设想将景德镇制作的白胎直接运到上海，在上海绘画和烧制，完成后就直接从上海出口，所以在专业招生的时候，就设立了陶瓷彩绘班。

为了我们这个专业学校专门从江西陶瓷学校引进了两位老师，还从文物商店聘请过一个老专家，来教我们怎么样画瓷器。但是招进来以后，发现陶瓷烧造质量不行，景德镇的窑是烧柴的，我们这边是烧煤的，成品质量没法达标。所以学校就把我们的陶瓷彩绘班改成了工艺绘画班，两个老师也改行教素描了。

当年为什么转为工艺绘画，这也是有一点渊源的。因为当时有国画社，是根据合作公社而来的，都是新中国成立以前的一些老先生在里面工作，主要是搞书签、贺年片和小型中国画的出口。由于那个时候是在图书系统出口的，需要一些画中国画的人，这正好与我们专业对口，所以就搞了一个工艺绘画班。因为我们基础都是中国画，所以转方向比较方便，从此以后就作为一个专业了。

周：当时我们专业的师资组成是怎样的？

汪：我们学校1960年组建，在这之前上海只有上海美专，第二所就是我们上海工艺美术学校，所以按照老一辈的说法，最好的中国画老师，第一个选择是去上海中国画院，第二就是去学校教书。

那时候上基础课要画石膏，画人像。素描老师叫邵靓云，她的先生是李咏森，他们夫妇都是上海非常有名的水彩画家。

我们的书法课开始是俞天成老师教，但教我们的时间不长。后来孙悟音老师也教我们书法。老师都是一专多能的，孙老师的书法很好的，但是不可能每门课都叫她教嘛。书法其实很重要的，一般传统绘画、国画的基础的笔法，都会在一些书法中体现，现在我们学校体系好像比较弱化这些。

我们专业课的教学团队，实际上是由国画老师构成的，申石伽先生教山水、孙悟音老师教花鸟、郁慕洁老师教人物，郁慕洁她们五姐妹都是张大千的学生。

还有我们第二年来了姚有信老师教人物，他从浙江美院毕业以后挂职在上海美术家协会，那时候学校需要老师，我们校长就把他请过来了，主要是为了教我们这个班。所以人物老师有两个，是以姚有信老师为主的。

周：当时的老教师们是用怎样的教学方法和课程资源来支撑我们专业的？

汪：他们过去都是师徒制的。申石伽老师以前教过学生，民国时期他就有一个画会，叫作“小留青馆”，都是女学生。他有几个学生，现在很老了，我也问过她们他当时是怎么教的，基本上他是个别辅导的，他总共有几十个学生，星期一到星期五，每天上午来三个，下午可能也来四五个，每次老师布置一下作业，他们把上次画的东西拿来，老师帮他们看看再改一改，这种是老式的师傅带徒弟的方式，有点像是一对一指导，已经带有一点学校的形式了。我们这里的教学已经完全是学校的形式了，但是他们用的还是过去的那种老方法。实际上我认为这个是很好的，非常强调因材施教，虽然我们当时有20个人，上课的时候不可能一对一地辅导，但是辅导你的时候，其他人可以过来看，他是针对你的情况跟你讲，然后给你做一些示范，主要是这种形式的。当然我们也有课稿的，每个老师都做课稿。那时不像现在条件这么好，课稿都用晒图纸晒成蓝色的，原稿放在镜框里，挂在墙上，我们每个人都有一张晒图。所有都是老师自己画的，没有现成的教材。

当时老师教课的话，应该有一套规划，先教什么后教什么，那个时候我们的校长教学抓得蛮紧的，他要求所有的老师都要有备课的笔记，每个学期的备课全部要准备好。基本就是美术学院的那一套。我记得那些老师也都去其他美术学院取经，素描、水粉的课程内容都是跟美术学院差不多的。

周：美校当时的课程体系和教学环节是怎样的，又是如何开展采风写生等校外实践课程的？

汪：美校以前还没有设计类课程，只有图案课。图案课是应用美术的基础，也是带有一定设计意识的，所以我们除了图案课，还要学素描、水彩画这些西方绘画课程，中国画方面我们学山水、花鸟、人物三科，还有书法。我们那时候差不多就这7门课。

现在的美校里设计类的课程比较多，好像有点不太强调美术基础了，其实我认为美术的基础修养是很重要的。我觉得一定要加强美术基础，三年里面宁可花一年的时间给学生加强一下，这样学生未来对其他课程的吸收能力、表现能力要强很多。这个其实很重要，学生的眼界都会打开的，不然学生只懂一些设计软件，只有技能，缺少美术功底和审美意识。

当时的文化课有语文、政治、艺术理论、历史，还有一个体育课，因为我们是中专，用的是高中课本。其他都是专业课，还有写生采风。

我们一年级就要去厂里实习了，老师一起去，要画在瓶子上，工厂都有材料的，画好以后在炉子里面烧了，烧出来以后就看看效果怎么样，我们画的内容就是课上学的这些传统的国画题材，就是对象和材料不同，手法是一样的。在工厂，我们画小的贺年片，还用油漆画热水瓶，还有在竹帘子上面画画，画完竹帘可以卷起来的，围绕生活化的用品，搞一些创作。

当时也有采风课程、写生课程，一年级的时候比较少，到二、三年级的时候基本上每个学期都要写生。中国画也要去写生，像申石伽老师不善于写生的，但是他们也带我们出去，到杭州去。

姚老师来了以后，完全是美术学院的那一套，很讲究写生的，我们那个时候写生要去一两个月，老师和我们一起写生，学习内容是表现贫下中农的人物形象，与百姓同吃同住，体验生活。记得当时有个老人，我们跟他熟了，我们跟他说：晚上我们来画你哦。老人留有长胡子，形象很好的，结果他以为做模特要干干净净，把胡子都去掉了，而我们就是要画他的胡子。那时候画速写、画头像，非常有意思，其实这个也很锻炼人的，学生一定要经历这个过程。现在回想，写生的这个过程非常重要，后来我们做老师，我们也强调写生，如果你不写生，你就画不活，画不生动的。

当时每个单元的课程结束后，我们在老师的带领下，把自己的作品像墙报一样地在教室里挂起来进行展示。

孙悟音老师对每张画都要提批语的，非常认真，而且她的批语是毛笔写的，这个很难得，以后我们教学，也是学自己老师的方法。

我们应该是1966年毕业的，因为学校停办拖了一年，到1967年才毕业。我们算是66届的，但是工资是1967年开始计算。

二、工作及在美校的教学经历和建议

周：汪老师，您全程经历了美校的复校，当时是如何筹备的？

汪：我是1973年重回学校的。工艺美校在1966年以后就没有招生了，但学生还在，直到1969年全部学生才毕业。学生毕业以后老师还在，我记得那时候学校在食品工厂楼上，没有解散，我后来被分配到国画社，半年以后就被调到工艺美术公司，当时我就联系了沈成旸的金属雕刻行业，还有织绣行业。一直到1973年，学校要重新办学。

这里有一个契机。一种说法是尼克松要访华，安排他来上海看工艺美术；还有种说法是周恩来总理要把工艺美术学校恢复，准备出口工艺美术品来换取外汇。

还好那时候老师都没解散，汪邦彦校长重新回到学校当校长，自此我就从工艺美术公司回到了学校。那会学校连房子都没有，只有一个办公室还在光启路。光启路只有五个人，汪邦彦校长、教务处的李树章老师，还有团委书记朱俊良老师，还有一个就是我，最后一个是木雕厂的师傅，叫李祖巢。

我们五个人开始准备重新复校。我们先把过去的老教师请回来，又招了一批新的老师。那个时候在上海找个地方是很难的，市里给我们推荐了一个叫白云观的地方，我们去看了，我觉得不错，但李老师说那儿的环境像菜市场，太乱了，我们学校本来条件就不好，借这个机会可以搞得好一些。于是市里让我们去外冈的社会主义学院，我们把奉贤分校的桌椅运了过去，筹备了半年，在 1973 年的秋季开始招生了。

除了他们以外，从人民美术出版社来了一批骨干老师，有画年画的罗兴老师；浙江美院来了杨丽娜，她是姚老师的太太，是个漫画家；林健也是 1973 年过来的；后来又来了一个领导叫张清。

周：复校后的工艺美校的办学理念、人才培养是怎样的情况？

汪：当初复学有一个背景，当时外汇有部分要靠工艺美术出口。我们学校的理念就是培养既能设计又能制作的工艺美术技术人才。学校当时在外冈，工厂很少，为了学生实习方便，办了好多实习工厂。

过去我们的学生毕业以后，基本上都是在工艺美术系统工作，后来学校在慢慢转型，要求也不一样了，加入了玉雕、漆雕和木雕专业，后来招服装专业，也有了服装老师。

加入设计专业以后，学校开始引进那些比较新的理念，比如说三大构成。再比如说设计素描，除了画石膏以外，还用素描的方法做一些有现代绘画理念的设计。但是也还没有忘记画画最基础的教学内容。

周：我们工艺绘画专业从 1962 年持续到 1998 年，其间课程与教学体系是如何变化与调整的？

汪：我们学校的课程是老师根据自己的专业特点来教的，比如说山水课，因为没有统一的教材，许韵高老师和蔡天雄老师教的山水，从基础课程到后来创作课程，基本上是按照自己的体系，你教你的，我教我的。花鸟也是这样，我教的花鸟和陶俊华老师教的花鸟，同样是绘画班，教出来是不一样的，因为没有统一的教材。这是工艺美校的一个特点。

但是学校教学有一个大纲，老师可以根据学生特点来规划教和学的具体内容，也可以根据师生的特点来进行。

1978 级的工艺绘画班出了很多的人才，那时候他们是高中生，是可以参加高考的，要考美校就要放弃考大学的机会，他们情愿不考大学来考美校。

当时我们学校有补贴，60 年代初就有了，那时候国家每个月补贴 10. 5 元。工艺绘画班的很多学生，最后考到了当时的浙江美院，我们专业成了传说中的“浙江美院的附中”，只要学生的文化课好(专业没问题)，肯定能考得进。

我们工艺绘画两个班招 56 个人，那个时候老师跟班教学，从入学第一天到临毕业最后一天，专业课程全是我们教的。一年级山水、人物、花鸟全部学，素描、色彩也学；到第二年我们就分班了，分成山水、花鸟、人物。跟国美一样，花鸟跟我学，人物就林凡老师教。分班以后，花鸟方向的所有的课都是与花鸟相关的，这样学生学得更加扎实了。当时临摹宋代的大画起码需要一个月时间，学生也努力。

假设有一门专业课要贯穿三年教学的话，那最好要有一个连续性，如果不是同一个老师带到底，那老师之间在教学上要有衔接。后来课程设置变成单元制，我教了这个单元，也不清楚前面和后面的单元教得如何，没有了连续性，其实对学生培养是有影响的。

周：汪老师，您担任过美校重要的行政职务，美校当年是如何蓬勃发展的？

汪：在 70 年代末 80 年代初，我们在上海南市中学搞了一个分部，当时校长颜鸿蜀有一个想法，把学校从嘉定外冈弄到上海市区，建了一个分校，我来负责分校，当时办了考前培训班，还打算办纯艺术培养的绘画班，他们不需要去工厂实习，后来还准备开始招生。

大概是 80 年代的初期，我们还想跟浙江美院在上海办一个分校，他们也愿意跟我们合作，谈得也蛮好的，因为有些问题没有协调好，就作罢了。

我们分校还搞职工中专，在南汇奉贤都有职工中专班的，都颁发学历。因为我们 1973 年招进来的那批学生是没有文凭的，那个时候他们要出国、要发展，苦于没有文凭。当时我已经在教务科了，我给他们开介绍信，证明他们是我们学校毕业的，那么他们才能去办签证；但是后来评职称有问题，我就跟教育局商量，我们是不是也可以招一个职工中专班，他们说可以的，我们就开始办了这个职工中专班。把1973年毕业的学生回炉一年，发一个职工中专的文凭，他们就算中专毕业了。

我从分校调回到学校以后，担任教务科长。当时在工艺美术系统里我们学校的影响力已经很大了。当时有四所美校比较出名，即北京工艺美术学校、福建工艺美术学校，还有一个苏州工艺美术学校，以及我们学校。在淄博也有一家小的，叫山东轻工业学校，也是工艺美术学校。

周：复校之后的工艺美校开启了全新的篇章，进行了哪些教学改革？

汪：80年代，我们学校还牵头搞了全国13所工艺美术学校用的绘画和工艺美术方面的教材。人物、花鸟、山水都搞好了，可惜最后因各种原因没有出版。只有那本山水教材是后来我们自己在上海书画出版社出版的，那本书的文字稿是我写的，内容以申石伽老师的画稿为主。

后来我们培养的学生不包分配了，当时的教育理念就是让他们多学一点技能，能够更好地服务社会，强调基础课的重要性。比如，我们工艺绘画班的毕业生去的地方蛮多的，好多学生去了博物馆做文物修复。在博物馆我们学生的绘画基础很好，甚至不比他们的老师差，但是修复文物所需要的技能是向老师傅学的，因为我们学校没有教他们修复古画的技艺。但是学生的绘画技能都很厉害，把画拿到博物馆，博物馆的老师都很震惊，问你们怎么会画得这么好的，觉得我们培养的学生能和当时浙江美院的学生比肩。

这与当时课程的设置、教学安排密不可分，当时很多教具画册是我自己出钱买的，不是学校的东西。宋人画册5角一张，我买了100张给学生用的，一张张地让他们临摹。因为学生都系统临摹过古画册，所以他们去博物馆做修复古画很得心应手。

周：老师的培养深造有哪些途径？

汪：我们那个时候都是中专，像我们这种学历都不够的，那就两个途径：一个就是毕业后再去考学，学成之后再回来；一个就是进修，像我要考出去，学校也不让我去，因为我已经有职务了，那么就去脱产进修。我们好多老师就去进修了。1973年，我们那些学生毕业了以后，都没有文凭，但是也担任老师，那时候颜鸿蜀校长就跟浙江美院联系，为我们特别搞一个班，两年给文凭，这样老师就可以站住脚了，为我们解决了后顾之忧。

采访心得

汪凯民老师自1973年工艺美校复校后一直工作至退休，他深入教学与管理第一线，负责过美校的教务科，是“海上四先生”之一。汪老师不仅擅长绘画，而且深谙教学设计，强调美术基础修养的重要性，对我们今后在课程设置和人才培养的规划方面提出了宝贵的意见。

许韵高

好老师要鼓励学生、激发兴趣、因材施教

采 访 人：仓　平
受 访 人：许韵高
采访时间：2020 年 7 月 22 日
采访地点：普陀区汤哲明工作室

许韵高

1946 年出生于上海，籍贯福建福州。1962 年进入上海工艺美校工艺绘画专业，师承申石伽先生。1966 年毕业后致力于山水画创作。现为上海美术家协会会员、上海书画院签约画师。

一、成长和求学经历

仓：您能结合您的成长经历和家庭背景，谈谈是什么影响了您后来从事艺术创作的吗？

许：我家里面没人学艺术，我父亲是学建筑的，我母亲是学医的，我一个姐姐跟父亲学建筑，妹妹后来也是在建筑材料公司上班，画画的只有我一个人，家庭对我没多大影响。那时候同班同学有几个画画的，没事大家一起画画，这使我对美术有了一点爱好，但是从来没拜教过老师。

仓：您是哪一年考入上海市工艺美术学校的，当时为什么选择报考工艺美校？报考了什么专业，为什么报考这个专业？

许：我是 1962 年考进工艺美校的。我当时报考了两所学校，第一志愿是浙江美术学院附中，第二志愿是上海工艺美术学校。浙江美院附中没录取，后来我就到了上海工艺美术学校。进了上海工艺美术学校以后，我的专业是陶瓷绘画。后来因为上海没有陶土，要从外地运进来，没有办法发展陶瓷产业，后来就改成工艺绘画专业。

仓：美校最早的一批国画教师均在国画领域有非常高的造诣，他们给学生主要带来哪些方面的影响？当年任教的老师们是如何授课的？

许：我们陶瓷绘画改成工艺绘画以后，老师还是原来那几位。山水画教师是申石伽，他对我影响最大了；花鸟老师叫孙悟音，她的花鸟画得很好；人物画是郁慕洁教的；到后期又增加了一个人物老师，比较现代，叫姚有信，是浙江美术学院毕业的。主要是这四位老师。

申石伽老师(右一)80岁生日和孙悟音老师(左二)70岁生日宴现场，左三为许韵高

仓：谁给您的影响比较大？后来有什么合作或来往吗？

许：对我影响最大的是申石伽老师，我后来进校也是教山水的，申石伽老师又带教了我一程。申石伽老师对我最好，我对申老师也最好。申石伽老师生活上需要什么帮助，如搬家什么的。都是我带学生一起去的。

仓：申石伽老师曾经创立了一个申石伽奖学金，是否由您具体来负责的？

许：对。申石伽老师画了40幅画，上海工艺美术展销会收购了以后给他4万元，实际到手只有2万元。后来申石伽老师又画了一幅画，卖了20万日元，凑满4万元办了申石伽奖学金。当初是我来负责这件事，每年负责收集学生展品、作品，再评比，评比结束后再颁发奖学金。

仓：申石伽奖学金前后颁发了几年？当时评选的主要原则是什么？

许：申石伽奖学金前后发了大概有10年。每年将利息拿出来发奖，最初4万元的利息大概有4000元，一等奖有300元，那时候算是很高的奖学金了；三等奖人多一点，是100元；还有是入围奖，就买点毛笔等纪念品送给入围的学生。后来利息不断下降，每年只有700多元，不够了。银行也要求实名制，我们不能去操作，需要申老师自己去办理，申老师年事已经非常高了，不方便，后来就把剩余的本金取出来还给申老师，这个奖学金就结束了。申石伽奖学金激励了很多学子，很多品学兼优的学生都拿了这个奖学金，很多人因此走上了国画创作的道路。

二、工作经历和教学建议

仓：您是哪一年从美校毕业的？工作分配到哪里？

1994年4月6日嘉定塔城路学校陈列室申石伽奖学金评选现场，右二为许韵高

许：我应该是1966届毕业的，但毕业分配拖了一年，我在学校其实待了五年。1967年我被分配到上海工艺美术工厂，在工艺绘画车间任车间副主任，兼国画组组长。到1971年前后，上海工艺美校就解散了，当时那批国画老师又到我的国画组来上班，跟老师们前后相处的时间很长，关系都非常好。我们当时比较宽松，还组织老师们去嘉兴南湖参观。

仓：上海工艺美校1973年复校后，您什么时候回校工作的？

许：复校的时候我还没去，那个时候只有一个班级，汪老师他们在那里教书。1978年工艺绘画招了两个班级，当初校长的考虑是，办学成本最省的是工艺绘画，纸张、毛笔都是学生自己准备的，如果是玉雕、牙雕，学校要准备很多设备和材料。学校当时的教务主任李树章到我家里来，请我回去教课，我就回来做老师了。

仓：您当时跟申石伽老先生一起编著《申石伽山水竹石技法》，能和我们分享下这个过程吗？

许：1978年我去任教的时候，申老师一直指导我该如何教学，先上什么课，后上什么课，怎么点评学生的作业、作品，他一直教我，带了我两年，第三年我就自己独立干了。申老师对我的培养不仅仅是口头上的，还给了我很多资料，当初我们积累了很多教学上的资料，还有图稿。1978年这个班级毕业以后，学生的成绩很好，二轻部也知道上海工艺美术学校的国画力量不错。后来二轻部组织编写工艺美术绘画教材时，就让我们学校负责牵头山水画，北京工艺美校、山东工艺美校、福建工艺美校等学校配合。我们是按照申石伽老师的教学系统来教的，所以我们整理了当初申老师所有的讲义，编写文稿，后来又统一临摹了一批画稿，再根据一本《墨竹析览》，还有他画的石头，统一编成教材。

仓：这个书后来在市场上受欢迎程度如何？

许：这本书反响很大，多次重印。因为他的东西大家看得懂，而且他的技法也是认认真真、很规范的，所以学的人多，不管是年纪轻的还是大的都喜欢。

仓：当时你们在教学的时候，对学生有很多临摹的要求，学生都回忆说甚至要临摹上百幅古画、名画，才能够下笔如有神，您现在回头想一下这些教学方法对提升他们的能力有什么样的帮助？

许：我一直坚持临摹、写生、创作这三步，因为临摹是先学先人、古人，有基础以后，不能走老路，你要发展先人、古人的东西，要变成自己的东西。怎么变？要出去写生，就是师法自然，最后变成自己的创作。早期的宫廷画家们不大出去写生的，都是师承什么人，到后来发展了，要去写生，然后再创作，这样才可以有新的东西出来。

仓：许老师，从1978年您回到学校工作一直到2008年退休，这30年内您在学校里经历过哪几个岗位？各自主要的工作内容是什么？

许：我进校以后前三年教书，没什么职务。那时学校只有特种工艺专业，当初的校长周荷生想做一个服装设计专业，他就找我，叫我做一个专业建设调查报告，了解下上海的服装行业怎么样。1978届的学生毕业以后，我手头工作较少，就接下来这个任务，花了一个月，跑了服装公司，跑了服装研究所，再跑了市场，写了一份报告，报告后面附了市场调查的记录，还有服装研究所提供的一点材料，整整齐齐一本调查报告交上去。周校长看了很满意，他说他做校长以后没看到过这种高质量的报告。后来他根据我这个报告开设了服装专业。那时候服装专业做得蛮好，还组织服装专业的学生搞了一个模特队，市场影响很好。他就让我做教务科长，我做了6年，感觉工作很烦琐，跟我的绘画专业关系不大，就不想干了。后来俞春山来做校长，他说你不做教务科科长可以，但是你最好要有行政职务，他就叫我做教育研究所所长，一干又是20年，最后两校合并的时候学校又安排我当督导。

仓：想请您介绍一下当时美院制订的人才培养方案有什么特色？它的课程比例是怎么设定的？

许：当初我们总的课程比例是7∶3，3是文化课，7是专业课。文化课主要包括政治课、语文课、体育课、文艺理论等四五门课。专业课这个7当中也有比例，分为4∶6，4是美术基础，就是素描、色彩、国画，6是专业课，比如说有玉雕、牙雕，根据不同的专业配备了不同的美术基础课，但是国画线条必须有，因为工艺美术的基础就是国画课，国画最重要的就是线条，它能表达结构。实际上就相当于文化课、专业基础课、专业课的比例分别是3∶3∶4。

仓：您在教育研究所做了20年，您当时是如何开展工作的？

许：我刚去教育研究所的时候那里一片空白，什么东西都没有。我去了解了一下，好的单位必须有三份档案，一份是人事档案，一份是行政档案，还有一份是业务档案，我在教育研究所就负责业务档案。我们学校的专业老师蛮多的，有八十几个，但是他们的业务材料我们一样没有。后来我跟领导说我们学校每年要考核老师，进行评比，不能靠领导的印象，要拿依据出来。一是依据他上课怎么样，我必须要听课；第二就是他的业务能力怎么样，一定要把他平时在业务上研究的成果拿出来。后来我就搜集每个老师的东西。每年发一个通知，专业老师当年发表了什么作品，出版了什么书或者说画册，编写过什么教材，这些统统要报上来，一定要有实物，没有实物的一定要有复印件，根据这个给老师发奖金。奖金不多，比如说一张画几十块钱，一千个字几块钱。我每年花一两万块钱，收集了很多老师的成果，后来给每个老师编写了厚厚的一本资料。

三、从艺和创作经历

仓：您一直在坚持国画的创作，能不能跟我们分享一下您的经验？

许：临摹是一个学习的过程，要选好本，你学习哪个老师很重要，你一定要学习历史上最好的东西。写生也很重要，写生能帮助学生掌握现代的选材。第三是创作，老师要根据每个学生的特点去辅导他，不能二十个学生都用一个模式，要让每个人发挥各自的个性和特点。这三个缺了一个都不行。

仓：随着时代的发展，对工艺美术人才的要求不断变化，您觉得学校当今应该加强培养工艺美术人才的哪些能力和素质？

许：中国的工艺美术如果走向全世界，一定要坚持传统，要有中国特色。传统的工艺美术的基础还是在中国画上，一定要重视中国画。当初有很多学生不是工艺绘画专业的，学了国画，学了线条以后，他的技艺也提高了，现在有很多工艺美校出来的大师国画画得很好。比如说，萧海春是玉雕大师，但他国画画得很好，线条把握得很好。很多大师都是国画好、书法好，在专业上吸取了绘画当中的优点，提高得非常快，所以他工艺也好。

许韵高山水作品

采访心得

许韵高老师受到他的恩师申石伽老师的影响很大，他帮助申石伽老师完成的《申石伽山水竹石技法》成为市场广受欢迎的山水画学习教材。他协助申老师在上海工艺美校设立了十年的申石伽奖学金，鼓励国画画得好、品学兼优的学生坚持创作，后期培养了很多知名国画家。他们的师生情谊是值得我们学习的楷模。他在教学中坚持的临摹、写生、创作三部曲，成为上海工艺美校国画人才的重要培养方法。

冯守国

创作中不断结合新技术、新材料

采 访 人：仓 平 石 慧
受 访 人：冯守国
采访时间：2020年7月3日
采访地点：上海工艺美术职业学院徐汇校区

冯守国

1948年出生，1964年就读于上海工艺美术学校玩具造型专业，1969年赴大西北河西走廊，曾担任甘肃省工艺美术厂副总工艺师，甘肃省工艺美术研究所主任。1993年回到上海工艺美术学校工作，先后担任产品设计科科长、教务长、副校长。

一、成长和求学经历

仓：冯校长，非常感谢您接受我们的采访，我想首先了解一下您的成长背景。您小时候是受了什么样的影响走上了艺术道路的？

冯：我母亲是老师，我父亲是职员，跟绘画没有关系。我从小比较喜欢画画，上小学时得过一个美术奖，为班级出黑板报跟美术老师学了点美术知识。1964年初中毕业，我约了中学最要好的一位同学去报考上海工艺美术学校，我们两个都考上了，半个月以后接到录取通知就去上海工艺美校报到注册，这是我人生的一个大转折点，将来的发展方向基本就定下了。工艺美校是一所很不错的学校。

仓：您1964年考进的是工艺美校哪个专业？当时为什么选这个专业？

冯：当年工艺美校有两个专业招生，一个是玩具造型专业，一个是玉石雕刻专业。相比较来说我比较喜欢玩具造型，我就选择了玩具专业。以前对这个专业也不是太了解，进了学校经过两年的学习和工厂参观劳动慢慢就知道了专业概况，上海的玩具产业当时比较发达，有三十多家玩具工厂，玩具产品出口也是全国第一。

仓：您读书的时候是在圆明园路的校区吗？

冯：对的，当时学校比较小，总校在圆明园路43号一栋小洋楼内，是由原美术模型厂改建的。里面有三个年级五个班，高年级就是1962年进校的陶瓷绘画班，专门在瓷器上作画，后来改名为工艺绘画班。1963年招了两个班，玩具班和织绣班。1964年又招了两个班，就是玉雕班和玩具班。上海也是全国工艺美术重点产区之一，60年代玩具厂比较多，生产门类齐全，急需培养一批新型玩具设计人才。1963、1964两年连续招生两个玩具班。

仓：当时的学制应该是四年吧？您印象中当时主要学习了哪些课程？

冯：我是1964年进校的，学制是四年，因处于特殊时期，我们离开学校时已经是1969年10月了！我们当时就只有玩具造型跟玉石雕刻两个专业，玉石雕刻是以雕刻为主，主要学习国画，用毛笔画线描；玩具专业需要学习的西画色彩知识多一点，比如色彩静物、风景方面的写生。当时学校凡是雕刻类的专业，都没有色彩课程。有些同学如今还感到非常遗憾，不会画色彩。那时我们专业的美术基础课有素描课，画石膏头像和真人头像写生，有色彩静物写生，有外出风景写生等。雕塑课有人物头像、小动物泥塑临摹课，二年级时老师带同学去西郊动物园上课，现场面对动物用泥捏制各种动物造型。专业基础课有传统图案课、美术字体课、机械制图课等。在工艺美校我们的美术专业基础课学得扎实，以后从事美术设计工作就比较得心应手。

仓：当时你们会去工厂实习吗？

冯：去的，我们当时在学校学习了两年，1965年和1966年。这两年里面我们每学期都要去玩具厂学习参观两次，每次一天。二年级去玩具厂劳动实践，每学期安排四周实践时间。上海玩具主要有四大品类，一是木制玩具，二是金属玩具，上海也叫铁皮玩具，三是塑料玩具，四是布类玩具，也叫娃娃玩具。学生在学校期间都会去这四大品类的玩具厂短期参观学习或长期劳动实习，如果工厂在远郊区，那么就会在农村住宿一个月。记得上海玩具十四厂当时有件很热销的出口玩具小熊拍照，我们当时在装配车间里实习，跟老师傅学习玩具总组装，大家对这个时期的工厂学习都印象很深。通过工厂实习锻炼，同学对四大类玩具的材料性能、生产工艺、造型结构都很了解，那时学校教学与工厂劳动结合得非常紧密。

仓：还有到农村学农的活动吗？

冯：没有的，下农村就是刚考进学校的时候有过一次。1964年新学生报到后，全校师生在松江县泗泾镇某公社生产大队住了一个星期，新老同学见面，听老师讲国际形势，请贫下中农忆苦思甜，举办师生联欢晚会等活动。

仓：当时上课的老师结构如何？

冯：我们玩具专业课的老师主要教机械制图课、包装设计课，美术字体课老师都是从玩具行业调来的技术人员。美术基础课老师，如素描课、色彩课、雕塑课、国画课老师，是1964年从美术院校分配过来的。文化课老师有大专学历，管理人员主要是从二轻工业局内部调过来的干部。

仓：我们采访朱孝岳校长时，他提到，1964年前后在汪邦彦校长的主持下，工艺美校提出了美术、文化、专业三结合的教改思路，那个教改开始时间正好是您入学的时间，您回想一下当时的课程体系和教材，有哪些印象深刻的特点吗？

冯：我们考进工艺美校以后，文化课有语文课、政治课、体育课，没有外语课。文化课大概只占三分之一略少点，其余时间基本上都上美术基础课、专业基础课。我们当时不像现在的小朋友早早就开始学画画，当时一个班级25个学生里，也就三四个同学有美术基础，画画还不错。我们基础一般的同学，每天就泡在画室里，或画色彩写生，或画石膏素描，都非常用功。晚上吃完饭以后也画画，画完再回宿舍睡觉。那时候大家学习都很勤奋、很刻苦。

仓：当时的教材是统编的还是自编的？

冯：50年代末60年代初全国仅有四五个省市创办工艺美术学校，国内还没有统编的教材，都是各课专业老师自编的教材。基础课教材都差不多，一般从石膏几何形体开始学习，画眼睛、嘴巴、鼻子等五官局部，再画头像、胸像、全身像。速写课是老师先讲课再示范，老师会布置课外作业，同学们课余相互对着画。学习西画色彩基础也是围绕玩具专业，我们画静物写生、农村风景、城市风景，老师会要求色调雅致点明亮点，用笔要干净利落点。玉雕专业就是画古装人物、花鸟、古代器皿一类的，示范稿都是经过老师选编的。以前没有复印机，临摹的画稿就是用刻蜡版油印，或晒蓝图制作后再发给同学。

建校初期，各课教师只有30名，后来从上海美术系统调入10名教师，又从1963、1964、1965三届毕业生中选择12位优秀的学生留校任教。1964年国家最困难的时期过去了，国内经济形势大好，上海工艺美校教学管理也步入正规发展轨道。记得那年市教育局首次给学校分配了10多名全国美术院校的毕业生，充实专业师资队伍，其中浙江美术学院1名版画教师、四川美术学院1名装潢教师和1名雕塑教师、沈阳鲁迅艺术学院1名雕塑教师、上海市美术专科学校1名油画教师、景德镇陶瓷学院2名彩绘教师、南京艺术学院2名油画教师和3名国画教师。到1965年底，学校各课专业教师有58名。随着学校师资队伍的加强，学校教学质量不断提高，办学成果也非常显著。

二、工作经历和建议

仓：您1969年从学校分配去了甘肃，是学校当时的统一安排吗？

冯：1969年上海的分配压力也很大，老三届的毕业生都要下农村、赴农场，我们被分配去甘肃劳动锻炼一年，这个是当时比较好的去向。说是劳动一年，实际上是10个月左右，就分到全省各单位上班了。

仓：您先后在甘肃工作了20多年，能不能给我们讲讲您在甘肃的主要工作经历？

冯：我们是二轻局的，当时二轻局下属的21个学校的毕业生自愿报名去甘肃的有150个人，一共两节车厢。去了以后我们被分到张掖地区的山丹县，靠着祁连山脚下，在农村过了一个冬天，当时各企业里都急需工人，因为我们都是中专技校毕业的，有一技之长，我们的分配工作进行得非常顺利。

我很幸运！1970年8月我被分配到兰州铁路局武威分局，在河西走廊中段。分局进了50位新员工，我也是其中之一。我在铁路上工作了3年，1973年甘肃省按中央文件精神要在兰州筹办新的“甘肃省工艺美术厂”，当年夏天，甘肃省劳动局将我们上海工艺美校的同学都调到省工艺美术厂工作。

当时铁道部是半军事化管理，我在铁路分局直属工厂的岗位是装配钳工，我干钳工就是从那时开始的，我比较喜欢这项工作。那一年分局与武威空军后勤部联合制作了两辆五吨汽车吊，铁路一辆、部队一辆，用以提高货场装卸效率。我带了一帮工人负责制作汽车吊臂升降的操纵系统与齿轮传动的变速箱，汽车吊是根据“徐工集团”提供的国家级标准图纸制作的，我读书时学过机械制图，正好边干边学，学了不少机械制作知识。

我在铁路的3年时间里还干了两件事情，对我以后也有影响。一个是当时铁路分局要演样板戏《红灯记》，我当时拿了个小提琴盒在路上走着，被分局演出小分队的导演看见了，问我会拉琴吗，我说只是玩玩，提琴拉得不好。他们排演《红灯记》，正需要一位搭布景做道具的美工，听说我是工艺美校毕业的，导演就通过分局叫我留在小分队搞舞美工作。我随队做布景及道具制作，因为我没有舞美的工作经验，就根据当年的《红灯记》电影剧照画了三个场景的舞台效果图，大概一个多月时间完成布景和道具制作任务。完成舞美工作后，我又随小分队兼任电工，帮助搭台、安装电灯追光灯什么的。铁路上人才济济，什么人才都有。当时《红灯记》是8场戏，小分队能"整本演出"。这一年为铁路职工和家属演出，走遍了河西走廊50来个铁路小站，沿途县城、部队、军马场也都跑遍了。

还有一件事就是最后那年，分局计划处要我参加武威铁路分局地区建设规划图工作小组。我们那个分局地区有3条煤渣路，是早期修建兰新铁路时规划好的，70年代要把整个铁路地区的道路铺成沥青马路。绘制全区规划图需要重新测量，我跟他们几个南京工学院的还有北京毕业的学建筑的技术人员一起工作，跟着他们学会了水平图形测量，绘制平面规划图。这3年就干了这两件比较难忘的跨界跨行的工作，铁路对我来说是个大社会、大学校，这3年收获满满，对我今后的人生有很大的影响。

仓：您在工艺美术厂待了多长时间？主要从事哪些工作？

冯：我是1973年5月到甘肃省工艺美术厂报到，1993年1月30日离开兰州返回上海，在兰州工作生活整20年。

我们1973年进厂后就马上参加基建劳动，从挖地基开始，盖起了五层框架结构大楼，这在兰州当时算是比较好的建筑，与省政府大礼堂正对面，同在一条轴心线上，地段非常好，省里对省工艺美术厂也寄予很大希望。

省工艺美术厂建成以后第一个投产的就是玉雕雕刻车间，主要制作一些传统的玉石雕刻产品，有花鸟、炉瓶、敦煌伎乐人物和黄河石刻新产品。我们甘肃的工艺品出口是归天津海关管理的。1974年省里分配给厂里80个高中生，厂里计划成立一个新车间。1975年1月我带厂里三人考察小组到上海、苏州考察玩具和工艺美术生产情况，因为这些地方的工艺美术生产比较发达。考察回来后，我就编写筹备新车间的可行性报告，负责联系上海、苏州培训技术工人。有的设备是由省轻工厅塑料总厂调拨的，也有的是先进的塑料高频热压机器，后来又开始自己画设备图纸自己做设备。筹备了不到一年时间，新车间就正式投产了。两年中我先后设计投产了七种吹气玩具新产品，20世纪90年代上海很流行透明的塑料印花大提包，我又设计了一件四套色兰州传统花卉大提包，色彩绚丽多姿切合时尚潮流，挺受市场欢迎的。

仓：您是什么时候离开工艺美术厂，去工艺研究所的？

冯：我从1973年开始一直在工艺美术厂工作，1984年甘肃省轻工厅对工艺美术管理机构进行调整，省工艺美术厂、省工艺美术公司、省工艺美术研究所，三个单位并在一起，精兵简政，成立了一套管理班子。1984年3月我被安排到省工艺研究所担任书画研究室主任，这段时间绘画组到敦煌去临摹壁画收集资料。当时兰州没有大型裱画，我们研究所有很大的裱画场地，可以做展览大画装裱，还做修复旧画项目研究。我们还专门派两位员工去扬州工艺美术厂学习了两年的剪纸，他们后来都能刻制敦煌故事人物或者飞天诸神的作品。

仓：您好像是1986年考上了中央工艺美术学院的工业设计系，您当时为什么做这个选择，去那里主要学习了哪些课程，对您有什么帮助？

冯：我是1986年9月进入中央工艺美术学院工业设计系本科师资班的。其实我在1978年恢复高考的时候就想考中央工艺美术学院，但当时美术厂领导不让走，要技术人员在岗位发挥作用。甘肃省工艺美术工厂80年代有新发展规划，1979年秋天在兰州报登广告开始招新员工，报名人数很多。我和做雕塑的老师给报名的学生全部安排素描及色彩绘画考试，就像考美术专业学校那样择优录取，这年招了40名学徒工，都会画画，有的还会雕刻小玩意儿。他们进工厂以后，省工艺美术厂专业老师、技术师傅每周都会上各种美术知识或绘画技能培训。三年很快就过去了，他们也成熟了，高考没有年龄限制，1982年有一个考进中央工艺美院走了，隔一年又考走一个，先后陆续有六个考进了中央工艺美院本科。考学之风还在美术厂继续，员工都往外省美术专业院校考：有考进西安美院的，有浙江美院的还有郑州轻工学院的，共走了 12 个员工，当年 40 个学徒走了近三分之一。

当时我心里非常想去北京艺术院校进修，老本总有一天要吃完的。80 年代初中国开始全面引进德国包豪斯教学方法和美国先进的工业设计和生产管理体系。1986 年国家轻工业部计划加强各省工艺美术学校的师资队伍的建设，提升中专教学质量，为此中央财政部划拨资金，由中央工艺美术学院举办大专起点的工业设计本科班。

我去报考的时候，必须考大专程度的课程，共有 6 门课，要考设计素描和设计色彩、中国工艺美术史、中国美术史大纲、西方美术史、政治经济学，还有大专英语。这个班是轻工部教育司为提高全国工艺美术学校工业设计师资力量而设立的大专起点本科班，财政部拨款 3 个亿，大约共办了 9 届。我复习了整整三个月。去北京考试一个月后录取通知来了，我的成绩总分超过录取线 32 分。

我们当时的课程跟传统工艺美术不一样，是一些关于西方产品设计理念的课程。我们第一次上专业理论课就聆听了 1982 年世界工业设计协会主席、美国著名的工业设计大师包洛斯教授的精彩演讲，他给我班上了整整一个月的课，讲授近百年的美国工业设计历史。这个课程使我们了解世界工业设计的概念，老教授播放了许多优秀设计产品幻灯片，还分析了很多新颖的设计思路，真让我们开了眼界！学院当时还有一个全国高校专业教师（硕士课程）进修班，也来我们教室里共同听了包洛斯教授一个月的课，这也是他们硕士课程内容之一。那几年我们上的课还有设计概论、设计心理学、机械原理、平面构成、立体构成、画法几何、设计速写、设计思维、机械制图、视觉传达、效果图设计、产品开发、标志设计、展示设计、价值功能学课程等。给我们上专业课程的都是学院比较顶尖的那些教授们。

仓：您从中央工艺美术学院毕业以后，又重新回到甘肃工作吗？

冯：1988 年我毕业回兰州以后，工作换到省工艺美术产品供应公司，对全省工艺美术行业搞资料收集、调查研究，为编纂甘肃省志《轻纺工业志 · 二轻》第三十五卷第二篇第五章工艺美术品制造业的做好准备。甘肃解放 40 周年开始修“省志工程”，于 1989 年正式启动，我参加了三年的编撰工作于 1992 年脱稿。1994 年省志《轻纺工业志 · 二轻》第二十五卷印刷出版。在兰州最后几年我还参加了社会教学工作，包括为兰州市电视教育中心讲授平面构成、色彩构成、立体构成，为西北民族学院美术设计系讲授室内设计概论、宾馆室内设计四大课题。

仓：您是 1993 年调回到美校的？

冯：我在北京上学时，遇到了颜鸿蜀校长来北京出差，他很热诚地邀请我毕业后回工艺美校；隔一年朱孝岳校长来北京编写行业文章，他也希望我回母校工作。20 世纪 80 年代末回上海户口紧张，当时华东理工大学工业设计系想要调我，也是市里户口问题无法解决。1992 年进沪政策开始松动，工艺美校人事科为我们回母校之事上上下下忙了整一年，年底人事局进沪指标会议批准通过，1993 年 1 月中旬我们在兰州办完全部调动手续，1 月 30 日我们登上返沪列车。

仓：您 1993 年回到美校工作，2009 年 1 月退休，前后差不多有 16 年的时间。您觉得这些年工作可以分成哪几个阶段？能不能跟我讲讲您主要负责的工作方向？

冯：我回母校工作就是想当个好老师，由于我多位长辈和我两个弟兄都是大学老师，他们对我选择职业影响很大。1993 年春节开学后学校没给我排课，因为上学期末教务科将本学期的课表都排好了。颜校长要我熟悉一下美校的教育情况，与他一起参加 1989 级装潢班毕业答辩工作和审核学生去用人单位毕业实践的汇报小结。4 月份学校装潢专业科科长恽老师突然辞职去广东，由我顶替恽老师上标志设计课。

1993 年下半年我开始担任产品造型设计专业老师，带每届毕业设计课程。我专心致力于造型设计教学，认真备课，编写教学计划，掌握造型设计教学的规律。对四年级学生着重培养独立设计和模型制作能力，遇到技术问题时，就动手示范或帮助做些辅助工具。在教学中激发同学对制作工艺的兴趣，帮他们熟悉材料市场，让他们学习的热情保持到最后，每单元课程结束后进行讲评、分析并组织学

生作业汇报展出。

系列产品设计基本上是产品造型专业的主课程，用金属材料做产品造型，工艺美校以前没做过。我要求利用简单工器具进行纯手工制作，女生男生都要动手做，女生也要学会剪、锯、敲、焊等动手技能。上课时我会帮他们制作做凹坑木模，用圆顶榔头敲打圆弧形造型，示范操作剪、锯、锉，一个系列产品设计要做四件作业，这就是我上课的要求。这样的课程在工艺美校上过好几次，课题有变化，但是金属工艺动手制作不会变。那年1997届造型班毕业设计的不锈钢系列餐具入选上海市经济建设委员会与上海工业设计促进会举办的“上海新产品新工艺设计大展”，获得“优秀设计奖”。

1995年以后我还上手绘效果图，这是专业基础课。当时还没电脑，效果图画得好到单位工作很吃香，可以到设计公司去画效果图，或者根据平面图翻成立体彩色效果图。大概1995年的时候，学校产品设计科科长下海了，学校就安排我负责产品设计科工作。这个教研科室有两个专业，有两部分专业老师，一个是室内设计，一个是产品造型设计，基本上都是立体造型的范围。因为我平时也在做这方面设计工作，过去在兰州也做，回上海同样也在做，教学管理还是比较顺通的，设计思路、方法都类同，而材料会有变化。

仓：然后就担任学校副校长了是吧？

冯：他们用教务长的称谓让我过渡半年时间。1994—1996年学校连续3年对全校老师进行教学质量考核，包括同事之间考评、学生考评、科室考评、领导考评，共有197个数据输入电脑。我前两年学校考评都是第一。到第三年教务科负责考评的一位副科长跟我说：“冯老师啊，你怎么又是第一？我要采访你，在美校通讯里要写一篇通讯报道，三年三次都第一名。”我说这个很正常，我在学校为学生上课是非常尽心的。老师上课一定要把学生放在心上，我只要上了三天的课，就能把班里面每一位同学名字都叫出来，主要是便于课堂辅导。我有时候和他们说，某某同学你要注意什么，同学们很惊奇，因为学生说老师从来不会叫自己名字的，但我上课都会点名道姓关照他们。上课用心预备材料、准备讲课示范画稿。在辅导制作的时候，对工艺加工先后顺序都要仔细安排，这样才能做出好的模型。实训室使用电、使用火、使用大工具都要注意操作规范，要保护学生实训实习的安全。

1997年担任了半年教务长，他们给我解释这是介于科长跟副校长之间的一个位置。1998年轻工教育培训中心设立在浦东第二轻工学校，郑书记专门到嘉定来跟我谈了一次话，并宣布我的副校长的任命，她叮嘱我要好好干。我要求干两年退下来，中心再找人干。因为1989年以来，我一直在进行电铸铜立体造型研究工作，1993年回上海我创作了铜浮雕“熔”系列作品四件，入选1994年“第八届全国美术作品展览”。继而1997年取材于西北粗犷的民间剪纸的“西北风情”系列三件铜浮雕作品，《回娘家》《碾磨》《亥女》等，又入选上海美术家协会举办的“‘1997’上海雕塑展览”。当时心里很矛盾，从事教学管理就是要放弃自己的艺术创作。

2000年上海工艺美术学校进入全国重点中专学校行列，在校学生达1 600人，是我回母校时候在校人数的4倍多，教学任务和管理责任都非常大，从那时起我就停止电铸铜创作研究工作，集中全部精力将工艺美校教学管理推向巅峰，2004年在校学生达2 500人左右。2005年两校合并建设工作开始，新建高职校园网、扩建图书馆、改造新实训楼及建设大量的各类型实训教室，2009年1月两校合并建设工作基本结束。我当时有三个办公室，完成一个工作，退出一个办公点，至2010年6月图书馆工作结束撤离最后一个办公点，才离开嘉定校园。

仓：铜浮雕的工艺流程是怎么样的？

冯：不是雕铜板，是先做泥塑模型，再翻成石膏模型。石膏是不导电的，在其外面要刷一层导电的材料，带有导电胶的模型板是负极，而电解铜版就是正极。电解槽左边是负极石膏阴模板，右边是正极电解铜板，整流器通电以后工作。4伏的电压、20安倍大电流会将右边电解铜板的铜分子很平均、很平行地向左边石膏阴模板发射，慢慢在阴模上聚集形成有厚度的铜浮雕，这就是电铸铜造型的基本

浮雕作品"熔"系列之一、之二（入选第八届全国美展）

工作原理。铜浮雕毛坯翻制出来后要把石膏模敲掉，再用锯、锉等工具进行修正，做新、仿古、抛光这些工艺手段都可按作品需要来操作。

我在兰州研究所的时候向甘肃科委申请并获得"甘肃省1990年中青年科技研究基金"，课题为"电铸铜工艺铜质材料立体造型研究"，把铜质材料与其他材质有机结合起来，试制有地方特色的旅游纪念品和西北风俗题材的礼品。我就制作了一整套电解铸铜设备。1990年《艾黎铜浮雕像》作为国家礼品赠送新西兰访华代表团，并获第五届甘肃省工艺美术百花奖优秀新产品奖。《黄河石铜饰品》获第五届甘肃省工艺美术百花奖优秀创作设计奖。1991年装饰铜壁画《敦煌朝圣》获第六届甘肃省工艺美术百花奖优秀创作设计一等奖。

仓：您从1998年开始做了将近十年的教学副校长，中间也管过教学，也管过实训。请您回想一下，那个时代整个工艺美校的教学理念是怎么样的，实训体系是如何构成的？

冯：我先从教学层面谈起，教学管理我是1998年接过来的，1999年开始准备全面重新编制学校八个专业的教学大纲。1999年上海工艺美校又被评上全国重点中专，在教学上我们对标两个高校：一个是中央工艺美术学院，一个是同济大学建筑设计学院艺术设计系。

同济大学学生动手能力是出名的，我去过几次同济取经，他们系里室内设计专业、产品设计专业、模型工艺制作这些课程内容与工艺美校的专业很相似，我们也学习了很多有益东西。进入全国重点中专的第二年学校专项款就增加20%多，我们搞实训室建设的时候同济设计系老师也到我们这里来参观并辅导了我们。

教学上为什么要重新编写大纲？编写大纲就是编写剧本，有好大纲就能办好专业。我跟徐鉴明和王敏老师3个人北上去了中央工艺美术学院工业设计系，我说我们来学习工业设计系的大纲是如何编写的，系里吴秘书就把一大本A3大的厚册子给我们。接过来细看那不是系里的大纲，而是全院每个系的专业大纲合订本。我们真像搞到情报一样兴奋，立马冲进对面一家复印服务部，全部复印，拿回来研究参考。这时候我就想到，学校以前每个新建的专业出来都要编一份教学大纲，工作量很大。现在将某专业大纲分为A、B、C、D四个模块：A模块是文化基础课；B模块是美术基础课程；C模块是设计基础课程；D是专业设计课程。假如有新的设计专业出来，A、B模块是常设基础课程，就按新专业要求选择A或B模块里有关课程，不必重新编写，其优点是A、B模块各课程名称、教学要点、教学难点统一化，便于考核检查。我们在C模块设计基础课程中增加了中央工艺美院设计基础训练的新内容，教学成果很明显。比如计算机图形专业当时就很新，那年在上海也很有名气。D模块专业设计课程中增加动画原创、分镜头影像设计等非常专业的课程，大纲的模块显得很有份量。

2000年全校新大纲完成以后，学校就把整个教学体系理顺了。当时学校有八个专业的教学计划，都是通过这个新大纲来制作完成的。

仓：实训体系一直是属于工艺美院的良好传统。您当时在规划实训的时候，怎么去延续美校动手强的这个特色？

冯：20世纪60年代学校为提高学生制作技艺，要求专业制作是实现“能画会雕”教学目标的重要环节。汪邦彦老校长当时提倡凡美校学生必需“动手与动脑相结合”。

以前是后勤部门管实训，与教学管理脱节，所以我们1999年成立了设备科来管理全校实训工作室。有些后勤不要的人我们就收下了，他们有些在工厂待过，有经验，会用工具。我们设备管理也比较到位，很注意设备记录、管理、用电安全等。2006年12月我编写完成《上海市工艺美术学校工艺美术开放公共实训中心计划书》。2007年3月组织建设工艺美术公共实训中心项目，按规划建设了18个门类的实训场地。2008年6月完成整个项目建设，下半年通过市教委验收。

采访心得

冯校长是工艺美校初创时期的毕业生，在行业工作很多年后，又将毕生所学反哺于母校。他强调在求学时要打下深厚的专业基础，在工作中要不断汲取新的知识，在创作中要不断去学习新技术、了解新材料，创新作品的表现形式。他踏实严谨的工作态度、精益求精的工作精神，值得美院人好好学习与发扬。

张苏中

新专业的开拓者和《数码雄鹰》的创作者

采 访 人：仓 平 袁 圆
受 访 人：张苏中
采访时间：2020 年 5 月 15 日
采访地点：上海工艺美术职业学院徐汇校区

张苏中

出生于 1955 年 10 月，1973 年进入上海工艺美校学习，先后参与创建了工艺美校资料室、摄影课程、装潢设计专业、计算机图形设计、动画设计专业等多个新专业，是美校的“拓荒牛”。他注重塑造工艺美院数码学院师生的文化氛围和集体人格，其参与作词的《数码雄鹰》鼓励师生直面困难，传唱至今。

一、成长和求学经历

仓：张院长，请您先谈谈您的家庭和您小时候的成长环境。您为什么会选择走艺术创作的道路，主要受到什么影响？

张：我出生在干部家庭。父亲是新四军老干部，1939 年入伍，1949 年以后就一直在医药行业工作至离休。母亲是工程师，一直在电子行业从事计数管的设计工作。我还有一个弟弟。我一直认为我有这样的父母很幸运，因为家庭成员之间从没有等级观念，地位非常平等，经常喜欢相互开些玩笑，甚至偶有善意的恶作剧。

20 世纪 50—60 年代，父母亲的工作都非常繁忙，经常不能回家，对家里的照顾比较少，我的父母亲学做烧饭炒菜也是从他们退休以后才开始的。我一年级之前就开始在里弄食堂吃三餐，熟悉的食堂阿姨到家看看我们，偶尔帮忙做些家务。父母亲可能是因为担心我们兄弟两个无人照管容易出事，所以很费心地让我们做些手工，如教我们做一些矿石收音机、晶体管收音机、飞机和轮船模型等，尽可能地把我们圈在家里不外出，只希望不要出事。他们对我们的学习成绩从来也不过问，也不检查我们的作业。所以，我的家庭成长环境同其他老师不一样，同艺术没有任何关系，且生活上基本是处于“散养”状态的。在进入工艺美校之前，我对艺术是没有任何概念的。现在回想起来，家庭对我成长的最大影响是，做了若干个模型和收音机等东西以后，我逐渐具有了一些原始的独立发现问题和解决问题的能力，这种原始能力大概对我以后的学习和工作是有帮助的吧。

仓：您是哪一年进入上海市工艺美术学校就读的，当时读的什么专业？为什么要报考工艺美校？为什么选择这个专业？

张：我进入工艺美校就学甚至在以后更换不同的工作岗位，完全是环境选择我的结果，而不是主观努力所致。我初中毕业是1973年，同年进入工艺美校。那个年代中学毕业后的出路是由政府安排的，根据学生的家庭条件，分配进入工矿企业或者是到农村插队落户，完全不考虑学生个人的志向和特点，现在看起来是不可思议的。当时我作为长子应该到农村去的，但是我父亲担任中国援外组组长常年在国外，三年才回家一次，家里需要人照顾，所以就分配到了“软工矿”（比正式进入企事业单位“硬工矿”差一点），不用去农村了，可以进学校。当时上海有两个学校，一个是电力学校，一个是工艺美术学校，当时电力学校是属于比较好的，工艺美术学校办学不久。又因为我在华师大附中里经常代表班级写些黑板报，用粉笔画些报头图案，画朵大红花，画几个鸟，画几条绸带，写几个字，就很简单的东西，学校以为我有美术细胞，当时的班主任就把我推荐给工艺美校招生办了，那一届我们附中共有四位同学进入工艺美校。推荐以后，我就去金陵路学校的办事处，去了以后就让我交几张画，我看见旁边有一个练习本，就拿过来用一支圆珠笔画了一点东西，签好名字就走了。过了两天，有一个老师叫李树章，来家访看看家庭情况，让我谈一下对美术的看法。我说自己愿意学美术，但是不太懂。后来我进学校以后才知道，这位老师是我们学校的副校长。过了几天收到了一封信，说是被录取了。

我1973年进入工艺美校工艺绘画专业，我和所有那年进入工美的同学一样，专业是分配的，学生是不能选择的，更换专业也是不允许的。我们当时一届有八个班级，即八个专业，一班是玉雕，二班是牙雕，工艺绘画排名最后，是八班。其他班级每班25人，而工艺绘画是36人。我当时的学号是34号，我认为从专业和学号的排列上可以看出专业的重要性以及学生的美术基础，学号越靠前的专业基础越好。我很侥幸地进入这个学校，改变了我一生的命运，我是比较幸运的。

仓：能谈谈当年进入美校学习的情况吗？

张：我1973年进校，是工艺美校复校后的第一届，那个时候学校在外冈。第一天报到的情况我还历历在目，当天我发着39℃高烧，我父亲问我能吃得消吗，我说可以。他说你要住在那里不回来的。我说试试吧。然后父亲把我送到人民广场学校的集结地，我们班上有几个学生在那里，那个时候我脑子已经糊里糊涂了，把背包放在地上，站不住就坐在地上。我父亲就问其中一个女同学是哪个班的，那个女同学说是八班的，父亲说“他也是八班的，你照顾一下，我要去上班了”，父亲就走了。那个时候我们学生坐在没有帐篷的卡车上面，从人民广场坐到嘉定。接学生的班主任侯老师看见我发烧，就把车头的位置让出来，让我坐在里面。进学校的第一天，学校的一个操场上面全部种了棉花，学校给每人发了一副手套去拔棉花秆子，要把操场整理出来，然后侯老师说我在发烧就让我到宿舍里去休息了。

仓：1973年至1975年这三年，被称为美校的黄浦时期，出了很多的优秀人才。您能回忆下您和同学的学习经历吗？

张：这三年毕业的学生确实曾经是社会上影响力最大的一批，但是这个有内外部的原因。这个时候老师的地位在恢复，也想证明自己，跟学生也走得很近，教学非常尽力。老师和学生基本上都住在学校里不回去，打成一片，感情很好。另一方面的原因就是生源好，那个时候国内大学还没有招生，工艺美校复校后招收了一批社会上的有能力、有基础的学生。

我认为自己在专业上的收获，至少三分之一以上来自同学，包括同班同学和同校同学。

我印象比较深刻的同班同学，像陈振濂现在是文联副主席了。我感觉他比我们领悟得早。我们玩的时候，他从来不玩，非常努力，下课后一个人趴在一张小书桌前看书。还有另外一个比较要好的男同学叫林颖，从我们学校毕业了以后考到浙江美院，他非常有才华，当时是我们班上画得最好的一个同学，但他很早在美国去世了。还有别的班上的同学，像余积勇在雕塑方面很有成就，我一直跟他学素描学了很多。现在五卅广场上的五卅运动纪念碑，还有很多经典的地标雕塑都是他设计的，他现在已经 65 岁了，他把自己的全部积蓄拿出来建了一个完全公益性的私人雕塑博物馆，然后又拿一部分资金赞助全国大学生雕塑比赛，找专家来当评委，我觉得这些令我非常感动，因为他完全秉承了我们老一代艺术家的精神，为了社会舍弃小我。

仓：在美校学习期间，哪些老师给您留下了比较深的印象？

张：我刚进美校时，专业基础是非常差的，甚至不知道素描是什么，而且身体特别不好，正患胸膜炎，第一年常因胸疼而无法入睡。我当时的对策是尽量比别人更努力一点，多花一些时间学习，多请教老师和同学。一方面因疾病学校让我免修体育课，让我有更多的学习时间，另一方面我就利用晚上睡不着的时间用手电看书或者默画。以后就和所有同学一样正常学习了，直至学业结束。

当时工艺美校的学习氛围非常好，专业老师敬业得让人感动，在课堂上多以亲手辅导为主，大篇纯粹理论的讲授很少，我们递交的每幅作业，老师都会认真仔细地附上对作品点评的便条发回。晚饭后或休息日（那时我们不经常回家）老师也经常会主动到学生宿舍里，和我们一起谈论任何有关专业和非专业的话题，学生也可以在任何时候到任何地方找老师询问，师生情同家人，完全没有明确的师生边界，老师也没有名画家和工艺师的架子，这种融洽关系彻底打消了我们的畏难情绪，使学习效能大为提高。

学校里印象深刻的老师太多了，每位教师都有独特的魅力，我都从他们那里学习到太多的专业知识和为人处世方式。老教师里有曹简楼、姚友信、杨力、申石伽、孙悟音、朱光玉等。当时的青年教师有汪凯民、周宏、蒯大江、张继先等。他们给我的总体印象是教学敬业、待人谦和、为事热心。其中令我特别难忘的不是他们的教学能力，而是各自的性格趣事。比如因画《三国演义》而著名的连环画家朱光玉老师，文化程度不高，不会讲普通话，只会用沪语讲课，而且极其口语化，但这一点也不妨碍他的教学。著名画家孙悟音老师要求极端严格，拿笔姿势稍有不对，运笔速度稍慢，都会不停地指出，她一边看着我画，一边嘴里不停顿地说“慢，慢，好，再快点，快顿一下……”，好像球迷看球赛。我留校工作以后，有段时间担任工会干部，每年要代表学校拜访老教师，记得有一次去孙悟音老师家，她老人家 90 岁了居然还一个人在玩电子游戏机。还有蒯大江老师带我们到黄山写生和体验生活，经常会拿出一些小零食，供师生分享。

仓：您在美校毕业后是否直接留校任教了？后期有哪些进修学习经历，这些学习经历对您的影响主要体现在哪些方面？

张：我从工艺美校毕业以后就直接留校任教了，刚开始留在工艺绘画专业教国画。留校两年以后，因学校没有资料室，周校长想为学校筹备一个资料室，把老画家的画、社会上的一些资料放进去，就把我调到资料室去了。到 1985 年的时候，学校领导又把我抽出来，因为学校里要办一个摄影专业，当时学校从教委那里得到八万块钱，买了一批照相设备，这个设备要专人保管，就让我来管，同时交给我一个任务——开摄影课，我就从那个时候又回到教师岗位了，一直工作到退休。那个时候学校里面就觉得工艺美术、纯手工艺招不到学生，毕业的学生专业不对口，这个路走不下去。当时学校领导和学校老师就讨论了什么是好学校，在 20 世纪 80 年代讨论出来三个指标：专业对口率，就业工资，就是起薪点，然后就是一个就业率。这三个指标对照下来，传统的工艺美术非常不好，招生也可能会遇到危机。当时还没有危机，但是当时的学校领导已经有这个危机意识了，他说我们必须要拓宽专业面。学校领导提出来，是不是可以办一些新专业，那个时候我就提出来，是不是可以办一个广告摄影专业。学校领导就反反复复论证了好几次，然后就开了一个广告摄影专业，我就当了广告摄影专业教研组的组长，这是上海市第一个广告摄影专业，我们边摸索边教学，也请教了很多外面的企业、公司。当时苏州工艺美院的广告摄影也是向我们学习，他们办得比我们晚一点。办完广告摄影专业以后，后面就要办平面设计专业，领导又把我送到浙江美院培训了两年，回来以后和很多的留校老师一起把学校的平面设计，当时叫装潢设计这个专业建立起来。那个时候专业建设是朱孝岳校长负责的，朱校长外语好，有很多前瞻的信息，他每次看了新的消息就会告诉我们，现在国外教什么专业，然后鼓励我们做一些新专业。我们这批留校的老师大部分都转到平面设计专业了，除了几个手艺特别好的，像赵丕成、王敏、陆君玖等还坚持传统手工艺。到了90年代之后，颜鸿蜀校长开始又一次重大转型，就是进入数字艺术也就是媒体艺术时代了。颜校长当时打造的第一个工作室就是计算机图形设计工作室，是得到教委支持的。我一起参与了这个工作室的筹建，也担当了一部分计算机类的课程。

我留校以后得到学校提供的进修培养，对此我对美校怀有深厚的感恩之情。1976年工艺美校毕业时，美校让我们这些留校青年教师在不影响教学工作的同时，利用休息日补读工艺美校(自己的学校)学历。到1985年，学校为了提高教师的专业能力，为我们留校教师联系了浙江美术学院装潢艺术设计专业(大专)学习，需要参加全国高考，学费由美校出，我们带薪学习。1995年学校又鼓励我们到上师大西画系油画专业入学本科，也是通过全国高考以后带薪学习。2000年学校又支持我们入学上海大学设计专业研究生班，带薪学习。此外，在1995年设计领域刚出现计算机技术时，学校就及时送我和陈洁滋等老师到有关机构学习培训。类似的短期培训有很多，至今我还没有见到一所愿意花如此代价提高教师的专业能力的学校。

正是在美校持续不间断的进修培养，更新了我个人的知识和能力，使我有了一段奇妙的个人成长经历，刚留校时是国画人物教师，逐渐具备了专业平面设计能力、油画能力和最终的数字艺术能力。我不能说自己因此有了极大的提高，但确实大大扩展我的专业视野，让我在不同专业岗位工作变得从容而有信心，并对专业有更深的理解，这源于工艺美校为我付出的大量时间和经费。

余友涵老师的画展开幕式(右一：张苏中，左三：余友涵)

在教学技能方面，我认为较大得益于朱孝岳校长发起的青年教师拜师机制，凡是新教师都必须拜有经验的老教师为师，跟学跟听，学习第一手教学经验，从讲课、教学笔记、辅导技巧到成绩判研等。这让我通过直接观察老教师的现场工作，来掌握那些甚至老教师自己都忽略的优秀细节。同时，老教师对我的辅导帮助是全方位且有针对性的。我生性羞于在公众场合说话，虽然在师傅颜鸿蜀老师指导下作了充分备课，但第一次上课在教室门外还是迟迟不敢进去，是颜老师狠狠地一把推我进去的，他这一推成就了一位青年教师。没有这一推，也许我永远不敢走上讲台。

二、教学经历和建议

仓：您在工艺美院工作了多少年，能否谈谈您的工作和创作经历？您觉得美校的工作和教学氛围如何？

张：我在美校和美院工作加起来近 40 年，在工艺美校阶段的工作内容变动比较多，任课类型也多。我退休后抽空整理了一下，我在工艺美校期间共上过素描、色彩、摄影、广告、动画等 23 门专业课程。形成这种现象的原因我认为是自己比较好说话，大部分教师都比较看重自己的专业，不太愿意轻易改变，包括上新课或者是离开原有已经熟悉并作出成绩的岗位。但学校领导找我商量时，我往往会被说服，所以，久而久之我就成为工艺美校里专业变动最多的人。当然，另一方面也可以这样理解，我每一个岗位的工作都完成得不够理想，所以宽容的校领导就不断地调动我的工作内容让我适应。

老美校的教学工作模式同美院不完全一样。老美校的教学工作有专业教学大纲，而无非常具体的教学计划，但听课和公开课等教学检查和教学研究活动丰富而严格，教师乐于接受，教学的支持机制也比较流畅灵活。美院教学计划和教学标准细而多，但教学执行弱，教学活动简单，教学支持机制需要提升。我认为，老美校和美院的教学模式各有利弊，可能是老美校更适合发挥教师个人的专业能力，但同类课程的教学效果可能会因教师的不同而有所差异。美院的教学模式可能更适合刚入学校的新教师，能够在最大限度保证教学质量。

在教学氛围上，我喜欢老美校的风格。可能是由于老美校的大部分专业教师都是代代相承留校的，所以专业老师之间的关系非常融洽，探讨专业和教学的气氛比较浓。另一方面，因受通勤车少的影响，老美校的教师只能每周回家一次，吃住都是和学生在一起的，所以也是师生之间相容度高、学习氛围好的原因之一吧。还有一个因素是早期大家看到的艺术或设计类的资料比较少，师生之间有比较强烈的艺术信息交流的愿望，这也可能是促成了教学氛围形成的原因吧。

三维数字作品《汽车》

仓：在美院工作中您最难忘的工作经历是哪一段，为什么？

张：在美院的工作经历我是不可能忘记的，尤其是和全体数码学院的教职员工在工作中结下了深厚的工作情谊，现在每每回想起和他们的合作共事场景，都让我动容不已。其中自认为比较有意思的

三维数字作品《犀牛》

是全体数码学院老师共同创立“数码学院四步教学法”的经历。大家总结提炼老师们点滴的教学经验，多次实践修改，使之成为帮助新教师和企业兼职教师快速掌握专业教学技能的简单诀窍，事实上有效地升级了他们对专业教学过程的认知，从而在客观上整体提升了数码学院的专业教学效能，并成为教师们乐意采纳的方法。而在这一过程中，学校和学院没有一分钱的投入。通过这一集体探索总结教学成果的历程，我得出所有教学目标的设定、教学体系的升级、教学成果的研发等工作，若要取得成功，都必须从一开始就由一线老师直接深度参与，让学院的整体工作化为教师个体的工作的感悟。

仓：张老师，您在数码学院的时候探索出了课谱体系，并获得了上海市的教学成果奖。能讲述一下课谱的创建过程以及其中的知识点是如何与时俱进的吗？

张：首先是感谢潘院长，因为这件事得到了他的支持。当时我们的教师分为两类：一类就是从校门到校门的老师，他们的实践能力不足；还有一类就是从企业聘请的兼职教师，他们技术可能非常好，但是他们教学的能力好像有点欠缺，无法将才学有效传达给学生。

我当时和陈老师一起商量怎么能够解决这个问题。开始我们设计了一个很详细的教学计划，但老师根本记不住。然后我们就做了一个测试，把知识点、能力点、教学的要点控制在几句话之内，打出一张表贴在墙上，老师看到了就知道了。

第二个好处是建立了课程和课程之间的联系，因为老师看了以后，知道了前面的课是怎样讲的，我怎么跟前面和后面的课衔接，课程和课程之间的内在体系就建立了。

第三点很关键，我们过去对老师课程的考核监管是来自外部的，比如由老教师来监管或者由教务部门来监管，但是由他们来监管不是一种好的方法。把课谱贴出来以后，学生也会看到有哪几个知识点、老师讲的好不好或者讲的完整不完整，客观上也对老师起了一种监督的作用，对学生预习也有帮助，可以先上百度搜一下老师要讲的这几个知识点和技能。

我们每次排课的时候都在一个小电影院内，全体老师坐在后面，秘书在前面，我们把教学计划打在屏幕这一边，然后就开始排课了。一边排一边将知识点更新在上面。之后，再非正式地拜访企业讨论课谱知识点。我们每次都带老师拜访很多企业，请他们提意见。我们想建立一种机制，就是能够把教学内容和社会需求同步更新，但是比较难，对老师的要求非常高。内容一旦更新了，老师知识也要跟上去，需要精心设计老师知识更新的机制。

仓：您在工艺美院长期担任教职，建设了多个新专业。早期美校建设新专业，总是先派您出去学习，回来再创建。您怎么看这样一个“创业者”的角色？您觉得美院该如何保持创新性？

张：其实"创业""创新"都是以后追加的。当时基本都是为了解决具体的迫在眉睫的问题，不是为了"创新"或者"创业"，那时还没有这两个词。比如学校的招生情况不理想直接影响到学校的社会地位和生存状态，所以学校就希望通过建设热门的新专业来缓解这一问题，事实上这样做也收到了一定的成效。不是先由学校规划好了以后，再让我们具体去实施。大部分建立新专业的设想是在学校食堂的饭桌上形成的，当时朱校长和颜校长等校级领导经常同我们青年老师在食堂同一张饭桌上用餐，校长们遇到问题会直接在饭桌上或校车上(那时校车座位是面对面坐的)同我们探讨解决办法，如果有谁提出好的建议，再一起讨论如何核实、调研、实施等细节，甚至会讨论到委派哪位老师到某学校先去学习某些内容的课程，以及学多少时间、多少投入等细节。往往几经交流，大家认为成熟可行以后，才到办公室讨论出一个具体计划，并予以实施。所以我认为美院要保持创新，不能是为了"创新"而创新，而是为了一个崇高的专业目标，不断地持续地解决眼前大大小小的问题。不要贪图快，只要能不断踏实地前行就是创新。

仓：您曾经参与编写了一套关于传统工艺技法的丛书，美院在20世纪90年代的时候发展遇到了很大的困难，但是在那个时候还是有部分老师坚持对传统文化进行挖掘和整理，因此留下了宝贵的文脉。请问您觉得该如何将传统文化和现代设计相结合？

张：您说的是上海科教出版社出版的"工艺美术技法系列"丛书，我是该套丛书的选题策划者之一和出版牵线者。当时我校青年教师也是我的好朋友们共同面临两大问题：一是从事传统工艺类工作的教师出版专著比较困难；二是随着老艺人退休，传统工艺美术正逐渐流失。为解决这两个问题，我请了科教出版社的编辑王克平先生帮忙，出了一套工艺美术技法类丛书，考虑到市场因素，设定了每本书由工艺历史、工艺传说和工艺技法三个板块组成。这样既为出版社争取到了选题，也让老师们得到了写专著的机会，也为工艺文化留下一些学术痕迹，三方得益。我校王敏、陆君玖、赵丕成、翁纪军等多位有经验的教师参与了编写，每人独写一本，书本的封面及封面用语都是大家一起策划设计的。这套丛书前后共印刷了两次，在社会上引起很好的反响和评价，被多个高校和图书馆收纳，这也反映出老师们不俗的专业实力。此事遗憾之处有两点：一是我因当时忙于事务工作，没有完成我自己该写的那本已经列入出版计划的《工艺编织技法》；二是该套丛书印刷了两次以后，没有再后续出版，有几位老师如薛志雄等已经完成了写作，但是没能够出版。

仓：您曾经紧跟产业的发展，创建了动画和游戏专业，这两个专业至今招生情况均很好。您能谈谈职业院校的专业建设该如何与产业相配套吗？

张：我退休以后在多所同类兄弟学校服务过，也深入观察过他们各自的特色，颠覆了我过去的一些想法。我现在认为，在信息和技术爆炸的当下，数码学院(其实美院也一样)要办得好，一定要走专业化、职业化、社会化的道路。专业化有助于学院提高工作效能和教学效能，少走弯路，少付代价；职业化有助于学院建立良性长期发展的稳定机制，小步快走一定好于大步腾跃；社会化有利于学校建立动态更新教学内容和教学目标的渠道，引入科学合理的评价教学的标准，消除学校建设和发展自娱自乐的弊端。

三、管理经历和建议

仓：您长期担任二级学院院长，在数码学院的时候非常注重团队的凝聚力和文化建设，当时您谱写的《数码雄鹰》这首歌曲一直传唱至今。您能介绍一下这首歌诞生的背景吗？您觉得该如何塑造校园文化？

张：2003年到2005年，有一个电视节目很火，就是易中天的说三国。我偶尔看了一下，正好看到易中天说社会发展、产业发展、人格形成的底层是文化，这句话给我印象非常深刻。所以我们就一起商量了，我们数码学院是不是可以建立一个文化方面的共识，老师们都非常赞成。之后我们就商量要做几件有仪式感的事情，先想到的是能不能为数码学院谱一首歌，做活动的时候可以唱一下。我们先建立了一个 QQ 群，有人说最好起一个名字叫"数码帮会"，我心里不愿意，但是为了尊重老师们的意见，投票通过就确定了，然后就在这个群里面进行讨论。我说我起个头，我就写了第一段第三、第四句词，大家说很好，很荡气回肠，然后我说你们补充下去，然后大家就写下去了，讨论完了以后我们就请吴燕艳老师进行谱曲，前后试做了好几个版本，我个人最喜欢的是钢琴版，但是当时大部分老师喜欢的是现在这个版本，后来这首《数码雄鹰》就成为我们数码学院的院歌。原打算每届新生入学更新一部分歌词，曲调不变，但后来因种种原因没有实施。

其实我们当时还做了其他几件事情，一个是每年拍一张全家福，拍照的时候，小高老师提出，我们学院要有一个统一动作，比较霸气的动作，大家就一起抱胸拍了一张。我们还建立一个网站"数字英雄"用来宣传学院。我们希望有某种符号来代表数码学院的集体人格，以此帮助我们的学生和老师建立起面向各种挑战的信心，《数码雄鹰》实际上就是我们的虚拟符号。

仓：请问您对于艺术设计学院所培养的人才应该具备的知识体系和思维方法有什么看法？您对改进工艺美院的人才培养模式有什么建议吗？

张：我们现在规模化、标准化的教学体系其实来自工业革命建立起的思想，最典型的就是凯洛夫教学法，但是现在进入信息时代以后，肯定要对原有的教学模式做修改和补充的。我从资料上看，英国老牌的剑桥大学从 2014 年起就允许学生在考试时使用谷歌搜索；另外不少毕业后进入社会的老同学老学生，从事的工作与所学专业虽有些关联，但实际差异很大，我也知道他们以后还会不断地变更工作内容。通过这两个小小的现象，我们可以预估到不久的未来，帮助学生具备高效的信息和资源搜索能力，可能比让学生熟记专业知识更加重要，因为机器的信息储存量要远超大脑；帮助学生掌握合理的判断和选择能力，可能比让他精益求精地操控某个技能更加重要，因为技能可能会被人工智能取代；帮助学生具备自主学习和利用碎片时间学习的能力，可能比通过专业技能考试或者在专业技能大赛赢得佳绩更加重要，因为他们必将是终生追逐知识的水草而居的知识游牧民族。所以，处于这样一个激越动荡的时代，我个人认为任何学校永远都有改进教学模式的空间，具体如何做还是应该根据目标，逐渐解决眼下一个个细小的问题。

采访心得

张老师有着非常强的学习能力，在美校学习、工作了一辈子，总能紧跟社会技术的发展与产业结构的更迭，不断学习新的知识，创建新的专业。他非常谦虚，他创建的新专业帮助美院拓展了专业格局，他从远大处着眼、细微处入手的工作风格，兼具创新与踏实精神，务实与人文的情怀，值得继承和发扬。

沈国臣

组建工艺美院高职并成功申请国家示范校建设

采 访 人：仓 平
受 访 人：沈国臣
采访时间：2020年7月16日
采访地点：上海工艺美术职业学院徐汇校区

沈国臣

教授级高级工程师，现任中国工艺美术学会副理事长，中国工艺美术大师工作委员会专家委员，中国室内装饰协会战略发展委员会副主任，上海市退（离）休高级专家协会轻工专委会主任委员。曾任上海市第二轻工业局副局长（1992—1995年），上海轻工控股集团公司副总裁（1995—2008年），上海工艺美术职业学院院长（2003—2008年）、党委书记（2004—2005年）；曾担任中国工艺美术协会副理事长（2005—2018年），中国室内装饰协会副会长（1998—2018年），上海工艺美术协会会长（2002—2018年），上海室内装饰协会会长（1993—2012年），上海市科技进步奖评审委员会委员（1992—2017年），教育部高职高专艺术设计教指委委员、顾问（2003—2017年）；曾长期担任上海市科委、经信委、文创办项目评审和咨询专家；上海市高级工艺美术师、轻工类高级工程师职称评审委员会主任委员、上海市正高级工程师、正高级工艺美术师职称评审委员会副主任委员，上海市工艺美术三项评审的（大师、品种、精品）评审委员会主任。曾荣获上海市质量管理功臣和上海市离退休干部先进个人；成功创办和组织实施了上海国际室内设计节，2010年开始连续8年担任组委会执行主任。

一、成长和创建美院

仓：想请您先谈谈您的家庭和您小时候的成长环境，是什么影响了您后来进入轻工系统工作？

沈：我是学理工科的，1968 年华东理工毕业之后被国家分配到青海工作，1989 年回到上海后就一直在轻工系统工作。我今天接受采访很高兴，在我的职业生涯中有两件事情让我感觉很欣慰：一是虽然长期在重工、经委、轻工系统工作，但是职业生涯最后一站是上海工艺美院，并从这里退休；二是在我职业生涯的最后五年，和上海工艺美院全体师生一起成功地申办了国家示范性高职。

仓：您是哪一年来美院工作的？您能和我们讲讲当时的情况吗？

沈：来美院工作之前，我在上海市二轻局及轻工控股集团分管教育、科技等工作，1995 年一轻、二轻合并之后，市府决定轻工系统唯一的一个高职高专，也就是轻专和化专、冶专三个专科学校合并成立应用技术学院。那么轻工连培养高层次人才的学校都没有了，留下的是中专和职工大学，所以当时我就向轻工党政班子建议，抓住上海建设创意城市和世界设计之都的机遇，将当时已经申报国家级重点中专的上海工艺美校(正式批下来是 2004 年)和上海二轻职大联合申报高职，培养高素质高技能人才。

通过不懈的努力，2003 年 3 月市政府正式批准设立上海工艺美术职业学院。2003 年的 7 月份我被任命为工艺美院院长。当时塔城路校区只有五十亩地，需要再找更大的空间重建一个新学校。经过反复协调我们把塔城路五十多亩地交给了嘉定区政府，嘉定区政府把树屏路这块两百亩的地给我们。我们向银行贷款一个多亿，从设计、招投标到基建，花了一年多一点时间，就把整个学校、校舍全部建起来了。2005 年新的学校就全部启用了。

仓：高职校刚建设起来后，遇到的困难有哪些？是如何克服的？

沈：2005 年学校搬进来，名义上是二轻职大和工艺美校两个学校合并，实际上有五个学校。因为当时二轻职大先是跟一轻职大合并的，财校跟党校也一块进来。五个学校的分配制度都不一样，有的奖金高工资低，有的奖金低工资高，福利条件也不一样，人多事杂，百废待兴。

当时在我们面前有两件大事，一件大事就是如何凝聚人心。五个学校的很多校级干部(处级、副处级)到了工艺美院就不可能再担任校级干部。当时我首先从班子着手，先统一班子思想，统一中层干部思想，再统一全校教职员工的思想。上面思想不通，下面不可能通。我当时就在班子里明确，我们都是美院人，既不能再提我是美校人你是职大人什么的，也不能再提过去工艺美校和二轻职大谁更好。我们出了一个报纸叫美院报，只说工艺美院语言。一旦谁提二轻职大哪里好，哪里优越，谁提工艺美校怎么怎么的，就会遭到严肃批评，搞圈子搞分裂的没有任何市场，因为我们班子成员以身作则，不从我们嘴里说出任何不利于团结的话，统一思想应该说还是非常有效的，确实做到了凝聚人心正气抬头。

另一件大事是经济上很困难。2004 年开始到 2006 年，三年里面就还掉了贷款本息 4 500 万元。当时教委拨的生均经费只有 4 000 元，要维持学校的生存都有困难，我们自己内部的工资增幅是很低的。我们班子带头，原先一些校领导变成中层干部就按照中层给待遇了，下面再一级一级做工作。这件事情处理得比较好。

仓：高职建立后，学校采取了哪些发展新举措？

沈：光节约不行，还是要激励。当时我跟班子提出来，我们到苏工美去学习了一下。苏工美也建设了一个新校区，比我们的占地面积大一倍，而且它的教师队伍、学生规模也比我们大，我们在那学习两天，白天参观，晚上讨论。当时班子成员中有人提出学校改名为艺术设计学院，说苏工美工艺美术系也改掉了，改成时尚工艺系了，因为现在传统工艺美术招生萎缩。当时这个想法附和者不少，但我们当时就统一思想，一是不能刚获批成立高职就改名，二是如果改成纯艺术设计的话，我们学校一点优势也没有。我们当时五个系，环境艺术系不能跟同济比，服装不能跟东华比。还有华师大、上师大、上海大学这些本科院校的二级学院，他们随便拿出来一个专业都比我们强。工艺美术是我们的根、我们的传家宝，要把我们的工艺美术应用到艺术设计里面，这才是我们的优势、我们的特色。后来经过讨论大家一致同意，就没改名。

我提出，大力发展职业教育，要加强工学结合，要着手建立校企合作体系。我亲自负责，亲自去谈，和工艺美术的大企业建立校企合作关系。我找了老凤祥公司，老凤祥马上就把一套几十万元的设备给学校作为实训设备。有了校企合作的协议条约，我们毕业生可以到企业实习，我们可以跟他们共同设计开发一些项目。

我当时是工美行业协会会长，后来我又提出，要请所有的工艺美术大师跟我们学校签订一个客座教授协议，让他们到我们学校来讲授他在工艺上、技法上、设计理念上的一些心得，手把手地教我们师生。当时大部分跟我们专业有关系的工艺美术大师，除了年龄特别大的，都签了协议，这样我们跟行业对接就有一个基础。

二、申请国家示范校建设

仓：您后来带领美院成功申请了国家示范校，当时为什么要做此决定，当时的经过如何？请您简要介绍一下。

沈：2005 年校舍落成，我们开了一个全校的教职员工大会。在这个大会上我提出 3 年打基础，5 年上台阶，10 年争一流的目标。当时我们的基础是很差的，不管是师资队伍的基础，还是物质硬件的基础，都比较单薄，所以需要 3 年把基础夯实。当时教育部已经下文要创建 100 所示范性高职，我就提出 5 年要能够进入这 100 所行列。所以我们学校所有的事情都是环绕着这个战略目标来考虑的，这个共同奋斗的目标能使我们凝聚人心。

在这个情况下，我们班子的思想也就一点点地统一起来了，下面的人员也组织好了，每个系把你的特色、你的优势、你的最亮点全部显现出来。就在徐家汇这个校区，迎着 35 摄氏度以上的酷暑高温连轴转，困了就在办公室里闭一闭眼睛，没有奖金没有加班费，没人叫苦叫累，院领导也天天和大家在一起共同奋斗。

当时入选上海市第一批申报示范校的一共三所。一所是公安专科，公安部政治部主任亲自出马坐镇答辩。第二所学校是旅游高职，旅专是上师大的二级学校，当时上师大校长是李进，又是全国高职高专联席会议主席，上海旅委主任亲自到北京坐镇答辩。我们是全部学校中最后一个答辩的学校，专家已经很疲劳了，我看他们已经准备收摊了。但是一开始汇报陈述，专家们眼睛一下子都瞪大了。当时提的问题都很击中要害，譬如说我们学校土地面积不达标，我就实事求是地讲，我们市区还有几块校区，上海市区寸土寸金，关键是我们学生的许多实训实践都在工学结合校企合作的企业，这样专家也不吭气了。也有专家问我们毕业生的问题，他说你们是 2003 年刚开始升格为高职的，现在才 2007 年，哪有毕业生。我说原来二轻职大就是高职，就有艺术类毕业生。后来旅专被淘汰了，我们和公安专科学校被批准为国家级示范校，在全国独立设置的艺术类高职高专中我们是唯一一所。申示成功时全校沸腾，教师和干部兴奋得抱头喜泣，泪流满面，这个场面我至今难忘。申示成功时我已 61 岁了，我最大的感触是只要努力拼博，没有过不去的坎，事在人为。

仓：后来示范建设验收的时候评价如何？

沈：2010 年验收之时，给我们的第一句评价是特色鲜明，最后一句是示范作用明显，中间有对区域经济、社会发展拉动效果明显之类的非常高的评价。所以我感觉到，困难不可怕，人心齐，泰山移。你要叫人家做这件事情，首先你自己想清楚，怎么做才能够推动发展。我们美院当时的书记李芳芳讲过一句话，他说沈院长从来不硬性拍板，而且都是把道理讲清楚，大家思想通了，齐心协力去做，这个时候阻力就很小，对这一点我体会很深。

沈国臣参加国际会议

三、对学校人才培养和发展建议

仓：您如何评价美院 60 年的发展历史？

沈：学校走过了不平凡的 60 年，我个人看法学校发展实际上分成三个阶段。第一个阶段是 20 世纪 60 年代到 80 年代，这 20 年是坚守跟探索。1960 年创办的时候是三年困难时期，学校就几十个学生，刚开始在圆明园路校区，办学条件也很艰苦，在这种背景下，我们工艺美校的创建是很不容易的。这个阶段老一辈领导和老师还是探索出来了新中国成立后工艺美术人才的院校培养之路。我们把工艺上最优秀的跟美术上最优秀的东西坚持下来了，培养了很多优秀的人才，1973 届、1974 届、1975 届的毕业生很多后来都成为工艺美术大师、画家和艺术家。

第二阶段是第二个 20 年，也就是八九十年代，是我们融合和发展的阶段。我们工艺美校规模不断扩大，后来成为国家级的重点中专。我们把工艺美术跟日常生活融合了，艺术跟设计融合了。我们出了很多教材，包括后来的工艺美术师、高级工艺美术师的培训教材，这些教材不光是全国较好的，而且是通用教材。我们后来开了很多设计专业，开了数字专业，都是为百姓生活而服务的，这 20 年在传承工艺美术优秀技艺的基础上紧跟时代的脉搏，突出了应用，寻找进一步的发展机遇。

第三个 20 年是全面腾飞的阶段，学校看准和把握住了发展的大好机遇。国务院 1997 年颁发了《传统工艺美术保护条例》，明确了传统工艺美术是中华民族的文化瑰宝，要大力发展精品和人才，明确了四年评一次国家工艺美术大师，另外上海作为国际创意城市正处于发展期，离不开艺术和应用设计，在这种背景下，我觉得我们学校大发展的机遇到来了。

仓：对学校下一阶段发展的建议是什么？

沈：我们现在更需要的是有攻坚克难的精神，把“双高”这个硬骨头啃掉。关于“双高”建设，一是要花点工夫去琢磨，研究透政府的支持政策和措施，为我们学校所用。二是建立校企合作的长效机制、支撑平台。引进大师，不光是上海的，要把全国的大师、非遗带头人都有效引进来，在“双高”期间如果有几十个项目落地并取得一定成效的话，就会体现“双高”建设的成果。三是提高专业教师的实践能力，进一步通过校企合作平台提升现在年轻教师的专业实践能力。还有一点就是师生对传统文化，以及现代艺术设计理念和手段，新技术应用的认识还有待提高。对于明显同质化的东西、市面见惯的东西，少花精力，现在市场喜欢独一无二的、与众不同的、个性化的产品。对我们工艺美院专业的学生来讲，也就是将来创意创新创业的问题，如果他能够掌握制作技能，知道工艺的整个过程，懂设计，了解材料，有一个比较灵敏的市场观念，再加上有国际化的视野，他的设计会很成功，实践能力也会很强，将来的事业也会很成功。

仓：您对校友和师生有什么寄语吗？

沈：简单来说是三句话 12 个字。第一句话就是要坚持特色。如果我们工艺美院没有特色，我们就没有优势，政府和社会要支持你也缺乏名头。现在文化创意已经发展很大了，工艺美术像唐僧肉，人人都想吃。但我感觉到我们的优势很大，因为我们始终在工艺美术这个领域里面积累。国家很重视工艺美术，现在工艺美术国家馆也拨款了，原来的 7 亿元不够，现在投资了 11 亿元。你想故宫里这么多东西都是工艺美术品，而且送外国领导人的礼物都是工艺美术品。比如萧海春大师，他原来是玉雕的高手，是上海第一个国家级工艺美术大师，他的国画现在一平方英尺要卖到几万元，大型的国画挂到了人民大会堂。所以我感觉到，工艺美术是我们的本和根，不能放弃。我们将工艺美术元素，以最精湛的工艺，同中国传统文化有机结合来进行艺术设计，就能彰显我们的特色。

第二句话是要攻坚克难。现在艺术品市场很严峻，这些工艺美术工作者和企业都很困难，我们毕业生就业也很困难。困难不怕，问题是如何去研判趋势捕捉机遇，如何去扬长避短知难而上。

最后一句话就是用好资源。工艺美院在 60 年的成长过程中积累了很大的一笔资源。这个资源是几个方面的。一是政府资源，政府对这个行业非常关心，有很多这方面的政策导向和配套措施。二是平台和行业资源，现在上海工艺美术相关领域有十来个行业协会，要统筹和对接好这些资源。三是最重要的一点就是要把我们的校友资源利用好，要让这些校友觉得学校的发展和自己息息相关，要让校友有一荣俱荣一损俱损的感觉，要用心用情去和校友们交朋友。从一个校友可能延伸到一个协会一个院所一个企业一个艺术家圈，让校友共同对学校的发展添砖加瓦，这对学校发展战略的实现会起到四两拨千斤的叠加效果。大学的校友永远是学校最宝贵的一笔财富。在美院 60 周年来临之际，全校师生和校友在美院领导班子的率领下，以双高建设为契机，能够再次腾飞，这是我们美院人的共同愿望。

采访心得

沈院长是组建上海工艺美术职业学院后的第一任院长，前后担任了五年多的院长，在此期间，他完成了组建高职、建设树屏路校区、申请国家示范校等重要建设任务，为上海工艺美院的发展奠定了坚实的发展基础。他的战略思考力、坚定执行力、资源整合力等均是值得我们学习的核心能力。

王敏

学校是帮助学生认识外部世界的一个通道

采 访 人：石　慧
受 访 人：王　敏
采访时间：2019 年 10 月 11 日
采访地点：上海工艺美术职业学院徐汇校区

王敏

1956 年出生，教授、高级工艺美术师，上海市工艺美术大师。1973 年进入上海工艺美校学习，毕业后留校任教，先后任专业老师、教务处处长、学校副院长，从事工艺美术和艺术设计教学、创作与管理工作四十余年。国家在线精品开放课程主持人，荣获上海市教学成果奖和上海市工艺美术精品奖。著有《文化生态学视角中的工艺雕塑研究》《玻璃造型与制作》《装饰艺术——中国近现代装饰西洋风拾遗》等专著。

一、成长和求学经历

石：王院长，您好，您是上海工艺美术学校 1973 年复校以后的第一届学生，您能讲一讲当时报考工艺美校的经历吗？

王：从 1973 级一直到 1976 级这 4 届学生，不是通过报名考试进来的，都是各区和学校按照当时分配的名额，推荐进来的。我当时是在卢湾的东风中学读书，学校把名额给了我们当时美术组的 4 个同学，我们就进来了。我们这一届主要是卢湾、徐汇、长宁还有虹口这 4 个区推荐入学的。原计划是招 200 个，后来招到了 211 个。学校真正的招生考试大概是从 1977 级开始，前面两级是直接招高中生，后面开始招初中生。那个时候竞争应该是有一点激烈的，录取比例大概是 10：1。到 20 世纪 90 年代末 2000 年初的时候，竞争更加激烈，可能就会有十几比一这样的比例。当时招生报名的地方是上海工艺美校的一个办事处，那个时候叫金陵中路，大概是 117 号，就是现在金陵路上的太平洋百货。

在这个地方报名之后，考试是在现在的光明中学，这个地方现在还在。

石：我读到过一些校友的回忆文章，您能给我们讲一下当时工艺美校注重开门办学的情况吗？

王：开门办学其实是受到当时的文艺思想的影响。大致的过程就是先到基层去参加劳动。在这个过程中也会掺杂一些画画、写生、座谈等，然后就产生一些创作的想法。然后回到学校，根据你这一段的生活经历进行一些创作，先画草稿，再做泥稿，然后做作品。因为我们是工艺美校嘛，所以当时都是用自己的专业形式，像玉雕、牙雕或者刺绣等表现出来。就是这样一个过程。一般一个学期有这样一个循环。我在学校的时候，就到过横沙岛、新沪钢铁厂，然后到过青浦淀山湖淀峰大队、南翔大桥头大队，等等，我记得还有黄山茶林场。我们读了 3 年，一共 6 个学期，大概就经历了 5 个循环，我们当时每个人创作了大概 4～5 件作品，现在学校的小展厅里面有很多作品都是这样产生的。

岫岩玉作品《出击》

石：您还记得当时给你们上课的老师吗？

王：我是玉雕专业的。当时给我们上雕塑课的老师是李郁生老师，素描课是陈代琳老师，国画人物是王白水老师，国画花鸟就是陶俊华老师。专业课老师有刘锡洋老师、吴岐华老师、任金山老师等。当时的班主任是郝治庭、朱孝岳、陶俊华，后来还有李炳兴。我们开门办学参加劳动的时候，这些老师基本都会跟着我们下去。

石：当时的美术课、专业课和文化课是怎么上的？

王：当时专门的美术课不多，主要是结合专业课来上。比如说画素描、画速写，当时石膏像也画，但是画的不是现在的那些外国雕塑，而是画一些工农兵形象之类的，主要是通过美术课来解决专业上的造型方面的问题。如果能够解决，就可以了。

当时学校有一个非常明确的目标，就是你的美术基础是为你的专业服务。我们的写生、设计稿包括创作泥稿，都是由美术教师来负责的。专业老师主要负责专业技艺这一块，出了造型以后，专业老师就会来帮你一起把它变成一个专业作品。像我们玉雕专业的学生未来会成为玉雕的工艺美术从业者，老师就会按这个方面的专业要求培养我们的造型、绘画技巧。当时没有像现在这么系统的文化课，主要是政治课，还有适当地讲一点工艺美术实用方面的知识。每个班级的情况都不一样，我们班级有一个比较有利的条件，就是朱孝岳老师是我们的专业组长，他有的时候会讲一点。

石：当时工艺美校跟企业之间的联系怎么样？

王：联系非常多，因为工艺美校创办的时候，就是要为手工业系统培养人才，所以它跟当时的手工业局的联系是非常紧密的。学校当时的老师中，有一批是从社会上招来的，还有一批就是从手工业局以及手工业系统的工厂里面调来的老师傅。当时我们专业的专业课老师大多数是从这些企业里过来的。我们用的那些材料，还有毕业生的去向，都是跟这些企业联系的。学校的干部也是手工业局任命的。

二、教学经历和建议

石：您毕业后就留校任教了，能跟我们讲一讲那段时间的情况吗？

王：我们毕业时是1976年12月份，当时毕业留校的学生比较多，211个同学中间留了将近40个。留下来以后，我们就办了一个学习班，就在现在的食品公司上面，现在的二轻党校那间屋子，学校请老教师给我们讲怎样做老师。学习班结束后就进了学校，当时学校把我们称为小老师，学校成立了一个专业组，所有这些小老师都归在这个专业组里面。进校了以后，我们每个人首先还是做自己的专业。当时学校有工厂，我们就回到这个工厂里做自己的专业。定期集中画画，集中学习。管理就由当时的专业组长负责，学校派了几个老师负责管理我们这些小老师，一位是孙晋华老师，还有一位叶元善老师，还有一位李祖朝老师。

后来，因为学校招生专业的关系，有些专业没有招生的，那些小老师就在这里继续做专业。像我和陆君玖他们就比较幸运，因为玉雕专业连续招了四届，有专业教学，所以我们就到系里面的专业组去参加一线的教学了。大概是到70年代末的时候，学校有一次精简人员，把不担任教学的小老师分到其他单位去了，那时候小老师就剩下了我们一些有专业教学的人和一批分在图书馆里面的人，像张苏中老师、李垠老师等，此外还有少量的几个人。大多数都出去了，还有一些考上了大学，当时大概是这样的情况。

石：从1979年开始到80年代，工艺美校在专业设置上逐渐有了一个变化，开设了很多关于现代设计类的专业，而传统工艺类专业在逐渐减少。学校在师资上如何应对这种专业调整？

王：这个过程不是断崖式的，而是一个渐变的过程。在工艺美校专业设置调整的过程中，老师的转变我觉得分为几类。第一类是从大学里来的老师，当时工艺美术概念是包括特种工艺的，也包括装潢这一块，所以有部分老师原来在大学学的就是装潢，经过了比较系统的训练，这些老师是能够转过去的，没有什么大问题。

第二类就是从工厂来的这些专业老师。原来学校有八个专业八个工厂，后来专业不招了，或者就是原来工厂的这些工人被我们留校的小老师代替了，这批老师就回到原来的地方，也不成问题。

再接下来就是我们这批小老师，当时留下来的这批年轻老师应该说是非常努力的。我们当时就是白天工作，晚上画画。当时我们已经是老师身份，其实可以两天回家一次的，但是我们基本上都不回去，都是一个星期或者两个星期回去一次。学校也给我们一个地方，我们都在画画，画速写、画素描，做雕塑。我们留校了以后基本上没有停止专业上的学习，而且在很长一段时间里，我们也没有把自己当老师，我们还是以一种学生的心态在这个学校。很多老师到后来进装潢专业了，比较多还是上这些专业的基础课，而且艺术有很多东西是相通的。

再有一个重要的，就是学校在所谓的转型过程中，对师资这方面是非常重视的。我觉得学校前几任的校长，包括负责教学的副校长是非常有眼光的。70年代末，我的很多老师，像玩具班的金湄老师，还有汪凯民、林凡以及陶俊华，就已经被派到中央工艺美校，到保定工艺美校，到当时的浙江美院，现在叫中国美院，去参加各种各样的学习班，这种培训班、短训班的时间都是半年一年。再到后来80年代，我们这一届的像陆君玖、张雷他们就到厦门，赵丕成到保定，我在浙江美院，我们都是经过了这样一年的培训。当时其实也蛮难的，但是只要部里有名额，学校就送过去了。你可以从档案上面查到很多这样的老师，这批老师也为后面学校转型作了师资储备。再以后开始有一些年轻的大学生逐步进来了，当然这个时候确实是因为学校转型，像装潢专业的课程老师是比较紧张的。

但是这个时候也从外面进了一些老师，像高德康、缪鹏飞等。他们这些人都是大学毕业以后到行业里面去工作过，然后再到学校的。

石：您在浙江美院进修的时候主要学些什么？

王：我是1982年到1983年在浙江美院进修，主要是学国画人物。当时我们是非常正规的一个师资班，是轻工部委托浙江美术学院培训轻工部下面所属学校的老师，所以我们学校当时派了我去学国画，张雷当时是学雕塑，赵丕成是学画花鸟。我后来在学校也不仅仅待在这个专业，其实我去了好几个部门，我在国画组也待过，计算机中心也待过，后来是从计算机中心到了教务处。

三、管理经历和建议

石：您从一个受教者到一个教学者，最后又到了一个教学管理者。在这个过程中，您能跟我们说说对我们学校的专业建设、专业教学、人才培养这方面的一些思考吗？

王：我们学校是一所特色非常鲜明的学校，我自己在学校工作了40年，时间应该也不算很短，所以非常强烈地感受到这一点。

我确实看到学校有很多很大的变化，也应该是学校这些年变化过程中的一个受益者。我们今天的学校跟60年代初期的学校相比已经有了相当大的变化。我自己在这个过程中就觉得，我们学工艺美术，学传统艺术，我们不仅仅是学了一种技术，更是通过某一种材料的学习，掌握了某一种方法。如果你掌握了这种方法，你就知道如何面对一个材料或者面对一个问题，然后找到解决它的方法。我觉得这可能是我们学校培养的学生的特点。这个特点应该要继续发扬下去。

我们学工艺美术的人做事有一个什么特点呢？就是比较务实。这跟搞绘画有些不一样，绘画可以海阔天空，可以随便画。但是做工艺美术，会受到很多限制，要受材料或者工艺的影响。这些限制是你的短处，也是你的长处。怎么利用这个长处来克服这个短处，就是你自己的特点。我觉得学工艺美术，可能这就是一个比较特殊的地方。

具体说到对学校教学的想法：第一，工艺美术教育应该是一个整体；第二，它是专业性非常强的一个领域；第三，做好这个专业，要比较系统。我的前面有好几任教务处长，他们逐步积累下来，为学校的发展打下了一个很好的基础。我不知道你熟不熟悉那个蓝本，大概是1992年的时候由朱校长领衔做的那一本书。其实这一本书在前面已经有比较好的基础。工艺美校在20世纪60年代就有教学计划了，在70年代末的时候，就有油印的，我记得学校档案室里应该有。在60年代、70年代这些教学计划基础上，轻工部大概在1990年或1992年的时候专门发了一个文，就是在全国工艺美术系统中推广这个教程。所以我觉得我们学校的教学就是从80年代中期到90年代初的时候进入一个比较系统的规划过程，这对后面也产生了很大的影响。这本书确立了我们学校在全国工艺美校中间的一个地位。我觉得我们学校前40年、50年的这些教学工作，就是逐步把教学管理、专业建设系统化。

2003年两校合并的时候，我担任教务处处长，做了一个很大的事情就是把两校的教学文件、教学管理制度统一起来。2006年我们定了好几个教学文件，第一个就是教学管理制度的汇编，里面有24个管理文件，包括教学管理、专业建设、课程安排、师资、学籍管理、宿舍管理等几个方面，把两校前人总结的经验汇总在一起。

第二本就是一个教学计划，把当时两所学校的教学计划加在一起，我记得一共是20个专业，每一个专业的教学计划都整理了一遍，然后把所有的格式统一，课程安排统一。第三本就是课程大纲，我记得当时是256门课，每一门课的教学目标、课时、教学主要的内容安排，由哪一个系负责，还有编号，都汇编出来。第四本是课程描述和编号，当时就出了这四本东西。

这是我在教务处做的一个比较大的事情，当时二轻职大是钱永江还有张小华他们负责，我们这里是我、薛志雄还有陈耀明。当时我们把两校的文件合在一起，花了很大的工夫。今天我还带了一本课程教学大纲来，上面每一门课都有编号，我记得当时我跟钱永江两个人讨论了老半天，编号用6位数还是用8位数，后来决定用最经济的6位数来划定。每一个编号都有它的含义，比如说第一个字母就是它的类型，第二个字母是它的所属系，后面三、四位是它的专业，再后面两个就是它的流水号，每一个编号当时是完全可以通过计算机查到的。我在工艺美校的时候就已经运用计算机技术进行管理了，那应该是2000年前后，当时我是工艺美校第一个用计算机进行管理的。当时我们教务科的七台计算机不仅仅处理文件，而且形成了一个局域网，这在当时也是第一个。

我觉得一定要用计算机，这是一个现代工具。通过计算机的编排可以把学校所有教学的东西再整理一遍。工艺美校在学分制推行方面是很早的，大概是2002年或2003年的时候，工艺美校开始采用学分制教学了，当时就是网上选课。教学管理文件汇编中的最后一个文件就是关于学分制，当时学校下一步应该就推行学分制教学了，但是后来因为教材建设就断了，没有再推行下去。

石：能不能请您讲一讲工艺美校在教材建设这一块的一个脉络和它的管理思路？

王：我们学校有一个特点，它在建校之初就非常重视这些教学建设、课程建设，这是我们学校的一个长处，我觉得也是我们学校能在同行中间站住脚的很重要的原因。我是雕刻专业的，我手里大概有过去的玉雕讲义，玉石雕刻上下册讲义，玉雕图案讲义，还有玩具专业的教材，以及玩具专业实习的教材，所以你就可以看到，当时的教材已经分得很细。除了专业课、美术基础课，专业实习也已经有教材了。现在我们还能看到当时雕塑的讲义，这些都是在60年代用油印本印出来的。到了70年代，1973年复校以后有一段时间的教材很少，我们当时上课，老师都是手里拿一个他自己记的本子。到80年代学校转型之后，学校又非常重视教材建设，我们现在可以看到当时油印的家具史、工艺设计史、材料、塑料工艺等教材。到90年代又编撰了一大批教材，这个时候已经是冯守国老师做教学校长的时候了。

再就是到2000年末的时候，在示范校建设资金支持下，又出了一大批教材，所以我们学校一直是比较重视教材建设的。教学文件的建设也同样如此。从我读书的时候，我就知道我的老师在研究教学计划。虽然当时没有印成书，但是他们肯定有这个文件。到了70年代末，应该是朱孝岳做教学院长的时候，就开始系统化了。到后来我也是在他们的基础上做这些事情，这就是教学的整体性。这个整体性不仅仅体现在课程之间，而是整个教学的管理，包括我们的行政、教辅、实训，都要围绕着专业教学。只有当你有了这个整体的思路和想法，然后从整体出发再去发散，才能把所有的都凝聚起来。为什么我们当时要出一本课程描述的手册？因为不像大师工作室，比如陈水琴老师教她的学生，她其实脑子里有一个计划有一个整体，她可以教你今天做这个，明天做那个，我们学校是课程制，前面的老师跟后面的老师之间要有一个沟通。像有些专业课程，比如雕刻课，学生一年级、二年级、三年级上的内容之间有一个连续性。但是这三年的课不一定是同一个老师上的，你后面的老师是不是了解前面的老师教什么呢？前面的老师教了以后，能不能告诉后面的老师教什么呢？如果没有这个连续性，就变成无序的了，就是你想怎么上就怎么上。

那么这样一个连续的课程要通过什么把它规范起来呢？就是通过教学文件，通过我们的大纲，通过我们的计划，把它形成一个整体。我们每一个老师其实是这个学校教学机器中间的一个螺丝钉或者一个齿轮。这个齿轮安在什么地方，怎么运作都是由教学计划来规范的。这个齿轮转多少，怎么转，怎么传到下面的齿轮上面，是通过教学大纲来规范的。我觉得系与系之间，或者一个系各专业之间，一个专业的前后课程之间，是要加强这种规范的，否则就变成一个私人培训班了。我做教务处处长的时候，还做了这样一件事情，就是课表排下去以后，教师可以看到他这个课主要上的内容。后来老师多了就没有做下去了。当时工艺美校的老师拿到下个学期课表的时候，还可以拿到这个课程的大概内容，还有课程安排。如果我是上造型设计工艺设计的，我一看就知道这个课是工艺设计整个课程体系中间的第几次。如果一共有四次，第一次木头，第二次金属，第三次塑料，第四次是综合，我现在上第三次，一查教学大纲就很清楚了，应该是上塑料，我不会又去上木头了。但是如果没有这样一个教学文件的规范，老师去上课的时候，他熟悉什么就会去上什么。一上课，下面的同学就提出，“老师上过了”，就会产生这种问题。那么怎么来避免这个问题？就是学校的教学要建立一个系统。

石：当时工艺美校这个系统是怎样建立和管理的呢？

王：首先学校的教务处是非常关键的，教务处是一个教学的引擎，所有的教学活动、教学方向的制定，应该是在学校的领导下，由教务处主管。教务处应该对全校的教学起到非常重要的引领作用、指导作用、监督作用。我在做教务处处长的时候，统管全校的主要教学计划，他们下面可以制订，最后要由我来统一安排。当时在工艺美校的时候，我们教务处墙上有一面很大的黑板，上面所有的课程、时间安排都写得清清楚楚，我可以马上就知道，什么专业什么班级，现在在上什么课，是哪一个老师在上。当时我们排课全部是系主任自己排的，排好后拿这个表到教务处统一协调，协调完以后做成一个统一的表格发下去，这其实还是涉及一个管理的理念。

石：您 40 多年来一直从事工艺美术，您认为相较您读书的时候现在工艺美术人才培养有一些什么样的变化？学校和教学部门应该做好哪些方面的准备？

王：这是一个综合的问题。一是要考虑目前工艺美术的发展趋势；二是考虑工艺美术学校现在的教学是什么情况；第三就是要考虑现代社会对人的要求。它既涉及今后社会的一个人是怎么一个人，又涉及你这所学校是什么样的学校，还涉及你这个专业所属行业今后的发展，只有把这几个综合在一起，才能找到今后人才培养的一些特点。

但是从教育的角度来说，肯定是一个综合性的发展趋势。今后的教学肯定是综合性的发展倾向，即同个人的爱好、个人的发展，跟国家社会大的形势结合在一起，这是综合性的。

另外，也不可能非常简单地把某一个学科专业跟其他专业隔绝起来，比如我学玉雕，我就只学做玉雕，现在已经蛮难了。过去也是这样，像工艺美校 60 年代的毕业生，他们当年学木雕，今天还有几个人在做木雕？包括我们 70 年代的学生也是这样，当时学木雕学牙雕，现在还有几个人在做这个东西？他们是怎么适应后面社会发展的呢？这其实是一个辩证的问题，不能绝对说学科专业的划分是细分好，还是综合好。它是一个度的问题，是辩证的。不管是我们施教者还是求学者，都要充分认识到这样一个问题，就是要把握好这个度。每一个学生的特质也不同，教学难就难在这里。有的学生适合钻研一门东西，他喜欢钻牛角尖，他做模具可以做得很极致，这是一种人才。有的学生他什么都会，什么都懂，但不是很精，这种综合人才今天也很需要。很难说具体哪一种模式好，可能细分的模式非常适合第一类学生，综合性的适合第二类学生。我认为尽管我们有很多专业，我们这样的学校肯定也要有一个平台性的功能，不可能再把某一个专业做成一个班，这个班上二十几个人都学同样的内容，毕业以后都做同样的东西，不可能的。而且这样肯定会碰壁，对吧？今天人的认识已经是综合性的，今天的社会是多元的，今天的工艺美术对人才的要求也是多元性的。那么学校就要根据这样一个社会发展的趋势，来设计专业教学。

在这种趋势下，我觉得我们要成为一个平台性的学校，来适应社会的变化。包括工艺美术品本身也是在变化。其实工艺美术的概念很大，也一直在变。今天叫它工艺美术品，明天叫它旅游工艺品，后天叫它非遗产品了。不管怎么变，它就是这么一个带有一种造型、材料和文化痕迹的东西。这个东西也是一直在变化的，比如过去的工艺美术品更多是一种生活的功能品，今天它可能是一个欣赏品，或者它的功能性更多。过去它的生产过程中重复性劳动很多，厂里编的篮子大同小异。今天它可能对原创性要求更多一点。这种变化跟前面讲的社会的变化是一样的，在这种情况下，我们学校就要定位了。

首先我们是一个教育单位。教育的本质是什么？现代教育的本质是什么？也跟这个有联系。其次我们是一所艺术类学校。艺术类学校有什么自己的特点？艺术教学的本质是什么？再次，我们又是一所应用艺术类学校。我们的教学跟清华、跟中国美院、跟南京艺术学院有什么不同？再往下分，我们又是某一个专业的，再一级一级分下去，不是一个多层次的吗？虽然很烦琐，但只有这样，你才能找到自己学校的位置。找到这个位置，你再来设计所有的教学。

石：您认为学院现在应该设定什么样的人才培养目标？

王：我们学校要有材料，有造型，这些是我们学校的特点。我们学校过去是要培养具有技术优势的人才，到了今天，我们不仅仅要有技术优势，而且要利用学校这个平台，培养具备综合技术的人才。就是你不仅仅要会做，而且你要能够把这些东西综合起来，这可能是我们学校的一个特点。像我们学校这么成系统的专业架构，在上海其实是不多的。现在上大、上师大、华师大都意识到培养工艺美术方面的人才是一个可以发展的方向，他们都在做。在这种情况下，我们要分析一下跟他们相比的优势和劣势。我们没有他们这个牌子，他们有本科，甚至有研究生，我们没有，那么在这种情况下，我们的优势在哪里？我们学校有这么多的专业，人家也开始有了，但我们有这方面的老师，这也许是他们的短板，他们这方面的老师，或者少，或者不全。除了有这么成系统、成规模的师资，我们还有这方面的计划、大纲、课程。现在人家也有这些课程了，那我们还有作品。当人家也有了作品以后，我们要有影响力。我们学校应该成为一个工艺美术教学方面的教育中心。在我们这里，设备非常先进，规模非常齐全，有一套切实可行的工艺美术教学课程，有一批优秀的师资。我们当时还有一个理想，现在确实也做到了，就是要有海量的资料。我们当时的学校图书馆在上海是出名的，我们工艺美术类、艺术类的图书，可以说是当时上海最好的。其他学校的老师像戏曲学校、上师大都到我们这里来看书。因为我们当时是一个独立的艺术学校，我们所有的经费都可以买艺术专业书，他们是综合性的学校，他们只能是买一些艺术类的书。我们这里可以有大量的书，然后还有一点积累，这样一个教学的平台，是我们的一个理想。

今天这里面的内涵可能要更丰富，更适合今天的社会。我们学校现在要成为上海或者华东甚至全国运用材料和传统文化、开展工艺美术教学的一个中心。我觉得这可以是我们学校发展的一个方向。

还有一个我认为要重视的就是课程。现在可能有很多新的老师、新的知识进来，但是我们要把这些资源变成一个可教学的课程。一个大师或者一个画家的知识和能力，并不能自然而然地转变成课程，要综合学校的各个因素。我们有过这方面的努力。为什么我们那本蓝本能够在全国有这么大的影响？就是人家有这个需求。办一个艺术设计，或者工艺美术学校，要怎么弄？怎么上课？怎么把知识技能教学化，化成老师可以一节一节上下去的课程？这肯定是我们学校要做的事情了。

我们学校过去是有这方面的经验和特长的。今天新技术来了，比如说3D打印是我们过去没有的，3D打印得结合减量造型跟增量造型、扫描、各种材料、专业设备等企业里在用的知识，变成一门阶段性的课程，一年级上什么，二年级上什么。不是说我引进一个3D打印高手，他就可以开这个课，他要有一个转化。这个转化就是我们学校要做的事情，如果我们学校能够把这些东西都做出来，那么我们可能就在这块专业教育中建立了自己的系统，建立了自己的话语权了。

石：您认为学校给学生的最重要的核心能力是什么？

王：我觉得现在学生有一个比较大的问题，就是他对自己的人生或者学习没有一个规划。一个人要成才，其实一开始就要有一个大的目标。当然这个目标不是说一成不变的，但是他大致要有一个方向、一个努力的目标。

我们是一个技术学校，但是我们不能仅仅教技术。技术是浮在表面上的东西。它的背后有很多逻辑、很多哲学在里面，我们要让学生意识到这一点。如果我们学校仅仅教技术，那肯定是失败的。至少我们的老师要知道我们这些技术技能背后的一些逻辑和原理。老师要知道，我们这些管理部门也要知道。浮在表面的是老师在上课，每个教室都有人在上课。再往下面一层，老师在上什么课？这些课背后的内在逻辑联系是什么？对人成才的哲学意义是什么？我觉得要知道这个。我们学校的学生真正的核心能力，不仅仅是动手能力，会做一样东西，这是他的核心能力的一部分，他还要有其他的核心能力。如果今天学生有了一个目标，有了一个前进的方向，不管他是学玻璃也好，学陶瓷也好，学玉器也好，他都是把这个材料作为认识外部世界的一个通道。条条道路通罗马，都能达到成才的目的。我想确实要教给学生的，还是他适应社会，在社会中能够谋生、成才的方法。

采访心得

王院长深耕工艺美术教育四十余年，对工艺美校专业发展脉络如数家珍，对工艺美术人才培养、课程建设和教学管理有着非常深入的思考和睿智的见解。他认为工艺美术学校是帮助学生通过材料的理解与运用认识外部世界的一个通道，他的观点对于工艺美院确立当下的人才培养观非常有意义。

姜鸣

与行业头部企业联建产业学院是职业人才培养的重要渠道

采 访 人：仓 平
受 访 人：姜 鸣
采访时间：2020年7月16日
采访地点：上海工艺美术职业学院徐汇校区

姜鸣

1957年出生，1984年毕业于复旦大学。先后任复旦大学教师，中共上海市委组织部干部，中国银河证券公司上海总部党委书记、总经理，上海国盛（集团）有限责任公司副总裁，上海工艺美术职业学院院长、党委书记，上海工艺美术学校校长。兼任上海国盛集团投资有限公司执行董事，上海国盛集团科教投资有限公司董事长。同时还担任过上海医药集团股份有限公司、上海光明食品集团、中国航发商用发动机公司、中航民用航空电子有限公司、国家集成电路产业基金董事。曾荣获全国金融系统五一劳动奖章，国家教学成果二等奖和上海市教学成果一等奖。从1982年起，即开始致力于中国近代史研究。主要著作包括《龙旗飘扬的舰队：中国近代海军兴衰史》（1990、2002、2014）、《中国近代海军史事日志（1860—1911）》（1995）、《中国近代海军史事编年（1860—1911）》（2017）、《被调整的目光》（1996）、《天公不语对枯棋：晚清的政局和人物》（2006）、《秋风宝剑孤臣泪：晚清的政局和人物续编》（2015）、《却将谈笑洗苍凉：晚清的政局和人物三编》（2020），并整理《李鸿章张佩纶往来信札》（2018）等。

一、成长和工作经历

仓：姜院长，您好！请您谈谈您的家庭和您的成长环境。是什么影响了您后来对艺术的热爱？

姜：我们学校1973、1974届的老校友当中，很多人都是艺术世家。但我们家是一个机关干部家庭，没有什么艺术氛围。我自己小时候兴趣比较广泛，也比较喜欢美术。

仓：您有一次谈到曾经想过报考工艺美校，能回忆下当时的情况吗？

姜：70年代我读中学的时候，工艺美术行业有两次到中学来招生，1973年一次，1976年一次。“文化大革命”的中后期，根据周总理的要求，希望中国传统工艺美术能够得到传承，同时也需要制作工艺美术品来出口挣外汇，所以1973年我刚进中学的时候，工美行业的工业中学复校后来招生过一次，那时我没有太关心那件事儿。到1975年底1976年初，我快要中学毕业的时候，上海工艺美术学校又要各中学推荐学生，我当时就对美校很向往。因为当时中学毕业以后的去向无非就是工厂、农村，还有一个到技校继续读书。当时父亲和我姐姐都已经在江西的工厂工作了，我可以留在上海直接工作，也可以读书。工艺美校招生的时候，我也报了名，但是没有被录取，我和工艺美校就失之交臂了。后来我就读了另外一所很好的技校，是上海5703厂技工学校，那个技校是学航空的，我读的是航空的钣金铆接专业。

但我觉得人的命运真的很有趣，2008年我调到国盛集团以后，我碰到了两件事，和我中学毕业时想读的工艺美校和实际去读的5703厂技校再次发生了交集。我去国盛集团报到不久后，集团党委让我兼任上海工艺美术职业学院的院长。因为上海轻工集团在撤销建制的时候，把所属的学校事业单位挂靠到国盛来了，其中就包括上海工艺美院。当年我读了5703厂技校，毕业后在上海飞机制造厂总装车间工作，参加了“运十”国产大飞机操纵系统的总装，上天的02架飞机的操纵杆和驾驶盘就是我和师傅亲手装上去的。我一直为这段难忘的经历自豪。然后我报名去读了大学。没有想到，2008年国盛集团受上海市委托，承担了上海对中国商飞等大飞机产业的出资任务。我在集团分管投资，又和我原来离开了28年的航空工业发生了很有意思的交集，还兼任了中国航发集团商用发动机公司和中航民机航电公司的董事。

姜鸣出版的专著

仓：您后来去了复旦大学攻读历史专业，为什么选择这个专业？

姜：那是因为我自己对文史也一直很有兴趣。

仓：您自己是清代海军史的研究者，写了很多著作，您为什么对此感兴趣？

姜：那时因为我兴趣很广泛，对很多知识都很感兴趣，我现在退休后也还在做史学方面的研究。

二、工艺美院工作和示范校建设情况

仓：您是哪一年来上海工艺美院工作的？能否请您谈谈当时美院面临的机遇和挑战？

姜：我是在2008年的7月份左右到工艺美院任职的，那个时候已经是暑假了。当时有两块牌子，一个是上海工艺美术职业学院，一个是上海工艺美术学校，我当时都兼任了校长。李芳芳同志是党委书记，后来我还兼任了一段时间党委书记。

沈国臣院长等前一届校领导非常努力，在很困难的情况下花费了非常大的精力，申请下了示范校建设，我们是一百个国家示范高职中唯一的一所艺术院校，给学校的发展找到了新的动力和新的资源。我作为一个承前启后的校领导，正赶上上海工艺美院已经被批准为国家示范性高职的建设单位，但是后来的建设和验收，以及之后的发展，都是由我接手干的。当时我也很忐忑，因为刚开始我真的不知道怎么来完成这个任务，但这个任务又是必须完成的。许涛书记当时是教委高教处分管高职的副处长，那个时候我开始跟教委接触，跟许涛书记一直商量，如何将示范校的建设工作做好。

我刚到学校的时候，办学条件蛮艰难的，远远没有后来的资源那么多。因为学校是行业办学，不属于教委，但国盛集团对美院工作是很支持的，我自己也决心一定要把学校办好，一定要通过示范校验收，通过以后还要把这个学校继续办出特色来。我一般星期一到学校来半天，除此之外的时间还要忙国盛的事情。我经常周一开会开到半夜，也常常把学校的领导和相关老师请到国盛去开会讨论问题。在广大师生的支持下，共同把学校建设好。

我刚到学校来的时候，先做了一段时间调研，之后我给学校的老师提出了自己的办学理念，我说我们作为一个高职，一切工作的逻辑起点是要培养学生成才，要让学生学会一门本领，做一个对社会有用的人，还能有比较好的收入。为了达到这个目标，我们需要建设一支好的教师队伍。我一直朝这个目标努力，探索新的办学方式。广大中层干部和老师对我的探索工作都很支持，迸发出很大的积极性和创造性，也探索出许多有意义的实践方案，令我深受启发。我会关注一些以往不引人注目的指标。比如我每年要问招生就业处，我们每年进来的学生有多少人实际上已达到二本的成绩。我说不奢望一本的人放弃一本来读我们学校，但是越来越多外地的考生，最多时大概百分之五十几的同学，高考分数达到二本，却填报了上海工艺美院，说明学院在社会上的影响力开始扩展。第二个我特别关心的，就是我校学生走到社会上去的就业率和起薪点是多少。后来一些数码专业和WPP的学生，起薪达到五六千元、七八千元，个别同学一毕业就能到八九千、上万元，我觉得这也是办学成功的重要指标。我后来搞校企合作，行业办学，跟WPP集团合作也好，跟水晶石公司合作也好，都是基于这样一种想法，就是尽量缩短学校培养的人才和社会需要之间的差距，尽量用更好的行业标准来要求学生，让他们出去的时候能更适应行业和产业的要求。

仓：您带领美院师生建设了国家示范校，您能讲下当时的建设过程吗？

姜：我当时刚来的时候，学校作为一个工艺美术类的职业学院，有一个非常大的问题，很多老师的动手能力并不强，部分人只会说不会做。一方面是老教师陆续退休或者离开学校了；另一方面很多年轻老师是从美术院校毕业的，也不太具备动手能力。我特别要求职业院校的教师既会讲课，又会动手。

我2008年来，2010年示范校建设就要验收了，只有两年时间。在申报的时候，提出了工作室化教学的理念，当时这个理念挺新的，我就想办法来落实，和企业联合建设专业工作室，引进了一批有行业经验的教师，建成后在全国也形成了非常大的影响。

仓：首饰专业是在您的主导下成立的，您能不能跟我们分享一下，您当时创办首饰专业的一些思考和一些做法？

姜：我刚到学校的时候，还没有二级学院，当时叫工艺美术系，下面有金属工艺方向，我觉得我们的教学不能仅仅停留在创意设计阶段，要教会学生完成首饰产品制作。当时的老师没人会做首饰，我提出我校校友在美国的沈成旸和他夫人卢惠菁老师，就是设计制作首饰的，能不能把他们请回来？后来我就和沈成旸老师联系。沈成旸是我校1973届学生，卢老师是工业中学毕业的，她得过很多首饰设计的世界比赛大奖，当年他们夫妇是被美国作为特殊人才引进的。沈成旸先回来看看，后来卢惠菁老师也跟着回来了。沈成旸非常尽心，从美国他老板那里借了很多珠宝回来，跟大家讲珠宝的专业知识。也有一些年轻教师跟着他们学习，我们从设计图到产品制作的训练最早就是从首饰开始的。

从 2009 年开始，他抓两头，一头抓毕业设计，一头抓一年级新生，按新的教学路线往前走。2009 年的毕业设计做得非常棒，2010 年的设计作品一点点出来的时候，学生就很信服，觉得确实可以学到东西。我们还跟中国黄金集团建立校企合作，企业给了我们 1 公斤的黄金，做了一批很有特色的作品，对学校珠宝首饰专业起到很大的推动作用，这也是示范校建设中的样板。

后来玉雕专业引进华国君和唐蓓麟老师，这两人原来不是学校教师，而是行业里的，华老师是云南省工艺美术大师，唐老师是上海玉雕厂的老技术工人。再把赵丕成老师从基础的色彩造型构成课程中解放出来，教玉雕课程，玉雕专业就真正地走上了制作的过程。

仓：当时设立工艺美术研究中心和“3 + 1”的大师班也是您推动的，您当时推动这个基于什么考虑？

姜：我是觉得我们学校除了教学以外，还应该云集一批大师，这些大师除了做手艺以外，还要带学生，加强对工艺美术的研究，当时也想为学校专升本做铺垫。我跟学生讲你们太难得了，本来你永远不会碰到吴德升、周百均、陈水琴、沈成旸这些大师，现在你就相当于是他们的研究生，要好好跟老师学习。我经常到研究中心去看，去听老师推荐，看哪些学生不错，能吃苦，有灵性，有培养前途，就把他们留下来做工作室的助教，充实工作室的师资储备。我当时提出对于特别好的学生还可以“3 + 2”，再加一年继续培养，现在都已经实现了。

仓：您当时也推进了 WPP 视觉艺术学院和水晶石学院两个产业学院的建设。当时跟龙头企业合作也是新兴的一个事物，您跟我们分享一下您当时的考虑吗？

姜：可以。我当时发现大学里培养的学生和企业的需求有一定的差距。哪怕你是清华美院、中国美术学院毕业的学生，但是和企业的要求还是有一定距离的。尽管名校生也有很多事情做不来，但很多企业还是愿意选名校生，觉得他们聪明，可以缩短培养进度。但高职生只能在二三流的单位去就业，如果在二三流的单位里崭露头角了，可以跳槽，从三流跳到二流去是有可能的，跳一流都很难。我当时打了一个比方，我说一流的企业都是长颈鹿，是不愿意弯下头来吃草的，他们就吃树上和脖子高度一样的叶子。我提出，既然知道学校培养的学生和企业所需要的人才之间有一段距离，有没有可能在学校里把这个空隙填补好？我觉得需要和业内第一流的企业来合作，由他们来告诉学校，哪些课程是真正有用的，是行业和企业所需要的，才能由此及彼，用教学改革做渡船，帮助学生解决知识和技能上的差距。在校 3 年，我们把不需要的东西压缩，需要的东西多讲一点，基于这样的想法跟水晶石公司，跟 WPP 集团做了讨论。当时这两个企业的领导都很有情怀，挺支持这个计划，并且也愿意和学校合作，于是就把这个事推动起来。事实证明，这种改革探索是成功的。

联合国教科文组织总干事博科娃访问学校并交流

三、学校发展建议

仓：今年是60周年校庆，您有什么祝福或者期望能够送给我们校友和在校的师生吗？

姜：我希望工艺美院越办越好，校领导和教师们在一茬一茬地努力，我希望学校的发展再上一个台阶。沈国臣院长他们把工艺美校和二轻职大升格为全日制的高职，再申请成为示范校。我提升了学校在业内的影响，加强了学校的师资队伍建设，改善了学校办学硬件环境，完成了国家示范校建设。后面就希望你们能够完成本科的升级工作了。

采访心得

姜院长在美院工作了近8年，完成了示范校的建设，推动了WPP学院和水晶石学院两个产业学院的建设，推动了工艺美术中心和大师班的建设工作，加强了师资队伍建设和基础设施建设，为学院下一阶段的发展奠定了坚实的基础。

靳明

“崇术重艺”工艺美术教育践行者

采 访 人：王彩芸
受 访 人：靳　明
采访时间：2020 年 8 月 22 日
采访地点：电话采访

靳明

1975 年生，1992—1996 年就读于上海工艺美术学校。后进入河北大学艺术学院就读本科以及硕士学位，并在中央工艺美术学院、北京电影学院学习。相继担任河北工艺美术职业学院教务处处长、党委委员、副院长等职务。

一、家庭背景与生活履历

王：靳副院长，您好！您现在是河北工艺美院的教学院长，既是教育工作者，又是学者。您从事艺术相关的工作，是否受到成长环境，地域、家庭、学校、良师的影响？在生活中，您认为您在文化艺术的涵养方面的启蒙老师是谁？有家人从事与艺术相关的职业吗？或是什么契机让您转向了艺术方面的学习？

靳：1996 年从上海工艺美术学校毕业之后，我一直从事艺术和教育相关的工作。我听母亲说过，在 20 世纪 60 年代初我母亲高中毕业时，天津音乐学院到学校来进行专业考试，并打算预录取她，但是因为家里人的反对，最后参加高考选择了医生的职业。在 80 年代后期我上初中一年级时因为乐感好（老师语），参加了学校的铜管乐队，成为萨克斯手。我姐姐从小学开始就在学校的美术兴趣班学画画，后来是和我一所中学读书，这所中学是当时市里闻名的艺术专长中学，她学画画我学音乐。我姐姐初中毕业后，以第一名的成绩考取了原河北工艺美术学校装潢专业。到了初二的时候，我受姐姐的影响开始接受美术方面的教育，从此走上了一条执着的艺术探索之路。

二、求学经历

王：您是 1992 年河北省选派到上海工艺美校的委托培养生，当年只有成绩最优秀的、考试成绩超出高中线的优秀生才能来上海学习。请问您当时选择来工艺美校的经历是怎样的？什么缘由选择了造型专业？和您一起来的有几位同学？现在都回到河北发展还是留在上海？

靳：当时全国各省的工艺美术学校都是隶属于轻工部门，在全国有五大工艺美术学校，河北和上海的美校名列其中。1992 年我报名参加当年的河北工艺美术学校招生考试，几千人报名考试，通过初试和复试还有面试最后录取的只有 80 人，当时我的目标是室内设计专业。入学考试成绩也很优异，得了第二名，本以为会没有悬念地收到河北工艺美术学校室内设计专业录取通知书，哪知道送到我们家的是上海工艺美术学校日用品造型设计专业的录取通知书。后来和送录取通知书并进行政审的老师打听才知道，在当年河北省轻工厅和上海市轻工局有协议，互换三名考试成绩优秀考生进入对方学校学习。上海工艺美术学校 1992 年只有装潢设计、造型设计、服装设计和工艺雕刻四个专业招生，最后我决定和另外两个考生互换到上海工艺美术学校学习。其中女生娄欣在装潢设计专业，毕业后回到石家庄省外贸工作，王培良在工艺雕刻专业，毕业后和我一起回到河北，分配到原河北工艺美术学校任教，现为河北工艺美术职业学院中层干部。

王：1992 年学校是在嘉定塔城路校区，第一次来到学校，在您心中留下了怎样的印象？

靳：当时年纪小，也没出过远门，是和父母一起坐了近 30 个小时的火车到学校的。刚到学校感觉很亲切，放眼望去都是包豪斯风格建筑，尤其是那个旋转楼梯，跟原河北工艺美术学校的一模一样。虽然地方不大，但是经过了设计，一步一景，空间利用也很讲究。现在我还很怀念塔城路校区。

王：上学时您是出类拔萃的学生会干部，成绩优秀。学院老师至今对您印象深刻。在住校读书的那几年中，都有哪些难忘的学习经历？主要接触到了哪些老师？您认为给您的影响比较大的老师是哪位？又有哪些课程和老师让您印象深刻？美校学习的那几年对您现在的艺术风格有没有产生关键影响？

靳：我们这一届有七十多个学生，外地学生只有我们三个。我所在的班级只有我一个外地生。当时的在校生都很优秀。我一开始由于生活、学习包括语言的不习惯，也感到了吃力，后来在班主任、老师和同学的帮助下逐渐好起来。我特别感谢我的班主任姚逸萍老师，在生活和学习上对我格外关怀，我们都亲切地喊她“姚妈妈”，同学们对我也很友善。很多老师对我学习生活帮助很大，蔡天雄、许韵高、王敏、陆君玖、丁乙、周家翔、冯守国、徐鉴明、李垠、程慧琴、胡雪峰、沈毓真、张小漪、孙岚、陈敏、袁斌等，至今大部分都有联系，亦师亦友。其中冯守国老师对我影响特别大，他当时是工业设计教研室主任，对我们专业学习的系统性把握能力很强。我来到河北工艺美术学校进入工业设计教研室，当时的教研室主任竟然还是冯守国老师的大学同班同学。在上海的四年让我受用终生，始终牢记当时的校训：德、勤、严、美、新。它不仅使我懂得了尊重热爱生活，也使我对艺术专业的理解更加深刻，并且让我掌握了再学习的能力。

王：我了解到，你们班同学的专业能力非常强，后来也都在艺术方面发展，当时的学习氛围是怎样的？您认为是怎样的教学环境和学习氛围使得那一届人才辈出？

靳：我们这一届同学目前从事本专业的和相关专业的比较多，一是得益于同学们基础都不错，都是因为喜欢艺术而考入美校，二是当时学校有着良好的校风和学风。老师们采取的是因材施教的教学模式，教学的包容性和实践性很强，老师和同学打成一片。同学们自我学习的意识和学习目标特别

1996 年毕业合影（后排左起第五位是靳明）

明确，我感觉全校同学不分年级都很和谐，高年级同学关爱包容低年级同学，低年级同学尊敬高年级同学。当时下课之后同学们都是自觉做作业，或者到实训车间和其他年级找自己喜欢的课程继续学习。晚自习集中在教室做自己喜欢做的事情，或做作业或画画或看书听音乐。朱孝岳校长晚上亲自开设音乐鉴赏课程，学生自愿报名，他给我们拉小提琴或者是播放世界名曲，并且逐段给学生讲解，当时的情景现在还历历在目。

2020 年同学合影（右起第三位是靳明）

三、工作经历

王：毕业后您是直接回到河北吗？在河北工艺美院工作期间，您是通过哪些努力提升自己的？在北京学习的经历，对您未来的艺术教学和创作有什么影响？

靳：当时上学不用交学费，毕业国家分配工作。1996 年毕业之后我回到河北，由河北省轻工厅直接分配到河北工艺美术学校任教并担任大专部班主任。回来之后相继在河北大学艺术学院取得本科学历和硕士学位，并且赴中央工艺美术学院和北京电影学院进修。相继担任河北工艺美术学校教务处处长、校长助理，河北大学工艺美术学院动画系主任，河北工艺美术职业学院党委委员、教务处处长、副院长等职务。在北京的进修学习使我开始转型到动画领域。

王：您们学院现在开设的专业在全国招生的情况怎么样？专业的影响力如何？当时专业的办学理念和人才培养目标是什么样的？您主要的教学观点是什么？

靳：目前我们学院开设19个专业，面向全国20个省份招生，基本情况良好，目前在校生将近5000人，外省市生源占比1/3以上。其中的美术、美术教育、雕塑、工艺美术等专业在河北省独一无二，环境艺术设计、动画、服装等专业在省里影响力很大。我们学院的办学理念是面向文化产业市场、面向国际办学，以传承发展传统工艺美术为基础，用现代设计意识和技术做保障，走一条继承、发扬、研究、创新的艺术教育道路。目标是以工艺美术设计和现代艺术设计教育为主体，坚持艺术特色办学方针，以就业为导向，大力推行“校企结合”和“工学结合”，高度重视实践和实训环节教学，提高学生的艺术理论和专业技能，提升人才培养质量，提高就业率，为社会培养大批优秀艺术人才。我个人的教学观点是“崇术重艺”——教育就是服务，一切为了学生。

王：您既做过教师，现在又是教学院长。您觉得人才培养工作更应该重视什么？

靳：我觉得工艺美院不应该事事都向综合类院校看齐，尤其是人才培养工作，更应该从现有学生实际水平出发，加快校企深度融合的步伐，解放和转变专业教师和教学管理者的固有思维，打破专业之间的行业壁垒，对教师教学和学生发展进行分类管理。集中力量打造一批亮点专业，通过企业和教师改造老专业，保留传统优势专业，组织精干力量研究发展最前沿专业。

王：您对“工艺”和“艺术”的教学思考是什么？

靳：不能简单地认为“工艺”是传统手工艺，更不要认为“艺术”是高大上。“工艺”发展到现阶段应该是“有工匠精神的动手能力”，是能够满足人民群众对美好生活向往的技艺。在教师的个人追求当中应该不断提升艺术素养，但是在职业教育教学环节中只是谈论“艺术”只能处处碰壁，因为我们毕竟不是本科院校，从国家政策到生源素质再到资金保障同他们是不能同日而语的。我们的教学就是不断地研究怎样把艺术化的东西通过何种手段表达出来，从而能够实现学校、教师、学生以及相关的周边产业的最大价值。

王：您认为工艺美院毕业的学生，应该具备怎样的素质才能在职业道路上走得更久？

靳：应该具备对生活的热爱和广泛的兴趣以及不断学习的能力。

四、艺术创作

王：您后来主要从事教育工作，在自己的艺术创作方面有没有新的思考？对于未来的工艺美术发展又有怎样的期望？

靳：希望我们仅有的几所工艺美术职业学院能够联手争取更大的社会话语权，真正走出一条让社会刮目相看的有自己特色的高等学校道路。这样也会“反哺”我们个人的艺术创作和教育教学方向。

五、结　语

王：希望您能结合自己经历以及对产业现状的了解，对我们学院、对工艺美术专业提出建议。

靳：传统工艺美术和非遗是个窗口，但是不能代表我们的全部。我们更应该在传统设计专业升级上下功夫，发挥地域优势，紧跟国家政策，在前沿和未来学科领域有所作为。

王：一转眼学校即将60周年校庆，您对校友和师生有什么寄语吗？

靳：我谨代表河北工艺美术职业学院祝贺上海工艺美术职业学院60周年华诞，对广大师生和校友表示诚挚的问候。我个人对母校取得的一系列成绩表示欣慰，对我能够有幸成为上工美大家庭当中的一员感到由衷的自豪和感激。

采访心得

采访靳院长感到非常轻松和愉快，离开校园20余年，他在谈话间处处流露对母校的怀念与感恩。他在河北工艺美术职业学院一直从事教育管理工作，把自己的艺术理想转化成对教育教学的思考，他对中国传统工艺美术的现状与前景，现代工艺美术的职业教育理念、专业发展、人才培养都有自己独到的见解。一次偶然的邂逅，成就几十年执着的艺术探索之路。

底蕴深厚·工艺绘画的传承者

1962年上海工艺美术学校设立了陶瓷彩绘专业，从江西陶瓷学校和上海文物商店聘请了老师来讲授瓷器绘画的内容，但因当年煤窑等技术的不成熟，专业不久改名为工艺绘画。

工艺绘画专业的第一代教师，都是民国时期的一批画家组成。申石伽教山水，他的父亲申宜轩是山水画家，申石伽和民国时期的画家张大千、钱瘦铁，收藏家庞莱臣等名流有过交集，和同窗叶浅予发起过第一届杭州画展，还办过“小留青馆”的画会，来传授传统绘画。他本人以画竹闻名，有“竹王”之称。

曹简楼、孙悟音等先生教授花鸟画，曹简楼是王个簃的弟子，孙悟音是上海美专毕业的学生，他们都有扎实的基本功。教人物画的是郁慕洁教授，她是张大千的学生。从浙江美院国画系毕业的姚有信，进入工艺绘画专业任教，带教同学们写生和创作。

工艺绘画专业在四年的培养中，探索出“临摹—写生—创作”的课程体系。一开始从临摹传统的经典作品入手，其间每学期穿插大量的写生课程，包含外出采风，第四年结合临摹所获得的基本功和写生所获得的真实情感，融入创作中，完成毕业创作，摸索出了一条适合现代学校的中国画教学的规律。目前中国传统的八大美院以及综合类大学美术专业的课程主体框架依旧采用这样的模式，其教学内涵被传承至今。

申石伽等老师编选了山水、花鸟、人物画讲义，并出版成书。他们作为工艺绘画专业的第一代教育者，将原本师父带徒弟的“课徒式”教育方式，逐步系统化、科学化，为之后学校绘画专业的发展，奠定了人才培养、课程体系、教学大纲、教学计划上的基调。通过扎实的教学功底，培养出蔡天雄、汪凯民、许韵高、林凡、陶亚杰、杨怀琰等一批上海知名中国画家。

随着1972年中美关系逐步恢复，出于工艺美术品对外出口创汇的需要，“文化大革命”初期一度停办的工艺美校于1973年在嘉定的外冈镇恢复办学，工艺绘画专业也在1973年再次定点招生。当年1962届工艺绘画毕业学生，汪凯民在1933年、林凡在1974年、许韵高在1978年、蔡天雄在1979年陆续从工厂调入工艺美校工作。1973级的陈振廉毕业后，曾短期留校教书法等课程；1973级的沈成旸毕业后，跨专业学习首饰设计与制作，留洋归国后，帮助学校建立与发展首饰专业。

1978年，学校招生采取面向全社会招生，培养类型也恢复为中专生而非技校生，许多热爱美术的高中生宁愿放弃高校录取机会，也要慕名而来，究其原因最主要的就是学校高水准的专业教学。1978级的工艺绘画专业规模进一步扩大，招生53人，分为甲乙两个班，成为当时工艺美校规模最大的专业。

第一代老先生们所培养的蔡天雄、许韵高、汪凯民、林凡被他们的学生誉为“海上四先生”。教学团队进一步扩大，汪凯民、陶俊华、张萍华教花鸟画，林凡、殷介宇、王白水教人物画，蔡天雄、许韵高教山水画。工艺绘画第二代的教学团队核心，虽然刚过而立之年，但是创作和教学经验丰富，精力充沛，成为上海美术教育的主力。

工艺绘画专业在教学中强调临摹、写生、创作三个模块循序渐进。临摹课程每个教学单元大致有4周，教师布置大量临摹作业，如宋人小品临摹，要交团扇临摹15张。林凡老师传统人物画课程强调临摹古代精品大画，布置临摹周昉《簪花仕女图》、张萱《虢国夫人游春图》、任伯年《群仙祝寿图》等名作。学生毕业前平均要临摹上百张名画，临摹的强度和难度大大提高，但对于学生的审美能力、绘画能力等培养非常有益。1978级工艺绘画培养的学生何曦、王天德等考入当时的全国非常有影响力的浙江美术学院中国画王牌专业，发现国画系要求临摹的作业他在工艺美校早已临习过了，工艺美校在学生临摹方面培养出的能力，已经达到当时艺术类最高学府的本科水平。

老师年富力强，精力充沛，每学期课程排得很满，要上近20周课程。老师与学生一起住在外冈校区。师生之间没有代沟，又经常见面，师生关系十分融洽，教与学相得益彰，学生进步很快。这些绘画班学生不仅学习中国画，也学习西画基础，诸如余友涵这样的中国当代艺术开创性人物，曾经是他们的素描老师。蔡天雄等也与上海画坛的老前辈们，诸如陆俨少、谢稚柳、唐云等大师建立了广泛的学术联系。学校每周六下午没有专业课，会邀请社会上知名文学艺术家前来讲课。校内外的教学资源使得学生具有了扎实的传统功夫以及开阔的现代视野。

1978级培养出了万芾、乐融、李明晓、何曦、余志毅、邵伟、胡绪雯、金以文、林乐平、贾少卿等一大批校友，他们毕业之后，一部分留在工艺美校，继续传承中国画和现代设计教学，一些到美术学院深造绘画专业，还有不少人借改革开放的东风前往国外发展。经过多年努力，他们在国内一流的高校、博物馆、美术机构诸如上海中国画院、复旦大学、上海博物馆等单位，担任大学教授，创作部主任、研究员等职位，继续在专业领域内为上海的美术发展做出了很大的贡献。

步入20世纪80年代，工艺绘画虽然只招收了1982、1987、1988三届学生，但是曾作为“海上四先生”学生的万芾、陈克勤、邵伟、王金秋等后来陆续来上海工艺美术学校任教，成为学校绘画学科第三代的骨干，培养出了邬一鸣、鲍莺、汤哲明等在上海地区具有重要影响力的艺术家、艺术史论学者。

20世纪90年代以后，培养了钱青、钱轶士、韩回之等一批活跃在博物馆文保修复、美术馆策展等方面的优秀人才。当时学校整体的培养理念，是要与社会需求挂钩，传统工艺美术、艺术专业因为就业等生存问题，逐渐变得边缘化，传统绘画课程，逐渐被设计装潢类等受到社会广泛需求的专业所取代，最后在1998级之后不再单独招生，在2010年工艺美术品设计专业重新建立招生，2011年工艺绘画作为其中的专业方向再次重新建立与发展至今。

在美校发展历史中，工艺绘画的教研组，也在雕刻、漆雕等其他专业教授中国画基础课，提升学生整体的传统绘画素养，不仅在工艺绘画专业培养出大量的绘画类美术人才，也为日后其他专业的学生从事绘画事业的发展，埋下了一颗颗种子，间接培养了一大批国内外具有影响力的绘画人才、当代艺术家，如1960级玉石雕刻的萧海春，1973级白木雕刻的谷文达，1977级白木雕刻的王作均，1975级漆器雕刻的姜建忠，1980级装潢设计的丁乙，1992级装潢设计专业的徐震等知名艺术家。

周观淏

汤兆基

刚强美丽的牡丹是我一生的挚爱素材

采 访 人：仓　平
受 访 人：汤兆基
采访时间：2020年8月7日
采访地点：徐汇校区影视多媒体工作室

汤兆基

出生于1942年，浙江湖州人。人称“江南才子”。师承白蕉、申石伽、钱君匋等名师，擅长书画、篆刻、诗词，有“身兼四绝”美名。以左手篆刻，故有“铁笔左篆”之称，以画牡丹见长，首提牡丹学，有“汤牡丹”之誉，高级工艺美术师、上海市工艺美术大师。出版有《紫墨映金》《花径如梦》《铁笔左篆》《瓷器上的国色天香》等。1991年其作品获全国旅游品评比最高奖“天马金奖”，曾参加世界第十五届手工艺竞赛获第一名。建有汤兆基美术馆、汤兆基艺术馆。为上海市文史研究馆馆员、市文史馆诗词研究社研究员、上海市政协书画院艺委会委员、杭州西泠印社社员、中国书法家协会会员、上海美术家协会会员。上海市政协第七、第八、第九届常委、科教文卫体委员会副主任，上海市第十二届人大常务委员会委员，侨民宗委员会委员。

一、成长和求学经历

仓：汤老师，您为什么会选择走上艺术创作的道路？您的家庭和您小时候的成长环境是如何影响您的专业选择的？

汤：我出生在重庆，抗日战争胜利后，跟爸爸妈妈回到了上海，就在上海开始了我的成长、学习、工作。回到上海以后因水土不服，很快就感染上了当时比较流行的痨病，就是肺结核病，对一个小孩来讲它杀伤力是很强的，大家都认为这样的孩子不一定能活得下来了。但是我得到了父母的精心呵护而恢复了健康。同时在家庭里面我得到了很好的熏陶，我印象最深的是家中有一副对联，这是国学大师章太炎写给我父亲的，联文是“河东世擅鹓雏誉，江左人瞻竹箭才”。我生病在家里，父亲就不断地向我灌输这些内容，希望我将来享有好的声誉，成为品质优秀的人才。现在回过头来想，因为我父亲在那个特殊的历史时期，不能实现自己的愿望，就把这个愿望寄托在我的身上。我父亲业余的时间很喜欢通过画画来解闷、解愁，当时他画画写字的情景就一直在我的脑海里面。我母亲喜欢绣花，我外公当年是南市区开红木作坊的，我家里的红木家具都是外公留下来的，这些熏陶对我的影响是非常深远的。正因为这样的一些影响，我就走上了艺术创作之路。

仓：您是哪一年进入上海市工艺美术学校的？攻读什么专业？请问您当时为什么要报考工艺美校？为什么选择这个专业？

汤：我是建校第二年 1961 年进的黄杨木雕专业，当时只招黄杨木雕这一个专业，也没有选择。我为什么考工艺美术学校，一是因为我喜欢艺术，二是因为我很无奈，我当时求学的中学是全国的重点中学——上海育才中学，那是绝对一流的中学，但是在当时的历史背景下，像我们这样的人念书是念不上去的，我想还不如去学一门手艺，在这个天地里面可以跟艺术为伴，我就决定考上海工艺美术学校。

仓：请您谈谈您在美校的学习经历，这几年您遇到了哪些老师给您留下了比较深的印象？为什么？

汤：当时的老师对我影响都很深的，譬如说申石伽老师，申老师实际上是不教我们的，就偶尔来上了两堂书法课，但是我跟他的语言交流比较畅通，他也很喜欢和我聊，后来就一直交往到他过世。还有教雕塑的卫泰老师，他的雕塑技法实在是高明，对我木雕方面的影响也是非常大的。

仓：黄杨木雕当时是徐宝庆老师亲自参与创建的，徐老师教过您没有？

汤：徐老师是我们的祖师爷，他的学生叫林翊，林老师是直接教我们的，所以我们称徐老师是祖师爷。

仓：黄杨木雕也是属于非常具有海派特色的艺术创作品类。您通过这几年的学习，给您自己后面的艺术创作打下了什么样的基础？

汤：当年创作的作品都是单位里的项目，已不在我手头上，现在我家里面只留有两个红木雕刻的烟斗，闲时我就捏捏它、玩玩它，就勾起我对当年许多的回忆。当时木雕的技艺绝对是很了不起的，当时作为一个中专学生，我们能掌握那么多的技法，达到那么高的高度，我觉得当时学的都是真功夫，了不起。后来学校毕业以后我们搞过大型的非洲的丹塔木雕，我做的丹塔木雕，上海人民美术出版社还为此出版了大型的宣传画。

仓：您在美校学习期间还发生了哪些有趣的事情吗？您如何评价美校的学习对您一生的影响？

汤：同学的来往，还有师生之间的关系，一直在我的心中不时地浮现出来，我觉得当年的教学生活是很活跃的，不死板。比如我们的课余生活很丰富，也许你想不到，我这样的人还能参加演出，而且还是话剧演出。我参加的话剧演出还在市委的大礼堂和上海著名的美琪大戏院表演，那个演出还是很精彩的。那都是我们自己组织的，我演过当年抗日的街头话剧，就是《放下你的鞭子》，我演里面的老头儿，我还拉胡琴，拉小调《毛毛雨》很生动。当时演出以后，有人说我们演得真好，引得他的眼泪就要流出来了。

仓：当时都是美术生，但是他们同时又具有很好的演员天赋和文学的修养，您觉得是什么样的精神状态或熏陶使得大家能够这么多才多艺的？

汤：我觉得当时的人都有一种激情，一种对生活的热爱，尽管我们处在自然灾害时期，很艰苦，但是都有一种激情，有一种向上的力量。我当时演《红岩》，扮演《红岩》里面的陈刚，陈刚因上了刑遍体鳞伤，我穿的衣服都是破的，上面涂了红颜色，两个人把我押出来，押到台中央的时候，他们两个人把我用力地抛在地上，痛得不得了，后来我再站起来，我的朗诵里面一句话还记得"我要把牢底坐穿"。表演结束以后，那两个同学对我说，把你抛出去是为了演出的真实感。当时的人很开朗、很乐观，学习上都很刻苦，学校晚上9点半要熄灯，熄灯以后，到10点多钟我就悄悄地下来，打开教室里的灯继续学习。当时就是一心一意要学知识，把艺术学到手。

二、从业和创作经历

仓：您是哪一年毕业的？毕业以后分配去了哪个单位工作？

汤：我是1965年毕业的，1965年就被分到了上海工艺美术研究所。进去以后主要是从事黄杨木雕的创作，后来我被下放到上海工艺美术工厂，下放了差不多十七八年。在工厂内当时也是做木雕，生产木雕灯具等，后来因为我受工伤了，就转到了绘画组，去生产绘画产品，中间还当过工业中学教师。

仓：您是哪一年离开上海工艺美术工厂的？

汤：我是在1985年年中的时候落实政策回到研究所。我记得最清楚的是，在1985年的6月26日，当时的公司党委书记跟我谈话，说以前对你不公平，从今天起，落实政策，把你调回到工艺美术公司里面最好的单位，就是工艺美术研究所。

仓：您在研究所后来就一直工作到退休吗？中间还换过别的工作岗位吗？

汤：在工艺美术研究所里面，我工作了好几个部门。我从事过画漆艺，我还是上海漆艺研究会的秘书长，也搞过瓷器，当时我研究做过市里面的科艺项目，搞的是无光釉的一种瓷器，还获市科委二等奖。

仓：您一直在那里工作到退休吗？

汤：在研究所工作到了90年代中期，1994年年底我就去担任了《上海工艺美术》杂志的主编，在那里工作了19年。

仓：您在牡丹的创作和文化提炼、推广上面做了大量的工作。能否讲一讲为什么这么热爱牡丹文化？

汤：为什么对牡丹情有独钟？这倒不是偶然的。我小时候，在1952年就看到我父亲在一把扇面上画牡丹，这个给我的印象特别深，我的父亲当年的处境是很差的，在这样的情况下他在扇面上画牡丹，这是铭心的印象。从此，"牡丹"这个概念就注入到我的心里面。那段时期，家庭受到冲击，我把这把破扇子保留下来，和章太炎写的对联一起藏在我单位工作台抽屉里面，我想那里是最安全的。在这个过程中间我又遇到了几个了不起的老师，比如我看到谢之光是怎么画牡丹的，我现在还保留他20世纪60年代画给我的特制牡丹作品，我也见过当年被称为"四大花旦"之一的画牡丹的圣手张大壮是怎么用大白云笔画牡丹的，我的印象是非常深刻的。我在家里面的旧书中看到，传说当年的武则天有一天心血来潮了，下了一道圣旨，要百花都开，结果大家开了，就牡丹没有开。她很生气，把牡丹贬到了洛阳，结果到了洛阳它变成花王了，于是人们称牡丹不但雍容华贵、美丽，同时还具有劲骨刚心的性格。这对我内心产生积极的影响，在追求艺术的过程中，这些滋润了我，给了我力量，给了我在不顺利的处境中怎么样走下去的力量，正是这些因素使我爱上了牡丹。

仓：您做了很多跨界设计，从画牡丹，到后来您做漆艺、做雕塑、做文创，请您给我们分享一下您做这么多跨界设计的初衷。

汤：为什么我参与跨界，跟我们接触的一些老前辈有关，比如说徐宝庆，我们的祖师爷，他会雕黄

作品《牡丹画》

杨木雕，同时他的牙雕也是绝对一流的，还能雕核雕砚刻，所有的雕刻在他手里都能够表现得活灵活现。这些就告诉我们一个人可以专一样东西，同时又可以举一反三，一专多能。潘天寿说，怎样才能把画画得好？他要求“四全”，即诗、书、画、印俱佳，有这样综合性修养的人，他的艺术才能有所成就。在我心目中，艺术好像有界，同时也可以跨界，甚至是无界。我现在正值晚年，回溯我的过去，我接触了许多的东西，接触雕塑、瓷器、漆艺、绘画、书法、篆刻，我就用牡丹文化这个概念，然后环绕所有的艺术表现形式，并演绎出来，就越来越丰富了，很自然地就出现了跨界。

作品《牡丹漆画钢琴》

仓：汤老师，2021 年上海开花博会，用牡丹作为会标，您也用心致力于牡丹文创产品的开发。您能不能给我们分享一下，您在开发牡丹文创方面希望实现的理念是什么？

汤：文创是我牡丹文化的一个重要组成部分，文创又是现在传递传统文化最好的一种手段，人家见到了都喜爱，喜爱了就接受了传统文化。人家感觉得到这样的文创体现了个性的一种流露，体现了作者的一种思想，我很乐意把文创的工作做好。

仓：汤老师，您后来成为上海市多届的政协委员，学校在很多次发展的过程当中也得益于您的大力帮助，比如中职升成高职等，这方面您有什么故事能够跟我们分享吗？

汤：我主体工作是跟工艺美术相关的，我参加社会活动中就把这个内容带进去了，人家也很喜欢听我讲述关于工艺美术方面的事情，这样我表达意见的时候就能够比较到位。平时我们工艺美术从业人员的社会影响非常大，人家看你的作品都是高山仰止一样的，看我们的木雕、牙雕，都感到了不起。但是在当时评职称的时候就发现一个过不去的坎儿，就是学历比较低，只有中专，当时都讲究大学学历的。后来我就提议应该办一个工艺美术学院，作为政协的提案，就把这个提案转到了市教委。想不到当时市教委的主任，叫张伟江，他很感兴趣。怎么样转办成一个工艺美术的高校？当时是有争论的，一种观点是新开一个大学，第二种观点就是在某一个综合性的大学里面通过设置一个二级分院解决，这个是最方便的。第三个观点是我主张的，就是应该在工艺美术学校的基础上升上去，因为它涉及一个连续性，即技艺的连续性、教学的连续性、师资的连续性，就这样子跟他们讲解、阐述，他们觉得有道理，于是就确定在嘉定建造学院。在此前，还遇到同一系统几个学校合并的问题，学校合并取什么校名，当时大家争论不下，十分激烈，后来我就想怎么来解决。当时我是上海市政协的教科文卫体委的副主任，人家讲你还是蛮有影响的，后来就找教委的一个副主任，当时我们商量了，在什么地方跟他碰头，一种到教委去碰头，一种在外面碰头，一种在市政协碰头，大家都说你还是让他到市政协来碰头，这样你可能主动一点。我们见面了，我就跟他聊工艺美术这个名称的无形资产跟社会的公认度，要跟人家讲哪个名称好，哪个社会贡献大，当然是工艺美术。分手的时候他就讲，好，今天定了，名字就不改了，还叫工艺美术学院。

仓：感谢您，当时您奠定了基础，才有我们今天的发展机会。学校这些年来办学有一个非常明确的宗旨，就是能够传承中国优秀传统文化，在生活中和现代的创新设计结合起来。您觉得在这一过程中应该有哪些方面需要我们去延续或者创新的？

汤：我觉得上海工艺美术职业学院的校领导与教师都有种历史的责任感，都觉得应该把工艺美术搞好，这些年他们进行了多方面的探索，这个探索实际上是很难的。当年工艺美术为什么社会地位这么高，首先是在经济发展的过程中换汇率高，当时我国的工业生产还比较落后，工艺美术这一行业因其艺术性就表现得比较突出。现在方方面面都上去了，在这个形势下怎么样把工艺美术教育搞好确实是个难点，现在处于一个瓶颈期。我觉得工艺美术职业学院在这方面的探索是积极的，是有成果的。原来工艺美术，从中专的角度讲，毕业生一年就 10～20 个，或者几十个人。现在你想，毕业生有 1 000 多人，就解决了这么大一批人专业素质的培养，从这点讲是应该充分肯定的。我们在新的情况下，怎么样提升工艺美术的教育，怎么样保存原有工艺美术教育方面的成果，我觉得这方面也是值得思考的。我们做什么事情都要对标，你的标准是什么，你的标准高了，培养出来的学生也好，标准如果对不准，那可能培养出来学生的水准相

作品《金牡丹和银牡丹》

对就低了。我总觉得，在这方面学校是可以花力气分门别类地去看一下哪些在对标上还有不足的，我觉得首先要把目标定准，高标准才能够出现高的、好的成果，要手艺强，必先教育强。要取法乎上，那我们就能取得更大的成就。

三、教育和人才培养建议

仓：在当今这个时代培养艺术设计人才，您觉得应该加强哪些方面素质和能力的培养？

汤：你们现在成立了一个手工艺术专门学院，下面还有许多的专业，这就很好地表明了学校在这方面的决心，这是一个很可喜的现象。但是设定了专业以后，专业与专业之间不要分隔得太清楚，在注重主体专业学习的前提下，还可以触类旁通，用统筹的办法让学生掌握更多的知识，扩大知识面，换句话说，有一个专业，巩固好专业思想，掌握专业技艺，同时让学生知晓相关的各方面信息，这对他们的成长肯定有用。我认为，在工艺美术教育方面应该倡导一个"三通"思想。第一就是了解从古代到现在的发展是怎么样的，哪些方面是了不起的，我们应该掌握的。第二个就是横向的，应该了解现在的发展趋势是什么样的，哪些地方是值得拿过来为我们所用的，我们要好好学的。第三个就是要知晓自己，我这个专业关键是什么，必须掌握的是什么。一通百通，"三通"建立起来以后，在专业里面学生视野宽阔了，学到东西多了，就能自由自在地创作，好的东西也清晰了。

仓：2020 年是学校 60 周年的校庆了，您能送给我们的校友和在校的师生几句话吗？

汤：我觉得 60 周年的校庆其实赶上了一个好的时期，明年是我们国家"十四五"规划的开局之年，我希望我们学校应该立足当前、谋划未来，上个世纪有土山湾和工艺美术学校这两个教学的亮点，接下来的 21 世纪那就应该是我们的工艺美术职业学院。我希望工艺美术职业学院办得越来越好。

采访心得

汤兆基老师因对牡丹情有独钟，且其牡丹绘画出神入化，人称"汤牡丹"。汤老师是最早的一批工艺美校学生之一，一生从事黄杨木雕、漆雕、绘画、瓷器研究、杂志主编等多个工作，著作等身，年逾古稀，仍旧在一线从事创作和文创开发。在上海工艺美术职业学院的几个关键的发展阶段，汤老师均积极拿出提案、参与策划，协助学院发展，对学院近期发展也提出了很多高见，他对学院的热爱和关心令大家感动。

蔡天雄

“临摹—写生—创作”三位一体培养工艺绘画人才

采 访 人：仓 平
受 访 人：蔡天雄
采访时间：2020 年 7 月 22 日
采访地点：普陀区汤哲明工作室

蔡天雄

1944 年生，江苏无锡人。中国美术家协会会员，上海美术家协会会员，上海中国画院画师。1960—1966 年在上海工艺美术学校学习，1978—1980 年在上海戏剧学院国画专业学习。作品多次入选全国美展并获奖，被各大报刊画册选用发表和撰文介绍，上海美术家协会、安徽美术家协会、桂林博物馆、武汉长江艺术家美术馆均有收藏。作品也曾选送美国、日本、德国、意大利、俄罗斯、波兰、印度、坦桑尼亚、突尼斯、韩国等国家展出。1988 年应邀赴澳大利亚讲学并办个人画展。出版有《蔡天雄山水画集》《蔡天雄山水作品集》《蔡天雄山水画选》等。

一、成长和求学

仓：您能谈谈您的成长经历和家庭背景吗？是什么影响着您从事艺术创作道路的？

蔡：我家里没有人画画，在小学的时候我画得也不是很好。我父亲喜欢盆景，我们住在石库门房子里，他喜欢在天井里面弄盆景，这对我有潜移默化的影响，我慢慢也开始喜欢。小时候有一次过年，我临摹一本《鸟语花香》，封面是江寒丁的一幅花鸟，画了以后，父亲说，这个画得不错，受到鼓励鼓舞以后，好像蛮有兴趣的，就这样开始画画了。

仓：您1960年进入上海市工艺美术学校，请问您当时为什么选择报考工艺美校？

蔡：初中毕业以后，也不是说我要报考什么工艺美校，当时根本没有这种想法。因为几个学校一起招生，工艺美校也招生，那个时候根本不像现在，什么素描、色彩都没有的，就是报名以后，拿一幅画面试一下，认为好就进去了。我就拿了临摹的那个东西到学校去，我还清楚记得，面试的老师是后来的校长俞春山。他喜欢书法，问我说你喜欢画画？我说喜欢。他说你回家等通知，后来录取通知就来了。

仓：您选择了牙雕专业，为什么报考这个专业？

蔡：我是1960年进工艺美校的，实际上我是工艺美校里比较特殊的一个人，也是唯一的一个，因为我在工艺美校读了八年。刚建校的时候，学校一共设五个专业，玉雕、牙雕、木雕、刺绣和漆雕，为工艺美术公司、工厂输送人才。那个时候被分配学牙雕，其实我当时对牙雕一点都不感兴趣，我的兴趣在绘画上面。那时是三年制，因为那个时候条件比较艰苦，学校也没有每年的体检，快毕业的时候，我邻座一个同学患肺结核，我就被他传染上了，只能休学。这个休学对我来说，既是坏事也是好事，我就可以在家里尽情画画了。那个时候我为什么要绘画？其实我的山水画任课老师有一句话影响了我的人生。我在老班级的时候，画了一幅山水创作，教山水的申石伽老师评价很高，说你这张画是全校五个班级中最好的一张。那个时候年纪很小，听到老师表扬以后，我就想我一定要画山水，主攻山水。

仓：您是哪一年转到陶瓷绘画专业去的？

蔡：1964年身体好了要复学了，以前学习的牙雕的专业已经没有了。这个时候有陶瓷绘画班，申石伽老师觉得我画画好，就让我去了这个班的二年级，就是许韵高老师的那个班级。等于又要读三年，所以学习跨度比较长，但是这个也有好处，就是我学的东西多了，临摹的东西多了，基础也比较扎实一点。去了陶瓷班以后，上海产业调整，做瓷器的那个厂没有了，所以这个对口专业就停止了，我们就变成工艺绘画班，以学习国画为主。从那个时候我就一直做到现在，这就是我怎么从特种工艺，一直走到绘画创作的大概过程。

仓：您在学校里面是前后攻读了八年，应该遇到很多老师，您现在回头想想哪些老师对您影响比较大？

蔡：影响最大的是申石伽老师，因为他对我有种特别的厚爱，我在牙雕班的时候，他就比较看好我。我转到绘画班以后，一直担任山水画的科代表，成绩全部是5分满分。申石伽老师对我影响比较深的主要是他的人格魅力。他文学素养很高，很有修养，很有传统底蕴。他对学生很有耐心，能很仔细地辅导你，指点你。他和我们说，你们现在是我学生，到了社会上就是朋友，等于既是师生，又是师友，所以我们一直对他尊重，不全是因为他是老师，就是有一种超越老师以外的情分在里面，这种情分有时候口头上是无法表达的，是一种感情的交融。他很淡泊名利。他住愚园路的时候，整个房间走六步就到头了，取名叫“六步斋”。他也感到蛮好。他对物质上面的东西不太追求，很自在，专注学问。他对外面讲，他第一身份是老师，不是画家，他一般以老师自居，他把教书育人放在首位。所以他培养的学生，不管是直接教的，还是间接的，都受到他很大的影响。

仓：我们之前采访过一些20世纪90年代的学生，好几个优秀的学生都拿过申石伽奖学金，并激励着他们后来走上国画创作的道路。这方面的有些故事您还能帮我们回忆一下吗？

蔡：那个时候他的住房条件不是很好，他完全可以先改善自己的生活，但是他就是一心一意要培养学生。他把仅有的一些稿费设立了一个奖学金，是我们学校的第一个奖学金，也是唯一一个以教师命名的奖学金，就叫申石伽奖学金。他鼓励那些有志于国画学习和探索的学生，给他们提供物质上的一些支持。当时主要负责的就是许韵高老师，每年收集学生的国画作品，评选出好的作品以后，给一些适当奖励。这个奖学金一直延续到2005年，我退休之前还有。

仓：蔡老师您觉得原来在美校的生活还有什么值得跟我们分享的？

蔡：当时学校实际上物质条件是蛮艰苦的。但是我们学校的氛围很好，我在学校里的时候，在学生会担任工作，是文体部的部长，每到星期三晚上，每个人都参加一个兴趣小组，喜欢唱歌、喜欢演话剧、喜欢舞蹈、喜欢乐器的都有，到了节日的时候，就要演出。那个时候我们有几个说相声、三句半、对口词，还到市里面去演出并得奖了。尽管我们是学画画的，但是在演出方面，学校的大合唱在市里面也是有一定影响的。还有就是体育方面，我们学校条件比较差，没有一个好的操场，所以我们在外滩那里长跑锻炼，黄浦区长跑比赛，我们学校获得一个女子第一名，一个男子第三名。我们那个时候在学校念书的时候，在马路上走路，全部像解放军一样，很整齐，像军人一样训练，说卧倒就在马路上卧倒。后来我碰到一些老同学，大家都说，尽管那个时候艰苦，有的时候好像很严，但是培养了一种集体精神，一种荣誉感和凝聚力，还有就是吃得起苦，这点对于绘画来说也是很有帮助的。

二、教学经历和建议

仓：您毕业后分配到哪里工作？主要工作任务是什么？

蔡：我们1967年毕业，当时实际上学校已经不招生，解散了。我毕业以后先去了工厂，中间也接触到一些教育，后来又转到学校去。我和许老师被分配进了后来的工艺美术工厂。这个工厂实际上也有点像学校一样的，因为大部分的员工都是工艺美校黄杨木雕班的学生，还有一些其他专业的学生在一起的。我到工艺美术工厂以后，担任政宣工作，许老师抓生产，两个人的分工不一样。那个时候我们在厂里面有的做牙雕，有的刻字，有的裱画。后来厂里面还办了一个学校，一共就办了一期，我是校长，培养了50来个学生，后来有几个发展很不错的。

仓：工艺美校复校后，您什么时候又回校做老师的？

蔡：汪凯民老师在工艺美术公司，后来回到学校做复校工作，找我去当老师，厂里面不肯放。后来我去戏剧学院进修，去了几年以后再回到美校。一直从事国画教学，直到退休。

仓：您曾经担任过学校的国画教研室的主任，能跟我们回忆一下您当时从事教学和管理工作的情况吗？

蔡：我到学校的时候，当时校长叫俞春山，他现在已经过世了。他书法很好，对国画也很重视，他任命我为中国画教学研究室主任，属于校长直接领导。学校对这个部门很重视，等于和教务科并列了。教研室的一些老师，以美校毕业生为主，我、许韵高老师、汪凯民老师、林凡老师，还有宋老师等。这个研究室里面我们根据每个人的专长，分配课程。比如说你擅长山水，那就担任山水课的老师；你是画花鸟的，担任花鸟课老师；擅长人物的担任人物课老师。那时候我们分工蛮细的。我们这个团队，受了我们先生一辈的教诲以后，思想、观念、认知上面是比较相同的。所以那个时候我就提出，教学要有规范的教学计划，除了教学大纲的要求，我提出来一个“三位一体”的体系，就是集临摹、写生、创作三位于一体。

我们四年的学制，尤其对绘画班，先是从传统入手，把临摹作为基础，吸收传统的精华，临摹的都是比较好的经典代表作，历史上有名的。比如说唐宋名家，我们就拿他的代表作来作为临摹的范本，花鸟有花鸟的范本，人物有人物的范本。像唐代周昉的《簪花仕女图》这些名作，我们这些学生一年级的时候基本上都临摹过了，所以从进校以后就给他们树立了一种观念：不能采取民族虚无主义，要注重对传统的吸收，要继承好的东西。正因如此，我校学生的基础相对来说比其他学校扎实。

第二步就是写生，光吸收传统，光临摹不行，要自己到大自然当中吸收养分。所以我们那个时候

就组织一些学生到就近的，有山有水的地方去写生，不同的专业到不同的地点去写生。我们当时带他们写生，条件很艰苦，都是带着行李铺盖去的。我记得很清楚，到黄山写生，两个班级分两批，带了铺盖，在农民家打地铺，因为条件比较艰苦，所以更容易激励学生学习的自觉性，他们时间上抓得很紧凑，很刻苦，画得最好。后来不一样了，要讲条件了，住宾馆，反而画不好了。所以我有一个感觉就是，人在艰苦条件下反而容易出成绩，条件太好太舒适以后人就懒了。第三部分是创作，创作就是说把学到的传统的东西，从生活当中理解吸收养分的东西，加上自己主观的一些想法，把它表现出来，变成自己的东西。我们绘画班四年级以后以创作为主，到四年级以后分班了，综合平衡每个人的专长，分为人物班、花鸟班、山水班三个班。后来这批学生就成为社会上的一些骨干力量。

这个“三位一体”教育模式取得了较好的效果。因为我们是中专，有些同学就继续上学，后来浙江美院、上大美院、中央美院，从我们学校毕业的学生当中录取的名额比例是很高的，他们很希望我们的毕业生去，因为知道我们的学生基础好，写生能力有，创作能力也有。所以在外面有一种说法：我们像是这些美院的附中一样。那个时候他们在上绘画班的时候，我说你们好好地画，20 年以后就看你们的了。现在就是应验了我当时这句话，果然出成果了。像鲍莺，她就被上海中国画院吸收作为画师。

作品《山水图》

仓：到了 20 世纪 90 年代后期，整个工艺美术行业开始走下坡路，学校的一些工艺美术相关专业，包括工艺绘画也都受到影响。这段时间您除了教学，还承担过一些其他相关工作吗？

蔡：那个时候学校办一个校办工厂，叫我做厂长，那时候我们和警备局关系比较好，警备局一些饭店的装修、布置都是学校做的。还有延安饭店等几大饭店我们都做了一些壁画。

仓：在采访过程中，很多学生都非常感激您这一代老师。他们觉得您一方面把很好的国画传统基础传授给他们，同时把老美校的这种动脑和动手相结合的精神带给他们，对这个评价您怎么看？

蔡：因为我们这个专业有它的特殊性，和浙江美院不一样，我们有些绘画不仅仅画在纸上面，还有画在器皿上面的，比如瓷器，都要能适应。通过大量临摹学习，这些学生出去以后可以到博物馆临摹古画，现在上海博物馆有很多我们的学生；同时能力强了以后，可以做设计，转行服装设计或者其他方面，都很快适应，而且都是好手。因为我们承接了一些我们上一代的老先生给我们的方法。老师教我们不是以批评为主，是以鼓励为主的。老师有的时候一句话可以影响学生一生，所以我对学生基本上以鼓励为主，发现他们的长处，鼓励他们主观的创作能力，所以他们不会感觉到压抑，反而感觉很舒畅。我们到黄山写生，平时抓得蛮严的，下雨爬山很累，我们几个老师买了酒，叫学生喝点酒，不是让他们酗酒，是解寒。还有一次我们跟专业老师一起到一个渔岛，那里海鲜比较好，我就和带班的一些老师自己掏点钱，课程结束时每个人买一份海鲜给他们吃，像开一个庆功会一样，他们都很开心，而且印象很深，所以师生之间的关系很融洽的，大家在一起都很开心。

三、从艺和创作经历

仓：您一直在坚持创作，能否和我们分享下您的艺术创作的经验？其中有哪些探索和思索，值得我们现在的学生借鉴？

蔡：我那个时候在教育之余会做一些创作，早在20世纪80年代的时候，就参加了第六届全国美展，上海入选很少，我有幸被选上，而且获奖，之后又参加第八届美展，中国首届山水全国画展，那个时候年轻，创作欲望又比较强，通过评选选上后，也是对我的一种鼓励。我还在学校时就成为上海中国画院的兼职画师了，至今已经有二三十年时间，属于他们画院老的兼职画师。平时进行创作，还有一些业余活动，我们曾经还组建过一些画院，类似群众的艺术团体，另外还办了一些业余的培训班，促进推动国画艺术的发展。现在我们年纪大了，年轻人也在做这方面的工作，我想这个会一代一代传承下去。

作品《峡江轻舟图》

仓：您在社会上有广泛的影响力，在校外一直从事中国画的教育工作，您觉得社会上对于中国画教育有怎样的需求及认识？中国画教育未来发展的方向在哪里？

蔡：之前因为受到一些艺术思潮、现代艺术的冲击，就感觉中国画没落了，没有出路了，这种看法是不对的。我感觉中国传统的经典不能丢，一定要把它传承下去，不只是继承，还要发扬，就是说你到生活当中去吸收养分，加上自己的符合时代的认识，把它吸收到你的创作当中去，创作出符合时代的一些作品来。这个路子，以前一直在提倡的，现在也还是应该继续走下去。所谓推陈出新，继承传统，我感觉对于年轻人更重要。

仓：学校在2011年以后重开了很多工艺美术的专业，比如像工艺绘画、玉雕等等这样一些专业，您觉得在当今这样的产业和经济形势下，培养工艺美术类的人才，应该注意哪些能力和素质的培养？

蔡：因为现在整个社会发展大趋势、产业调整等不可避免地要影响到工艺美术。工艺美术有它的特殊性，对于传统的艺术，现在一些年轻人不大容易接受，因为受市场经济的影响，还有就是比较注重名利，不愿花很多力，希望能够走捷径，赚很多钱，所以比较急功近利，不怎么愿意做工艺美术。因为工艺美术很多时候需要费劲、费时，而且经济效益也不是很明显，这确实给工艺美术发展带来一些困难。

所以我们如果要培养这方面的人才，一方面要看其有没有志向，找有志于艺术探索的、有志于继承传统特种工艺的，不把金钱看得很重的学生培养，另一方面就是学校要有多种培养形式。以前分配是有保障的，学了玉雕专业，马上可以分到玉雕厂，没有危机感。现在学这个专业，毕业以后怎么选择？有些纯绘画的东西以前很吃香，现在学绘画的学生毕业以后不知道到哪里去，所以一定要和日常生活结合起来。培养的手法也要灵活多样，不能仅仅是上课的方式，要注重实践。

仓：非常感谢蔡老师，因为2020年是学校60周年，您能不能说几句话送给我们的校友和在校的同学？

蔡：我感觉就是8个字——传承经典，开拓创新。这个如果把握住了以后肯定行的。我觉得只要好好地引导，有意识地引导，把它铺开，肯定有前途。

采访心得

蔡天雄老师非常儒雅，他总结出了“临摹—写生—创作”三位一体的工艺绘画教学方法。学生们经过大量的古画名画临摹，再到现实世界写生，回来后创作，每学期均如此循环往复，打下了扎实的基础。这也是上海工艺美校国画家名家辈出的重要原因。

林凡

工艺绘画第二代教育主力军，“海上四先生”之一

采 访 人：周观淏　张爱勤　刘海锐
受 访 人：林　凡
采访时间：2019 年 10 月 24 日
采访地点：林凡老师宅中

林凡

女，1946 年生，上海美术家协会会员。1966 年上海工艺美术学校工艺绘画专业毕业。1973 调上海工艺美术学校任教，1982—1983 年就读于浙江美术学院文化部高级研修班，1984 年就读于广州美术学院研修班，任上海工艺美术学校高级讲师。1994 年移居新加坡，2006 年退休，现常住上海。

一、学习经历

周：林老师您是哪一年进我们工艺美校读书的？

林：我是 1962 年。

周：您记得那会儿上课都有哪些内容吗？

林：上课的内容差不多都是国画课，人物、山水、花鸟都要学的。我考工艺美术学校也是我的中学美术老师推荐的。

我记得大概是初二的时候，当时有几个老师到教室里来，环顾了一下班级，就指着我，让我去教务科。当时我也懵懵懂懂的，老师就叫我站在那个壁橱旁边，把我从脚到头都审视了一遍，后来我才知道是舞蹈学校来挑学生。当时我的美术老师是大名鼎鼎的油画家吴大羽的女儿，叫吴崇力，她对我很

好的，当知道舞蹈学校挑中我之后，就偷偷跑来告诉我，不要我去考舞蹈，让我去美术学校，说只有工艺美术学校是专门学美术的，上海就这么一所。我很信任她，就报考了工艺美术学校。现在想想，如果我那会儿上了舞蹈学校，再看看我现在的身材，肯定很早就被淘汰了，我想这也是一种缘分，可以从事一份永不退休的事业，如果是舞蹈学校，那很早就会退休了，所以我很感谢这个老师。

孙悟音老师 20 世纪 60 年代使用的花鸟课图稿

周：您当时在我们学校学习，有哪些印象比较深刻的事情？

林：60 年代上学那会儿，对我影响最大的就是姚有信老师。我一、二年级上专业课的时候，郁慕洁老师是教人物的，然后申石伽先生是教山水的，孙悟音老师是教花鸟的，老师们都教的比较传统，所以也为我们打下了很强的基础，国画基础全靠这三位老师。

到二年级的时候，姚有信老师到我们学校了，他是浙江美院的高才生，他进来以后，我们的眼界完全被打开了，他带着我们下农村去写生，他画画的时候我们就在旁边看着，他对艺术的理解以及开阔的眼界对我们影响非常深。而且姚老师上课也很有激情，讲的内容天南海北，非常生动有趣，在和他相处的日子里，我们学到了很多。

周：姚有信老师是在您二年级的时候才进入我们学校的？

林：对的。那时候是创作学习的重要阶段。姚老师进来之后，对我们以后的创作产生了非常大的影响。而且大家年龄相差不多，即使我毕业以后，他也像兄长一样的，和我们一直走得很近。他那个时候的创作，我们一直都记着，影响很深的。

姚有信老师在 20 世纪 70 年代画于上海画院的作品

周：我感觉这样非常不容易，姚老师他的个人魅力可以深刻地影响一个班级，引导学生们日后走上艺术道路，成为专业人才，这是我们非常感慨的地方。

林：姚老师那时候是浙江美院的团委书记。当时叫他留校他不肯，而且他是预备党员。他要回到原单位去，学校不让他回去。在进美校之前，他的关系就挂在上海美协，后来工艺美校 1964 年引进来，就是为了教我们班。他对我们很好，我们也对他很好。

后来姚有信老师因为一些原因离校了，到上海电缆厂做工人去了，在厂里实际上是搞宣传，也等于是在画画。大概是 1971 年、1972 年的时候，北京地铁差不多要完工，需要布置一些工艺品。我当时所在的上海工艺美术公司想参与，就把姚老师调过来了，然后通过公司，他画了两张画。后来尼克松来访华，需要布置虹桥机场，就看到他这两张画，希望让他放大。就因为这两张画的关系，就把他调到中国画院去了。

姚有信对我们影响很大，要知道原来我们学的是很传统的内容，他一来，把新的东西带进来了，一下子就和时代符合了，创作的东西也不一样了，给了我们很多新的体验。正因为如此，后期学校很重视青年教师的进修，在 1982 年的时候，我争取到了去浙江美院、广州美院进修的机会。

二、教学经历

周：您后来从事教学以后，在教学过程中，有没有印象比较深刻的事情？

林：我们基本上继承了老师的教学风格，因为我住在学校里，和学生宿舍也都挨着，所以比较亲近。而且我和学生年龄相差也不是很大的，像大姐姐一样，经常和学生一起下农村写生。

我还记得带学生到浙江的沈家门，我们在渔船上写生，我也是和大家一起的，背着画架在渔船上跳来跳去，那老渔民还很好奇问哪个才是老师。我们师生之间很是亲热，一直到退休了以后也是的，去年我还和那些 1978 届的学生到太行山区写生。一方面学生喜欢和我们在一起，另一方面，他们对我也是一种促进。

周：您是毕业后一直在美校里教学吗？

林：我 1967 年毕业之后分配在上海的广告公司，在里面画图做设计。那时候包装上的每一个美术字都是手工写出来的，不像现在我们有电脑，所以我在那个时候学习了图案和美术字。美术字其实是很重要的基础，和我们现在电脑里面调出来的感觉不一样。后来我又分配到徽章厂，主要是做毛主席像章。

我在工厂做了七年，之后学校开始恢复教学，学校里没什么老师，校领导就叫我过来教国画人物。

周：老教师们在教学上一脉相承的积淀，是我们专业的宝贵财富。

林：对的，我们基本上教学生的时候，也是学我们的老师，都是一脉相传的。姚有信老师自己说：“我上课像拍电影一样，有蒙太奇的手法。”他的画曾经在全国美展上得到二等奖。他胆子很大的，可以自己到哈默画廊去谈作品。这个画廊只做过两个中国人的作品展，一个是陈逸飞，另一个就是姚有信。

周：您当时主要教工笔还是教写意？

林：工笔，写意基本上没教过。

周：主要课程的内容是什么呢？

林：工笔主要临摹的《簪花仕女图》，这是传统工笔人物中很具有代表性的作品，所以我让每个学生都临摹一遍，通过这种临摹学习，打的基础是很牢固的。

周：人物画临摹是从《簪花仕女图》开始，那后面有没有创作呢？

林：创作也有，但主要是写生，一般都是我们写生回来之后再创作的。我们的学生都是不错的。

周：我觉得不单单是在课堂上，学生到校外的自然环境中去学习那是很重要的。您能谈谈从临摹、写生到创作这个过程吗?

林：他们写生时候的条件还是很好的，不像我们读书的时候还要劳动什么的，只要写生就好。也可以住旅馆了，不用自己带被子了。

我们一般写生需要一个月。写生期间，白天我们就带着他们一起画画，晚上回来一起点评，天天如此。学生们还是很努力的，而且到了 80 年代，他们文化课也少了，基本上就一个学期，尤其到了三年级的时候，一个学期全是专业课，还全部是人物科。

当时 78 届工艺绘画专业在第一学期就有两个班级，统一都上基础课，从第二年开始分为山水、人物、花鸟三个专业方向，学生选择其中一个方向，到第三年创作就看带教老师的方向了。

我们那个时候是每天都有专业课，是没有讲课费的，只拿工资。从第一天上到最后一天，连着上 22 周。现在是每周 2 天休息，那时候是每周只有 1 天休息。学生也很努力，从早上画到晚上，晚上还有夜自修的，老师不在，大家都很自觉地自习。我们都住在学校，平日里在办公室里画画，学生有问题可以直接过来找我们。我们的办公室就是画室，两个人一间。我们整天都在画，学生也喜欢进来看老师画。老师上课示范是很多的。他们写生，我也写生。只是听说现在老师不大写生了，太可惜了。

采访心得

林凡老师是工艺美校第一届工艺绘画班的学生，师从申石伽、孙悟音、姚有信等老师，是美校培养出的第一批上海知名中国画画家之一。在回母校任教后，在不断迭代的教学过程中，不忘初心，传承了工艺绘画班在教书育人方面的传统，作为工艺美校第二代教学团队核心，为上海的美术教育注入一股纯正的清流。

胡震国

教学服务于工艺美术创作

采 访 人：周观淏
受 访 人：胡震国
采访时间：2020 年 6 月 7 日
采访地点：上海工艺美术职业学院徐汇校区摄影棚

胡震国、王守中在苏州双人画展前合影，左为胡震国，摄于 20 世纪 80 年代

胡震国

1949 年生于上海，1970 年毕业于上海工艺美校，后分配到安徽皖南三线厂，任工会宣传干事。1983 年调至苏州工艺美术技校，曾任副校长。1996 年调回上海市工艺美术学校，曾任美术基础系主任。现为上海炎黄文化研究会会员、炎黄画院画师、上海美术大学"水墨缘"工作室画家、上海"华萃"艺术中心高级顾问、上海美术家协会会员、上海九三学社社员。

一、成长和求学经历

周：当年您为什么报考工艺美校呢？

胡：我是 1965 年进的工艺美校，我记得当时上海就三个跟美术有关的中专学校，其中最出名的就是工艺美校。

我初中临近毕业的时候，去看了美术类学校的招生简章。其他两个学校都没有关于中国画的科目，只有工艺美校有，其中工笔、写意、花鸟、人物、山水都会涉及，那正是我最感兴趣的课程，所以我三个志愿都填了工艺美校。工艺美校的考试有两个内容，一个是命题创作，内容好像是画民兵练武，再一个就是画素描。收到录取通知书后，接着让我去面试。当时我记得是汪邦彦汪校长考我的。我录取之后，中学老师说我不需要继续上课了，所以那个暑假也比较长。

周：我们学校当时的师资以及授课是什么样的情况？

胡：我所在的象牙雕刻专业，上课的地址不在总校，在城隍庙里面的福佑路上的分校，那个地方的环境不是很好。朱骏良是我们的班主任，给我们做了很多的思想工作，当时就我们一年级牙雕班和三年级的红木雕刻班在福佑路分校上课，所以其他班级我们不太熟悉，我们每个星期三到圆明园路总校来开个会，大家联欢一下或者搞一些集体活动，那时候才跟其他班级有些接触。

进入牙雕专业，最开始是让我们动手打刀，象牙雕刻有各种各样的刀，大概有二三十把不同的刀，粗的、细的，口子斜的、平的，甚至于圆的，都是老师教给我们的。我记得当时工厂来教我们牙雕的师傅叫徐万城，我们学校毕业的朱国妹、彭祖娇老师也教我们专业。

国画花鸟课是曹简楼老师教我们的，山水课和书法课是俞叔渊老师，语文课是许世煌老师，雕塑是东壁老师，素描是倪前碧、王克明、万福堂老师，国画人物课是杨钧老师教的，教人物画的老师还有姚有信，以及出版社的罗兴，但是都没教到我们。

周：学校中哪些课程让您印象深刻？

胡：在学校里的时候，我们现在常说的教学改革一直没有断过，刚进去的时候，发现学的素描跟我们考前学的素描标准已经不太一样，它强调结构，不需要明暗。要让制作的工人看懂，所以基本上像白描一样结构清楚。所以当时的口号就是以线带面，面线结合的一种素描表现方式。后来我看全国的大专院校素描的探索方向，基本上也是这样。

当时素描不是追求画面的光影表现和明暗效果，画画要表现的目的非常明确，老师会和我们的专业相结合来授课。

刚开始有点别扭的，但是后来也就习惯了。后来到了社会上让你搞一些设计，要在很短的时间里面说明意图，表达自己的设计想法，让对方能够看懂接受的，还是要简洁一点，把结构和意图讲清楚，这时候以线带面，用线为主的素描就派上很大的用处了。

1965 届牙雕班送别同学参军（左起张泽平、徐锦钧、胡震国、陈海阔、吴昌富，摄于 1969 年 3 月）

周：您是特殊的一届，只上了一年的课，您能否回忆这一年雕刻课程的具体授课环节？

胡：当时原本我们要四年才毕业，可是正式的上课时间只有一年多，我觉得教学抓得还蛮紧的，专业老师整天陪在我们身边，轮流指导，当时的教学氛围还是很好的。

当时的素描、国画、书法、语文同时上课，上午是文化，下午是专业。后来好像换成两天是文化课，余下的时间上专业课、绘画课。我们那时的教室像工厂一样，每个课桌上面就是一台马达驱动的雕刻机，这在当时很先进了。雕刻刀都是自己手工打的，进校第一步就是打工具，做工具做了好几个星期，需要自己敲打、打磨然后煅烧，耗时很长，非常不容易。

然后是雕塑课程，用泥塑先捏一个小泥稿，大概半尺左右的，先是做佛像、观音菩萨这样的题材，然后是黄杨木，在上面试刀雕刻，最后才接触到象牙。要我们在象牙上搞创作，先用泥塑捏成一个造型，我记得自己是做了少数民族题材，一个傣族的少女背着箩筐。因为象牙雕刻材料不是任你发挥的，它是瘦瘦长长的一块，你要在这个体积里面把这个意图表现出来，我记得当时也动了一些脑筋，但还没来得及在象牙上雕刻就停课了。

当时学校蛮强调雕刻的实践过程的，因为有美术基础的同学通常只对平面的绘画感兴趣，对雕塑不太了解，更不要说雕刻了。当时，东壁老师教我们雕塑课。她是唐世储老师的太太，是鲁艺毕业以后分配到我们学校当老师的。当时我们对雕刻还有点不以为意，觉得它有点"匠人气"，还是更喜欢绘画。但是通过自己制作工具、专业的深入学习以及和老师的交往过程中，我们慢慢培养了与雕刻之间的感情，尤其是毕业踏上社会以后，才发现动手能力是有多么重要。

二、工作经历

周：请您聊聊当时毕业后的情况。

胡：我们原本是完整的四年制，要到 1969 年毕业。因为一些原因，1970 年才正式分配到外地去。当时都要下乡，我们这个班的毕业生比较少，学的专业也比较特殊，上面觉得可以照顾下。我们班原先有二十几个人，后来只剩十几个同学了，其他的当兵或者自己下乡插队到北方黑龙江、甘肃的一些农村，大概剩下十五六个同学，分配到安徽和江西的一些三线厂或内迁工厂。当时毛主席提出要人们深挖洞、广积粮，就把一些工厂都内迁，准备备战。那么我们在这个情况下呢，就不能够留在上海，必须到外地的工厂去。

周：当时在工厂是作为工人，要做些什么事情呢？

胡：去了之后都到生产第一线做工人了，我到的一个厂是水泥厂，现在说起来是很粗放的生产方式了，工伤事故蛮多的。从上山开始炸炮采石，卡车运输下来到生产线打成灰，跟泥浆拌，然后煅烧，再粉碎成为水泥，我就在这个生产线上班。

大概干了两三年不到，单位根据我的特长，把我上调到宣传部门去了，是工会的宣传口儿，出一些黑板报，放电影给工人看；我们还有一个图书馆，我参与管理，图书馆采购的新书是上海的新华书店安排的，书到货后我做登记。那个时候自己也没放松，厂里也蛮照顾我，给了我一个工作室，在业余时间我就在工作室里面画画。结合当时的形势创作些作品，去参加全国性的美术展览，从我们单位到县城，然后到黄山地区，到安徽省，一级级地组织上去，大家都集中在一起创作，有时候一两个月时间画画，我当时已经参加了不少这样的画展和活动。

周：当年您离开工厂后，又有哪些经历呢？

胡：大概是 1983 年，当时苏州有一个工艺美术技校要我去，我跟王守中老师一起，考虑到专业对口，就一起过去了。

我开始在基础课教研组，后来担任副校长，因为老师不多，规模跟上海的工艺美校不能比，国画、西画都教的。当时上海的工艺美校可以说是全国的样板，苏州基本上也就是这个模式，上午是文化课，下午就是专业课，到了高年级以后，就是三天专业课，两天文化课，再到后面全部是专业课、实技课、创作课，专业课有玉雕、红木雕、白木雕、漆刻、漆雕等品类，还是蛮多的。不光是苏州，所有江南地区的工艺美术厂都是以上海美术为老大。大概要在北方，相当于中央工艺的地位，但是可能力量上和规模上都不能跟上海比。当时上海工艺美校的辐射面还是挺大的，影响很大，全国工艺美术行业，上海就是“领头羊”。

当时颜鸿蜀校长因为其他事情到苏州来，到这个学校来跟我接触，谈到回母校工作的问题。直到后来 1996 年朱孝岳校长才正式把我们调回来。

三、教学经历和建议

周：现在回到我们母校，您做了哪些工作，包括您当时参与我们学校课程改革以及课程教学，有哪些您印象比较深刻的事情？

胡：回到上海之后，学校已经不在外冈，搬到塔城路上了。那时候我在基础课教研室，教的课也就是素描和色彩，国画我没教，但国画也是教研组里面的。当时学校已经经过一些改革和探索，我回到学校后一点也不陌生，已经习惯了学校的教学方法，尤其在苏州我又担任过老师了，所以很容易融合。

要说探索和创新方面，当时除了绘画专业以外，强调动手能力，一定要跟专业结合得很紧，不能单纯把绘画作为自己的专业方向，专业为学生服务，学生要为工艺美术创作服务。所以在国画上面，我对工笔比较侧重；素描强调结构清楚，透视准确，色彩要求颜色关系处理得当。教学内容是为了专业服务的，这好像是我们工艺美校历来的传统。我们从工艺美术学校，到后来的工艺美术学院，真的是为第一线服务，为生产服务，为工艺美术制作服务。

从塔城路搬到了现在的校址以后，开始全面教改，课程变动也蛮大的。但是因为设立了不少新的课程和新的专业，尤其设计方面，取代了一些传统的工艺美术课程，于是工艺美术的规模越来越小。

周：您在外漂泊多年再回到母校进行教学与管理，结合您的亲身经历，您对我们学校未来人才培养的方向和目标有哪些建议？

胡：从我自己的经历来说，我觉得应该坚持传统教学和社会实践相结合，把传统艺术的脉络保住，跟生产第一线紧密结合，要保持这个传统并且要和专业发展结合得好，并继续走下去。

新的时代下人才培养可能有新的变化，新的专业会出现，但是坚持这样的教学方针和指导思想不动摇，保留工艺美校教学传统不变，我们学校的路一定会越走越宽的。

采访心得

胡震国老师是工艺美校停办前的最后一届学生，经历了学校当年罢课前最后的教学，毕业以后，去过工厂，在苏州做过老师，漂泊多年再度回到母校，参与了两校合并前美术基础部的教学与管理，对学校有很深的感情。教学是为工艺美术创作服务的，应该将传统教学和社会实践相结合。这为当下我们探索教学改革提供了一定的借鉴的依据。

王守中

家族三代的传承与坚守

采 访 人：周观淏
受 访 人：王守中
采访时间：2020 年 6 月 7 日
采访地点：上海工艺美术职业学院徐汇校区摄影棚

王守中在家中作画，摄于 1968 年

王守中

1949 年生于上海，王康乐之女，自幼临摹董源、巨然、王蒙、石涛等先辈大师的作品，推崇“粗头乱服”的黄宾虹大师和泼墨泼彩出新的父亲王康乐，从他们那里，解读到了笔墨松秀空灵的奥秘。现为上海工艺美术职业学院副教授、高级工艺美术师、上海市美术家协会会员、上海市美术家协会海墨画理事、海上书画名家后裔联谊会理事。

一、成长和求学经历

周：王老师当年考工艺美校之前，您的家庭艺术的氛围浓厚，家学渊源对您日后的发展有什么重要的影响？

王：那个时候我到工艺美术学校来也是受了我父亲的影响，因为我父亲在工艺美校做教师，后来他调到玉石雕刻厂，去设计玉雕山水题材的玉山子。山水画我受了父亲的影响，我从小的时候就开始临摹古画，父亲让我临摹沈周、石涛，还有董源等大师的作品开始学习，所以慢慢建立对绘画的兴趣。

我的哥哥王克明也教我素描色彩，当时美校有申石伽、曹简楼、孙悟音等前辈，我对美校并不陌生，所以报考，并考入了当时的象牙雕刻专业，先从制作雕刻工具开始入门，还要学习素描、雕塑等基础课程，后来 1966 年学校停课就没有上课了。我就在家里临摹、画画，不出门，关在家里自学。

美校国庆联欢大会合唱表演（右起第四王守中，摄于 1966 年）

65 届牙雕班送别同学参军（后排左一胡震国，中排右一王守中，1969 年 3 月摄于圆明园路校门口）

周：王康乐老先生是老一辈著名画家，当年在我们学校授课。您觉得王老先生有哪些教育理念很重要？

王：他对我们的教育是重基础的，强调不能急于求成。在我 40 多岁的时候，觉得自己好像画得蛮好了，他还教育我，作品不要马上发表，把作品好好打磨好了以后再慢慢拿出去见人，让我沉淀下来继续画。另外一个教育理念就是要我们把专业研究做扎实，教学生的时候也要用真心来对待学生。

我们的家教和家风，要求我们无论做什么事情都要认真用心，专业上的内容我父亲都要亲自研究一下，自己弄懂了，实践以后再和学生分享，他不断反复磨炼自己，然后再去为学生服务。

周：王康乐老师当年的授课方式是怎样的？

王：他主要是自己画好了以后，再给学生临摹，还有把要临摹的作品照片用晒图的方法印出来，然后发给学生。稿子的晒图质量很差，所以还要再示范讲解，那个时候一个班十几个学生，他给每个同学都单独示范，把传统绘画的精髓一笔笔地教给他们。

另外还会带我们到上海博物馆去，他自己弄个椅子坐在那里临摹古画，每次过去画一段，很细致地临摹，慢慢勾勒一块石头，一棵树……他会教我们临摹的方法，跟我们说临摹不是单单画得像，要把原作的精神领悟出来，我们回去以后还要整理和归纳。

周：所以当时王老先生强调临摹加写生，然后再进行创作的体系，来进行教学实践？

王：是的，他要求我们把写生和临摹相结合，写生不是照葫芦画瓢葫芦，作画心里要有一个构思，根据自己的意念来表现。画面元素可以相互组合，把自己对山水的感觉画出来，那是真正要表达的东西。拍照所表达出来的不是自己的东西，是大自然的东西，没有经过自己吸收、感悟以后再表现的东西，是没有感情的。

写生是源泉，要把它吸收了以后，经过自己的归纳、整理，就是自己的了，不只是自然风光，这个理念也影响了我之后的教学。

周：王老先生对教学已经有了他自己的深刻领悟了。

王：对的，这对我的影响很大，写生是为了创作吸收素材，这个素材是第一手资料，要经过整理和再创作，才会形成自己的特点。我们临摹的时候，比方说吸收了黄宾虹、张大千的笔墨语言，再和写生结合起来，那么你的面目就会慢慢呈现。我父亲说风格的形成，是吸收了传统的东西，再加上生活中的素材，两者相结合，再把自己的感悟表现出来，这样每个人画山水的特点就明晰了。

周：您的哥哥王克明作为您家族的第二代进入工艺美校，当时他在学校的教学是怎样的情况？

王：王克明原先在人民美术出版社做编辑，主要画连环画。后来从出版社调到我们学校做老师。当时素描教学是按照苏联巴维尔·彼得罗维奇·契斯恰科夫的那套方法，注重"三大面五调子"。学校为了适应传统工艺美术教学，对素描课程进行了改革，结合了传统白描用线的方法。王克明自己画国画，对中国画的线条有一定的领悟，要求我们的素描要注重线条的表现，将线和面结合起来，以明暗为辅的方法来理解认识，这样既强调对象的结构，又将线性的表现与厚重调子的素描相对比，作画效率也提高了。把原来西洋画基础素描课，不再作为单一的课程，而是把它跟我们工艺美术专业的实际需求相结合，对课程内容、教学方法进行了转变，适应我们专业课程的需求，为专业课程服务，更好地来引导学生学习专业课程，这样学生对专业课的吸收能力加强了。

美校老一辈的老师们，把自己的热情和理念都带入到教学当中，把对于美的思想传递给学生，有时候他们还讲生活中的一些故事，讲他们怎么跟老师学习，自己的本领怎样在社会上发挥作用，我们很受教育的。

二、教学经历和建议

周：1996 年您回到母校参与教学，您对于教学有怎样的认识和体会？

王：我回到学校主要以素描、水粉色彩、写生采风课程的教学为主了。当时工艺绘画班报名学生不多，而广告设计、摄影、服装等专业的报名需求很大，同时期的装潢设计专业报名学生非常多，最后不得不开了 6 个班。因为这个专业毕业的学生更加满足当时社会需求。学校当时的教学理念是要让学生把基础打扎实，适应社会发展需要。中国画课程是纯粹的学习绘画，这个绘画技能不能直接转化为用人单位的岗位需求，于是传统的中国画课程，就慢慢减少了，那时学校为了适应社会的发展需求，把一些老的专业传统慢慢地丢失和淡化了。

因为当时美校招的学生，素描色彩这些基本功都很扎实，学校在这个基础上，开设了传统中国画的选修课，时间安排在星期六下午，我教他们一些山水的基础。学生都是零基础的，书法也不会，所以画到山水，我们教的时候也蛮吃力的。他们画出来的国画线条，像铅笔画一样，排列整齐，勾勒的时候粗细一样，没有韵味，我们还是手把手地教他们。那个时候我们学校以国画专业见长的许韵高、万芾、陈克勤都在一个教研组里面，他们都在教学生图案、"三大构成"等内容。其他的学校，也有艺术设计专业，但我们学校特色其实在校名中就体现出来了，专业的核心要为工艺美术的传承与发展而服务，应该保留一些传统，把原本经典的课程内容再恢复起来，传授中国传统工艺美术的精华。

周：王老师，您的侄子作为家族的第三代，也在我们学校工作过？

王：王燕德是我侄子，是我哥哥王克文的儿子，他是华东师大油画专业毕业的，后来到美校做老师，主要教的课程也是素描色彩一类的基础课，和我一样，都在专业基础部工作，我退休不久以后，他就调到上大美院去了。所以那个时候朱孝岳老校长说，我们家族三代人，都在工艺美校工作，为社会培养美术人才。

周：学习过中国画的学生，会在文化身份的认同、对传统艺术的理解认识上有一定的感悟。您如何理解老美校对传统绘画教育的重视？

王：我觉得随着社会的发展，国画这个专业对我们学校来说是应当保留的，而且根据不同的专业，还要拓展国画基础课，一些专业的内涵会随着社会的进步，理念会不断更迭，可能会冲淡传统。这个方面我倒觉得也无妨，多种教学观念可以并存，但是传统的东西要根据专业的需求来适应教学，比方说 20 世纪 60 年代的美校，那个时候以培养传统雕刻专业人才为主，满足了计划经济体制时期国家对于工艺美术的需求，开设的雕刻课程分为牙雕、木雕、漆雕、玉雕等品类，但是教学计划中有大量的传统绘画课程，学生从传统艺术中获得滋养，创作出具有时代烙印的作品。

但是美校随着 20 世纪 90 年代的发展，传统的工艺美术需求减少，学生也减少了，对传统绘画就忽视了。但是中国传统绘画，对于现代设计的专业也有一定的滋养，越来越多的设计元素中融入了传统元素，传统绘画的发展之路也越走越宽，在这样的背景下，我们是不是可以设置一个中国画系，不要全面开花，要对有兴趣的学生着重培养，从传统方面去教育。

这个专业要与时俱进，现在有不少绘画上追求创新的年轻人，他们的作品在全国美展标新立异，效果很好，观念和技法，都很有前瞻性，也符合当下的时代语言，不是我们传统的老一套东西，他们把传统的东西吸收了以后，再去发展。我们学校的专业发展，也要这样借鉴学习，去思考用什么样的途径，把传统绘画传承下去。浙江美院他们没有放弃中国画的发展，我觉得我们学校可以办这样的专业，十年、二十年，肯定有成才的学生。

现在我的作品慢慢在社会上发表了，像朵云轩、上海书画院、玉佛禅寺的觉群画院等社会上的机构，都请了专业的国画老师，来传承传统中国画和工艺美术。我们自己的学院有这样好的条件不去办好就可惜了。希望我们学校要把传统工艺美术继承下去，服务社会，某种意义上这也是我们学校的使命和担当。

采访心得

王守中老师家族三代人都曾在美校工作，家族在艺术上的理念与实践，一直与美校的发展与需求紧密契合。他们亲历了美校各个阶段的大事件与变革，为保留美校的艺术传统做出了贡献，这也是工艺美校传统文脉与文化基因不断传承发展至今的一个缩影，是为社会培养美术人才的原动力。

沈成旸

职业教育本质是理论指导下的职业技能型教育

采 访 人：周观淏　张爱勤　刘海锐
受 访 人：沈成旸
采访时间：2019年10月28日
采访地点：上海工艺美术职业学院嘉定校区首饰工作室

沈成旸

男，1956年出生，沈成旸首饰设计名师工作室领衔人。现任上海工艺美术职业学院教授，中国黄金创意产业中心主任。沈成旸于1976年毕业于工艺美校。1978—1986年于上海老凤祥首饰总公司担任首饰设计师；1990—1994年赴日本留学；1998—2007年赴美，担任纽约爵凡尼首饰设计公司首席首饰设计师；2008年受聘为中国国家重点示范专业（首饰专业）带头人，担任中国黄金创意产业中心主任。曾获上海青年书法大赛一等奖，中国琴岛杯全国书法大赛一等奖，日本北海道全国书道大赛一等奖、特等奖。1996年，获得由世界黄金协会举办的中国足金首饰设计大赛最佳设计奖冠军和亚洲足金首饰设计大赛最佳“天与地”演绎奖；2000年，在美国获得国际黄金首饰设计大赛银奖。

一、成长和求学经历

周：沈老师，您好！您在进入美校前是否学习过美术课程？

沈：我出生在上海，家里虽然没有这个传统，但我父亲以前是写书法的，我从6岁开始在父亲的压力之下学书法，到8岁开始学绘画。我不像同龄的小孩有很多时间玩，每天父亲都会给我布置很多家庭作业，书法至少两小时，绘画也要两个小时，还得复习一些课堂学习的内容。

周：您作为1973年复校以后的第一届学生，能和我们聊聊当年报考前后的有关经历吗？

沈：我在初中毕业之后，在1973年通过作品选拔进入工艺美校的工艺绘画专业，当年想进入我们学校的学生很多，但上海只定额招收几个区的学生，录取率是非常低的。当然我们班级的人数是8个班级里面最多的，我们学校8个班级，7个班级都是25个，但是我们班级人最多，有36个同学。当时我们专业教课的老师都非常优秀，山水老师是全国非常著名的，也是我们学校的泰斗级的人物申石伽先生，花鸟老师是曹简楼先生，人物老师是杨力、蒯大江老师，他们在社会上都有非常大的影响力。

周：您当年在学校上课的情况是怎么样的？据说学校当年打开办学思路，开启了开门办学的课程模式？

沈：当时总体来说还是非常典型的教学方式。我们进校之后先从画石膏像开始，当时还是以苏联巴维尔·彼得罗维奇·契斯恰科夫的教学体系为主，我们需要打破这个传统，要开门办学，所以石膏像的教学仅仅坚持了一个学期，第二学期我们班级就是第一个到外面去开门办学的，后来的三年一共五个学期，我们经历了大概五到六次的开门办学，有的到农村，有的到工厂，黄山茶林农厂我们也去过。开门办学我觉得有点好处，就是可以深入社会实践，开阔眼界，每次开门办学回来的那一段时间就集中创作，创作出来的东西比较富有生活气息。

当时是带着创作任务的，而且这个创作要和去的地方有关。比如我们第一次是到嘉定外冈北面的葛隆大队，我们就在大队里体验生活，然后帮他们创作了一套大队队史的组画，由每个学生单独创作一幅，然后拼起来，这在当时影响还是很大的。

当时学校规定10点关灯，我们经常画到工宣队员来查岗关灯，他把门关掉之后，我们再用自己配的小钥匙开门进去画个通宵。那时的学习条件虽然没有现在好，但是大家都非常刻苦。老师都跟我们一起去到农村、工厂或者到其他一些比较偏远的地区，都是跟我们同吃同住同劳动。因为当时的说法是一定要体验生活，深入体验，所以到那里人家干什么我们也要体验一下，和工人、农民打成一片。

专业上我们着重强调的是实践，当年老师是跟我们一起下乡的，无论在工作还是学习生活当中碰到问题，老师立刻就可以解决。

那时我们白天写生，晚上老师讲评，因为有的老师年纪也比较轻，大家没什么隔阂，相处起来十分融洽。晚上结束后就一起睡大通铺，我还记得在黄山茶林厂，我们一起睡在草地上，如果是水泥地，就铺一层草，大家并排睡。那时候虽然条件艰苦，现在回想也是很快乐的一件事情。

周：您对当时校内的课程设置有哪些深刻的印象？当时对学生又是如何考核的呢？

沈：当时我们有山水课、花鸟课和人物课，人物课包括素描、石膏像，我们还请了外港附近的一些老农来做模特，还有就是开门办学回来的创作课，考虑到当时的社会环境，基本还是以人物为题材。我们在创作过程当中可以根据每个人的需求和反映题材的不同选择工笔或者写意，表现形式不受限制。

临摹课当时没有教材，最多只有老师的讲义，我记得申石伽老师、曹简楼老师，包括一些年轻的老师，他们都会印一些带图的讲义，或者画一些小作品让我们临摹学习，我也临摹过很多老师的作品，就放一张印纸把一幅作品印在上面，怕弄脏，就在外面用一张透明的塑料纸包一下，就这样对着临摹。

在传统绘画方面我们还是做了很大改进的。比方说传统绘画中人物表现现实题材的能力会弱一点，但在开门办学之后回到学校的大型创作中，基本的题材都是现代人物，所以就创新性来说，还是比较强的。

可能大家也看到我们现在展厅里面的一些展品，比如说木雕或者漆刻、玉雕之类的，它们表现的都是现代题材，但在当时我们工艺绘画反映的也是这种题材，都跟当时的社会的结合度比较高。

我们每个学期的作品都有展示，而且要打分，就算绘画基础差一点，融合在团队里面进步也非常快。当时我们学校的张清副校长也非常关心我们，隔三岔五地出现在我们的晚自修上，到我们教室里看我们画画的情况，如果我们开始创作，他都会来给我们做点评，非常认真，这对学生帮助真的很大。

周：当年您和您的同学都是自觉地学习，当时有没有老师对您有所引导呢？或提供一些资料给您？

沈：老师没有刻意引导。有件事情我印象深刻。当时我们有个花鸟老师叫钱惠翔，她人非常好，她的父亲钱镜塘是上海的收藏大家，家里有很多历代的名家名作。那时候我跟钱老师关系也挺好的。有时候，钱老师从办公室的抽屉里很随意地拿出一些古代书画，就是清代八大山人、新罗山人的一些作品，这么好的东西也没放保险柜，就很简单这么放着，随时拿给我们看。我现在想想还是很惊奇，有幸亲眼看到一些大师的真迹。

二、工作与教学

周：沈老师毕业以后，工作和学习的经历是怎样的呢？

沈：毕业以后每个人的情况不一样。我 1976 年毕业，有幸被学校领导认可了，毕业以后就留校了，当时我们是作为预备老师在学校待了两年。

当时领导会为我们的职业方向做规划，比如说你在山水方面有专长，就会安排社会上一个著名的山水画家带你。我记得当时我们校长安排我跟刘旦宅先生学习人物画。

因为当时学校发生了一些事情，我觉得诸多方面都受到牵制，后来我就提出工作调动，选择到一个国有企业的首饰厂，就是后来老凤祥的前身，所以首饰设计是到了金属工艺品厂开始接触的。

当时因为有美术方面的基础，我先在车间跟广东的师傅学了一年首饰制作的技术，后来就调到厂里的设计部门，师傅是设计组的组长，他经常要开会，后来就叫他的大徒弟卢惠卿教我。

我在老凤祥工作十年以后，到日本留学了四年，主要是学习书法，开始觉得日本的书法非常具有视觉冲击力，很夸张，很强势，但是看多了就觉得他们功夫没有这么深。日本的书法不像我们中国讲功底讲修炼的，有时，它就是一个老师带着十几个学生在一个类似室内排球场的公共场地，老师写一个字，学生跟着临摹，写好之后老师评一下，去掉一些字的偏旁部首，将剩下的字的部分裁切一下，签名后就变成一件作品了。

当时日本人看到我的作品，以为是描出来的，他们只知道以前字帖里面有这种很标准的楷书，现实中没有人能写得出，但是我写出来了，他们十分佩服。随后我在日本参加了三次比赛，第一次是得了小组的第一名，第二次得了一个特等奖，第三次参加一个日本举办的国际书道比赛，我得了个徽章奖章。

我当时从语言学校毕业以后，刚好赶上大学招生，就申请了日本筑波大学，因为全日本书道协会的理事长津波先生在那边带研究生。我用毛笔字写了封自荐信，并将我的作品的复印件全部寄了过去，但是一个月后才收到回信，他说：非常遗憾，我看了你信上写的字，我都不好意思拿毛笔给你回信了，到我这里来我真的没什么可以教你，恐怕耽误你的艺术前程，所以我思量再三，我不能接受你的申请。这封信我现在还留着，很有意思。后来我就在日本东京旁边的一个静冈书道专科学校学了两年多，直到回国。

周：您归国后回到母校任教，参与了当年的示范校建设，成了长江学者，能不能与我们分享一下当年的经历？

沈：本来我的初衷是想学习日本书道的发展轨迹和它的自身特点，因为他山之石可以攻玉，大家相互交流学习一下，但日本书道不能和我们的传统书法相比较，所以四年签证到期我就回来了。回来以后，朱孝岳校长就让我回母校任教了。

我回来之后，学校把书法课全部给我了，后来我就编了三本教材，一本楷书，一本隶书，一本行书。

我工作了才两年多，我们学校的校友姜敏，他约我去美国。他把我们首饰方面的材料带过去了，结果10天以后就以首饰设计的国际特殊人才给我们批下来了，以技术移民到美国。所以我立刻和朱孝岳校长打了招呼，学校的课调整到学期的开始和末尾。我回来两三个月，利用中间的寒假，把这两个学期的课都上了，这种形式坚持了两年多，后来暂时结束了学校的授课。

但毕竟这是我的母校，而且有很多老师同学都在这里工作，每当我回国探亲的时候，也经常到学校来举办一些讲座，学校也聘我做了客座教授。当时学校首饰专业基础非常薄弱，只有一个班级，老师也不是首饰专业出身，首饰的专业性很强，其他设计专业的老师很难快速转型胜任。所以最初的几年时间里面首饰教学是比较乱的，没有专业的教学计划和标准，培养的学生良莠不齐。后来学校争取到了首饰专业示范性建设的项目。

回国后，学校通过国盛集团，我们的首饰专业和中国黄金集团一起成立了中国黄金创意产业中心。中国黄金集团的设计中心在我们这里，我们这个团队为中国黄金集团设计首饰样品，因此除了示范校的工作之外，我们还帮它设计了700多款样品，而且这些样品我们不光设计，还要把它的实物和模具也都做出来，一件作品至少要三个模具，总共有几千个模具。

所以我们当时的工作任务确实非常繁重，我们既然接受了教育部首饰唯一的示范性建设项目，就一定要把这个工作做好。国家给我们三年建设期，但是我接手的时候，前面已经过了一年半的时间，当时我们只有五个人，要在一年半的时间里做好这件事，工作量非常大。我当时怎么算，时间都来不及，后来我跟我爱人在学校自己改建了一张床，就睡在这里，天天不回去。我记得最忙的时候，我们七天七夜没睡觉。因为示范性建设任务很重，同时中国黄金集团它是走市场的，任务都是有时效性的，要在规定时间内投放市场。我们示范性建设的数据，首饰材料的份数是五位数，而我们工作人员只有五个。而且到后来学校三个示范性专业建设完成以后，我们被抽中验收，七百多件展品放满整个展厅，金碧辉煌，我们通过了市一级和教育部一级的评审。

当时市教委看了很震撼，决定聘请我们做东方学者。他们请了7个门类的专家组成团队对我们进行评审，最后我和卢老师成为上海第一个也是唯一的东方学者团队成员，这对我们也是一种非常大的肯定，也一直珍惜这样的荣誉。

三、管理经历和建议

周：现在学校要培养既懂理论，还要能够设计、熟练制作的学生，这些目标怎样在我们的课程体系里面体现呢？

沈：这里以首饰创意的职业教育情况为例，我一直认为职业教育应该是一种理论指导下的实践技能性教育，但现在的一些理论书都是乱七八糟拼凑起来的，没有实践经验的总结。我们职业教育的本质应该是理论指导下职业技能型的教育，就是要训练学生实际的操作能力，而不是说“我会说”，但是跟企业、市场格格不入。企业是有一套完整的系统化标准的，我们应该跟企业合作，严格地说，企业的标准就是我们的教学标准。

学生成才是我们办学的逻辑起点，但只有市场和企业才有权利说“你培养的学生成才了”，自己说的不算。我们的学生必须要得到市场的认可，市场认可就表现在毕业生的吸收上面，在这一点上，我心里很宽慰，因为我们的毕业生是上海著名首饰品牌企业的首选，不管是中国黄金，还是老凤祥，还是首饰研究所，还是东华美钻、钻石小鸟等，其他学校的毕业生在领悟能力和动手能力方面都没法和我们比的。我们的毕业生在老凤祥举办过的几次技能比赛中，曾经获得一个蜡雕的全系统第一名，还有一个是镶宝石的，也是第一名。

企业里师父带徒弟，带三年也不一定能满师，满师的概念就是你必须接到什么单你都会做，“满”就是全部会了。所以我们怎么在三年里面把我们的学生培养成在首饰方面所有的知识点、技能点都学到、学好，都能够动手就做，满足社会需求，达到企业岗位的目标要求，这是我一直在探索的问题。

周：当时首饰专业的这个体系，是怎样建立和管理的呢？

沈：经过前几年我们示范建设完成以后，我花了很大的精力搞了一套项目流程教学体系。在这个体系中，我设计了12个典型项目，所有的知识点、技能都分散包含在这12项里面，12个项目学好了，首饰所有的知识技能也就全部学到了。确切地讲，每个项目都是从设计开始，第二步进行模具翻模的学习，第三步进行金属制作，然后浇铸、抛镀，最后到营销。每个项目从第一步开始，老师就作为项目任务布置下去，按任务步骤分解成各个任务模块，一个个步骤讲下去，整个步骤过程是老师讲理论，学生实操。这个步骤做好了，第二步是老师再讲理论，再进行实操，理论课和实践永远交替进行，整个过程就是这样的，前面老师统一讲，后面老师再对每个学生的岗位具体进行辅导实操。

设计完成后就到第二步做模具，模具阶段引入了社会竞争的体系，32个学生分为4组互评，占40%，自评占20%，老师的分数占40%，还有10分是课堂纪律分、学习态度分。就通过这种自评、互评还有综评的方式将分数的高低截取50%，胜出的50%进入下一个程序，就是模具制作阶段。

到了模具制作阶段，比如我在设计阶段被淘汰了，到了模具制作阶段，你胜出了，就设计稿模具制作，我是拿设计稿进行模具制作，你的设计稿件胜出了，你做一个，我也根据你这个做一个，老师再通过“理论—实践—理论—实践”步骤一步步教下去，最后进行打分，也是个人占20%，小组占30%，老师占40%，还有课堂态度占10%，有可能前一阶段你胜出了，但是我最后在模具制作环节比你做得好，这个阶段是我胜出了，那你就被淘汰了。所以这么一步步下去，最后金属制作、浇铸、抛镀，最后进行竞销，这样一步步淘汰下去，最后胜出的就是能坚持到最后的，肯定是非常好的。当然，如果这个项目没坚持到最后，淘汰了，那也没关系，可以吸取教训，接下来还有第二个项目。我们每个项目做五周时间，第六周就开始第二个项目，一个学期我们有15个教学周，一个学期有18周，宝石鉴定时间不在流程项目之列，是作为空隙穿插的。所以我们的教学可以说排得非常紧密，一天的空隙都没有，这个排课也很科学、合理。

当时我们实施这个项目，也跟学校的各办公室都协调过，大家也都有非常支持。从做宝石戒指到做复杂的套件，这12个项目全部训练完成之后，首饰里面所有的技能跟知识你都获得了，每个项目经过设计、模具、制作、校正、抛镀，最后到对自己的作品进行模拟营销，还有什么空白点呢？一个学生通过三年这样学习，我可以保证，如果你真的认认真真地学，可以学得非常好。

周：您对首饰专业的课程设计非常贴合市场与企业需求。

沈：因为我自己认为我们这个设计还是比较有科学性的，有逻辑性的。就典型项目这一点，它就是社会上最常见的项目，我刚才讲我们最后通过这个项目，现在学校也取得了很多非常棒的成果。

我们专业的英语是首饰英语，其中设定了九种学生以后到社会上要接触到的那种场景，首饰情景，包括谈判，包括合同制定，包括展会布置种种，同时把相关的单词也包含进去。其中我们有个广东籍的学生，毕业以后他回广东了，广东首饰企业很多，经过三次跳槽，他到了周大福总部搞设计，凭借一口流利的英语，谈下了一个澳大利亚的客户，得到老板的认可，当了设计总部的主任，而且最后还获得深圳一个区的五一劳动者奖章。

我们的职业教育确实在社会上收到了很好的效果，一些上海著名的首饰品牌企业都是首选我们的毕业生，其中设计人员有将近一半是我校的毕业生。这就是市场认可，这也是我们老校长提到的“学生成才是我们办学的逻辑起点，成才的标准是市场认可”。

周：最后，想请沈老师给我们学校的专业培养提些建议和经验。

沈：我的经历还是比较特殊的，有三段当老师的经历，也有三段企业工作的经历，每个阶段加起来，也有 25 年的时间了，这也包含了在国外企业工作的经验。

从我自身的感觉上面来讲，我们的学生从事这个行业，不仅要能设计，还要花很大的精力，真正下苦功去制作，现在社会上有些人心情浮躁，觉得上两三年就可以找捷径去做作品，但这些东西实际上从行业的角度来讲，是很表面、很浮夸的，经不起推敲的，是很泡沫化的东西，这也不是我们真正的大国工匠精神，一个真正的大国工匠，是一个真正的技能型的人才，必须经过下苦功，扎扎实实地学，才能成就。

所以我们这个项目流程教学法，经过教育部介绍，到现在也有很多学校在用，这对我们来说都是一种认可，同时他们也经常叫我去做介绍，做一些点评或者实操方面的培训，包括台湾地区的华梵大学两次叫我过去，但是我不好安排时间出去，还有深圳技师学院，他们的设计也得过好几个金奖，还有云南保山学院、义乌职业技术学院、丹东职业技术学院等，都在用我的材料和方案，他们反映的情况普遍还是积极的，认为确实能在这么短的时间里面达到一定的效果，实际上还是不容易的。

所以我对母校是非常感恩的，是母校的培养，让我从一个学生，成长为一个专业人才，当然我也非常感谢我的老师和领导对我的教育和关心。我一直认为所有的职业培养当中做人才是最重要的。静下来，踏踏实实地做一件事，这是最主要的，尤其是工艺美术之类的人才，绝对不能浮夸，一些夸夸其谈的东西真的很要不得，骗人家也骗自己，我认为这是一定要注意的。

采访心得

沈成旸老师有三次当老师的经历，也有三次下企业工作的经历，回到母校后，他承担了首饰专业示范性建设并验收成功，设计了一套非常贴合市场与企业需求的首饰专业的课程。他引用老校长的一句话——“学生成才是我们办学的逻辑起点，成才的标准是市场认可”，它告诉了我们职业教育的真正内涵。

万芾

教学相长，在教学中获得创作的灵感

采 访 人：周观淏　刘海锐
受 访 人：万　芾
采访时间：2020年5月24日
采访地点：上海工艺美术职业学院徐汇校区摄影棚

万芾

1959年12月生，江苏泰兴人。先后毕业于上海市工艺美术学校、中国美术学院、华东师范大学、上海中国画院首届高研班。现为上海工艺美术职业学院教授、上海大学特聘教授、上海中国画院画师、上海美术协会理事、林风眠研究会会员、上海中国画院艺术家沙龙成员、上海觉群书画院画师。

一、成长和求学经历

周：您是我们上海地区非常知名的女画家，也为学校及社会培养了大批美术人才。您对于绘画有独到的理解与认识，早年的成长与积淀会深刻影响艺术发展的轨迹。首先请您谈谈您艺术创作的原点好吗？

万：我出生在四川成都，因为当时我父亲在四川军区工作，后来他在我7个月的时候调防去西藏军区了，我是在部队的保育园长大的，5岁才回上海。父亲回来的时候是1966年，那时候我被送到农村去了。我小时候特别渴望来自父母的关爱，虽然在农村有亲戚朋友，但是很孤独，于是喜欢与花花草草为伴，在田野里感受鸟语花香。所以回到上海读书以后，我对绘画产生了兴趣。

我们高中毕业考大学的时候，是恢复高考的第二年，1978年。我当时对美术课特别感兴趣，当时的美术老师梁大立，在美术这门课程中给予了我们特别多的帮助，考学校的时候也是梁老师建议我选择上海工艺美校，我当时还拿着老师借我的画板来考试的。我们当时考素描是写生头像，然后还要考创作，所幸有一位幼师的黄正伦老师曾对我进行了短期指导，我就画了一些国画的小写意，考题好像是出了一首诗句，我就按照意境画了一幅国画。创作比现在的考试要求要宽泛一些，国画、油画都是可以的，就这样，我顺利考进了工艺美校。

周：当时您怎么会选择考工艺绘画专业呢？学习了哪些课程呢？

万：我想学习绘画，所以报考了工艺绘画专业，工艺美校那一年好像招了三个专业，还有白木雕刻专业、家具造型专业，他们一个班都是 25 人，因为要考绘画的学生非常多，有 50 多人，为此绘画班还分了甲、乙班，我是在乙班。我们当时学制三年，因为我们都是高中毕业的，前两年学基础，围绕着山水、人物、花鸟、书法课程，从基础到写生，到创作，然后还附加一些工艺美术史、思想政治课、体育课等，课程种类比现在少得多，单调得多。到了第三年再分专业方向，比如人物、花鸟、山水方向。

周：当时的课程内容有哪些？我发现在教学中按具体的专业类别分方向，学生能够学得更加专和精，所以当时美校专业分方向，具体是怎样的一个情况呢？

万：我们前两年的学习是老师按照当时的循序渐进的教育方式来进行的。比如我们画山水，是从皴法开始的，画山石的皴法，还有树法、云水法等基础入门。花鸟是从白描开始练习，然后临摹宋画，再写生，最后创作。人物画也是从线描、人物的十八描入手，再临摹吴道子，临摹历代经典的作品，再到写生、创作。当时三门中国画课程的基础打扎实了，所以直至今天对我专业发展帮助很大。

到了三年级，我根据自己喜欢的课程，报了花鸟方向，可能还是离不开我小时候出生、成长的环境，尤其是在美校系统学习了花鸟画以后，对花鸟专业就更加憧憬，投入到对自然世界的追求中。

大三这一年的学习任务量比较大，还是从临摹历代名家作品开始，全面系统地进行学习，我们不仅临摹宋画，明清的作品也有，临摹之后就是写生，写生课在每个学期占比都是很大的。大三我们去了山东菏泽写生牡丹花，画了将近两个星期，顺道还去了黄山写生，然后回来就开始了毕业创作。当时因为是花鸟方向，题材局限在花鸟学科里面，老师让学生选题，我们自己去搜集素材，老师提些建议，和我们交流经验，以这样的形式来辅导。用毕业创作反映自己三年所学，把之前课程所学的内容，用到毕业创作里面。

我当时想表达一个百花齐放、百家争鸣主题，反映社会发展欣欣向荣的内容。因为当时刚去菏泽写生画了牡丹花，牡丹花有很多美好的寓意，所以回来我就运用搜集的这些素材，创作了以牡丹和八哥鸟为题材的工笔国画作品。

陶俊华老师带 1978 级工艺绘画学生在山东写生，右起第一为万芾

周：平时的创作练习需要对大量的素材资料进行整理和提炼，当时学校在教学资料提供上对大家有哪些保障？

万：我们那时候有学校自编的讲义，是油印的，需要自己刻了以后自己印刷，教材都是学校自己编的，因为当时出版业还没这么发达，好的教材我们去书店也很难找到，所以学校都自己为学生准备。另外就是通过写生获得素材，在大学一、二年级的时候，人物写生课学校组织我们去上海舞蹈学校或者上海戏剧学院的排练场现场写生。

周：您在我们学校做老师以后，学校有没有对教师的学历进行提升？

万：学校把我们调回来做老师以后，因为当时我们都是中专学历，评职称需要学历，我们一批十来个老师，学校帮我们联系了各个大学进修或者完成在读学历。我当时去了浙江美院，就是现在的中国美院，到他们的装潢专业学习进修，然后拿了一个学历。在装潢专业中，我把与设计基础有关的课程都学习了一遍，包括图案设计、“三大构成”设计、字体设计和包装设计、广告设计等，学习的内容就更加系统和专业了。所以在行业从业，以及高校的深造，对我回学校教学特别有帮助，教学计划中增加的很多科目都可以胜任，在工厂的工作实践，使我在设计教学课程、教学方案、教学目的的时候，会考虑得比较全面周全一些。

周：美校当时哪些老师授课，哪些细节对您影响很大？

万：当时的书法课程是陈振濂老师来教的，他现在在浙江大学艺术学院当院长，因为他父亲也是书法家，他从小就研究，书法当时有字帖的，陈老师是系统地来教我们，从基础的楷书、隶书开始，各种字体都会涉及的。教花鸟课的是汪凯民老师和陶俊华老师，山水课是蔡天雄和许韵高老师负责，人物课是林凡老师和王白水老师。老师的为人师表，对学生的影响是一辈子的。他不仅仅是教你技法，他还教你怎么做人，怎么去面对社会，我觉得这个收获很大，这是我们作为学生应该特别感谢的。

另外我对老师手把手地教学方法印象深刻。比如临摹宋画里面一个纯黑的八哥，老师就会跟你说，这个黑色是不能一遍就上完的，要一遍又一遍地上，上色的次数越多，那个黑的临透感就越强，如果你是一遍画完，那个黑色是闷的。当时没这个认识，老师就会示范给你看，一层、两层，然后到五六层、七八层的是什么效果，还会把那张画拿起来对着阳光让你比较。

汪凯民老师有一次教我临摹宋画中的菊花，那时候我看花蕊部分，也是一朵朵小花，这个花蕊我真不知道怎么来表现，汪老师就画给我看，就是从花蕊的中间部分然后画到边缘，观察变化，它从点到

与同学在外冈校门口的合影（左起第三为万苇，1980 年）

边缘是一朵小花，也是五个花瓣的。我当时想花蕊原来可以这样来表现，打开了我的想象力，我印象特别深。

二、工作和教学经历

周：老师对您影响很大，您又是如何进行授课，对于现今的网络课程又是如何看待的呢？

万：老师手把手教的教学方法也影响了我，通过言传身教的方式传递下去。在传统美术的教学里面，仅仅通过讲授的方法，是很难把自己对艺术的感悟，对美的理念与态度展现给学生的。老师手把手地讲解实际操作的过程，来让学生认可和接受，这是艺术教学的魅力所在，这是原来师父带徒弟的形式，实际上我觉得无论是学什么技法、表现性的东西，一定是要手把手地教，因为这样学生才能更好地去感知它。我们仅仅口述的话，讲授是很抽象与苍白的。

现在有不少网络教学，紧跟时代，我觉得很好，传递的信息量特别大，而且接受的速度也快。但是就像我刚才说的，缺少了那一点点教学的温度，手把手教你控制这支毛笔的时候，那感觉还是不一样，我觉得还是需要老师手把手地去教，虽然网络教学是教学上的间接交流，但我们传统的美术教学当中，还是要固守言传身教这样的形式。

许韵高老师写生示范（左为万芾）

周：毕业后，您当时是怎么安排工作的？工厂岗位的需求和当时学校学习的课程内容有何联系？

万：毕业的时候，我们这一届因为没有留校名额，于是分配到各个行业。我记得当时有几个大的行业，一个是纺织系统，一个是印染系统。我是在上海第一丝绸印染厂做丝绸图案的设计。我在丝绸图案设计室待了三年，从基础开始训练，这又是一个学习的过程。印染是有套色，一套颜色，就要制作一个黑白稿，套色要一版一版的，和印刷道理一样。从画黑白稿开始，从线描入手，在 PVC 材料上面画，由于材料表面很光滑，对于毛笔的控制要求更高了，反而可以把中国绘画的线条训练得更加娴熟。在这个基础上画色彩稿，就要学习怎么把丝绸图案的颜色分色、配色，掌握色彩的配色规律，比如邻近色、对比色的设计，这些都需要你通过一个阶段的训练才能够有感悟。还要学做图案图形设计、色彩搭配、装饰色彩等相关技能。

周：学生时代您在美校系统学习了传统绘画，毕业后进入工厂做设计员，之后回归美校做老师，在这个过程当中，您有怎样的一些感受和体悟呢？

万：美校当时的国画基础课，贯穿整个大学一、二年级，课程种类比较单一，但是我们学得扎实。我后来自己做老师，我们绘画专业的学生，学的课程内容更加丰富了，要学习设计，包括图案设计、包装设计、字体设计等课程，所以国画课的课时就减少了，国画基础就没有我们那时候打得扎实。如果单单从绘画专业发展的角度来谈，国画课程基础打得不扎实，会有欠缺。

学校那时候的教学，和社会需求一起变化，发展了很多应用型的专业，学校的国画课程也就少了，我基本上就是去上这些设计和图案课程，但依旧可以教学相长，使我自己在绘画专业能力上有了很大的提高，而且在创作风格上的变化也特别大。这个从我的作品中可以看出来。

周：您在教学之余，创作了如《市·影》《市·曦》等一批传统花鸟与都市题材相结合的作品。您是如何看待教学与创作相互促进这一过程的？

万：我觉得教学就是一个教学相长的过程，自己教学的课程内容多、课程门类复杂，其实对我创作有很大帮助。我不仅仅是从传统入手，从我创作经历来看，每个阶段变化还是蛮大的。比如在90年代初我开始参加上海美术大展等展览，自己也进行一些比较大型的创作。那个时候我就开始尝试将西方的美术形式，装饰设计方面的内容、色彩设计的原理用到创作中。那个时期我的作品颜色是比较浓重、鲜艳的，在形式上也是有很大变化的，参考了中国园林、盆景的艺术，建筑中镂空窗花的元素，有一些设计感在里面。

在2001年的时候，我参加了中国首届中国画院高研班的培训，而且这一时期的上海变化特别大，我自己也换了新的小区。我们这个小区会把水景建造得像公园，但是又有现代高层建筑的倒影在里面，包括一些植物的倒影，就是它有直线和一些不规则的线条，在水面上给你那种感觉特别美，又很安静。所以我这时候创作的一组作品，就是画的城市水景，里面的形式感特别强，点线面的组合表现现代建筑在水面上产生的一些倒影。我在画院高研班的创作实践，从作品中反映了当下的时代背景和人们的思考。

现代社会的生活日新月异，改革开放30年变化是很大的，我们接受了很多西方的文化艺术观念，现代设计的理念，所以我在自己的创作中，把中国传统文化和自己当下感悟的一些观念结合起来，在不断地探索创新。

比如有一个班，我这学期上了图案课程，下学期要上平面构成课程，在设计课程时候会考虑如何将两者结合。虽然平面设计课程各大院校有很多教材，但是我不会按部就班地教学。平面构成里面讲到近似型、发射型、渐变型的设计，我会给学生出个题目，让他们一把之前图案课上学习的中国民间剪纸图案运用到平面构成里，于是学生用剪纸的形式、平面构成的结构进行制作。最后他们平面构成课程完成的作业，乍一看是剪纸，仔细一看里面的结构变化是平面构成的原理，而且视觉效果特别好。我把课程练习展示在教学楼橱窗里与其他老师、同学一起交流，我们会留意每个老师的课程设计，它们都有自己的特点。我们觉得还挺有意思，老师之间也可以相互交流，也能帮助教学的提高。

我觉得这样的工作氛围对教学肯定是有帮助的。而且我觉得学校要为这样的氛围创造条件，因为每个老师都有体现自身特点的教学模式和方法，交流可以相互促进，如果停止沟通的话，老师在设计课程的时候就会固守自己原有的这种方式，可能有些方式是挺好的，有些方式可能还不能达到教学的目的，这个时候交流是非常重要的。

所以在教学中我不希望学生按照某个固定方式去创作刻板的作品，我不断地设计教学内容与环节，自己也有新鲜感，学生跟我也有互动，我觉得挺有收获的。对学生来说，他们也进行了一种新的尝试。我觉得做了这个课程设计，通过学生的练习反馈，反而对我的创作很有帮助，所以才会在我的作品中读到现代构成语言。

周：您对学校、对我们未来的校友们有什么寄语？

万：对我们学院，实际上我在学院教学有三十多年，自己从学生做到老师，直到退休，所以我对学校特别有感情，也特别感恩我们学校培养我走到今天，所以我希望学院能够越办越好，在中国能够是一个品牌最响的工艺美术学院，能够培养出更多、更好的设计人才。这是我对学院一直抱有的一个期待和希望。对我们学院的学生，我一直觉得都是一代一代的新生力量，以后都是我们国家的一些设计人才。所以我对学生的寄语，也是希望你选择了这个专业，你就要专心、尽心地去完成它、做好它，将来会有很大的世界迎接你的。

采访心得

万芾老师的绘画源自对于自然的热爱，她沉浸于艺术与教学中，以安谧宁静的气质，育人不倦，教学相长，阐释着她的艺术理想与生活态度，仿佛置身于都市的喧嚣中，一股清流引领人们找到草木华滋的归处。

邵伟

重建工艺绘画专业的亲历者

采访人：周观淏　刘海锐
受访人：邵　伟
采访时间：2020年5月24日
采访地点：上海工艺美术职业学院徐汇校区摄影棚

邵伟

1960年7月生，上海人，1981年毕业于工艺美校，任职于上海服装厂，后调入上海工艺美术职业学院，参与了服装专业的建设与教学、参与高职体系示范校建设、工艺美术品设计与制作专业建设，重新建设了工艺绘画专业。

一、学习经历

周：邵老师，您与万芾老师一起供职于工艺美院高职体系中，将美校1962年建立的工艺绘画专业重新恢复，再次建立发展起来，您和万老师对于课程体系的设置、教学大纲的制定、教学内容的推敲，都深深地影响了我们专业的学生。我们回到您学生时代的起点，谈谈在考工艺美校之前，您是如何接触到美术的，在自己专业上有没有引路人呢？

邵：我从小学三年级开始学画，学习了系统的西洋绘画，对中国画完全不懂，对待绘画纯粹是带着娱乐的状态去学的，在愉悦的过程中做得更好。在学画的过程中有一个人对我的影响是非常大的，就是现在上大美院的张德明。他告诉我：你不在画画的时候，你脑子也在画画的，那么你画画是入门了。后来我从这一点开始着重训练自己。他对我未来的影响是非常大的。在考美校之前，油画雕塑创作社里面的陈逸飞那时候教我，他教我纯粹是因为小孩子顽皮，逮着我们让我们安静下来而画画，就这样走上了绘画的道路。还有颜文樑老师，他是画油画的。颜老师给我的启发是，画画首先要学习生活，源于生活，高于生活，所以在考美校之前，我学的是西画，但是对我影响最深的还是张德明老师那一句话。

周：您当时为何选择要报考工艺美校？

邵：当时上海有5个艺术类学校，上海戏剧学院、上海师范学院、上海轻工业专科学校、上海美校（就是现在上海美院），还有就是工艺美校。当时我报了3个，即上海师范学院、上海戏剧学院、上海工艺美校。三个学校都录取了，那时自己想要独立，而且当时工艺美校是有助学金的，所以我就选择了工艺美校。其他大学是没有助学金的。我们是属于通过高考，以高中生身份考进美校的，相当于考了大学，学制三年，和现在的大专类似了，之后我就拿了美校的通知书去报到了。

通知书有3页纸，我记得还附了一张材料的单子。按照单子上的要求我买了三支毛笔，一支是写字用的大号的羊毫笔，一支是大山水，用来画山水的，一支是画工笔的"红豆"笔，同时买了墨锭。当时我们没有墨汁嘛，是要自己磨墨的，当时连油烟和松烟墨都分不清楚，其实单子上写得很清楚，当时我想墨都是一样，所以无所谓，就买了比较便宜的松烟墨（实际上画画要用油烟墨）。

周：那您是国画零基础进入美校学习的？当时学校有哪些课程，是如何组织大家学习的？您又是如何适应的呢？

邵：我考美校前是画西画的嘛，所以先入为主，当时我对中国画压根儿也不懂，我们一年级主要开设山水、花鸟、人物，还有素描和色彩几门专业课，第二年的时候也是这五门，到第三年的时候，上半学期开始分班了，选择山水、花鸟、人物方向，下半年开始自己选择创作，三年中贯穿着文化课，一个是政治，一个是文艺理论，还有体育课。在这三年里面，我们的老师还组织了全校性的欣赏课，有音乐、裱画、舞蹈、装潢、包装等，这些不是我们的专业课，都以欣赏课形式出现。

那时候，我对学校的晚自修印象还是比较深的。当时恢复高考了，大家对学习如饥如渴，我们除了完成学校规定的晚自修，八点结束后，我们就开始自学，没有时间概念，后来学校因为我们没有节制地学习，规定在23点熄灯，所以熄灯是从我们这一届开始的。当时在外港，周边是没有商店的，于是我们每星期回市区，买了蜡烛便于熄灯以后照明使用，我大多时间在看书，特别偏爱看理论方面的。当时对理论入门以后，常思考绘画到底是怎么回事儿，要表达的是什么。那时候我的这种疑问是非常多的。

大三分班我选择的是人物，主要是以写生创作为主。分了班之后的课程没有大变化，课程还是很单一的，我还上了一段时间的临摹课，画了吴道子的《八十七神仙卷》，系统地临摹古代人物画。然后就是采风课，我们从一年级到三年级都是外出写生的，写生一般安排在临摹课结束以后，因为学校周围就是田园风光，像世外桃源（到处可以写生画画），开始是去上海周边，到了二年级，就跑得远一些，到了三年级，你自己制定计划，只要通过了，就可以去实施。写生要收集创作的素材资料，需要自己去完成，我们人物画方向写生安排是很民主的，老师给我们设定了几个写生点，然后和我们希望去的地方汇总起来投票，以多数人的意见为准，确定写生的地方。人物班有两三个老师，加上班主任，就出发了。写生完了以后，回来就是创作，是这样一个学习过程。到了三年级下半学期，自己独立制定一个学习计划，就是创作计划，定期向自己的老师汇报。

周：在三年的学习生活中，哪些老师，哪些事让您印象深刻？

邵：我在学校的三年中换了九个班主任，其中我的第一任班主任让我印象深刻。当时我们白天是正规课，晚自修是他的两节课，他建议我们写毛笔字，因为他是第一个教我怎么写毛笔字的，所以影响了我。他训练我们写正楷的时候是非常认真严谨的，这种严肃的风格一直影响我到今天。

记得当时许韵高老师教学是比较民主开明的，对学习也比较包容。他很有趣的，山水课刚开始的作业，他拿了我一张山水在全班展示，但是没有点名道姓，只是笑嘻嘻地说这个同学3分，那时候3分代表的就是不及格，他暗地里让我出了一次丑，再鼓励我，耐心教导我，让我意识到问题。当时我非常好面子，发誓一定要好好学山水，开始发狠地画画，然后我就慢慢从3分画到5分。

许韵高老师对我的帮助应该说是非常大的，我做事非常严谨，而艺术创作的激情比较少一点，因为这种严谨，导致了我显得不入群，但是也有好处，对学一样东西，去创作一样东西能够沉下心来。

蔡天雄老师他让我感觉到一种潇洒、放松的气质，到了像我现在这个年龄，我才知道生活应该像蔡老师一样放松、潇洒，这样是比较符合中国绘画的气质的。

汪凯民老师跟林凡老师，他们给我的感觉，就是认真，太有原则了，因为一讲原则，“人情味”就少了，但是从我内心来说，还是比较喜欢“人情味”少一点的状态，这个状态不知道从哪个老师那里继承过来的。

那时还有余友涵老师，他当时给我们上课时对我们说：“你开心了你就去做，你不开心了你就不要做。”所以在他的课上，同学们常常是高兴了就画画，不高兴就不要画了，什么时候想画就去画。后来我做老师了我才知道，老师的开明能培养学生的自我探索能力，如果老师什么都告诉你的话，你会有种约束。

那时学校师资的配备，对未来我们的专业学习是非常有利的。许韵高老师和余友涵老师都给我们自由和宽松，这两个老师，培养了包括我们这届在内的很多人才。因为他们给我们更多的时间去探索自我，但是这样的宽松学生要把握好，你必须要自己主动学习，否则这种放松是毫无意义的。

周：您对当时学校提供教学资料等方面还有什么印象吗？

邵：我们那时候，没有系统的教材，当时我还是学生，所以不知道。教人物画时，老师先把中国有名的人物画资料介绍给我们，然后带我们去图书馆查资料，然后选择某几个局部，复印后给我们临摹了。等我做了老师以后，再问我自己的老师，才知道当时是有教学计划和教学大纲的，后来我也参与了编写，把学校里的所有的大纲都看了一下，发现这些教学计划和教学大纲的模板，可能来自当时的中央美院、中央工艺。

当时我听老教师讲，汪凯民老师，他管教务，后来做了教务长，可能到中央美院、中央工艺去进修，就把这套东西系统地带回来了。

周：我们学校后来的人才培养的教学大纲与教学计划，似乎就和美院的教学有侧重上的不同了。对之后的专业发展，您有怎样的思考？

邵：中央美院是不断地巩固和加强了这个教学大纲和教学计划，而我们发展过程中部分丢失了，所以感到很遗憾。

后来我回到了美校做了老师，我在教学领域做了研究，把自己做学生时候的教学计划和教学大纲和后来我去央美进修时候得到的计划和大纲去做对比，发现内容是惊人的相似，那说明可能早在1979年或更早的时期，我们的教学体系和央美就有联系了，所以后来万芾和我在高职体系中，在重建工艺绘画专业的过程中，参考了原来老的大纲。

二、工作和教学经历

周：您从学校毕业，踏入社会进入工厂后，在学校学习的知识体系，对自己掌握新技能有什么样的促进作用呢？

邵：我认为三年美校中所学的内容，在应用的过程中，大概用了2/3或1/3的水平，就可以完成单位里面的所有工作。

当时按照国家需要，我被分配到服装厂的技术科，做的设计员，就开始设计服装了。我们刚进入到厂里，必须要实习一年，厂里要我熟悉整个流水线，让每个师傅都认定合格。那么我尽可能地学，从分清楚原料成分开始训练自己，用手摸就能知道含棉是多少，含纤是多少，如30%是棉，70%是纤，或者是纤维的，人造的，必须要说清楚才合格。然后到成品出来，怎么来按照标准验收。我用了三个月时间合格完成了整个流水线上程序的，所以当时厂领导对我是很器重的，也说明技术方面我是没问题的。

那时有师傅带教，我的师傅相当于服装设计里面的泰斗，鸿翔时装公司的后人金泰钧。他教会我，服装设计在原有的基础上加以改良就可以了。记得他叫我设计中式棉袄，我就把中式的材料用西式的结构把它拼在一块儿，这是第一个改良。然后它没有毛边的，我就镶嵌一点有颜色的绒毛进去，那中式的棉袄就更好看了。

这种改良在当时产生了立竿见影的效果。那时候我们的订单很少，举个例子，我们厂全年的利润是20万元，这一年因为这些中式服装的改良设计，一下子涨到100多万元，当时我在厂里获得的第一笔奖金是3 000元，因为我的设计把利润推到这样一个高度，当时是不可想象的，因为我每个月的收入，第一年是36元，后来是54元，奖励我的倍率是非常高的。

但是（虽然前期效益很好）后来深入行业就明白了，当时中国服装要赶超世界发展和设计水平，差距是很大的，当时有这种朦胧的感觉，因为不是原创，而是改良，而我们那时候所接受学校的教育，是改变这个世界，而不是改良这个世界。另外一个问题，我发现学校给我带来的是天马行空的想象力，自由发挥的作画，老师以鼓励为主，那么到工厂是以应用为主了，不需要自己有想法，把学中国画的变成了美工。当时我在厂里还担任一个负责文体活动的职务，厂工会主席要求：小邵你帮我写个横幅，出黑板报，画一个效果图等。这些工作与绘画毫无关系，但学校所学的东西都能应付，可是我内心还是喜欢画画，但当时厂里是没有这个条件给你的。

周：您从工厂又回到母校任教，这是怎样的一个过程呢？

邵：我人生中一次大的转变，就是再一次进入到美校教学。当时也是有抱负的，因为社会的进步发展，必须要原创人才，要学生有自己的想法，所以我就决定从事教育，在教学过程中，我坚持着要原创。因为当时在服装厂工作，所以落脚到了母校的服装专业，把这些原创的理念和基础教育理念相结合，就是在具体的讲课或者实施过程中，把它贯彻下去了。

1983年服装专业成立的时候，所有的老师都是外聘的，那时候没有能讲授理论的老师。当时请的老师都是服装公司的师傅们，他们只会做，不会理论，学校后来找到我说，因为聘请过来的师傅不会说，只会做东西，要我担任文字理论上的总结。所以在工厂的5年多时间，后面两年我是外聘在美校的，当时参与了理论方面的教学。那时候的校长是周荷生，他是浙江美院毕业的，是周校长把我调到学校的。

当时好像有两个专业方向，一个是刺绣，服装上面的刺绣，另一个就是服装设计。到了1985、1986年的时候，我还参加了全国制定中专系统的服装专业的教学大纲和教学计划的评比，参与了全国轻工系统服装教材的编写。

在2003年两校合并之前，当时我们服装专业的学生，已经受到了整个服装系统的欢迎。那时候我们主要是以设计为理念教学的，两校合并以后，开始重视技能，技术领域逐步得到了加强，而导致了人才培养的过程注重技术培养，而不是把原创设计作为基础，削弱了设计的课程，我觉得是各有利弊的。服装专业培养技术是需要的，未来他们能够独立完成服装制作，有了这样的基础以后，学院培养学生的设计能力就比较容易成功，假如学生既没有基础技术支撑，也没有原创设计能力，那就没有未来。我们服装专业到娄明朗老师退休后，基本上就萎缩了。当时认为社会流行什么专业，我们就开什么样的专业，社会对服装专业不需要了，所以就不行了。

周：您对我们学校未来的教育，有什么样的建议呢？

邵：对于未来的教学，我认为传统的一些教学结构还是有用的，业余时间把学校里所有的资源让学生定期使用，或者像星期五下午组织全院性的公共类课程，来提高综合审美能力。

到了教学岗位以后，我明白了教学中的原创离不开科学技术的发展，也不允许你脱离文化土壤来谈原创，如果脱离了这个，脱离了人类文明的背景来谈原创的话，这是个伪原创。

在两校合并以后的教学中，我做了一个试验，把合并以前以传统设计为主的教学与合并后以技能为主的教学进行对比，看最后出了多少人才。我认为，这两者之间各有优缺点，改革后课程体系是非常丰富的，但是我觉得，以后在专业建设、课程编排等方面，最好能回到（老美校的）传统，因为我们生活在现代，现代设计的各类信息已经充斥着我们的大脑，我们要继承和回归到传统这一块，未来的专业教学还是以传统为主，在选修中增加一些现代设计的内容。打个比方，工艺绘画专业，我认为要以传统绘画为主。其他的课程内容以选修为主，不纳入整个教学体系。

我记得当时我们不懂音乐，学校请了上海音乐学院谭冰若教授来给我们上了音乐欣赏课，于是我学会了欣赏轻音乐、古典音乐，其实这会让自己的专业表现更加细腻，也帮助我们思考音乐与绘画之间的共性与表达。

沈成旸老师，他进学校的黄金首饰设计专业后，当时请了一个做教育的教授，给整个上海金属专业的老师讲了一堂课，那时候我们就去听，他就说首先来展开自己的想象，不要考虑想象是否符合现实，想象很多的作品，天马行空的作品都可以，然后这些作品出来以后，加入社会所希望的理念，再从这里面挑选修整。我认为这样的教学方法是比较有趣的，既展开了学生的想象力，又有现代社会所需要的理念，就是你的作品和需求理念相结合，它没有抹杀你的想象力。我认为这是传统教育这一块要去思考的，把现代艺术作为辅助，把我们专业以外的这些科目，作为选修欣赏课，对未来的发展是很有帮助的。这是我在教学过程中得到的一种感受。

采访心得

邵伟老师怀着从事教育、培养人才的坚定理想回到母校，一开始执教于服装专业，后来与万芾老师一起重建了工艺绘画专业，并进行了长期的教学研究与改革。在教学过程中，他坚持原创，他认为原创离不开科学技术的发展，离不开文化土壤，同时老美校的传统教学在当下也是值得借鉴和传承的。

王作均

对传统的学习是思考和转化的过程

采访人：周观淏　袁　圆
受访人：王作均
采访时间：2020年5月31日
采访地点：王作均工作室

王作均

1960年生于北京，祖籍杭州。1983年考入中国美术学院国画系山水专业，师从陆俨少、孔仲起、童中焘等中国画坛泰斗，毕业后留美院执教，而后取得中国美术学院中国画系博士，并获《中国画理论与创作》博士学位，师从卓鹤君先生。现为中国美术学院国画系山水画副教授、山水高研班导师，著有《写意山水画》《中国山水画》《王作均树石课稿》等。

一、成长和求学经历

周：您在进工艺美校之前有没有一些从艺的经历？

王：我大概十二三岁的时候在上海跟一位老先生学过画，后来转到江苏南通上中学，在学校的美术小组继续学画。1977年高考恢复，工艺美术学校开始招生，我有一些绘画基础，就顺利考进来了，当时工艺美校只在上海市内虹口区、徐汇区和静安区这三个区域定点招生。我是以高中生身份去报考的，所属的虹口区对应木雕专业，把自己的作品呈递上去给手工艺局，然后再由他们筛选评定，和后来的报考程序和途径有很大区别。

周：当年进工艺美校后学习了哪些课程？从浙江东阳请来的师傅授课方式是怎样的？

王：当时的教学，是传统手工艺师徒制和现代教学方法的结合，在初期我们学习素描，对光影，对立体感的塑造有了一定认识，这对雕刻创作有潜在的推动作用，其他的专业课，像国画里面的工笔人物、工笔花鸟，山水等课程，使我们有了涉及其他专业领域的可能性。木雕学习以浙江东阳雕刻为基础，老师是从浙江东阳请来的，基本上就是像师父带徒弟一样，用他雕刻的实践、雕刻的步骤，从雕刻花卉开始教我们，教的木刻都有套路的，花瓣用多少刀能够完成，非常的传统，当时学校培养理念是为工厂培养技术工人，所以专注工艺、技能方面的培养。

周：当年哪些老师教过哪些课程？有哪些教学环节对您来说印象深刻？

王：当时除了木雕专业课以外，还有大量基础课程。当时我们从未画过素描，刚开始画的时候，激动得睡不着。我们的班主任是朱明老师，教我们素描课比较多，所以印象非常深，他非常和蔼，素描功夫也很好，其他班级是陈箴老师授课。

国画基础课是许韵高、蔡天雄老师教我们山水，汪凯民老师教我们花鸟，林凡老师教工笔人物，还有凌健老师也教过山水的树石法基础。图书馆的汪子豆老师，他没有直接教过我们，据说很有文化底蕴。还有余友涵老师也教素描等基础课，当时我们年纪小，他对部分学生有很大影响。王珠珍做我们学生会的工作。

当时特别提倡画速写，于是我们班上一人一本口袋大小的本子，一下课就到外冈镇上去画农民，汽车站里边躺着候车的人们，实在没得画就画同学，到田野里面画鸭子，大家都非常用功。这段时光特别珍贵，同学都发奋激励自己，那是我最用功的阶段，也是最强烈地想实现自己愿望的时候。

到了二年级，学校安排我们去东阳木雕厂实地考察学习，感受木雕的诞生过程。东阳的木雕是以比较精细的浅浮雕为主，需要我们去了解它的形式和工艺，为以后去工厂制作出口创汇的雕刻工艺品打基础。

周：请您谈一下您当年的毕业创作的制作过程，好吗？

王：毕业创作前期，我们去东阳的雕刻厂实习了两个月，深入地学习技法，回到学校，老师是鼓励创新的，而东阳木雕比较传统、古典，需要变革，和传统的雕法加以区别。

当时我们学习可以参考的资料有限，学校雕刻资料不多，就在传统元素里面寻找，基本上还是在东阳木雕的范畴里面去创作，但是要做出和古典不一样，每个人肯定是有自己的立足点和想法，于是我构思了四组古代神话的题材，有女娲补天、精卫填海、大禹治水等内容，四个神话题材以圆盘的形式加以表现，形成完整的一组，那个时候准备把它呈现在墙上来展示。从设计到制作，从初稿、定稿，再到木头上的雕刻，这个过程也花了三个月左右，基本上在一个学期里面完成这四件作品。

作品《女娲补天》

作品《大禹治水》

周：您当时留校工作三年，之后又去了浙江美院，就是现在的中国美院学习中国画山水专业。木雕它是一个立体造型，和中国画的学习在课程内容、知识结构、技法表现上是有一定差异的，能谈谈您当时在学习这两个专业时，美校的哪些课程对您有帮助吗？

王：毕业后，学生的工作基本是定向分配的，当时我因为成绩略好，就留校做一个雕刻老师。我在读美校以前就接触过笔墨纸砚，如果当时美校有国画的选择，我会选择国画专业，但是那时只有雕刻招生，而且当时潜意识觉得我们学雕刻就是为了到工厂去做雕刻工人，那个时代很难延伸出其他可能性。

其实很多艺术形式都是从雕刻里面衍生出来的，平面和立体的创作方式其实有共通性。当时的年纪和自己的艺术观、学识、见识等有所限制，不了解它们之间的关系。

当时美校开设很多传统的中国画课程，所以能支持我到浙江美院深造。当时进入浙美国画系，学习山水专业，一是发现很多课程我在美校的时候就已经学习过了，有了一定的基础，二是发现其他同学没学过雕刻，对立体感相对陌生，而我在对树石法的塑造方面，具备了雕刻的三维思维，我有一种画面感，我能把造型塑造得更浑然，山的层次也更丰富，立体塑造的学习，帮助了我以后的平面绘画，渗透到我的潜意识里，久而久之成为个人风格。

王作均在东阳木雕厂实习期间场景

二、工作和教学经历

周：从您早年的这两段留校任教的经历，谈一谈老的浙江美院，现在的中国美院与我们老美校之间，它们在教学体系包括课程设置、授课方式等方面有什么异同？对我们现在或者对我们将来的美术教育有什么可以借鉴的地方吗？

王：美校培养的是工艺美术雕刻人才，需要我们的个性为共性服务，要符合工厂的需求以及标准，熟练地制作产品。浙江美院培养的是艺术人才，要呈现出个性化的语言，向独立的艺术家方向去培养。

虽然培养理念不同，但当时美校中国画课程的内容和要求，和浙江美院没有太多的差别，基础课要求我们尽可能地掌握技法，挖掘背后的内涵，需要大量的临摹学习。

基础课之后的理念培养，就有一定的差异了，浙江美院需要你表达自己的观点，鼓励独立的探索精神，所有的资源都与师生分享。更重要的是，技法要为呈现个人的个性、情感、风格而服务。

周：在“85美术新潮”中，您与张捷、金甲镇、杨劲松等同道一起发起“新学院派”艺术理念，并策划展览，有不少访谈也对当年您的观点进行阐释。就美院而言，您是如何看待艺术主张与美术教学之间的关系的？

王：我在1987年在当时的浙江美院国画系留校任教，我们的学生时代受到了当时西方艺术思潮的影响，想使自己的艺术生命得到更多焕发。大量的作品和事件，冲击了我们的思想。

这个冲击有一个冲撞和消化的过程：一部分人比较守旧；一部分人特别兴奋，并对之向往。当时也有很多展览，特别是“85美术新潮”之后，很多作品都在打破传统，颠覆传统，其表现就是张扬自己，使自己完全地革新，完全地彰显自我，就显得有艺术的面貌，和古典的距离越远越好。这时候很多青年学生，在消化和吸纳过程中出现了偏差，认为单纯地张扬自我，显得异类，就是艺术的归宿。

其实这个认识非常肤浅。所以当时我和张捷、杨劲松，既是师生又是同学，我们有共同的感悟：无论新潮或是标新立异，都要有所支撑，作品要有艺术性，艺术不能随意地把很高尚的思想观念变成哗众取宠的肤浅表现。

我们一方面要坚守学院里面古典传统的审美的技法，另一方面又要不仅仅局限于传统，技法可以多元，不局限和固定在传统的技法上面，但如果你没有扎实的古典绘画的能力，那些表现外在的形式，是浅薄的。这是我们的共识。当时很多人都冒充前卫艺术，但是大部分学生还不知道何谓前卫。我们美院的青年教师们，有一定的认知以后，要在艺术与教学上做一个表率，一些有共同理念的同道们的作品，整合成一个展览。后来慢慢形成了一种新学院派的形式，在当时还是有相当的影响力的。在纯粹的古典作品的技法的基础上表现前卫与革新的作品，若是没有任何积淀的革新作品，是经不起推敲的。好的艺术品一定要有好的成分，高端的技法是别人不可取代的一种美的存在，这个就是我们坚守的一个底线。

周：王老师非常好地阐释了现在传统文化传承与创新的观念。您在美国接触了大量的西方艺术，在与西方艺术理念的碰撞中，致力于中国传统绘画艺术的发展。您对中国传统艺术未来发展有什么样的思考？

王：对于西方艺术，每个人的看法、态度，吸收、消化和使用的过程都大相径庭，不管保守还是张扬，其实都不是定性的，艺术一定有它的核心，就像很多西方艺术家，最典型的就是毕加索，他经常在变，不断地在革命，但他也有一种纯粹，他充满了激情，充满了表现欲望，充满了对事物认知的多样性。

我觉得作品的第一视觉的感染力，是从图像开始的，然后再去欣赏丰富的局部细节。我认为作品的图像，不能和传统的相似，我要有自己的语言，并且尝试把古典的色彩元素加入水墨里面，使水墨艺术更有未来性，通过色彩冲击我们的情绪。特别在美国，经常有人对我说你这个水墨画没有色彩，与日常生活和环境不相匹配，不协调，没有合适的场所欣赏它，所以我无法接纳。当生活的状态、语境发生变化，传统也会随之变化，未来的艺术一定会和我们未来城市的建筑空间、家居布置、服装等方面高度融合。

如果以绘画而论，现在的传统绘画作品，借鉴了传统的图式，以及水墨的形式，还有当代的水墨表现，很多作品是图像影像支持了水墨的形式，他们都缺乏中国绘画古典命题中的传统笔墨语言。

沉浸在传统绘画中，不断地临摹古人的笔墨，对墨和线条非常敏感和执着，这种执念，在没有环境的引导和导师的点拨下，往往会越走越狭隘。所以学习传统艺术一定要学会思考，对传统的转化是核心。

周：您在艺术道路上前行了40年，对我们学生有什么样的寄语？我们青年教师们可以从您这边获得怎样的启示呢？

王：我们作为老师教导学生，如何走入艺术的殿堂，并传授相应的方法和途径？如何教育？教什么内容？你可以给学生怎样的成长配方呢？我以前的学习过程可以借鉴，现在所处的电脑时代，绘画可以用手绘板完成，那速写本是否还有用？我们老师该调配一个怎样的配方给学生做养料？我们要在疑问中反思。往往学生的兴趣决定了他的学习态度，有兴趣才有可能真正开始学习。所以我们可以给他们提供兴趣点，不规定动作，不设定条条框框，但一定要引导学习的内容，比如必须临摹的画作和书法，而且要花费工夫去钻研的。

以前我觉得闻鸡起舞，就会是一个好艺术家，现在看来是有偏差的，好艺术家，不仅仅依靠基本功的转换，它是间歇式的转换。作为艺术家，基本功是条件之一，还需要有生活阅历，当你捕捉自然，一般人看到的是风景，艺术家可能看到树石背后的季节的变化，或是融入自然中的情感。

我们需要培养这种感悟力，不然我们花了五十年去学习，只落得成为一个传统功底比较好的老法师，这种例子太多了。我一直跟学生说，技法的"肌肉"是有记忆的，你花十年工夫这样画下去，就局限住了，会成为转换绘画样貌过程中的绊脚石。在临摹的时候，用不同角度去思考去学习。僵化的传统，是学习时没有思考的结果。临摹好比是一个拐杖，当你把拐杖拿掉的时候，自己还是否能走路？这个时候需要有目的性和前瞻性的临摹，我们把传统的伟大作品当成教科书教学，我们通常只能临摹到伟大作品的相貌，把它的技法部分变成了我们学习的过程而已，所以我觉得，揭秘这个伟大的艺术作品形成过程的轨迹更为重要。嘉定陆俨少先生的作品脱胎于传统，容易被辨识，它有法度，很惊艳，很有卖相，很符合他的身份，画面落款也好，图章也好，颜色也好，都是非常精美的。陆老的基本功是一方面，更重要的是他创造了一个全新的、带有强烈的中国绘画基本功的笔墨语言的图像，这个图像的辨识度很高，再来就是里面具备了他自己独到且美妙的笔墨传承，让人流连忘返。

我现在还是在学校里做老师，现在一直在讨论的后浪跟前浪的关系，作为老师，希望后浪真的把前浪给扑倒，再造一个个高峰。对待传统需要尊敬，但传统不是奴役我的工具，它是激励我创造另外一个山头的一个动力。我们学习传统就是要创造另外一个更高的山头，我们希望下一辈的学生创造自己的山头，是一个具有时代性和传统内涵相融合的山头，创造前辈们无法企及的山头。这些山头一定是平行的，这样的山头越多，我们中国绘画及艺术就能够传承得更精彩。

采访心得

王作均老师从工艺美校毕业后求学于中国美术学院，并赴美国工作、深造，在工艺美校学习的雕刻技能在美国的土地上也扎根成长为作品。他从艺四十多年，仍然深耕于他热爱的绘画领域。他告诉我们，学习传统艺术一定要学会思考，对传统的转化才是核心。

钱轶士

让古物融入日常生活是创作的源泉

采 访 人：仓 平 周观淏
受 访 人：钱轶士
采访时间：2020 年 7 月 4 日
采访地点：钱轶士工作室

钱轶士

1977 年生于上海。1997 年毕业于工艺美校工艺绘画专业。中国画受业于许韵高先生，人工临摹受业于沈亚洲先生。现为上海博物馆馆员、上海文物博物馆学会会员、上海博物馆人工临摹组组长、上海视觉艺术学院兼职讲师。

一、成长和求学经历

仓：请您谈谈您的成长经历和家庭背景。您为什么选择艺术创作道路？

钱：我父亲是从事文字工作的，他以前是报社的一个编辑，小时候他送我去少年宫参加美术学习班，培养我。我小时候一直住在南昌路陕西路这一带，当时有好几位老一辈画家如钱君匋均住在南昌路上，这条路上有好几家老的红木家具古董店，经常路过到里面去逛逛，从小就培养了对美术的兴趣。

仓：您是 1994 年考入工艺美校工艺绘画专业的吧，请问您当时为什么选择报考工艺美校和这个专业？

钱：因为我初中的时候上的也是一个特色班，是在南市区教育学院附中，它里面有两个特色班，一个英语班一个美术班，我上的是美术班，初中就开始学素描色彩。1994 年，我们那个时候报考中专有四个学校可选：工艺美校、华山、轻工，还有上大。当时上海工艺美校嘉定的塔城路新校址刚刚建好，

窗明几净，给我印象特别好，而且住校，感觉比较自由。我从小比较喜欢国画，报考工艺绘画专业，感觉离纯绘画更近一点。

仓：您上学时，主要接触到了哪些老师？谁给您的影响比较大？

钱：我们当时第一年班主任是蒋志平，后来是蒋志平的夫人丁爱莉老师，他们夫妻做了我们四年班主任。我们那个时候专业老师都还蛮好的，国画是许韵高老师，许老师对我们要求还是蛮高的，我现在的创作，很多的技法都是许老师教的。许老师有一个渲染的绝活，先将宣纸打湿，再画云彩，既透明又有厚度感，我现在画云还是这样画的。色彩课程是余友涵老师教的。他希望我们用色比较单纯，教我们平涂颜色。素描课程是计文于教的，他教我们一层一层画出层次感。教花鸟的是万芾老师，现在是知名画家了，我的两支笔换笔手法就是她教的。教书法的是朱敏老师，我们在下面安静地练字，他在讲台上行云流水地练习空手写字，他教了我们一学期后就去上海画院了。工艺美院有一些个性非常鲜明的老师，他们后来都是一代名家，每个人均对我们影响很大。

我从小喜欢安静，常去一楼图书馆，我的绘画史的基础理论知识都是在图书馆里面学的，关于中国绘画南北宗的理论第一次就是在那看到的。我们专业临摹古画很多，临摹首先学它的造型，还有学它的用笔。绘画是一个实践的学科，我们刚开始用笔的话，只能用到前面很小一段，然后随着实践能力的提高，会用到笔的后半段，并且会用到笔的八面，叫“八面出锋”，这个都要练习的。

作品《碧山云蔚》

仓：您在校学习的感受如何？同学中有哪些令您印象特别深刻的人和事？

钱：特别好的朋友有韩回之，他受他父亲影响喜欢收藏，他天生好动，小时候他就喜欢兵器，收藏里面也喜欢兵器。那个时候周末我和他就约去城隍庙的旧货地摊上一起逛逛，有时候也去他们原先住在商城后面的家，家里都是收藏的东西，给我印象蛮深的。我的第一个收藏的黄花梨的笔筒就是韩回之建议我买的。

二、工作和创作

仓：您毕业后去了上海博物馆，您在上博的工作分为哪几个阶段，各个阶段的收获如何？

钱：当时一个班级人也不多，我们这一届有 4 个人毕业后分进了博物馆，做古画临摹和装裱。我进去之后，就在人工临摹组跟了沈亚洲先生学人工临摹古画，当时要求还蛮高的，从做绢到勾稿子、上色做旧，整个一套都是很传统的，一年大概能够画五六张。自己的业余创作一直都没停，但是中国画创作是一个长期积累、厚积薄发的过程，我也是近四五年，稍微得到一些社会上的认可而已。

作品《龙鹤相招》

仓：您自己的国画创作风格非常细致，自成一派，您觉得主要受到哪些方面的影响？您的创作理念是什么？

钱：我创作的风格，还是偏传统一路的。我前两年到青海、西藏这些地方走得比较多，因为用传统的笔墨描绘西部风光的比较少，所以我这两年比较重视这点。西部它的整个空间感和我们江南环太湖流域的是完全不一样的。古人因为旅行成本很高，他们没法到达那个地方，我相信他们如果能到达那个地方肯定也画得蛮好，这块其实还有蛮多创作可以做的。

仓：您自己也从事收藏工作，您的收藏门类非常多元，您主要集中在哪些门类和哪些时代，您为什么选择这些品类，您有什么收藏心得吗？

钱：我的收藏其实是为我的艺术创作服务的，因为我平时买些东西，从里面会得到蛮多灵感的。最近我参加了一个石头的展览，我画石头，很多点子都是从古董古物里面来的。古人的作品其实作者都花费了很多心思，我们静下心来可以发现很多闪光点，收藏可以成为给你吸取养分的资料库。同样一些东西你在博物馆看到和在你家里看到感受是完全不一样的。放在家里是属于你个人的，东西会和你产生联系，你也会更用心地去关注它。

仓：您的收藏对您的某个作品的创作方向产生了一个怎样具体的影响？

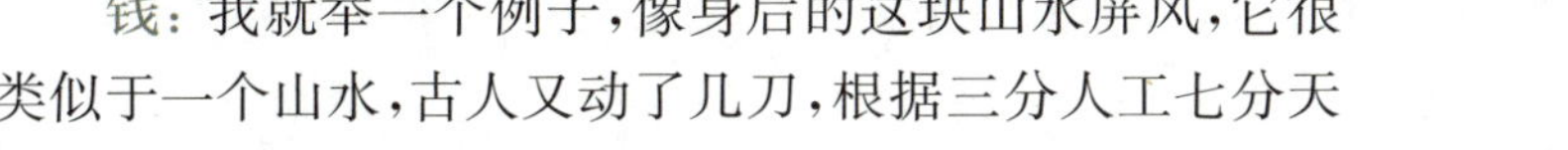

钱：我就举一个例子，像身后的这块山水屏风，它很类似于一个山水，古人又动了几刀，根据三分人工七分天然的创作理念，在纯天然的绿石上面，画出来一个山景，成为一张天然的山水画。

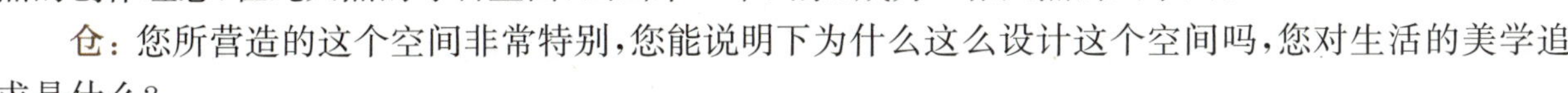

仓：您所营造的这个空间非常特别，您能说明下为什么这么设计这个空间吗，您对生活的美学追求是什么？

钱：我营造这个空间就是希望实现和古人零距离沟通，在这个空间里你会感觉自己处在一个历史的脉络中，我营造这个氛围，可以帮助我去寻找传统的脉络。

仓：您非常推崇宋元时代，您的空间营造也想还原这个时代的生活方式，成为当代的“宋元隐士”。您能和我们分享下您对宋元时代的理解，以及宋元时代的审美在中国艺术史上的价值吗？

钱：宋元时代是一个内容非常丰富的时代，而且是一个多元民族融合的时代。特别南宋的商品经济特别发达，我很喜欢收藏宋代的古物，从中你可以看到宋人的风雅，因为当时的经济达到一个很高的活跃度。元代也很重视商业，也有很多贸易，宋元是一个民族大融合的时期，也是中国艺术的活跃时期。

三、教育和建议

仓：未来的艺术创作人才应该具备怎样的知识体系和思维方法？您对工艺美院的人才培养模式有什么改进建议吗？

钱：工艺美院很注重学生的动手和实践，我觉得这点很好，这点在上海的美术学院里面做得比较好。学生动手能力加强，我希望我们工艺美院能够保持我们一贯的注重实践的传统。

仓：您长期在上海博物馆工作，这两年上海的艺术市场发展也非常活跃，去年学校还开了文物修复专业，在这个领域当中，关于人才培养，您有些什么样的建议？

钱：对于现在体制内的各种博物馆来说，这方面的人还是蛮短缺的，特别是古籍修复，包括古书画这方面。我觉得文物修复专业还是符合工艺学校一贯的教学的传统，它注重实践，可以利用校友资源聘请教师，上海目前在古书修复领域的专家不超过 10 个，其中好几个都是工艺美校的毕业生。

采访心得

“大隐隐于市”，钱轶士老师就是切实的实践者。因为对宋元时代的偏爱，更希望能够在生活中与心爱的古物经常对话，他用精心的收藏打造了一个“宋元世界”，为自己打造了一个古代士大夫的书房。采访他的过程，也是聆听钱老师讲中国古代艺术史和工艺美术史的过程，所谓“听君一席话，胜读十年书”，就是这次拜访最好的注释了。

鲍莺

将传统人文关怀的种子播撒到学生的心田

采 访 人：仓 平 周观淏
受 访 人：鲍 莺
采访时间：2020 年 6 月 7 日
采访地点：汤哲明工作室

鲍莺

1970 年生于上海，1991 年毕业于工艺美校绘画班，1996 年毕业于上海大学美术学院国画系，获学士学位。2002 年结业于上海大学美术学院研究生课程班，2003 年结业于上海中国画院第二届高研班。1997 年起任教于上海市长宁区业余大学，任摄影系主任、文科部主任。2006 年调入上海中国画院任画师、创研部助理。国家一级美术师，上海美术家协会理事，中国美术家协会会员。上海财经大学兼职教授。获得第十届全国美展优秀奖。

一、成长和求学经历

周：我们想了解一下您在进入工艺美校之前，是如何接触到绘画的，有没有艺术道路上的引路人呢？

鲍：我爸爸是业余画家，当年因为家人反对没有考上海美专，他希望我实现他的夙愿，所以从小就带着我出去写生。他在家画画的时候，我就在旁边玩。至今我还保留着一张小时候画的苹果，红色的苹果，投影画成了绿色。我父亲觉得我有天生的色彩感觉，就有意识地培养我绘画方面的兴趣。

周：您是 1987 年进入工艺美校学习的。当时您为何要报工艺绘画这个专业？

鲍：这个说起来其实是有一段故事的。我正式学画是高一，当时念高中的人非常少，大多念的护校或者技校。我们通过家庭会议说要考美术，但当时考大学非常困难，所以决定除去读书时间，周末

就去和上大美院的周国斌老师在普陀区文化馆学习素描跟色彩。我学了一年之后想考上大美院附中，结果没考进。第二年，也是我高二的时候，报考了两个美术中专，当时有三个选择——华山美校、工艺美校和上大附中，我选了上大附中跟工艺美校一起考。那时同学们都在准备考大学，我一边学习，一边画画，真的蛮辛苦，当时决定这是最后一次考美术了。当时工艺美校在嘉定的外冈，因为我年纪小又是女生，父母不太放心，想让我进上大美院附中。结果那一年工艺美校在南市区有一个走读班，招生说是可以培养出比较专业的从事画画的纯艺术人才，以后可以考大学。我父母觉得那个班倒蛮好的，通知来了以后，就选择了工艺美校。

周：那个时候我们在南市区有一个校区？

鲍：对，当时是叫海潮中学，那个学校还在，现在已经不叫这个名字了。汪凯民老师当时好像是做教务主任，主管走读的绘画班。我们班的课程是由蔡天雄老师来安排，山水是蔡老师，花鸟是陶俊华老师，人物是林凡老师，这三门课程是一直持续的，一年级、二年级固定上素描和色彩，素描是周佳翔老师，色彩是胡克礼老师，好像是中央美院毕业的。另外有图案、磨漆画、浅浮雕等课程是每个学期轮番来上课的。

周：当年的教学内容中，除了国画基础课程，还有一些使用到工艺媒材类的课程？

鲍：对，都会涉及一些。但这个班级主要还是围绕着中国传统文化来开展的，包括美学课，图案也是以中国传统图案为主。当时的美学课是副校长朱孝岳老师来上的，整个教学的课程设置围绕中国画来开展。这也是我选择这个班的一个重要原因。在我的观念里，作为中国人，更能够理解中国传统文化和中国画，我甚至觉得画西画的人，画的都像是中国式油画。

1988 年 5 月鲍莺在甪直古镇写生

周：当时您觉得哪些老师对您的影响会比较大？当时的老师们是如何来进行教学的？

鲍：山水、花鸟、人物课的三位老师都给我留下了非常深刻的印象，可以说是终身受益的。山水课的蔡天雄老师，一上来就是“四王”的临摹课程，持续一个学期；第二个学期会带队写生，然后是创作课。不断地临摹、写生到创作，这种循序渐进的教学模式，让我们提高很快。第一次上课，他带了一个印刷很好的清代“四王”的山水月历，拆开来让大家临。这个其实印象非常深的，就是所谓的绘画上的“第一口奶”吃得很纯正。花鸟是陶俊华老师教，第一节课就是线描基本功练习，拉横线、画圆、画曲线，我们班就二十三个人，他就真的是像师父带徒弟那样，手把手地教我们。他们很用心地在培养我们，希望我们以后可以考大学，可以从事专业的创作，成为艺术家，成为国画家。他们真的是尽心尽力，兢兢业业地来教我们的。

三年级以后，3 位老师会分批带我们出去写生，比如说林凡和汪凯民老师带我们去安徽画徽派建筑和写生人物，大概两三个星期之后就交给蔡天雄老师带我们爬黄山写生。

周：当年每学期都会将基础课跟写生课相结合，到第三年会有大量的写生课的安排？

鲍：对，这是循序渐进的，从临摹到写生，再到创作。蔡老师第一次带我们出去是到普陀山，大概十天时间，这增进了同学之间的友谊，也锻炼了写生的技法，在大自然中慢慢体会“外师造化，中得心源”。将临摹课上学到的技法用到真山、真水当中去需要有一个过渡的过程，需要活学活用。他们就一直这样将这三门课贯穿到四年当中。循序渐进，从易到难，每个阶段都会有不同的任务与要求。

周：您当年在美校的学习生活当中，有哪些印象非常深刻的逸事能和我们分享一下？

鲍：回忆还是比较多的，我印象最深的就是出去写生，它让师生之间或者是让同学之间这种情谊的纽带更加紧。蔡老师有一次带我们去雁荡山写生十天时间，我们去的时候是晚上，坐双层卧铺大巴，后半夜走山路，睡到半梦半醒的时候总感觉转弯都要翻下去。写生十天，九天半都在下雨，我们每个人鞋子都湿了，每天就撑个雨伞穿个拖鞋，“吧嗒吧嗒”走山路。那是六月初雨季，也是雁荡山最美的时候，云蒸雾绕，瀑布的水又多。我们住在一个招待所里面，每天早晨吃完早饭，大家就拿个画夹夹住宣纸，三五成群出去写生，但到后来我就一个人了，我记得我坐在中折瀑的那个小亭子上，下面就有一条路可以直接回到我们的旅馆。当时流行童安格那个卡带，我一个人戴了个耳机一边听童安格作曲的歌《夕阳醉了》，一边画画，看到前面的云变化来变化去，也陶醉其中，在那一瞬真的感受到中国画烟雾迷蒙的湿湿的那种水墨的韵味。

这就是老师的教学理念，从临摹、写生到创作，他让我们从笔端到亲眼所见，在潜移默化中，体会那种很浓的中国的文化和中国画的审美意趣。包括在他们写生的时候，像蔡老师，一个盒子，一个板，上面倒一滴墨，旁边放一小瓶子水，画到最后，这滴墨用完，水是干净的，一幅烟雨蒙蒙的画就出来了，我们就特别佩服。他在示范过程中教给我们绘画的技法，对意境的表现，这对我们来说是终身受益的。

鲍莺（右起第一位）与蔡天雄老师（右起第二位）合影

（此照片摄于1989年6月，是蔡天雄带学生去黄山写生，蔡老师为抵学生住宿费，给疗养院作画时所拍摄）

周：您觉得当年美校是以一个什么样的理念来培养你们的？

鲍：几位老师本身的国画造诣很深，他们也是从申石伽老先生那里传承过来的，对国画，对中国文化很有感情，他们希望这个文脉能够再通过他们的亲身示范，传授给我们。而且他们那时候激励我们说，前几届的师哥、师姐都有很多考进中国美院继续深造的，希望我们这个班也能去大学继续钻研，然后最终可以成为专业画家，他们把这样一些理念持续地传授给我们。

二、对教育的思考及建议

周:您觉得艺术类院校应该设立一个什么样的人才培养的理念和目标,来适应这个全新的时代?

鲍:这个怎么说,因为当年我读书的时候是1987—1991年,那个时候社会上考大学的人还是不多的。所以他们希望我们能够考大学,专业从事国画创作。对于现在而言,大学已经普及,可能更需要的是一些专业的人才。我的想法是,中国画不要局限在技法的传授,这个是专业的国画家需要的东西。中国有很多的艺术门类,我觉得中国传统文化可以作为一个基础的课程,成为各门学科的一个审美的基础,成为普及教育让学生掌握和喜欢。

有句话,是民族的就是世界的,因为它有辨识度。比如说玉雕、服装设计、首饰设计、装潢设计,如果带有一些中国元素的话不是更有特色、更能彰显中国文化吗?所以说中国传统文脉可以在方方面面上去延续,中国画这门课程也许可以放进各个学科里面,作为一个基础的点来学习。

周:工艺美校当年传授的思想和技能,有哪些对您未来发展有非常大的影响?

《网》,绢本,68×68 cm,1996年

鲍:说起来很好玩,我是工艺美校考进上海大学美术学院国画系的第一个人,我之前的师哥、师姐们都是考取国美的。正好那时候上大美院国画系也开始建立起来,有一些浙江美院的毕业生也去上大美院上课,地域性已经打破了,上大美院也越来越强。其实说实话,我在工艺美校打的基础很好,这让我在美院里面读书的时候,国画基础就略比其他的同班同学要好一点。大学二年级的时候我就入选五年一届的全国美展,当年上大美院入选全国美展的一共是四位,两位是在校的老师,还有两位是在校的学生,其中之一是我,还有一个是雕塑系的同学。入选国展给了我很大的信心,我觉得我可以一直从事国画创作。这和我在工艺美校打的国画基础是分不开的,所以说是受益终生的。

周:您是通过何种机缘到上海画院工作的?工作中有哪些经验值得我们来借鉴和分享?

鲍:我上大美院毕业以后就当了老师,其间一直不断地从事国画创作,投稿参展,后来又读了画院的高研班,在全国美展上得了一个奖。过了几年上海画院招人,他们想开展教学工作,我是教师出身,就把我招进去了。这就开启了人生新的篇章,当时海派画家占据画院半壁江山,耳濡目染,我也学到很多东西。从国画创作角度来说,我觉得还是需要传承的。上海中国画院有一句话就是传承与创新,传承就是传统经典的延续,创新是指个人风格。

周:结合您在画院组织高研班和艺术沙龙的经验,对我们美校的人才培养有怎样的借鉴?

鲍:工艺美校那时候还是以国画基础和传统的技法教学为主,但是画院的教学理念以创作辅导为主,主要是让青年人出作品,参加一些画展,作品突出参展者个性。两者层面是不一样的,一个是偏重于基础,一个是偏重于创作。所以工艺美校相当于零基础国画教学,画院的教学还是偏重于大学或者研究生毕业以后的那些有志于国画创作的人群的。

三、个人创作

周：您一直在从事中国画的创作，能不能和我们分享一下您的艺术创作经验，其中有哪些创作理念，值得我们来探索和思考，可以让我们来学习和借鉴呢？

鲍：我目前其实还是处于探索阶段，也要常常请教老师，不至于道路走偏掉。但是创作还是要靠自己长期积累的学养或者观念。就纯艺术来说，国画它肯定需要传承，然后才能建立自己的风格，这个方向的问题还是需要自己去把握的。

周：因为很多时候往往都是自己个人成长取得这些经验、经历，结合自己的对于美的追求，慢慢地形成自己的创作风格或者目前的创作方向。

鲍：在这个不断学习和实践的过程中，我慢慢觉得艺术这条路，还是有一定的规律性的。比如说学习绘画，首先临摹古画，先见古人，然后是见造化，就是我们要出去写生，让传统的技法在写生当中得以体现，然后见自己，把自己的情感融入这个作品当中去，先从个人的小情感慢慢延伸到对社会的责任感，再就是见众生，因为艺术最终是人文关怀。艺术可以抚慰人心。拥有情怀的艺术作品才可以走得远，不光是纯艺术，其他一些门类的艺术作品，包括电影，都有抚慰人心的作用。对人性的关怀，这个是从事任何的艺术都不能缺少的，也是我们追求的一个目标。

周：当年在工艺美校的时候，这颗种子，老师就已经给你埋下了。

鲍：对，朱孝岳老师的美学课里讲了很多魏晋哲学，系统地讲述了从“采菊东篱下，悠然见南山”的魏晋风度，到后面怎么样去实现人文关怀，这是一颗种子，让我们受益终生。

《横翠》，纸本，160×180 cm，2009 年（入选第十一届全国美展）

周：当年美校的培养体系，不单单只有实践，它也会有理论，或者跟美学有关的一些辅助性的课程，让你们加深对于手上这种技艺，或者手上这种技法的一种共鸣。

鲍：当年的课程设计非常好，从技法讲解到理论阐述，再到美学素养提高，循序渐进地滋养我们。这四年真的是受益匪浅。

周：鲍老师，能不能概括一下您认为的美校精神？

鲍：我觉得首先是务实、求真，然后是积极向上。虽然当年它属于中专，现在是高职，但它绝不亚于大学，它拥有一个完整的美术院校体系，各种美术门类综合发展，互相交流，吸收彼此养分，在上海是独一无二的存在。

周：关于中国传统艺术未来的发展，您有什么样的思考？也就是如何理解您前面所提到文化传承与创新的关系？

鲍：随着国家的实力的强大，中国文化在世界范围的影响力也会扩大。从美术史的角度来说，印象派通过浮世绘来吸收东方的文化，而日本的浮世绘却是吸收我们的传统文化来发展的。所以中国文化是比较形而上的，讲究概括抽象，讲究人文关怀理念，中国文化包括中国哲学，将来在世界上会被越来越充分地认识到，很多西方的东西被科学取代，我觉得当代艺术也碰到了瓶颈，但是中国文化可以提供解决方案。以前在民国的时候就有句话是“洋为中用，中为体”，这是很根本的，而且是我们可以非常骄傲地把它坚持下去的，这就是文化自信。

周：您觉得传统美术和工艺美术这个门类，以后有发展和结合的可能吗？

鲍：我们现在美院的教学体系基本上都是从西方引进，随着我们文化逐步自信，中国文化、中国传统绘画可以作为基础课普及到各个艺术门类，让它去发扬光大。我们故宫文创和我们台湾地区的文创做得那么好，都是“倚仗”于故宫的传统文化元素，所以我们还是要深入地去挖掘传统文化。

周：传统艺术需要有一个普及基础，然后再慢慢在里面建立一个更加高层次的培养。

鲍：是这样的，不一定要按照成为画家来培养，而是将中国元素作为各门学科的一个基础课来作为教学的内容。因为我们都是中国人，从小耳濡目染的，可以吸收运用到方方面面。中国绘画或者说中国艺术它是一杯水，它可以在里面融合多样的元素，它可以滋润所有的艺术设计的门类。

周：最后关于今年是我们学校的校庆60周年，对我们这些年轻校友们有没有一些寄语呢？

鲍：我想一想。如果要对同学们说点什么，我觉得很多事情其实是后来才知道的，也不好说什么失去了才知道珍贵，因为师生情一直是延续的，同学友谊也一直是延续着的。最重要的是珍惜当下，好好学习。工艺美校还是非常值得留恋的一个学校，而且这个年龄段青春年少，虽然懵懵懂懂，但还是非常值得怀念的。今后的路上没有比这个时候的友情更单纯美好了，所以大家要珍惜，毕业以后也要建好通讯录，终生保持联系。

采访心得

美校生活滋养了鲍莺老师最纯真无华的青春，她的作品中以花喻人，表达出淡淡的惆怅与相守。在采访中她启迪我们是否可以将中国的传统人文精神的内核，通过绘画这个载体，作为基础课程融入各个专业门类，将其作为养料滋养各个学科的发展，创作出饱含人文关怀的优秀作品。

汤哲明

传承是一所学校最大的灵魂宝库

采访人：仓　平　周观淏
受访人：汤哲明
采访时间：2020年6月7日
采访地点：汤哲明工作室

汤哲明

1970年出生于上海，祖籍浙江萧山。2005年毕业于中国美术学院美术史系，获博士学位。曾任上海书画出版社副总编辑、副编审，上海大学美术学院国画系硕士生导师，现为中国美术家协会会员，美协上海分会理论与策展委员会副主任。致力于山水画创作与中国绘画史研究，著有《多元化的启导》《国画之江南》等专著，并任大型丛书“中国山水画通鉴”“中国花鸟画通鉴”副主编。

一、成长和求学经历

仓：汤老师，非常感谢您接受我们这次采访，这次为了迎接校庆60周年，我们做了60人的校友采访。首先我想请您谈谈您的成长背景，为什么会选择艺术道路？

汤：我小时候出生在普通的知识分子家庭，父亲虽然喜欢文艺，但是希望我能学好数理化，因为当时觉得这样可以走遍天下都不怕。但是我从小开始就喜欢绘画，决定贯彻自己的爱好，那时候跟国画有关的美专，只有工艺美校的工艺绘画班，所以下定决心考这个学校。

现在回忆起来当时的决定，与工艺美校结下了莫大的缘分，当时学校的氛围、遇到的老师等等诸多经历，奠定了我非常重要的坐标，可以说是一个起步。

仓：您能回忆一下，当时您遇到哪些让您印象难忘的老师，他们对您日后的艺术创作有些什么样的影响吗？

汤：印象最深的老师就是许韵高老师，现在每年过年都要一聚，我在上大带的研究生会来请我吃饭，我会把许老师一起请上，他们都要管许老师叫师爷了。还有教我素描的周佳翔老师，他在学校里很有个性的，一把毛胡子，一看就是喜欢素描的样子，我在绘画上善于对细节的把握，他和我很对路子，他对北宋时代的范宽痴迷得不得了，拿了《雪景寒林图》的图片与我们分享，觉得这才是真正地道的山水画。

工艺绘画班主要学国画，但是我当时痴迷油画，觉得国画都是老先生画的大写意，年轻就应该去画很地道的油画。也许因为碰到许韵高老师，他鼓励我画山水，觉得我从事下去能有一番天地，无论我喜欢什么，但是要求我山水画一定要画下去，结果我后来这辈子就是画的山水画，就是走这条路，后来我带学生就深有体会，你给他一个鼓励，可能有的时候甚至会改变他一生。

除了在专业上鼓励学生，老师们非常人性化，他们会帮着学生说话，给人感觉老师跟学生是一起的，学生自然会有亲近感。老师包容学生的个性，对学生的想法会不断地鼓励与支持，学生跟老师关系的融洽程度，在我人生经历中工艺美校阶段是最纯朴的，而且它是最真实的。

许韵高老师对我影响很大，他讲话实实在在的，不光教我专业，对我的生活也非常关心。他给我某种期望，当时觉得如果不画山水的话，会对不起许老师，就这么潜移默化地改变了我的命运，让我在绘画道路上感觉熠熠生辉，刺激我往艺术道路上走下去。

仓：您后来从美校毕业以后又去上大美院和中国美院求学，能分享一下这段时间的学习生活的体会吗？

汤：当时在工艺美校毕业是在20世纪90年代初，那时候还处在“85美术新潮”的影响下，当时的传统中国画面临一个很大的困惑，不仅我们年轻人，当时的方增先老师也是很迷惘。

后来我从事理论研究，渐渐明白，在20世纪80年代以前我们的美术观念学的是苏联，改革开放后开始融入世界，西方当代艺术传进来，等于从苏联趣味切换到美国趣味，不同的系统造成观念的碰撞。现代艺术实际上是跟国家有关系，是两个大国主导的两种趣味；当然艺术形态没这么简单，当时的新潮背后大概有这个逻辑在起作用，所以是非常大的转折。在那个氛围下不明白应该怎么画了。所以我准备深造，第一年中国美院没考上，第二年上大美院招生，看到徐建融老师在招生，他是美术史的大家，我想干脆就开始学理论吧，就这么考进了上大美院。虽然学习美术史，但我对上大美院国画教学很关注，上大的观念开放程度要比工艺美校高，但是传统国画基础上相对比较薄弱；工艺美校的老师与老师有师承关系，而且在传承过程中，非常重视传统的绘画基础，虽然传统要我们固守的东西会多一些，但老师们心态很开放，这点是工艺美校的强项。

后来再深造到中国美院读博，导师是卢辅圣、潘公凯老师。中国美院是老牌的美院，和工艺美校有非常深的渊源，美校毕业的陈振濂、谷文达等一批老师都去了国美，我们美校当时很多老师也选择到中国美院进修，当年全山石老师到上海都住在工艺美校的，因为工艺美校也是老牌子的学校。

二、对传统艺术及创作的思考

仓：您跟我们分享一下徐建融老师影响了您的哪些艺术创作的理念和之后的职业生涯？

汤：我有一半的时间、精力都放在研究画史上，研究陆俨少、谢稚柳、陈佩秋等老先生，也更加深刻地理解了传统绘画。中国画发展到石涛以后，大写意发展起来了，20世纪上半叶的中国画实质上是写意画的高峰，我们出生在这个时代，所以觉得齐白石、吴昌硕他们就代表了中国画。

但在近代写意画后面还有更深更大的传统。在宋以前我们说绘画技法是什么？谢稚柳称之为着色画，比如唐代李思训父子的画作、敦煌的壁画等等。明清绘画的根基实际上就是元代绘画，所以某种程度上元明清绘画是一脉的。元代绘画的根源在唐宋，但为什么绘画将宋元并称？实际上是因为山水画的发展，画山水实际上是画什么？就是画水墨。所以我说你不能讲宋元比明清好，宋元是明清的基础，比如说宋元是十分的话，明清是有其中六分的。明清文人参与绘画程度越高，画家的个性越强，特色也越发分明，但是它损害了什么呢？损害了传统的全面性。

其实在民国时代，一批老先生已经发现这个问题了，南方的张大千、谢稚柳、吴湖帆，北方的陈少梅，认为宋元包括唐代的绘画风格，在清代中后期直到20世纪早期几百年中，好像曾经被人遗忘，究其根本原作全被收藏在清宫里。20世纪上半叶推翻了帝制以后，那批作品大量地流散出来，于是张大千、谢稚柳等前辈能够看到古人真迹，为此张大千甚至跑到敦煌去研究唐代及魏晋时期的绘画风格。后面因为新中国强调现实主义的潮流，这样的研究和创作中断了。一直到改革开放以后，国家文物局再次组织中国古代书画鉴定小组，谢稚柳先生得以多次接触到古代真迹的实物，谢老的很多观点、主张影响了我的老师徐建融，以及我们这辈人，谢老身上背着宋元绘画的传统。他们也研究唐人的传统，从双钩填色着手，他们做了大量的创作实践。

另外，八九十年代陆俨少先生到了杭州，他去以前是潘天寿的写意画传统作为主导的，陆老来了以后逐步推动传统水墨画教学体系，深刻地影响了国美的山水画发展的格局，这实际上就是走的元人绘画的路子。陆老的意义何在？就是他恢复了元人绘画的传统，这个传统在民国时在他的老师冯超然、吴湖帆等前辈那里开始萌芽了，中国美院的山水画的这条教学主线就是陆俨少修订的，他去了以后山水画变成从吴门画派一直到元人传统笔墨为主导，一直持续到今天。

仓：汤老师您后来在艺术创作的理念上也是秉承宋元之风，您能跟我们分享一下您自己现在的创作方向和理念吗？

汤：我们聊到未来艺术发展的话，那一定是非常自由，丰富多彩，个性化的一个时代，每个人有每个人的经历，我的经历决定了未来走传统绘画的道路。

但是我说未来的人，即使是画中国传统绘画，他可能上午在画传统绘画，下午去进行当代艺术的创作，他可能既是个艺术家，也是艺术经理人，还是艺术评论家、展览策划者，未来完全有这样的可能性。我相信未来达到陆俨少、谢稚柳、张大千这些大师技法水平的画家会出现，但是不会像他们那个大宗师时代，形成一个金字塔形的结构，一个宗师后面有很多学生簇拥着。

因为今天获取知识的渠道较多，和以往知识被垄断的时代不同了。为什么近现代绘画流派如此纷呈？就是因为近代知识启蒙，思想开放造成的，能在当下把古今中西所有的作品去吸收转化，流派就出来了，这是一个充分展示个性化的时代，是一个个人的时代，所以每个个人可以自己去选择，这是社会巨大的进步。

我认为传统是有蓬勃生命力的，一个传统如果没有生命力的话是会死掉的，如果要从事中国画的话，那肯定还是我们唐宋元明清绘画的传统，而且还会涉及一套法则，我觉得中国画的传统中有一个非常重要的规律，好的画家往往是三维的、一体的，从北宋的苏东坡、米芾，到元代的赵孟頫，明末的董其昌，你看大画家、大理论家，理论上开风气的，同时也是大鉴定家。身边如陈佩秋、谢稚柳先生就是这样的，包括张大千、吴湖帆他们就是这样的。为什么会这样？古代学画有两条途径，一个是师父带徒弟，还有一个是文人画家，相当于知识分子走画家的这条路，通过“隔代传承”，学习古人的作品，进而传承；看古画自然而然牵涉到鉴定问题，他就要研究古画真不真，董其昌、赵孟頫鉴定很强，又是收藏家；鉴定了以后你要给作品排序断代，必然会牵扯出美术史的考证。

很多人认为陈佩秋老师只是个画家，但她也从事鉴定，理论是很有创见的，比如说海派的三个分支，我觉得陈老分析得最精准，其实理论她是搞得明明白白的，因为从鉴定到理论，可以最终反哺她的创作。

《登高赋诗》，纸本设色，33 × 33 cm，2020 年

谢稚柳老先生的鉴定流派被叫做“望气派”，就是看这个作品的本身怎么样，你如果水平不够，马上就被看出来了。这个层面是单纯做文献研究所不能比拟的，需要大量的创作实践来充实自己的学养。

中国画未来的影响力可能不会像从前那样大，未来我们是多元社会，但是只要传统的东西存在，中国画也一定会存在，而且它的高度我觉得一定不会低。

仓：汤老师，实际上这些年我觉得在中国的艺术界也面临一个问题，就是传统的传承或者说是在古代艺术基础上如何追求创新，这个方面我觉得您已经走出了一条非常好的路，您的绘画实际上是集大成，把很多古代画家的技法和理念消化以后重新融会贯通于您的作品当中。您能跟我们分享一下这个方面您的思考和方法论吗？

汤：我想我自己还在努力跟上那些老先生，我所能接触到的一些国画大家们都是非常实在的人。其中陈佩秋老师对我的影响是非常大的，她画的很多画，无论山水或者花鸟画，都是有写生稿的。她非常强调这一点，她说你学宋元画实际上是为了写生，为了画你眼前的东西。

从学的角度来看，我们要学历史上最好的传统。但是创作还是要真正到生活里面去。我觉得 20 世纪 50 年代提倡画家下生活这个理念是非常好的，中国共产党提出为人民服务这个艺术的理念，其实有一部分人是走偏差的，他变成了为领导服务，但是有一部分人是真正下生活，比如陆俨少、钱松嵒、贺天健，也包括陈佩秋老师，生活是艺术来源，这个是亘古不变的。

但是现代艺术发展到现在，以西方为主导的艺术理论出了偏差，它觉得艺术死亡了。艺术怎么死得掉呢？艺术是情绪的表达啊，是人的情绪跟绘画的技法、材料相结合的产物，只能说绘画的影响力越来越小，但这是没有办法的。绘画的一部分功用被技术取代掉了，特别是影像技术发展，它未来可能会变成一个很小的圈子，未来绘画拥有像近现代或是古代大师那样的影响力是不可能了。

三、行业从业经历及思考

仓：汤老师您刚刚也讲到说未来我们可能是多个标签的斜杠青年，我发现您已经在实践这样的生活方式，您自己本身是艺术家，同时您也是在高校的研究生导师，是艺术评论家，也策划了不少展览，您跟我们讲讲您是怎么在多种身份中切换自如的？对您后来做艺术创作和理论思考有什么影响？

汤：我从 18 岁开始念书一直念到 30 岁才毕业。在上海书画出版社和朵云轩我差不多都待了 10 年。我很感激上海书画出版社的卢辅圣老师，卢老师也是我的博士生导师，他影响了我的一生。卢老师是书画出版社的总编，也是朵云轩当时的总经理。朵云轩和书画出版社的从业经历是我生命中不可缺少的环节，非常重要。

我在书画出版社是图书编辑，类似影像导演，或者行业策划者的角色，后期作为副总编辑要做很多选题策划，那个是很费脑筋和功夫的。后来我去了朵云轩，朵云轩不是收藏单位，它是一个经营单位，卢老师不仅是很有名的大理论家，他在做经营上也是小心谨慎。在他的带领下，我接触了经营和策划。朵云轩里面有大量的书画收藏进进出出，它还有拍卖行，朵云轩的拍卖曾经是大陆的第一锤。我不说鉴定，单是鉴赏这些字画，都有大量的工作要做，这个经历是学校里学不到的，非常珍贵。

仓：汤老师您刚刚跟我们分享了您在书画出版社和朵云轩从事了很多工作，包括做书画社的副总编辑，这些经历使您在这个领域的管理能力、创作能力和项目的经营能力都产生了质的提升。请您讲讲这个阶段最大的收获是什么？

汤：这些实际上是单位的平台给我带来的，对一般学画的人来说，是不大会有的经历，不要小看经营、策划这类工作，包括要经手字画，和拍卖行打交道，有的时候很烦琐的，也很麻烦的，但对我来说实际上就是一种历练，能接触到这个工作背后的很多东西。我接触到很多老先生，很多收藏家，很多市场里面的传奇人物，中国现在很多很顶级的收藏家，我都能跟他们成为好朋友，他们每个人都有独特的故事和经历，这是非常难得的人生经历，对我的业务提高也是至关重要的。我在书画出版社和朵云轩工作非常适应。我不怕事大，喜欢折腾，特别是那个时候，我的老师卢辅圣经常要在后面拉我的（怕我冲得太靠前），我那时候年纪也轻、敢闯，我觉得这份经历也跟工艺美校有关系，我十七八岁的时候，在美校里是很风风火火的，整个学校老师都认识我，在学校里名气挺大的。

四、对学校教育的思考及寄语

仓：汤老师您也是横跨了艺术、教育多个领域，您觉得美院在人才培养方面，要坚守哪些东西，要创新哪些方面？在艺术和国画人才培养方面请您给一些建议和思考；以及当年的工艺绘画的教学方式，您现在回头想想有哪些是值得进一步推荐和发展壮大的？

汤：当年的工艺绘画是要与工艺媒介相结合的绘画，当时无论是教绘画，还是工艺制作的老师，都反复强调要能动手；在课程设置上，工艺绘画班的中国画教得非常全，而且非常正统，从传统入手，工艺美校在这个地方，教了我们最扎实的东西。当年和这批国画老师关系非常好的宋立诚老师是多面手，雕塑、绘画什么都会，他非常推崇学生要做多面手，不拒斥新鲜事物，这个是工艺美校的一大传统。

另外很多专业老师是这个学校毕业的，所以老师与学生在各个方面都是感同身受的。当年一部分骨干，像许韵高、蔡天雄、汪凯民、林凡老师他们都是申石伽、孙悟音等老前辈的学生，他们是师兄弟，也有一份同学的感情，一直到今天他们已经七八十岁了，还经常在一起聚会，所以我觉得工艺绘画

《太白词意》，纸本设色，33×33 cm，2020 年

班的这些老师，非常重视将美校在教书育人等方面所营造的氛围，作为一种传统传承下去。这批国画老师，是工艺美校一个非常特别的风景，或者说是现象。

老师们鼓励学生创造，重视学生的社会能力，具体的动手能力。这个学校是个住宿学校，学生有很强的独立性，需要和各种各样的老师打交道。当年我们念的是中专，它实际上跟大学是很相似的，人际关系甚至比大学都要丰富，大学当然有它的丰富性，有工艺美校没有的东西，但工艺美校有一部分的丰富性也是大学里没有的。我碰到这么多学校，学校里像个小社会一样的，只有工艺美校不是这样子的。

仓：后来我们也总结过学校形成的这种风格，因为实际上有些老师自己就是这样性格的人，他们某些方面可能不被社会包容，来到工艺美校之后会注重这方面的包容。

汤：工艺美校是包容的，只要你业务好，调皮捣蛋也不会被苛责。这个是我觉得工艺美校非常了不起的地方，特别是在当时那个环境下，我同学说我这辈子没想到能进一个这么好玩儿的学校。

这个氛围对我的影响一直延续到朵云轩书画社，虽然我学的东西很传统，但是我绝对不是墨守成规、循规蹈矩的人，其实是有点调皮的，这个脾气是在工艺美校养成的。

仓：这个就是创新精神的来源，如果循规蹈矩就不可能有突破。

汤：对的，其实就是这样的，我们工艺美校校友碰面，即使比你大 20 岁，一谈到学校的氛围，一下子关系就拉近了。

仓：学校人员的组成本身就是多元的，这是一个碰撞形成的文化。

汤：对，很有意思，很独特的文化，所以工艺美校能出这么多人才不是没道理的。这个我觉得是它的根本。如果说工艺美校的特色的话，国画也是它重要的特色，国画出了很多人才，首先一条就是承传，许韵高、蔡天雄老师那辈就是承传申石伽老先生那一辈身上可贵的品质。我们工艺美校国画的几位老师，在美术圈子里得到的评价都是有功夫且老实，不去一味炒作，而且很善良，彼此相互照顾。这其实是国画圈里的一个正能量，因为这些年艺术商品化比较厉害，这批老先生不善运作，影响也就没过去那么大了。我为他们有点不平，他们其实是很有实力的老师。我们工艺绘画班出来的学生，只要在这个氛围里面待过一天，都自认为是蔡老师、许老师、汪老师他们的学生，这个是一个承传。其实讲到底，中华民族五千年下来就是靠这个东西：务实、勤奋。这也是他们身上非常优秀的品质，对学生有很好的影响。

仓：汤老师，2020 年是学校 60 周年，您能不能有一两句寄语送给我们的校友和在校的学生们？

汤：我觉得这么说吧，承传、发扬工艺美校独特的校园文化，承传工艺美校国画的特色和特长。我自己因为是工艺绘画专业，工艺绘画的传承给工艺美校其实是加了很多分的，这么多年过去，间接培养了很多人才，比如萧海春老师是工艺美术大师，也是国画家，回过头来看这个是很可贵的，它甚至是上海国画界不可或缺的一个板块，请大家试想一下，这是当年一个中专学校来完成填补的，是一个非常了不起的成就。当然现在面临学国画学生的出路少，比较窄，但今天哪个专业出路宽？其实都不宽，学校给我们的老师和学生一个机会，将来可能它会给你带来意想不到的惊喜的。工艺美校的校园文化我觉得是了不起的，是我们改革开放时代大潮里面的一个缩影，是一个弄潮儿性质的缩影，它是在前沿的。其实当年我们工艺美校走得也是蛮前沿的。

采访心得

汤哲明老师在采访中曾形容美校生活如同周星驰的电影《逃学威龙》那般充满戏剧性，这样的“剧情”无形中塑造了汤老师的性格与状态，在上海书画出版社、朵云轩、上大美院中“饰演”了各种角色之后，终于得以在绘画的世界中，实现自由与不羁，提笔落下山水画卷中的层峦叠嶂。

气韵独步·玉器雕刻的领军人

中华玉文化源远流长，玉是中国人的宝石，温润而有光泽。孔子曰："夫昔者君子比德于玉焉，温润而泽，仁也。"玉器雕刻技艺伴随玉文化延续至今，随着时代变迁发展更具规模。上海市工艺美校的玉雕专业，在1960年工艺美校初建时就已开设，至今已有半个多世纪的办学历史。经历几代师生的不懈努力，在玉雕工艺传承、学术研究、设计创作、生产实践等，已形成了完整的教学教案和教学方法，在全国高校玉雕专业教学、实训、研究等方面有其特殊的地位。上海玉雕届最特别的传承：萧海春—洪新华—崔磊，一门三代中国工艺美术大师均为美校玉雕专业毕业生。

通过梳理美校毕业生名录，将采访对象定位为以1960届和1973届师生为主，一方面因为他们在艺术、商业及工艺美术的传承和发展等各个领域成绩斐然，更重要的是1960届的学生已近80岁高龄，需要尽快抢救性的保留一些影像和文字史料。采访过程以年龄为轴线，第一批的玉雕老师朱永贵已经过世，对他的女儿进行追忆式采访。

20世纪60年代初，美校初创，玉雕专业成为第一批专业之一，同年招收两个班，分别招收了以玉雕厂优秀员工为主的春季班和面向社会招生的秋季班。为了更好地培养学生，学校师资队伍组建时组建"艺术与技术"相结合的团队。一方面通过各种渠道集中顾佰达、王康乐、玉叔渊、张乃雄、李连坤等社会知名画家和雕塑家加盟，提高学生的艺术审美，培养绘画技法和造型能力；另一方面与玉雕厂协商，调来技术最高的朱永贵等工艺大师教授专业课程，与企业同步开设炉瓶组和人物组等实践课程，着重培养技术能力。以学校形式培养的玉雕专业学生，毕业后进入玉雕厂，打破传统，带动玉雕厂创新，成为第一代海派玉雕大师。代表人物有萧海春、张敏涛、刘锡洋、陶俊华、朱宁芳、李中兴、殷正明等。其中张敏涛、李中兴毕业后到玉雕厂工业学校当老师，培养了吴德昇和刘忠荣等一批中国玉雕大师。1960年春季班殷正明是从工厂里招来的学生，毕业后回到玉雕厂担任厂长。

20世纪70年代，美校在“文化大革命”后复办，玉雕专业一同复办。此时的教师队伍，除了知名画家和艺术家外，1960年的优秀毕业生，玉雕厂扬州师傅共同承担起学校的玉雕工艺教学任务。1973届的中专，是当时的最高学历，学生都是从各区挑选的最优秀中学毕业生。强大的教师队伍与优质的生源，加上注重从生活中寻求素材，在校期间就创作了一大批充满时代特色，艺术与生活相结合的优秀玉雕作品。部分学生发展成为上海雕塑、绘画、艺术及工艺美术领域的中坚力量，代表人物有王敏、陆君玖、赵丕成、陈箴、周百均、胡昌明、陆永福等。学生更是百花齐放，陈箴等成为国际著名的中国当代艺术家。

20世纪八九十年代，玉雕行业处于低潮期，国内其他院校相继停办玉雕专业。美校将专业的招生频度和规模方面作出调整，保留了师资资源及关键硬件，1973届最优秀的学生（王敏、陆君玖、赵丕成）留校任教。缩小规模教育也未放弃传承，作为雕刻专业课程之一，将玉雕技法工具通过课程在教学中传承了下来。学校和教学团队在80年代的坚持，为后期的玉雕专业发展作出了巨大的贡献。培养上海市近半数的国家级工艺美术大师和七成的省级工艺美术大师。

2010年恢复以教学班为单位的全国范围招生，2011年开办成人继续教育，2012年参与推动高职优秀毕业生连读“3+1大师带教班”的高职后教育，建立国家工艺美术大师吴德昇工作室、上海工艺美术大师赵丕成工作室，上海工匠（玉雕）华国津高级技师工作室，师带徒方式带教学生100余人，奠定了上海玉雕人才学院培育的扎实营盘。从懂材料、会制作入手，带动引领现代都市时尚体验的“设计创意”，玉雕专业发展方向逐年清晰，与新经济时期新生活互动的专业影响逐年增强。

经历半个世纪的风雨历程，凭借对传统工艺美术的热爱，对玉雕工艺教学艰辛的探索，玉雕专业虽经办学的艰难、经济的低潮和创新的迷茫，但仍认准方向，坚守专业理想，发扬工匠精神，以上海为中心，加强文化交流，学生培养，师资培训，培养了一批又一批优秀的工美玉雕专业传承人。

王彩芸

朱永贵

新中国上海首批工艺师

采 访 人：王彩芸
受 访 人：朱月英（朱永贵女儿）
采访时间：2019 年 7 月 26 日
采访地点：上海工艺美术职业学院徐汇校区

朱永贵（1911—1974）

12 岁跟随孙天仪学习玉石雕刻手艺。1956 年前他设计制作的《翠羽》《新山玉琢宝鼎炉》《青金细琢风头文饰仿汉壶》《仿古碧玉连环卣》作品被选载于《上海玉雕》工艺美术丛书。1959 年他制作的《周仲鉤彝》作为国庆献礼作品，经上海、香港、北京等地展出后，作为一级文物收藏于中国工艺美术馆。在上海玉石雕刻厂工作期间，被评为业内最高级别七级工艺人。1960 年 2 月成为上海市工艺美术学校教师，任教期间雕琢的《越南女民兵》被选送到上海工艺美术展览会展出。1964 年成为上海市工艺美术学校第一位工艺师。

一、学　艺

王：朱老师您好，您父亲是上海工艺美校最早的玉雕专业教师。今天想和您聊聊，关于朱永贵老师的学艺、经历成长经历以及当时在学校工作的一些情况。首先，我们从学艺开始，您知道在家族中，您父亲的兄弟姐妹或者长辈中有做与玉雕相关工作的吗？朱永贵老师的艺术成长最主要受到谁的影响？

朱：我外公的弟弟，叫孙天仪，他在玉石雕刻行业是个比较顶尖的艺人。所以我父亲其实是受他的影响，12 岁的时候就来上海和我的外公一起，做他的学徒，在他的作坊工作。

王：是从哪里到上海？

朱：是从扬州。

王：那外公也是扬州人？

朱：对的，外公很小的时候就来上海了，在上海有一定技术的专长，也有了自己的作坊，所以呢我父亲12岁的时候就拜他学艺了。

在我的记忆里，他一直是和外公在一起，在他的作坊里工作。

二、工　作

王：您父亲是什么时候进上海玉雕厂工作的？后来因为什么契机到了工艺美校？

朱：差不多是1956年，大概是玉雕作坊合并为合作社的时候，当时国家对玉雕行业非常重视的，想要发展这方面的产业，原来是一个个的小作坊，逐渐就汇聚成了玉雕的合作社。到1958年，改制更名为上海市玉石雕刻厂，这个是我的记忆。在玉石雕刻厂，我父亲的雕刻级别还是比较高的，我记得他的学生后来回忆说，当时在玉雕厂评级的时候，一下子就被评上了七级工，七级工当时是最高级别。到1960年的时候，国家想要发展玉雕行业，要大量培养新的年轻一代的手艺人，毕竟父亲那一代人年纪也大了。所以上海市当时决定成立一个工艺美术学校，我们有幸拜访了玉石雕刻厂首任厂长叶道明老先生，他为什么把我父亲推荐去当老师呢？他说当时和汪邦彦校长他们一起商量的。汪校长就说要师资力量，商量下来，他们两位定了一个标准，要当玉石老师就要具备三个条件：要能画，能雕刻，能教。不仅会自己做，还要会把怎么做的讲出来。这样，就把父亲第一个推荐出去了，人事关系也一并转过去。父亲听到消息，尽管学校待遇、工资比工厂低，他服从调配。学校从3月份开始筹备，4月份就开学了，所以当时的学校条件是非常艰苦的。学校地址是在圆明园路，其他地方还有一些实习工厂。实习工厂以前我是不了解的，后来这一次我们做了一些了解以后，还有光启路、虹口的兴香路都是他们的实习工厂。

王：1960年的时候，您父亲多大年龄？

朱：大概50岁不到，我父亲是1911年出生的。

王：那您现在家族里，您的兄弟姐妹有接父亲的班，做玉雕的吗？

朱：没有，我是家里最小的女儿，几个姐姐早就出去工作了。我和父亲生活了二十多年，父亲去世也很早。当时也有个偶然的机会使我有可能会进入这个行业，但是有些事情改变了我的命运。学校毕业的时候，正好是工艺美校在招生，学校的领导跟我们校长说，需要像我这样的学生。我当时在学校做团的工作。校长就让我考工艺美校，以后到学校也做团的工作。我也有点兴趣。那个时候父亲就教我画画，还叫他当时的学生，陶俊华、张敏涛来教我画画。后来我去考了，考试题目叫“学习雷锋的日子”，其实当时我是被录取了，南市区大概录取了4名学生，后来由于一些原因就没有进入美校。

王：您对父亲的工作情况了解吗？在家里的时候，您看到他在专业方面都有哪些努力？

朱：我也是最近看到了父亲的作品后，做了些追忆的工作。回忆了当时他在家里工作的情况。父亲话不多，文化也不高，但是他对学习技术是非常非常重视的，在我们年幼的时候，我记得父亲总是在桌子上，一杯茶一支烟，然后画画，他总是一会儿画这个一会儿画那个。有时候他有兴趣的时候会和我说我画的这个仙女散花好看哇？我呢看看，看过也就算了，没当桩事情。他经常在家里画。可惜的是，后来家里有些东西都清理掉了，他的东西都没有了。这次追忆的时候我就到处去找，问我弟弟，他搬了几次家，也找不到了。

王：您知道朱永贵老师擅长于哪一类型的玉雕吗？

朱：他是跟我的叔外公在学徒，叔外公就是善于仿古的器皿造型，仿古的酒杯、爵杯。父亲继承了叔外公技艺，擅长器皿件制作。他的学生曾告诉我，父亲爵杯做的绝对是好的，现在没有人能够跟他比肩。爵杯是很难做的，有三个脚，喝酒的地方不能碰到脸，造型很有讲究的。包括他很有名的作品，就是《周仲鉤彝》，这个作品在制作上，父亲花了好多工夫。这个作品在什么背景下制作的呢？当时这个作品其实是我叔公设计的，他要找最好的学生来雕刻这样一个仿青铜器的玉雕，我只听到父亲说："我要向十周年献礼，说要做一个作品，现在我这两天在赶这个作品。"所以我们只知道我们起床的时候父亲早就不在家了，我们睡觉的时候父亲刚回来，他是早出晚归，我们也很少见到他，这段时间他确实是很忙，就是为了赶这件作品。我们以前不知道这件作品的，后来是2018年的时候偶然在唐老师的美篇上看到了他的作品，引起了我们对父亲生前的追忆。

王：刚才说您自己的姊妹没有做这行，那家族中其他人有没有做玉雕的？

朱：有几个，父亲的侄子叫黄宝余，还有我的叔叔叫黄永喜也是在玉雕厂工作，还有我的姐夫。姐夫孙万顺也是工艺美校的学生，1960年他被工厂推荐进了春季班，姐夫是跟我父亲学习。姐夫的爸爸叫孙长文，也是做玉器雕刻的，但是他后来是着重设计方面的。所以他的儿子就是交给我父亲带的。

王：是什么原因让您决定追溯一下父亲的过往？

朱：那就是在2018年看到那个美篇上父亲的作品，引起想要追溯一下父亲的过往。以前只看到父亲在画，也不知道他做的玉雕什么样，到底有什么作品，父亲很少和孩子们交流工作，只知道他在厂里工作时，逢年过节叶道明厂长会来看他，到学校工作，汪校长也会到我们家来看他。后来到了工艺美术研究所，所里的领导也经常过来看他。他是1960年到学校去工作，后来学校停办，就到了工艺美术研究所工作。但是他的人事关系一直是在学校的。

王：那您现在和父亲的学生建立了一些联系吧？

朱：首先就是找到了张敏涛，后来找到了刘锡洋。与他们的交流中，都对父亲有着高度的评价。后来我也看到朱云发老师对父亲的技术也是有高度评价的。我们家里没有留下父亲的作品，子女对他的工作也不了解。所以想弄清楚，父亲到底以前是做什么的，在这个行业中有什么地位，有什么作品。我有这样的想法以后，弟弟和先生很支持我。特别是我先生，他是非常热情、热心、执著地投入。大量了解工作，探索工作都是我先生去做的。上海市档案馆、长宁区档案室他都去过。美校、玉雕厂、研究所，我们都去做了了解。在上海档案馆，有当时上海市第一批评工艺美术的工艺师的档案资料，上海市开过一个很盛大的会议，大概评了100多名工艺师。上海市的副市长，手工业局、轻工业局局长都出席会议。父亲是首届评的工艺师，颁发了任命书，当时称授衔大会。领导读到上海市工艺美术学校一名工艺师的名字——朱永贵，我先生看到这份资料很开心，告诉我找到依据啦。这天是1964年2月6日。中午招待宴会，叔外公孙天仪和市长坐在一个桌子上，他们是第一桌，我父亲坐在第十桌。这些资料都是很翔实的，我们看到了也很高兴很激动的，因为查到资料了，以前只是听说。我弟看到过任命书，现也找不到了。

王：我们也是以前总是听说，学校开创最早的一批玉雕老师都是请来的最好的师父教学。后来看到您对父亲的追忆。您在追忆的过程中对我们玉雕行业有什么新的感想？

朱：玉雕行业是很了不起的，从我父亲走进这样一个行业开始。随着社会的发展，国际友人对这些都是很喜欢的。老的艺人能够做的这么好，适应国际市场需要，为国家创外汇。当时美校是非常艰苦的，我们后来从档案资料里看到，每年的资金拨下来以后，用到半年多资金就都没了。在第一年的秋季又招了一个班玉石雕刻班，也就是说玉石雕刻在当时的社会乃至当时的国际市场都是很有需求的。是国家创汇很重要的一个来源，所以国家这样重视。

王：那后来您有去追溯朱老师之前做的作品么？

朱：花了好多的精力但都找不到，据说做完了以后马上就被厂里送去卖掉了，所以我们家里都没有玉雕作品的痕迹。在学校里面一边教学生，一边还要自己做作品。但是做了那些作品学生也不知道，作品完成以后，也是很快地进入市场。张敏涛老师回忆了一个作品是《越南女民兵》。当时设计了一个越南女民兵，他就按照学生陶俊华做的雕像雕成玉石，后来也放在了上海展览会去展览。张敏涛老师说："朱老师的艺术功底是非常深的，做一样像一样。他本来是做人物做的不多的，但是做了一个越南女民兵，看上去就是飒爽英姿，非常英俊的，非常好的。"他是举了这样一个例子我才知道，至于其他的作品我到现在都不知道，没找到其他的作品。但出乎我预料，最近 1964 级玉雕班班长富阳（富万堃）送给我们一本《上海玉雕》美术丛书，是 1956 年出版的，里面登载了四幅我父亲作品的照片。这些作品说明当时父亲雕刻艺术的全面，作品类型多样性。

作品收录于 1956 年出版《上海玉雕》

作品《仿古碧玉连环卣》

朱永贵、孙长文合作作品《新山玉琢宝塔鼎炉》

作品《翠羽》

作品《青玉细琢凤头纹饰仿汉壶》

朱：为什么这方面留存的资料不多，我觉得是历史的原因。第一，他是第一批到学校的老师，当时的设备非常简陋，根本没有什么摄像设备，所以都没有影像资料。第二，一些手稿被清理掉了。第三，到研究所后，除了做作品还要接待外宾，由于他各方面的技术功底比较全面，所以有外宾来，他需要介绍作品的来源、设计、含义、制作流程等。老一辈的这些工艺师，虽然文化程度不高，但技术基本功是非常扎实的，技艺是很高超的。这些雕刻的艺术，怎么传承，这是很重要的。他就是能够非常安静，非常安心，对自己的工作非常执着，认真地去专钻研，他会有这样的技术。另外从他的同学的评价来说，他对人是非常真诚，非常耐心。学生说他没有功利之心，这个也是老一辈老师具备的一些高尚品质。从我们国家来说，怎样弘扬这样的一些玉器雕刻的专业，这个专业还是有他的生命力，随着人们生活水平的提高，人们开始产生对奢侈品追求以及各式各样的欲望追求。最主要的是传承他的精神，对技术对自己的一些严格要求，能够专注于做一样，对于我们年轻人来说，对小辈来说也是一个很重要的传承。主要是对我们家庭精神的传承。

王：朱永贵老师的工作和生活态度对您还是有很大的影响吧？

朱：各个行业的工作都是一样的，我是做法律工作的，有时候我做一个案子的时候，也会想到，父亲在碰到困难的时候他会怎样去钻研，我同样也应该弄清楚，案子的事情是关系到国家法律的，关系到当事人利益的。所以有时候我也会从这个方面来鼓励自己，激励自己。有时候我会对自己的小辈，也用这样的一些思维的方式去引导他们，教育他们向我们的祖辈学习。

后排左起王彩芸、朱永贵女儿、袁圆
下排左起朱永贵学生张敏涛、周翔康、刘锡洋、朱永贵女婿

采访心得

当晚辈逐步走向暮年之际，才真正体会到父辈的艰辛。时隔40余年，由女儿追忆父亲从平凡而艰苦工作中创造的不平凡业绩，令人感动，虽然有点晚，但还是找到了当年的工作单位，当年的学生，共同构建了一段回忆。除了能够为后人留下记忆外，也在督促我们，每个人都在他存在的历史长河中留下过浅浅的脚印，如果可以，希望可以尽力记下来。

刘锡洋

新中国第一代城市雕塑家

采 访 人：王彩芸
受 访 人：刘锡洋
采访时间：2019 年 7 月 26 日
采访地点：博大商务楼 7 楼摄影棚

刘锡洋

1943 年生，1960—1964 年就读于上海市工艺美术学校。1964—1972 年在上海玉石雕刻厂进行创作设计兼厂技校教师。1972—1979 年任上海市工艺美术学校专业教师。1979—2003 年创建上海园林设计院雕塑艺术创作室。师从张充仁先生。雕塑家，曾任上海市园林设计院雕塑艺术创作室主任等职。

城雕主要作品有：《日、月》组雕，获上海新客站广场雕塑征稿一等奖；《鹬蚌相争》，获上海 40 年来城雕作品评比佳作奖；上海龙华烈士陵园主雕方案获全国三等奖；全国第八届运动会主会场火炬台创意设计两件作品获入围奖（全国共 7 件），《补天》《申》《沪》《宇宙》《神鹿》《芽》《桥》等。长沙市五一广场、十二铜图腾装饰立柱及铜石“圭表”等。灯光雕塑《腾飞》获 1997 年上海市灯光景点评比特等奖。北京西客站《锦绣中华》大型紫砂浮雕艺术总监，北京人民大会堂中央大厅《中华颂》大型紫砂浮雕艺术监制。纪念性雕塑有：黄河小浪底水库纪念雕塑—高 21 米主雕《砥柱》、七座 7 米高浮雕；上海蔡元培先生故居浮雕纪念墙；《甚左卫门》《冢崎兼辅》（全身铜像，置日本长崎）；《无名烈士纪念碑》（置上海嘉定）、《光照千秋》（置上海崇明）及山东新泰市革命烈士纪念碑浮雕。

上海虹桥万豪酒店门前 45 米×8 米大型喷水池及青铜组雕水景《归》。

其他城市园林雕塑作品：《未来》《开天辟地》《女娲补天》《宇宙》《芽》《风帆》《桥》《展望》《恒》《绽开》《帆》《鹏程万里》《神鹿》《青春》《嬉》《展》《授》《申》《沪》《水中芭蕾》《春》《天地人》《浦江之声》《知音》等三十余座。

参加并负责上海龙华古寺大雄殿中十六罗汉和观音海岛的重建工程。

上海海派紫砂陶人物雕塑主要开创人，在《人民日报》《文汇报》《解放日报》等媒体均有介绍。

《访俄随感》发表于城市雕塑论文文集《雕塑与环境》。

一、家庭背景或生活履历

王：刘老师您好，今天我希望能够和您聊一聊当年学习的情况，您的成长环境、家庭对您艺术道路发展的影响，对您选择艺术为终身职业起到决定性影响的是哪位？

刘：我家里是没有人学美术的，父亲喜欢美术。他其实是做纺织工艺的。喜欢书法和画画。当年父亲跟一位留法的画家汪亚尘是好朋友，汪亚尘国画画得很好。所以父亲跟他一直有画画的交流。父亲画得也很不错，我这里保存了几幅。兄弟姊妹也没有做美术方面的工作。

二、求学经历

王：在1960年，您的求学经历是怎样的？

刘：我中学时在“哈定画室”学过绘画。之后报考上海戏剧学院（下简称“上戏”）舞台美术专业，初试已经录取了。复试的时候落榜。上戏落榜之后，在社会上没事情做，我就到太浦河去劳动锻炼，开太浦河。开河蛮辛苦的，就是去挖泥运泥，从冬天干到夏天。当我看到工艺美校招生简章时，我就去报名参加工艺美校的考试。后来就被美校录取了。母亲就去和学校里打个招呼，学校里帮我保留名额，等我回来。所以我也一直很感激学校，后来就进入工艺美校学习了。

王：当时学校在圆明园路，1960年也是刚开始招生。

刘：对，就是秋季班招生第一届，我们就差不多20个人，其中有很多参军和自己退学的。

王：那个时候都是住校的吗？考进去的时候知道自己是玉雕专业吗？

刘：我们那时候大多是走读，也住过一段时间。当时住宿的时候在河南路，上课都要跑去学校。先考取学校，学校进去后才知道是玉雕班。

王：当时学校的课程有专业课、文化课、历史课，还有实践课程，您觉得哪些老师是印象深刻的。当时上课的老师是怎样进行教学的？

刘：学校的校训中，德是放在第一位的。老师都是德才兼备的，做人也都很诚恳，我们就是从他们那里学到的怎么样做人，这一点，是蛮重要的，然后再学技术。现在，社会上的风气有点不同，所以这点是要强调的，老师的表率作用是很重要的。

比方说专业课。朱永贵老师是玉雕专业课的老师。他是玉雕厂炉瓶七级工，分配到我们玉雕专业，他其实是玉雕里面的佼佼者。能够教我们，也是我们的荣幸。他来学校以后，我们跟着他学，潜移默化地受到他的教育，当时的学习对我以后的影响都蛮大的。有两点可以说明他对我们的教育，对我起的作用。第一点，我在1972年底工艺美校复校之后，借调到工艺美校去做玉雕专业老师，也做出了一点成绩，这点成绩实际上就是朱老师那边继承下来的。第二点，毕业之后我在玉雕厂的创作设计组工作，后来进入车间劳动，在厂里我都是做最高级的产品。当时我和搭档开早中班，能够用最好的材料，做到最好的产品，说明我们的技术没有丢，玉雕技术没有丢，这一点就体现了朱老师当时对我们的培养。所以这个我当时印象还是蛮深刻的。

在玉雕厂，开始进去的时候是挺好的，进行创作设计，组织了一个创新组。当时的局长对我们蛮重视的，他为我们题了几个字，我们放在寝室。后来工艺美术展销会都参加一起设计，蛮重视我们工艺美术的。创新设计组是可以自己出去找资料，去体验生活，看电影，看戏。譬如设计表达东方红的作品，我们就去看《东方红》，我当时设计《东方卫士》蛮有名的。创新设计组和单位里师傅带徒弟的老传统是有矛盾的。

我当初毕业之后，进玉雕厂是给青年技术人员上课，一个星期有两天是给我备课的，备课笔记也做了不少。我喜欢去博物馆，图书馆查资料，收集素材，条件是蛮优越的，还会一起去温州等地方采风。

王：您是学习玉雕的，玉雕和雕塑在体量上都有很大的差距，当时为什么会有专业转变？

刘：在单位时候，因为自己比较喜欢雕塑，会到外面去做雕塑，为一些大学做大型毛主席像。在玉雕厂车间的时候也做了许多毛主席各个时期的浮雕像当时流行徽章，徽章需要先把大的浮雕做出来，然后缩小，再制作成徽章。这个时期就接触了比较多雕塑。后来我还参加了上海市的塑像委员会，叫“119 塑像委员会”，做毛主席的 10.26 米的雕像，那个时候借了油雕院的一个角落制作，这个地方设备蛮好的，有个电动转盘，我们就待里面做，当时做了许多毛主席的雕像。

从玉雕转入雕塑专业，就是因为我校师资力量强，老师教得很好。教师有顾佰达、王康乐、余叔渊、张乃雄，张乃雄是张充仁的学生，都是很负责的老师。所以我们在绘画、雕塑、素描、造型方面得到了很好的教育。我当时创作了件《小熊猫》，还受到张乃雄先生的赞扬。我后来师从张充仁先生。

学生刘锡洋一九五八年考我室学习心静勤奋品行正直一九六〇年
考入上海市工艺美术学校专攻玉雕毕业后多件作品两次入选上海工艺
美术展览会获得好评入上海玉石雕刻厂能掌握特种传统造型设
计与制作技巧一九七二年遂被聘为上海工艺美术学校教师成绩显
著多次受到表彰一九七九年上海园林局美术创作室成立调刘
负其责参加上海城市雕塑展览会刘之作品三件之一获奖近两年
来刘负责上海龙华寺大雄宝殿十六罗汉及观音海岛彩塑
形象动人深得中外人士之称赏刘是上海雕塑家学会会员有
志深造是一值得提携之人才爰志数语予以介绍
一九八二年一月十八日 張充仁

张充仁先生亲笔

王：在您求学期间，比较流行的、大家热衷的创作题材是哪些？

刘：这个是分不同课程的。比如说国画山水、花鸟人物、书法，教学都是和现在也差不多的。“老师领进门，修行靠个人”，大多是这样子的。我觉得从他们的身上主要是学到做人，这点是要强调的，将来教育里面，做人这点确实要重视，一个人的品德教育方面还是很重要的。工作后我们一部分是做炉瓶，一部分是做人物，还有做杂件的。

三、工作经历

王：您毕业之后就直接分配到玉雕厂工作，是怎样的机缘，让您在工作了一段时间后，在 1972 年再回美校做老师？

刘：学校来调我回校工作，我当时很感恩学校来调我，汪邦彦校长是蛮爱才的。他看到我困难的时候就想办法把我们调进去，通过厂里面调的，当时车间主任是市妇联的干部，所以他的水平蛮高的。他找我谈，帮我调到学校里去。我还有点犹豫，担心误人子弟。他说我们了解你的品德，所以我后来就通过了，我很感激组织上信任我，把我调到学校。

到了学校以后，汪校长就叫我带玉雕班。复校初期，开始就是要做准备工作，先要购料，去辽宁岫岩矿选料。那时候正好海城地震没多久，去那边挑了点料，运回上海的学校里。再开始下料，玉雕最重要的就是因料设计，有瑕疵，有裂缝的地方都要去掉。去掉瑕疵之后把好的部分留下来，再根据材料的形态设计产品，这个很重要的就是因料设计和俏色运用，玉雕里面很多都是俏色运用，这样一来就画活了。我根据料形不同，画了各式各样的产品，我希望通过这点让学生有个感性的认识：玉雕题材不单单是炉瓶，也有杂件、人物、飞鸟、走兽……我主要教基础的东西，到毕业创作的时候就是让他们自由发挥，我指导他们。效果是出乎意料的，这个班学生实际上是学了很多绘画和造型。在这方面的进步蛮快的。所以他们做的那些毕业创作确实出挑，做了明信片什么的，汪校长在开大会的时候就一直表扬我们玉雕班。虽然当时就我一个人，比较艰苦。有点成绩主要也是同学的努力。学生胜过我们，青出于蓝胜于蓝。

王：当时的课程用的是什么教材呢？

刘：教学的时候主要根据传统的方法，教材都是自己画的。在实际操作中，边做边指导，如果是遇到大的问题，那就会在整个班级讲一讲。这个阶段学习出现什么问题，要解决一些什么问题，总的再拎一下。

母校留影（右起第二位刘锡洋）

王：后来您是什么时候离开学校，并转行做雕塑了？

刘：我在学校带着的班级一个是1973届，一个是1976届，1973届是赵丕成班级，1976届就是徐琴班级。我是到1979年10月走的，离开学校就转行了。转行是因为我的编制一直在玉雕厂里，是手工业局的，学校是二轻局。汪校长蛮爱惜人才的，谈了很多次，才同意放我离开。当时正巧园林局需要做雕塑的人，要成立一个雕塑组，那个时候就把我调过去了。最先暂时把我安排在人民公园里面的一个公园管理处的办公室。当时的处长是叫曹丕，这个人做事特别有魄力，他成立了一个美工组，一个摄影组，还成立了一个乐队。当时他是一个特别有魄力的人，把我调过去了以后，做美工组的负责人。这里面有做雕塑的、有绘画的，有上海毕业的，有浙江毕业的，中央美院毕业的也有。他的学生也是在我们工艺美校毕业的，叫曹一木。后来他调到虹桥开发区当负责人，当时虹桥开发区就是做房产，商务楼什么的，那个时候就说把我也调过去，但是我说我喜欢艺术，我是不想调过去的，就留在了这个地方。园林局成立了一个雕塑组后，这里面就有一批人才。中国美院、浙江、上大、鲁美，都是一批做雕塑的人。我们单位就从园林设计室变成了上海园林设计院。之前的主任变成了局长，后来我们就成立了一个专业雕塑组。

这个雕塑组就是上海当时城市雕塑委员会下面三个专业单位之一。上海大学美术系、上海油画雕塑研究院、上海园林设计院，都是上海市级的，所以有任务就是我们三家人分，我们也是第一批得到全国城市雕塑资格证书的人。我们可以全国做城市雕塑，这个专业性比较强。

四、艺术创作

王：您是玉雕专业毕业，后来成为城市雕塑家。您觉得在学校的学习和教学经历，对您的艺术创作风格有没有产生重要的影响？

小浪底移民局的“阳光”工程纪念雕塑

刘：实际上我在做专业雕塑的时候，受到工艺美校传统教育的影响还是蛮深的，特别要提到李连坤老师。海派玉雕的代表作品是炉瓶。炉瓶制作最要紧的就是青铜器的图案，所以他就是带我们到博物馆，三山会馆等，凡是有好图案的地方，就去画，画好之后，经过整理，就成为他的教材。这期间的学习对我影响蛮大的，就是怎么继承传统。在我的雕塑中，有许多都是受这个影响，从造型方面，题材方面，都从中学到了不少东西。

王：可否介绍一下您的创作过程中又有哪些故事？

刘：题材方面，中国的神话故事里有《开天辟地》《女娲补天》。应用在园艺里面，我当时也有一个是得奖的，就是《鹬蚌相争》。报纸上刊登了不少照片。都是从工艺美校传统教育方面学来的。华庭宾馆的方案，我用玉雕镶嵌，就是用中国的造型艺术，他不是西方的雕塑。中国的处理方式，中国的造型，身上面有阴刻纹样。在不锈钢上刻纹，是我首创的，比如说镶玉，镶钻都是从这个上面来的，现在就在华庭宾馆的屋顶花园上。像这件作品《开天辟地》之类的，灵感来源都是神话故事。字是请曹简楼老师写的。他也是我们学校的，我们关系都很

作品《鹬蚌相争》

作品《开天辟地》

好，这个《女娲补天》也是请他写的，传统的造型下面是龙的身体。像这个《鹬蚌相争》，你看它的造型实际上和工艺美术都是有关系的。

我在农展馆做的一组雕塑，当时是严计春审稿的，就交给我们雕塑组。这个造型是一个麦芽，因为农展馆的造型就是爆出来的一个麦芽，当时做出来的第一批稿子，我的是第一个定稿的。

上海虹桥机场进来的那个《欢迎》，也是我们做的。

作品里都有工艺美术的东西在，所以在我进行雕塑创作中，实际上工艺美校对我帮助蛮大的，贯穿在我一生的艺术当中，对我的一生，影响蛮大的。虽然我后面做了许多现代的作品，也有受到影响，艺术实际上是一通百通的。

作品《神鹿》《牧归》

小浪底水利工程纪念雕塑

王：结合您的经历以及对产业的体悟，希望您能对学院，在学生培养方面提出宝贵的建议。

刘：一个人的见识要广，知识面要广。你的艺术不会局限在做雕塑的只会雕塑，我喜欢写字，喜欢其他艺术，包括家里那些书，国内国外艺术的书，几千块一本的书，我都买下来了。当时赚的那些稿费全花在买书上了，我的书是不得了的多，也就是常说的广种薄收。讲回来，我在雕塑创作上的成绩，实际上是在工艺美校受到的教育给我的支持。我教学生的同时，也收获了不少的知识，教学相长。最后还是很强调德育是非常要紧的，做人是第一点。再加上自己的努力。我也不去攀比，认为只要做好自己就行了。

采访心得

工艺美校的1960届和1973届，在美校历史上是非常重要的，成就了玉雕大师、中国画大家、雕塑家、现代艺术家等等众多代表性人物。

刘锡洋老师是1960年工艺美校第一批玉雕班学生，1972年复办，他以教师身份回到美校，带1973年复办后的第一届玉雕班。后来通过自己的努力，成为中国第一批城市雕塑家，雕塑作品遍布全国各地。与刘老师的聊天中，他怀着一颗感恩的心忆念美校的点点滴滴，几十年的创作生涯，刘老师有一种洒脱大气的风范，言谈中反复强调培养学生人品，德育十分重要。他是一位踏踏实实造就的艺术家，也是在用自身做表率的好老师。

张敏涛

“玉雕大师的老师”

采 访 人：王彩芸
受 访 人：张敏涛
采访时间：2019 年 7 月 26 日
采访地点：上海工艺美术职业学院徐汇校区博大商务楼 7 楼摄影棚

张敏涛

1943 年出生于上海，上海非物质文化遗产海派玉雕技术传承人。1960—1964 求学于上海市工艺美术学校。1964 年上海市工艺美术学校毕业留校任玉雕专业老师，1972 年上海工艺美术研究所设计工作，1974 年上海玉石雕刻厂工业中学美术专业老师，2009 年任英合玉器首席专家玉雕设计师。联合编著《少数民族服饰资料》（人民美术出版社）；发表论文《努力探求玉雕人物的意境表现》；编写《上海玉牙雕的发展概况和特点，上海老艺人介绍》第一章。

2009 年“百花奖”《中国古典人物牌》金奖，2009 年“海峡工艺博览会”《欢天喜地》对牌、《钟馗》金奖，2010 年“百花奖”《四灵牌》金奖，2011 年“神工奖”《四大美女》金奖，2009 年“天工奖”《童子拜观音》牌银奖，2010 年“百花奖”《童子拜观音》牌、《济公活佛》三连牌银奖，2010 年“神工奖”《赏荷》牌、《天伦之乐》对牌银奖。2011 年“东明杯神工奖”《芭蕉仕女》《画神》《太白邀月》银奖，2011 年“百花奖”《鲁公写经图》银奖

一、家庭背景和生活履历

王：张老师您好，海派玉雕界称您为“大师的老师”。今天想请您谈谈关于您的学习、工作和生活。有哪些事件影响了您的专业选择。先从生活谈起，您老家是哪里？祖辈父母、兄弟姐妹中，有做手艺或学美术的吗？亲戚、街坊邻居中有熟人做手艺的吗？

张：我生在上海，老家是浙江宁波。父母亲 20 岁左右就到上海，基本上父母亲也不会说家乡话了，只会说上海话。我母亲基本上是文盲，不识字的，父亲，现在讲是会计，以前是账房先生，算账的，家里兄弟姐妹一共六个，就是我一个人喜欢画画，其他没有人学画的。我从小就喜欢画画，小学四年级的时候，我创作的一幅《中苏友好》在区里比赛得奖。

二、求学经历

王：您是 1960 年初中毕业考进工艺美校？当时的报考途径是什么样的？学校校址在哪里？

张：1960 年，我在上海市淮海中学读初中，毕业看到报纸上工艺美术学校招生，我就来报考了。当时，一方面自己喜欢美术，另一方面，招考的条件我很符合。学校每个月有 11 元津贴，那时候家里穷，津贴可以买纸张，学习，又可以减轻家庭的经济负担。但是不知道专业是玉雕。当时招生简章没有写玉雕专业，我们就冲着喜欢画画就去考了。工艺美校的地址是在圆明园路 43 号。从我家到学校，乘公交 49 路，非常方便。

王：那个时候你们在美校的班主任是哪位老师？还有哪些老师您印象深刻？学习环境是如何的？

张：班主任换过三位，主要是朱孝岳老师，雕塑是张乃雄老师，图案是李连坤老师，国画是顾八达老师，素描是王克明老师。专业老师都画得很好。人物、花鸟、山水、都很好的。他们的理论知识、手头功夫都是不一般的，没有教材，都是老师自己画的教案。今天我带了一些资料。老师和学生之间相处得很好，老师一点架子都没有，同学经常到老师家去玩，经常会有老师即兴作画，送给学生，我也有拿到老师的画的。学生喜欢他的画问他要画的话，他很开心的，结婚的时候老师给我画了这张画。

我们班当时特别优秀。我是班长，班里有 20 几位同学。大多数都是上海的。大家对业务很专心，同学也很团结。1960 年还有春季班叫老玉雕，我们是秋季班叫新玉雕，两个玉雕班，教室就在隔壁，但我们新玉雕这个班人才出得最多。大家对业务很专心，学习的氛围很好，一早起来就到教室里画画，或写书法，教室里面定期还要出板报，可以交自己在家里的画，在班级展示出来，优秀的上课作业，老师会布置在大礼堂里面，让全校的师生欣赏。在那个环境中大家都很认真的学习。现在大概有十几位同学在社会上都是小有名气的。

王：您的同学们，也是跟您一样喜欢美术才考的美校？

张：是，有些人美术基础很好的，在上海有名的哈定画室里学过，应该来说他们的绘画基础都要比我好，我没有专业学过，就是自己喜欢。当时考试上午素描，下午命题画，我是选反映农村题材的国画。

王：读书的时候，学校是怎么安排写生、采风活动的？您们在校期间有工厂实习或校外实践等环节吗？如果有一般时间多长？

张：我记得花鸟老师组织去过一次杭州，住在杭州美院，他们的课桌上面放了一个席子，就住在教室里面。也有在上海，去写生花卉。玉雕课就是在工厂，要从学校门口排队走半个小时到工厂：上海艺术雕刻厂（白木雕刻一厂）。这个厂房里面有块空地，我们学校就盖了一个平房当实训教室，屋顶上有毛毡，墙壁都是木板的，到了冬天木板缝很大，风一吹就进来了，工厂的车间很简陋。

王：那个时候工厂用的机器和现在有什么不一样么？

张：我们一开始学的是脚踩的机器，最原始的方法。后来过了一两年以后，就用半自动的，工具都是铁的，最开始是铁砣加黄沙，黄沙效果差又换了金刚沙，金刚沙磨起来快一点。老师的技术很好，但是表达和书写能力都比较吃力。以前作为玉雕的人是很苦的，基本上玉雕厂的师傅，都是家庭作坊出身，不一定经常接的到活，接到活就在家里做玉雕，接不到活，就出去拉黄包车、骑三轮车。

王：在您求学期间，比较流行的、大家热衷的创作题材是哪些？您还留有当时的作品实物或相片、草稿吗？您在校期间参加过哪些工艺美术比赛、展览？

张：基本都是革命题材为主。一年级到三年级的时候还会做一些仕女，到了四年级，1963 年 1964 年，话剧演《霓虹灯下的哨兵》，沪剧演《沙家浜》，那个时候叫样板戏。所以我们也都开始搞现代的东西，我原来是做炉瓶的，毕业创作设计的是医院的护士在看体温表，老师要求我们先要去体验生活，到瑞金医院去看，我观察到那个护士那个动作的一刹那很漂亮，所以当时就创造了这个护士的题材。后来朱孝岳老师帮我命名“关切”，体现这个护士和病人之间医患的一种联系。

王：新玉雕全班都是学炉瓶的么？

张：不是，有一半学人物，一半学炉瓶，我分在炉瓶组。

三、工作经历

王：当时的学生毕业后一般出路怎么样？从事本专业领域的多吗？他们对学校的专业培养有哪些意见？认为当时学校的教育中好的与不好的方面主要有哪些？

张：我是 1964 年秋天毕业，最后一个学期就开始进行分配工作，两位同学留校，两位做玉雕专业的老师，其他同学分配到玉雕厂上班。

王：您是什么时候去的玉雕厂工业中学做老师？

张：我本来是要留在工艺美校，由于学校在嘉定，和家里离的比较远，再加上父母当时年纪比较大，母亲有青光眼没人照顾，所以当时校长比较同情我。让我留在他的玉雕专业，一开始就是做一些玉雕的文案整理，写一些东西，然后去工业中学教课。在工业中学我带了三个班，对我这一生影响和受益很大，也是最开心的三年。

王：那您当时是教什么课程？您带的学生出来以后都在玉雕行业工作吗？

张：教玉雕专业的美术基础课。工业中学的学生都是小学毕业，从各区的小学里挑选了一些喜欢画画或者有画画基础的来工业中学。因为工业中学毕业以后会分配玉雕厂的工作，所以这些学生对学习的自觉性非常高，我自己教的也很开心。毕业以后到玉雕厂可能会在不同的车间，人物车间、花鸟车间、动物车间及小件车间。我教学的时候不知道他们未来会去哪里，所以每个领域都要教到。教材是自己编写的，教的都是在车间里肯定会用到的知识点。绘画方面，要感谢在工艺美校的老师教的工笔画，我教学的时候，把它改变了一下，不用上颜色，就勾线。传统的花鸟，比如春天的玉兰花、牡丹花，夏天的荷花、牵牛花、百合花，秋天是菊花、芙蓉花，冬天是梅花，每个季节的花都要去写生，并且要能默写下来，这是我在教学方面的体会。素描也是，让他们训练造型能力。我在教学方面收获最大的就是要能够抓住重点，这样才能在四年间把学生教到可以完全适应工厂。玉雕专业当时就是我一个人上课，我可以把素描、白描、雕塑这几项有机地联系在一起，在课程的安排上也比较自由。他们当时进入了工业中学就是为了进玉雕厂工作，所以在我教学的时候，他们都非常的好学，我教的也很轻松很开心。

四、职业道路

王：您认为之后无论是在教学还是在玉雕厂工作，工艺美校对您的影响或帮助有哪些？

张：影响还是很大的，我教的那些课程，就是在工艺美校学到的。然后进行调整，应用到自己的教学里面。

王：您现在被称为“大师的老师”，这和当时教的学生有主要关联吧？

张：学生有成就以后写指导老师，都写到了我。我自己其实是不想要这些头衔的，后来也是别人帮我申办非物质文化遗产的传承人。学生中差不多有 17 个现在还有联系，你们叫我大师，其实是学生优秀才把我推上了大师这样的位置，也是学生争气老师沾光。

王：您没有留在玉雕厂，但一直活跃在玉雕圈。

张：对，我从美校毕业一直到现在都在玉雕的圈子里。教完了工业中学三届学生后，回到了玉雕厂担任技术科和教育科的科长，后来想挑战一下自己，在 1989 年的时候从玉雕厂辞职去深圳发展。我们的厂长很开明，他发现了玉雕厂已经在走下坡路线，同意了我的想法。在厂里每个月工资加上职务津贴差不多是 223 元。深圳的公司是每月 3 500 元，在深圳待了有六年半，到 1997 年回来。回来之后在倪伟滨那里工作，做设计。他给我开了很好的条件，一直做到 2017 年，当时已经 73 岁了。但是我闲不下来，有时候我的学生要我去画画设计图，我还是会去的。

采访心得

如果说大师是行业标杆，那么张老师代表的就是行业源动力，社会名声虽然不大，但对行业、社会贡献很多，我们学校培养的其实更多的是这些与产业结合密切的专业人员。他们很受行业欢迎，因为他所画的稿子，对厂里的生产起到很大的作用，稿子直接为生产服务，玉雕界有很多这样的专业度很高的设计人员，从相石到因料设计，为雕刻师傅做出直接的技术、审美、方向指导，弥补传统玉雕老师傅不会画、不会设计、但工好的特点，可以根据设计做出完美的作品，也带教小徒弟能够顺利完成工作任务。张老师笑称自己闲不下来，其实是被需要。

赵丕成

海派玉雕中的古典美大师

采访人：仓　平　林　迎
受访人：赵丕成
采访时间：2020年5月15日
采访地点：上海工艺美术职业学院徐汇校区

赵丕成

上海海派玉雕大师，出生于1952年，1973年进入上海市工艺美术学校学习，1976年毕业留校后先后从事过玉雕与工艺美术设计教学。他擅长古典仕女与花鸟玉雕的设计，线条流畅，气韵生动。他既是雕玉者，更是读玉者。

一、成长和求学经历

仓：赵老师，您好！非常感谢您专门过来接受采访。我们想了解一下，是什么样的一个机缘促使您选择了艺术创作道路？您家里的背景是怎样的？

赵：我个人的成长，和家庭、时代，还有周围的环境有着非常密切的关系。我父亲虽然在书店工作，但他是一个多才多艺的人，绘画不错，动手能力很强。在过去的年代父亲平时喜欢装收音机、电视机等，家里有各种各样的工具。我从小就比较喜欢做手工，喜欢到家周围的商店和新华书店去看飞机模型这一类的东西。我在读小学的时候每天要路过南京路，当时南京路山东路口有一个上海友谊商店，里面全部是工艺品，包括玉雕，我每天回家的时候路上会在里面兜圈，特别感兴趣的有一套民乐玉雕。我在小学的时候就开始用有机玻璃做了一整套民乐。一直做到中学，我的手上功夫有了长进，后来还做了一把非常小的小提琴。我毕业的时候，我们中学老师看到了我做的东西，觉得这个学生可以在这方面发展。老师就把我推荐到工艺美术行业，推荐我去上海玉石雕刻厂。

仓：您是哪一年入读工艺美校的，为什么选择了玉雕专业？

赵：当时有一个分配制度，我一个哥哥一个姐姐，他们分配去向是一工一农。到了我这里，就不能进工矿，不能进厂。可以有两个方向，一个方向是到农场去，还有一个方向去读书。这个时候也碰巧上海市工艺美术学校1973年复校开始招生，但还是有一个阻力。当时我在黄浦区不在工艺美校的招生范围，但在我们中学老师和工艺美校老师的合力下，破格录取了我。

仓：您上学时，主要接触到了哪些老师，谁给您的影响比较大？为什么？

赵：我们当时的办学叫开门办学，就是走出去办学，几乎每个学期每一个学员都要下工厂或者农村。我的记忆中下过好几次，一次是南翔农村的一个公社，还有一个横沙岛，再有黄山茶林场，后来又去了新沪钢铁厂。我们搞创作设计是要去体验生活的。当时我们有一个提法叫创作带基础，就是通过创作来带动相应的基础课程，与我们现在提倡的项目引领教学有相似之处。所以，我们玉雕组的老师都是要下去的，有专业设计的指导老师，还有白描、雕塑、素描的专业老师以及班主任也一起下去。我们白天干活，休息时间画速写、收集素材，到了晚上汇总稿子给老师看，老师帮助你修改。各位老师各尽其职，使我有很大的收获，这种深入社会实践的教学方法，帮助我们后来创作了很多反映时代的作品。

仓：您在美校求学时，有什么记忆深刻的事情，您觉得这个经历对您日后有帮助吗？

赵：我们当时一个班共有25个同学，专业老师有三个，两位是厂里来的老师傅，还有一位是刘锡洋老师，他是我们学校20世纪60年代的毕业生，当时从玉雕厂又回到了学校，负责专业教学，进行玉雕设计、画稿，也帮助我们修改指导玉雕制作，从现在角度来说，就是一位双师型教师。刘老师到了晚上就画活，给我们做了一半的玉雕再次画稿，然后第二天我们再按照画稿继续做活，当时我们同学都非常卖力的，下课以后或晚上都会继续做，然后老师再继续画。老师的工作量非常大，我们每个人做的产品都是不一样的，他在我们作品制作的过程要不断的画稿，建议你不断的修改、调整、完善。我也是受到了老师的影响，所以我对于这种工艺设计与制作过程也是比较注重的。

二、教学经历和建议

仓：您从什么时候留校任教的？您留校后主要从事什么课程的教学？

赵：我1976年毕业留校在玉雕专业任教。到20世纪70年代后期，玉雕专业基本上是不招了，转为综合性的雕刻专业，就是1个班，30个人左右，10个人分成一组，有学玉雕的，学木雕的。基础课程全部是一样的，上专业课的时候再分开。我除了上专业课以外，还要承担其他课程，如：图案、工笔花鸟、工艺雕塑等，80年代以后，学校传统专业渐渐转化为设计类专业，后来又上构成设计、旅游品设计、陈设设计等，这些课程实际上对我的业务素养提高帮助也是蛮大的。设计类课程会需要掌握相应的电脑制作，当时我们从工艺美术转到现代设计，实际上传统工艺老师是非常缺乏电脑设计能力的，不敢去接触电脑，后来老校长朱孝岳老师有一次在教师会议上说，你们连玉雕都学会了，电脑怎么学不会？我想就这尝试一下吧，学下来之后觉得还可以，掌握了一些基本的电脑知识，并运用到教学实践中去。后来示范校建设后恢复了玉雕专业，我又开始教授玉雕了。

仓：您当时学习电脑和现代设计课程是自学的，还是学校送你们去培训的？

赵：80年代以后我先后在浙江美术学院、上海大学求学，学的是装潢设计和艺术设计专业，电脑方面学院也进行专门的培训，再加以自学，方便绘制设计效果图。80年代的时候，正好是三大构成从日本传入到中国，很多设计院校都开始进行改革，把中国式的图案为主导的设计方法转变成以三大构成为主体的设计课程，我也就在这个过程从一个教传统艺术的转型成了一个以教设计构成为主体的一个老师。我觉得教学三大构成的过程，实际上不是很难。因为我们的动手能力是很强的，我教学时比较注重立体构成，可根据不同的班级来进行立体构成的基础训练，我们可以从不同的材质里面去创造不同的一个造型形式，比如说塑料有一个特性，加热了以后会软化，会形成流动的曲面，产生一个非常崭新的造型形式，这种造型形式对于我们传统的设计来说有很大的帮助，三大构成可以解决学生空间造型的问题。学习传统工艺美术，也要有现代造型的概念。立体构成解决的问题是空间整体造型的开发，是材料、造型、结构的问题。可增强作品的设计感，玉雕的空间要求也是很重要的。

仓：您带了多年我们"3 + 1"班的学生（高职毕业后继续留校学习一年传统技艺的学生），他们一部分是原来艺雕专业继续选择"3 + 1"，也有一些是现代设计专业的学生进入到"3 + 1"班。您觉得在后期培养"3 + 1"班的学生时，他们有些什么样共性的特点或者是差别吗？

赵：学生来自不同专业有个好处，他不受玉雕传统造型的束缚，在构思上比较广泛。但在制作技能上，有一定的差距。我们招过几个从首饰专业过来的学生，他们用玉来做比较现代的首饰，造型很独特，我觉得也是一个比较有意义的尝试。

作品"敦煌飞天"系列之一

仓：您带过的这些"3 + 1"班的学生后来就业主要是去了哪里？去玉雕工作室的多不多？您觉得对应产业的需求，对学员的培养应该做怎样的完善和调整？

赵："3 + 1"班毕业后有几个方向，一个方向是直接进入玉雕工作室；还有一些是从事设计的，首饰设计或者是工艺美术行业的设计；还有从事销售和运营的。玉雕专业的学生，也是要多多了解不同的专业，给予学生相应知识的构架，这种构架的获得一是从老师的课程中，还有就是学校课程设置。老师要引导学生，给学生以广泛专业知识，以及学会融会贯通。

仓：全国职业院校当中开玉雕专业的不是特别多，大概 10 多所。去年我们学校牵头制作了全国玉雕专业的标准，有些院校是产地，但也有像我们这种经典的传统院校，您和这些院校交流以后，在专业的整体发展上，您有一些什么了解或者建议？

赵：从各地院校来看，整个教学的方式或者是教材，基本上还是传统的。造型以传统为主，对现代造型元素的需求也越来越多。我们的教学在材质上或是造型元素上面临如何跨界的挑战。材质的跨界就是说是以玉为主，玉占70%左右，其他的材质可以占30%或者是40%，做的产品要有功能性，要融入到我们的生活，这也是我们教学追求的一个方向。

仓：对应产业的需求，结合我校的专业培养方向和课程设置，请您谈谈您对当下人才培养的一些想法，您觉得要适应产业发展，学生应该具备什么样的专业技能和能力特点？

赵：玉雕从古至今，在形式感上有了不同的变化，在工艺的手段上也是有了几次飞跃。从新石器时代到了商代，工艺与形式上有了一些变化，到了战国铁器的产生，工艺手段又有了一个飞跃。中华人民共和国成立以后，马达的使用，70年代，用了钻石粉工具，工艺又有了一次飞跃。工艺手段是随着时代科技的发展而改变的，现在有了电脑雕刻技术，对于玉雕工艺来说，也有了很大的改观。关键你追求的是什么？假如你追求的是个性化、高品位、奢侈品化或艺术品化，可以用纯手工去做。假如说你这个雕刻要有量产的话，就你可以借助于电脑雕刻机，机雕是非常精确的，比手工还精到，同时可以无限复制，提高工作效率，从我们教学角度来说，我们两方面都要有所思考，一方面要学习传统技法，提高艺术修养，另一方面，我们也要掌握这种机雕的技能，两者都是行业所需要的。

仓：您留校时上海还有专门的玉雕厂，您能回忆下玉雕厂是如何设计制作的吗？近年来因为原材料的上涨，作品更集中在玉牌和小件上面，您觉得海派玉雕未来的创作方向应该做什么样的探索？

赵：当时的玉雕厂有四大车间，炉瓶车间、人物车间、动物车间和小件车间。玉料来了以后，首先给炉瓶车间去挑，然后接下来的给人物车间，然后动物车间，最后最小的给小件车间，同时玉料品种很多，实际上现在我们做的玉牌、配饰等，就是当年小件车间里面的东西。但是现在人们特别喜欢的是和田玉白玉与翡翠，而且是高档玉料和精美的工艺，大多是小件的。由于玉价年年上涨，小件出手快，利润高，所以渐渐形成了玉业大多做小件的这样局面。当然现在也有的玉雕工作室，在传承上海玉雕特色，注重传统炉瓶发展方向，比如说永福堂、乐玉坊等，他们都是在做炉瓶，在追寻、发扬海派炉瓶的风格。原来我们学玉雕，一个是美校毕业，还有一个是上海玉石雕刻厂的工业中学培养的学生。现在从事这个行业的来人员比较广泛，有美术学院学雕塑的，学绘画的都融入到了玉雕行业中来了，一方面说明了他们对传统文化及玉雕的喜欢，另一方面更重要的是看到了玉业有利的商机，我觉得不同人员的融入，对于我们玉雕的发展是非常有利的。玉雕行业的前景，我觉得还是要融入当代生活，走小型化、首饰化的路线。

三、从艺和创作经历

仓：您作为海派玉雕的一个非遗大师，已经形成了一个非常独特的创作风格，具有古典美，精致典雅。您的艺术风格受到哪些因素影响，是如何形成这样一种风格的？

赵：从玉雕本身来说，我比较喜欢战国到汉代之间的这种玉雕的形式，从绘画的原理来说是气韵生动是很重要的，从玉雕的视觉效果来说，具有灵动飞跃的造型形式。同时我受敦煌的影响比较大，敦煌的线条飞舞流畅，和玉雕的这种造型原理是相通的。中国的艺术也是一个线的艺术，我尽可能将简化、流动的线的造型语言用于玉雕。

仓：能以您的作品举例吗？您在创作的时候，创作思路如何，您是如何来分步实施的？

赵：我觉得首先要尊重玉料的自然美感，从材质中去寻找创作的灵感，如玉雕“敦煌逸影”，玉料本身具有敦煌的气韵，造型就顺势而为，在制作过程中就要随机地去把握这种与敦煌线韵相吻合美感。在工艺的表现上，一方面要有精美的技巧，另外还要恰如其分地表现，该表现的时候要表现，该留白的时候要留白，这样才能使玉的美感和作者要表现的艺术美感得到统一。

作品《丹凤朝阳》

作品《敦煌逸影》

仓：海派玉雕的技艺起源于苏作和扬作，原来的题材偏传统，更多的是以传统文化作为它的主要载体。今天，年轻人的审美产生了非常大的变化，更喜欢二次元等方向。在内容创作方面，未来该如何结合这个时代和年轻的审美需求？

赵：现代的造型风格已经是多元化了，现在有一批从美术学院出来的学雕塑的玉雕师，创作的题材已经很现代了。现在有些做的龙已经不是我们传统意义上龙的造型了，有很多动漫龙的造型。对于一些小动物的表现，有非常具象的造型，也有比较夸张的造型，也有抽象的造型。那是因为海派玉雕具有很大的包容性，也是玉业发展的必然形态。现在多数的还是手工雕刻，这两年电脑和机雕的发展，已经成为目前产业界一个很重要的支撑，也带来了造型多样化的可能性。

采访心得

兴趣是最好的教师，从小学时代开始模仿友谊商店中的民乐玉雕开始，赵丕成老师就开始了长达一生的匠心学习和创作，他的专注，他的不断创新和自我超越，是大国工匠精神最好的体现，更是新艺匠的代表。

陆君玖

一所学校，一生为师

采 访 人：王彩芸
受 访 人：陆君玖
采访时间：2020 年 5 月 15 日下午
采访地点：上海工艺美术职业学院徐汇校区

陆君玖

1955 年 9 月出生于上海，毕业于上海市工艺美术学校，中国美术学院（原浙江美院）工艺系装潢专业，上海师范大学美术专业。任职于上海市工艺美术学校、上海工艺美术职业学院，高级讲师、教授、高级工艺美术师，从事美术教育工作三十余年。曾任工艺美术系主任、时尚与工艺学院院长、工艺美术研究中心主任，2015 年 9 月于上海工艺美术职业学院退休。主要著作：《摄影构图》《塑形赋彩——彩塑》《工艺雕塑基础》。

艺术作品：上海国际饭店大堂设计主体雕塑《城市之光》，上海位育中学设计不锈钢雕塑《位育》，上海公安博物馆序厅设计大型花岗岩群体浮雕《辉煌永存》，上海浦东张江智慧广场《中外科学家》群雕的设计制作指导教师，无锡灵山大佛万佛殿设计《佛祖涅盘》大型贴金浮雕，上海康宁科技实验小学设计制作《谢希德校长胸像》，2007 年、2009 年为上海市宝山文化馆陈伯吹纪念馆和上海市陈伯吹儿童文学奖基金会创作研究基地设计创作陈伯吹先生雕塑，作品获北大校长陈佳洱题词：独具匠心。

曾承担与完成科研课题：2007 年完成由上海市教委课程建设研究课题《上海市职业教育专业教学标准开发》，任课题组副组长；2008 年完成全国教育规划项目重点课题《以就业为导向工艺美术专业课程和教材改革的研究与实践》，是课题组成员之一；2009 年完成《工学结合培养创新型现代工艺美术人才的教学实践与研究》任完成人之一，此课题获上海市教学成果二等奖；2012 年 12 月完成上海市教委创新课题《传统工艺美术在现代艺术设计教育中传承与发展的研究与思考》。

作品《陈伯吹铜像》

一、家庭背景或生活履历

王：陆教授，您好。您从教四十余年，恪守为师者之道，又参与了学院各个时期的建设工作，您有艺术家的审美和思维方式，有学者的钻研精神，有教师宽宏的心。这些是否受到您的成长环境等方面影响，今天可否从您的家世和幼年经历谈起？生活中，您在文化艺术的涵养方面启蒙的老师是谁？祖辈父母、兄弟姐妹中，从事职业是与艺术相关的吗？或是有什么契机，让您转向了艺术方面的学习？

陆：我是1973年7月中学毕业。读小学三年级的时候社会上发生了一些事情，教学课时和内容都得不到保障，这样一直持续到中学毕业，根本不能正常的读书学习，所以我们这代人早期教育是不足的。由于父母都在出版社工作，那时候单位解散，下放至“五七干校”劳动，家里的小孩无人照顾，父母每月给10元吃饭和买文具，一切都要自己管理自己，有时会省下几角钱买本小人书看看，照着上面的画面临摹，这就是我早期的艺术学习。由于那个年代许多传统文化和国外艺术都是被禁止接触的，所以也没有条件学习。幸运的是我碰到了中学的班主任张惠芬老师，她是一位下放干部，当年到我就读的南洋模范中学当政治老师兼班主任，她见我喜欢美术，让我负责教室的黑板报。1973年年底上海工艺美校复办在徐汇区招生，张老师推荐了我到徐汇区管理学生毕业分配的部门报名，后来我被录取了，如果当年没有张老师的推荐我也许也不会走上这条道路。进入美校后我被分配在牙雕专业，开始了工艺美术的学习生活。很快三年的学习结束，1976年12月毕业，全班二十五名同学，我和另外六位同学留校工作，而其他的同学全都分配在上海玉石雕刻厂象牙车间。时间很快，留校以后我再没有离开过学校，在教师岗位工做了一辈子。一生从教的同时也见证了学校的发展，转眼我已经退休多年了，面对采访我个人实在也真没有什么可以说的，就谈谈我所经历的学校情况吧。

二、求学经历

王：1973年的工艺美校，在您心中是怎样的印象？当时为什么会报考工艺美校？在考学和选专业时有什么故事？进入学校之前，您对象牙雕刻了解多少？

陆：工艺美校曾经停办，直到 1973 年 12 月复办，我们是复办后的第一届，原先市区的校址也没了，搬到了地处嘉定县外冈公社的原社会主义学院所在地。当时的社会环境，上山下乡还没结束，大学招的是工农兵学员，上海工艺美校作为一所专业设置的中专学校重新招生，当时在社会上还是非常有影响的，这届开设了八个班，学生都是由各个中学推荐由工艺美校挑来的，尽管生源的美术基础参差不齐，但综合素质不错，大家都非常珍惜学习的机会，所以当时的学习氛围很好。那时我对学校的印象很特别，首先老师都是有名的画家、雕塑家、艺术家，我们对他们是很崇拜的，其次校园要比中学大多了，内有河流，草木茂盛，校园里有农田、竹林和果园，这在市区的校园是少见的。学校的足球场，都是我们入学后第一个星期里的劳动，将棉花地和农田改造的。当时学校开设了八个专业，分别是：玉雕、牙雕、黄杨木雕、漆雕、白木雕、绒绣、玩具、工艺绘画。每个班 25 人，绘画班人数较多。当时的专业不是由自己挑选的，全都由学校统一分配。有些学生喜欢绘画不喜欢雕刻但也无法改变。我分在了牙雕班，对工艺雕刻我过去一无所知。最初的印象是在报纸上见到有关工艺美术作品的图片，尽管不了解，但对雕刻还是喜欢的，因此学习是认真努力的。

王：您是 1973 届牙雕班，我想了解一下，在那时的工艺美校主要开设哪些课程？又有哪些课程和老师让您印象深刻？一门课程，或是一次采风，您有没有印象特别深刻的？您认为学习的那几年对您现在的艺术风格有没有产生关键影响？当时的学习氛围是怎样的？您认为是怎样的教学环境和学习环境，使得那一年人才辈出？

陆：当时课程结构基本分三块：一是思想学习课程，开设政治课、文艺理论课。二是美术基础课程，素描课、白描课、泥塑课。三是专业课程，象牙雕刻制作，创作设计课。另外每个学期有安排去农村、工厂开门办学，体验生活的时间，大概每个学期有一个月左右，另外还有体育课和参加劳动的时间。课程设置的内容简练实用，相对集中于牙雕制作课程，占据了每学期大部分的课时，所以我们在三年的学习过程中制作了很多的雕刻作品，现在学校的一些展品都是当时留下的，可见当时的时代痕迹。当时教我们的老师都是很有成就的艺术家，素描老师余友涵，白描老师周宗琦、雕塑老师蔡文星、专业设计老师徐文琪，牙雕制作老师范其昌、李志庸，文艺理论老师朱孝岳。这些老师是我们的艺术启蒙老师和专业学习的引路人，可以说对我一生都有影响，所以非常感谢他们。多年以后在我们的同学中出现了一些工艺美术大师和设计师、艺术家。我感觉当时的学习条件不能与现在相比，要艰苦很多，艺术学习资源更是非常的有限，我们学习临摹的画稿都是由老师自己画后再晒图的，但是学生那种渴望学习的心愿和老师们全心教学的态度起到非常大的作用，当时的课程结构比较合理，教学效果明显。现在大家说的校企合作和动手能力培养，实际上那时已经开展了，我们的牙雕老师就是从企业一线中来的，课程内容大部分是专业实践教学。讲到成才，学校是一个起步，打了一个基础，最终要靠自身长期的努力，在社会工作实践中不断进步。早期教育所获得的自我认识、判断能力和方向定位，会起到一定的作用。我感觉工艺美校的优点是专业设置的领域较为宽广，涉及美术与工艺、设计与艺术、人文与应用，许多专业相通又各有差异，能够相互影响，这种多样的空间打开了学生的视野和认知，对今后的成长是有益的。

王：求学期间，当时您的创作方式是怎样的？比较流行的、大家热衷的创作题材是哪些？您还留有当时的作品实物或相片、草稿吗？

陆：求学期间有着好几个阶段，1973 年我进工艺美校期间，所有的学习都受那个时代的局限，我们在学校学习的东西也不完全与企业生产需要相适应，以后都经历了重新学习的过程。20 世纪 80 年代在浙江美院学习期间正是中国改革开放的激荡岁月，当时文化复兴和艺术创造的多样性激发了人们的创作热情，也拓展了人们的眼界和思路，许多知识和观念上的认识是不断进步的。因此创作方式也不是单一的，但是我那时的一些创作都很幼稚，没有可以值得留下来的东西。我在学校工作，深知作为教师没有好的专业技能和艺术修养，是难以胜任教学工作的。多年来我承担的教学任务还是较重的，教学相长，教学之余，还得花很多时间来提高美术基础和专业技能，也要进行创作，参加当一些展览，否则就会被淘汰。

王：很多人提到了学农和下工厂经历，您当时是怎样的情形？哪一件作品是那个时期的典型体现？

陆：读工艺美校和在浙江美院学习期间学校都会安排去农村写生，这是我们接触社会，感受生活的重要环节。工艺美校时期叫开门办学，接受再教育，去农村会有一段时间参加当地的劳动，比如那时去黄山茶林场，就加入了割稻、上山背杉木等劳动，然后画速写，创作，当时要求表现工农兵的形象创作设计通过后要用工艺材料制作出来，我们是牙雕专业，现在想来用这些珍贵材料做现实题材的作品也是不合理的。我有一件牙雕作品《海上巡演》，是1976年当时的毕业设计，作品现在还留在学校。当时是去横沙岛体验生活而创作的，作品是用牙雕工艺制作完成的，作品表现了部队文艺女兵为海上哨所和渔民出海演出的情景，这是学生时代的作品，的确反映了当时的时代背景。以后这种创作不再做了。牙雕设计要适应材料特点，表现市场欢迎的题材，当时走的路子有些特别，体现了那个时代的思想。到上世纪八十年代初学校的牙雕专业就关闭了，以后没有再招生。

三、工作经历

王：毕业之后，作为最优秀的学生留校任教，当时是在什么专业？工作期间，您是通过哪些努力提升自己？在浙江美院学习的经历，对您未来的艺术教学和创作有什么影响？

陆：工艺美校毕业后我留校工作，参加牙雕教学，开始一年是不能上课的，日常工作就是学习牙雕技艺，学校成列室的一些作品也是那时做的，现在看看非常幼稚。我后来是做牙雕专业范其昌老师的助教，配合他开展教学。当时学校还安排我到上海玉雕厂象牙车间学习牙雕。所以青年教师下企业那时就已经有了。范老师离开学校后，我独立担任牙雕教学，仅教了一届，牙雕专业就关闭了。为适应需要，我转到了装潢设计方向。在浙江美院学习期间我是学的装潢设计专业，当时我国的包装装潢业正兴起，装潢设计课程有了现代设计的教学内容，对我来说是接触了一个新的领域，正是浙江美院的学习，让我认识了设计思考是不同于纯美术的观念，对于专业教学来说，美术基础只是一个方面，设计涉及的内容还有许许多多，思考的方式方法是不一样的，当时的学习也适应了学校在专业设置上的转型需要。以后回到学校的教学工作，我除了担任雕塑课程也上一些平面设计方面的课。浙江美院的学习对我后来从事的教学工作是至关重要的，甚至以后我又回到工艺美术教学上来，也不再是原先单一的思考方式。在两校合并后，我担任了工艺美术系主任，因为有着传统工艺和现代设计的学习经历，认识问题和看待专业发展，特别是在课程设置的组合设计上是不一样的。我感觉每次学习都是积累知识、更新观念，形成方法，用于工作实践上都会有收获。

王：您所教的专业在全国或者上海开设的情况是什么样？专业影响力如何？当时专业的办学理念/人才培养目标是什么样的？您主要的教学观点是什么？

陆：工艺美校在全国的艺术类中专学校还是有些影响的，20世纪90年代以前北京工艺美校、苏州工艺美校、福建工艺美校、上海工艺美校，号称全国的四大工艺名校。学校在上海也有一定的知名度，许多社会知名的设计师、工艺师、艺术家都是与工艺美校有关系，当然他们中的许多人后来都进入大学深造了，但早期的教育还是有影响的。我长期在学校，看到了学校的发展与变化。80年代前学校专业主要集中在传统工艺美术方面，专业设置仅限传统手工艺，除了雕刻类，曾经开设过“地毯班”和“家具班”，当时专业设置满足了工艺行业的需要，后来传统工艺美术在上海不再发展，企业减少，学校原有的专业设置无法适应时代需要，面临关闭和转型。学校为适应市场需要，开设了装潢专业、造型专业和服装专业，也保留一个工艺雕刻专业。现代设计专业迎来了一个大的发展，成为了学校的主要专业，设计类专业受到市场欢迎，课程内容也超前，产生了引领作用，所以每年报考的学生很多。我们学校是全国开设现代设计构成课程最早的学校之一，专业影响走在前面，记得 20 世纪 80 年初工艺美校在上海美术馆、上海轻工陈列室、上海工人文化宫举办的学生作品展可以说在社会上引起了轰动，参观排队，影响较大。到了八九十年代支撑学校发展的专业是设计类和计算机专业，工艺美术专业得到了保留，始终仅限招收一个专业，即“工艺雕刻”专业，有时也叫装饰雕刻专业，后来曾改成旅游纪念品设计专业。我长期在工艺雕刻专业任教，这是一个综合性的工艺专业，保留了传统工艺美术的雕刻方面的核心内容，主要学习立体造型和材料方面知识技能，课程涉及雕塑、雕刻、金属工艺，漆艺等等，学习内容较多，接触材料制作，适应面较广，学生人数也不超过 25 人，甚至更少，由于不是大规模的招生，适合了市场的小众需求，又延续了工艺雕刻的特色专业，传统专业得以保留。后来两校合并后，能够迅速地发展起工艺美术专业，其中首饰设计和旅游品设计专业能够成为高职示范专业也是因为有着工艺美术教学的基础和经验。多年来学校对人才培养的定位是明确的，无论中专和大专都定位于应用性人才，技能要求和知识结构区别于本科美术类院校纯艺术的方向。记得学校在“建示”时提出的口号是要培养“懂材料，会设计、能制作”的高端人才，这个目标符合上海城市发展对人才培养的需要，也接地气。

王：您先后担任过教师、专业主任、教学院长。从教师到管理工作，您觉得，在人才培养方面，更应该重视什么？

陆：我长期担任教学工作，也做过一段时间的教学管理工作。从 2005 年两校合并到我 2015 年退休，感觉这十年是我工作最为辛苦的时间，2005 年搬入现在的新校址，两校磨合，设置专业和课程，开始学院新的运行，2006 年的接受教学评估，2007 年开始的从“申示”到“建示”，验收通过后，2009 年建设大师工作室，许多工作都充满着挑战。2005 年两校合并之初，工艺美术系只有一个专业，三个年级各一个班。随着社会的发展，工艺美术有了新的需求。在大家的努力下，专业规模扩大了，新开了“首饰设计”和“艺术品鉴定”专业，工艺美术专业中又设有玻陶(玻璃陶瓷)、漆艺、绘画和雕塑四个专业方向，恢复了停办近三十年的玉雕专业。2007 年首饰设计和旅游品设计专业成为高职示范性重点专业，新建了十多个工作室和实训室，所有的工作都围绕教学展开，培养人才是第一位的。我后来到工艺美术研究中心工作，开设大师工作室，目的还是为了让年轻一代了解文化传承，既要掌握新的设计手段，也要了解传统文化和中国元素的设计之源，让学生了解更多的工艺文化知识掌握更好的技能，因此从文化思考的高度，艺术创造的角度和技术培养的力度，这三方面是缺一不可的。如果不能适应时代需要，又没有清晰的目标，那一切都是空话了。

王：您对工艺和艺术的教学思考是什么？

陆：工艺与艺术应该是紧密相连的，工艺在技术层面的内容多些，艺术在精神层面的要求多些。作为工艺美术专业，需要有工艺上的特定要求，有时是刚性的目标，就像上海工艺美术行业的中级任职资格考试，是考评结合的，有些工艺技能是必须要掌握的，没有这些基础，艺术就缺乏根基。在教学方面的思考，教师的言传身教是非常重要的，教师还不同于独立的艺术家，教师有教书育人的职能，所以三观要正，要有广博的知识和过硬的技术本领，就会受到学生的欢迎。因此作为专业教师，要不断提高技能，经常给学生作教学示范，让学生在专业起步时就有一个规范和正确的引导，所以要做一个好的教师是不容易的。

王：您可以谈谈在学院建立工艺美术研究中心的初衷和成果么？

陆：我们开展工艺大师进校园的时间的确较早，2007 年工艺美术系就引进嘉定的一个非遗项目，建立了“黄草编织”工作室，当时的初衷是让工艺专业的学生能够看到最古老的造物方式和手工创造，嘉定这里曾有个草编之乡，但现在已经消失了，作为古老的手工编织技艺，变化丰富有着保护的价值，

对学生理解传统的工艺会有帮助。2008 年学院成立工艺美术研究中心，2009 年建立银饰、雕版、绒绣、瓷刻、木雕等多个大师室。当时已经有了非遗保护的概念，从中国工艺文化的视角出发，工艺美术又一次受到了社会的重视，过去是从产业需要出发而现在是从文化的角度思考，意义不一样了。原来的时尚学院已经建立玻璃、陶瓷、首饰、漆艺、版画、玉雕等多个工作室，这都是满足教学需要，为了学生能够适应就业需要。工艺研究中心不能重复去建设，所以考虑要立足非遗文化进行思考，让一些就业难、规模小，不适合规模教学，但有特色、有价值的工艺项目，放在研究中心的平台去考量，可以去探索实践，希望有一个大的视野，能够提供一个传统工艺文化研究的空间，让一些已经消失的工艺项目能够保护开发，也让学院不同专业的学生能来了解和学习，产生跨界和辐射的作用，基于这样一个思考，请来贵州的银饰大师吴智、扬州的雕版大师陈义时、杭州的刺绣大师陈水琴、上海的绒绣大师许凤英和玉雕大师吴德升和牙雕大师周百均，上海瓷刻大师程佩初等。开办了“3+1”的工艺传承大师班，也为非工艺专业的学生开设第二课堂等等，建设工艺美校的社会开放平台，也为学校工作室培养一批工艺人才。这些都在学院的支持下而得到了落实，也得到了行业协会的大力支持，与社会建立了广泛的联系，在学院的对外交流和扩大影响方面起到了很好的作用。

陆：研究中心的大师工作室建设是要思考工艺文化的研究和发展，与行业建立紧密的联系，形成设计开发、探索新的价值和科研，希望能够与创意产业、非遗文化、跨界合作结合产生效应，让研究中心形成不同于院系教学的工作侧重，互补互进，与时俱进，有新的拓展与发现，这是当时的想法和目标。因此后来我们与中国工艺美术协会的合作，与文化部非遗培训部门的合作，与上海工艺美术协会和学会的合作都取得了不错的效果，也得到了社会的认可和肯定，如果当时我们不思进取是一定会被其他学校赶上而遭淘汰的。

四、艺术创作

王：从事雕塑创作时，工艺美术的技法和审美有没有对您的个人风格有影响？

陆：我后来参加了上海大学美术学院雕塑专业的研究生课程学习，原先有一些雕塑基础，后来有得到系统的学习，也做了一些雕塑创作。过去大量地接触工艺美术，因此在雕塑创作上还是会有影响的。

作品《残墙》，色粉画，绘于 2013 年

王：从牙雕到雕塑，到绘画、书法，近几年您在创作上有什么新的思考？对于未来的工艺美术发展又有怎样的期望？

陆：我的成长经历了我国改革开放的全过程，学校的变化也是非常大，处在这样的激荡年代，是幸运的，尽管要付出许多的努力和辛苦，也走过许多弯路，但一切都是值得的。由于过去不断变化的教学需要，涉及的面较广泛，也各有利弊，创作上新的思考谈不上，希望自己还能够始终保持对艺术的兴趣，好好享受晚年生活的平静。对于未来的工艺美术一定与我们那时不一样了，新的时代会有新的气象，年青一代一定会干得更好。

王：结合以往的经历以及和对产业现状的了解，希望您能对学院工艺美术专业提出建议。

陆：每个时代发展都有它的特征，作为学校和教师都要有超前意识，忧患意识，学校的目标是培养人才，工艺美术专业要能够可持续发展，必须要适应社会和市场需要，学生受到社会欢迎，学校才会有影响，20 世纪 60 年代创办，70 年代复校，工艺美术专业都是为了行业发展需要设立专业，八九十年代现代设计专业的兴起，工艺美术式微，仅作保留，随着文化产业的兴起和国力增强，工艺美术有了新的需求，每一个时期都是不一样的，价值和空间的不同，是需要去研究和思考，工艺美术有一定的特色，但也有较大的局限性，要能够让学生学了专业未来有发展，没有遗憾，需要好好地来配置课程，设定教学内容，工艺美术中许多东西会完成它的历史使命，也会产生新的东西，需要去思考，应该要有清晰的认识。今天的现代设计、数码艺术和新媒体都形成了新的规模，代表着时代的需求。互联网时代改变了世界的一切，需要每个专业都能够与时俱进去发展和探索。

采访心得

陆君玖老师博学且儒雅，既有文人的特质，又具有艺术家风范。与美校相伴四十载，饱读诗书、温和谦逊；教学生的过程中，还未间断自我充实，学术上具有创新思想和钻研精神；他与行业的密切接触，不脱离社会却不“社会”；他关心学生专业进步，积极帮助就业，给学生最正确的人生指导；工艺美术研究中心的创立，为中国工艺美术播下一批又一批非遗传承人的种子。他对工艺美术除了情怀，还有责任。

周百均

现代艺术传统教育

采 访 人：王彩芸
受 访 人：周百均
采访时间：2020年5月15日下午
采访地点：徐汇校区摄影棚

周百均

1955年11月于上海出生，中国工艺美术大师、上海市工艺美术大师、高级工艺师。擅长人物雕刻尤其仕女雕刻，代表作品有《精卫填海》《嫦娥思乡》《蚌珠戏凤》等。1976年毕业于上海市工艺美术学校，同年进入上海市玉石雕刻厂从事象牙雕刻，后师从中国工艺美术大师蔡健生，并被认定为传承人；1981年牙雕《精卫填海》获中国工艺美术品百花奖优质产品奖；1984年参与制作的牙雕《大龙船》获全国象牙雕刻工艺品行业质量评比动物类产品金杯奖；1986年参与制作的牙雕《嫦娥奔月》获中国工艺美术品百花奖优秀创作设计二等奖；1997年制作了上海市人民政府赠送澳门回归礼品《申城庆归》模型；2004年7月被上海市人民政府授予上海市工艺美术大师荣誉称号；2006年12月被中华人民共和国国家发展和改革委员会授予中国工艺美术大师荣誉称号；2006年创建上海市工艺美术总公司并领衔了象牙大师工作室。

作为上海牙雕领军人，周百均在创作的同时，还注重对新一代工艺美术人的培养。目前已培养并带领14位学生，他们制作的《蚌景》和《宝玉幻境》均获得第十一届百花奖“优秀奖”。

周百均在创作中

一、家庭背景或生活履历

王：周老师您好，您是中国工艺美术大师，在业内已获广泛认同今天想请您谈谈，关于成长环境，可否从您的家世和幼年经历谈起？

周：我母亲是教师，从小对我们的教育非常严格，要求我们做任何一样东西都要把它做好。从事工艺美术方面受了我大哥的影响，因为他从小喜欢写字，书法跟篆刻，我受到他影响之后，中学时期在这方面比较突出，所以那个时候学校就把我推荐到工艺美术学校了。

二、求学经历

王：您是 1973 年复办后第一批工艺美校学生？当时毕业的时候，工艺美校难考么？

周：那个时候不是考，是在上海的四个区里挑学生，一个学校挑一两个最顶尖的。当时没有什么大学，都是到每个中学里面挑最好的到工艺美校去。

王：在当年考学和选牙雕专业时有什么故事吗？

周：专业是学校分配的，把我分配在象牙雕刻，心里也蛮喜欢的。象牙雕刻在我小时候的概念中是很高雅的东西，是最顶级的东西。所以那个时候也很符合我的心思，就踏进了工艺美术象牙雕刻这个行业，一直到现在。

王：您在考之前对牙雕专业有没有了解？

周：那个时候不了解。

王：上海的海派牙雕在全国非常有名，73 届牙雕班也是人才济济，为行业和学术界培养了一批优秀的艺术人才。当时你们一个班多少同学？美校教牙雕专业的传承情况是如何的？您当时师从哪些老师？那时的师生关系是怎么样的？学习的三年中有哪些课程和老师让您印象深刻？一门课程，或是一次采风，您有没有特别印象深刻的？您认为学习的那几年，哪些人物和事件对您现在的艺术风格产生关键影响？

周：那个时候我们班是25个同学。当初毕业的时候，除了留校做老师的，其余全部分配到上海玉石雕刻厂，进象牙车间。那时分配是统一分配的。到现在最后留了只有两个，一个是我，还有一个是上海大师，叫徐根双，他的父辈兄弟就是徐万城、徐万福，都挺有名的。

王：那当时在美校教牙雕专业的老师都是有哪几位？

周：我们首届，第一届的老师不是徐万城、徐万福，是范其昌，还有一个叫李志庸，这两位老师是那个时候带我们的。都是从玉雕厂派到美校，做专业老师。匡一贯是老美校老师，是以前的专业老师，不是带我们的。

王：其实牙雕是玉雕厂的一个车间？

周：是两部分，一个是玉，一个是牙。

王：学习的三年中有哪些课程和老师让您印象深刻？

周：我们那个年代师资力量非常好，我记得当初进学校的时候是18岁，我们班级的老师非常多，绘画有两个：余友涵、周宗琦，他们两个都非常有名的。雕塑：蔡文星，李郁生，文艺理论老师就是朱孝岳，所以那个时候我们的师资力量很强的。

王：那时候学生和老师都住校，在嘉定外冈？

周：住在嘉定外冈校区，就是同吃同住，学习的时候跟我们打成一片。那个时候氛围非常好。对我的一生来说，这三年的工艺美校经历对我的成长起了非常大的作用。分配到厂里以后，上海牙雕顶尖的领军人物，蔡健生先生，挑我为他的徒弟。后来在专业雕刻方面主要受他的指导、带领。

周：印象深刻的课程：一个是绘画，主要是素描跟白描，它对我们以后的艺术创作和修的专业非常有好处。还有一个雕塑，就是造型能力。这两方面对我今后的技艺上来说起了非常大的作用。白描是周宗琦，我们当时最不喜欢白描，但是客观来说白描对今后的作用很大。因为学的时候最不愿意画，但是后来专业上有很大用处，包括老师给我们讲的“文艺理论”，对我们今后的创作思路，跟我们对艺术的界定，也起了很好的作用。

王：我可以这样认为么，当时您学的一些课程对您现在的艺术风格还是非常有影响的。

周：它是一种基础，到了厂里以后我就感觉到了。玉雕厂也有工业中学，就是中学毕业以后在厂里半工半读，但他们受到的训练、培训不像我们这么广泛。我们在艺术创作，包括对艺术的这种眼光，好像有一点区别。所以到厂里后，我们技术方面比他们差，但是一段时间下来，技艺一跟上去，成长速度很快，这个主要是基础，所以工艺美校三年的基础，对我们起了很大的作用

王：在您求学期间，比较流行的、大家热衷的创作题材是哪些？您对当时的同学印象是怎么样的？学习氛围是怎样的？那在当时大家比较热衷的创作题材是什么？

周：当初我们在学校里的时候，由于时代背景，创作题材主要是反映工农兵，是一种基础的实操。我们当初经常到农村去，下基层，到工厂去，体验生活。培养我们的速写能力，跟以前在学校教室里面画石膏像，是两种教学方法。但是对我们来说画速写到后来也很实用。创作工农兵的造型也有好的地方，因为它讲究人体结构，到后来我们恢复了一个传统的东西之后，这种人体结构非常派用处。

周：那个时候同学之间的氛围非常好，因为我们同吃同住，大家一直在学校里生活，当时星期六、星期天也不回上海，不回家，就在学校里。平时下课以后晚自习，自己组织绘画，就是同学之间排好队相互画，我们的基础打的蛮好的。男同学16个，女同学9个，一共25个。比较典型的，在学校里，班级里最好的几个同学是：陈箴、陆君玖、黄宏明、周家祥。他们几个都是非常好的，在同学里面属于跑的领先。

王：那你们班当时出了很多人才的。

周：对，包括现在胡晓云在美术品设计公司也是非常好的，贡献很大。

三、工作经历

王：本来招的就是很优秀的同学，所以后来就会非常好。您美校一毕业以后，与20多个同学在玉雕厂共事，后来又发生哪些变化？

周：20个左右，全部进了玉雕厂。但是很多同学半途转行，有些不喜欢做雕刻，有些不喜欢工厂里面这种环境。我当初进厂的时候，是作为重点培养的对象。从那个时候就一直从事到现在，也从来没有换过地方，跳过槽，一心一意做到现在，40多年了。

王：您是一直陪伴了老凤祥40多年。

周：对，工作的前期时间是自己进行艺术创作，到了中期的时候，一方面是做技术工作，一方面是管理。到后阶段，主要精力就是培养学生。我一共带了20多个徒弟，老凤祥有两个大师工作室，一个是老凤祥总部的，一个是玉雕厂的，带了两支队伍。所以培养了20多个，其中有些技术非常好。可惜就是2017年全国禁止以后，他们都分流了，非常可惜。

王：但是牙雕的技艺一直在。

周：我要求他们把这个技艺转化到其他材料当中，所以前段时间我带领他们也做过一次技术开发，比如产品的材料变化，以后，这个技能是通用的。

王：您进了玉雕厂以后，蔡健生先生做了您师父。在和师父的相处中，您觉得它和学校的教育之间区别是怎么样的？

周：我的师父跟其他一些老艺人有一定的区别。他本身理论就好。他就是在老厂里的第一代老艺人，他的理论，他的思路是比较先进的。所以他的技艺好，理论也好。他是比较全面的。在轻工部他的地位挺高的，那个时候对专业很重视，他作为部里的代表，教材审订、编制都是我们一起在做。所以蔡健生他除了技艺之外，他的理论，包括思路，他要求我们怎么前进以及方向，跟一般的老师父完全技艺、技能的学习有点区别。所以他比较高了一层。

王：刚才讲到的徐万城、徐万福是后来您在牙雕厂的同事？

周：他们也是老前辈的代表。代表南京牙雕。在老一辈里面的排名，蔡健生比他们还要大一辈，蔡健生属于顶级的，作为整个上海象牙的领军人物。徐万城、徐万福他们是上海特色的细花镂空雕，也属于元老。作品也是非常好的。徐根双也是我们同学，也是美校同班同学，他就是徐万城的儿子。他后来在家里了，但技艺也非常好。

四、教学体会

王：您刚才讲到其实在老凤祥也带出了一批又一批优秀的徒弟，好多徒弟也说您是一个好师父，您觉得怎么样才是一个好师父呢？

周：这是受我师父的影响，因为他对我们这些徒弟是怎么爱护的，我对他们也是这样，像对自己的儿女一样，因为年龄正好是差一代人。我那个时候就跟他们讲“现代艺术传统教育”，技艺方面我把工艺美校的一种学院派教育方法跟老师父带我们的一种技艺的师带徒的方法，结合在一起带他们。所以他们在学校成长，到老凤祥进步比较好的，我带徒弟比较快。

王：您是把学院派跟厂里的一种传统的师带徒的方法结合在一起，融到这里面了。这种传统的师带徒的方式是否会有一些局限性？

周：传统的方式有一定的局限性，有些老师傅他的技艺很好，但他只能做给你看，不一定能够针对每一个人的弱点、优点，如何去激发，引导，这方面老师傅差一点。他本身的技艺很好，就是难以表述，总结不出来。

学校里的老师，是一种学院派的方法，是挺好的。所以我把这两种方法结合在一起带徒。

王：前几年您是不是还在我们学院带过两届"3＋1"的大师班。

周：不止两届。先两届，停了一两年之后又带了，大概三届还是四届。学校这个方法很好的。在学校里面主要是打基础，但是到企业以后他会有脱节，要先有一个适应过程。但现在招聘的人，最好一上来就能够直接投入工作。所以三加一的好处，是正好把这个脱节的地方补上。绘画、雕塑基础打好了以后，专业上、技能上，在这一年里面，基本上把它掌握。到了企业，到了社会上，他马上能够跟得上。

王：像您带的学生现在都已经是琥珀雕刻大师，您在教他的时候有哪些心得？

周：郑升帅现在是上海唯一琥珀雕刻大师。他接触过的材料很多，核雕做过，象牙也做过。因为私人经营象牙是有难度的，就转到琥珀雕刻。所以他的技能是比较全面的。

王：琥珀雕刻在工具方面差别大不大？

周：相差不大，包括做象牙的人，现在转玉雕，工具一换就过去了，因为造型，基本手法是一样的，有通融性。包括上海的玉雕，也有象牙专业转到玉雕，后来做的非常好的。

王：在教学过程中，当时有同学在学校做的也一般，后来进了您那个大师工作室，进步还是很快的。您在这方面有什么体会吗？

周：一个同学他在学习过程中，除了老师的指导，还有周围的同学相互之间的一种环境，这点也非常重要。开始的前几届大师班，是在学校里教学的，后来我建议，最好把学生引荐到我这个工作室里面来，跟着工作室，大家一起做，进步还要快。我实践下来之后，一种学校的课程到学校去上，专业制作的课程，全部到我这里来。大环境对学生的成长非常有好处，包括我们当初的成长，如果当初玉雕厂没有这种氛围，我们的技艺也不可能提高的这么快。就是环境的影响。我们这一届毕业的，到企业跟到研究所的人，他的技能也不一样。到了企业里面以后，他的技术成长比研究所技术成长要快。

我对学生的作品指导，每个星期给他们评论，讲解，授课，每个产品哪里做得好，哪里不好，或者应该怎么做，你的特点应该怎么发挥。根据每个人的情况来说，对于学生来说是相互启发，还有一种竞争，这样对他们的成长更有利。

作品《桃花源记》（获 2010 年全国第十届百花奖"金奖"，第四届玉龙奖"金奖"，上海市第三届工艺美术"精品"）

五、艺术创作

王：您觉得在企业做牙雕的时候辛苦吗？

周：年纪小没问题的，而且做出成绩后，会越干越有劲。我们同学主要有两类，一类技艺好的一点都不感觉累，技艺不好压力会很大。我们这个既是体力劳动又是脑力劳动，技能达不到，力气花上去出不来活，有些待不下去就跳槽了。

王：您这几十年一直在不断的创作，我特别想了解一下您是如何理解海派牙雕的，它和南京派别上相互之间有哪些影响？

周：第一，有一点共性，海派的特点非常明确。上海海派牙雕一方面跟我们受到的教育有关系，第二，跟上海的大环境有关系。所以上海的产品不论是牙雕、玉雕，到全国展览的时候，肯定很亮眼的。这跟上海的文化有关系。广东的牙雕、北京的牙雕，各地方的风格是不一样的，特色品种也不一样。比如说北京，它以人物为主，但它的人物跟上海的完全是一看就明了。它是一种很丰满的感觉，胖乎乎的，很稳重。但是上海讲究一种传神、苗条、飘逸，这个风格不一样。就像江南女子跟北方女子的区别。那么广东跟我们又不一样了。品种上，北京不做镂空雕，上海的镂空雕其他地方都做不出来，镂空雕是上海地区的特色。广州的特色是做牙球，北京不做，上海也不做的，就广州做，几十层的牙球。镂空牙球跟我们镂空雕是两个概念，发明牙球的这个人非常了不起，它的工艺难度跟我们这个是不一样的，我们这个难度是活的，牙球是机械做的。从工艺角度说很神奇，所以牙球称为鬼工球。它是用一种定型车刀一层层把它车出来的。但是镂空雕完全是不可能一样的。同样一个题材，一个内容，两个人做就是两种味道，完全是手工掌握的。所以象牙镂空雕也是上海的地方特色，同等的产品，上海做的最精致，最细巧。海派风格。无论是服装、食品、工艺美术，搭配、化妆，上海的就是高雅感觉。

王：北京也是以人物为主，但是海派侍女人物造型和北京的有什么区别？

作品《仕女》局部

周：北京也是侍女，北京的规模比上海大得多，是全国的代表，当初我们还专门到北京学习。后来发展方向不一样，我们吸取它的艺术方面的东西，然后根据海派的风格发挥。

王：当时是有全国技术大比武？

周：全国性比武、交流都有。上海的人物侍女在全国非常有名。北京、上海、广东，这三个地方是全国象牙的领头羊。

王：您最满意的作品是哪一件呢？

周：我早期的成名作应该是《精卫填海》，主题虽然是仕女，但是我把在工艺美校学到的西洋雕塑的基础运用进去。以前老前辈是没有这样做的，所以这件产品在 1981 年全国首届评比的时候，影响比较大。北京市向来作为人物创作"老大哥"，那次最高奖却评到上海，所以这件作品是比较震撼的。那件仕女创作中，我把在学校学的人体结构和西洋雕塑基础，就运用进去了。牙雕老前辈做人物的时候，也是一种味道，是传承传统的人物韵味，在人体结构方面不是很讲究，比例肯定对的，但是他在人物的结构上面跟西洋雕塑的结构肯定有差异的。

王：您对传统艺术创作中西结合有哪些体会？

周：我介绍的这件作品就是中西文化的融合，它运用了雕塑技术和传统工艺。在以前仕女制作当中比较少见，包括造型也不是一种常规的人体造型。所以这件作品当初为什么能够一举成名，现在总结下来就是突破传统性，这是我的代表作。后来我做了几件经典的作品，创作方面也是比较有突破的：《桃花源记》《西厢和月》《鱼景》，还有一些中小类的产品。全国工艺美术学会召集全国同行来评比，对上海作品的评价非常高。其他地方的作品都是像商品一样，技术倒不错，但是看着差不多的，好像过去都看到过，老凤祥出去的都是我学生作品。他说看到上海的象牙琳琅满目，像艺术品，不是工艺品。这种评价，是工艺美术学会的一个领导对我的评价。

王：有一次看到您带的徒弟做了一个女性的造型《维纳斯》。

周：《维纳斯》。我也当初叫他们大胆创新，不要走老路，要有新的突破。这件作品材料上有多种材料，再就是中西文化结合。所以那件产品用了三种材料结合在一起。在全国展览上评价也是很高的。

王：您是把自己从前的创作经验都传授给了学生？

周：对，一定要突破，技能达到一定水平以后，做得再好也顶多是技艺，做工好，还一定要在构思上有突破，创意上有新意，要有创意。

王：近几年牙雕不能做，但是您觉得未来对于牙雕技法的这个传承，您有怎样的一个期望呢？

周：这个要根据企业的情况，本来我打算象牙结束，学生都是三十岁左右，而且已经掌握了非常高的技术。如果把猛犸牙顶替上去是非常好的，但是老凤祥没有这么做，所以从这个角度来说，技艺传承方面，牙雕传承上肯定是受到了打击限制。但是我认为这个技艺只要存在，它可以从其他方面转化。而且转化以后，它可以在其他材料上更有突破。为什么呢？因为象牙材料的雕刻技艺，跟我们其他材料雕刻技艺有一点区别，它的材料最好。因为它这个材料做光点的东西也可以，粗犷的、细巧的都可以。最细的东西是其他材料达不到的，比如说微雕微刻，一根头发丝上刻首诗，其他材料做不到的。既然有这个技艺，这么精湛的技艺，它运用到其他就可以推动其他的材料进行技术突破。上海的玉雕从某种意义上说，1989 年的时候象牙一批转行到玉雕，对玉雕工艺怎么才能做得更细起了一定的作用。

王：结合您的学艺经历，教学经历，以及对产业的体悟，希望您对我们学院对学生的培养方面，提出一些建议。

周：学校要树立专业思想，学校的基础教育应该是非常重要的。我的概念，学校就是教会学生掌握艺术方面的能力。绘画、雕塑，尤其是做造型艺术，雕塑非常要紧。绘画，雕塑这两个专业能力强，今后无论做什么材料都起决定的作用。反而专业技术并不是最重要的，因为到了企业以后，通过一两年提升上来很快的。基础不好的话，三年下来还是没用。所以，从我的体会来说工艺美院教育非常重要，在我的成长过程中，很感谢当初工艺美校三年的培养，对我今后一生的成长起着关键的作用。

采访心得

周百均老师怀着对牙雕艺术的热爱创作几十年，硕果累累。对母校，不论是老师，还是同学，他都有非常深刻的感情。近年邀请他带了三届大师班，周老师百忙之中，也是尽心尽力的教学生，认真负责的完成教学任务，并且为怎么样能达到更好的效果耗费很多心力。传承的虽然是技艺，其实也是对传统文化的精神传递。通过周老师带过的优秀的徒弟和学生，我们可以看到，他对于教育有自己的看法“现代艺术传统教育”，教学上的倾囊相授，育人上的以身作则。确实可以称之为优秀教师、好师父。

胡昌民
把中国的玉雕带到了加拿大

采 访 人：仓　平
受 访 人：胡昌民
采访时间：2020 年 3 月 25 日
采访地点：加拿大（邮件采访）

胡昌民

加拿大籍华人，1956 年出生上海。1976 年毕业上海工艺美术学校。同年进上海玉雕厂从事牙雕，后任牙雕车间技术主任。1988 年赴加拿大 UBC 留学。之后从事玉雕，任加拿大玉雕公司生产经理。2001 年创办昌民玉牙雕工作室。2014 年任加拿大玉石研究院院长，获"加拿大玉雕大师"称号。受聘上海工艺美术职业学院客座教授。任加拿大玉雕教育培训中心主任。2013 年加拿大出版《跨文化探索——胡昌民加拿大玉牙雕刻》，2016 年上海人民出版社出版《上海象牙雕刻》。

一、成长和求学经历

仓：胡老师，请先谈谈您的家庭和您小时候的成长环境，您为什么会选择走艺术创作的道路，主要是受到什么影响？

胡：我最初的艺术兴趣是受家庭和学校直接影响。早年我父亲作为一所职工学校中文老师，有一年被安排去市郊支农，他每天的日记图文并茂，现场描绘画面很生动，"他头戴斗笠，牵着大水牛，赤脚卷袖在稻田犁地"的情景，深深吸引了我，使我对绘画产生了浓厚兴趣。我母亲是一位童装设计师，70 年代人们都很勤俭，家家有缝纫机，到了晚上或周末，都会有邻居或同事来请妈妈裁剪。很多家长苦于不知如何为孩子做心仪的童装，她们把大概想法和要求告诉母亲，在义务帮忙中母亲反复推敲和摸索，久而久之积累了许多新款构想。她用同样的布料和基色，在款式和香槟色两个元素上别出新裁。创意可以美化生活，手艺可以给人们带来幸福感，这些都让我看在眼里记在心里。

我二哥由于艺术上表现出的天分和潜力，高中毕业幸运地被分配去上海玉雕厂工作。他学艺刻苦耐劳，勤奋钻研，不到三年，玉雕《嫦娥奔月》及勤学苦练的故事被登载在上海《解放日报》，中央人民广播电台在全国转播时，连我远在黑龙江插队落户的姐姐在田间劳动时也听到了广播。在70年代，一个小青年被大报赞扬为古艺新传的后起之秀，是一个莫大的荣誉和鼓励，这件事给了我很好的示范和激励。一个偶然机会，二哥把他做雕刻练习用的泥巴带回家做功课，我用剩余泥巴也试着做泥塑，当他周末回家看到我的处女作时，给了我热情的鼓励和肯定。之后，他还时常找些泥巴让我练习。

开始迷上美术是在中学时代，我与兴趣相投的同学自发组织了"红画笔"美术小组，请来教美术的沈老师课后给伙伴们重点辅导，把绘画习作定期展示在学校壁报栏里，在我艺术萌芽之时，有一件表现《国际歌》作者欧仁·鲍狄埃童年的雕塑作品被来家访的班主任陈老师和美术老师发现了，此作受到了老师和同学们的喜爱，并被选送到上海市中学生美术作品展览会。这极大地鼓舞了我，这件事成了我一生追求艺术的转折点。

仓：1973年，您进入上海工艺美术学校象牙雕刻专业学习，请问您当时为什么要报考工艺美校？在校学习的感受如何？有哪些印象特别深刻的人和事？

胡：二哥告诉我，他的师兄朱宁芳和住厂的同小组同宿舍室友萧海春都是上海工艺美校毕业的。这两位美校毕业生做玉雕的本事很大，我非常仰慕他们。

当时美校的师资实力比较强。比如我们牙雕班绘画老师余友涵教素描和速写，他很幽默。周宗琦老师教国画，他是浙江美院的高材生，从机械厂调来美校。蔡文星老师教雕塑，广东美院毕业，是著名雕塑大师潘鹤的得意学生。文艺理论老师王悟生是出名的专业学者，还有很棒的工艺美术史老师朱孝岳，转业前是军队连长的班主任林远达。牙雕老师有徐万城、范其昌、徐文琪、李师傅等，还有几位客座老师陶晋生、张清、李月生等。全班25位同学，其中有8位女生。学校注重训练扎实的美术造型基础，每学年安排一至两次去工厂、农村开门办学体验生活，从社会生活中获得锻炼熏陶。同学们很好学，求知欲极强，经常通宵达旦做功课。我们当时的艺术成长，一部分来自老师的教育指导，另一部分来自同学之间的互相启发和学风影响，彼此不会保留知识，而是分享经验。牙雕班是班风好、集体荣誉感强的一个班。三年的住校学习和后来的回校两年的进修，前后五年的学艺生活为我的职业技能打下了坚实基础。1976年，有近50位来自玉雕班、牙雕班、黄杨木雕班的同学被分配到上海玉雕厂工作。

仓：您1988年进入加拿大UBC学习，请问您的专业方向是什么？当时您在上海玉雕厂已经是骨干，是什么促使您辞职出国深造？在UBC学习的经历，对您后来的艺术创作和事业有什么影响？

胡：1988年春天，我自费到加拿大UBC大学念书，选学西方造型艺术。我在中国做了15年象牙雕刻，本想来加拿大后继续从事牙雕，但1989年全世界禁止象牙产业。这突如其来的变化，令我顿时失去了方向。后来，大不列颠哥伦比亚省雕塑家学会主席和一位雕塑系主任对我说，学习雕塑课程仅仅是训练我更全面造型能力，更重要的是该如何选择适合我在本地可以长期发展的项目或产业。两位高人建议我做玉石雕刻，因为玉石在加拿大取之不尽，在北美洲艺术收藏领域和旅游纪念品产业等各个方面都有着宽广的发展空间，于是我最后决定改入玉石雕刻这一全新领域，用大不列颠哥伦比亚玉石做具有加拿大特色的玉雕。

二、在上海玉雕厂的工作经历

仓：您在厂期间，正是牙雕事业的全盛时期，所创作作品在题材、技法、细节上均达到了相当的高度。您能回忆下当时的创作和生产过程吗，车间内主要生产的产品系列有哪几种？车间内主要分为

1988 年胡昌民摄于加拿大 UBC

几个工序，各自的工作内容是什么？

胡：到了 20 世纪 70 年代后期至 80 年代，随着中国改革开放迈开大步，国内象牙雕刻同各行各业那样出现了前所未有的复苏。围绕着恢复传统题材的人物雕刻，创立地方特色的牙雕细花，拓展工艺性较强的仿古产品，当时工艺美校毕业生汇同工厂老中青技艺人员群策群力，在牙雕的画意、题材、形式上都追求创新改造，一时间继承沿革，锐意创新蔚然成风，好的作品蜂拥而出，牙雕获得各界好评。改革开放初期，工艺美术外销中，玉牙雕是创汇主力，牙雕车间大概是 170 多员工，我们瞄准东南亚地区广受欢迎的传统题材，集思广益，不惜工本，高产高质，努力为国家创造更多外汇。

上海象牙雕刻是细花雕刻、人物雕刻、仿古雕刻等综合性牙雕品类的总称。上海牙雕汲取了西方文化，并与本民族优秀雕刻传统相结合。素以玲珑剔透、工精艺高、情景交融和品味高雅的本地艺术特色在中国雕艺之林独树一帜，享誉海内外。虽然上海是象牙原料相当匮乏的地域，象牙雕刻创意文化产业的形成和发展也只有近二百年历史，但经过七代牙雕艺术家不懈追求和努力，上海象牙雕刻艺术伴随着本地开埠拓展，从萌发、成长到结成正果，赶超国内传统牙雕产地领先水平，曾经出现过划时代的历史辉煌，达到过前所未有的历史高度。1980 年代是上海牙雕最鼎盛期，精品、孤品、绝品频频问世，在全国同类艺术评比中荣获牙雕细花全国第一排名，牙雕人物、综合仿古名列前茅，成为闻名遐迩的中国优秀传统非物质文化遗产的重要一支。我们上海工艺美校历届牙雕师生，在生产第一线发挥了积极的技术骨干作用。

仓：您在厂工作期间，还专门去北京牙雕厂学习，在那里曾遇到了几位著名的老师？您在上海玉雕厂的师傅也很有名，能回忆下这些老师的特点吗，您从这些老师身上学到了什么？

胡：当年厂里想把我培养为技术干部，争取到部里名额后派送我去北京学习，我跟随学习进修的是国家顶级牙雕大师杨士惠、丁玉亭，所学项目是中国传统象牙仙女雕刻。学艺期间，我每天坐在丁玉亭老师工作台边，看他在牙料上设计布局，用琢子大刀阔斧般入手，细致入微地收拾，边示范边指点，还用周末时间细细点化。杨、丁两位名师是当代牙雕界有文化理念的泰斗前辈，希望通过我们这些科班出身的青年人，把牙雕提升到更高文化层次，而不仅仅是工艺性的刀法技巧。

我在北京学习收获主要有两点：第一，我从老师那里除了学习到高水准操刀技巧，更了解到北派仙女牙雕，风格雄浑豪气，刀法刚柔有致，气韵流畅贯通的特点。而海派牙雕相对比较秀雅飘逸。在学习后我把北派的技艺带到上海，北派的一些优点后来也影响了上海牙雕。第二，也是更重要的部分，我领悟到前辈老师对发展民族牙雕固执坚守勇于创新的深刻思考，和对整体提升我国牙雕文化层次的热忱追求。前辈老师诚挚的指导、殷切的期望，更坚定了我投身雕刻事业的志向和自信，这对我后来的艺术观成长影响深远。

作品《嫦娥奔月》

胡昌民（左）和丁玉亭老师合影

蔡健生师傅对我的牙雕职业生涯曾产生重要影响。1976 年我进厂不久，蔡师傅多次找我攀谈，他了解到我是学一行、干一行、爱一行的有志向的牙雕新人，且有可以压些担子的综合能力，于是蔡师傅向厂部、公司、局三级领导极力推荐我参与技术领导工作。由于牙雕车间云集了全上海最顶尖的牙雕技术人才，它是综合艺术性、专业工艺性较强的生产部门——人才素质高、产品成本高、技术含量高、周转速度快，技术把关有挑战很大。后来，因牙雕我们结下了彼此间隔近五十岁的忘年之交，他是我敬佩的前辈和恩师。

蔡健生师傅毕生追求提升上海象牙雕刻的文化素质，他倡导牙雕创作中“构思内容先行，形式为内容服务”。他对近代上海牙雕技术队伍的建设呕心沥血、不遗余力，培养了一批又一批上海牙雕新人，他是一位德高望重、有着历史责任感和善于宏观指导的高人，他在全国牙雕行业中很有名望，也是中国第二届工艺美术大师。

仓：您 23 岁就担任了上海玉雕厂牙雕车间的技术骨干，能分享一下您在牙雕车间的工作经历吗？如果有大型的作品需创作，是如何创新设计、协同加工的呢？

胡：1976年我从上海工艺美校毕业并同年进上海玉雕厂后，在牙雕部门从事生产工作。进厂初期我还担任车间团支部书记，我们所在部门有小青年近百人，由于青年工作有特色，青年中钻研技艺，争当生产突击手形成良好风气，被表彰为局先进青年集体。毕业后的第二年，我因工作需要从团干部转为基层技术干部，我先被领导安排在牙雕车间人才济济的牙雕出坯组任组长，当时全车间细花、人件、仿古、综合各大品种设计毛坯都首先出自这个技术重镇。后来为了推进企业现代化管理，我们按产品种类规划了系列化的流水线分工，把原来综合的出坯大组和扦光大组，分成了不同品类的单一小组。改组生产系统的同时，上级领导也宣布了由我接替蔡健生师傅，23岁那年接任了牙雕车间技术主任，作为中国改革开放初期第一批培养的新生代青年的一员，我是80年代象牙雕刻发展高峰时期的见证者和组织者，在改革开放初期那个充满激情和活力的年代，每个参与者象“发疯”似的干劲十足，一起走过了这段难忘岁月。

那时全国牙雕行业竞争激烈，大家都喊同样口号——力争上游，赶超国内外领先水平！当时北京、上海、广州、南京和苏州都有强手，如果上海牙雕不进取，很容易被别人弯道超越。我当时年轻气盛，地方行业集体荣誉感使然，令我每天同本部门不同技艺人员切磋交换意见。我们想不断开拓新题材、新形式、新工艺，追求创造历史新水平。我们放手让技术人员尝试新东西，鼓励大家自画自做。由于牙雕产品运作周转期快，我白天需要忙协作性的工作，下班处理不同品种、设计水平的投产画稿审稿改稿事务，为了使珍贵的牙料物尽其用，也爱护设计人员的创作积极性，每张画稿都是独立的个案。审稿中只要有技术合理性，我就在开料单上签字，如有问题尽量同设计者协商，共同寻找改进或补救方案。我还鼓励青年人提高美术基础，把前辈传下的理念灌输给他们。要求他们有批评的眼光，善于自我批评，从比较同类作品中学习别人长处，发现需要改进的地方，在保留地方传统特色基础上追求创新。技艺人员之间不要技术保守，要善于互相分享，努力提升上海地方牙雕历史水平。

为了把学校课堂知识用于转换和指导生产实践，也为了把自己锻练成真正内行的技术干部，履行好领导和群众托赋的责任，我必须自己起码是一位称职的雕刻手。所以我给自己一个约定，除了做好行政工作，每周三分之一的时间留在雕刻工作台上静心创作雕刻，如有白天因开会或行政工作占用了雕刻时间，那就利用住厂晚上加班加点。其实，我那时是全脱产人员，加班干活没有报酬，但作为一位技术干部，我首先必须是内行才会有评判的眼光，才会有更高的追求眼界。

作品《太阳神》，1979年，90 cm × 46 cm × 24 cm

《太阳神》是我1979年创作的雕刻作品，作品表现太阳女神张开双臂，用赞美感恩的眼神仰望太阳，颂扬太阳光芒普照大地为人类带来温暖和生机。此作选用整支大象牙，融圆雕、镂空雕和细花雕技巧于一体。造型静中有动，缓缓腾飞的气势，冉冉上升的火焰，群鸟簇拥，烘托仙女典雅体态。象征太阳的牙球，把现实中硕大无比的太阳写意般地缩小成“镂空雕世界”，在花饰框格内雕置赤裸的夸父，为追求光明和温暖，迎着九个太阳，热情奔放地追日，循环往复，永无止境，营造了奇妙的神话幻景。牙雕名师杨士惠前辈赞扬《太阳神》对民族古典仙女雕刻有独到的领悟，尤其能显示出吸收多类艺术养料而创新。

《仙女散花》象牙雕刻是我于20世纪80年代创作的，作品取材佛教神话故事，以敦煌飞天壁画为蓝本，用立体圆雕手法表现一对临风漫舞的仙女，在天上撒花祈福。形象典雅，衣裙飘扬。仙女信手撒花，凤凰徐徐相随，翔云缓缓流动，给人安祥飘逸超世脱俗的意境，令人心旷神怡。作品运用了牙雕玲珑剔透的传统技巧，突出表现仙女轻盈优美的身姿，奔放流畅的线条动势，充分展现了仙女飞动时人体形象和整体造型的东方古典之美。撒落的鲜花飞飞扬扬，四处飘香，完好地衬托了主体人物的美丽形象。

作品《仙女散花》

回望中华人民共和国成立以后，上海牙雕曾出现过好几次阶段性的历史辉煌期。从步入合作社到走向改革开放又进入深化改革，每一个历史时期的上海牙雕都有工精艺高、充满创意、撼动人心的优秀作品问世。如《人民公社好》《光辉历程》《捕象记》《红楼梦》《西厢记》《金陵十三钗》《精卫填海》《渔童》等为当代地方牙雕留下历史记印。那个年代几乎没有大师，工具设备也比较简陋，但却能创作出一批批代表一个时代，具有里程碑意义的牙雕作品。其中一个重要原因是当时的牙雕创作和生产，从全国专业机构到市局和工艺美术公司再到基层生产单位，由始至终地如同宝塔型的上通下达，有序监管，层层把关。这种具有国家体制保障的组织方法，可以集中地方公司和产业单位的人力、物力和财力，凝聚到专业单位最好的技艺人员组成创作攻关团队，并支持尖端高手通力合作。作品设计、方案制作、高手调配都精心策划，随时应变。除了常规化生产外，历次大大小小的策展、办展、大赛、重点展品的技术攻关都有验证。实践证明，工艺美术创意产业在市场经济为主体的同时，保留计划经济中那些有利这一行业运作的好制度好方法，是适应这一特殊行业健康发展的，而这种体制结构性的调节，只有国家行为才能做得到。

三、在加拿大的工作和创业经历

仓：您在加拿大的西方玉雕公司先后有两段共 13 年的工作经历。您为什么选择去玉雕公司工作？第一段做旅游品制作您从做粗活、到雕刻师、再到主刀手，几年时间就实现了三级跳。回顾那段工作经历，您有什么感受和收获吗？几年后为什么放弃这份工作？

胡：为了学习西方雕刻艺术，掌握西方审美价值取向，我离开了华人圈子，以不入虎穴焉得虎子的精神沉浸到西方玉雕公司一下子就待了 13 年。我原只熟悉象牙，但玉石雕刻方法完全不同，要像小学生一样从头学习。去的第一家西方公司，刚开始净干粗活，从倒垃圾、擦地板，搬玉石到切料、做助理，什么脏活累活都干。而一些从农村来的西方人，因为英文好，干的工作都比我好。我从国内专业雕刻手变成了最普通的打工仔，入行很久都无法接触雕刀。有一天，一位西方人工友在老板家的酒会派对间问我为什么老是闷闷不乐？我回答我想做雕刻。工友当天就像大新闻一样告诉了西方人老板和前台同事们。第二天一早，老板就跑到工作室向众人宣布，今天起所有人的粗活自己干，让我有同样机会上操作台做雕刻。

我做第一条三文鱼，老板一天跑来三次，看了成品后喜出望外，当场开会宣布我即日起独立雕刻选择任何材料进行创作，于是我从做粗活的打工仔变成为雕刻手。西方人的特点是，如果你确实有本事就会尊重你。从那以后，我白天上班工作，利用晚上学习有关造型知识直到深夜，不久我的玉雕技艺与日俱增，作品多次在英文报上报导，4 年多时间，老板给我增加了好几次工酬。然而这是一家雕刻普通玉雕旅游品的公司，我的志向是要成为一位被西方主流市场接受的一流玉雕艺术家。当我完成了从牙雕到玉雕的技艺转移，我需要自我挑战向更高目标出发。我了解到北温哥华有一家雕刻高档玉雕艺术品公司，那里有数位高手，于是我抱着学习的态度，放弃了原公司待遇，以降低收入和放弃签名权的入门条件进入新公司，再次从头开始。

仓：第二段经历您去北温哥华的艺术品公司工作了 8 年，其间第四年被同事们推荐成为生产经理。您能回忆一下那段时间的工作经历吗，有什么感受和收获吗？几年后您为什么又放弃了这个工作？

胡：这家新公司层次较高，大多数员工都是从加拿大以及其他国家艺术学院毕业的，全部是西方艺术家，他们对我在中国上海工艺美校和玉雕厂的雕刻经历有些小瞧，有些人还会冒犯粗鲁。但是，为了学到东西受点委屈先默默忍受，来日方长，要用实力来展示中国人打太极拳的能耐，否则很难了解另外一个民族的心态，学到真正的西方经典。我要学到他们完整的创作思路和展现这些思路的造型方法，结合中国造型创作的优秀手法，创造一种融东西方长处为一体的新颖艺术形式。我有科班学习的绘画雕塑造型基础，有出坯抓形的功底，有对中国雕刻气韵贯通线形处理的独到理解，我有文化自信支持我发挥潜能。

在公司职场里我经常以智慧去帮助他人，有些刚从艺术学院毕业的新手，对立体抓形把握不住，我小试数刀就“起死回生”。也有些员工毛手毛脚经常出差错把雕刻品弄破了，生怕被老板炒鱿鱼，我就出手帮他们修缮处理。我在 UBC 读书时，曾靠修复古董挣学费，店家把一些珍贵的古董真迹拿来请我修复。此刻我以同样功夫义务帮助他们，这些同事心急如焚地看着我把破件救活，个个惊讶地称赞，不可思议！由此对我肃然起敬。此外，我用同样的玉料做出比洋艺校毕业生抓形更加到位、速度更快、用刀更准的效果。因为我理解每个野生动物的形态特征，我掌握了立体抓形的步骤和手法，所以我手下的雕件基本可在两步到位甚至一步到位。时间消磨中，我和同事们相处非常融洽。在这种和谐的环境里，我点滴积累探求西方玉雕的真谛。那时我很兴奋，我感觉自己正隐姓埋名潜入西方雕艺的殿堂，亲睹众位金发碧眼的同行毫无保留地向我展示和交流各自的绝活秘技，每天上班就好像去“西方艺术”海洋里下水游泳，心情舒畅。

到了第四年，公司投票选举本公司“最受欢迎的人”活动，要求员工每人每月选一位到投票盒中，直到年底开箱，得票最多的员工可由公司出资带领全家去本省北部惠斯勒滑雪村度假一周。半年后，老板把投票盒拿到聚餐会上，开箱前他告诉大家选举最受欢迎的人实际上也是要选一位生产经理。开箱验票后全公司得票最高的竟是唯一的华人。老板当场就把公司的钥匙交给了我，宣布公司今后的生产安排和质量把关全归我管理。西方人的特点就是这样，一旦选举结果出来，大家都会推崇你。这次选举给了我一个全面的训练机会，有了这一行政权，我可以选用任何主题来做不同雕刻尝试，可以选题攻关，合理地进行人员调配，带领一帮洋人艺术家，为公司生产大量高质量、高水准、高产量的精品。

我在雕刻创作中注重把中国造型艺术元素和西方审美观念结合起来，把北美洲野生动物玉雕那种概括洗练兼具象写实、有体积感、团块感、雕塑感的表现方法，同中国雕刻以立意内容领先的创作思路结合起来，造型中揉进了东方独特的线形表现手法，追求精致与简约的表现技艺同时呈现在一件雕作中。造型语言追求大气、豪放、顺达、简洁、明了、内秀，使清晰的主体出现在粗犷疏朗的背景上，让作品既体现鲜明的加拿大地方特色，也看到中国风格的影子。

8年，从雕刻助理、雕刻师、技术总监到生产经理负责设计制作、品质检查、培训新人、生产管理，成为西方公司的华人工头。我不但吸入大量欧美艺术“新鲜空气”，让身心都沉浸在西方文化的“大海深处”，期间我很幸运地先后同加拿大最顶级的两位玉石雕刻名家 David Wong 和 Lyle Sopel(1987年《国际地理》杂志有详细介绍)与其共事成为合作伙伴，所以我后来艺术进步是站在高人肩膀上取得的。在这样特别的创作环境中，东西方文化艺术元素和不同造型技巧互补，高手和高手切磋交流，灵感火花相互碰撞，使很多意想不到的高端艺术精品在我手中频频问世。

仓：2011年7月，您为什么决定辞职去创业？当年9月美国发生了“9·11”恐怖袭击事件，对您的创业工作带来什么影响？您是如何规划产品定位、并拓展出销路的？创业十年，您的感受和经验是什么？

胡：为了实现我多年艺术家的“梦”，为了从历史传统和名家的影子里走出来，我渴望能有自己的艺术空间充分自由地发挥自我创造力。2000年春天，我提出辞呈，迈开大步踏上了一条全新的创业之路。此时我深有感触地对家人和朋友说，来到加拿大十多年，今天我才真正脚踏实地走上了自由艺术家的路！我独自兀立在北美辽阔的雕艺旷野中竖起大旗，另辟蹊径要在加拿大建立起融汇东西方长技为一体的雕刻艺术新形式。

作为艺术家移民到海外，都会面临艺术观念、艺术定位、艺术风格的调整转型问题，这是不能含糊的课题。厘清头绪比埋头苦干、无的放矢要来得重要。我同不少来自中国的艺术家、西方艺术家等有识之士广泛深入地探讨这一问题。我逐步清晰地认识到，当我身在海外，面对一个全方位互相联系的世界，艺术家对创作反映当时当地生活同样肩负责任。对此，我们需要有国际视野，不仅仅局限在继承民族传统弘扬中华文化这一层面，而应以中国优秀的文化作主导，学习融合西方文化艺术，创造一种中西合璧、古今相承的新艺术。实践证明，这种新艺术在加拿大多元文化环境下，同样会被不同文化背景和审美爱好的各族裔人士所接受。

移民艺术家的艺术生活，内心成长必有一番挣扎和磨合。当我从母体文化背景下移居海外，我的艺术心路不会因为地域环境变化在一朝一夕间去达成超越。这需要凭职业良知和史命感，在跨文化之间善于化危机为转机，在新环境中重新整合自己艺术定位，自觉融入主流文化，用一种再学习和海纳百川的包容心、坚定的信念、坚韧的意志去支撑不懈的坚持。我常提醒自己，作为一名来自中国的移民雕刻家，以加拿大为第二故乡，应当入乡随俗，在所涉足的雕刻领域，用本地自然材料因地制宜，讴歌人们普遍崇尚的精神内容，为发展本地文化艺术添砖加瓦。同时，我可在加拿大多元文化构架下，巧妙地融入中华母体文化中优秀元素，探索中西结合途径。当我做出辞职这一决定，老板吃惊的，问我为什么要走，我说想检验一下自我价值，圆一个艺术家的梦。老板虽然不愿我离去，但仍通情达理，觉得我是一个有事业心、有抱负、有理想的艺术家，于是同意我的决定。

可天有不测风云，7月份刚辞职，同年9月份美国就发生了“9·11”事件。两架飞机撞毁世贸大厦的同时，也差点摧毁我的艺术梦，因为我的艺术梦和将要经营的雕刻工作室以及北美的经济文化大环境密切联系一起的。“9·11”事件以后整个北美经济一落千丈，后来又有金融海啸、SARS疫情、欧洲危机等等，几乎每年都有大事件发生。美国的经济滑坡把全球经济越拖越垮，因为艺术不像生活必需品，有时还会显得可有可无。北美经济繁荣和平时期就会带动艺术行业，经济萧条时，旅游业、艺术业就首当其冲，旅游的人少了，买艺术品的人也会锐减。就在这样一片经济萧条的境况下，我开始走上了一条不归的创业路。

为了创业，我曾足足花了13年时间浸泡在西方人的公司。可没想到刚开始的创业竟是一场艺术上的噩梦。然而开弓没有回头箭，我只能义无返顾地往前走。征途上各种困难接踵而至，周转资金、工作场地、材料库存、产品销售、法律纠纷等等商业活动中所遇到的问题纷至沓来，这些过去在中加艺术院校全没学过，但在创业实践过程中我全遇到了。

首先遇到的是资金问题。做玉雕需要十几台不同功能的机器，还需要很多种配套工具，如一台小小的玉石雕刻机器动辄二三千加元。一堆玉石原料少说也要上万加元，只有筹齐了全套设备才能完成一件作品。当我看到订购机器的清单之后吓了一跳，所有机器、工具买齐至少需要十几万加元，而且还需要预定，这还不包括雕刻用的玉石和古象牙原材料费用和生产场地的支出。而我在西方人公司工作所得的收入积蓄，当时正好全用来买了一幢住房。我这时才明白，艺术创作和经商是两回事，很多学雕刻的人走不进这个自产自销行业，就是被第一笔资金所困。于是，我采用滚雪球和蚂蚁啃骨头的方法来筹集营运资金、扩充机器设备和玉牙雕刻原材料库存。

最初创业遇到的困难还有材料问题。玉石和古象牙是所有雕刻原料中最昂贵的，批发价和零售价相差很大，买一卡车或一吨以上的材料才能获得批发价，所以起步资金要求很高。由于北美经济不景气，一些从事玉雕的老人和店家纷纷关门退出，他们有的剩余材料能与我物物交换。我再次向银行信用贷款，购进一批玉石和古象牙材料。有了材料，我就白天雕玉石，晚上刻古象牙，默默勤奋地打拼。尽管当时经济仍不景气，但收藏家和雕刻爱好者热情未减，他们为我的雕刻所迷，不离不弃地收藏我的作品，也有一些外来游客想买加拿大有特色收藏品，导游、画廊主便介绍胡昌民玉牙雕刻的鹰、熊和海洋动物是本地一道很值得收藏的“特色土产”。

玉雕作品《雄鹰和魁熊》

玉雕作品《北美三文鱼》

我的雕刻工作室至今已有2000多件产品问世，谈起创业初期的销售又是一把辛酸泪。我虽在西方人公司工作了13年，位居生产总管，但所有作品都是老板签名，外界根本不知道我是一位雕刻家。在加拿大没有知名度，艺术家的作品是很难进入画廊和高级礼品店的。雕刻品不同于普通旅游工艺品，制作普通旅游工艺品的是一般工匠，作品也只能在旅游礼品渠道经销，而高端雕刻品是进入画廊作为艺术品销售，通常要有名气的雕刻家作品才会比较容易被人接受，一名艺术家需要至少5年的时间不间断地在高档画廊展示作品，才能提高自己知名度。当我第一次拿着作品去一些画廊推销时，画廊主感觉很奇怪，这些雕刻看来出自成熟雕刻家之手，可却从来没有听说过我的名字。为了培养画廊的信心，我就采取寄卖方式(Consignment)，卖掉后再分成。寄卖期间我经常根据画廊回馈的第一手

玉雕作品《向天高歌的潜鸟》

信息来调整创作，然而，画廊也有苛刻的条件，比如限制一定区域范围内不得有第二家代理商经销同类作品。

为了扩大销售，我自己开车拉着产品到温哥华以外阿尔伯塔省的贾士帕、班芙、爱民顿等不同旅游地去推销作品。我沿着省际公路在冰天雪地里一路奔驰、一路建立客户、一路推销新货。为了避免住宿时把作品搬上搬下，晚上我就睡在车里，天气冷开着暖气，但要每隔一段时间出去透气，以防车内一氧化碳中毒。

经过两三年的努力，我终于在市场上站稳了脚跟。我是不擅长经商的艺术家，但在海外小型艺术企业最难是销售，艺术家需要成为多面手，只要把自己的艺术推出去，让自己亲手雕刻作品被世界各地来的旅游客收藏家选购，我才能生存，才有成就感。因此，一开始我采取的营销路子是薄利多销，提供给市场每件不同样的雕刻，材料真实，富有品味，做功精致，价格合理，让人收藏后慢慢欣赏中爱不释手。不久，画廊和收藏家在互联网上很快知道了我，我的行销方略确实产生了效果，许多老顾客再来加拿大时，找回原画廊要求再收藏我不同款式的其他雕刻品。有的在世界各地长年关注着画廊网页或时常联络画廊东主查询本人近作，以便第一时间能觅到感兴趣的作品。

其实，雕刻与收藏家一旦结缘，作品和有缘人今生今世就不分离，甚至有可能代代相传永久保留。虽然我不认识分布世界各地喜欢我雕刻的主人，但我要做好每一件作品，并通过作品与这些收藏人结下永久的善缘。我迄今已建立合作的加美十几个城市的玉牙雕画廊和专卖店都有固定的客户群，这些回头客实际上也是我从经济最低谷一路走来的忠实支持者。西方的艺术市场很固定，每年总有大量旅游人士来埠，一些收藏家一旦迷上你的雕刻艺术，他们会长期陪伴你。所以，要想打进西方市场，移民艺术家必须调整心态放低身段，艺术创业苦中有乐，还是蛮有意义的。

仓：您积极推进加拿大的玉雕产业发展，成立了玉石研究院，还推动了当地将 5 月 28 日定为哥伦比亚省的玉雕节，您如何思考并推动玉雕产业在加拿大的发展？这个产业目前在加拿大遇到的最大的问题是什么？

胡：加拿大大不列颠哥伦比亚省“五・二八”B. C. 玉石节(B. C. JadeDay)，是以大自然玉石命名的特别节日。它的诞生架起了东西方玉文化对接的桥梁，体现了玉文化作为世界共通语言的特征。2014 年早春，加拿大玉石研究院成立(我被推举创院院长)，它凝聚了玉石界团队的力量，是大不列颠哥伦比亚省“五・二八”玉石节诞生的前奏，开启了民间和省政府联合创造加拿大玉文化历史的美好记忆。玉石节建议由加拿大玉石研究院起头并联合玉界及其他二十多家民间组织和爱玉人士率先向省政府提出的，由省议会议员积极代言推动，在社会各界的响应支持下，很快得到省政府和省议会确认。玉文化是连接东西方传统文化的一个重要组成部分，玉石节的意义在于提升了自然产物的文化价值，预示加拿大本土玉文化的兴起，也体现了玉文化作为世界共通语言，可以跨越时空、跨越国界、跨越文化。它的诞生架接起东西方玉文化对接的桥梁，具有广泛的国际性意义。

加拿大北部土地埋藏着极其丰富的自然资源，润育了神奇美妙的大不列颠哥伦比亚碧玉。它体块硕大、绺裂较少、质地坚硬、色泽艳丽、晶莹翠绿。大不列颠哥伦比亚省是产玉大国源头，也是这一天然宝石输往世界各地的出发地，加拿大丰富的玉石矿产成为了开拓世界玉石工业和玉石文化的资源后盾。

仓：您一直关心牙雕技艺的传承和整理，先后花了 40 年时间搜集资料写作，于 2016 年出版了《上海象牙雕刻》，并一直呼吁不能因为象牙贸易被限制，就放弃海派牙雕艺术的传承。您以一己之力用了几十年的时间来做这样总结传承工作，您的动力来自于哪里？您对牙雕未来的传承和发展有什么

首届玉石节胡昌民代表加拿大玉界接受政府颁发公文

玉石节积极推广加拿大玉文化

建议吗？

胡：2016 年我出版了《上海象牙雕刻》这本书，因为我对上海牙雕投入了大半人生，对它有着深深的情结，我的内心在召唤我要为上海牙雕做一点事。虽然本人能力很有限，但为了对得起上海这行业创造光辉历史的前辈和老中青同仁，为了完成前辈和师傅的心愿，我责无旁贷地应尽一份力量，去做些有益于这一地方文化的传承工作。我从 1976 年起就开始留意收集、整理和研究上海牙雕有关的专业资料。如今当我们面对“国际保护濒危物种公约”，正对应着“非遗文化”的断层之虞，我扪心自问：作为一位热爱象牙雕刻的专业工作者，如今除了在海外研究用玛姆古象牙作为代用品继承和弘扬牙雕艺术之外，我是否还可以把散落在民间的牙雕技艺挖掘出来，把已经散失的文史资料记录下来，把若干专业的理论整理起来。这一工作工程浩大，费时耗力，但为对得起历史，对得起前辈和后人，“业难当头，匹夫有责”。

我所做的这些铺垫工作，希望能抛砖引玉，让更多有识之士参加到这一文化抢救和传承工作中来。既唤醒人们对大象这一濒危野生动物的保护意识，同时发扬与传承上海优秀的传统特色工艺，弘扬中国宝贵的非物质文化。诚然，这些正是触动笔者着手编纂整理此书的内在动因。

为了写这本书，我花了整整40多年去积累和写作。我以长期生产第一线的工作实践，去加深对牙雕艺术的理解。这本书稿，是我分别在中国、加拿大从事象牙雕刻时，伴随着隆隆机声写成的，它记录了我对上海象牙雕刻的研究心得，更反映了本人对家乡这一独特艺术的一份钟情。书中50几篇文章整整跨越40多年漫长岁月，其中伴随着太多的历史变迁，包含着许多对未来的期望与愿景，它圆了我弘扬祖国母体雕刻文化，回报江东父老的一个梦。

多年来，我在海外报刊杂志一直向社会呼吁"双保护是挽救大象和牙雕的最佳取向"。因为象牙与牙雕是自然同文化两个范畴的东西，"牙料"和"牙雕"相互关联密不可分。在保护大象问题上，国际有关组织和中国主管部门应切实履行执法，对非法猎杀大象、盗取走私象牙的行为应予严厉制裁。在此同时，也应思考制定完善合理的"象牙资源保护法规"。比如，对于那些大象遗留象牙，应建立健全具有国际权威性的科学鉴定注册机制，依据牙料来源的实际情况予以严格界定，区别对待。抢救千年牙雕，要充分认识造成牙雕陷入断层危机的原因，取得解危牙雕用料的正当理据。1989年，《保护濒危野生大象公约》严格禁止猎杀大象和禁止象牙制品在国际贸易中流通。公约旨在拯救野生大象，反对杀象取牙，但并没有明确界定包括自然死亡大象遗牙的去留问题。因此，正当象牙与牙雕面临严峻危机之时，国际社会必须正视对于自然死亡大象遗牙允许充分利用的合法性，适时重新审核公约中这一模糊部分。签约国若能对政策和法规，自然与文化提高新的认识，尊重人类合法利用自然死亡大象遗牙的正当权益，这无疑是找到了抢救千年牙雕的钥匙，找到了绝处逢生的正道。

总之，面对这一严峻的世纪性问题，我们既要积极支持保护濒危野生大象，同时也竭力倡导保护濒临失传的千年牙雕。两者具有同等重要性，都应得到全社会高度重视，都应拥有双保护地位。这是争取双赢，取得彼此平衡点的两全其美之策，是解围象牙资源匮乏、解围千年牙雕文化面临困局的良方和取向。

仓：您对于艺术设计学院所培养的人才应该具备的知识体系和思维方法有什么看法，您对改进工艺美院的人才培养模式有什么建议吗？

胡：艺术家要有激情地从学习生活中反映生活，艺术学校是教学生如何运用适当方式和技巧去学习生活、提炼生活，用具有视觉冲击力或吸引力的艺术形式反映生活。学校师生不仅要有这一艺术工作者社会责任感，而且要具备这些相应能力。

比如，从雕刻教学角度而言，我认为学生造型艺术的能力和素描雕塑功底要加强，既有二维平面画稿设计能力，也有三维立体造型能力。这样作品才有立体感，才能做出让人过目不忘、有震撼力有形式感的作品。学院派的玉雕作品应该有雕塑感，但现在民间市场到处是依山造城的平面刻线，或者是掌上把玩的手把件。把玉雕的审美取向停留在材料昂贵，做工精细层面上。所以，学院派学生的眼界和想法非常重要，我们不怕眼高手低，只怕眼界不高胆子太小，否则学院派学生和民间艺人没有区别。学校只有引领学生超越纯技术层面，才能领导玉雕艺术新潮流。当下玉雕界的问题是都在闷头做，我们要抬起头看中国看世界，要有前瞻性，善于把握方向，承担历史责任，这需要学生和学校共同做起。

根据我的经验，美术基础非常重要，工作后，打基础的机会很少，而实践的机会很多，所以我们要重视和珍惜学校打基础这一环节。我认为学校阶段应该用一半时间教授美术基础，1/3时间实习训练，1/6时间体验生活和学习其他艺术。如果只注重工艺技巧，那会减少基础训练的机会。只有基础打好了，适用性会更强，可以举一反三，有发展潜力。如果只是学手艺，只有短浅的认识，这对成为工艺美术人材是不全面的。美院的学生将来应该做行业中领军者，而不是打工仔，对本专业有前瞻性，有更高的眼界，与手艺人应该有所区别，如果没有高人一筹的理论基础和造型能力，只是手上功夫好，做工快，那么瓶颈效应会束缚思想和双手。反之，当有了深厚的理论基础，多变的创作思路，扎实的造型表现能力，那么你的底气才会足，才会有无穷的艺术创作潜力。

学校需要鼓励学生除了专注自己本专业，也开阔眼界看周围，看世界。在学习方法上，不局限在课堂里埋头苦读，工作台上做习作。我们要以开放的心态，善于不但学习直接对口的造型艺术，也涉及横向的文化艺术知识，通过多样化学习，帮助学生积累广泛的艺术知识和信息。比如，定期组织学生听选课讲座，参观画展及相关展览、参观文化景点、在图书馆学习、外出写生、写评论、立题研讨会、作品分享观摹展、专题采访，同从艺人员座谈，交流设计稿，集体攻关创作重点作品、培养团队观念等活动。创造条件跨专业、跨学校、跨省市、跨国家学习考察。比如，每年全国的或地方举办的工艺美术大展或单项展览，我们学校的信息部门要积极敏锐地主动出击，收集资料，整理信息，通过专题赏析会、研讨会，让老师同学了解学习本专业最新、最全、最时尚的信息，依据实例分析行情、交流学习心得，提出改进提高的若干设想和实施方案。如同蜜蜂采粉，选择性地学习社会文化大宝库精华，就是为了充实学生的艺术知识结构，扩大艺术信息储量，提高艺术眼界，有利于创作更丰富、新颖的艺术作品。

采访心得

胡昌民老师美校毕业后，进入上海玉雕厂牙雕车间工作，因工作出色，很快就担任了技术骨干和车间主任。他后来去加拿大深造、工作、创业。他结合加拿大的碧玉资源、当地市场需求和玉雕工艺进行创作，探索出了以西方人喜欢的老鹰、北极熊为代表的大型摆件式玉雕的创作方法，获得了市场的肯定。更难得的是，他有着对牙雕的情怀和使命，花费十多年数次回国收集材料，出版了数十万字的《上海象牙雕刻》专著，为海派牙雕的传承和文献研究作出了重大贡献。

陆永福

坚持上海炉瓶传承

采 访 人：王彩芸
受 访 人：陆永福
采访时间：2020 年 5 月 12 日
采访地点：聚福堂玉雕工作室

陆永福

1956 年出生于上海工艺美术世家，海派玉雕特级大师，聚福堂玉雕工作室艺术总监，1973—1976 年求学于上海市工艺美术学校玉雕专业，上海玉石雕刻厂炉瓶车间，专业从事玉雕设计制作 44 年。2018 年 4 件作品应邀在中国国家博物馆展出；2019 年作品《青玉百佛炉》入选中国当代玉雕艺术精品集。

一、家庭背景和生活履历

王：陆老师，您是海派玉雕炉瓶技艺的保护者和传承者，在业内已获认同，广受同人赞誉。您选择保护和传承海派炉瓶，并坚持至今，做这件事的初衷是什么？又是怎样的成长环境，影响您对人生目标和艺术风格的选择？

陆：我的家庭是相当有代表性的上海工艺美术世家。父亲和姐夫都是上海艺术的摇篮“土山湾”培养的。1956 年，北京成立中国科学院，将父亲从上海科学院调到北京工作（动物标本研究）。家里兄弟姐妹六个，我是最小的。大姐在上海金饰品厂工作，姐父就是徐宝庆（海派黄杨木雕的创始人）。哥哥陆天福（海派砚刻传承人），大嫂是工艺美校玩具班毕业。徐宝庆有两个女儿，大女儿和刘忠荣是工业中学的同学，上海玉雕厂人件车间。小女儿做竹刻，在工艺美术研究所工作，后来去了美国。

进工艺美校学玉雕主要就是受家庭的影响，家里从事这个行业的人相当多，姐夫对我从小的影响应该说蛮深的。我从来没看见过有人像我姐夫一样，如此热爱黄杨木雕，一年四季除了吃饭睡觉，就是刻木雕，哪怕是家庭聚会，仍旧在工作。这是他最大的乐趣，如果刻不动肯定是生病了。

二、求学经历

王：1973年的工艺美校在您心中是怎样的？当时为什么会报考工艺美校？在考学校和选专业时有什么故事吗？

陆：因为家庭氛围，我对工艺美校比较喜欢，1973年工艺美校复校后第一期招生，我就考进了。徐宝庆的女儿（我外甥女）当时在上海玉雕厂工业中学读书，我就极力要求进玉雕专业。

陆：我进了工艺美校玉雕班以后，有了脱胎换骨的改变，对自己有了全新的认识。这和中学的同学是没办法相提并论。工艺美校73届是复校后首批招生，可以讲是汇集上海应届毕业生中的精英，这时候大学还没开始，它就是最高学府。我一进入玉雕班，半年不敢出声音。以前觉得自己在中学的文理科好像还可以，到了班级发现我和他们有差距，有鸿沟。整个1973级有8个班级，确确实实真的是社会精英。能够进工艺美校是特别优秀的人，有艺术专长，又是知识分子家庭，或干部家庭。他们受的教育，讲的东西，与我们普通家庭的教育是有区别的，这个氛围下自己只好默默地再努力，刻苦，想办法，不说超过其他人，最起码要跟得上。

我对陶俊华，刘锡阳老师的印象很深刻。教玉雕实践课的是从玉雕厂来的两位师傅，老师傅毕竟只会做，理论方面欠缺。玉雕的专业老师就是陶俊华，他画的好，设计理念好，实际他的技法也超过两位师傅。应该说是我的玉雕启蒙老师，上课很生动的，讲的东西相当对。后来他也教工笔花鸟。

王：在您求学期间，比较流行的、大家热衷的创作题材是哪些？

陆：学习期间，老师会拿很多原料，教我们看材料（因料设计）。原料适应做炉瓶，就设计炉瓶，原料适应做鸟兽，就做鸟兽等等。学校是带我们玉雕进了这扇门，知道是怎么回事，应该怎么做的，怎么才是好作品。至于怎么做得好，这都是以后的事。在工艺美校这三年，除了学习，还会组织我们下厂、学工、学农、学军、体验生活，非常丰富。

王：您接触下来，当时美校的毕业生和玉雕厂工业中学毕业的有什么区别吗？

陆：肯定有一定区别的。第一，师资力量肯定没我们工艺美校强；第二，它招的学生年龄小，是小学毕业，学生的理解能力，老师教的程度不一样，所以有区别的。我们是中学毕业，理解能力各方面更好一点。并且工艺中学还有文化课要上，我们除了文艺理论，就是素描，国画，雕塑。基本上是围绕专业的，当然工艺中学出来的尖子也有，但从普遍现象来说，工艺美校比工艺中学好。各方面的原因，从先天条件，年龄，师资，教学都有区别。

王：学习对您在艺术审美方面有影响吗？比如说我们看上海炉瓶，如何分辨好看或者不好看。

陆：陶老师经常说："作品做得好，它会讲话"，它有韵味。我进了玉雕厂炉瓶车间以后，车间有一百多人，一人一件作品就是一百多件作品在你眼前晃来晃去，自己也会看，会比较，大家互相之间还要探讨，造型，线条，逐步逐步就形成了大家差不多的共识：腰要收一收，脖子不能太长，盖子不能太高，宽度多少，高度多少，大致的比例是怎样的，就像上海的石库门建筑不一定怎么好，就是石库门的味道，苏州的江南小院，北京的四合院，各有味道，讲不出哪一个好，但是我们上海人更加喜欢石库门文化，一样的道理。

三、工作经历

王：您在美校毕业之后，是直接进入玉雕厂工作了吗？当时是在什么部门？当时的炉瓶技艺，在玉雕厂是怎样的地位，您认为当前的产业发展怎么样？对专业人才的需求如何？厂里有没有开展哪些方面的培养培训？您觉得这与学校教育之间的区别是什么？

陆：毕业了以后，除了三个尖子生留校（赵丕成、王敏、张磊），22个同学进了玉雕厂炉瓶车间（现在都退休了），同期还有手工业局组织，在工艺美校培训的厂里的尖子生，这批人现在发展的也蛮厉害的，本身就是最优秀的才能去培训。

王：进玉雕厂的时候有师父吗？

陆：有的。师父都是扬州的，我师父已经去世了。

王：炉瓶车间，在玉雕厂是怎样的地位？

陆：我们工厂的模式是五个车间：分别是炉瓶、花鸟、人件、小件、象牙。每年炉瓶车间要完成40％产值，其他车间相对平均。进材料的时候，炉瓶车间的主任和设计员先到仓库里挑，最好的料给炉瓶，炉瓶挑好后人件，然后花鸟，最后小件。

王：您认为当前的产业发展怎么样？对专业人才的需求如何？厂里有没有开展哪些方面的培养培训？您觉得这与学校教育之间的区别是什么？

作品《碧玉犀牛尊》

陆：以前都是国有企业，想在玉雕界里面占一席之地，是进行全国大比武，上海玉雕厂，北京玉器厂，扬州玉雕厂，都是国有企业，等于全国摆擂台。上海玉雕能够在全国有地位，靠的就是海派炉瓶。北京是人件做得好，扬州是山子，广州是镂空雕，苏州是小把件儿。每个地方有自己的看家本领，上海就是炉瓶，现在的炉瓶已经被遗忘了。现在是市场经济了，炉瓶，无论从制作难度，周期，投入的资金，还是风险程度，都是最高最长的。个人就没必要去做这个东西了。现在我们炉瓶车间的都改行不做了，全部做牌子，无可厚非。首先是要考虑怎么养活自己，养活家里，后者才能考虑艺术。

王：当时是因为什么契机，让您创办了自己的企业？又是什么原因让您在50岁回到做炉瓶？

陆：当时在玉雕厂待了几年以后，结婚了，生活压力变大，家里也没有房子，单位分配遥遥无期，轮不到的，就想自己去闯。年轻的时候也不怕失败，正好我的朋友，在江阴的开矿，投资我几万块，开了自己的玉雕厂。两年以后，生意很好，把钱还给他后就变自己的企业。做企业什么赚钱做什么，主要是要赚钱，果然我们两年不到，全部实现万元户目标。

后来限制外贸，我就和朋友去开矿了。主要精力是放在采矿上了，到50岁以后，觉得赚钱总归要结束的，回过头来，因为我对玉雕，特别是炉瓶，真的是骨子里的喜欢。就想开一个工作室，自己做玉雕炉瓶。现在采矿厂还在，就是赚钱养工作室，上海看家的玉雕器皿没人做，而我又对器皿最熟悉，也可以说最拿手最了解，于是决定了我们聚福堂的发展方向和宗旨。以我的角度来说，现在追求的，就是自己的东西，要有我的特色、味道。至于市场认可不认可，是市场的事和我没关系，只要坚持自己的观点和立场，做的东西就是真的值得。再者，现在培养的学生也没有往炉瓶这个方向发展，10多年以后，有可能就失传了。市面上，还会愿意做海派炉瓶的人有几个人？所以我这里的作品，市面上是看不到的。

四、艺术创作

王：您是如何理解海派玉雕炉瓶的？是受到青铜器造型，还有哪些艺术派别的影响吗？

陆：我们讲海派炉瓶，比例要均匀，线条要流畅，上下要匀称。理论上讲，哪个地区的炉瓶都适用。区别是在细节的标准上大家的认知度不一样，所以按照这个标准来说，是讲不清楚的，但是我们老做炉瓶的人，拿两个不同地区的作品，都不用看做工，很远看一个器形就知道了是哪里做的。

比如说大家一样写生，每个人画出来就不一样，不同流派的传承，出来的东西是不一样的，尽管原始的写生对象所依托的是同一个东西。玉雕和青铜器的区别在于制作过程不一样，青铜器是浇制的，玉雕是减法，一点点磨出来的；材质不一样，铜和玉，青铜可以达到的效果，玉雕未必能达到，玉雕能表现的，青铜器也不一定可以达到。要有自己对造型的认识，这样才会做出真正是你的东西。

王：现在做炉瓶的主要材料是翡翠还是和田玉？

陆：做炉瓶的全部瑕疵毛病都去掉的，符合我做炉瓶的料很少很少。

王：可否介绍一下您最满意的作品？近几年您在创作上有什么新的思考？对于未来的海派炉瓶又有怎样的期望？

陆：最满意的有几个：《四羊方尊》《白玉宝塔炉》。《四羊方尊》看似简单，其实不简单的。我并不是说完美的不得了，如果再做一个，肯定比这个要好，在这个基础上还要提高。

王：我看上去上海炉瓶浑厚一点，还有气韵是向内收的，不是向外发展的。

陆：老师傅一直说的，不能掏得太薄，你掏得薄，玉质感没有了。玉本身有浑厚度，一定要有玉质感，并不是说器皿的东西越薄越好，掏的薄就浮了，也并不是每种器形都是适应薄胎，每种材质都适合薄胎做法。没考虑到材质，玉的审美首先是材质的审美。

王：《四羊方尊》是您现在最新的创作吗？

陆：我也是不得已而为之的，为什么感觉我这个炉很创新，因为一般没有脖子是这么细的，本来这里有一个瑕疵，一直挖到玉为止，挖进去那么深，因料设计，现在感觉出造型蛮别致的。其实如果好好的料，我会切进去那么多吗，现在叫恰到好处，反过来达到另外一种效果。这就是我们艺术的特点。收了一收这个东西就灵了。炉瓶的工艺比较全，是综合性的。我们炉瓶车间，是器皿，器皿也有动物，龙，凤，狮子，老虎等。

作品《四羊方尊》

王：对于未来的海派炉瓶您又有怎样的期望？

陆：我希望学校在玉雕专业授课的时候，炉瓶要作为一个主要的内容之一。如果说上海工艺美校玉雕班出来的人，连炉瓶都不会做，器皿都不是很懂，是不可行的。在教育上要有一定的侧重，最起码比例要加重。最起码要让学生知道，海派炉瓶以前是上海在玉雕界立足的一个东西，至于他做不做，这个由他去选择，但是最起码的道理要和他说，最基本的制作方法，制作原理要和他说。我担心海派炉瓶失传，从玉雕的传承，玉文化的发展上来说，我不希望断了。

采访心得

陆永福老师是一位有使命感的商人，虽然从商多年，却不忘初心。兜兜转转后，回到玉雕界，发愿保留海派炉瓶的传承，并坚持至今。看到他的作品，能感到他对海派炉瓶的热爱和对艺术的敬畏。他不做莽撞的创新，而是踏实起步，先整理传统海派造型的复刻。这是非常有意义的事情，因为虽然技艺在，人在，图纸在，但是，当年的作品早就远销国外，分散在藏家手中。原汁原味地保留作品的造型和气韵，目前也只能靠他们的坚持。当然，他也有创新，创新的基础是对玉材的认识和对中国传统审美的诠释。我认为，沿袭和创新，并能坚持制作、收藏炉瓶，陆老师在上海炉瓶技艺的传承与发展中将会起到重要的桥梁作用。

工艺精湛·漆器雕刻的守望者

漆器雕刻专业(简称"漆雕专业")是1960年上海工艺美校建校伊始即招生的工艺美术类专业。专业的开设是为了满足当时漆器行业出口创汇生产的需要,培养与行业生产对口的漆器技艺人才。本部分分别对20世纪60年代、70年代、90年代校友的口述资料进行梳理,主要先抢救性地采集20世纪60年代和70年代漆器雕刻专业校友的口述和影像资料。

20世纪60年代漆雕专业毕业17人,其中的朱惠卿校友,在世时担任上海工艺美术研究所所长,是全国工艺美术漆雕大师,也是上海工艺美术博物馆馆长。魏祖仪校友在20世纪70年代学校复建后回母校担任漆器雕刻专业教师,他的镶嵌技艺高超,注重调动学生的学习兴趣,深受学生的喜爱。课题组还采访了一直坚守在漆器行业的金康伟校友和投身于工艺美术服务行业的陈慕良校友,他们反馈,当时学校的漆器雕刻专业主要培养刻漆工艺和镶嵌工艺两个方向的专业技艺人才。学校注重文化、美术与专业技艺相结合的教育理念,开设文化类课程、美术类课程以及专业技艺课程。文化类课程包含语文、工艺美术史;美术类课程包含素描、色彩、图案以及国画类课程(人物、山水、花鸟);专业技艺课程主要是每学期安排的工艺类实践课程,由文化理论教师、驻沪画家、漆器行业的工艺师组建的教学核心力量授课。通过两位校友的回忆,我们鲜活地感受到学校创办之初的硬件条件之差,软实力上美术师资之敬业、热忱,技艺老师之水准高超,学校办学理念之新颖。虽然招生不多,但是他们毕业后都成了行业企业的骨干,与当时社会的老漆器制作匠人相比,上海市工艺美术学校培养的学生在漆器创新能力、造型审美品位、艺术表现能力等方面有非常明显的优势,他们在当时的漆器行业发展中发挥着重要作用。

1973年上海工艺美校恢复建校,漆器雕刻专业也恢复招生,20世纪70年代学校招收两届学生，共毕业51人。在这期间，漆器雕刻专业培养了许多“一专多能”型人才，有工艺美术大师、油画家、文物修复大师、企业家、教育管理人员等。如漆器镶嵌技艺教师章峻老师，上海大学油画家姜建忠教授，大工艺美术践行者、企业家施森彬先生，工艺美术大师、上海博物馆馆长张岚教授，工作经历丰富最终成为香山画院执行院长的陈明先生以及回到母校传授技艺的王永利老师。通过这6位校友的口述回忆可以了解到上海工艺美术学校在1973年复校后进行了一系列改革。首先，进一步完善课程设置，增加了雕塑课程和速写创作。在延续20世纪60年代“文化+美术+专业技艺”培养理念的基础上，提出了“开门办学”“创作带基础”的办学思想，加强了学生走进生活，从生活中凝练创作主题，采集创作素材，完成漆器创作纹稿，制作出更贴近生活的漆器作品的创作实践能力。其次，漆艺教师基本是受过学校教育，具有文化学养的技艺人才，教师授课打破了只能示范不会讲授的壁垒，教学方式多用启发式、激励引导式，更有利于激发学生的学习动力。最关键的是学校宽松的学术氛围，使得学生能在专业学习的同时发展自己的个人兴趣爱好，学生学习的主动性非常强，出现了以专业学习为基础的百花齐放的盛况，这也为校友今后事业的发展奠定了良好的基础，拓宽了他们从业的延展广度。在采访中，这些校友用他们在职业生涯中的积淀和对专业的深入理解，中肯评价了20世纪70年代上海市工艺美术学校漆器雕刻专业教育的成效。

1996年下半年起，学校恢复开设了“漆艺”课程，2010年学校开设漆艺专业，延续招生至今。课题组首先采访了这一时期从漆艺课程到漆艺专业的关键人物——工艺美术职业学院的高级工艺美术师翁纪军教授，他在“漆艺”课程开设前期，从漆画方向导入，强调技术和艺术结合。通过多年努力，他带领团队把该课程建设为国家级精品课程。2010年学校开设工艺美术品设计与漆艺制作专业方向，开启了学校对现代漆艺人才培养的新篇章。翁纪军教授在组建漆艺专业教学团队，加强专业建设和课程设计方面围绕“传承、创新”两个关键词。首先在专业人才培养方案上传承了学校“文化+美术+专业技艺”的办学理念，增加了“现代构成”课程；其次在课程教学设计上用课程包的形式，把《髹饰录》的典型技艺分解到每学期的漆艺专业技艺课程中。另外在师资队伍里外聘原漆器屏风雕刻厂的漆工技师到学校担任漆艺技术导师，以保证师生对传统技艺的学习与掌握。本采访组还采访了老漆工黄国明技师，通过他的口述，我们了解到他在课程组里起到了不可或缺的技术支持指导作用，完成了专业课程前期的材料漆工工作，提高了教学效率，协助专业任课老师指导并解决课程中出现的漆艺问题和难题。在教学过程中，面对当下多元化的艺术设计语境，翁纪军漆艺专业团队教授学生学习、传承传统《髹饰录》漆艺技能，引导学生与生活紧密结合，用创新设计思维帮助中国古老的漆技艺走进当代民众生活，给传统漆艺开创一个崭新的未来。

路玲娟

陈慕良

上海工艺美术行业勤务兵

采 访 人：路玲娟
受 访 人：陈慕良
采访时间：2019 年 10 月 25 日
采访地点：博大商务楼 702

陈慕良

生于 1943 年，上海人。1960—1962 年在上海工艺美术学校学习；1972—1974 年到上海华东师范大学进修；1963—1969 年就职于上海市漆器屏风厂；1970—1972 年就职于上海工艺美术公司技术科；1974—1975 年就职于上海市二轻局工会宣教科；1976—1978 年就职于北京轻工业部，负责全国展览会；1979—1981 年担任上海工艺美术展销公司部经理；1981—1983 年担任上海市西郊宾馆市场部经理；1983—1986 年担任上海工艺美术协会秘书长；1986—1989 年加入上海市工业美术设计协会；1989—1998 年担任上海市工艺品展销公司业务经理。1998 年 12 月光荣退休。

一、学习工艺美术的背景

路：陈先生，您好，非常感谢您能接受我们的采访。今天主要请您谈谈您在工艺美校的学习以及工作后的情况。

陈：今天我很高兴有机会回忆我就读于工艺美校时的情况。

路：您为什么会到工艺美校学习？

陈：在回答这个问题前，我先讲讲当初上海为什么要办工艺美校。当时办校其实是很困难的，因为当时国家正好处于“三年困难时期”，国民经济冒进，造成粮食短缺，物质匮乏，全国有好多地方的人饭都吃不饱，饿死了不少人。在这么困难的时期为什么还要办工艺美校呢？这个实际上是与我们上海当时工艺美术系统工厂发展的实际状况相匹配的。

中华人民共和国成立以前大部分工艺美术的生产形式都是小作坊和个人家庭作坊，实际上是个体经营的，不管是玉器雕刻、象牙雕刻、绣品、地毯都是这个情况。到了1953年我党提出了“三大改造”，并开始对手工业进行改造，把当时的个体户、家庭作坊转变为合作社。当时按照专业成立了很多合作社，有民族乐器合作社、漆器合作社、玉雕生产合作社和地毯生产合作社等。1956年以后，家庭类的小作坊都变成了一个个比较规范的合作社，虽然工人也多了，还有生产规划，但是也很难适应当时社会的发展。一直到1958年“大跃进”运动以后，再一次改造，才将合作社改成了工厂。当时有上海玉雕工厂、地毯工厂、民族乐器工厂、绣品厂、漆器厂。合并成工厂以后，实际情况是当时的管理人员比较匮乏，专业队伍也有严重的缺陷，最主要的缺陷是那些老师傅只会做不会讲，只有实践，没有理论，带、帮、教徒弟很困难。“师傅不会讲，学生也学不会”，这是当时成立工艺美术工厂后碰到的实际问题，这些问题和当时国民经济的发展是不匹配的。当时，工艺美术品出口是国家赚取外汇的主要来源之一。我举个例子，载重10000吨的轮船装的花生米出口获取的外汇，只需要我们一个很小的玉器雕刻花瓶就能换来。这花生米每家每户都要吃，在那个年代，直接关系到国计民生。国家看到我们中国传统工艺美术的出口创汇优势，所以就下决心要培养接班人，扩大生产队伍。其他行业也都面临着这样的困难，在这种情况下，中央决定每一个大的工业局都要办中专来培养中等专业人才。上海市政府也有要求：有条件的工业局要办自己专业对口的中等专科学校，因此化工局办了化工学校，冶金局办了冶金专科学校，上海工业局办了机械制造学校，仪表局办了无线电专科学校。

路：上海工艺美校也在这个时候创办的？创办的过程您知道吗？

陈：是的，我们属于上海第二轻工业局，当时的局长是胡铁生，他头脑很灵的。胡铁生当时就很坚定，要么不办，要么就办一个上海市工艺美术学校，培养一批中等技术人员来接班，把老祖宗几千年传下来的好的工艺结晶继承下来，在这个基础上再创作，把工艺美术生产、设计、创新的水平提高。就在这样的情况下，胡铁生局长责令上海工艺美术公司的经理董纯真，他是部队转业过来的军人，淮海战役一起打进上海来的。他很热爱工艺美术，而且非常懂行，他一上任就去每个工厂参观，到每个车间去了解生产工艺，出口赚汇的效果，后来他拍板说我来办这个学校。可是当时没有钱，国家也没有钱拨下来。我们局还好一点，因为我们局有个合作社，叫上海市手工业合作社，这个合作社的上交款不是上缴给国家，而是上交给合作社的。所以胡铁生局长就利用当时手工业合作社的基金，拨了一部分款筹建学校。董纯真经理很有魄力，开始筹建的时间是1960年的元旦，他要求在“五一”国际劳动节以前要开学，所以筹备的时间很短。董经理很好，他到处拉赞助，我们局的工厂多，他就去各个工厂募捐，他从体育用品公司要一点体育器械，从家具公司募捐到一批课桌椅。当时办学条件非常艰苦，在我的记忆当中，学校刚开办的时候，学校一没有操场，二没有图书馆，三没有宿舍，什么也没有。

我们的教学大楼是上海美术模型厂“让”出来的。地点就在《新民晚报》社对面的圆明园路，外滩后面的一条街上，地段很好，但是房子毕竟是工厂，不适合办学校。房间太大，就用纤维板，木屑板隔成小间，上课时老师声音还要轻一点，以免影响隔壁班级上课。当时织绣专业和象牙专业就是用这个板隔开的。学校没有操场，没有体育器材，文体公司捐的放在食堂里的“红双喜”乒乓球桌就是学校唯一的学生锻炼身体的器材。这么多学生，一张乒乓球桌怎么够呢，基本上轮不到上去打的，条件很艰苦。

路：这么艰苦的条件，学生会来上学吗？您是怎么来工艺美校学习的呢？

陈：是啊，我记得其中有三个教室，没有窗户，或窗户很小。玉雕有两个班：老玉雕班朝北的，有一个小窗户；新玉雕班没有窗户，只有一个气窗，只能白天也开着灯。在这样的条件下，我们学生没觉得困难，学生心情也挺好。为什么呢？就是刚才讲到的，你为什么要想学工艺美术？是因为我喜欢。我为什么要考进工艺美术学校？因为我从小喜欢画画。毕业以后我样样不考，本来父母想让我考上海无线电学校，我不愿意，我就是喜欢工艺美术。当时学校考试分两部分，一部分是文化笔试，我们当时初中毕业，初中毕业考三门课：政治、语文、算数；一部分是专业考试，就是素描，按照石膏像，每人画一张。考完以后按照分数发通知。我记得很清楚，我去报到的时候，老师问我，我们这个学校很小，学校条件很差，你为什么一定要考我们学校？是你个人愿意还是家长要你来的？我说我个人要来的，我就是喜欢画画，我们小学、中学的黑板报都是我出的。老师说你喜欢就可以，你要是不喜欢我劝你不要来读，我们这个学校条件太差了，一般人来了受不了。当时也确实走了不少学生，留下来的人都是爱这个行业，爱这个专业，爱这个学校的。所以留下来的这些学生，后来都很有出息。

二、学习经历

路：您的兴趣爱好指引着您考入工艺美校，当时学校的专业教育情况您还记得吗？

陈：我考进来以后，分配在漆器雕刻专业，这个专业人很少，只有 22 个学生，中间还淘汰了几个，我们班级最后毕业了 17 个学生，有 12 个学生都被分配到漆雕屏风厂。几人分到三个专业，4 位同学到描金专业车间、4 位同学到镶嵌专业车间、4 位同学到刻漆专业车间。我被分在刻漆专业车间，刻漆就是用一把雕刻刀，能把任何东西都雕出来，不管图案多复杂，都得有本事雕出来。雕好以后，不需要的部分铲掉，需要的部分留出来，涂上颜料，贴上金，真是漂亮。

工艺美校初办时，由于国家经济困难，办学硬件条件很差，但是学校的软件条件是很强的。我认为当时学校的课程设置有三个特点，一是与专业对口，二是内容安排合理，三是师资较强。

当时的专业基础课程设置分两类，一类是国画类课程，国画课分人物、山水、花鸟；一类是基础课，基础课就是图案、素描、色彩。当时课程的设计和教学实施都非常合理，和我们的专业十分对口，以后我们专业就是靠这些花鸟、山水、图案还有色彩来创作的。

我们专业课程教学的老师很好。我举个例子，有位教山水的老师，叫申石伽，是杭州赫赫有名的画家，他画的竹子可以和郑板桥画的竹子媲美。申石伽老师，一口杭州话，人很好，很客气，很谦虚，对学生只有鼓励，没有批评，他的教育方法就是以鼓励和启发积极性为主。还有位山水老师叫顾飞，他画的是工笔山水的风格，有自己的特长。后来他的学生都以工笔山水而闻名，比如蔡天雄、许韵高、汪凯民，现在都是有名的画家。教山水的老师有两个，教花鸟的老师也有两个，一个是泼墨，半写意的，叫曹简楼，人很好，很和气。他每次上课，学生在旁边看，他画好以后学生照着他的样子试试看。他说画得不好不要紧，以后会画好的。失败不要紧，一次失败，两次失败，第三次就好了。他鼓励我们要动手、动笔，画画是画出来的，不是讲出来的。曹简楼老师的花鸟画现在市场价 3 万元一尺。还有一个教花鸟的老师叫孙悟音，孙老师画的花鸟、金鱼真好，她人也很漂亮，讲话很和气。因为工艺美术大部分要用到图案，教图案的老师也有两个，一个叫李连坤，他是浙江美院毕业的，后来当了工艺美术研究所的所长；另一个叫沈思明，他是苏州美校毕业的，是个高才生，苏州美校的第一名。教色彩课的老师叫陈策，他是陈少秋的儿子。他教色彩，教我们颜色怎么调，基本色怎么用，三种颜色怎么调成七八种等等。所以回想起来，当时我们的老师应该是很强的。

不上美术基础课程就不能提高学生的造型技能和审美素养，没有专业技能训练就没有专业核心能力。画人物就是专门画人物，画山水就是专门画山水，画花鸟就是专门画花鸟。所以我们很幸福能遇到这些好老师。我到现在都不会忘记他们。他们年纪大了以后，我们学生一直去看他们。约好 10 个人，去老师家里探望，再到外面小饭店去吃个饭，人太多了家里坐不下，太少了不像话，10 个人刚好。申石伽、孙悟音、顾飞、曹简楼、沈思明几位老师家里我们都去过。

路：请您再讲讲当时漆艺技术课程是怎么上的？

陈：专业课就是技艺课，我们的专业课不在圆明园路的教室上，因为受当时空间条件的限制，所以借用四川北路艺术品雕刻一厂三楼的车间作为工艺美术学校的教室。这里原来是一个基督教堂，学生在圆明园路校区吃好饭后，排队去四川北路的教室上课，要走35分钟到40分钟，下午1点钟开始上课。专业老师上课空间是分开的。黄杨木雕由徐宝庆老师在东边的空间上课，我们漆器在中间，木雕在西边的空间，象牙和玉石雕刻在另外的小房间上课。玉石雕刻要用机器，象牙只要有小刀就可以了。专业老师不讲话，专心操作演示，学生就在旁边一边看一边思考，每一刀怎么刻上去，屏风山水是怎么雕出来的。老师做半个小时，然后学生每个人拿一块漆板，按照老师发的图稿样子，我们按照老师的样子自己刻，刻好以后老师来改。下午4点半下课，就这么点时间，每周上两次。学生在旁边看，然后自己做，大家都这么学会了，效果很好。我们这些学生都比较用功，没有开小差的，没有不动手做的，做好了以后老师要看半天，但是老师讲不了，因为老师没有理论，只会动手，不像现在的老师不仅有理论也有实践。所以我们当时学的技术，不是学的，也不是教的，所有的专业技能，都是“偷”的。到工厂里工作后，老师傅都下班走了，我们不走，他们刻好的屏风，刻得这么好看，我们拿过来看，再练习，所以都是偷师来的。说实在的，不用心不仅在学校学不到东西，在工厂也学不到东西，我建议我们现在的学生，要想学会技术，就要学会“偷”，要专心，动脑筋，关起门多看、多做、多琢磨。人家下班我们都不下班的，每日每夜都在研究，为什么这个机器是这样？都是靠自己琢磨，没有老师教的。我们要学技术，就要专心，要有毅力，要“偷”。勤劳才能出智慧，劳动才能出技术，世界上没有捷径的，我们都是这么过来的。

路：在工艺美校还有其他让您觉得印象深刻的人或事吗？

陈：我们当时的校长是汪邦彦校长，他是工艺美术公司的一个科长。他性格很好，和蔼可亲，每次开学放假都要做报告，非常生动，表扬学校一个学期的好人好事，我认为表扬就是一个鼓励。他批评人是一对一的，从不外传，不让其他同学听到，推心置腹地给你讲道理，讲到你心服口服。我们比较乖，从来不调皮，有两个调皮的同学一直被叫去，回来还很开心，他们说老师很看得起他们，犯错误无所谓，改掉了就好。这就是我们的汪校长，我们对他印象很好。后来他生病住在闸北区中心医院，我们学生经常排队去探望他。

三、工作经历

路：您毕业后到哪里工作？那里的情况怎么样？

陈：我们是1960年4月中旬入学，到1962年12月31号就毕业了，本应该是1963年7月底毕业的，实际上在校学习时间不到三年，只有两年多就毕业了。为什么要我们提前毕业呢？因为当时漆器厂急需要人，招来的徒弟不行，工厂里急需工艺美校的学生充实生产一线。汪校长在毕业典礼上和我们说要提前毕业，我们觉得很可惜，应该还有几个月才毕业呢，但是没有办法，每个工厂都在催，工厂里的工人青黄不接，需要我们这帮学生到工厂去做骨干。

我是1963年1月2日到南市区小东门的上海漆器雕刻屏风厂报到的。工厂条件很差，车间内光线不好，但是进去一段时间以后觉得还可以，因为专业对口，学的东西可以用，也觉得很开心。我们工厂生产的产品有大屏风、橱柜、电视橱、法国酒橱、日本的炕桌等，都是出口的。工厂里分三个专业，一个是镶嵌专业，就是魏祖仪、金康伟做的工艺，镶嵌工艺就是用玉石、象牙、贝壳、螺钿雕刻好图形以后镶嵌到漆板上组成完整的图案，特别是用玛瑙雕刻成飞天图案，很漂亮的。我学的是刻漆专业，等于是半浮雕，就像刻印章一样，把图稿雕刻铲掉以后形成阳纹，也非常漂亮。屏风题材有梅兰竹菊、凤穿牡丹、山水等等。我们做的是大漆器，最大的屏风由12片拼成，人民大会堂里面用12片拼成的漆器屏风就是我们做的，是贴金的。日本人最喜欢贴金的，当年我们出口到日本的订单，大部分是黑漆，中间全贴金箔，上色后很漂亮，叫“刻漆全金屏风”。第三个专业叫作描金。在用黑颜色、绿颜色，红颜色，黄颜色的漆漆成的家具上，用金粉描上诸如敦煌壁画之类的图案。厂里很照顾我们，一年实习期，在车间里劳动，工资34元/月。一年实习期满后，看专业的情况重新分配。实习期满转正工资45元/月。我进工厂直接留到刻漆屏风车间，直到1968年我才离开工厂。

路：“文化大革命”期间工厂处于怎样的状况？对您今后的工作有什么影响吗？

陈：我在此期间跳槽离开了漆器厂。因为工艺美术在这期间不能生产，才子佳人是“四旧”，都不允许做，要“破”。好多工艺美术品工厂都停了下来。局里领导急死了，工艺美术系统有70 000多名工人没事做，工厂要开销，要支付工资，水电煤费用要交，不生产要支付不起那些费用了，怎么办？当时的党委书记叫王海明，部队来的，敢说敢讲：“我从淮海战役打过来的，我是中国人民解放军，不是走资派。”他为整个行业里的厂长、书记、设计人员办了个学习班，主题是“工艺美术是斗、批、改还是斗、批、散”。我也去参加了两天，所有的观点都是“斗、批、散”，才子佳人之类的都是“封、资、修”的腐朽东西，不能生产。回家后，我一个晚上都在思考我的观点，我写了一个提纲，我的主张——工艺美术大有前途，国家需要，必须“斗、批、改”而不是“斗、批、散”。第三天一大早，我第一个上去演讲，我的理由很充分，一是工艺美术是我们老祖宗几千年传承下来的，是劳动人民智慧的结晶，这是要肯定的；二是工艺美术是国家争取外汇的来源之一；三是工艺美术产品的出口不影响我们国家的意识形态和民生；四是如果工艺美术在我们这一代断了，绝种了，是我们这一代的犯罪，对人民的犯罪，对历史的犯罪。我就围绕这四点，一个人讲了两个小时，台下鸦雀无声。这件事情过后，工艺美术公司党委书记就到厂里来找我，让我到工艺美术公司经理办公室给他当秘书。就这样，我在1969年被调到了工艺美术公司做办公室秘书、党委书记秘书。

这是我人生的转折点——改行了。后来我跟党委书记说，我不太适应，没什么事情，我想到技术科去。技术科领导上海整个工艺美术行业的创作设计，一是对设计审核把关，提改善意见。二是抓生产质量，组织每年的产品评比，提高质量。我喜欢做工艺美术，不喜欢做文字笔头工作。这样我就到了上海工艺美术公司技术科，工艺美术技术科和我所学的专业大类很对口。为了发展工艺美术行业，取得上海市领导的关注，我想了个办法，在上海大光明隔壁的上海工艺美术服务部三楼集中展示工艺美术公司旗下所有工厂的主要代表作品，把产品、名牌、名片在橱窗里展览出来，每个作品标签上写好作品名称、设计人员、外汇美元定价等内容。准备邀请当时的上海市主要领导视察，我每天住在服务部，以便随时接待来指导工作的领导。等了3个月，市里管文教、体育的领导来了。服务部打电话和我说领导的车子快要到了，我就赶紧到了展示场地。我给他介绍了每件产品的产地、工艺特点、换汇价值，这些外汇可以换多少花生米、多少大闸蟹，来改善上海市民的生活。他从头到尾很认真地听我的介绍，他总结了三个方面的内容：第一，这是老祖宗传下来的东西，不能扔掉；第二，工艺美术行业已经有这么多门类，有这么多人从事生产，好好发展能解决一大批人的吃饭问题；第三，工艺美术行业可以生产，加强图形设计，增强作品的现代革命意识。领导这样说，我开心得不得了。这样工厂可以开工了，工人有工作了，有工艺美术品可以出口赚外汇了。手工业局胡铁生专门来看我，说我立了一个大功，救活了7万多人。这就是我怎样从工厂的设计人员，走到工艺美术公司秘书，又走到了工艺美术公司技术管理科的经历。

第三个转折，当时国家要培养工农兵干部，要培养工艺美术的老师，培训已经在华东师范大学办了三年，一共招收了500名学生。手工业局王海年书记点名叫我去，送到华东师范大学，整整读了四年，毕业以后我留在手工业局做党校政治教师，先后讲了《共产党宣言》《国家与革命》《帝国主义理论》《资本论》等7本书的内容，感觉自己还挺喜欢当老师的。

第四个转折，局势稳定后，工艺美术公司的党委书记和手工业局领导说：“他是我们工艺美术公司的人，是搞技术的，你让他上政治课，牛头不对马嘴，是人才的浪费。”在书记的帮助下，我又回到工艺美术公司。

第五个转折，当时工艺美术品出口很困难，国家刚刚开放，很多外国人到上海来观光。我们手工业局局长胡铁生非常有超前意识。他说：“外贸要做，我们工业局也要搞外贸，要有对外的窗口。我们工厂生产的产品，通过这个窗口再对外开放，可以零售、可以批发、还可以接订单。”1980年，胡铁生局长就在面积7000多平方米的上海展览中心组织了上海市工艺美术展销会，把我们公司最好的产品拿过去展销，标签上把生产日期、人民币定价、工艺师的名字都写在里面。展销会延续了3个月，一共赚了1.2亿元人民币。1980，胡铁生恢复了局长职务。国家的形势，党中央的政策，我们局长的超前思想，这三个条件凑在一起，促成了工艺美术展览销会在上海展览中心的成功举办。上海展览中心建筑非常有特色，是俄罗斯的宫殿风格，非常漂亮，外国人一进来就被惊艳到了。这个展销会非常重要，为了今后能定期常态化开展展销活动，成立了上海工艺美术展销公司。玉雕、象牙、首饰、文房四宝等项目科的科长基本上都是工艺美校毕业的学生，他们都被我聘了过来，因为他们懂专业，他们能对公司拿过来的产品进行质量鉴定，对产品质量进行把关。

我在上海展览中心做得挺好的时候，胡铁生局长快要退休了。有一天，他开车过来找我在西郊宾馆吃饭，他说他要退休了，工艺美术学会每年要有8.5万元的开销，他现在在合作社社长位置上，有“胡铁生”三个字，上海手工艺生产合作联社会划钱到工艺美术学会去。退休后，“胡铁生”三个字就不值钱了，8.5万元的开销从哪里来，工艺美术学会怎么生存？所以他就想到我了。我当时才36岁，学会里都是老人。我说，我这么年轻，我怎么去那里。他说，我不是叫你去坐着，我是叫你去办一个设计咨询服务部，说白了就是叫你去为工艺美术学会赚钱。学会在全上海有1200个会员，个个都有手艺，他们没办法为社会服务，因为他们没有组织。你执照拿到，图章拿到，就去为工艺美术学会赚钱去吧。就这样，我到工艺美术学会里去了，我曾经担任过上海市工艺美术学会设计部部长，我的工作就是合理合法地到社会上去接单子。我下面有三个部门，一个室内装潢设计部门，一个广告设计部门，一个社会美术服务部门。为什么那时候学会有这么大的信誉呢？因为一个项目做完，会员拿大头，学会拿小头。我们有管理章程，学会就是会员的服务员，会员是学会的主人，所有的钱三七开，会员拿70%，学会拿30%，税费由学会来付。萧海春卖掉一幅画，七八千元，都是我这里开发票的。我们第一年赚了8万，第二年15万。当时个人所得税只有4%。这样学会就兴旺发达起来了。这就是我为什么认识这么多人的原因，我要感谢工艺美术学会。这段经历对我意义很大。虽然没日没夜非常辛苦，我去公关，为了收到工钱，我会去盯着项目。工艺美校毕业的学生都到我这里来登记，没有会员证的我来解决，没有发票到我这里来开发票，每个月15号发工资，心态好、很热闹，大家很开心。

四、学校办学成果

路：在你们这届校友中，出了许多人才，您能谈谈他们的成绩吗？

陈：我们母校艰苦的教学环境飞出了许多“金凤凰”。工艺美校培养了一大批工艺美术专业的“大师”，也培养了一大批文化单位行政管理干部，企业的干部、书记，也培养了自己创业的企业家，在社会上影响都非常大。可以说工艺美校不仅仅培养了工艺美术专业人才，也培养了一批发掘工艺美术人才的技术骨干、行政骨干。

毕业4年以后，工艺美术行业出了42个工艺美术师、11个工艺美术大师，工艺美术研究所所长朱惠清，他是全国工艺美术漆雕大师，也是上海工艺美术博物馆馆长，可惜他2016年去世了。艺术品雕刻一厂厂长张孝舟，是木雕班的，他既是厂长，也是全国工艺美术木雕专业大师，还有两位是林大通和童继华。上海玉雕厂厂长应振明是玉雕班的，他既是厂长也是全国工艺美术玉雕的大师。漆器雕刻专业还有一个工艺美术大师，叫毕国勤，可惜现在半身瘫痪了。黄杨木雕专业，人才比较多，鸿艺、毛关福、刘生发三位大师。还有象牙雕刻专业出了顾振鹏、陈文虎两位牙雕大师。黄杨木雕还有一个汤兆基，他曾经是政协常委。工艺美校还出了不少画家，玉雕班的萧海春，是顾飞老师的学生，他的山水画市场价 3 万元一尺。还有一个是绘画班的许韵高，他和汪凯民、蔡天雄的画市场价也都卖到 2.5 万～3 万元一尺。还出了不少雕刻家，如刘生发，他的代表作龙华烈士陵园；毛关福；刘习阳，上海市城市规划馆的，上海市 1/3 的城市雕塑是他的工作室做的。学校不仅仅培养了一批技术和行政管理人才、画家和雕塑家，还有一些自己创业的企业家。其中有 12 位同学办了公司，从事城市雕塑、装潢设计、广告工作，专业上业务水平比较高，接单也很多。比较出名的有殷介宇，室内装潢公司，项目做到了沙特阿拉伯皇族的室内设计布置。

路：您能为母校办学提些建议吗？

陈：现在的学校正规了，升级成学院了，也重视了，钱也多了，唯一担心的是，我们培养的学生怎样适应经济发展的趋势。学校领导要多做调查，我们以后大量有前途的专业和行业，人家不办的，我们办的冷门专业，这些专业恰恰是今后一段时间内我们社会发展的重点，会有好的前途，这样培养出的学生，人家就会主动上门来要。要做到不是我们送出去，而是社会企业来跟我们要人才。我们不是培养理论研究的大学生，我们是培养有艺术修养的工匠，文凭不一定高，但是“艺”要高。学校的文凭只能证明你学过什么，不能证明你精通什么。我们培养的人才要懂什么，精通什么，要强调多动手，要有目标规划。这样学校就会成为社会需要的，为社会培养栋梁之材的学校。

采访心得

陈慕良先生是工艺美术学校办学的首届毕业生，工作经验丰富。在采访过程中他精力充沛，讲述有条理，逻辑清晰。虽然在非常时期他已经离开漆器生产第一线，但是他大部分工作还是围绕着服务工艺美术行业的从业人员，是工艺美术行业的“勤务兵”。能感觉到他对工艺美术行业的发展一直持关注态度，对学校有情感，对老师心怀感恩，对同学、对校友关怀备至。

金康伟
坚守漆器行业的卫士

采 访 人：路玲娟
受 访 人：金康伟
采访时间：2019 年 10 月 26 日
采访地点：博大商务楼 702

金康伟

生于 1943 年，曾用名金泰山，上海人，工艺美术师。1960 年 4 月进入上海工艺美术学校学习，主修漆器雕刻。1963 年分配到上海漆屏风厂，先后从事漆屏风镶嵌、漆屏风创作、漆器镶嵌质量检验等工作。1992 年调入上海工艺美术研究所，2003 年退休返聘。1976 年参加制作的漆屏风作品《文姬归汉》在香港大公报得到好评，1978 年参加制作的挂屏《海棠诗社》入选首届全国工艺美术展览会，1984 年参加制作的地屏《吹箫引凤》赴香港参展，1988 参加制作的地屏《贵妃醉酒》、大型地屏《洛波神游》被评入选名、优、新博览作品，2007 年制作的《洛波神游》被评为工艺美术精品。

一、求学背景

路：金先生，您是工艺美校第一届校友，您能谈谈当时学校初创时的状况吗？

金：当时我们国家经济基础建设处于第二个五年计划时期，经济发展需要大量的外汇储备。当时工艺品出口是获取外汇的重要来源之一，政府通过工艺品出口可以缓解一些创汇问题。当时工艺美术产品出口形势好，为了保障工艺美术公司下各工艺美术品厂的生产需要，政府就创办了工艺美校。工艺美校是 1960 年初开始招生的。工艺美术公司为了筹建这个学校，从上海工艺美术公司里面抽调了一部分干部作为师资力量，又从国画生产组织抽调了一批绘画老师，从各工艺美术品厂抽调工艺大师组成学校的教学团体。学校办学之初，地点在外滩 43 号石膏模型厂，下面是食堂、大礼堂，上面二楼可供五个班级上课，三楼做老师的办公室和宿舍。硬件都是工艺美术公司旗下的企业赞助起来的，如石膏像是石膏模型厂的，乒乓桌是红双喜的。

路：你们是学校招的第一届学生，当时招生情况是怎样的？

金：我们刚到这个学校的时候对专业没有什么认知，90%以上的人都没基础，基本上是十五六岁的青少年，不懂工艺美术。但有少部分同学是在外面工作过，然后再来学校学习的，他们有一定的专业基础，社会经验也比我们丰富，不像我们一点都不懂。

学校的录取通知书上印着培养目标，"要为加强社会主义建设，培养又红又专、能文能武的中等工艺美术设计人才。"因为是新办学校，那年学生在选学校的时候都不知道有这学校，因此首届招生时，从报考其他学校的400名学生中录取了200名学生。学校要求我们到学校报到前，要先自己找点资料看看，了解一下将要学的工艺美术。在上海第一轻工业研究所(现在的宝庆路)，我们看到很多很好的工艺美术品，有象牙雕刻作品、漆器雕刻作品、绒绣作品、木雕作品，让人感觉很惊艳。

我到学校后，学校将我分到漆器雕刻班，起先我们班有34个人，分班一两周后，学校告诉我们，不喜欢这个专业的同学可以申请转到另外的工艺专业班级去。我们班有几位同学转去了象牙雕刻班，有些女同学转去了绒绣班，有几位同学参军去了，有些同学不喜欢工艺美术专业，就退学了。这样我们班到毕业的时候，只剩下17人。

二、工艺美校的学习与生活

路：当时你们漆器雕刻专业学习哪些课程？大概有哪些老师授课，有哪些教学环节？

金：我们刚到学校时只有少数人是学过美术的。大部分同学是一张"白纸"，什么基础都没有。教我们的老师都是当时比较知名的人士，其中申石伽先生教我们山水画；孙悟音老师教我们花鸟；后来顾飞老师也教我们国画，她是黄宾虹先生的学生；陈慧贞老师教我们素描；李苍石老师教我们人物；徐进老师教我们图案；邵靓云老师教我们水彩；唐尧伟老师教我们工艺美术史；叶元善老师教我们语文。我们从他们那里学到了好多东西。开始几个学期最主要是学美术类课程，要打好美术基础。在学习实践中，我们从一张"白纸"逐渐变成了很漂亮的图画。这些老师都很好、很谦虚的，他们都是有一定修养的，都对学生很好。

在校期间，学校组织我们同学到漆器生产厂参观，厂里的作品把我们吸引住了。在那里，我们看到了漆器厂送到北京庆祝1959年新中国成立10周年的两件大礼，一件是《松鹤延年》镶嵌大地屏，一件是表现广寒宫楼台亭阁的刻漆大地屏。所以当时我们想，等以后我们到了厂里，我们也可以制作这样气势恢宏，精美绝伦的作品来了。但是经过好长时间的学习实践，我们才真正体会到，要做好这个工作是非常不容易的。

路：您当时的学习条件怎么样？是否有教材？

金：那个时候学校条件很简陋，教学区在老城那边的厂房，也很分散。绘画课程、文化课程在圆明园路校区上，专业实训课在四川北路那边的艺术品雕刻一厂三楼的车间里上。

我们在学校这三年，是国家经济比较困难的时期，所以我们印刷讲义的纸张，是很粗糙的那种绿颜色、黄颜色、红颜色的纸张。印刷的语文教学内容是从中学和高中书本里面摘录下来的，历史内容是讲工艺美术的整个发展历史。美术讲义是每一个专业老师编写的，有山水、花鸟、人物、素描、透视、图案，都是老师们刻印好讲义发给我们，这些讲义都留着老师们的温度，在那样艰苦的条件下，这些讲义给我们留下了美好回忆。当时给我印象最深的是我们的首任校长刘怀塘说的一句话，"我们这个学校办起来很不容易，但是以后我们要办成一所工艺美术大学。"这句话到现在想起来还很清晰，现在果然实现了。

路：当时的绘画老师是怎么教学的？

金：我们的老师们都是很有专业特长的，勤勤恳恳教我们怎么画。那时候，有晚自习，他们就在讲台上面给我们示范画画。如今天是画花卉的老师，明天是画山水的老师。这些老师本来是自己在家里画画的，虽然他们在讲课方面不一定很流畅，但他们亲自画的示范画是真的好。申石伽老师是画山水的，他在我们毕业之前，把好几百张他画的山水草图拿来让我们临摹下来，他说你们以后有用的。还有花鸟老师孙悟音，总是教很有利于我们学生职业发展的绘画知识与技能。

路：类似镶嵌、刻漆的这种工艺课是怎么开展教学的？

金：专业工艺课程老师是漆器雕刻厂里的老师傅，他们兼职到我们这里来教学。如乔松林老师来教我们镶嵌，赵树芝老师教我们刻漆，谢大忠老师教我们描金。他们说的都是苏北话，开始我们听不懂，后来我们一点点领会了。乔松林老师年纪大了，教了半年以后换顾纪青老师来教。顾纪青老师工艺技术比较好，说话比较少，但是我们从他的设计制作演示中学到了很多东西。我们上专业技艺课，要从圆明园路走到虹口黄浦江那边的艺术品雕刻厂去学习。我们到那边去上课，是因为圆明园路的教室空间不够用，而我们漆器工艺比较杂，镶嵌工艺、刻漆工艺的产品比较占用空间。不像玉雕、黄杨木雕的课程在学校里就能上。我们第一届只有五个班级，随着第二届、第三届学生进来，教学空间不够的问题就越来越严重了。我们每星期去学一整天镶嵌工艺，还要学怎么做工具，每次都能学到一点点很粗浅的，但当时自己认为很好的东西。

路：据说当时你们的工艺美术作业办展览交流了？

金：工艺美校在1960年以后得到了上海市广大群众的关注，因为学校的做法比较好，让广大上海市民接触、了解到了我们学校的人才培养目标。如在我们第一届的时候，老师把我们生产的相对粗糙的产品修正后，放在南京路新华书店大楼那边公开展示。这个商场很大，我们五个班级的作品一放进去就吸引了好多观众。其中有好多南京路的工作人员，他们一吃完午饭就过来观看。长期以来，大家都没有看到过这么好的东西，公开展示吸引了很多的年轻人报名到学校学习。所以，后面几届的学生数量有了明显增长。学校考虑到了师资力量、教学场地等因素，漆器雕刻只招了一个班级，黄杨木雕也只招了一个班级。当时教学场所只有圆明园路这个地方，后来发展到了光启路，所以当时学校的发展是比较快的。

三、职业生涯

路：第一届毕业的12位同学到漆器雕刻厂后，有没有学以致用？与企业老职工是如何磨合融洽的？

金：我们在学校学习了三年后，把从学校学到的审美、造型方法、创新思维带到了工厂，并发挥了一些微薄的力量。当时我们这一届最后共毕业17人，12个同学到漆器厂，有6个是做镶嵌的，6个是做刻漆的。在一段时间的熟悉磨合过程后，老师傅们感觉到我们这些学生来了之后，确实是增加了他们的工艺技术力量。我们也虚心向老师傅们学习他们的技能。我们做镶嵌的同学，看着老师傅们做，虽然他们文化知识水平不高，但他们手艺各有特长。我们从他们那里能学到很多书本上没有的知识与技能。我们有时候想不通，有些在他们看来很容易、一点也不费劲的事情，我们做起来却很费劲，正所谓熟能生巧。起先我们总感到他们是技术保守，不愿意教给我们，后来我们渐渐明白了，是因为他们都是从贫苦家庭学手艺出来的，没机会读书，不像我们有条件到学校里学习，得到这么多好老师的教育，他们不知道该怎么表达，不知该如何传授我们技能。

因此在工作当中，我们要把学校里学到的东西发挥到漆器工艺美术品制作上去。有的同学负责设计，有的同学负责工艺制作。在漆器工艺中，我们在学习老师傅技能的基础上，发挥在学校获得的知识与专业素养的作用，对漆器工艺进行了一些改良创新，得到了老师傅的一致认同。后来，有些老师傅就说工艺美校第一批学生是最好的，可以把我们漆器工艺发扬光大。就这样，我们也没有辜负学校对我们的期望。工厂里的领导对我们比较重视，因为我们的思路理念改变了他们完全传统的做法，有了点新意，所以，很多作品做出来后都得到了好评。如做展品就叫我们来做，因为我们的理解能力比老师傅们强。

路：您的职业生涯与漆器行业相伴，您是如何学做传统漆器的？

金：我们从学校到工厂后，首先是学到了漆器的传统产品制作方法。这是第一个阶段，在老师傅的帮助指导下，我们逐步掌握了技艺。领导也知道我们比老师傅或者中年人理解能力好，因为我们学了美术知识，如构图、色彩搭配、造型等，这些审美素养是潜移默化形成的，不是一下子就能突击出来的。老师傅就认为我们逐步地改变了他们，他们也一点一点地理解了我们。我们工作一年后，他们就把很多产品放手给我们做了，如样板戏的人物，我跟魏祖仪同学两个人就做了，雕刻师傅和我们一起做了江姐、琼花、阿庆嫂，后来作品在上海展览馆里展出。

路：您能谈谈镶嵌工艺的具体操作流程吗？图稿需要设计师设计吗？您觉得和现在的漆工艺有区别吗？

金：设计图稿是一方面，厂里是有专门的创作组在设计。其次，就是我们先做布局。镶嵌布局好比演戏拍一部电影一样，是流水生产的。我们先根据图样把画面中的人物、花草、亭台楼阁、风景的颜色与材料选用相结合，布局好什么图样用什么色彩的什么材料，都要安排得赏心悦目，符合人们的审美。好比我们是一个导演，先总体布局再安排怎么分工协作，完成整件作品。接下来，把确定下来的方案，分别用五彩色彩的八宝镶嵌材料如寿山石、贝壳、云母、象牙、玉石、黄杨木等进行开纹，打磨雕刻以后再依照图样拼装起来，组成一件完整的作品。当时我们深深体会到在工艺美校学到的东西，能学以致用了。刻漆也是，看到一根线条，你要怎么处理里面的色彩是最重要的。在漆器工艺方面，工艺美校毕业的学生在漆器厂里逐渐趋于领先地位。我和魏祖仪在镶嵌工艺领域比较领先、朱惠卿和朱士平在刻漆工艺领域比较领先。

作品《镶嵌桌屏》

我们漆器雕刻厂做的都是传统的东西，有时候，我们会在传统的基础上进行改良，把现有的材料、色彩布局统筹得更好。我们这一代正好是漆艺发展的中间阶段，起着承上启下的作用。后面的如项军他们年纪比较小的，他们是工艺美术厂培养的，接受的新生事物比我们多，美术基础比我们扎实。他们的东西跟我们传统的不一样，他的思路比较广，做的东西大。这就是时代在发展，工业美术也在发展。现在学生们的动手能力比我们那个时候的动手能力强。现在他们提倡创意设计，我们那个时候就是规规矩矩地用传统工艺做传统的漆器产品，这就是时代发展导致的变化。所以说现在学校里办的这个漆艺专业是比我们以前的要好很多。

路：您刚刚提到了漆器发展的不同阶段，怎么来划分漆工艺发展的阶段呢？

金：我根据我的亲身经历，把漆工艺发展划分为三个阶段：第一个阶段是工匠老师傅们，他们用传统的审美观念，用传统的漆工艺，做传统的东西；第二个阶段是我们这批从美校出来的，有文化修养，掌握美术基础，在继承传统漆工艺的基础上，改良了传统的图稿，改良了色彩搭配，作品具有新的视觉审美，这是第二个阶段；第三个阶段是项军他们这批人，他们发展创新了漆器媒介的形式，注重传统的形式与现在的设计创意相结合，用设计来统筹不同工艺。现在总的来说，镶嵌工艺在漆器工艺里只是很小的范畴。漆工艺是很复杂的，要掌握它所有的工艺是不容易的事。做漆器需要很大一个团队来做，比如做一个屏风，是要分工完成的，做木胎的做木胎，做漆的做漆。我们是做装饰工艺的也要分工合作，镶嵌的镶嵌，描金的描金，刻漆的刻漆，总的称作漆器雕刻。

工作中的金康伟

金康伟在巴黎

路：您一直做漆器雕刻工作直到退休吗？能谈谈您在工作中印象深刻的事情吗？

金：是的，我在上海漆器雕刻厂工作了非常长的时间。直到1991年我家里有事情，组织上照顾我，把我调到了工艺美术研究所。我在工艺美术研究所工作到退休，退休了再留聘。后来又受聘到项军的大师工作室，到今年上半年结束。我们这个技艺就好比老话里说的“拳不离手、曲不离口”，不管你喜欢不喜欢，你干了这个工作总有感情在里面的，所以我一直坚持到现在。

在工厂里对我影响比较大的一件事是1982年厂里外派我到意大利、法国去维修漆器。我们的产品上出现了一点瑕疵，外贸让我们去维修。出去的人要满足三个条件：第一个是在特殊时期没有受到过任何冲击的；第二个是要结了婚，有家庭的；第三个是要技术全面，能应对维修中会出现的任何问题的。我正好符合这三个条件，很荣幸地到了那边，东西没有多少要修，但是让我开阔了眼界，看到了国外的人是怎么样做工艺美术品的。他们做事情很认真，也很有设计意识。比如他们做的电视柜橱，可以拆下，也方便安装。后来我们也采用这个设计，再不断地借鉴改进。所以作为工艺美校的学生，我们也很自豪。

路：当时国内其他地方有在做漆器吗？与上海漆器有什么区别？

金：全国很多地方有漆器，每个地方的漆器特点不一样。我们漆器的根是在扬州。北方的天津和北京也有漆器，做的东西也不一样。因为南北气候的差异，所以他们那里的漆器没有光洁度，都是哑光的，他们不用漆器阴房。我们做漆器是要把气候因素融入里面去，要有一定的温度、湿度。我们上海做漆最好的气候是黄梅天，这个气候的温度湿度做漆正好。安徽、福建、甘肃天水、四川成都、广东广州也都有漆器。福州的漆器技艺以前是从琉球群岛那边流传过来的，那边气候适宜。后来日本人也从琉球群岛学到了技艺，日本是海洋性气候，适合做漆器。但是现在我们的漆器没有日本做得好，因为日本人工作认真。项军他们就去日本看过，日本是家族好多代传承下来，工艺积淀比较成熟。但现在也不行了，因为年轻人不喜欢做这个，都喜欢选择轻松的工作。福建省的漆器跟日本一样是比较洋气的，不是我们传统漆器的做法。我们上海的漆器被称为“海派漆器”，因为上海的漆器在扬州的漆器工艺基础上进行了视觉审美上的改进。上海开埠早，国内外的文化、艺术精英在此聚集，艺术家在此定居。上海的漆器从业者接触的事物多，接受的文化多，他们集思广益，海纳百川，形成有异于其他地方的审美文化。当时扬州漆器注重工艺技巧，现在他们还是这样。他们的漆器装饰带有民间艺术特点，色彩对比强烈，具有乡土气息。而我们上海的漆器虽然源于扬州，由于在上海看得多、听得多，信息来源广，人在这环境中见多识广，成长得比较快。上海人集思广益，从什么地方都能学到好的东西，因此上海漆器配色比较洋气，色彩丰富和谐，具有文质彬彬的气质。

路：您觉得工艺美术的发展与市场需求有什么关系？

金：有着很大的关系。比如说我做一个漆器，一个屏风，价格非常高，如果说是有人要，那么我想再苦一点，大家也会乐意去做。但是做这么多东西不是一个人的，是要有团队的，不是一个人能做得好的，这就是麻烦的事情。我们要根据市场的供需关系，做受欢迎的工艺美术产品。我们曾去普陀山绿缘山庄，做了一个30平方米的壁画，做的是邮政的历史，名叫《腾飞》。我们那个时候做的东西很多，做过《丝绸之路》，前提是客户要喜欢漆器雕刻工艺，才能接到单子。有人要结婚了，想要水仙花挂屏，我们就给他做。上次世博会，老凤祥送了一个刻漆的《海纳百川》礼品，画面包含了上海的新外滩旧外滩。漆器也是要跟着市场经济变化，经济基础决定很多东西。

路：您觉得今后漆艺应该往哪个方向发展？

金：我觉得学校现在教的漆艺是可以的。现在有一部分是做漆画，偏向于装饰性，有一部分偏向实用性。实用性比较空，现在的老百姓对这个概念没有认知。好比化妆品、电脑不需要用漆艺装饰。老师一半做传统漆工艺，一半做漆艺创新的。漆器文物修复是一个发展方向，但是基础工艺一定要扎实。漆器文物修复不是要修现在的漆器，而是要恢复以前的漆器。如我的老师在20世纪50年代做的《天女散花》漆器挂屏，是我到博物馆去修的，作品上的装饰物掉了，修复要保持漆器以前的面貌。漆器文物修复这个专业方向也是好的。

采访心得

金康伟先生是一位一生坚守在漆器镶嵌生产第一线的卫士，他用自己的汗水为漆器镶嵌工艺的发展留下了他努力的印迹。从他的身上，看到了他对工艺美术精益求精的中国工匠精神。他善于思考，分析了漆器装饰工艺发展的不同阶段，又回顾以往，具有拥抱漆艺发展未来的情怀。

章峻

高浮雕漆艺镶嵌一枝独秀

采 访 人：路玲娟　沈梅丽
受 访 人：章　峻
采访时间：2019 年 8 月 29 日
采访地点：上海漆艺博物馆

章峻

生于 1944 年，现任上海漆艺博物馆副馆长，上海工艺美术行业协会漆艺专业委员会顾问。1964—1988 年于上海漆器雕刻厂工作，其中 1973—1974 年被派到上海工艺美术学校，任漆器雕刻专业技术教师，1975 年回漆器雕刻厂后任销售科科长和创作组组长。1988—1989 年任上海龙华寺法宝馆法人代表，1989—1993 年任上海龙华迎宾馆工艺市场部经理，1994—2004 年任上海福聚商贸有限公司总经理。代表作有《麻姑献寿》《鞠有黄华》《梅来祝鞠》《天香宜寿》等。

一、从教经历

路：您当时是漆艺专业毕业的吗？

章：不是的，当时社会上还很少有开办漆艺专业的学校，我因为自己爱好漆艺，1964 年到上海漆器雕刻厂，拜漆器镶嵌浮雕工艺大师乔松林为师，当时我和上海美术专科学校（下简称“上海美专”）教授陈慕康较熟悉，我的绘画就是跟陈老师学的。在漆器雕刻厂期间，我创作了不少作品，代表作有《麻姑献寿》《鞠有黄华》《梅来祝鞠》《天香宜寿》等。其中《梅来祝鞠》在画家汪观清观后，专门为我作书法，以评论短文形式刻在作品上。还有一件大型镶嵌浮雕作品《贵妃醉酒》，我也比较满意，当时在行业内评价很高，这件作品是以我为主的集体创作，参与制作者有沈思明、李宪一、张信、钱文英、章秀凤等 6 人。赵朴初亲笔为这件作品题字，我们把他的题字用象牙雕刻落款在作品上。

路：请您谈谈在工艺美校从教的历程，师生教学情况，您是用什么方式教学的？

作品《梅来祝鞠》，夹纻工艺漆立体＋高浮雕镶嵌工艺

章：我尽量还原上海工艺美术教育的那段历史。上海工艺美术在中国近现代史上是很繁荣的，以前上海工艺美术公司下面有一厂、二厂、三厂等几十个工厂。当时国家需要外汇，工艺美术产品出口是外汇的主要来源之一。举个例子，我们四件套镶嵌挂屏，打包好后一夹就能带走了，但价值可抵一船的农副产品。漆器所用材料如玉石、骨头、螺钿……等比较普及，成本低，但是出口价值很高，所以我们很重视工艺美术产品的出口。当时工厂里基本都是艺徒，没有什么学校里分来的学生，要提高漆器工艺品的质量和工艺水平，就需要办学堂，培养厂里需要的技术骨干人才。1960 年初上海工艺美术学校筹办，4 月开始了第一届招生，当时学校所开设的工艺美术专业是与各种工艺品工厂对口培养的，学生毕业后都归口分配到相应的工艺美术工厂。

我是 1973 年到工艺美校任教的，在这里当了两年教师。当时学校的地址在嘉定外冈的社会主义教育学院，每次把我接过去上一天课，住一个晚上，再送回来，这样太麻烦了，后来我就不去上课了，同事魏祖仪接替我上了镶嵌工艺课程。在学校的两年里，学校只有我和方明华两位漆艺专业老师，我教镶嵌浮雕，他教刻漆。教程都是我们自己编写的，我编的是《上海漆器雕刻的基本讲话》，内容主要是工艺流程和怎样创作，讲漆器的概念、漆器的历史及镶嵌技法。在课堂实习时，主要是教学生学习制作工具和掌握工具的具体操作步骤。我亲自动手示范给学生看，然后要求学生反复操作较简单的各种步骤，目的是锻炼基本功。等有了一定基础，就布置学生做些简单的习作。学生先要写一份东西，包括总体构思规划，画草图和写每部分用什么材料，怎么制作。我会一一把关，合格不合格，指出问题，说出缘由，要让他们了解，有达不到要求的就要他们修改。修改后再交上来，让同学们互相评判，看是否还有要修改的地方。学生先讲，然后我再点评，指出图稿问题，在制作之前要让大家都懂好在哪里，不好在哪里。在讨论过程中让学生充分了解，在制作之前要让学生搞懂。定稿后，学生开始制作作品，学生做的同时，我来巡查，完成 1/3 时交上来，再有问题，告诉他怎么改，为什么要这么改，然后再让学生继续制作，作业完成后要展览交流，这样做才能帮助学生提高审美，提高设计能力和动手实践能力。

路：那时候学校对人才的培养定位有明确要求吗？

章：以前学校办专业是与工厂需求对口的，玉雕专业学生到玉雕厂工作，漆器雕刻学生到漆器雕刻厂工作，绒绣专业学生到绒绣厂工作，基本是什么专业毕业就到对口的那个工艺品工厂就业。所以学校对人才培养的目标很明确，要满足各工艺品厂的生产需要，学校所教授的内容都要结合各工艺工

厂的实际，要让学生做到学有所用。学生毕业分配到工厂里，能起到技术员的作用。实际情况是有的能达到培养目标，也有的还不太够。

路：您很注重漆器作品的创作，当时您在教学过程中是怎样引导学生创作的？

章：我上课和学生讲，创作首先要看得懂，一幅作品成功在什么地方，好在什么地方，失败在什么地方。懂了以后再去创作，就有目标了。我上课时，把自己的作品展示给学生，让学生鉴赏、点评。要知道什么是好作品，什么是差作品，自己有思路才能创作。

漆器工艺的表现方法有很多，学会了还要灵活应用，如果运用恰当，就会有意想不到的效果。我有个学生是同济大学毕业的，现在在日本学漆艺。日本东京艺术大学的教授三田村有纯，是她的导师。她在日本学的莳绘和戗金，实际上就是我们漆器工艺中的钩刀和描金，这些表现效果是不错的。我和三田村有纯也认识，他也了解我的镶嵌工艺，看过我的代表作，对我在材料选择、工艺运用方面评价很高。如果在莳绘和戗金工艺基础上，再加上我们的漆器工艺和材料元素，那效果就更好了。这说明对漆器各种工艺合理的交叉运用，也是很重要的部分。

路：当时学校教学有实训环节吗？具体是怎么实施的？

章：有的，我带学生到漆器厂去实习，每次大概是10天左右。我会把工厂里的漆器生产流程跟他们讲清楚，然后布置制作一件小漆器的作业，完不成的同学要继续留在那里，直到完成了才能回来。我都和他们讲得清清楚楚，这几天怎么安排。小稿子设计出来，我看过以后，太复杂的，让他们修改。因为太复杂了，时间上来不及，做不完的。每个学期都会让学生到工厂里去。第一个学期只是参观，了解制作过程，我再给他们讲，每一道工序是怎么样的，然后他们就明白了；第二学期，是做一些简单的漆器，以熟悉工艺过程为主，会教一些简单的创作；第三学期，就是难度有点大的创作了，就上升到学术层面了。每位学生要提出每件作品好在哪里，缺陷在哪里，这样的交流就有意义了，能够帮助学生提高水平。每一次活动都会让他们写个心得，让他们有一个理解的过程。每一次活动，都有具体的教学目标，我在教学大纲上都有明确的教学计划。完不成的同学就补课，有个别学生对学习的内容不理解，我会再去和他讲一遍，他理解了，就能顺利完成了。整个专业课程中，美术基础课程是提升学生专业素养和审美能力的课程，非常重要，我们还组织学生去展览上参观学习，开阔眼界。

二、上海漆器工艺特点

路：那个年代是不是只有我们学校开设漆器雕刻专业？上海的漆器与外地漆器有什么区别？

章：那个时代最早只有工艺美校有漆雕专业，因此专业课程设置、教学方法都是我们自己在探索。后来外地有些地方也开始开设这个专业了，比如西安。他们办学都是到工艺美校来取经，也到上海漆器厂去参观。当时漆器的品质，我主要指漆器装饰图稿与工艺品味，全国是以上海为最，扬州也到上海来学习。上海漆器是从扬州传过来的，后来由于种种原因，上海人接受的文化和教育和其他省市都有些差异，看展览多，看的画稿也多，接触国外的文化也多，接收的信息广泛，审美也不一样，因此，制作的漆器也有很大的差别。当时许多其他省市的漆器厂都到上海来买稿子，如果实在买不到，他们就在广交会上去买成品回去模仿。那个年代上海的漆器是走在全国前列的，其他地方是模仿上海的，因此他们的漆器品类翻新要慢一拍。这种审美差异是在环境中潜移默化造成的，不是某个人能教出来的。上海的漆器，它具有海派的文化特征，上面的图文，就是干干净净的，体现着一种海派简约文人的气质特征。你看我的《鞠有黄华》挂屏就是三朵花，干干净净。

现在漆器除了上海，扬州、成都、福州、北京等地都有。漆艺方面就更多了，各地都有自己的特点和风格，各有所长，各有所短，所以现在各地都在相互参观、学习、交流。

作品《鞠有黄华》局部

路：镶嵌工艺是上海漆器的特色工艺之一，您做的镶嵌工艺有什么特点？

章：漆器雕刻中有一种工艺叫百宝镶嵌，是用各种珍贵材料如珍珠、宝石、珊瑚、碧玉、翡翠、玛瑙、象牙、蜜蜡等镶嵌在漆器表面，组成各种图案的技法，也叫浅浮雕镶嵌。在几十年的工作中我积累了很多个人独特的制作技法，把绘画的手法运用到镶嵌的开纹中。比如薄料厚做、丁头鼠尾，讲究章法、结构，风带飘逸灵动、花卉叶瓣翻卷有书生气等等。在20世纪80年代，我就开始潜心研究高浮雕镶嵌工艺，当时创作的第一件作品，现在想来还不是很满意，但在当时就已获得了公司上下和外地同行的好评。2012年我被上海漆艺博物馆馆长王师军先生感动，一个喜欢收藏的文化人竟然愿意出钱恢复海派漆器，于是与原漆器厂的几个受邀的老同事一起去做漆器创作。三十几年没再做过漆器的我决定复做《鞠有黄华》，当时难免有些紧张，怕手上的活儿“坍招式”。第一件《鞠有黄华》是我30多岁时的作品，用云母（高档贝壳）拗出朵朵立体的菊花绝非易事。上手后才发现，自己的担心多余了，手是有记忆的，下苦功夫学的一门手艺，谁都偷不走，哪怕是“时间神偷”。新创作的《鞠有黄华》在2014年第十五届中国工艺美术大师作品博览会上荣获2014年“中国原创-百花杯”中国工艺美术精品奖金奖。我雕刻的花瓣组合起来非常自然，看不出是拼接的，干干净净。细看，一朵比一朵更具花的神韵。

工艺美术有一个再创作的过程，它的主要特征就是要因材制宜。不同的工艺对图稿的要求也是不一样的。图稿对绒绣、戗金和莳绘是很重要的，要求图稿工整严谨；镶嵌和象牙雕刻对图稿的依赖性比较弱，主要起参考作用，因为在雕刻的过程中有一个再创作的过程。北京有一件玉雕《白娘子盗仙草》，原本的设计图稿上是白娘子手持仙草，但是制作过程中发现，材料上刚好白娘子的嘴唇部分有一块儿是咖啡色的。如果按照原计划制作就不好看，因此设计师就改了初稿，原来的手持仙草改成嘴叼仙草，更加生动。作品根据材料的变化，用巧色，价格也提高了。工艺美术的特征是因材制宜，因巧取胜。这是我在30多岁时的感悟，所有的工艺美术都具有这个特征，竹刻、玉雕、象牙雕刻都是这样的。我在杂志《中国漆艺》上发表了《工艺美术的特征》等多篇学术文章。我有一位老朋友叫张燕（笔名叫长北），是东南大学的教授，年龄和我差不多，她是我们中国漆艺界的老前辈，也是目前中国漆艺理论界的权威，出版了很多专业书籍，去年还主编了《东南亚髹饰录》，她在漆器专业教育方面有着丰富的经验，对学校教学肯定也有帮助。

三、对漆艺发展的建议

路：过去这些高档工艺品是王公贵族用得多，怎么让普通百姓也能用上呢？

章：应该说有经济条件的家庭也有漆器用品，普通家庭虽然有，但不多。与实用结合紧密的工艺品，容易走进普通家庭。当时，我们工厂生产的漆器大部分是出口的，从比例上看，以欣赏为主的少些，如屏风、挂屏、台屏等；以实用为主的多些，如各种造型的柜橱、书橱、台案、椅子等。

现在情况变了，提出传统工艺要走进人们生活，因此要求传统工艺改革，形式要创新。比如最近我创作了两只胸针作为礼品，很受女同胞欢迎。说明漆器工艺不能只停留在原来的形式上，也可以走

作品《玉兰胸针》

向生活、走向时尚。

路：现在上海与漆艺相关的大企业都没有了，那么我们学校培养出来的漆艺专业人才的去向是什么？

章：这确实是目前存在的问题。不管有没有与专业相关的大型企业，学校培养的学生一定是要从社会需求的角度来定位的。在我担任了上海工艺美术漆艺专业委员会顾问以后，才知道上海有很多漆艺方面的公司或者工作室。虽然上海没有规模大的漆器厂，但是学生可以进漆艺工作室或者自己创业。学校可以根据厂家或者公司的要求，开展对口培养，这样的学生更能适应工作岗位的要求。技术学好了，不怕没有工作，现在很多工作室都需要这种专业的人才。我们现在的社会是多元化的了，我们的工艺也要适应社会需求的多元化，在保留原来工艺的基础上，在介质上可以尝试能与之结合的各种器物。现在某些五星级酒店大堂内的装饰，也有漆器工艺的作品，效果也非常不错，与现代审美结合得很好，使传统的工艺有了新颖的感觉。原来我们厂里有个人叫朱光明，他自己创立了工作室，运用描金工艺、刻漆工艺创作出多种形式、内容和现代生活相结合的小礼品，很受人们喜爱，上次世博会就被选中作为礼品送人。上海是设计之都、服务之都、时尚之都，我们多从这方面来考虑，还愁学生没有工作吗？

路：您觉得漆艺教育今后要朝什么方向发展？

章：漆艺怎么发展？漆艺发展不能为了工艺而工艺，要在保护传统工艺的基础上，使工艺与市场相结合，与生活的方方面面相结合。漆艺教育也要启发学生，鼓励学生将专业与生活相结合，充分发挥学生思维活跃的优势。如同济大学的学生把漆艺用在耳环上、戒指上、挂件上，虽然是尝试，但是这就是与生活结合，说明漆器工艺是可以多形式地被广泛应用，这就是方向。

路：请您给我们漆艺专业教育的课程内容、师资队伍建设等方面提些建议。

章：上海工艺美术学院总的来说专业不少，范围也很广，就漆器专业来讲，我个人认为漆器工艺方面品种少了一点，作为上海工艺美术专业的高等学府，至少要有曾代表上海漆器工艺的主要品种，如镶嵌浮雕工艺，只有继承下来才能有发展。如果继承都没有，还怎么发展？现在漆艺方面继承下来的有多少？不抓这些问题，培养接班人、培养传承人都是空的。继承和发展是“俩姐妹”，只继承不发展没有出路。工艺美术职业学院是上海高等院校，上海的非遗文化要通过专业教学的方式在学校继承下来，特别是已经设置专业的非遗项目，一定要想办法继承下来。传承是前提，发展是目标，所以漆艺专业一定要把好的老师请过来，把工艺传承下来，在这基础上再求发展。

一个学校的师资力量非常重要。要让学生学一些货真价实的工艺。在20世纪70年代，漆器厂、玉雕厂把厂里技术最好的技术人员抽调到学校里当老师，学生能学到东西，手上都有作品出来。有个大师叫黄永玉，他说，我们以前是怎么培养学生的？每个学生出来都能成为大家，吴昌硕培养潘天寿，浙江美院是一流的。上海美专也出来了一批优秀的人才，如陈逸飞。每一位优秀的学生背后都有一名非常优秀的老师。因为好的老师有自尊心、有责任感，对学生有要求，他一定会培养出好的学生。名师出高徒，不好的学生他不会收，收了就要把学生培养成才，花精力投入进去，品牌就是这样出来的。比如复旦大学文学专业就比较厉害，上海交通大学在理工方面是牛的，同济大学是建筑方面有特色，都是因为有好的老师队伍产生了好的效应。工艺美术专业方面，这样的人太少了，而且真正请个人，很难请。当时方民华是上海刻漆中水平顶级的，没有人能超越他，他刻的杨贵妃醉酒，体态优美，披在身上的薄纱通透，非常写意，虚实有致，具有意象美。而现在的刻漆，就是刻线条，覆盖颜色，这算什么刻漆。要刻得精致，近处的亭台楼阁要清晰明了，远处的要虚掉，像隐在缥缈的烟雾里，要把这种拢着烟覆盖着薄纱的意境刻出来，这才叫刻漆。日本人看到我们的刻漆，说这个好，像一幅写意画。

荷花池里面，一位仕女在浣纱，人飘摇的一般，风景很美。要把这种意境刻出来才叫艺术品，学校就要培养这种人才。

采访心得

章峻先生精力充沛、思维敏锐，潜心钻研漆器镶嵌技艺，在传统百宝嵌浅浮雕工艺的基础上，创新出形象逼真且具有立体感、空间感的高浮雕镶嵌工艺，形成上海地区独特的漆镶嵌工艺。他虽然早已退休，但因漆艺事业的需要，他又接受重托，承担起培养高浮雕镶嵌技艺传承人的艰巨任务。相信星星之火可以燎原，希望高浮雕镶嵌技艺能好好传承发展，为上海打造一张有特色的文化名片。

黄明国

漆工老“法师”

采 访 人：路玲娟
受 访 人：黄明国
采访时间：2019 年 11 月 29 日
采访地点：原创楼 602

黄明国

1945 年生，上海人，漆艺高级技工，上海工艺美术职业学院实训导师。1961—1972 年于上海艺术品雕刻二厂做底胎与底灰，1972—1974 年于工艺美校校办工厂担任漆工，1974—1980 年于工艺美术研究所担任漆工，1990—1982 年于上海雕刻二、三、四厂担任漆工，1985—2008 年于常熟红木家具广场担任厂长，2008—2011 年于上海红木家具厂，2011—2019 年于上海工艺美术职业学院担任技师。

一、与上海漆器厂的渊源

路：黄老师，请您简单介绍一下您在上海漆器厂期间的工作情况。

黄：1961 年，我中学毕业后，经朋友介绍来到了上海漆器厂，根据工厂里工作需要，被安排做漆工学徒，进入工厂后我在漆艺车间做了 3 年学徒。当时正好也有工艺美校第一届毕业生进入工厂，跟我一批的有 10 多个人，满师后一两年，“文化大革命”就爆发了，漆器厂停产，当时正在打击“封、资、修”的东西，工艺美术产业也被划归这一类，企业生产一下子进入了低潮。工厂里也没人管理了，我便因此荒废了很长时间。1973 年工厂在外冈成立了漆雕班，我便被派去外冈，为漆雕班提供了 3 年技术支持，后被调回到厂里，又调去汾阳路上海工艺美术研究所，工作了近 3 年时间。有一天，厂长给我打电话，告诉我厂里和其他几个工厂联办了一个工业中学，叫我回去带课，我便在那里又任教 3 年，工业中学的学生毕业以后都分配到了漆器厂。任教 3 年以后我又回到了工厂里，没过多久工厂里的效益就不好了，差不多是在1984年、1985年。改革开放以后，工厂里很多人辞职“下海”了，有朋友叫我去帮忙，于是我便离开了上海漆器厂。

路：当时上海的漆器生产经营状况如何？

黄：“文化大革命”之前，上海漆器厂的效益很好，当时生产的漆器工艺品质量、画面感、工艺做工都很好，广交会也能拿到很多订单，工厂外也有几个加工点。上海是个大城市，上海漆器厂的漆器产品做底、画稿、制作等工艺都比外地漆器做得好，厂里也有五六个大画师在画，每一幅屏风图样设计都不一样。当时的画师不是工厂里的职工，是从社会上聘用的，每个画师都有自己的特长，有的擅长画人物，有的擅长画山水，每个人手里都有自己的绝活，画的东西都很好。因此上海漆器厂出来的漆屏风画面相对雅致，通过刻漆工艺或镶嵌工艺把中国画的意境和韵味表达得恰到好处。当时扬州、苏州、北京、西安做漆器的厂家都派人到厂里来学习，我们也去扬州、苏州等地交流，总体来说上海订单比较多。订单数量的多少直接和样品的效果、质量、花式、艺术效果等因素密切相关。样品的效果好、质量高、花式新、艺术效果美，人家才会订多一点。

路：当时厂里的生产模式是怎样的？

黄：在生产漆器的时候，每件产品不可能从头到尾由一个人制作完成，而是根据每件产品所要达到的艺术效果确定所用的漆工艺，根据工艺选择所用材料、漆器生产的不同工艺，安排职工按照不同工序分工合作来完成的。

路：当时工艺美校毕业的学生对工厂的发展起到什么作用？

黄：“文化大革命”之前厂里效益好，除了漆器产品的花式出自各位画家，另一个非常重要的因素就是人才。1963年工艺美校漆器雕刻专业的毕业生分配到工厂里来了。他们来了以后，逐渐在厂里起到了中流砥柱的作用，包括朱惠清、陈慕良、金康伟、魏祖仪等。他们在管理工作、技术工作方面都是顶尖的。朱惠清后来成为上海漆器厂的厂长，后又调到上海工艺美术研究所去当所长。所以说上海工艺美术学校为社会培养了许多工艺美术人才，对工艺美术行业的发展起了非常大的作用。

路：看得出上海漆器厂发展得不错，那后来是什么原因走下坡路了呢？

黄：改革开放以后，漆器厂开始着手恢复生产，但是人心散了，要聚起来就比较难。那时候也进了不少人，包括上海工艺美校1973届、1974届，一直到1976届的毕业生，工艺美校的毕业生到工厂里来，成为工厂里的主要生产力量。王永利、陈明就是那时候进工厂的。他们到工厂里后，把在学校学的东西用到工作中来，那几年每年都要进100多人。厂里的老师傅一个是年龄问题，还有一个是文化水平问题。在工作中只能按图索骥，做出来的东西不活，审美上不行，效率也低。人一多以后就出现了问题——管理跟不上了。改革开放以后，工厂里订单量大幅下降，即使工厂里有订单，但是在价格方面没办法跟私营企业竞争，成本降不下去，做不了，因为做一件亏一件。比如有做屏风的订单，给出的价格作为国营集体单位的上海漆器厂没办法生产出来，而私营企业却能生产。这个牵涉到不同所有制企业的企业管理模式问题。私营企业和国有企业的管理和员工结构有很大差异。国有企业在一线参加生产的技术人员比较少，而二线三线的管理人员则比较多，管理上吃大锅饭，生产效率低。二线三线及退休人员都要靠一线生产的产值利润来发工资，企业负担很重，最后入不敷出。所以企业快速走下坡路，到最后难以为继，被“小团绍兴”集团收编了。我们漆器厂有员工600多人，在车间里参加一线生产的工人只有100多人。私营企业就没有这样的问题，私营企业管理人员比较少，而一线直接参加生产的员工比较多，管理更科学，职工多劳多得，生产效率也高，经济效益较好，企业负担轻。所以私营企业发展快的原因就在这里，国有企业不能做但是他们能做，而且能赚到钱。国有企业做了赚不到钱可能还会亏钱，这样的问题在如今的一些国有企业里依然存在。

二、工作内容

路：您当时在厂里主要做什么工种？

黄：我在厂里做漆工。漆器产品第一道工序是木工把漆胚做好。我做的是第二道工序，在木胚上开展接下来的漆工艺流程。我的技术水平还是很不错的，我们工厂里上广交会的漆器样品 70%我都是参与制作了的。我打好样，把底子做平，底漆上好，其他工艺师接着在漆胚上做刻漆、镶嵌、描金等工艺。平时我们都是做广交会拿下的订货，根据客户的订货样品标准来做。

路：不同工艺（刻漆、镶嵌、描金）的底板，漆工艺有什么不同吗？

黄：不同工艺的底板漆工艺是不一样的。刻漆工艺和镶嵌工艺的漆器对底漆工艺的腻子灰配方要求不一样。刻漆工艺的漆器，底子需要有一定的软度，太硬没办法刻。我们那时候没有什么设备仪器可以控制，就是靠我们自己边学习边实践得来的经验把握腻子的软硬度。刻漆工艺的漆器底子要做宝塔灰，底层灰比较硬，上层的灰比较细比较软，刻漆就刻在上面比较软的那一层。镶嵌工艺的漆器底子和刻漆工艺的漆器底子相比就不一样了，镶嵌工艺是要把石头、骨头、象牙、螺钿、贝壳等材料，打磨出图纸上的造型，在底板上按照各部分的形状画线，再刻挖下去，底下再填油灰，把打磨好的作品各部件严丝合缝地嵌进去。因此底漆灰需要一定的硬度和厚度，如果底漆灰稍微软一点，操作的时候边缘就会出现不整齐的问题。镶嵌工艺漆器作品，镶嵌的材料都带有天然的色彩和纹理，因此一件作品的效果好坏，就在于工艺师根据图稿预想效果进行的配料与配色。比如表现人物，人物的头和手，可以用象牙、骨头等材料。象牙成本比较高，如果需要做高档漆器，要用象牙来做，一般的漆器产品就用牛骨材料。表现石头效果的一般用寿山石，用什么材料的都有。

路：请您详细讲一下传统镶嵌屏风的底板漆工艺做法。

黄：在做屏风底板的时候，一块板子需要刷十六七道漆。因为屏风是四五块板拼接起来的，木板与木板拼接处会有缝隙，为了使屏风板子光滑、拼接平整、接缝小，都要给板子做底漆工艺。第一步是刮粗灰，粗灰用猪血和粗瓦灰混合，刮平后放到太阳下晒干，晒干后会比较硬；第二步是贴夏布，因为木质板子会有裂缝，也有制作屏风时木板的接缝，贴夏布是屏风板子今后保持平整不变形的重要环节；夏布贴好以后，第三步是贴麻丝，这个环节是要消除木板表面的不平整，把几块板拼在一起，用猪血打底铺麻丝，压平晒干；第四步是刮粗灰，要有厚度，要把高高低低的麻丝地方盖平；接下来是中粗灰，再刮一次，等干了以后再用细灰，屏风板子四周侧面也需要批灰，都是用猪血调不同粗细的瓦灰来刮，但是有厚度的差别，用哪一种灰，就用哪一种猪血，猪血有三十多种不同的浓度，浓度越低、黏度越小，浓度越高、黏度越大。粗灰、中灰之后还有三道细灰，晒干了以后用水磨把它磨平。每一次刮完，用铁板打磨，光亮就好，三次灰以后，再用水磨。这样已经有七八道工序了。水磨以后还需要刮三次浆灰。因为水磨好以后，虽然看上去平了，但是它还有毛孔，所以还要刮三次浆灰。浆灰也是用瓦灰和猪血调和，用浓度很低的猪血。工厂里取来生猪血加工成做漆灰的猪血，用水和血块进行研磨，磨好以后再放石灰，进行发酵。发酵以后，根据所需的厚度，加入一定比例的石灰和水，加得少浓度就比较高，加得多浓度就比较低，类似做豆腐工艺中做老豆腐和嫩豆腐的区别，最少有三种以上。三次刮浆以后再干磨，磨平后再上漆，那样就比较平。做底板漆工艺的要求是比较高的，做得好坏直接影响后面漆器装饰工艺的效果。

路：请您讲讲漆器生产中，不同漆器镶嵌雕刻工艺是怎样分工合作的？

黄：一件漆器作品要有好几道工序、好几种工艺组合在一起，每一种工艺也有多位员工合作完成。比如当时我们厂里的刻漆工艺，制作分工流程是这样的，我负责做底子，底子做好了由另外一个人在漆板上拓画稿、刻线稿，刻好后，再由其他师傅帮忙铲底，铲好以后上色，这些工序都是分工完成的。

镶嵌工艺也是一样，先在选做人物、山水的材料上开纹，把画稿上的线条纹路在机器上开出来，再打磨制作成图稿效果的造型与质感，加工的机器跟油雕机差不多类型。再根据打磨好的造型在漆板上录形，刻线、抠凹槽、铺油灰、镶嵌拼贴做好的部件。镶嵌好了还要描金，花花草草要描出来，看上去很华丽。镶嵌工艺的制作流程挺多，整个画面都是按照图纸将一块块部件制作好，再拼装起来的。加工、开纹专门有一个小组在制作。下好料之后，这个组负责开纹，开好纹以后再进行拼装，要让接口没有缝。一般作品开纹以后，描金描在衣服上。精品作品不一样，材料也不一样。

刻漆工艺相对简单一些，做的漆灰底子也没有镶嵌工艺用的底板要求高。两种工艺用的材料是一样的，但是镶嵌工艺底板打磨好以后还要抛光，旁边还要有子口，要求不一样。

路：您觉得工艺美校的毕业生与工厂里的师傅比较，他们的优势在哪里？

黄：工艺美校分配到工厂里来的毕业生，他们根据图纸搭配的材料、颜色就比别人好，对画面布局的把握也非常不错，会灵活翻新。他们在学校里学的东西都能使漆器产品展现出更好的艺术效果，学以致用。

三、工艺美院漆艺教育

路：您觉得学生需要掌握做漆底板的技能吗？

黄：从掌握漆工艺的规律来讲，学生是需要掌握怎么做底板的，但问题是，在有限的学制里如果安排学生学做底板的话课时不够，做做底板 20 个课时就没有了，势必影响课程的教学。2010 年翁纪军老师曾邀请我到工艺美院，为漆艺传统工艺提供技术支持。

路：您到我们学院以后，在工艺美院漆艺专业组主要做哪方面的工作？

黄：来之前，学生出的作品不多，我来了以后一方面负责做不同工艺所用的漆板，为工艺课程节约时间；另一方面是负责为学生和漆艺专业教师提供技术指导，解决制作过程中漆艺技术的疑难问题。翁纪军老师、蔡雯老师和我一起商量，怎样在教学过程中体现艺术和技术的结合？怎样提高教学效率？通过调整教学内容、知识结构，由我先解决漆艺工艺前期漆板的准备工作，为后面的工艺课争取了更多的时间，调整后，教学效率明显提高，许多学生能有完整的作品在课程教学中呈现。比如做一个漆盘，如果让学生做底板，两个星期也不一定能完成，后面做装饰工艺的时间就不够了。我就按照他们工艺课的要求帮他们做好漆盘底板，虽然外面也可以买，但是不一定符合工艺课程的要求。他们每门漆工艺课程要完成的作品都有不同的要求，我可以按照他们的要求来做漆盘或漆板。他们上刻漆工艺课程，我给他们做刻漆的板子；上漆盘莳绘工艺课程，我就做好莳绘用的漆盘底板，这些底板都是有要求的。比如要做刻漆工艺用的漆板，我要提前半年就开始做，我做了一遍灰，要等它干，干了以后再刮一遍灰，再等它干，要反复好几个回合，耗时比较长。

路：现在做底漆和传统工艺做底漆有什么区别吗？

黄：现在漆盘或漆板用的材料改革了，做在高密度板材料上，这种材料性子比较稳定，不会走型，因此防止走型的好几道工序都可以省略，只要做三次灰就可以了。麻丝麻布都不需要贴了，粗灰、中灰也不需要了，只要刮三次细灰，浆灰刮好就行了，六道工序就能完成漆器做底。以前用杉木板材料，做大整块板容易变形、开裂，因此特意用四到五块板拼接完成一个完整的屏风，来避免材料引起的变形问题。但是拼板中间有缝，所以要麻丝减少缝隙。刮粗灰、中灰主要是为了打底子，把板子做平，当时如果只用细灰是没用的，很难把漆板做平，牢度不够，厚度不够。现在用高密度板材料，就解决了做平工艺的许多问题，直接用细灰做好就可以。用三道细灰，主要是因为如果一次做得太厚，容易裂开，所以分三层做，可以避免开裂。

现在我们学校里除了教学生刻漆工艺、镶嵌工艺、莳绘工艺，还教学生做脱胎漆立体。脱胎工艺是用大漆裱布，用大漆混合粗灰、中灰、细灰来做，牢固、不易变形、耐磨。用其他材料也可以代替大漆，虽然操作方便但是牢固性远没有大漆强。

四、教学建议

路：您觉得实践环节的教学有哪些方面需要完善？

黄：在课程设置方面，文化课和专业课的比例是学校要考虑的问题，最好在工作室的课时稍微多安排一些。我现在在学校，主要是教学生做前期的底胎，如果课时结束他们还继续做底胎，其他工艺的课时就不够用了。现在工艺美院的学生学习工艺的时间不如以前的学生学习的时间多。以前的美校毕业生在学校学到的功夫可以让他们在毕业以后到厂里都成为中流砥柱。我们在外冈工艺美院带教的时候，学生上午上文化课程和专业基础课程，主要是绘画方面的知识，下午 1—6 节课都是技能工艺课程，毕业后到厂里工作都是技能高手。现在学校的学生一部分是自己想学的，做出来的作品还是可以的；一部分是不想学的，老师盯出来的，就马马虎虎。不过现在的孩子聪明，老师点一点、说一说就可以了，跟以前不一样，但是玩手机就没办法了。现在学校漆艺工作室老师不多，稍微要增加点课时量，老师辛苦点，但是作品肯定要好很多，应该没什么大问题，漆艺专业最近几年做的东西还可以。

路：学做漆要注意哪些问题？

黄：老师教的学生都学到了，但是动手能力比较差，哪里有问题他们不知道，我帮他们解决，我帮他们做一部分，示范给他们看，他们按照这个要求去完成，尤其是漆。做到毕业作品，大多数是大漆，前几年用腰果漆比较多，这几年大漆用得比较多，这个是有差异的。大漆不会说话，但是你对它不好，做的作品就不好；你用心了，动脑子了，努力了，做出来的东西肯定比较好。有的同学打磨的时候发现局部的漆不干，这个有几个原因，一个是下面一层没做好，也有可能是下面手碰的时间多了，比较油腻，漆就会不干。打磨的时候，最好不出问题，出问题也没事，打磨以后再上一次漆。作品在你手上，哪里有问题你是知道的，有问题的地方尽量少磨，到快完成的时候修整磨好。如果跟好的地方一起磨，坏的地方肯定要出问题。作品是你自己做的，自己心里最有底，哪里有问题，哪里没问题。为什么还要上一次漆？因为有问题。你知道哪里有问题，就别去磨它，等到好了以后再轻轻地磨一磨，做一下交接就可以了。

路：您对学生有什么建议吗？

黄：建议学生一定要自己努力，现在作品偏向立体脱胎，自己要再努力一些，最怕自己不上心，如果用心了就好了。做立体的更需要时间，跟平面不一样，特别是做脱胎，要等干，要一遍一遍打磨，要做很长时间。有些学生漆过敏，也不容易的，有些学生手都肿了还在做，这种精神非常值得表扬。

采访心得

黄国明先生是有着高超漆工艺技术的老“法师”，依托在上海漆器厂练就的一身手艺，为学校漆艺专业的师生排忧解难，提高师生的技艺技能，为非遗传承漆艺专业的健康发展不遗余力。学院在专业建设中能利用好社会上的能工巧匠资源，在教学中扬长避短，也是非常可取的方式。

翁纪军

海派漆艺传道士

采 访 人：路玲娟
受 访 人：翁纪军
采访时间：2019 年 11 月 25 日
采访地点：博大商务楼 702

翁纪军

别名步岛，1955 年生于上海。现为中国美术家协会会员、教授、高级工艺美术师、上海工艺美术大师、上海美术家协会漆画艺委会主任。1973 年于上海市东风中学高中毕业，1974 年 2 月作为上海知识青年上山下乡赴江西生产建设兵团，1978 年考入江西师范大学南昌分院艺术系，1996 年于中央美术学院壁画系硕士课程结业，曾任江西省文学艺术界联合会《星火》杂志社美术编辑、上海工艺美术学校教师、上海工艺美术职业学院视觉设计学院院长、时尚与工艺学院院长，中国工艺美术协会漆器专业艺委会委员、全国高职高专工艺美术专业艺术指导委员会委员、教育部重点示范建设专业——工艺美术品设计与制作专业带头人，长期从事高校工艺美术教学和漆艺创作研究，所主持的“漆艺”课程于 2008 年获国家级高职高专精品课程。2009 年获上海市育才奖（上海市教委、上海教育发展基金会）、上海职教系统名师奖（上海职业教育协会、上海教育发展基金会），2013 年获上海市成人教育优秀奖（上海市职教委员会）、高职高专优秀毕业作品展优秀指导教师奖（教育部高职高专艺术指导委员会）。2016 年退休。

一、就职于工艺美术学校的背景

路：翁老师，您是什么时候来工艺美校任教的？

翁：我是1995年联系学校的，那时候还是工艺美校，朱孝岳任校长，朱校长看了我的一些资料和背景以后，他认为这个学校比较适合我，当时就拍板把我留下了。我正式进入学校是在1996年。

路：据我所知，您来工艺美术学校之前的职业是让人羡慕的，是什么原因让您选择了这所学校？

翁：我调来上海之前，在江西文联下的《星火》杂志做美编。来到上海以后，我开始准备找对口的单位工作。当时《上海文艺报》录取我了，但是我还是喜欢自己的漆艺专业，所以我选择了工艺美校。我了解到，工艺美校在20世纪60年代和70年代都设有漆器雕刻专业。20世纪90年代，整个上海乃至全国开设漆艺专业的学校是很少的，上海没有开设漆艺专业的学校。我想到学校里面来工作，一方面，可以继续我的漆画创作；另一方面，希望通过教学来推广和传承中国漆艺的技艺，通过我的努力能连接上甚至能恢复这个学校停办了近20年的漆艺专业，对我来说这是一个愿望，所以我就选择在这个学校工作了。

二、漆艺专业建设

路：停办了近20年的漆器雕刻专业，恢复衔接起来一定要重新思考许多问题吧？请您简单谈谈从“漆器”课程发展到独立漆艺专业的过程好吗？

翁：工艺美校最初的办学理念是“技术与艺术相结合，动手与动脑相结合，传承与创新相结合”，更多的侧重技艺，强调动手能力，现在看来也是非常正确的。

一开始我和姚荣老师都是从漆画角度开始做课程的，侧重的是漆画，漆画里面包含了一些综合材料和工艺技法。当时我们带着学生参加了很多展览，那个时候全国漆画相对比较少，所以获奖率、参展率就很高，学校里也很重视。

在教学的过程中，我一边教学一边在思考一个问题：作为一所工艺类的学校，还是要继承学校的传统办学理念，一定要有自己的办学特点，要找到有别于其他艺术类院校的地方。所以后来我就非常强调技术和艺术的结合，强调艺术基本功的同时，在课程设置上增加一些基础的技艺和审美教学，以器和画共同进行课程设计和教学。有很长一段时间教学就是我一个人，蔡文老师是后来调来的，她也是中央工艺美术学院(现清华大学美术学院)毕业，侧重于绘画性的漆画，因为他的老师程向君(我很好的朋友)也是做漆画的，开始就是这样一点点延续。到后来学校由中专升格为大专以后，在课程设计上进行了再次调整，更加明确技术(技能和手艺)和艺术(审美和创意)结合。从培养角度上，强调我们和其他高校的区别与差异。

自2010年开始，工艺美术品设计与制作专业(漆艺方向)开始正式招生，终于实现了我要恢复漆艺专业招生的初步愿望。

路：漆艺专业独立招生后，在专业课程设置上您是怎么考虑的？

翁：在课程设置方面，我花了很多精力，我做了几个项目教学的课程包，把漆艺《髹饰录》里面比较典型的核心技艺组合起来，变成几个技能模块。比如说我们一开始有镶嵌，我们就设计一个镶嵌的课程包，几周解决一个镶嵌问题，比如蛋壳镶嵌，金属丝镶嵌。还比如莳绘、晕金工艺，我也设计了课程包，比如一年级下学期和二年级上学期，把《髹饰录》里面比较典型的一些工艺技法，类似彩绘、变涂都设计了课程包。还有立体漆器课程包，脱胎技艺是一个传统工艺，我们把做造型、裱布、刮灰、脱胎几个核心的课程内容组成立体漆器课程包，分散在三年的教学过程里，让他们在比较紧张的三年学习过程中，掌握漆艺的几个核心技能。通过教学，告诉学生怎么举一反三，怎么变化。不管“器”还是“画”，工艺技能都能灵活运用。我在课程设计里面特别强调审美和对基础课的要求，所以我会从其他专业团队请一些工程造价老师、史论老师、国画老师来上课，这样对学生的培养相对全面。

路：您既是漆艺专业的专业带头人，又是时尚学院院长，您是怎么构建漆艺专业师资队伍的？您对专业教师有什么要求？

翁：鉴于工艺美术专业的教学特点，师资队伍培养分两块：一块是老师的梯队建设，定期的学习进修，出访考察，强调要求出作品，提升自身专业教学能力，我一直说的“以作品说话”让学生眼见为实；还有一块是强调我们的办学特点，漆的工艺特点一定是手作技艺和艺术的结合，我到上海漆器行业请漆工技术好的老师傅来共同授课，从而在师资方面架构一个由企业的师傅和学校科班出身的教师相结合的教学团队，各自发挥所长。老师授课侧重强调设计，师傅则更多地强调工艺技术与技能。有些老师的作品通过师傅的技能协助，可以很有效地实现他的设计思路，更好地以作品的形式呈现，学生作业的提升效果也就更加明显了。所以我在课程要求里面，要求学生尽可能地把设计思路和想法变成一个可视的、可摸的、实实在在的作品。学校教师和企业师傅共同教学，可使学生受益最大化。实践证明，我们后来学生的毕业设计和课程作业完成的完整性相对较高。

专业教师特别是专业带头人，要在行业领域里有一定的话语权，这非常重要。有话语权，就会了解整个行业、社会的需求点在哪里，而且这种需求是即时的，是行业里面的风向标。比如，服装设计行业里有话语权的人，就知道明年的流行色是什么，明年服装流行什么样的款式、面料等等。这样带出来的学生，毕业以后的就业率、专业对口率相对就会比较高，否则，我们的教学就是隔靴搔痒。所以老师首先在行业里面要有成就，通俗一点说，要让知识、技能变成一个有价值的东西，那个时候你去教学生，学生就信服你。

我在学校担任时尚学院院长的时候，是这样考查老师的，先看老师走哪条路，是做专业创作的，还是做理论研究的。做理论研究的，你在学术理论刊物里面有多少论文？学术价值在哪里？有多大的含金量？参加过的国际、国内的学术活动有多少次？论文到底发表在什么刊物等，当然这个是做学术的。搞实践创造的，你的美术作品、设计作品参展多少？获奖多少？教的学生作品参展获奖有多少等。教师的作品参展或获奖了，这个看起来好像对教学没有直接关系，实际上是非常重要的。

我们学校的余友涵老师和丁乙老师，他们的备课笔记也许没有别的老师多，教案文字没别的老师长，但他们的学生在课堂中认真听讲，他们受敬仰的程度要比别的老师高很多，这个就是结果。教案写得怎么样，是一个形式，最终要看学生受益在哪里，讲课有多少人去听，这是最重要的。老师在学生心目中的位置，恰恰是应该考量的重点，这样，这个老师才能带好学生，学生才会服老师，然后学校才有希望。专业带头人本身的综合素养和对人才培养的定位要非常清晰，只有这样的专业带头人，有好的理念，才可能设计出很好的课程，然后才能培养出满足社会需求的学生。

路：您比较早就着手漆艺专业的精品课程建设了，能分享一下您的经验吗？

翁：课程建设上面，我一开始就强调提高学生的动手能力。我建精品课程的时候，上海及全国其他高校很少有工艺美术类的精品课程。在我们学校，我第一个建精品课程。玉雕专业大概在我建成国家级精品课程两年以后，也建成国家精品课程了。

我自己回顾和总结一下：第一，课程设计一定要符合整个教学的大趋势的需求，我比较早地意识到，继承传统的漆工艺技能和大漆美学教育在艺术高校里面一定会引起重视；第二，我在课程设计里面进行了师资队伍的建设；第三，用项目化教学的模式，进行项目课程包的设计，把《髹饰录》里面几个核心的典型的工艺组合成课程包，这应该是全国最早将传统技艺理论转化为现代教学内容的课程讲义之一，我自己坚持做漆近40年，虔诚地学习古人的漆艺工艺。要学习领会《髹饰录》里面的一些经典工艺，把它精选出来，然后分别设计到我们三年的课程里面，让学生在有限的三年时间里，掌握和了解漆的主要的工艺样式和重点技能；第四，项目教学要设计好载体，比如设计了漆盘作为载体的项目教学，盘子造型是立体的，里面是平面的，里面可以用镶嵌工艺或是莳绘工艺，再比如先后设计了以屏风类、首饰类、茶盏类、器皿类为典型的载体，所以在课程设计上面，首先要有这种思路和想法；第五，编好一本课程教材，漆艺类教材当时只有中央工艺美院乔十光编写的一本教材，后来就是我写的一本由上海教育出版社出版的《千文万华——漆艺》教材，我教学就用我自己编写的教材。过了几年，我们团队又与蔡老师合编了一本教材。我们上课的时候，基本上就是用自编教材来进行教学。

路：学校在做专业建设时，会引进行业知名人士来提升专业团队的力量，您是怎么看的？

翁：沈国臣院长在的时候，我们到北欧瑞典的设计学院考察，他们聘用的一些社会专家就是在行业里面的有话语权的设计师、总监，真正到学校来授课也是有难度的，因为他们在社会上有很多项目，但是他们的团队成员可以来学校轮流授课。

我们专业当时在建设示范院校项目的时候，关于企业大师进课堂计划方案中，企业的老师傅来做技能这一块是现实可行的，一个行业里面的领军人物来兼职或任教是不现实的。复旦大学上海视觉艺术学院(现上海视觉艺术学院)外聘老师(业界重要人士)来上课，是短期的单元制的。为什么？这些人士就像一条鱼，他们所处环境如同他们生活的江海，把他们从大海大江里面拿出来，长期放到鱼缸里面，他们早晚会死掉。你把这条鱼引进来，就失去了它在大海大江里的游刃有余与生命力。暂借来展示一下，就要放回大海，否则的话也就没有意义了。这话有些绝对，但道理是这样的。

路：我们学院几乎集艺术设计类、工艺美术类开设专业之大成，您觉得该怎么发挥这优势培养复合型人才？

翁：2007年我去瑞典的一所学校考察，学校里面有一个很大的实训工厂，是全校学生共享的，利用率非常高，管理很先进、很科学。所有的设备和机器在里面，每个学生有一张卡，卡刷一下，就知道机器车、洗、刨、钻、切、镀、焊等设备目前的使用情况，里面有几个专门的老师傅来维护，并教学生如何操作，怎样注意安全，如何戴手套、护镜等。在加工过程中，需要的工具应有尽有。通过数码控制登记，比如数控铣床有3台，已经有3位学生在用了，时间从下午3点到4点，其他人就要排队，4点以后才登记。这种方式第一利用率高、成本低，第二更加专业、点对点，是综合材料都可以加工，旁边还有一个库房，各种木材、板材、塑料、纤维，所有专业的学生都可以去用。学生在做毕业设计、课程作业的时候如果涉及某种材料，他一定要去了解这个材料或者跟老师沟通，老师会要求学生，到学校库房去看看有没有这种材料。而且社会上有的材料，库房里都会有。比如纤维工作室里面，整个大柜子全部都是布料的样子，一层一层的，就像图书馆一样的。专门有材料学的老师补充和细化专业课老师在运用材料方面的问题，这个是综合能力的实践平台。比如说工造设计中，用到木材，专门精通木材材料学的专家在里面，他会告诉你，是用黑胡桃木还是用酸枝木，两种木头本身的特性、硬度和视觉区别在哪里等，这个是材料学的事情，它跟工程造价有很大的关系。他们就是很多老师在教一个学生，资源高度共享。所有的学生都可以去问这些事情，老师们将最大的强项教给了学生，这种模式下学生受益是非常大的。

关于专业，分与不分是一个形式，是相对的，学生最终到社会上运用，是很难分清楚的，就如学英语，你说英语是专业吗？英语专业是相对而来的，英语相对于法语来说是专业，英语又如同我们吃饭的筷子、勺子，就是一个工具，英语用于交流和阅读，就是我的工具。毕业设计中，专业绝对要打通，比如工造里面要做一个陶杯，肯定要跑到姚岚老师那里去学一学烧陶烧瓷的技艺，甚至到景德镇一线去考察。对新兴的材料要主动去了解，尤其是环境艺术和工程造价专业，所有的材料都是日新月异地在改变。数码技术不停地介入我们的日常，如果没有这些知识，仅仅靠一个专业培养是不够的，所以瑞典那个设计学院的思路是非常对的，他们的理念非常先进。总结一下，就是他们把最强的力量用在一个关键点上。

漆艺专业第一要解决学生的审美，其次是学生的学习态度。“器”也好，“画”也好，在教学中，除了好好学习老祖宗传统的东西之外，一定要与时代相结合，要用开阔的眼光来看待。

我们在谈职业教育的时候，技与艺都是不可或缺的，重要的是学校的定位要清晰。做“器”，要做“大气”，那就要从这方面去努力。看好的东西、拜好的老师、走好的国家、看好的博物馆、美术馆。除了看古典的，更要看当代的，分析它们之间的关系。

三、工艺美术教育服务社会生活

路：您觉得能最直观地评价一所学校办学效果的是什么？

翁：一个学校办学成功不成功，重要的是看学生毕业就业的专业对口率。漆艺专业方向学生每年毕业三十个，现在回过头来看在做漆器有几个，要去好好地考察。这里面有两方面的原因，一方面的原因是大环境，第二方面就是学校的课程设置。尤其职业类高校，学校的课程设置一定要符合社会需求，要找到社会对漆艺的需求点，人家企业就会要学校的学生，否则学校的教学和社会是脱节的，学生做出来的东西孤芳自赏，有什么意义呢？

路：在教学过程中，您是怎么把握传统工艺的传承与发展创新的关系的？

翁：在漆艺的教学过程中，我认为一定要以传承作为前提再来谈发展。比如说《髹饰录》里面，像犀皮漆工艺里的起埝，还有剔犀工艺等等，首先要了解最基础的工艺点、要掌握技能。在教学中要根据学生来区别对待：一部分学生觉得他认真学老祖宗就够了，他这一辈子就虔诚地学习，老师也不能反对他。但我们要鼓励部分学生，在传统的工艺技法学到手以后，要对这些东西有新的感悟，要培养他们的创新意识，避免“浮萍”和“悬空”的现象。要告诉学生，创新不是巧立名目，不是突发奇想，创新一定是有出处、有根源的。同时，教师要进行教学以外的不间断的创作，通过自己的作品，言传身教，让学生看到的是一个活生生的作品。

作品大漆彩绘古筝《百鸟朝凤》

路：现在倡导传统工艺走入生活，您觉得漆艺该怎么和生活结合？

翁：我感觉这两年非常好，因为国家整体在发展，改革开放到了现在这个阶段以后，人们对精神文化的需求日益提高。对中国的一些传统的优秀文化遗产，都站在不同的角度上来认识它的重要性，高校纷纷开设传统的技艺、手工艺课程，我认为这是一个非常好的现象。

从漆艺本身而言，它就是中国非常典型的传统文化的精华。这里面要分几方面来谈，我们讲的漆艺，它的材料主要是一种天然大漆。首先这种材料本身的资源有限，从历史发展的轨迹来看，它只能相对比较小众。但是我们很多事情不能因为它小众了，它的价值就不存在了，或者说就不去发展了，恰恰“小众化”就是它的特点。我认为应该把它在小众里面做到高、精、尖，做到更好，让一些有识之士去享用这些非常极致精致的中国的好东西，可以从这一非常纯的思路上去发展。其次，要做漆艺文化的普及。最近我参加了一个社区文化的论坛，谈论到在中国历史上一些传统的有文化修养的家庭里面，常常摆设一个条案，上面一杯清茶，墙上一幅字画，其他什么都没有。他可以是吃得简单、住得简陋，但这种文人高雅的格调，一点儿都没有降低。尤其是现在，习近平总书记倡导精准扶贫，这点我们要强调的，除了物质上的贫要扶，还有精神上的贫也要扶。文化和金钱是不能画等号的。所以到了这个时候，我们除了有钱，更重要的是要有文化。还有一点，我认为漆艺要传承、要发展，以后要多探索跨界结合，比如跟首饰、工造产品等领域的结合。大到室内设计，汽车里面的一些内饰，小到饰品、发夹等。通过漆艺与工造产品的跨界，可以提升文化生活品位，这是一个思路。还可以把漆艺跨界到时尚消费领域，这样高、中、低每个消费阶层都可以享用到漆艺产品。

那天我也跟施森彬聊到关于漆艺跨界的话题，漆可以跟金属、石头、木材很好地做结合。中国台湾、日本在一些日常器皿中做一些材料上的结合，都很有创意。这里面涉及几个问题，一个是创新意识，还有一个是高科技材料的加工与运用能力。有些国家可以把漆做到玻璃里面，这样在视觉上感觉就不一样了。我们可以侧重手作的东西，通过打磨、抛光，通过手的痕迹和一些工业产品的结合，提升工业产品的附加值。比如日本手表的表面用漆艺晕金莳绘工艺以提高表的附加值。高科技、品牌产品和传统手工艺的结合，这个是可以做的。再比如日本的铁壶，下面壶身是金属质感的，盖子上面有一块温润的红颜色，就是用大漆做的，不会受温度影响，这就非常有意思。我们每次去看设计展览，看到好的设计就会问自己：怎么我没想到？每次都会有这种情况。所有的设计都是没想到以后才出来的，所以永远不会有设计枯竭的时候。

作品《干漆茶海与银胎茶盏》

漆的秉性就是如漆似胶，它可以与很多其他材料结合共生发展。大漆蕴含着文化哲学，因此很多艺术家、文人青睐于漆。湿的时候，她是液体；在一定温度与湿度条件下，她会转化，会固化；通过打磨，她可以变得和玉一样温润，有手感、有温度。一系列的物质现象和她的精神文化属性是很匹配的，这就是漆的秉性所在，所以要把这些理念慢慢传递给大家。现在我们传递的是手作的记忆及以我们自身文化素养对漆的认可，这两点要同步进行。

路：长期以来国人受化学漆的影响，对大漆产生了误解，你觉得应该怎样改变民众对漆文化的理解？

翁：学生除了在学校课堂里学技术，另外要有一些课外的辅助教程，需要去搜集一些跟漆艺有关的资料，要提供学生几本书看，最好还要给学生家长看。因为有学生对大漆过敏，学生家长会来学校询问甚至质问情况，这显然是学生和家长不了解漆的特性导致的。日本就不会出现这样的问题，可能日本每家每户都有漆器，也知道漆的特性，做大漆过敏是一个很正常的现象。当然我只是举这样一个例子，所以推广漆文化和技艺掌握是同样重要的。过敏了就退却了，这件事就不了了之了。如果前期有这样的铺垫，大家都对大漆有个认知，这样就好很多。也可以先让大家多了解成品漆器，包括大漆和其他材料结合做的精品，让大家感觉这个东西很美，反过来再去了解大漆这个材料特性，我认为这是蛮重要的。

日本现在做得很好，他们从几个点在抓，传统老祖宗的东西全部是大漆做的，合成大漆做的东西也有，这一点都不矛盾，大家也都认可。像味千拉面用的碗，就会让人想到日本的漆器，这无形中也在为漆器做广告。所以这种符号式的艺术印迹，在不同的场合都可以显现出来，这两年我认为中国厚积薄发的感觉还是很强大的。

有些校友在商业企业里待的时间比较长，嗅觉很灵敏，他会去了解国际时尚的视觉设计活动，如展示设计、工业设计、时尚生活用品设计等。漆的历史非常悠久，中间断层时间有点长，大家知道日本人做漆，中国人现在开始有了一点意识了。事实上法国、意大利对大漆都是情有独钟的。这么好的东西，为什么没有很好地去认知、去发展，它的发展空间其实无限大。

采访心得

翁纪军老师在推动工艺美术学院恢复、发展漆艺专业作出了非常大的贡献，在专业建设过程中，在学院“技术与艺术相结合，动手与动脑相结合，传承与创新相结合”办学理念的基础上，把漆技艺训练与提升美学素养、表现技能的课程组合起来，构建了漆艺专业的课程体系，把握漆艺传承与创新发展的关系，在传承《髹饰录》典型漆工艺的同时，鼓励学生结合当代生活开展跨界创新，为学院今后漆艺专业的建设方向奠定了很好的基础。

施森彬

“大工艺美术”的践行者

采 访 人：路玲娟
受 访 人：施森彬
采访时间：2019年10月25日
采访地点：上海康源企业发展有限公司

施森彬

1956年生，上海人。中国玻璃艺术大师，高级工艺美术师，上海工艺美术大师，上海工艺美术职业学院客座教授，国际玻璃艺术协会会员，中国建筑艺术玻璃创始人。1975—1978年就读于上海工艺美术学校，主修工艺美术。从20世纪80年代起，开启手工艺术“大之美”的探索之路，代表作有人民大会堂铜门、新加坡佛牙寺舍利大金塔、印度玄奘纪念堂铜建筑、威海环翠楼铜建筑、上海中心126层铜穹顶、常州天宁寺珐琅壁画、山东兖州兴隆文化园高达18米的释迦牟尼佛像、无锡灵山梵宫的镇宫之宝——80平方米的琉璃巨画《华藏世界》、伦敦大英博物馆新馆玻璃外幕墙、南京报恩寺报恩新塔塔翼艺术琉璃玻璃、上海中心大厦世界第一幅琉璃艺术竹简长卷《心相山水》等。2009年被上海市人民政府授予“上海市工艺美术大师”称号。

一、学习工艺美术的原因

路：施先生，您选择工艺美校是否与家庭有关？

施：我1956在上海出生，祖籍江苏海门，我父亲在20世纪四五十年代到了上海。我在上海市南昌中学上的中学，那时蛮喜欢艺术，但是没有专业的老师教。我会临摹晚报上刊登的绘画作品，也喜欢写毛笔字，这跟我中学的语文带班老师有较大的关系，他在文学、书法上都对我们有很好的引导，他平时让我们自己回去练字，当时我主要是练隶书。我父亲看到我绘画、练书法，他蛮高兴。我父亲那时是名电工，经常要去人家家里做维修，有一次正好碰到陆元鼎老师。陆元鼎老师师从张善孖、张大千，是著名的书画家。在父亲的帮助下，我跟着陆老师学了三年书画。他的教法很传统，每个星期天都到他家里去接受指导，他布置作业后，我把老师画的小稿带回家自己练习，过一个星期以后，再拿去给他看，这样断断续续学了三年。

路：您为什么会选择工艺美校？

施：我中学毕业时，没有招国画专业的学校。后来工艺美校和上海卫生学校开始招生，那时还没有恢复高考，不能考大学。我记得当时上海市大概有6个区是推荐入学的，我们中学有几个爱好艺术的学生，平时给学校里出黑板报、做一些宣传工作。在上海工艺美术学校招生的时候，我的班主任因为知道我喜欢书画，就推荐我去上工艺美校了。我们中学那次保送了2个人到工艺美校去读书，我是其中之一。

二、工艺美校学习生活

路：您当时被推荐到工艺美校学习，学了什么专业？

施：我被推荐进入工艺美校，学制三年。当时一届招十几个班，我被分在漆器雕刻班。我们漆器雕刻班还分了镶嵌、刻漆两个工艺方向，我被分在镶嵌工艺方向。镶嵌工艺等于做浮雕，就是在漆器或漆板表面，镶嵌用其他材料打磨好的造型，做成浮雕的效果。我们当时学的东西挺多的，不管是做偏平面的刻漆，还是做偏立体的浮雕的，都要学素描、色彩、白描、工笔画、写生、雕塑，还有很多专业技艺课程。我们当时用的教材，不是现在这种正式出版的教材，用的是学校专业老师编印的教材，编的内容也很专业，很适合工艺美术专业学生学习。

路：岁月悠悠，您还记得那时候你们的教学是怎么安排的吗？

施：当时我们学校挺好的，从工厂里面选优秀的师傅来当专业技艺课程老师。教学方式也挺好的，实际上和现在的校企合作教学差不多吧。只不过那时候早走了一步，因为老师必须要懂生产一线的工艺。那时候我们实习的课程也挺多的。所以在实践当中我们也学到了很多东西，但不管基础课也好，工艺课也好，培育的学生是输送到工厂的。既要学习文化理论，也要学习绘画，还要学习工艺技能。我们学习镶嵌工艺，就是把各种各样的石头、象牙在机器上打磨出来做成浮雕，利用石头本身的颜色来塑造形象。最后还有创作环节，我们要自己画创作图纸。当时的创作都安排有写生课，当时有一个讲法，就是“创作带基础”。老师也有意识地安排我们去写生，写生题材主要是工宣队、工业农业生产等，比较适合当时的政治形势。自然题材也有，但工宣队这种题材比较多。当时我们写生课的任课老师是王克明老师，王克明老师他自己画的也蛮好的。他带我们整个班出去，到外面大概半个月到一个月，我们写生比较近，如朱家角、苏州东山、浙江一些地方，黄山好像也去过，总之每年总会安排一到两次写生课。当时学校里也有写生安排，学校周围的环境很好，学校里面陶瓷、塑像教学器具也有很多，也是可以写生的。

路：从写生稿变成漆器作品要经过怎样的过程呢？

施：前期稿子创作出来后，会有领导来审稿，一方面是看题材是否符合当时的社会主流意识，另一方面是看整个学校的教学水平和学生创作水平。具体把关审稿工作的还是这个班级的带班老师，他把每个人的作品设计稿贴在墙上，给我们每个人提出修改意见，还提示做什么题材比较好一点，怎么做比较好。然后漆器专业老师再来看这些创作稿子，对图纸是不是和漆器的材料、工艺能结合得好，是不是适合做漆器进行最后把关。当时镶嵌工艺漆器创作题材做人物的比较少，大部分做花卉，相对来说做花卉比较适合，做人物相对来说局限性比较大。刻漆工艺做人物、花卉都挺适合的。当时的工艺课老师，是上海漆器雕刻厂选出来工艺做得比较好的两位师傅，一个专门做镶嵌，一个专门做刻漆。他们也住在学校宿舍，根据我们创作设计的图纸，手把手教我们。一个老师要教二十几个人，制作所需的时间挺长的。

三、职业生涯

路：您从工艺美校毕业后去了哪里工作？工作环境怎么样？

施：我们毕业出来后，大部分被分到漆器雕刻厂，也有些同学被分配到漆器厂以外的单位。我就是被直接分配到手工业局下面和漆器没关系的另外一个行业的五金公司去了。当初我们工艺美校培养的学生大部分是到手工业局旗下的行业公司里面去的，比如说玉雕厂、绒绣厂、木雕厂，都是属于工艺美术行业的。所谓的上海一轻、二轻，就是上海市第一轻工业局和上海市第二轻工业局。我们第二轻工业局，就是上海手工业局，过去许多手艺人都是私营自讨营生，中华人民共和国成立以后，公私合营把手艺人组合起来了，从属于手工业局。手工业局下面有好多个公司，五金公司做的产品挺多的，做铝合金饭盒、洋伞、剃须刀，还有餐具。我被分在餐具厂做产品设计和包装设计。我本来是做漆器的，现在做造型设计、包装设计了，这个就要自学了。平时我也挺留心这个事情，当时资料很少的，不像现在什么资料都有。正好我有个中学同学在上海情报研究所，我平时利用业余时间，请个假就去看资料自学，只想把工作做得好一点。

路：也就是您在学校学习的专业知识技能没办法用到当时的实际工作中去，是吗？

施：不完全是。我在自学过程中，感觉到如果没有工艺美校期间的积累，就没有后面自学的基础了。我所在的餐具厂，当时它的创汇相对来说蛮高的，西餐餐具中国人是不用的，都是出口，餐具厂作为手工业局的创汇大户，就很受局里关注。我被分到餐具厂做造型设计和包装设计。造型设计具体做刀、叉、勺子等西餐具的设计造型。后来我自学了很多东西，比如造型要怎样好看？机械图纸怎么画？模具要注意哪些问题？比如刀的距离、使用习惯以及模具造型怎么做、对模具的损坏程度、使用寿命等都是自己要关心的。过去我对包装设计也不懂的，正好上海轻工外贸公司里面有个人专门做包装设计，他对我的影响也挺大的。他告诉我包装设计结构要合理，装饰图案要好看，要适合包装餐具。所以包装设计专业知识也是在工作中边学边实践来掌握的，靠自己动脑子到情报研究所去看国外的包装设计资料和产品造型设计资料。在工作中我也尝试把所学的漆器镶嵌工艺用到西餐具设计中去。不锈钢餐具上面手持柄部位的设计，我采用了漆器镶嵌工艺，包括螺钿镶嵌、银丝镶嵌。总之，是挖空心思把自己所学的东西用到设计工作中去。当时我还得了几个设计奖，记得在参加中国第一届包装设计大赛时，我得了设计大奖，我觉得挺幸运的。当时我年纪很轻就得奖，五金公司也有意培养我。给我的优惠待遇是我可以请假出去写生或者去看资料。当时我的想法很朴素，就是以做好工作为出发点，多学一点东西，这些无心之举为我今后开创自己的事业都打下了基础。举个例子，当初要画图纸，我挺用功的，总要比别人画得多。花点时间，自己多动脑子，自觉地学东西，久而久之就养成了这种主动学新事物的习惯。我自己创业的时候，画图纸就非常得心应手。

四、下海创业

路：您现在是事业有成的“大工艺美术”企业家，您是怎么跨出创业的第一步的？

施：我的第一份工作是在餐具厂做设计，后来因为工作的关系，我和印刷厂联系挺多，外面接触了一些朋友，我看他们做灯箱、做招牌字，觉得这些差不多我都可以做。起初我也没想要自己做什么东西，就是帮我朋友做，后来我想我从单位出来做这个也挺好的吧。我做的灯箱，也属于工艺美术范畴，把有机玻璃雕刻字做成灯箱。还做铜招牌字，当时很流行的。我也给别人放图纸，那时没有电脑，也没有复印机，都是人工放图纸。另外还做包装设计，那时蛋糕盒子设计、糖果包装设计单子还挺多的。

我在1987年离开了餐具厂，创办了自己的公司。我应该是改革开放后第一批“下海”的人，我很关注怎么把工艺美术和自己的事业相结合。我现在所做的工作都是和工艺美术相关的，没有跨度很大。我最早是从做铜门开始的，这也是个机遇。我有位工艺美校毕业的同学，他被分配在上海的民营设计院。改革开放初期，国家要开发浦东，规划把浦西的银行搬到浦东去，他们设计院正好在做一个银行的设计。在设计银行大门的时候，他师父参考外滩的银行大门，给这家银行设计了铜门，我同学就找我去做，受人之托我就请了点人硬着头皮做，结果还被我做成并通过验收了。后来银行陆陆续续都搬过去了，最早搬的是中国建设银行，后来旁边的中国银行也搬过去了。中国银行来找我，他们原来的门是铝合金的，觉得铜门气派，符合银行建筑特点，他们最终也确定要做铜门。就这样，我们公司先去浦东给银行做铜门，接着做到浦西来，再做到全国各地去，包括北京人民大会堂。总的来说，铜门是从北往南做的，北方人很喜欢这种铜门。后来我就成立了一个专门做铜门的公司，这个公司是国内最早做门这个产业的，应该是这行的“开山鼻祖”了。从此，我就正式开始了自己的创业生涯。

路：您从设计到做铜门行业，专业跨度非常大，您是怎么把技术与艺术结合到产品而立足市场的？

施：做了铜门就要了解铜的各种工艺，比如浇铸工艺、锻打工艺、电铸工艺、压铸工艺等多种工艺都要熟悉。我在工艺美校画过素描、色彩、白描，做过雕塑，打好了审美、造型的基础。没这个基础，我的事业也做不到现在这种程度，所以说我很感激工艺美校。我最早做铜饰招牌，接着就做铜门，后来又做了自动门。自动门和铜门是相关的，也是铜或者金属与机电一体化技术结合的产物。做自动门也是机缘巧合，我这人胆子挺大的，感觉自动门的造价我能够控制，技术能够把握，艺术也能够做到位。铜门、铜窗、自动门，这三种产品在建筑立面上全部是配套的。从商业营销上角度上来说，产品是成体系的；从艺术角度上看，风格也是很统一的；从工艺上来讲，是同样技术的一体加工，质量是有控制的。我在自己的创业过程中积累了很多经验：一是艺术和技术要结合，单单做艺术很难，单单做技术也很难，把艺术和技术结合起来才是最好的；二是注重做高端的产品，提高产品附加值。我早就想到上海这个地方生产成本很高，没办法做低成本的东西，随着时代的变迁，以后成本会越来越高，那就必须要做附加值高的产品，要做这个领域里最好的东西。我做什么东西都会先想好，定好位，会结合自己的实际，衡量一下能够把握吗？有艺术含量在里面吗？有技术含量在里面吗？资金动用得多吗？这都是我要考虑的。自己既然创业办成实体公司了，那么要保证公司的产品质量。公司要长远地发展下去，必须要和同行或相关行业进行竞争；要先发制人，增加产品的技术含量和艺术含量，综合难度就高了，这样把竞争的门槛就提高了。

当初做这一行的人很少，而且他们的观念和我不一样，在工艺美术行业，会去辞职自己创业的人也少。我正好胆子大，学的东西也是我创业的基础，美术工作是我们公司最基础的工作。从目前看，我的产品还是比较领先的，我当初设定的怎么把艺术、技术与市场结合起来的想法，有了实际成效。

我在国内创下了四个第一：国内第一个学工艺美术的来搞实体企业的人，中国第一个做铜门铜窗的人，中国第一个做自动门的人，中国第一个做云石灯的人。这些产品和工艺美术都是相关的。我们做自动门所用的技术、工艺是标准的，而艺术风格是根据所安装的建筑风格来设计。比如做西班牙风格的建筑的门窗，我把西班牙的图案颜色做到门窗上，就会和整个建筑很协调。所以说学工艺美术的确对我的人生有极大的好处，使我走上了运用工艺美术与产品结合做实业的道路。因为有工艺美术的基础，我能不断发掘出更好的产品，产品的造型、色彩、材质肌理，我看一眼就知道好不好。所以我认为，我们的铜金属艺术、珐琅艺术，玻璃或者琉璃艺术产品，都有持续发展的空间和潜力。

路：我在采访其他校友的时候，有些校友喜欢纯绘画，是在当时没有选择的情况下才学习了工艺美术。进入职场后大家也会有不同的追求，您是怎么看待这种情况的？

施：只能说是各有所爱吧。我们学工艺美术专业的，也要学习绘画专业基础，才能做好工艺。创业后我是想把自己学到的东西能够用起来，把工艺美术传承下来，和当下的生活、环境结合起来。在实践当中，把工艺美术无声无息地融入生活中去，和时代相吻合。能够不拘泥于工艺美术，把不同门类的工艺美术与产品结合起来，我觉得还是比较幸运的。我当初觉得工艺美术是可以发挥、可以延展的。我现在从事的工作从大类来说还是工艺美术，涉及的基础包括雕塑、雕刻、绘画等全部在里面，我把当初工艺美术专业学的东西都贯穿到工作中去了。所以现在感觉很庆幸读了工艺美校，工艺美校给我的人生打开了一扇门，我通过自己的努力，用新的方式把在工艺美校中学的东西传承下来，并发展了我的事业。

当初工艺美术学校毕业的很多人，还有社会上很多艺术行业的人，他们觉得办工厂不行，没前景。他们有的做纯艺术，有的做装置艺术。我觉得社会有分工，每个人有自己的想法。我认为我既然学了工艺美术，办工厂这条路也可以走得很好。我把工艺美术与产品相结合作为我人生的追求，我认为也是很好的。每人的理想都像一座山，都要思考怎么在这山上攀登到最高峰，这个领域做到全世界数一数二。每个人的选择不一样，选择适合自己发展的就好。我家里没有什么背景，是这个时代造就了我。30 年来，我做得的确还可以。我能想到的项目，我的公司只做了 70%，还有 30%的东西可以做，还有那么多我没想到的呢！所以，我做的也只是开了个头，打了个基础。在这个领域里，有很多西方国家能做的东西，我们还没赶上，还有很长一段路要走。

比如做玻璃艺术实用产品，全世界有那么几家在做，国内也有很多做琉璃艺术的人，包括杨惠姗，但是这个领域还有很大的空间。要做到最好难度是很高的，不但需要高素养的艺术人才，还需要高超的工艺技术以及资金投入。我看到了这座山，潜力很大。琉璃艺术、玻璃家具、玻璃茶几、玻璃餐桌……全世界那么多人在做，但是他们做的物件都比较小。一旦要做大件，那就要牵一发而动全身，就会带来综合性的难度。玻璃烧制工艺里面最大的难点，一个是做大件，另一个是玻璃烧制过程中的玻璃水定位问题。我要做大件实用产品，那么要有设计人员搞设计造型，要有玻璃工艺技术人员研究制造工艺，还要有能烧制大件琉璃产品的设备。这是一个大的生产系统，这个系统要投入很多资金，要配备很多人，这样摊子就大了。有的公司在做单件玻璃艺术产品时做得很好，但批量生产，整个配套就跟不上。做这一行的都知道做这个东西有很大难度，一碰就知道难在哪里了，都不去碰。我为什么敢碰？我有“哪怕不行，我也要试试看”的想法。我们公司具备做大件的条件了，那我就要发起冲锋。我准备再用五到十年时间，攀登到玻璃艺术行业这座山的顶峰，因为我具备了全世界其他玻璃艺术家想做而没办法做的硬件设备。我是有理想的人，不是什么大理想，就是把所从事的这个行业的东西尽力做到最好。如果这个行业有一百万人在做，我要把这做到第一、做到最极致。我有这种想法，一是爱好，还有就是对社会的责任感。

路：您的公司做的产品门类很多，能谈谈您是怎么利用新知识、新工艺创作的吗？

施：大家都知道，传统工艺美术如瓷器、玉雕、编织等都是以手工艺技巧制成与实用结合并具有欣赏价值的作品。随着时代的发展，工艺美术已不局限于纯手工艺，而是与机器工业甚至与大工业相结合，利用现代技术实现大面积、大体量工艺美术作品的制作，从而拓宽工艺美术应用的广度，实现更高的审美价值和实用价值，我把它称为“大工艺美术”。

我们公司经营的铜艺制品、琉璃制品、珐琅制品，这些都属于“大工艺美术”范畴。要把传统工艺和现代生活、市场结合起来，要掌握很多方面的知识。我在工艺美校积累了一定的工艺美术基础，会雕塑、会绘图，有较高的艺术审美。但是还不够，还要根据产品市场定位和特点了解环境艺术、室内设计等专业知识，把产品放到大环境中出设计思路，看整体效果；同时要掌握许多材料的特性及加工工艺。我们公司的生产，涉及七八种主要的不同材料工艺的综合运用，如金属材料、琉璃材料、玉石材料、珐琅材料等。有的材料还要了解其成分、配方，怎么按照设计意图灵活运用工艺、运用设备进行加工生产。我们公司生产的和建筑配套的玻璃价格是市场上最高的，玻璃造型要好，色彩也要好。玻璃颜色里面的工艺配方很复杂，不同颜色的成分、配方是相克的，看着可以，烧制出来颜色就不行了，这里面有很多东西要学、要尝试。以上都是要掌握的硬知识，与市场结合还要了解市场学营销学、奢侈品行业发展的规律等软知识。我们现在在开发玉质家具，中国人懂玉文化，毋庸置疑把玉文化融入家具，中国人肯定喜欢，要把质感做出来，怎么做好？这个就牵扯到工艺技术。这家具卖给谁呢？什么价位呢？什么图案呢？要用什么色彩？这就要进行市场定位。还有营销策略，是合作销售还是自己做销售呢？整个是一个产业投入到产出到销售的产业链系统。我们做了上海中心J酒店的设计，把整个琉璃艺术展现在全世界面前，这也开创了大型特定主题琉璃艺术在公共建筑上装饰的先河。琉璃设计艺术形式表现得很好、很有现代感，契合环境，这就是做大的工艺美术。过去陈逸飞也谈过他要做大美术，比如要办杂志、绘画、艺术展览、音乐，还有服饰、模特等，他的想法也是对的。我认为做“大工艺美术”也挺好的，它是一条新的、别人没走过的路，我具备条件了，我得尝试一下。

我还学习吸收了原来工艺美术学校的教学管理模式。我上了工艺美术学校以后，大致知道了工艺美术专业的教育管理模式。我借鉴学校的管理模式并移植过来，作为我的企业管理模式的一部分，以适合工艺美术类企业综合性的管理体系。学哪个专业都要吸收其他的艺术。我举个例子，我吸收了很多与服装、木雕、陶瓷相关的东西，做成玻璃艺术。我把摄影杂志拍得很好的鱼放大看，根据图像给我的感受开始创作作品，先确定主题和工艺特点，我专门用琉璃拉丝工艺来创作，丝要做得很细，直径在5毫米、6毫米、10毫米左右，做成水墨的感觉，能够把中国水墨画的意境表达出来。在创作过程中，我要探索并克服玻璃烧制过程中玻璃水的定位控制难问题。现在许多人搞玻璃艺术是很随意的，他是先有结果再解释他的创作思路与过程，有点看图说话的意味。他这样做，实际上也是无奈之举，因为玻璃水定位非常难控制。我现在的目标是玻璃烧制的成品效果要和我的设计图纸效果基本一致，也就是要根据我的设计图控制玻璃水流淌的位置，控制度要达到95%。

路：您是怎么把“大工艺美术”这个概念通过产品推送给消费市场的？觉得传统工艺走进生活会朝哪个方向发展？

施：我们现在已经在探索传统工艺与现代生活相结合的方法了，上海中心大厦126层有两个餐厅的主要装饰就是我们设计制作的，除了设计之外，工艺上怎么把琉璃、珐琅进行创新应用，让所有来参观使用的人了解和喜欢这些传统工艺，是我们主要考虑的。对企业来说，是打广告；对琉璃和珐琅工艺来说，是传统工艺的推广和展示。我是学漆器的，以前因为环境和市场各个方面的因素，没有做这块工艺的开拓。现在漆器也是非物质文化遗产，未来市场空间很大，而且有一批学院派学生在做，消费者觉得这个是非物质文化遗产，是好东西，而且表现形式也比传统漆器更好了。传统漆器是以木材为胚，上面用漆工艺进行装饰，做大型装置不一定适合，还涉及施工和使用的消防安全问题，我就想是否可以把它和琉璃结合，这样就能做在建筑、室内设计里面。在过去漆器技艺的基础上，把造型改成现代风格，装饰图案也改得符合现代审美，和整个现代化的环境相协调，现在正好有这个市场需求。和琉璃结合了以后，漆工艺和琉璃工艺两种工艺的优点就都有了。

之所以我们一直在做珐琅、琉璃的“大工艺美术”，也不是突发奇想，我以前就一直觉得它们是绝佳的空间装饰材质，甚至可以成为建筑本身。琉璃有着自己的艺术语言体系，又容易和空间配合，以前没有人这么做就是因为烧制难度太高，成功率也很低。那我们就从技术入手，专门开发了世界上最长的琉璃隧道窑，不断研究各种配方原料，逐渐把烧制成功率提高。现在上海中心一楼大堂的琉璃长卷《心相山水》就是用这种独创的技术制成的。用巨幅琉璃的光影来呈现中国的“水墨”，很多人都有“相见恨晚”的感觉，这就说明我们公司发展的方向是对的。

作品《琉璃竹简长卷》全景

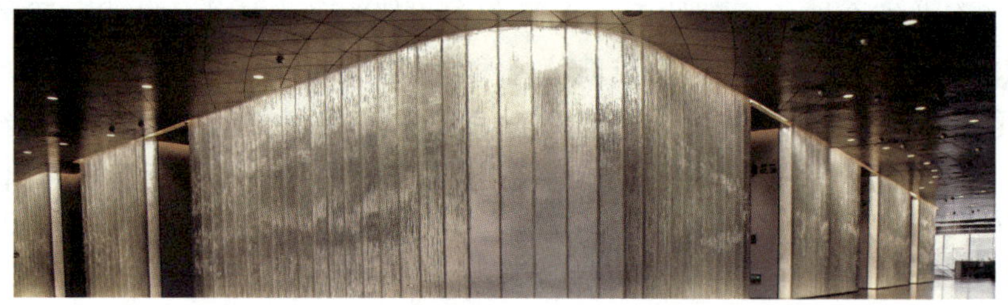
作品《心相山水》

珐琅和琉璃又不一样，它是要和金属结合的，以前中国人对这种工艺的审美相对传统和狭隘。现在大家的审美更开放，我们觉得完全可以打破珐琅传统的设计思维，以全新的形态展现出来反而更容易被接受。然后就有了大众看到的珐琅家具、珐琅壁画、珐琅雕塑，当然最有代表性的还是在上海中心 37 楼的《轮回》珐琅地面，它的难度不仅仅在于体量之大、耗时之长，还有设计时考虑的实际应用和拼接、安装的方式，因为珐琅地面是前所未有的，没有任何前人的经验可供参考，完全是团队自己琢磨出来的。相信所有在上海中心亲眼看过《轮回》的人，都会对珐琅有不同的认识，这也是我们制作这件作品的主要目的。

完成这个作品也需要有一个桥梁，要懂这个东西、懂市场、懂工艺，靠这些人去推广传统工艺介入现代环境的方式。我们的传统工艺都是有市场的，传统工艺可延展的方向很多，只要我们多动脑子，设计出符合现代人审美的东西，就能推广。现在消费者也意识到了传统工艺的文化性，他们也很敬佩手工艺者。过去，有些工艺用手工很难做好，现在不一样了，手工艺也可以和机器加工相结合，机器可以代劳重体力、高难度的工艺环节，同时可以降低手工成本，只要最终出来的东西的审美和品质效果好就可以了。

路：工艺美术在走向产业化的过程中，您是如何处理机械生产和手工制作、传统技艺传承与发展、中国文化与西方文化的关系的？

施：随着人工智能的广泛应用，许多手工技艺正在被机器代替。在工艺美术行业，纯手工做艺术精品是可以，毕竟量少价高。但作为普通商品的工艺要借助机器来加工，也就是说对做艺术收藏品和普通商品，制作手段要有区别。比如说漆器生产，传统工艺和改良工艺实际是不矛盾的，我们要两条腿走路：一是要保留正宗的传统工艺，那么这个漆器价格肯定贵，目的是把传统工艺保留好；二是用改良工艺做商品，公司生产管理部门要懂得怎么恰当、适量应用传统工艺，既要使商品制作成本不太高，又要使产品具有漆器工艺特点。日本对传统工艺保护的力度非常大，漆艺世家都会得到日本政府的资助，加上他们自己的经济条件也不错，对漆器制作情有独钟，前面家族已经传承了好多代了，到这一代更要发扬光大，有新的突破，因此每一代传承人都会静心做漆器，并在传承上一代漆器技艺的基础上探索新的表现形式。中国这一方面在时间上比日本滞后了几十年，现在刚开始重视传统工艺的传承与保护工作。传统技艺与商品的结合会受到中国国民消费水平、购买力、消费心理等各种因素的制约。现在我们中国也开始有对传统工艺产品的需求了，第二代家长有经济实力的，可以支持孩子传统工艺的兴趣爱好。经济基础决定很多东西，在解决温饱无忧的基础上，才会追求精神上的需要。这是别人走过的路，中国也开始走了，这就是事物发展的规律。

现在我做产品的思路是跟着大趋势，有点自己的小想法。中国经济发展到这个地步，文化也要跟进了。经济的进步导致西方对中国的认识也不一样了。我认为现在做中国文化的东西正好，把老祖宗的那些东西吸收好，再艺术提升，与自己行业做的东西结合起来。我刚才为什么说我要做中国的水墨。不是表现水墨画，而是把中国的水墨意境用琉璃艺术充分地体现出来，这是一个。第二个是要做大件，5 米、10 米的。这个行业现在没法做这么大的，我有条件做。别人做到 2 米，我要做到 10 米，体现水墨意境是要做到 10 米才行的。这让全世界做琉璃的人都没法儿做了，我是早就想好了，做这个事情，首先要一步步来。达到条件，就做出一个来，别人就没话讲了。我现在已经具备了这些条件，现在做中国主题，时间正好。我们公司提前做，过不了多久，中国的文化也被认可了。5 年之后再做就迟了，因为开发产品花的时间也蛮长的。要把中国的文化，中国的主题变成今后的流行，变成中国文化的流行，还是要在自己的文化里面挖掘，这个关键还是经济基础。现在国家经济水平提高了，消费者也寻求文化认同感了，用传统工艺表达中国文化的主题的产品开发就要跟上去。

路：请您给母校工艺美术专业人才培养提些建议。

施：我离开学校已经很长时间了。从我自身的学习体验来说，首先工艺美术基础要打扎实了，绘画能力、审美素养、工艺技能等基础要打好。另外，学校和企业对口专业要多进行一些交流。通过与对口企业的交流，学生可以预先了解企业的招人要求，企业可以了解学生，达成录用意向。还有呢，学生更清晰自己具体应该多学习哪些课外的东西，这样就业以后不用走太多弯路了。特别是玻璃工艺，这里面有些东西是讲不清楚的，要多实践。还有工艺的很多工序，不是简单的一把刀，前期还要设计、雕塑、翻模具、有控制炉子温度等等，各种各样的材料都有不同的温度。所以玻璃工艺相对比较难，所以要多沟通，对企业有好处，对学生也有好处，他们能多学到很多东西。第二，企业让学生能及早思考自己的职业生涯。他有规划有目标了，那么他会好好学东西，什么东西都去了解。平时教学的时候，老师就可以带学生到这里来，了解一下玻璃的工艺流程，珐琅课程也一样。到企业多走动，对学生和老师提高专业能力都有好处，对创业也有好处。平时老师和学生只知道烧制琉璃、珐琅的小炉子，他们不知道我这里有隧道窑，这炉子长100米。这个行业里面还有很多新东西出来，不管是装备、市场需求、还包括艺术发展趋势，是综合性的，大家都可以交流。

学校在制订人才培养方案时，要符合工艺美术专业的特点，工艺课程是必须要强调的，也需要美术基础课程，美术基础课程也是动手绘画、制作等，与强调注重动手的工艺课程不矛盾。学生既懂设计理论，又会工艺实践。学生毕业后既可以自己创业，有技艺傍身底气足；也能为企业服务，企业也欢迎。

路：请你谈谈你们公司招聘员工的途径与要求，帮助我们学生及早确立学习目标。

施：我们招人也是通过面试的方式，面试主要看两个方面：一个是看专业基础，需要有一定的手绘功夫，绘画功底好不好，决定今后发展的潜力，绘画功底好，审美和眼界就高。我们生产的东西都是有审美的，哪怕做一把椅子也要有审美。设计图首先要好看，好看的前提下再根据力学结构修改，使之能付诸生产。另一个，看过去创作的东西，没有作品也行，但是要有创作的想法。在我们面试交谈的时候，就在观察面试者是不是有想法。工艺相对来说是固化的，但设计思路是要不断翻新的。所以要有一定的想象力，要有较高的悟性，开始做不到不要紧的，公司可以花两三年时间培养。我们的产品在设计时要画得有新意，要了解不同材料的不同工艺，这个是要有实践经验的。否则在设计这个产品的时候很难体会主题。当然要求面试者要有理想抱负也很难做到，只要喜欢做这个东西。对于企业来说，的确需要工艺美术专业的人才，有了基础然后再继续发展。总的来说工艺美校还是很好的，蛮独特的。

另外学生的道德品德是最重要的，要有基本的职业操守。品德怎么样，会影响这个人今后的发展，也会影响到公司的商业机密是否会泄漏，这个里面有很多无法道明的东西。

采访心得

施森彬先生摈弃传统工艺美术长期以来小而精致的思维，吸纳传统工艺精髓，并与现代生活相结合，走“大工艺美术”之路。在自己创办的实体企业的生产实际中，探索出把艺术与技术、现代与传统创新结合的工艺美术产业化的路径。他的“大工艺美术”产品开发思路为我们传统手工艺产业的创新发展点亮了一盏导航灯，具有非常重要的借鉴意义。

王永利

企业刻漆技艺精英回归母校育人岗位

采 访 人：路玲娟
受 访 人：王永利
采访时间：2019年11月22日
采访地点：上海工艺美术职业学院嘉定校区原创中心

王永利

1957年7月出生，上海人。高级讲师、工艺美术师，1978年毕业于工艺美校，分配到上海漆器雕刻厂，在上海漆器雕刻厂工作期间曾任厂里团总支书记、质检科副科长；1990年应聘回到工艺美校，其间担任工艺美校校办企业负责人、环境艺术学院装饰设计专业创始人、主任；手工艺学院雕刻艺术设计专业学科带头人。

一、选择工艺美术的渊源

路：王老师，请问您为什么会选择工艺美术？

王：20世纪70年代，我们国家各行各业都开始慢慢复苏了。我印象特别深刻的是高中临近毕业的时候，有一些艺术团体开始恢复对特殊人才的招生，如评弹团、沪剧团，还有一些地方剧种到学校来招收演员。我们坐在教室上课的时候，有一些文艺院校的老师和地方剧种的演员来面试，后来听美术老师说工艺美校也恢复招生了。

当然那个时候，我的想法很单纯。因为中学毕业去工作还有“四个面向”，当时的政策是根据家里兄弟姐妹排行来定去向的，比如老大毕业去了上海的工矿企业，那老二就可能要到外地农村插队。我家是四兄弟，我排行老三，根据当时的情况可以继续读书，高中毕业分配期间，老师让我选一些美术作品，推荐我去工艺美校应试。

在读中学之前，画画都是小朋友的一项爱好，用现在的表述就是涂鸦。我要感谢中学的美术老师郭大敬先生，他是专业的美术教育工作者，那个时候就常常听老师聊一些画家在一起画画的趣事。我是学校课外美术小组的组长，美术小组是我最乐意待的地方。我比较头痛数学课，常常以画学校宣传海报为理由缺课。在学校美术小组很快乐，郭老师在星期日常常会和其他学校的美术老师一起带我们去公园画风景，从那个时候我才知道水彩画、油画等画种。放假的时候，郭老师会带个别同学一起去拜访一些画家，我印象最深的是去过画家颜文梁老先生的寓所，还带美术小组成员去参观上海"油雕院"（当时叫油画雕塑创作室），还拜访了雕塑家张充仁先生。

路：当时您为什么会选择学习漆器雕刻专业？

王：工艺美校是 1973 年复校招生的，我们这一届是复校招生的第二届学生。当时校址已从原校址迁到了嘉定外冈的上海社会主义教育学院嘉定校区，我们就是外冈校区的第二届学生。

在进入工艺美校之前，我没有工艺美术的概念，对漆器也不了解。入学以后才知道，漆器的历史渊源以及不同漆器工艺各自的视觉感受和工艺技术优势。我们班有 26 个同学，分两个专业方向，一个是漆器雕刻，俗称刻漆；还有一个是漆器镶嵌。当时在上海有一个上海艺术品雕刻二厂，是上海漆器雕刻厂的前身，它里面有几个车间，专门从事出口漆器工艺品的生产设计，其中就有刻漆和镶嵌产品。厂里所有的产品都是通过上海市外贸公司来进行包销的，全部用于出口，为国家的外汇储备作出了很大的贡献。了解了行业的发展情况后，知道学校实际上是针对行业工厂生产需求，培养对口的专业技术人才。学校为了使我们了解所学与行业发展的关系，还组织我们参观了上海艺术品雕刻二厂，并组织安排了在工厂的专业见习劳动。

当时开学分专业方向的时候，我们的班主任王克明老师和潘希明老师会征求同学们的专业意向。我记得王克明老师很耐心地讲述了刻漆与镶嵌两种工艺，并解释了这两种工艺的不同艺术特点。刻漆是偏平面的浅刻，像刻章一样把线保留出来，它的绘画性比较强，有画面感。镶嵌是用各种名贵石头，在机器上进行打磨雕刻，然后再进行拼接，是比较立体的浮雕，从工艺角度来说，它的难度系数也更高。通过老师的讲解，增加了我们对专业的了解，增强了我们学习的信心。

二、工艺美校的学习经历

路：进了工艺美校以后，漆器雕刻专业课程是怎么设置的呢？老师是如何开展教学的？

王：我们当时以为工艺美校是教画画，后来明白在学校学习的美术知识与技能最终是要服务于工艺美术产业的，要为企业一线生产输送具有审美的技术人才。但是，我们在内心还是较偏重于绘画，特别注重一些专业基础课，如素描、速写、色彩、白描、工笔画等课程的学习。

针对当时的培养方式和培养目标，课程内容设置和教学排课还是很系统的，从综合美术基础、工艺美术理论、下乡生活采风、创作练习到工艺技能实训，课时量、教学环节都恰到好处。刻漆的课程、综合美术基础课程后期和刻漆实训的课时是一比一的配置。刻漆的技能训练教师都是来自雕刻厂的高级技师，他们手把手地来教我们。

在这里我要提一下下乡生活采风这一段经历，三年中我们去过上钢三厂、朱家角、浙江农村，还去过雕刻厂实习，在那里体验民风、参加劳动和收集素材。在老师的组织带领下，画了大量的速写，对我们的体格培养、速写能力提升、对社会的了解和对生活的体验都有了很大的帮助。

路：当时的学习场地都在学校教室里吗？实训是都到厂里吗？

王：是的，刻漆工艺是在像现在一样的工作室进行训练，镶嵌工艺也一样的。里面有一些加工的设备，学校提供漆艺需要的材料。企业的高级技师教我们一些基础的运刀和刻制的方法、当然也会带我们到工厂去参观，还会和工人一起进行漆器生产工艺的短期学习。企业对我们工艺美校的同学也很重视，因为我们今后的分配基本是对口的，很大可能我们就是他们企业未来的设计和制作工艺人才。所以他们选派的师傅都很敬业，其中我的师傅就是第一批上海工艺美术师，他从中华人民共和国成立前的私营工坊就一直从事这方面的生产制作。他刻出来的东西跟人家不一样，天生就有一种美的表现力，运用的刀法很多，所以刻出来的东西很活，具有生命力，非常耐看。

在学校教室里，我们其实还有很多基础课，比如石膏写生、线描、工笔、工艺美术理论等。其中有特色的就是“创作的基础”。这个是当时的一个时髦理念。就是创作要来源于生活，当时学校比较注重走入生活的写生和进行这方面的采风。所以课程就有下乡生活采风的环节，提倡同学们到工厂、到农村，到一些有特色的地方去感受生活、采集素材。

我在工艺美校学会了什么叫美、什么叫工艺。对我来说，首先从学校里学到了很多知识，其次在生活中的体验也很深，这点我一直记忆犹新。

路：也就是说你们当时的创作是完全来自生活中的题材？

王：对，所表现的题材都源于生活。现在我们学校的展厅里面，包括工作室里面挂了很多20世纪70年代的一些作品，都带有很深的时代烙印。那个时候学生对生活中出现的一些新生事物或者主题性强的题材比较敏感，回来以后会进行这方面的创作。一晃这么多年过去了，现在看到这些东西，我依然有种怦然心动的感觉，看到那个年代我们求学时留下的作品，想起了很多老师和同学，所以这些作品很有收藏价值。放到现在来评价，无论在构图、主题表达或者工艺制作手法，都非常有艺术价值。

路：当时你们写生创作成稿后，就能直接刻成漆刻作品吗？

王：工艺美校复校以后，百废待兴，老师们都很敬业，因为很多老师本身都是画家，比如我们的班主任王克明老师，他不喜欢开玩笑，语言不多，但说的话很有道理。在绘画创作和艺术教育方面，他为工艺美校作出了很大贡献。他有个特点就是没有架子，会手把手地跟学生交流。他自己也很勤奋，下乡生活的时候，就看到王老师拿着画架很早起床在画速写。我们有些老师，是从事连环画创作的，都是上海人民美术出版社调入我校工作的，如朱光玉老师、罗兴老师、林健老师，都是大名鼎鼎的连环画创作高手，所以他们出手很快，表现人物的造型、动态得心应手。晚上看他们创作画古装、连环画(草图)，那真是一种享受。

我们刻漆作品要注重画面感，在画面表达中，主要人物、次要人物前后穿插，视线要围绕中心，突出中心人物，要有展开舞台的那种平面的视觉效果，所以和刻漆画面较贴合。

路：写生回来怎么组稿？组稿是根据主题吗？

王：对。回来以后，还要提炼这些素材的可用度。当然主题为先，要确定表达的主题，然后可以参考一些连环画里面的基本构图方法，把画面做得更丰满一点，比如表现一个场景里面人物之间的一种关系。刻漆画面里面的人物会比较多，或者景物安排比较丰满，需要有比较完整的画面感。

三、漆器雕刻厂经历

路：毕业以后，同学们的去向大概是怎么样的？全部对口到漆器雕刻厂吗？

王：毕业以后，大部分同学到跟我们专业非常对口的漆器雕刻厂去了，也有一些同学跨行业了。毕业前夕，日本专家参与建设上海宝钢，需要招收上海的毕业生来做翻译。后来我们班级26位同学中有6位同学到宝钢去了，他们在进行了短期的日语培训后，对宝钢最初的生产建设及接待日本专家等方面做了一些具体的工作。其他同学基本上就是按部就班到漆器雕刻厂去了，在车间生产一线发挥着积极作用。当然在车间一线一般时间都做得不太长，我就是拜了陈广胜师傅为师，他也是刻漆行业知名度很高的工艺大师，我的师兄朱惠卿后来当了上海漆器雕刻厂的厂长，再后来他又到上海工艺美术研究所当了所长。现在的工艺美术大师项军，当时也是我在工厂里时的师兄。

王永利在漆器厂刻漆车间

我师父在刻漆工艺方面的造诣是有目共睹的，他对画面里景物的理解跟工厂的一般师傅是不一样的。他追求刻出来的画面神形兼备，他有很好的工艺刀法，在表现力上有自己独到的看法。所以他刻的作品就很有韵味，特别是树、山石、亭台楼阁、人物仕女都表达得惟妙惟肖。就像画一幅画，他的笔法力度都掌握得很精确。所以我在他那里学习，能够很安静地在车间里面做工艺，一方面是完成生产任务，另一方面我从他那里也学到了很多。

那时候我参与了很多漆器作品制作，比如说白天鹅宾馆的壁画、北京人民大会堂上海厅的漆器修复以及一些参加百花奖展览的刻漆作品制作、外贸漆器产品的刻漆工艺制作及其他定制工艺漆器作品的刻制等等。

路：可见您的刻漆技艺也是可圈可点的，后来漆器雕刻厂的发展情况怎么样？

王：我那时候也是受厂里的重视和培养的，逐渐从生产一线慢慢走向管理岗位，那时候上海漆器雕刻厂的生产规模越来越大，厂里派技师到联营企业进行技术支援。1988 年我受厂里委托，到湖北竹签县创办一个漆器雕刻厂的分厂，我负责这个项目的筹建和技术指导。我在那里待了三个多月，做了一些工厂项目的初建筹备工作，并对那里的工人进行了刻漆技艺的培训。

20 世纪 90 年代以后，各行业的经营管理体制被打破，慢慢从原来的计划经济体制过渡到市场经济体制。漆器雕刻厂当时主要生产两大类产品，一类是屏风，有 6 片或者 12 片组合，刻漆工艺和镶嵌工艺的都有；另一类是各种各样的实用柜橱，在柜橱表面进行花鸟人物的刻制或镶嵌。这些漆器产品的生产都涉及木材的成本、手工工艺成本、管理成本以及新品推出前的研发成本等，因此总体来讲产品的成本降不下来。我们漆器雕刻厂的那些联营工厂、私营企业、乡镇企业、集体企业相继发展起来，他们的漆器生产能力有了较大提高，这些企业的经营管理方式灵活、资金周转得快，市场经济的适应能力比较强。他们的生产成本远低于上海漆器雕刻厂同类产品的生产成本。企业体制的多元化，使得国有企业在市场竞争中不如一些私营企业、地方乡镇企业。本来我们是国家统购包销的，所有的产品、单子、材料都是由国家体制来进行监控的。1989 年以后，我们工艺行业出口受到限制。厂里的漆器产品出口贸易量、出口创汇有所减少，厂里的订单量没有以前那么饱和了，作为以出口生产为主的工厂，漆器雕刻厂的发展受到了极大限制。企业经营体制的变革把国有企业也全部推向市场，适者生存。在这种内外交困的情况下，上海漆器雕刻厂逐渐开始走下坡路。

当然不仅仅是漆器雕刻厂，那时候二轻局下的上海工艺美术公司，是一个非常庞大的企业群，我记得那个时候有 40 多家从事工艺美术生产的企业都逐渐衰弱，到了 2000 年以后，各企业都用不同方式对自身进行了调整或划归各区主管。

四、为母校发展贡献力量

路：后来您为什么会选择回到母校工作？

王：我在漆器雕刻厂的时候，曾经担任过工厂里的团总支部书记，后来我被借调到二轻局团委。当时团市委轻工部在全市组织了一个"90年代新型生活用品"设计大赛，我在组委会中代表二轻局团委开展一些比赛的组织工作。我就到工艺美校找了一些年轻老师，像杨耀、王俊明、沈瑜等，希望他们在带学生毕业设计的过程中加入一些新型工业产品的设计。他们那时候也是意气风发，非常认真配合，并把毕业设计的作品送去市里参加比赛。不负众望，我们工艺美校送去的设计作品在这次设计大赛中荣获了全市的一等奖、二等奖。1990年，工艺美校从嘉定外冈搬到了塔城路。新的校区、新的面貌，需要更多献身教育事业的教师和管理工作人员。当时学校第一次公开向社会招聘专业老师和行政岗位人员。我比较早得知了这个消息，就过来应聘。

路：您回到母校后从事什么工作？是否从事漆工艺的教学工作？

王：我是1990年9月1日被调到工艺美校来的，根据领导的安排，担任工艺美校的校团委副书记，负责主持团委工作和学生的管理工作。后来因为学校的发展，我又协助管理校办产业。

2008年我到环境艺术学院，主持学院恢复家具专业方面的教学和管理工作，连续三年负责上海工艺美术职业学院与瑞典皇家艺术学院的家具设计合作项目，每年和院领导带着学生的设计作品到瑞典去展览。当时学院也做了许多报道并在上海的设计节上多次展览，提升了家具专业的办学水平和学院的办学声誉。2016年我又被调到手工艺学院，开展雕刻艺术设计专业的管理和教学工作。在这期间也参与了漆器雕刻的精品课程开发和教学工作。我终于又有机会干起"老本行"了，现在的漆艺专业的课程体系中，增加了基本技法的教学。在教学过程当中，学生也觉得蛮新奇的，通过实践操作能感受到什么叫"以刀代笔"，学生蛮有兴趣的，但是要真的掌握好是不容易的。可能就像我们那个时候到了工厂时的感觉：一个没有美术基础，只是照葫芦画瓢的技师，刻出来的东西呆板，没有灵性；而我们有美术基础的，对画面的理解比较贴切，在画面的表现力上，对一些纹理、衣袖的处理，能体现出

作品《梅兰竹菊刻漆款彩挂屏》

一定的绘画功力，所以表现得可能更充分一些，所以美术基础在漆艺的创作当中是很重要的。这里面一部分是对色彩的理解，还有一部分是对线描的理解，即怎么样把枯燥的线变成有生命力的线。

路：你觉得今后漆艺这个行业的发展方向和发展前景会是怎么样的？

王：从手工艺这个角度来说，从一波又一波的高潮或低谷里走过来，应该说它的生命力还是很强的。因为现在国家大力弘扬工匠精神，要复兴传统工艺，各地对非遗的传承和创新研究也比较热门，这些几千年传承下来的传统工艺，必须要研究如何保留下来，这个是对的。但是怎么发展，可能还不是粗放型的，应该是精细型的。生活的需求和实用也是必然的，大众会想到那些非常好的、精美的工艺品。当然在非遗保护与传承中，我们还要细化，首先去研究过去的一些传统工艺，不要让它失传，能够继续保留下去并发扬光大。还有一点就是我们在保留的基础上，要进行创新性研究，表现手段更多样化，让它走进生活，让老百姓或者说一部分老百姓能够接受。上海作为创意设计之都，在创新研发这个方面，学校要承担更多的责任，并且加强与行业的合作，进行专门化的继承发展和创新。从这个角度来说，我们专业的培养目标要更明确，里面一些课程的设置要更细化，还要做得更精准一点。我们不是为美而美，我们的美要紧密联系生活，服务于我们的生活，在生活当中要体现更多美的鉴赏价值，使我们的生活变得更多元化，更有文化。

五、把握艺术与技术的融合关系

路：学生在学习漆艺专业的时候，要怎么样把握技术和艺术这一对关系呢？

王：我感觉工艺美校的学生，艺术是一个软实力，他们交过来的作品，可能就是在长期学习艺术的过程中潜移默化熏陶的结晶或者说是对艺术表现力的综合性体现，也或者说是对艺术的理解以及艺术素养的呈现。艺术在一个作品当中的物理表象可能看不到，但是作品的整体感觉会让人体会到这种艺术气息。还有一个需要过硬的就是技艺，技艺是只要花大量的时间，通过专门化的训练，应该就能达到工艺要求。但是艺术素养是综合性的，对艺术的理解可能是一年两年，或者若干年以后才能表现出来。我认为，现在难的是如何培养学生的艺术感觉。最后的作品表现力实际上是艺术和技术的综合。我们的专业课程体系中，艺术课程和工艺课程要交叉教学，融会贯通。

路：也就是说在做一件漆艺作品的时候，艺术和技术是要融合到一起的？

王：对，是要完全融合到一起的。对艺术的这种训练，不是像教科书上这么简单化，而是要提升我们的综合素质。在和学生交流的过程中，老师要把对生活的理解和一些艺术的表现力尽可能地融合到教学中，使学生在交流中体会到老师的用心或者用意。我们不要把艺术讲得很悬，艺术其实是对人的修养、人格的培养或者说是人对生活认知的一种理解。艺术其实是一种素养，这种素养能够提升专业的表现力，艺术和技术是分不开的。

路：美术专业基础课程和漆艺技能课程的配比，应该怎么样比较合适？

王：其实让学生多学一点是没错的，如果你直接切入某个行业，就有点工厂化或者是流水操作化，学生掌握的东西是呈片段式的。但是作为我们工艺美术的创新人才，他对过去传统工艺的理解，经过创新的一些发展，或者今后自己这方面的创作成果，其实还是应该多学一点，让学生能够综合地去运用。现在的问题是，学生有时候学了这个东西不清楚如何在结合、掌握了技能以后提高作品的表现力，可能也不大会把所学的东西综合运用到作品当中去。所以这个难度在哪里，难度是学生的艺术综合素养、理解力，还有对作品的一些基本技能的表现是否到位。如果两个都能够结合得很好，他的作品一定是很耐看的，很有韵味的，在艺术上也一定会达到较高境界。

采访心得

在采访过程中，王永利先生给人的感觉是个低调的、具有浪漫主义情怀的教育工作者。他从工艺美校学到了中国传统美学知识、积累了审美素养和刻漆技艺，在企业中得到了从技能到管理能力的历练，并为企业的发展作出了自己的贡献。带着一身专业能力和对行业各专业的理解回到母校，怀着对母校的情感，为母校的发展做了许多工作，并卓有成效。

陈明

入工美追梦，笑半生无悔

采访人：路玲娟　沈梅丽　杨　洋
受访人：陈　明
采访时间：2019年9月8日
采访地点：上海市静安区文化馆

陈明

1957年出生，上海人，民革党员，现任民革中央画院副院长，中华中山文化交流协会常务理事，团结报社顾问，民革黄浦区香山支部主委，民革上海香山画院执行院长，上海香山海派陶瓷艺术研究院院长，意大利佩鲁贾国立美院终身院士兼驻华业务代表，黄浦区书法家协会副主席。伏文彦、程十发先生的入室弟子，擅长山水画和瓷器绘制。1978年5月，毕业于工艺美校漆器雕刻专业，1978—1987年就职于上海漆器雕刻厂，其间做过雕刻工、职校美术教师、车间主任。1988—1992年就职于上海宝石工艺品有限公司，担任技术开发部经理。1988年完成程十发先生书写的"陆机文赋"漆屏刻制(现藏于松江博物馆)。1992—2002年就职于上海天艺漆木器饰品有限公司，担任公司董事、总经理。2004年起担任民革上海香山画院执行院长至今。现携手上海美术界的书画名家，为打造"上海城市文化新名片"，为形成具有上海文化特征的"海派陶瓷"艺术而不懈努力。代表作有釉里红《祖国万岁》等。

一、走进上海工艺美校

路：陈先生你好，什么因素促使您学习工艺美术专业，是否受家族渊源影响？

陈：因为家庭因素，我年少时就接触了许多海派书画大家，家里也悬挂着他们的作品，我舅舅是位美术老师，因此耳濡目染，我也很喜欢艺术。我家周围有邻居从事模型制作，我会参与做很复杂的航模，邻居说我蛮心灵手巧的。我在徐汇区五十四中学读的中学，这个学校的生源比较好。学校里参与出黑板报、画宣传画、拉琴、唱歌、跳舞的学生蛮多。我参加的是学校的美术组，当时这个组有 80 多个人，团队比较庞大。

路：您是何时进入上海市工艺美校学习的？

陈：我是工艺美校恢复招生后，于 1975 年 5 月进入工艺美校的。当时招生不是采用现在的考试入学方式，而是选择了当时上海文化层次相对较高的徐汇区、长宁区、静安区、卢湾区为生源区，由这些区的辖属中学按照上海市工艺美校给予的名额，推荐学生到上海工艺美校，由上海工艺美术学校审核统一录取。在我中学快毕业分配时，老师拿来了一个工艺美校的招生通知，让我们感兴趣的同学报名，并将自己的作品交美术组老师评审。最后经过中学领导的评议推荐，我有幸收到了工艺美校的入学通知。我们中学被工艺美校录取了三个，除我之外还有两位女同学。

工艺美校一个年级有多个班，每个班 25 个人，这在当时的上海“美术院校”体系中，是招生规模最大的。所以，尽管大家戏说，将“工艺美术学校”中的“工艺”二字去掉多好。但不管怎么说，学校还是和美术有关联的，而且还给我们生活津贴，我们也就安心就读了。

二、在工艺美校的学习与生活回忆

路：在无法选择心仪专业而入学的情况下，您在工艺美校的学习生活状况怎样？

陈：我进了漆器雕刻班，班里分两个工艺方向，一种平面线描雕刻，叫刻漆专业，还有一个是用寿山石、青田石、螺钿等材料做好浮雕造型的，做好以后镶嵌在漆坯上，称镶嵌工艺。当时的学生工艺分配原则是：素描画得比较好的就分到镶嵌工艺方向，白描比较好的就分到刻漆工艺方向。就这样，25 个同学的班里又分了两个工艺方向。美术类课开了素描、写生、白描、工笔重彩以及雕塑等课程。一个学期的课程安排，半学期是学习雕刻工艺，半学期学习美术课程。图案课程是我们自己找资料自学的，我本来也比较喜欢考古的东西，因此我从马家窑陶罐开始，看了许多历史上的漆器图案。那时候用的教材不像现在这样成体系，而是碎片化的。当时的学习资料有石膏像，临摹的资料比较有限，学校图书馆的好书基本不对外借阅。当时的教师团队构成是这样的：每个班配一个班主任，另外还有文化课程、美术课程主课老师，比如素描老师、白描老师、雕刻工艺老师等等，当时教专业工艺技能的教师是从漆器工厂里派来的。

路：当时的专业创作课程是如何开展的？

陈：当时专业教学蛮有意思的，每年都有一次专业创作。现在想来当时的思路还是对的，艺术来自生活，就是要去体验生活，把写生的内容再创作成符合专业制作的画稿，专业稿子出来后学校是要审稿的。当时是副校长张清老师主持我们班的评审，如果审稿通过，画稿符合专业制作的工艺特点，就可以投入制作。学校会提供配套的制作材料，然后你就可以将画稿雕刻出来。如果专业稿子需要修改的话，会让你修改，如果改了还是不行的话，那这个学期你就只能给通过稿件评审的同学去打下手，协助制作他的作品，这感觉很丢人的，并且这门专业课程也就没有成绩了。我那时候对漆器的专业理解比较好，有时会帮一些同学修改稿件，老师也鼓励我们互助，尽量做到大家都能通过评审。表面上看是我帮了同学，其实自己从中得到了更多的锻炼和提升。经过几个轮回以后，我们基本上知道了漆器的专业特点。现在看起来，当时在学校学的知识是蛮扎实的，我们进厂后不需要接受学徒式的训练，可以直接上手制作漆器产品。我们也体验了从生活中收集素材，再提炼成抽象主题性作品的艺术创作过程。这对我们日后掌握艺术创作的规律，理解艺术源于生活须高于生活，起到了"领进门"的作用。

路：创作练习的主题、题材内容有要求吗?

陈：创作练习的主题是有限制的，首先"封、资、修"那套不行，反映资产阶级小资情调的题材也不行，农村题材要反映"学大寨"和"以粮为纲"的大丰收新农村的气象。反映工厂题材的，就要体现祖国建设蒸蒸日上之场景和氛围。当时创作的主题是要配合当时的形势，要符合当时的革命精神，画面的形式要符合当时的审美，有点像宣传画。

路：从写生稿到漆器创作图稿有什么要求吗?

陈：创作图稿，是为了用于工艺制作，要适合于制作工艺，有利于表现工艺及漆材料特性的美。

学校注重写生与创作的平衡，是很正确的，它教会了学生用眼睛去观察具象的生活，再用抽象思维去概括高于生活的艺术。那时学校"创作带基础"的教学指导思想看来还是很正确的，就是边学习边创作，交替施教、交替学习。这样，就可以让学生真正理解学习传统与自我创作之间的关系，学生也因此更能发现自己在学习中的某些不足。这比那些只是让学生长期临摹、师古人学前人的迂腐教学要高明得多。

回想我们的学生年代，至少我们的读书态度比现在的许多学生要认真得多。每周六中午学校开始放假，那时候学校在嘉定的外冈镇，车子到上海市区要一个半小时，所以我们经常不回家。周六下午，我们会很自觉认真地画素描、临摹国画。周日上午就开始玩了，也洗洗衣服整理内务。下午再画画，学习氛围很好。好多同学后来成了很好的画家和学者，这种学习态度起到了关键的作用。除了学校里的课程，我们一些同学还要完成"私教"老师布置的课外作业，每月要拿作业去给"私教"批改。我们当时读书是很自觉的，很多学习课程，包括到外面写生，学校都提倡锻炼学生的自学能力。

我们班主任兼美术主课老师王克明，现在退休了，是很尽责的老师，也很开明。有一年到新安江写生，平时临摹的东西多了，一看山上林木茂密，没有石头缝隙，找不到本本上的那种皴法线条下笔。后来我们在淳安县城书店里买了贺友直的连环画《山乡巨变》，回来以后就临摹，再比对着写生，几次下来，就基本掌握了用线写生的技巧。同学们的写生技法各种各样，王老师很宽容，肯定了我们的学习办法和方向。对学生来说，用线写生很难，但写生训练的过程，就是对前人画谱上的技法理解之过程，有助于理性理解古人为什么这样画。

我觉得班级团队是很重要的，我们班有好多同学画得很好，同学在学习过程中会相互"攀比"、借鉴、取长补短，这种"攀比"的学风，对学生促进作用是很大的，因此日后大部分同学在艺术道路上能有所建树。班上同学和老师的关系也很好，那时候没有什么社会活动，学校生活几乎就是我们生活的全部。我们离校最后一天的出操都是认真参与的，说明了我们对学校生活的留恋。去外地体验生活的时候，老师也把我们照顾得很好。所以这三年，老工美的同学都难以忘怀和割舍"外冈情节"。和学校告别的时候，大家都依依不舍，流泪惜别。

三、就业与创业的事业发展经历与未来

路：您们当时毕业后的工作去向怎样?

陈：入校初，学校就言明我们毕业后要去对应的工艺美术品工厂，但真的毕业要去工厂时，却心不甘情不愿了。1978 年年初，因建设宝钢需要，复旦大学到我们学校来招日语翻译培训生。当时我们班上一下被录取了五位同学，在复旦大学强化培训一年日语后，就到宝钢工地上去给日本人做翻译了。还有一部分同学去了博物馆、电影局和国营所有制的工厂等，他们的工作分配算是比较好的。但是大多数毕业生去了和所学专业对口的工艺美术品工厂。

路：请您谈谈毕业后到工厂的情况好吗？您在单位也一定发挥了专业所长吧？

陈：收到漆器雕刻厂的招工通知，在万般不情愿之下，我还是去报到了。没有欢迎仪式，十分钟会议后，就去仓库领了一个围裙、一副袖套和一捆刀具，学生身份由此变成了“集体所有制”工厂的工人了。

那个工厂在梅陇朱行镇，50 路公交车车次间隔要半小时多。去挤公交车时，挤上去后往往因人多而关不上车门，站台工作人员就会上前去踹一脚，将车门关上。遇到龙华火车站因列车编组而放下横杆时，有时要等一个多小时。有一次，我请了一个小时的假，遇到了等火车编组而来回倒车，结果，我在徐家汇站下车时，遇到了下班的同事。在工厂里的头两年，我基本是不安心工作的，感觉读了三年书，让我们过来做工人，还看见不识几个字的扬州师傅被评为工艺师，是存有抵触心理的。由于我的专业底子比较好，进工厂后，老的工艺师争着收我为徒，我却说看不上他们，有意找了车间里的大组长做师傅。现在想来，那时的我是有点过分了。不久，张清老师暂回工厂里工作，工厂里就安排他和一个中学联合办了一个工艺美术职业高中，为漆器厂培养并输送员工，后来张清老师就让我也过去了。在那边我教了五年的书，教了两届，教材都是自己编的。

后来我又回到了工厂里，由于在校工作勤恳，故回工厂后代理了近一年的刻漆车间主任，随后又短期参与筹建新技术样品车间并任负责人直至“跳槽”离厂。那时期，我们工厂有一个参赛项目“全国工艺美术百花奖”，之前工厂里在这个项目从来没得过奖。找了老工艺师做，但因多年落选，皆感获奖无望，他们就推却放弃了。当时，我做车间代主任，就和设计师合作，另搭班子攻关。我坚持摒弃纯扬州传统工艺的技法，还执刀了漆屏的全部景观部分的雕刻，我们综合了绘画和漆器专业的全新表现工艺，取得了成功。我们的漆屏参展成功，亮眼的创新工艺和艺术效果，引起了行业的普遍关注和赞誉，被提名百花奖单项第一名。但是，轻工部领导找我们工厂商量，东道主平遥县作为承办方就只有一个单项专业参展，又花了这么多钱，所以建议上海把刻漆单项第一名让给平遥，以换取我们参展的四类工艺产品作为团体奖第三名，这样我们工厂的产品就可以成为全国的“部优”产品，这对我们的行业地位提升是有好处的，当时真有点成就感呢。

这 10 年，我学到了许多东西，学会了教书写教案和文案，学会了做管理工作，在漆器工艺上也得到了长足的进步。

1983 年，我正式拜程十发先生为师，成了程门的入室弟子，1988 年，我课余历时一年刻制的程十发先生书写的 1 600 字“陆机文赋”漆屏，被上海文管会收藏，陈列于松江博物馆。所以说，这 10 年对我的人生很重要。现在回想起来，当时去工厂也是一个不错的命运安排，学到了太多的东西，而且这些技能，在以后的工作中，被证明都是有用的。在上海工艺美校的所学，是自己事业起点的“敲门砖”。

路：您离开漆器厂“下海”创业，您所学的工艺美术是否为您的事业发挥了积极作用？

陈：1988 年，当时改革开放已进入了加速时期，我去了当时外贸系统的第一批合资企业。我到新企业不久，就做了部门经理，经营与漆器有关的产品。新企业虽然不大，但采用的却是当时社会流行的薪酬包干制。我首先学会了独立做生意，学会了如何去找客户，如何洽谈签约和成本核算。其次，就是学会了开发新产品。我根据学到的知识，将传统出口的漆器产品形式，设计成符合当时国内消费群体审美和居家使用的礼品类产品，占据了很大的市场。第三，学会了出口贸易的游戏规则。那时上海第一批“下海”做家具的就有我，我自己设计、找工厂加工。我在上海市第一百货商店搞了一个家具展位，进行订货加工销售。上海首批加入装修行业的也有我，第一个工程就是承接了锦江集团下面宾馆的“仿膳阁”，那个工程在当时的装饰行业引起了轰动，完全是漆器工艺与建筑空间的完美结合。这个工程，让我有了入行的样板和广告案例，并为我带来了许多项目。5年后，我遇到了一个机会，就和回国的朋友一起与一所大学里的校产公司合作，成立了一个合资公司，我成了公司的总经理，开始了全面独立经营企业的道路。我虽然从家具到工艺美术产品再涉足装修工程和园林行业，但企业经营始终保持着工艺美术的技能特色。因为在行业里有自己的经营特色，找我们合作的单位还是蛮多的。当时，我参与的工程有好几个都获得过“鲁班奖”和“白玉兰奖”。所以说，工艺美校给我们的知识在后来的工作中，都得到了应用，这也是许多老工美人在事业有成后，不忘感恩母校的缘故。许多上海工艺学校的学子，后来成为各行挑大梁的人物。在73、74、76三届学生里面出了很多人才，除了许多名书画家外，上海工艺美术和美术界的许多领导、专家都出自这三届学生。

路：请您谈谈您在香山画院的经历。

陈：从2001年我加入了民革后，我的事业就和民革上海香山画院紧密地结合在一起了。

当时的民革上海市委会领导人厉无畏主委(后来担任全国政协副主席，民革中央副主席)和其他民革领导找我商议，达成共识后拍板，由我负责注册企业性质的上海香山画院，经济上自负盈亏，民革不予过问，但机构接受民革市委会的政治领导，为民革的文化工作服务。这在当时是很有前瞻性的党派画院模式，想不到后来成为民革中央画院成立及运营的模式，这个模式也成为其他党派中央画院和其下属各地方画院的运作模式。由此，我后来参与了2006年民革中央画院的筹建，并担任了副秘书长、副院长至今。

我提出的“民革画院是民主党派服务于社会的工作平台，成员画师不能仅局限于本党派成员”的理念，成了民革各地画院赢得社会支持面和保持其可持续发展生命力的“院策”。我们香山画院的画师顾问中，多数是中共党员和其他民主党派成员，其中有28位是中国美协或中国书协会员，其余10多位也是上海美协或书协会员，上海一线书画家中的近一半人士为香山画院的顾问和画师。2004年3月，民革上海香山画院在上海展览中心主会场隆重成立，我的老师程十发任首任名誉院长，我师兄毛国伦任院长至今，我担任了民革上海香山画院的执行院长至今。(从2007年至今，民革上海香山画院名誉院长为陈佩秋先生)这10多年，我将主要的工作精力放在了经营管理上。香山画院的成功带给我的体会是：一个人既然在领导者的位子上，那就承载着团队的厚望，他的主业就是要为大家服务，他的价值体现就应该是反映在集体的成功上，万万不可借工作之便突显自己或以权谋私。许多艺术机构的散伙，多为其内部领导人一心忙自己的事或炒作自己的作品之原因。我担任职务至今，没有办过个展，没有单独出过画册，更没有私自用过单位的经费。去了意大利24次，除了停车去佩鲁贾沿线顺道路过的城市，其他什么米兰威尼斯等都没有去过；除了陪同事因公访客去了两天巴黎外，近在咫尺的所有欧洲国家也没有去过。这10多年的工作，我尝尽甜酸苦辣各种滋味，但问心无愧。10多年的经历变成了阅历，使我人生的长卷丰富多彩而无悔。

由于接触了大批的艺术同行，也让我在“疏于艺事”之余，有更多的时间去“旁观”同行的艺术实践，因“少拉车多看路”而可以静心思考艺术的哲理，自觉对自己的艺术观和修养提升还是有好处的。这10多年，我是七分精力做管理，三分闲暇研绘事。但是，也是很认真地为今后专注艺术创作道路在做准备的。我的考量——我辈“混市场”的应该退出“江湖”了，那么接下来的20年，在消耗地球资源的同时，要创造价值才能赢得社会包括家人的尊重，才能体面地活着，才能因此身心愉悦并幸福。

路：在中意文化交流中，您开展了哪些工作？

陈：我为意大利佩鲁贾国立美院(简称佩鲁贾美院)的发展和其在中国的影响力进行传播，为提升该院中国留学生的在校生比例，做出过实实在在并会载入该院院史的奉献。除了在经济上牵线中国企业和自己所领导的单位支持佩鲁贾美院的发展外，还将中国文化艺术介绍给该院教师，为意大利艺术家了解中国和中国文化起到了导览的作用。在意大利众多的美院中，位居前八的佩鲁贾美院，是最关爱中国留学生的大学。我7年间前后24次访问佩鲁贾美院，邀请佩鲁贾美院院长、佩鲁贾市长多次来华访问。我获得了佩鲁贾美院首位亚裔“终身院士”和驻华代表的荣誉。我还担任过3年的佩鲁贾美院的校董，该学校还设立过以我名字命名的奖学金，带动了许多当地市民参与资助学生学业的善事。我觉得我们每个人都可以担任国家的“外交家”和“形象大使”，为宣传中国、为中外人民的友谊出力。大概三四年前，当时我联系安排了意大利佩鲁贾美院的教授和工匠来工艺美院开设了工作坊，仅仅11天时间，学生皮具设计展览的作品就做出来了。教案是我写的，具体的内容是：佩鲁贾美院的设计师教授，先当场设计一只皮包，然后由意大利工匠把它制作出来；同学们在了解了从设计到成品的过程后，根据自己的想法去设计一个皮具。完稿后，教授按学生的设计思路去指导完善，接下来给工匠师傅看。对不符合专业制作工艺的设计，给学生提出修改建议。后来所有学生设计的作品都制作出来了。前后10天，学生就体验并参照了意大利的皮具设计制作过程和工艺，各自的作品风格和以往完全不同，作品质量非常高。

路：您今后是否会专注艺术创作尤其是瓷器艺术的创作？

陈：我少年时就喜欢瓷器，哪怕在土里翻到青花碎瓷片，都会养在水里欣赏。2016年，经朋友介绍，我去了景德镇的雨窑，开始了玩瓷的道路。我从2016年开始，几乎每个月都会去景德镇画瓷数天。同时，出于我做文创行业的职业习惯，我不知怎么地就又自然成了一批上海“瓷友”玩瓷活动的组织者和服务者。我们一起提出“打造上海城市文化新名片”，“塑造具有上海地域文化特征的海派陶瓷艺术”，“推动中国现代陶瓷艺术发展”的思路并践行了3年，我们团结了上海一批原本就是优秀书画家的玩瓷者，举办了三届“海派陶瓷艺术家作品交流展”，成功树起了“海派陶瓷艺术的旗帜”。我将用余生和上海的瓷友为实现海派陶瓷艺术的学术流派成型而携手努力，自己也会努力画好瓷器，争取做一个优秀的陶瓷艺术工作者，圆少时陶瓷艺术梦。

路：请谈谈您创作瓷器的理念和体会？您学过的漆器专业可有借鉴之处？

陈：我的体会是陶瓷艺术是工艺加上美术的特殊艺术，是有别于纯绘画艺术语言和语境特征与特点的。现在许多书画家其实是机械地将国画搬到瓷器上去，是在陶瓷器形上画国画，这是不理解瓷器艺术的特点。瓷器有自己的艺术语言，画瓷器就要用“瓷语”去讲瓷器的故事。

要说好“瓷语”，首先，要掌握图案装饰学科的知识，要具备将物象从具象经抽象到最后形成装饰图案的设计变形能力；其次，要根据不同瓷器的器形，去“应物因形而绘制”。绘制瓷器是为了凸显其器形和材质的美而使其变得更美，不是器型反过来成为表现纸本绘画效果的道具。当然，我认为书画家还是要发挥其审美修养和笔墨功底的优势，去表现一般工匠所不具有的原创造型能力和笔墨意趣之特点；再次，要理解陶瓷艺术的原创宗旨，是工艺和材料与绘画技术的“团结”合作，不存在谁利用谁去突显自己而去刻意淡化对方的道理。唯有材料工艺的载体和绘画艺术结合得相得益彰时，瓷器特有的语境美才会呈现出来。

我不做在瓷瓶上画国画的玩瓷者，也无意去做只有色和型而没有书画笔墨意趣的工匠。现在看来，我能较快告别在瓷器上画国画的误区，是得益于工艺美校的学习，得益于在工艺美术行业多年的实践。漆器专业的装饰性用线，从具象到抽象演变的图案化之长期训练，对我很快就能创造自己的瓷器语言和原创画面样式，是有帮助的。如果说我的青花绘制得益于国画与刻漆基本功，那仅仅靠积累的一年多的画瓷工龄，我就掌握了千古难题的“釉里红”工艺，还出了许多行业精品，这只能说是上海工艺美校的基因神助于我。

希望我能将原创的“兜圈太湖石”和“满工缠枝松”不断成熟，为中国的陶瓷艺术宝库再增添些许供后人借鉴与参考。

路：您认为未来工艺美术的发展趋势将会如何？

釉里红作品《祖国万岁》

陈：当下由于受全球化的影响，文化相互熏染浸透，促使我国的文化发展与艺术审美加速开启“换代”进程。1980年后出生的群体，审美口味明显在变，这将直接导致文学和艺术的创作者也要在人文表现形式和内涵上换代，做到与时俱进。

未来的工艺美术，已不是以往世俗所理解的“工匠雕刻术”，它和所谓纯美术的界限是模糊的。到底是美术借助于工艺技术去表现？还是工艺“傍”美术而舞？这都不重要了。新材料的运用会产生新的艺术品类，艺术品的工艺制作将不仅仅限于笔和色。工艺制作和绘画之间界限的模糊，会有利于上海工艺美术行业在概念上告别传统的工艺美术概念，有助于上海工艺美术艺术地位的提升，促进上海工艺美术的人文内涵与符号风貌的时尚化。文化审美的换代会导致市场的消费群体开始变化，市场将会倒逼工艺美术行业艺术风的走向发生改变，上海工艺美术将因此迎来全新的文化创新潮流，会要求艺术品的表现形式与形态都发生变化。在笔墨刀工上的变化的同时，还是要“改造思想”在先。唯有如此，才有可能创作出被新时代中青年消费群体欣赏与接受的作品。

路：请您给母校的发展多提宝贵意见。

陈：我对母校是很有感情的，我从以下几个方面谈一些我的建议。

第一，将上海工艺美术职业学院打造成立足上海、辐射长三角培养工艺美术人才的摇篮。

第二，推动上海工艺美术职业学院制定上海乃至长三角地区工艺美术品生产、评审标准，成为教研与科研的区域权威中心学术机构。

第三，“破墙办学”，让学生无缝对接社会与就业。

第四，强化“大工美专业”的范畴和理念，为提升学校在业界的学术地位营造学术理论支撑。

第五，加强和国外学校的交流，开阔学生的文化视野，增加学历的含金量。

第六，加强校友资源的运用，树立“校以子为贵，子以校为荣”的办校理念，积淀学校的历史和荣誉传统。

采访心得

在与陈明先生的谈话中，能感受到他蓬勃的激情与创作活力，他的社会经历丰富，从国有企业、“下海”经商、主持画院到推进中意文化交流等工作，社会活动跨度比较大。丰富的阅历使得他的创作观念能贴近生活，与时代发展频率保持一致。他对母校发展非常关心，提出了许多好的建议。他希望能用好余生，再为母校增光添彩，也为他自己的人生画上圆满的句号。

姜建忠

工艺美校跃出的油画家

采 访 人：路玲娟
受 访 人：姜建忠
采访时间：2019年11月3日
采访地点：博大商务楼702

姜建忠

1957年生，上海人。曾任上海大学美术学院(现上海美术学院)艺术造型部主任、油画系主任。现为中国美术家协会会员，中国油画学会理事，上海美术家协会油画艺委会副主任，上海美术学院教授、博士生导师。1978年毕业于工艺美校，1983年毕业于中国人民解放军艺术学院美术系，1983到1985年任北京总政歌舞团舞美设计，1986年调入上海大学美术学院油画系任教至今，创办了“上海大学上海美术学院具象实验工作室”，并成功举办两届全国邀请展。代表作品有《江南制造局》组画、《解读戴安·阿勃兹》系列、《泰戈尔与徐志摩》《岁月·人》系列等。

一、家庭背景

路：姜老师，是什么原因使您走向艺术道路的？

姜：我最初学画是受表哥赵国粱的影响，从小我就看他写生。他是上海歌舞剧院舞美设计的前辈，当时梅葆玖参演的京剧《贵妃醉酒》的舞美总设计就是他。歌剧院的小剧场在常熟路，我初中的时候经常骑着自行车到小剧场看他们设计样板戏，包括舞剧《白毛女》。舞美设计室是在一幢木构式老房子的二楼顶端，老旧的木梯走廊很长，听到楼梯响半天才见到人。

房间不大，到处是颜料、设计草稿和资料，地板上散乱着不明纸片。墙边靠着一个书橱，里面堆满了俄罗斯画册，我每次去就如饥似渴地翻阅。那是1969年—1973年之间，窗外依然贴着大字报，因此列宾、苏里科夫、赛洛夫、列维坦的画显得既遥远又神秘。纯正的俄罗斯油画语言犹如乡村浓汤，厚重而松动的笔触深深地打动了我。特别是列宾的素描让我一见倾心，那华丽的黑白关系，优雅的线条和朴实的造型触动着我的感观。也许是从小耳濡目染，那时候我就喜欢上了绘画和工作室。

路：除了受表哥影响，与您个人的爱好特长也有关吧？

姜：读书时，学校里所有的黑板报、宣传画等都是我负责的，全校都知道我擅长画画，所以在毕业的时候，学校有一个进入工艺美校的名额，就推荐了我。如果我当时不被推荐到工艺美校的话，我是要被分配到崇明农场的。

我们这届有刺绣班、家具班、玉雕班和雕漆班。我当时喜欢平面的，漆雕专业是我们这一届绘画性最强的专业。

二、求学经历

路：您在工艺美校上学时的学校情况是怎么样的？

姜：我是1975年进入工艺美校学习的。那时候的工艺美校在上海青年美术圈是最高层次的一个学校，现在有一些朋友还谈起当时没能进入工艺美校就读的遗憾。在初中的时候，其他学校也有一些画得不错的高手，我们私下里经常一起画画，互相学习观摩，参加上海市中学生展览竞赛，可惜他们没有进入工艺美校学习，大多数人的艺术生涯戛然而止。虽然在20世纪六七十年代，学校的教育制度、教学大纲不是很严谨，但是整体学术氛围非常好，当时我们这一批同学相处得都很融洽，而且学习的热情非常高，包括邻届的很多同学如了庐、萧海春、谷文达、陈振濂、王天德、丁乙以及已故艺术家陈箴和林琳，他们在各自的领域里都非常优秀，在一个环境里学习会互相影响。

路：那段时期为什么工艺美校能培养出这么多知名艺术家？

姜：工艺美校那时一枝独秀，能培养出这么多知名艺术家有几个因素。

第一，生源因素，1966—1976年之间由于学校有一段时间停课，学校整体松散处于无人管理状态。所以有不少学生课余时间把兴趣投入到了美术上，故聚集了一大批美术人才。上海的高中毕业生所有在艺术上有才能的人基本都只有一个通道——工艺美校，得天独厚，几乎囊括了所有的好生源。

第二，当时的老师跟学生相处得非常融洽，亦师亦友，师生之间的关系是平等的、健康的，既不疏远又有敬畏之感。学术之间可以对话、商讨，这种学习方式，我现在回想起来有点像抗日战争时期的国立西南联合大学，虽然硬件条件不太好，但是师生关系很好、学术氛围很好、生源很好。现在华人诺贝尔奖得主基本都是原国立西南联合大学毕业的。

第三，宽松的学术氛围对学生个性的发展、对学生自信心的建立更适宜。工艺美校的老师余友涵，虽然这位老师没有直接教过我，但是他对工艺美校的学生有很大的影响力。那时余友涵老师的画其实也是很传统的，因为那时没有人做当代艺术。1975—1977年，我在工艺美校就读时看过余友涵老师画的石膏像和素描头像。当时他跟陈箴关系比较好，他们在教室里画画，我经常去看。那时余友涵老师的业务水平是比较强的，他是一个有思想、有内涵的老师，身体力行不断开拓。我与他的接触不多，但是他对艺术的执着精神间接影响了我。他是一个有质疑精神的老师，这种质疑精神或多或少地对我以后的艺术发展道路产生了影响。

路：姜老师，你们在工艺美校那段时间的大环境有没有对你们的学习产生影响，您那时候是一种怎样的学习状态呢？

姜：当时国门没有打开，大学关闭，停止招生，所以年轻人对知识的渴求有一种迫切感和使命感，对未来充满期待，有一种以天下为己任的胸怀。如果国家要有所发展的话那就肯定要学习，无论哪个行业，不学习没有前途，不是仅仅个人没有前途，国家、民族都休戚相关。那个时期虽然特殊，但是我们还是有一种强烈的意识，一切会好起来的，当时大家至少有那么一种想法，一种愿望，就想好好地画。不管是为个人、集体还是国家，这三者在当时是分不开的。环境造就了我们，意识到我们有很多不足与空缺，我们必须弥补这种空缺。

1975 年—1976 年期间我们把宿舍的窗户全部用毛毯封住，把门关住。然后布置石膏像，调节光源，轮流着画。当时有个石膏像是不容易的，一个石膏大家画，因为宿舍地方小，8 个人住，那个房子也就 10 多平方米，每个学生还要放一个行李箱，堆得几乎满满的。所以就只能一个人画，三班制倒腾。有几次轮到我是半夜的班次，大冬天的梦中被同学推醒，上海的室内没有暖气，北风在窗外肆虐，揉揉眼睛只能艰难地起床画画。在宿舍我们谈理想、谈未来，这种学习氛围我想现在的学生很难体会到。

从 1975 年—1977 年，学校每学期安排去“开门办学”，到朱家角、浙江新安江、富春江、上钢三厂等地进行写生。那是最令人兴奋的课程，我们都备足了速写纸、炭精条，到了当地放下行李就一溜烟儿跑到乡村去抓农民做模特，挨门挨户寻找。那个时候旅游业还没有开始，交通闭塞，当地老乡和我们彼此见了都很新鲜，所以不难找模特。经过一个月写生，回到学校总是满满的一叠速写作品，三年为我打下了很好的绘画基础，也建立了自信心。

那个时候除了画画也看了不少杂书，同学之间互相借阅。欧美主要的一些世界名著，我都是在初中和工艺美校阅读的，包括俄罗斯的一些文学，法国巴尔扎克的《人间喜剧》、罗曼・罗兰的《约翰・克里斯多夫》，还有杰克・伦敦的《马背上的水手》，海涅、拜伦、普希金、马雅可夫斯基的诗歌，托尔斯泰、契诃夫、屠格涅夫的小说，海明威、茨维格、莫泊桑的小说，还包括一些传记，如《拿破仑传记》《第三帝国》《列宾回忆录》，匈牙利蒙卡契的传记，还有柴可夫斯基回忆录、爱伦堡回忆录等。在工艺美校的那段日子，奠定了我后来艺术发展的基础。在谈到一些中国传统文化与西方文化时我已经有了自己独立的理解和思考，有一定的定力，因为我在工艺美校已经积累了一点底蕴。

路：工艺美校的学习对您考入中国人民解放军艺术学院起到了怎样的作用？

姜：当时中国人民解放军艺术学院在全国招收 30 个人，上海考区囊括了上海、浙江、江苏、福建、安徽等地的考生，总共招了 10 个人。另外北京华北考区招 10 人，沈阳东北考区招 10 人。1979 年中央美术学院没有招生，中国美术学院也没有招生，所以 1979 年全国画得不错的一拨人全部被收编到中国人民解放军艺术学院。我能被录取，完全归功于在工艺美校打下的坚实的素描、速写基础以及在工艺美校学习所树立的专业自信。

路：工艺美校给您留下印象比较深的老师和同学有哪些？对您有什么影响？

姜：我记得曹简楼老先生和孙悟音女士曾教过我们国画课，一个教写意一个教工笔，这是我第一次接触国画。工艺美校漆器专业主要是中国传统文化，我的专业必须与中国画打交道。曹老先生话不多，戴着贝雷帽，叼着雪茄，挺着肚子，左手拿着“斯蒂克”。宣纸铺在桌上，先生沉思良久，突然一改缓慢之态，疾步上前将手中画笔在纸上一顿“捣鼓”，气韵生动、一气呵成。然后补上线条，树干枝叶跃然纸上。这种满怀激情的作画过程是非常令人震撼的。

但我自己研究的主业始终是西画，主要是以光为主，注重明暗交接线。现在我的油画还是保留了工艺美校时对素描光影的兴趣和迷恋，我始终认为光是一种很神秘的东西。

但中国画与西方绘画完全不一样，中国画是平面的，而西方是讲体块的，素描源于雕塑，所以初学西画的人都要画石膏像，其实就是练习光影和体积的关系。西方艺术是先有雕塑，再有绘画。中国反过来，是先有绘画，然后再有雕塑，所以中国的佛像和汉代霍去病墓的石雕几乎是在一块有体量的石头上画线，把线条立体化，用线来表达疏和密。

讲到同学，我对中国画的兴趣以及“速写基本以线为主”的方法体悟与同学陈宁有关系，他人物线条画得很好，从小拜华山川为师。常常见他几根线就可以快速把一个画面、一个造型捕捉住。而光线折腾半天却还没画准，是他启发了我：线条这个东西对与不对，一看就知道了，光影里可以虚掉。当时我们漆雕创作草图一定要用线，光影是没办法刻的，所以这种情况下，打草稿必须是线，三年结束，我的进步很大。现在我会把线与光影结合起来。

我当年创作的中国国家重大历史题材《江南制造局》的油画草稿其实归功于我在工艺美校练就的“童子功”。历史题材往往没有完整的照片资料，有时连完整的造型都没有。那么大一个场面，现在很多人是拿着照片画的。但是如果历史上没有留下这个人的照片，没有这个场景，却要求把形象与场景艺术性地再现出来，这个能力很多人是缺失的。其实工艺美校画具象油画的人非常少，也许我是少数坚持的一个。油画《江南制造局》一共创作了两幅，一幅被北京中国美术馆收藏，另一幅变体画被上海中华艺术宫收藏。

三联画完成稿，布面油画，450 × 140 cm

我三年的学习不是一帆风顺的，甜酸苦辣只有自己知道。学术上的问题也与老师有不同观点，有一阵儿在绘画的学习中遇到了困难，很迷茫。当时有一个老师对我很有帮助，他叫胡克礼，他教过我们素描。他脾气有点另类，但是他很认可我的素描，我经常带着素描到他家去。胡老师的鼓励给了我信心，坚定了我的方向，至今我由衷感激他。

我和陈箴是毕业以后才联系的，在毕业以前我知道他，但是联系不多。我从中国人民解放军艺术学院毕业时，他从上海戏剧学院毕业。他一直受到余友涵的影响，在 1985 年左右，余友涵跟他的私人关系一直很好，他告诉我余友涵老师在研究塞尚，那时塞尚的画还是蛮前卫的。当时陈箴的家离我很近，他住在陕西南路淮海中路附近，我住在瑞金二路复兴路那边，那时我经常到他家去。他读了很多书，非常努力，而且他当时有白血病，一般得白血病的人都已经对自己没有信心了，那个时候他也就 20 多岁，但是他说要到法国去。陈箴到了法国后，边创作边治病，他 45 岁去世，与病魔搏斗了 25 年，很不容易。那时他跟我说，他首先要去敲开赵无极的门。结果到了法国，赵无极家的门可能没敲，却敲开了装置艺术的大门，一发不可收拾。陈箴去法国的集装箱是我们几个帮他送到海关的，记得当时有 3 个人，裴晶、李明和我。现在陈箴的作品被法国蓬皮杜博物馆收藏，前几年他的遗作到上海外滩 1 号美术馆展出，他夫人徐敏还邀请我去参加开幕典礼。

在工艺美校的同学中，林琳非常有才气。从工艺美校毕业后林琳考上了中国美术学院，在中国美术学院他是一个风云人物，他几乎是在改革开放后美术学院最早做当代艺术的学生。很遗憾的是他毕业前夕（1981 年）被开除了。林琳的几张学校作业依然陈列在中国美术学院的美术馆，放在众多画里依然光彩夺目。他是不幸的，1991 年在美国早早地离开了世界。曾记得在 1978 年暑假，那时候他大一。我遇到他，他拉着我到他家看他的创作，是柯・巴巴的画风，在灰暗的灯光下，画的尺寸放在家里显得比较大，直接靠在家具前，画面中似乎是几个类似钢铁工人的形象：昂着头，双眼朦胧，粗犷的黑线与大块的涂抹技法在 20 世纪 70 年代末显得那么另类。他兴奋地诠释自己的作品，在灯光下他的脸有点背光……那晚我从林琳家出来时满脑子是他画面中低沉的色彩和几张傲气的脸。

三、职业经历与思考

路：您读书时一路北上，为什么工作后回到上海从事教师职业?

姜：最终我还是选择回到一个专业教师的角色，带硕士、博士，也给本科毕业班上课，我更喜欢教师的身份，以及宅在画室创作。总之与绘画学术相关的工作我是感兴趣的。我认为当时工艺美校的优势就是学术氛围宽松，强调“无为而治”。艺术教育不能采用填鸭、机械的模式，没有热爱的话即使有责任也是干不好的。

路：您从最初学习漆艺到后来走上油画创作之路，与上海地域的信息、文化有什么样的关系?

姜：当时嘉定外冈(工艺美校旧址)是一个偏僻的农村，没手机没微信，好像有点与世隔绝。我们两个星期回上海市区一次，有时候两个星期也不回去，因为在学校附近可以画画，星期天可以到外冈画速写，当时交通不方便，如果每周都回上海市区，星期一上午来上课，早上 4 点多要起床，跑到人民广场去赶首班车，既麻烦又浪费时间。因此好多同学不回家，在一起学习生活很热闹，似乎身处世外桃源。但是国内所发生的美术上的事情，我们都很关心，信息量其实很大。上海是一个商业和艺术文化的重镇，引领着全国。很多文化名人都是在上海扬名的，胡适、鲁迅、柳亚子、徐志摩……画家就更多了，任伯年、吴昌硕、张大千、吴湖帆、黄宾虹、刘海粟、徐悲鸿、吴大羽、林风眠、潘天寿、李可染……大家如数家珍，他们对上海年轻画家的影响是潜移默化的。你会在邻居家，看到某某的画，会在同学那里听到一些画家的事情，耳濡目染。上海是一个殖民文化与中国传统文化底蕴交集的城市，所以上海这种底蕴，无意之中就影响了我们这代人。我们是 20 世纪 50 年代出生的，跟民国时期留下的一批人是有接触的。我们父母亲这一代都是民国出生的，就像陈丹青说的，你看来是生长在新中国，其实都是从民国过来的，爷爷更是民国出生的，甚至还是清朝出生的，所以就是与民国文化有一种承接关系。

有一天室友告诉我一个信息：上海新出现一个非常有才气的青年油画家。得到消息后我就盼着周末早点来到，可以赶回市区一饱眼福。那天晚上天已经黑了，我们来到常熟路淮海路口一幢白色的西班牙式的小楼前。门虚掩着，我们忐忑地轻轻上楼，二楼的灯光外泄到楼梯口，寻光过去见屋内有两三个人，其中一个也许是画家林旭东，他背对门口在写生模特。画面是朦胧的，模特的眼睛在镜片后若隐若现，暗部平平的交融在冷灰色背景中……空气在画面中流动，鼻尖有点偏暖，似乎血液隐透在皮肤下涌动……原来油画是这样的，完全颠覆了我的审美，颠覆了当时的“红光亮”！那天我的眼睛贪婪地环顾墙上的每一幅画，努力储存起来。白色家具上放着林旭东与夏葆元老师合作的水墨画《阿Q正传》。当陈丹青因《西藏组画》走红后，有一次他说在绘画上他也受到不少林旭东的影响。那天在林旭东家看了一晚上画的经历影响了我十几年，也许我把那天所见理想化了，但他画面的修养、朦胧的虚实处理、儒雅的色彩历历在目。可惜他改行去当电影学院老师了，据说也影响了贾章柯。

这种绘画上的传承关系，上海是得天独厚的。北京可能传承的是另外一种东西，更多的是一种皇城根下的东西。而上海更多的是开放的、有人文主义色彩的文化与晚清传统文化的交融。对艺术，有一种潜移默化的传承，上海人的服装、住的地方、吃的东西、生活方式都与晚清、民国的文化有传承关系。这种审美，无意之中就带进了绘画，所以我画的画，很多人都说一看就是上海的画。生活在上海，很难抛掉上海文化的影响。

在工艺美校，很多同学、老师都受到这种文化的熏陶，它帮助我们选择方向，虽然没有教学大纲，但是有判断力，这种判断力来自这块养育我们的土地，使我们心有灵犀。

路：您在工艺美校的时候，因内心向往绘画而抵触工艺，现在您一路走来已经成为一名知名油画家，您现在是怎么想的?

姜：从事油画创作多年后再回过头去审视工艺美术或者去看油画之外的一切艺术，我都会有一种新的感受。因为那个时候年轻，对艺术的理解也是很单一的。到了一定年龄后，作为一个开放性的、包容性的艺术家，就不会局限在某一点上。

无论是在油画、国画或者当代艺术上有所建树，其实创作者的思路肯定是宽泛和敏捷的。我从艺术品雕刻厂、中国人民解放军艺术学院、北京总政歌舞团等地一路走来，专业上经历了漆刻、舞台美术、油画、国画、连环画、现代瓷器设计等。在歌舞团时与编剧导演的接触，与演员的交流，渐渐的，知识面就宽泛了，艺术视野也开阔了。回沪我到了上海大学美术学院以后，对明式家具、瓷器、蜡染、青铜器、陶器、传统山水画、现代水墨、新文人画、西方古典现代、具象抽象等艺术都有了自己独特的理解与判断。特别是最近两年，我开始画瓷器，以前这种东西看都不看，总以为瓷器不是艺术，是手工艺品。现在我认为工艺美术、舞台美术某种意义上与当代艺术是结合在一起的文化，它需要去吸收很多当代艺术的观念，既要吸收传统文化又必须具有民间艺术的元素，如何用当代意识去把民族优秀的传统文化融合在一起去创造一个新的东西，这是一个关键点。

明式家具在明代集大成，其实在宋代已经很成熟了，而在唐代贵族阶层已经较普及使用了。只是到了明代在力学上更科学更完善而已。从审美角度看，战国时期一些家具的器型已经非常完美，明式家具的雏形在春秋战国时期已经具备。德国包豪斯的家具设计灵感许多来自明式家具，德国人吸收了明代四平面款式，把它产业化了，转化成了现代实用功能与审美的结合。反思我们民国以来的家具设计没有新的理念，在传统家具与现代之间找不到一个切入点，一味模仿西方。如何在功能性和器型上解决现代性转换是一个问题。

路：现在倡导传统走进生活，您觉得如何做效果比较好，在教学中怎么去权衡?

姜：首先肯定要有中国文化元素。第二点一定要有现代意识，不能完全按照以前老套的手工艺做法，传统里面有一部分是“匠气文化”需要剔除掉，而精华的东西要去吸收。这需要有责任感、事业心的老师和学生共同去探讨。包括教学里面，如何把传统跟现代同时作为一门课来教授，让学生在传统与当代之间游走，这不仅仅是一个作坊，而是一个有现代意义的问题。

非遗文化作为一种保留节目需要储存，它储存的是一个民族的集体记忆。工艺美校有非遗的成分，但仅仅是非遗是不行的。学校培养的必须有全球视野，这种课程设置需要多元化。只有这样工艺美术领域才可能会走出一些非常了不起的设计师。大美术的概念已经打破了艺术与生活的界线，现在工艺美术理念与传统工艺的理念完全不同，无论是服装设计、舞台设计、玉雕、漆雕还是其他的门类都无一例外。“反叛”有两种，一种是跳出框架的反叛，另设跑道，颠覆传统美学，到广阔天地“干革命”；一种是主张传承关系的前提下，修正传统绘画，“挖学院的墙角”。装置艺术之后绘画存在的意义是什么？这是一个课题。艺术需要多元化，至少从现在来看各个领域里都有重要的角色，这就是工艺美校大有可为的原因。

美好的工艺美校始终保存在记忆中四十五年前的模样，现在我相信它依然是那个培养优秀人才的摇篮。

采访心得

姜建忠先生是一位思维敏锐、有执着追求的油画艺术家。他对中国与西方、传统与现代在艺术中的融合有独到的见解。他对母校充满情感，希望通过艺术教育管理上的“无为”给学生艺术的个性发展营造自由空间。姜建忠先生对人和善宽容，在接受采访后一直愉快合作，并给出中肯意见。他语言幽默、深入浅出，让人近距离感受他追求艺术的心路历程，采访者本人也接受了一次艺术思想的洗礼，收获良多。

张岚

建好社会美育资源，提高民众审美能力

采 访 人：路玲娟
受 访 人：张　岚
采访时间：2019 年 10 月 14 日
采访地点：博大商务楼 702

张岚

1957 年出生，上海人。曾任上海博物馆文物保护与考古实验室副主任和《文物保护与考古科学》编辑部主任、上海鲁迅纪念馆馆长、上海市历史博物馆馆长、国际博协城市博物馆专业委员会副主席。现为上海市历史博物馆学术委员会副主任、上海视觉艺术学院文物保护与修复学院教授、院长。1978 年毕业于工艺美校，1985 年毕业于上海电视大学中文专业，1988 年就读于复旦大学文物保护进修班。长期从事文物保护科技工作，先后参加了多项文物的科学保护工作。著有《中国漆艺简史》一书，在 *Asian Lacquer Conservation* 中拟定了保护古代漆器的一般原理与方法，论文有《无形文化遗产保护简论》《鲁迅和碑帖研究》《明代第一城　气势贯江淮》等。2007 年主持上海市历史博物馆新馆的筹建工作，被评为"上海市重点工程优秀建设者"，策划的基本陈列获 2019 年全国十大精品奖。

一、求学背景

路：您选择学习工艺美术与您的家族渊源有联系吗？

张：对于美术教育，家学渊源还是非常重要的。因为一个家庭中如果有艺术的氛围，对孩子的成长是非常有帮助的。我的家庭中，父母都是教师，我父亲非常喜欢美术，我的亲戚中也有比较著名的画家，所以在这种氛围下，我从小就对美术非常喜爱。

路：当时您是怎么进入工艺美校学习的？

张：我是上海人，我们那一届学生基本都是上海学生，当时这个学校还没有在全国招生。我们要进入这个学校，也要经过考核。

我进入工艺美校是1975年4月，于1974年9月高中毕业，我们多读了半年。在当时的社会环境中，没有一所大专院校是高中毕业后就可以直接进去学习的，因为当时都是工农兵学员，都要经过两年以上的实践锻炼才能够进入大学学习。当时，杨振宁、李政道到北京给周恩来总理建议，有两类学生需要从小培养，一类人就是外语人才，一类就是工艺美术人才，所以当时就开了这样一个口子，开办工艺美术专业的学校，可以直接从高中毕业生当中挑选考核，然后进入国家的专业教育学籍管理，这样工艺美校就恢复办学了。

当时入学竞争是非常激烈的，因为那时还有上山下乡，没有一个高中毕业生可以直接进学校，没有这样的先例。

另一方面，当时家里如果有两个子女，比如说长兄或长姐下乡务农的话，下面的弟弟或妹妹就可以留在上海务工或继续上学，当时可以有这样的一个选择。但是对我的家庭和我们当时这批毕业生来讲都渴望学习，当然希望能够直接进入学校继续学业。当时像这样的情况，不是少数，这就产生了很激烈的入学竞争。我们那一届学校定了几个区的定向招生。所谓定向招生就是指只在几个区招生，各个区先进行一次选拔。我记得那时候要交绘画作品，在自己的学校、区里筛选以后，再送到工艺美校，学校再根据作品情况和各个区的分配名额决定学生录取名单。为什么许多人一直在讲工艺美校1973、1974级学生在整个上海艺术界、工艺美术界还有一些成绩的话，我觉得和当时学生入学竞争激烈有很大关系，被学校录取的都是当时学生中的佼佼者。当时上海没有其他规模比较大的美术类学校，比如轻工学校是要有工人身份才能进去。我们许多同学对专业的概念不强，基本上是冲着大美术、大艺术的理想来的这个学校。所以毕业以后，他们在各个领域都能发展，不像现在的学生，因专业细分而导致知识面比较单一。

二、工艺美校的学习与生活

路：进入工艺美校后，您是怎么被分到漆器雕刻专业的？

张：这个我是有印象的。我们进学校以后，漆器雕刻班分两个小专业方向，一个是镶嵌方向，一个是刻漆方向。这两个方向的专业基础要求不一样，我记得当时进来以后还进行了考试，考完后我被分到镶嵌方向，一部分同学被分到刻漆方向。我记得考试分为素描和白描两个部分，擅长白描线条的同学就被分到刻漆，擅长素描立体造型的就被分配到镶嵌。

路：请您介绍下当时学校在理论和实践教学方面的情况。

张：当时我们开设的课程主要还是强调艺术基础和工艺技能。我们的艺术基础课比较多，除了一般的雕塑课，还有专门的浮雕课，我们的镶嵌工艺是和浮雕相结合的。还有西洋画类的色彩课、中国传统绘画课程，比如白描、工笔、山水、花鸟这些是艺术基础课。另外就是专业技能课程，安排教学的时间比较长，我们和老师接触比较多的往往就是专业技能课老师。魏祖仪老师就是我们的专业老师，他在镶嵌工艺上非常专业，有非常高超的技艺，当然他也设计了许多课程。镶嵌工艺专业和其他专业不一样，比较重要的是要接触许多不同的材料，比如贝壳、石头都要雕刻。我觉得我的专业课程功底是比较扎实的。

我记得专业课第一个项目就是做工具。那时工具都要自己做，不像现在的学生可以买到工具，我们所有的工具，如雕塑刀、弓、坨刀等都是自己做。因为这个弓经常会断，钢丝都是自己斫。从专业角度来讲，是一个比较完整的训练体系。就像我以前讲手艺好，工具是最重要的。工具制作对我们专业能力的提升打下了很好的基础。具体时间安排我现在已经记不清楚了，总感觉专业技能课最多，艺术课次之，艺术理论课再次之，排序基本上是这样的。

路：当时你们实践教学也都是在学校里进行吗？

张：不全是，我们那时候写生比较多。因为学校在嘉定外冈，这个场地是上海社会主义教育学院的，后来部队接管后也保存得非常好，有运动场，有河流。我记得四五月份的嘉定外冈校园是非常美丽的，进去的位置就是一片桃花。工笔花卉课就是在校园里上的，临摹一些宋元时期的作品，然后就是写生。另外，色彩课程也是在外面写生。

我们班级在外写生还算少的，高年级比我们更多，跑得更远。我们到过朱家角、江西新安江写生。当时朱家角古镇的绝大部分区域还没有被开发，真的是非常原始的古镇。那时候在朱家角，我们要画模特儿就到当地的居民家里去找模特儿画。那时教学以校内上课为主，外面是次要的。但是从写生的内容讲，那个时候绝对不会也不可能根据照片画，因为相机很稀有，都是直接写生。

另外，我们美术基础课的功底是非常扎实的。不是学校要求，在我们学生当中，几个希望在纯绘画艺术方向发展的同学，经常在寝室里自己打灯光，画到凌晨。大家营造了这样的一个学习氛围，铆足了劲地努力着，对我们今后的艺术创作、工艺品创新发展来说，都是非常重要的。

我们那个时候到屏风漆器雕刻厂实践的时间是非常短暂的，三个学年中，实际上进厂实践只有一次，也是要临近毕业前，大概有一个月时间。我们学校也有工厂间，像现在的实训基地一样的，也是开放的，我们晚上都可以到工厂间去做工艺，而且学校也备足了材料。我做毕业创作时，都可以用到象牙，这个材料当时还是比较珍贵的，老师也不轻易让所有的学生使用这样的材料。

路：当时专业作业是以创作为主还是以临摹为主？

张：基础课程肯定是以临摹为主，比如说工笔花卉，是临摹宋元的花卉、册页、团扇，以此为技能切入口，然后开展写生创作。那时候比较强调写生，当时强调开门办学，通过写生来创作是每个学期都有的教学环节，每个学期都要进行创作。那时候我创作的《滑雪》，这个创作现在看来非常好，但是在那个时候强调要表现工农兵，表现社会生产欣欣向荣的景象。现在看来，这种要求实际上不符合教学规律，因为真正的创作要有人生的阅历，才能关注社会的重大题材。对一个学生来讲，他们的人生阅历是比较浅的，如果要学生表现大的题材，恐怕达不到好的效果。

我当时还是比较有创新意识的，传统的镶嵌要开面相，开了一个浮雕的面相以后，眼睛鼻子都是画上去的。时间长了，肯定要褪色的。所以我的镶嵌作品里的眼睛都是用石头镶嵌进去的。这在当时是没有先例的，魏老师对我的创新非常赞许，鼓励我继续创新。从这个层面来说，我们中国传统工艺的确需要重视创新。

在学校的第二年、第三年，开始有创作课程。当时的条件比较差，每次创作完了，就在班级墙上张贴出来，学校领导、专业主任来把关，老师来点评，并提出修改意见。

路：请您谈谈当时的学习条件（教材、学习资料、教师情况）。

张：那时候没有统一的教材，我记得文艺理论教材都是油印的，以讲义为主。专业的一些教材也是当时工厂里来的，将一些传统绘本的底稿作为我们平时练习的基本材料。关键是我们遇到了非常优秀的老师。老师对学生的成长是非常重要的，到现在为止，回忆自己的求艺过程，每个阶段总是有几个老师使我印象非常深刻。在工作碰到困难或者问题时就会想到老师是怎么讲的。他们讲的新概念，虽然在求学的时候不一定理解，但是随着理解的加深，会让我们终身受益。魏祖仪老师的镶嵌技艺水平对学生来讲，是难以企及的。当同学碰到困难，找他帮忙解决时，他能从专业、人生经历、社会经历和企业管理经验的角度来帮助同学们，这对学生来说很是受用。我记得那时候我做镶嵌技艺用到了象牙材料，其他同学有意见了："我们用骨头，为什么张岚就可以用象牙?"，魏老师就对他们讲，如果你们也能做到他的水平，我也给你们用象牙材料。直到现在，我就是用这种激励机制来管理员工的，这让我一辈子受用。

艺术技能教学中，实际的操作演示会让学生受益颇多。如孙悟音老师，小小的一个工艺的节点，也许是她从事绘画这么多年的一个经验，是她摸索过的，有她的指点，学生的绘画马上就可以提升一个层次。我们以前不知道画背后可以通过衬色来反射各种各样的颜色，这都是孙悟音老师教我们的。她还给我们传授她使用颜料的经验，所有的颜料都要重新处理一下才好用，她针对我们染不上色的问题进行指导：首先要把颜料里的胶漂掉，因为颜料的胶太厚，所以多层渲染的时候，就会染不上色。这些小的技能都是老师通过多年的实践经验所得，他们能将自己的秘宝拿出来给学生，效果马上就不一样了。还有杜培根老师，我记得他教我们浮雕，浮雕在雕塑中是一个非常特殊的品种，这不是把圆雕一切两半，而是有一个压缩空间的问题。在实践中，像这类技能有老师在旁边指点是非常重要的。包括胡克礼老师，他用鼓励的方式教我们用水粉绘画的技巧。我们的班主任王克明老师，他是非常严谨的人，和他的画风一样，每个线条都不会偏，这种风格也是学生成长过程的一个参考。每个老师都有自己的特技，都有自己的特色，我觉得那时候老师对学生很好，老师对学生成长的影响也蛮大。

在上海视觉艺术学院的开学典礼上，我对我的学生讲，你一定要认为你高中学的东西是有用的，千万不要考完就扔掉了。现在，我觉得教育的问题，主要是老师没有传授给学生，学生不知道现在学的东西和以后的生活有怎样的关联，人就变成了只为通过考试而学习的机器。如果学习的内容和未来生活有关联，学生学习的主动性就不一样了。所以在这方面老师要找到契合点，让学生知道学的东西和以后事业发展有怎么样的关系，甚至和生活有怎么样的关系。学生就会觉得学的东西很重要，否则要让学生积极主动地去学习是很难的。

三、工作经历和对一些问题的思考

路：当时你们毕业后，就业去向是怎么样的?

张：那时候工艺美校毕业生的社会需求量是很大的，因为整个上海没有其他与工艺美术专业相关的学校。我记得我毕业的时候有两个选择：一个是到宝钢做一名宣传干事，王克明老师极力推荐我到那儿去；另一个就是到上海博物馆，我记得老师对我讲，上海博物馆工作很枯燥，到那儿去不一定能够发挥你的专长。对我来讲，我觉得到上海博物馆还是非常欣慰的。我们是到上海博物馆的第一届工艺美校毕业生，共有 4 位学生。也正因为这 4 位学生到了上海博物馆，上海博物馆连续几年都招收工艺美校的学生。他们一直认为，工艺美校的专业非常有助于做好博物馆文物保护工作，后来人数越招越多。可以说，这个基础是我们第一届 4 位学生打下的。那时候，不是自主择业，都是包分配。办这个学校实际上也是根据社会需求来设置专业的，当时也有许多同学的志向是做纯艺术，肯回到本专业领域的人非常少，有可能在艺术观点上，做工艺美术行业和他的理想不一致，所以到各种岗位的同学都有。比如姜建忠，他考入中国人民解放军艺术学院，专修油画去了，我们早就知道他对油画是非常有追求的。也有一些同学毕业以后，画连环画、画国画，反而从事漆雕专业的人不多。因为这和整个行业需求有关，比如施森彬毕业后被分配到了餐具厂做设计。

路：您到了博物馆，在这个岗位上是如何发挥您所学专业的？

张：社会教育理念还是比较重要的。那时候讲要“干一行、爱一行”。当时的长沙马王堆出土了许多漆器。我1978年到上海博物馆，1980年的时候全国就开了一个专门的漆器保护研讨会。大量的漆器出土以后，根本没办法保护，需要有人来做。我跟的老师也是那种单位所有难事都会交给他做的这样一个人，所以他把这个任务揽下来。因为我是漆器专业毕业的，所以漆器工艺也好，化学方法也好，我都可以做。

因为这个专业是需要多学科结合的，恰巧那时候我的理工基础还不错，和其他艺术生相比是比较强的，我也是一个比较喜欢科技的人。有科技，又有传统工艺，又有美术的功底，这样，上海博物馆的漆器保护专业奠定了在全国该领域的领先地位。我现在是漆器保护专业方面的专家，这和我在工艺美校学的知识有很大的关联。

作品《宋戗金执扇人物漆奁修护》

在漆器保护方面，我们比其他人有更好的基础。我们知道漆艺生产的过程，但是许多人不知道漆艺的历史。我们通过观察出土漆器实物来了解漆艺的历史。后来我和老师一起做了一个“宋代圈叠胎工艺”的课题。这种工艺在文献上从来没有见过，但是确实存在，这个项目得到了文化和旅游部的科技奖。像我们从事这个工作，面对这么多出土的漆器，保存条件都非常差。漆器的工艺非常繁杂，尤其到了清朝，各式各样的工艺都有，而且各朝代的工艺也是不一样的，那么必须要对工艺有充分的了解，这样才能够做保护工作。这些都是在工艺美校基础教育的内容，非常实用。

路：中国本是最早用漆的，也有辉煌的漆器发展历史，但是为什么现在感觉离我们很远？

张：是的，这么多年，根据我对漆器工艺的了解，感觉中国的漆器在世界上的地位是远远没有被认可的。最重要的原因就是中国在这方面的研究工作开展得比较少。另外就是在工业化的过程中，我们漆器传统工艺消失得比较快，非常庆幸我们学校现在还在坚守。20年前，漆器行业基本上已经到了濒危的地步，老的专家、老的师傅都已经流散掉了。20年的断层，是多么可怕！这个断层，不仅仅是学科的断层，它更是整个手工业体系的断层。这个手工业体系断层让我们面临的一个实际问题是漆器专业学生的就业问题。原来手工业产业体系是非常强大的，漆器有漆器厂，红木雕有红木雕厂，白木雕有白木雕厂，上海地毯有地毯厂，玉器有玉器厂，上海在中国传统工艺领域的力量是非常强的。因为在20多年前，整个国家企业体制变化了，国家就不养这批人了，要自寻出路。另外，原来这个体系是我们国家创汇的最重要力量，需要非常多的人才，后来国家的工业体系改变了，这一行业就变得小众了。还有一个比较重要的原因，就是我们这个学科，它不像大工业生产，不管怎么技术革新，还是手工艺的生产模式，这也会造成市场的萎缩。如果用当代漆能够达到大漆同样效果的话，何必用传统的大漆呢？在制作过程中，传统大漆还会“咬”人。目前来讲，中国人的消费观念和时尚概念都不一样了，我们还是会看到希望。举个例子，我过段时间要去做一个讲座，专门给一些收藏家做的讲座。现在收藏家也是非常希望有些传统工艺的新作品被创作出来，来作为他们的收藏对象之一。他们现在条件比较好，也愿意收藏。这个动向对学生来讲是春风，如果你在这个专业上是孜孜以求的，也可以有机会发展得很好。

路：现在倡导传统工艺走进生活，您觉得该如何走进生活？我们该怎么引导学生把传统与现代、艺术与科技相结合？怎么给学生正确的职业引导？

张：有一个比较有影响力的国际奢侈品牌“阿玛尼”，“阿玛尼”这种手工的制作和设计过程代表着它对法国最优秀传统工艺的继承，实际上中国也有人来做这样的尝试。上海有一个非常不错的奢侈品牌，叫“上下”，就是用中国传统工艺来做一些非常当代的产品，既实用、又有欣赏性，这还是有市场的。对学生来讲，要么不做，要做就要做顶尖的。如甘而可，国家级漆艺大师，他做菠萝漆炉火纯青，他现在又用传统工艺为“上下”做了几件非常具有当代设计感的产品。我觉得“上下”的理念非常好，一些比较高端的设计是有市场的。恰恰我们中国传统工艺花了这么多精力，做了这么多精致的东西，在历史上是肯定留下了的。这个可能和我们现在看历史上一些比较精美的工艺品一样，这是一条路。

另外，我觉得对工艺美术专业的学生来讲，不可能每个人都成为大师，应该是多元化发展的。我们同学毕业以后，在各行业都能够发挥各自的特长和能力，学校给予他的东西，不仅仅是技能，可能还有艺术观，可能是对事物的看法，也可能是对艺术和科学结合的思维方向。如果每个学生有自己的特性，对某一个方面有生长点的话，只要他能够在这3年，或者在更高层次的学习阶段，我想也会长出新的东西，因为中国传统工艺也是在不断发展。既然传统工艺也在发展，那么为什么不让我们这些青年学子在和传统工艺结合的基础上，再去创造新的工艺品或者新的系列艺术品种呢？对于工艺美术来说，当代艺术实际上都是装饰艺术。我们许多同学像陈箴、谷文达，徐龙森等，恰恰因为有工艺美术的基础，他们的创作风格和其他从纯艺术学校出来的人是完全不同的。对学生来讲，成长的空间很大，实际上学生在这三年时间里，尽管相对于人生来说还是很短暂，但要把基础打好，建立专业理想，我想今后可以胜任任何工作。尤其现在他们拥有更多的选择方向，这跟我们那时候根本没有选择是不一样的。我们在学生时代的理想与实际的工作岗位大都不一样。但是有一点，我们对事物的看法、对艺术的观点，比如说对人生的哲学观点，这些东西学校帮我们树立，这是不会变的。有了这些东西，比如说我们现在讲的工匠精神，就是对一个事物的孜孜以求，做到极致。比如说创新精神，如果搞工业设计，中国工业设计的发展空间很大，要设计出有中国传统特色的，符合我们审美观点的东西。我要准备写一篇评论《中国人对红与黑的感受》，这种审美的观念肯定是几千年的传承过程，在你的血液当中，你会有一个共鸣感，也变成你的、民族的一个标准，这些东西你就觉得是美的。红的和赭石的肯定就不抵触，这种东西当然是可以从科学中找理论依据的，但是我们也可以从传统的工艺上来发掘。在这方面，我觉得学校给予的教育也是非常有价值的。

路：您从博物馆专业岗位到高校，一个是开放的给社会大众开展美育、提高审美能力的地方；一个是更直接具体地培养人才的地方。您觉得培养怎样的人才，才最具有社会价值呢？

张：我从博物馆专业岗位上退休下来，后来又被聘到学校。我们总是想培养对社会有用的人。我在原来的单位做馆长，我也希望学校的人过来，那么什么样的人最受欢迎？这个很重要。第一，我不希望学校培养的人是被固化的。我经常碰到这个情况，有时候研究生不如本科生或者专科生好用，为什么？我一直在思索这个问题。可能是我们的教育体系，学生读到本科，学科已经非常专业化，这种专业化，实际上是比较早地固化了他的思维模式。第二，一定是要有绘画基础的。有人说，毕加索的画就是涂鸦呀！这个是两码事情，艺术品是有理论体系的，是艺术史发展到一定阶段的产物，它能够讲得出为什么要这样做。对学生如何引导，如果他认为是涂鸦就是美的话，那么他是没有根基的。改革开放初期，我也创作了许多抽象画，我在大学里，专门研究了康定斯基的艺术观，这种冷抽象或者热抽象是有本源的。创新必须要有传统的基础，所以学生一定要夯实基础，这个基础也不是呆板的，最重要的是让学生了解历史、文化。第三，就是要广博，不要过早地固化他们。我们以前有一个口号叫“一专多能”，我觉得这个口号到现在都不过时，比如学漆器专业，就一定要深入钻研下去，人家讲到漆器的工艺、漆器的发展历史，只能想到你。但是你的其他知识，你的文学、艺术、历史的观点都要有所建构。当然这些不一定都是学校赋予的，但是学校要有引导，尽可能让学生来接触更多知识，接触更多的其他大师。

我们为什么复校后第一、第二届学生优秀？我们原来都是高中毕业，而且我们在学校里，都是全科全优生。你搞工业设计，你搞漆雕，你不知道这个漆器为什么在高湿度下能够凝固，你说你永远搞创作，那样是不行的。比如说，我们现在的一些当代的艺术如用蛋壳什么的，都是创作，为什么蛋壳好用，其他不好用，是不是还有其他更好用的材料？那么如果你有广博的知识基础的话，你的创造可能会有更好的基础，我们艺术的创造会发展得更快。

科学和艺术，我们进行过很大的讨论，我们学校是不是也引进一些和我们学科看似没什么关联的，但是实际是有关联的人才？上次我给学校的学生讲我们的博物馆设计，比如说领导认为国外的博物馆很漂亮、很好，但许多人认为，博物馆就是放放东西的。为什么有好的博物馆和差的博物馆之分？好和差的博物馆给人的感受完全不一样，这个背后有许多的科技支持，比如说色彩的运用，这就是光的原理。许多博物馆到现在还不知道什么叫光污染，这就和我们艺术有关。现在大家家里都配备了LED灯，但是质量高低完全不一样。LED灯色温可以达得到，但是好的灯和差的灯的色彩还原性千差万别。如果你没有科学技术，你怎么设计得好博物馆？我也非常欣慰，当时听讲座的同学们反响非常热烈，说我们从来没听到过以这种方式来诠释博物馆的设计。这一类教育我们要加大，一个就是把我们原来数理化的知识夯实，另外尽可能给学生更多的引导，还有更重要的就是树立学生的三观。因为到社会上，整个社会不是你理想的社会，这个不理想的社会才是正常的社会，但是你无法改变这个社会，你只能去适应这个社会，这一点学生要知道。

路：您刚刚讲以前的老师都有自己的特技。现在职业院校教师工艺技能整体来讲是往下走的，这也是各种客观因素造成的，您认为该如何扭转这种状态？

张：我的理解是要利用高职的优势，现在讲产学研结合，有些技能老师可以到社会上去聘请。年轻教师通过社会老师来带教，也会有成长。另外尽可能地让我们一线的老师一起上课，我们现在的老师都要求硕士、博士学历，还要有教师资格。这在业界，能工巧匠一辈子都达不到要求，要达到的话，技能方面就荒废了。但是一线教师要做好记录、做好归纳、做好资料整理，把它变成可教学的、让学生能接受的内容，这个是我们现在老师要追求的。但是我觉得技能的深度发展还是要依靠业界的技能大师或者业界有影响的、已经能够做出一些成绩的人士。这样的话，就可能在5年到10年时间内，把这些年轻老师锻炼出来，同时也补上了我们业界不足的部分。

高学历教师与能工巧匠交互是高职的特点。我觉得这个特点是非常有必要利用好的。倒是211、985院校很难达到这样的状态，高职本身的定位就有这个条件，目前我们整个经济是往这上面倾斜的，我们的学生也要得到社会的证明，让已经在业界比较能够发挥作用的人回来兼职，这是比较好的。另外一些基本的理论还需要让学生掌握，这个基本理论不能变成干巴巴的理论，要变成一个与社会发展结合的理论，比如怎样创造。创造实际上是一种哲学概念，比如科学和艺术结合，就可以长出一个新的东西来，要让这种理论变成一个非常可视化的东西，学生就比较容易接受。千万不能把学生变成固化的状态，最可怕的就是固化，一定要开放的。虽然技术可能在三年、四年的训练当中出神入化，熟练的程度也很高，但是更重要的还是要让他能够有一种发现问题、解决问题的思维方式，从这个角度看应该对学生是非常有用的。

路：以前你们的学习模式对现在的学生有没有借鉴意义？

张：有借鉴意义，因为我们就是这样走过来的，不可能是凭空而来。工艺美校从美校到高职，我们上学的时候除了玩具班，其他的专业都是传统工艺专业。传统的东西一定要保持好，我觉得这个是很重要的。但是这也不能拘泥于当下，时代在发展，学生也不一样，还是要因材施教。市场也不一样，但反过来讲，我们也可以借用我们现在的市场，培养一部分人，鼓励他们自主创业。因为对于传统手工艺者来讲，是特别容易个体创业的，不像其他专业。比如我修一件文物，我可以叫人家帮忙，但是我也可以一个人做起来。这是一个整体的个性化使它具有了特殊性。这种择业观也要让同学知道。我们有一句老话叫“荒年饿不死手艺人”，当年我到工艺美校，我自己还不愿意去，老人说你有一门手艺总是好的，这个观念的确就是比较个体化的。这个成长的空间，也要让学生知道，我们的教育模式也要让学生在这方面有所感受。

路：您长期在博物馆工作，博物馆的一个功能就是社会美育，请您谈谈该怎样提高学生的审美？

张：当代人的审美观念是可以引导的，光靠我们艺术学生的学习是不够的，要靠社会。目前整个社会中的艺术氛围是不够的。在西方，为什么很多人对一些东西比较有共鸣，因为许多孩子是从博物馆展厅长大的。我们现在的孩子不是从博物馆长大的，而是在考卷上长大的。我刚才讲为什么家庭对孩子有影响，家庭有这种艺术氛围，对于艺术的追求，孩子就会有共鸣，就会欣赏。现在有些孩子打扮得真的太难看了，但他觉得是种潮流，他要出奇、出怪。审美是有基础、有标准的，比如线条的标准，比例的均衡，这是有科学性的。我们有一门课程叫“构成”，就是从科学层面来讲色彩、讲结构，这个东西是非常重要的。让学生有这种审美的观点，实际上我们从传统当中可以积蓄很大的力量。在这个基础上去发展，许多学生认为我独立搞怪就是伟大的艺术，你梳一个辫子我梳两条辫子。艺术有一个共同的审美观点，这个审美观点肯定是在民族文化积淀的过程中不知不觉地形成的，这种对色彩、结构等元素有共鸣，就是审美的体现。如果在这个社会，大家对于美有标准的话，它肯定是有市场的。作为艺术专业学生，我们要引导社会、要引领社会，使得大家对美的接受是日常可见的。我们现在的工业设计，都是很弱的，哪怕是汽车，这个设计往往和科技的发展有关，而且到一定的时候会发现，真正好的设计是符合科学基本规律的。可以有不和谐之音，但是如果基础是不和谐的，那就完全变成一个丑的东西。

所以在我们国家，传统美育应该需要加强，传统不是单一的模仿，要能够得到传统真正的艺术养分。要通过我们的艺术教育逐渐培养，什么是美的，什么是丑的，什么是符合我们的生活规律的。

采访心得

张岚先生从学校毕业走进博物馆，在所学漆器镶嵌工艺的基础上，拓展了新的漆器文物修复方面的科学知识与技能，通过努力为全社会传递来自历史的漆器之美。他是当代中国美学的传播者，对科学与艺术、传统与现代的融合发展有独到的见解。他对教育事业非常热心，认为学生在知识体系构建的过程中，教师要引导学生成为“一专多能”型人才，不要被“专业”所固化。

炉火纯青·木雕艺术的实力军

在20世纪60年代至70年代上海工艺美校的木雕方向分为黄杨木雕、红木雕、白木雕等，为上海地区的木雕行业培养了一批杰出的工艺美术人才，为上海的经济发展作出了很大贡献。

海派黄杨木雕是上海市的地方传统木雕艺术，也是学校的特色专业。黄杨木以其紧密、坚韧的木纹成为理想的雕刻材料，有"木中象牙"之称。海派黄杨木雕工艺起源于20世纪30年代，发展至今，已经形成了成熟的海派雕刻艺术风格，其精湛的雕刻技艺、鲜明的海派艺术特色和艺术价值，充分体现了劳动人民的卓越才能和艺术创造力。徐汇区曾是法租界区，多元的文化和艺术在此交流融会，徐汇区土山湾曾有法国人开办的孤儿工艺院，培养了一批艺术人才，海派黄杨木雕的创始人——徐宝庆，就是其代表人物。徐宝庆经过70多年的艺术锤炼将木雕艺术发展为有着独特艺术理念和艺术风格的木雕派别，形成了一个完整的海派黄杨木雕艺术体系。徐宝庆将中国传统雕刻与西方雕刻、雕塑、绘画技艺融合在一起，作品在国际上产生了一定影响。1957年，徐宝庆赴北京出席了"全国工艺美术人第一届代表大会"，1958年进入上海工艺美术研究室，成为中华人民共和国成立后第一批工艺美术师之一。1960年加入上海工艺美术学院，组建了黄杨木雕班。

木雕组通过近两年的时间，共采访林翊、唐世储、韩国荣、刘巽发、毛关福、王小蕙、瞿启蒙、徐侃、余积勇和杨贤龙10人。采访内容主要以回顾个人求学发展历程为主线，通过回顾当时的办学理念、教学特色、人才培养、校企合作等，与学校目前教学模式进行对比，以达到借鉴历史传统，传承优秀办学特色的目的。

其中，最年长者林翊已经85岁，林翊作为徐宝庆的弟子同样也是黄杨木雕班的班主任，负责具体教学任务等工作，早年从温州出来到学校建立黄杨木雕专业，承担工艺美术学校的黄杨木雕专业教学。前后培养了毛关福、汤兆基、刘巽发、宋立成等一批工艺美术大师。他对传统海派木雕到教学和木雕艺术创作，都有着独到的想法与见解。此次采访是对海派黄杨木雕工艺的及时总结和归纳。

唐世储老师1964年入校参与教学，作为当时美院的优秀高才生从四川分配至上海工艺美术学校，在学校工作了16年。给学校带来了早期美院先进的雕塑教学理念，为学校培养了一批基础厚重的毕业生。唐老师在教学的百忙之中也不忘个人创作，为上海规划设计院开创了上海地区的城市雕塑的雏形，是一位著名的雕塑艺术家。

韩国荣1962年在工艺美院开始学习木雕，他本人对中国传统和木雕创作有着自己独特的见解与诠释，对从民国以来黄杨木雕的传承脉络清晰明了。他强调材料的自然美，强调意境美是中国传统文化不可或缺的部分。

刘巽发老师是著名的雕塑艺术家，他师从徐宝庆与张充仁老师，在雕塑艺术上具有较深造诣。刘老师的造型艺术始发于木雕艺术，在徐宝庆老师的影响下，他创作了很多黄杨木雕作品，但是他不受材料所限，在木雕上大胆尝试立体造型等创作语言的探索，他的作品《且为忠魂舞》被放置在上海龙华烈士陵园，受到业内同仁的一致好评。他后期转向了中国的艺术史学研究。

毛关福老师1965年毕业于工美木雕班，他既有深厚的西洋美术功底，又有娴熟的中国传统艺术的技法，在雕刻方面有着自己独特的风格。他通过在学校举办大师班，将海派黄杨木雕技艺通过一代代学生传承下去。

王小蕙老师是海派黄杨木雕传人之一，她从木雕厂转到学校教育，从传统海派木雕转型为现代的木雕艺术创作，结合对木雕色彩的研究，并融合东西方的造型特点完成了一系列的个人创作。

瞿启蒙先生是工艺美校20世纪70年代的老校友，后在工艺美术研究所从事理论方面的研究，对木雕以及上海的相关行业的发展有深刻的独到之见。他认为培养学生的兴趣是培养人才的前提，未来要设定宽基础多技能的人才培养目标。

徐侃老师自1973年进入工艺美校学习，在美国担任设计师二十余年后回归母校领衔展示专业，教学中的徐侃老师善于引导学生通过积极参与的方式去主动学习，将自己善于"思考"与"实践"的优点深深烙印在每一位学生心中。

余积勇先后就职于工艺美术研究所和油雕院，后自己创业，始终坚守在雕塑行业中。他的很多大型公共雕塑作品坐落于上海的大街小巷，对上海的城市雕塑发展有着很大的推动作用，余积勇先生回忆学生时期学校的"开门办学"使他个人受益匪浅。他一直强调个人创作上要不断自我突破，这也是艺术设计从业工作者需要努力的方向。

于 洋

林翊

海派黄杨木雕的传承与坚守

采 访 人：姚晨阳
受 访 人：林 翊
采访时间：2019 年 11 月 20 日
采访地点：林翊老师家中

林翊

上海工艺美术大师。1936 年生于上海，1954 年师从张始周老师学习黄杨木雕，1957 年 7 月拜徐宝庆老师学习海派黄杨木雕技艺，1958 年 7 月到上海工艺美术研究室工作，1961 年调到上海市工艺美术学校任黄杨木雕班专业老师，1970 年至 1996 年在上海工艺美术厂工作，其间曾担任过上海工艺美术厂 1971 级黄杨木雕培训班和上海市工艺美术学校 1973 级黄杨木雕班的专业老师，1982 年 4 月黄杨木雕作品《炎黄子孙》获得第一届全国黄杨木雕创作设计奖第二名。

一、海派黄杨木雕创始人徐宝庆

姚：您能回忆一下当时徐宝庆老师的木雕故事吗？

林：大概在 1952 年，当时文联要求把各地在社会上有名气的艺人名字都记下来。上海大概是 1954 年到 1955 年的时候成立了上海工艺美术研究所，当时徐宝庆老师登上了上海工艺美术研究所的名单。徐宝庆老师最早学习于上海土山湾公益院，他创作了一件黄杨木雕的作品。当时他带着这件作品去参加 1945 年的展览会，当时，西方记者拍了照，把徐宝庆老师的照片也拍了，报道之后他一举成名。就这样徐老师的名字被大家所熟知，新中国成立后就有人把徐老师推荐给了文联，文联随后做了记录。后来，徐宝庆老师就在上海工艺美术研究所工作了。

徐老师的人物造型形象生动，他平时也会看很多别的书籍，然后把他们转换到创作中，但不是完全照搬。大家说徐老师是海派风格，理由是什么呢？他是从学习西洋绘画开始的，逐渐地转化到生活当中去，他的造型里留下了西洋雕刻的痕迹；而另外一派人说，他更好的作品是儿童题材，数量上也比较多，他造福了浙江省的黄木雕，在上海发扬了黄杨木雕。从这个意义上来说，他的风格应该归于哪里呢？属于石库门文化，他的作品都是有生活的，一看到他的作品就能深刻地感受到他所传达的感情。

二、个人经历与学习

姚：能讲讲您的学习经历吗？

林：我是1954年中学毕业，按照分配我要去机器厂工作。父亲觉得不适合我，我比较喜欢画画。父亲是温州人，他到温州去找到几个朋友，回来跟我说到温州去学雕刻，父亲经过朋友的介绍，认识了一位叫张始周的木雕大师，我就在他家学黄杨木雕刻，到他家后他就给了我一张图片，上面画着一位古代的侍女，让我按照图像做一件雕塑。他很严格地说，你行我就收你，你不行我就不收，说完之后他就把我关在楼上的小房间里。以前从来没做过泥塑，我完全凭自己的想象在做。后来老师来看，我跟老师说我做好了，老师看了一下，也不说话，他叫师娘上来，师娘一看蛮像的，就这一句话。就这样老师让我第二天到他家里来学习雕刻。

我实际上从那个时候开始学黄杨木雕的。后来老师帮我打了一套雕刻刀，先把雕刻刀磨好，先从磨刀开始教，大概一个星期，我把这套工具磨好了，老师评价是合格。老师拿了块边角料叫我刻砥柱，给了我一个样品给我学。我开始就学磨刀和做砥柱这两件事。这个过程一共做了好几个月，当时做好的都不一样，因为边角料不一样。

大概在1955年的中旬，老师带我去拜访了几位温州的老艺人。之后在10月份左右，成立了温州第一个合作社，叫温州工艺美术合作社，上海成立的是研究所。当时合作社的发展很快，开始的时候只有两个专业，一个是黄杨木雕，一个是青田石刻。到了第二年发展到了三个专业，多了一个镶嵌屏风，与上海的屏风不一样，温州的屏风叫镶嵌屏风。后来又发展了一个新的屏风，叫竹丝镶嵌，这种屏风特别有民间风味。

上海进出口公司让温州市手工业局工艺美术经销部下达了一批任务，任务就是黄杨木雕。那个时候和两个师傅商量了以后，决定制作15件作品里边最简单的一件，一个小孩扇风炉，它的名字就叫《风扇风炉》。做了半年，我看到上海来的作品，觉得特别惊奇。上海的作品结构巧妙，互相都连着的，后来回到上海以后我才理解，这是雕塑结构。随后我就写了一封信，给我上海的父亲，说我在温州学了黄杨木雕，现在正在复制上海徐宝庆老师的作品，在生产他的作品。希望能够跟他学习，后来有一个研究所的客人叫杨为义，他是做瓷雕的。我通过他帮我去询问徐宝庆老师的想法，单位的领导也都同意了，我的师父也觉得可以。徐老师后来同意了，我便回上海与他学艺。

姚：拜师是什么样的过程？

林：回到上海以后至徐老师家，到他家的二楼，杨为义老师叫了一下徐老师，并且说我把你徒弟带来了，徐老师也很高兴。我看到徐宝庆老师，马上就鞠三个躬，我说我在温州就复制过您的作品。我对您的作品，对您的技术是钦佩有加，所以我是千方百计要找到您。徐老师很高兴，把他最好的作品拿出来给我看。我反复看了这些作品，一直对我有很大的影响。

与徐老师学习只有两三年，但是我体会到这里边的艰辛，时间就是金钱，知道不能浪费太多的时间。所以后来我跟老师协商下来，每个星期去半天，徐老师跟我说，你每个星期来半天，你就在边上看着我怎么做。所以这一天相处得很和谐的，后来到了 4 点钟，我就觉得该走了，我就是这样拜师学艺的。后来我知道了黄杨木雕作为工艺美术品中的特种工艺，它具有比较强的技术要求和艺术要求。那么作为民间的工艺美术品，尤其是在手工业时代，民间艺人做黄杨木雕等于是生产，为社会、为国家制造财富，也为自己创造生活。

徐宝庆作品《五子戏龟》

姚：年轻的时候学习黄杨木雕，给您最大的感受是什么？

林：首先我觉得是兴趣，因为我在念书的时候比较喜欢画画。后来接触到雕刻以后，觉得雕刻也有意思。要看书要自己体会，不要照抄，老艺人中有许多都是做庙里的菩萨，他们做菩萨是从图上转到立体雕刻上。

温州跟上海的风格不同，但是上海的风格跟几百年以前的铁拐李的风格有点接近了，所以很奇怪。我觉得过去的老艺人在手工业时代，他们在生活中发现了热情，然后表现在雕刻上面，很有意义。

三、教学经历

姚：您是在什么样的缘分下来学校任教的？

林：工艺美术学校 1960 年开始建设的。1960 年办校，1961 年开始招生，开始招生的时候，学校请徐老师去学校任教。那时候徐老师没时间，他就让我去带教，我是 1961 年的夏天去学校的，带秋季班。当时工作台也没有，从零开始，后来工作台都做出来了，然后工厂、教室分开，开始系统化教学。

姚：黄杨木雕刻是怎么授课的呢？

林：那时候黄杨木雕班的招生 25 个人，实际招生 20 人左右。到 10 月底开课，先是做工具。我就教授他们，首先为什么要做工具？上课时从最基本的基础讲起，提出为什么、怎么做。你不提问题他

木雕作品《溜冰去》

们也提不出来问题，你首先自己提问题，因为我自己学过来，我知道是什么问题，会发生什么问题，总结一下提出来。然后我把答案告诉大家，该怎么做，什么事情有危险你别做，什么事情没危险的，你放心做。这个雕刻不像其他的工艺门类，雕刻刀很快，你不小心把自己划伤了，刮伤了，这很危险的。所以使用正确的操作方法与方式很重要。

四、对黄杨木雕今后发展的建议

姚：像现在这种工业生产包括机械化生产比手工艺的效率高出很多，您觉得我们在传统的技艺上面需要做哪些改进？

林：现在我国已经进入工业化，你只要把雕塑做出来，机器就可以做得跟你的一模一样，只要学好机器操作就好。但是问题在什么地方？我觉得假如现在要把这个技术传承下去，就要把黄杨木雕整套工艺告诉他。打胚的过程是让一个木头变成一个有生命的个体的过程，然后一步一步做，一定要知道它是一个减法过程，这很重要。很多人为了兴趣，为了爱好去做雕刻，整个过程的甜酸苦辣是什么味道，可能没人再能体会，但是这种工匠精神确实是很宝贵，我觉得应该保留这种精神。在手工业时代，工艺美术是创造时代价值的。

姚：20世纪八九十年代，海派黄杨木雕为何逐渐衰弱，您能讲讲吗？

林：徐宝庆老师的雕刻就是石库门文化，文化环境和时代是有关系的。当时代变了文化就消亡了，徐老师的技艺到了我们这一代就没有了。创作的东西跟时代有关，跟风俗有关，为什么徐宝庆老师的东西会受到关注，会受到许多人的喜爱，是因为他的作品是从他的生活里提炼出来的，很多人对此有着共鸣。

我们在举办第一届上海工艺美术展览会的时候，工艺美术学校的作品受到观众的好评。一个时代要考证他的作品，要看什么？一个是民族，一个是风俗。你看商周时期的饕餮纹，春秋时期也有青铜，但是没有商周时期的出名，为什么？因为它在那个时期代替群体的感情，人们都觉得饕餮纹是代表了一个民族的勇猛，代表了一种思想。所以说一个是民族，一个是风俗，一个是时代，这三者可以决定这件作品是什么。像徐老师的作品，你一看就知道它是20世纪50年代或者是50年代以前的。

姚：经过多年的艺术创作，能讲讲您对创作的见解吗？

林：一个人进行创作属于艺术，是有思想的一种境界。我觉得创作是有版权的，不能随便地模仿复制。比如说一件作品是临摹复制品，心里还没有愧疚感，是不对的。假如说我做了一件作品，跟老师是一样的，然后把这件作品拿出去说这个是我创作的，就不道德了。首先要知道，民间艺人尽管没有受到什么高等教育，但是民间艺人还是懂得要尊重别人的创作。

姚：现在学校也开设木雕专业了，学校在人才培养和创作能力方面您觉得需要注意哪些方面的问题？

林：注意安全，然后在一定的理论上结合美学。中国的传统文化和西方不同，西方的形而上学就是理论，形而上学为道，道就是我们要讲的。把道学过来，再结合我们黄杨木雕的道融合起来，这样你的理论就有深度了。

徐宝庆木雕作品《拔萝卜》

木雕作品《背萝卜》

中国工艺美术要传下去，它的价值在中国人的天人合一的美学上。还有就是艰苦钻研的劳动精神，这种劳动精神在特种工艺美术领域中表现得淋漓尽致。心要钻研在里面，精神完全贯穿在雕刻上，按照一些老专家或中央工艺美术学院的一些理论，雕刻家在雕刻当中，刀在全神贯注的情况下，雕刻出来的作品是有气韵在里面的。有的东西外行同样会被吸引，所有艺术的美和一般的美不一样，你乔装打扮的美跟真正的美是不一样的，所以将来要好好地考虑这个问题。

姚：如果现在海派黄杨木雕在这种商业环境下，在题材上面是不是也要进行改变？

林：我觉得传统的东西做工艺手段、雕刻方法，是应该保留的，绝对不要丢弃。再有时代不同了，你要找到共鸣，你必须要创作出在生活当中发现美、创作美的作品。比如弄堂里许多小孩在滚铁团或是玩游戏，但是如果有一个人把它变成了一件雕刻作品，过了若干年呈现在观众眼前的时候，大家一看小时候我也玩过，就产生共鸣了。你要有发现美的眼睛，生活当中到处是美，要去发现。不能因为到了现代社会或是科技社会，所有东西都依赖于智能了。传统的也可以反映在作品上，因为风俗虽然变化了，但是传统的、许多吉祥的还可以表现在中国人的生活当中。传统的、吉祥的含意寓意，这种文化可以唤起许多人对国家几千年文化的一种怀念。这些在中国人的记忆里，不管你在哪里，老人都会告诉下一代，下一代又会告诉下一代，它会传下去的，源源不断地流传下去，这就是中国的文化。

采访心得

通过对林翊老师的访谈，逐渐了解当时在工艺美院木雕专业的建立、教学教具和课程安排，以及了解了当时他在学校的整个工作和创作环境，在学校专业教学上的总结归纳，对今后工艺美院“木雕”专业的发展和人才培养都给了建议。

林翊老师是海派黄杨木雕传人之一，从温州出来到学校建立黄杨木雕专业，承担工艺美术学校的黄杨木雕专业教学。从中对木雕的理解与印象更加深刻，在传统雕刻上的探索与追求有了更进一步的领悟。他从事了一辈子的教学工作，对木雕的发展一直很关心，从传统海派木雕到教学和木雕艺术创作，他都有着自己独到的想法与见解。

唐世储

“塑说”雕塑精神

采 访 人：于 洋
受 访 人：唐世储
采访时间：2020年6月7日
采访地点：唐世储工作室

唐世储

1942年6月16日出生。汉族，四川广安人。1960年考入四川美术学院雕塑系。1964年毕业被分配至上海工艺美术学校任教。1980年调上海城市规划设计院从事城市雕塑规划设计。1986年进上海油画雕塑院专事雕塑创作。1988年被评为国家一级美术师。现为中国美术家协会会员，中国雕塑学会会员，上海美术家协会理事。曾任上海美协雕塑艺委会主任、上海油画雕塑院雕塑创作室主任、上海大学美术学院兼职教授。作品涉及大型城雕设计、人物纪念雕塑及肖像雕塑创作。主要作品：上海宝山烈士墓浮雕《战斗、胜利》，上海市委党校《马克思、恩格斯》大型石雕像，寓言雕塑《东郭和狼》《伯乐惜马》《猴子捞月》，纪念雕塑辛亥革命元勋黄兴纪念铜像（立上海黄兴纪念公园），朱德总司令像（立四川仪陇朱德纪念馆序厅），两弹一星元勋任新民全身铜像（立安徽宁国市），宋庆龄全身像（上海宋庆龄纪念馆序厅）等。还为众多著名人士：巴金、周信芳、胡愈之、曹荻秋、高敬亭、赵冷月等人设计墓碑及创作肖像。2001年创作中共一大代表群像（集体创作）立于浙江嘉兴南湖。2007年以雕塑《平民教育家陶行知》入选国家重大题材美术创作计划。作品被国家军事博物馆、革命博物馆、上海博物馆、鲁迅纪念馆、上海电影博物馆以及新加坡、日本、美国、印度尼西亚等国家机构和人士收藏。

一、学习经历

于：请问您当时是什么缘由开始从事美术学习的，又是什么缘由让您最后选择雕塑这个艺术门类呢？

唐：我从小喜欢画画，上中学就接触到一些美术专业的绘画。高中的时候，我就开始思考后面的人生道路了，初中的时候还不太懂，那时候就想当画家。高中阶段的时候，我喜欢画油画，那个时候一门心思考美术学院，我报名中央美院油画系，第二志愿四川美院油画系。录取通知书收到了一看，是四川美术学院雕塑专业。我总感觉雕塑是很高级的一门艺术，尽管要重新对它建立感情。上学后，我一有空就到处写生，画水彩画，虽然还是喜欢油画，但我现在学的是雕塑，所以到二年级就全部停了绘画，一门心思把雕塑学好。

二、教学经历

于：作为一个纯艺术造型专业的毕业生，您为什么选择到上海工艺美术学校这样的一个工艺类学校任教呢？

唐：四川美院，当时学制还是四年，那时候大学生毕业，国家统一分配，我在四川的时候，只宣布了分配的大方案，就我一个人到上海，其他全部都是到贵州、甘肃、云南或者四川那些基层。到了上海干什么不知道，到哪个单位也不知道，到上海后，在人事局先报到等了五天，通知分到手工业局，到手工业局告知我，有个工艺美术学校，就把我分到了学校，这个时候才知道是到工艺美术学校工作。

于：刚到学校的时候，您主要是从事哪方面的教学工作？

唐：1964 年这一年到上海工艺美校的新老师很多，都是国家分配的，那一年大学生，一下来了十几个，因为工艺美校 1960 年开办，师资一直不是很完善。到了 1963 年第一届毕业生就有留校的了，1964 年第二届毕业生又留校一批，另外一批老教师是社会上的一些老画家，把他们调到了学校。我以前对工艺美术没接触过，很有新鲜感。对学校，尽管开始比较失望，但是学校对我们特别好，一是学校领导对我们这批大学生很关心，一些老教师对我们很热情，并且学生也很关心我们外地来的老师，所以那时候我们感觉学校很温暖。对工艺美术，因为以前没接触过，当时学校就明确跟我讲，安排我一年以后担任玉石雕刻班的雕塑课老师，我有一年的准备时间。这一年当中做了几件事，一个是学做玉雕，因为我要亲自做；另一个就是大量的看有关工艺美术的资料。同时我把大学里的教学笔记整个整理了一遍，就形成了一个完整的思路，雕塑的教学大体上是一个什么样，我原来不是很清楚，通过这次的教学可以将它研究通。我要编写的教学大纲，一共 320 个课时，两年之内完成。当时的课怎么上没有任何人给我讲，需要我自己想自己安排，那个时候很困难，学

教学教具

校只有几个法国的解剖石膏，其他一无所有。我想这个课怎么上，巧妇难为无米之炊，所以后来我就自己做教具，我做得很简单，几何图形大块面的教具，再一个就是做人体雕塑，人体雕塑我男的女的都做了，石膏的体操运动员，就是为上课做的。

这件雕塑是1964年做的，当时刚到工艺美校，因为我想上课没有教具怎么上，我必须要做，这对我也是一个锻炼。由于没有模特等于要背出来，只能靠资料、靠自己默写，还要做得准确。随后我跟汪校长打个报告，我说去临摹一批古代泥塑回来做教材，同时学校也建立一套有点学术氛围的教学资料，汪校长当时很支持。当时我计划是这样，和学校的其他老师我们四个人组成一个小组，只要一个暑假，开到山西去，基本上就可以临摹一批传统雕塑回来。结果在临走的时候，就只剩我和东璧老师两个人。在山西花了一个半月，临摹了8件，其中平遥4件、晋祠4件，很辛苦。那个时候根本没想到有这么困难，但那个时候社会风气很好，各方面对我们都很帮忙，我们临摹的都是80厘米到1米高的雕塑，还要翻石膏，还要装箱运回来。外面找泥巴钉架子全部都要我自己解决，花了一个半月，应该是圆满地完成了任务，装了两大箱装回上海。在工艺美校我热情投入教学，一心想当一个合格的老师，同时我也考虑，我自己因为学的是雕塑，我不能脱离雕塑，所以我还要坚持自己的创作。自己专业要提高，要参加社会的展览，逐渐地使自己成为在上海也站得住的雕塑家，当然这是一个长远的打算。我觉得两者不矛盾。

于：您当时刚来的时候，工艺美术院校的教学模式是什么样的？

唐：这是很重要的一个问题，我准备教学，编写教学大纲，就发现学校的雕塑教学，没有一个完整的教学体系。学校这方面设备也很差，就几个石膏，所以我就考虑到，定教学大纲的时候，一定要考虑系统性和科学性，同时结合工艺美术专业的要求。首先考虑雕塑课解决什么问题，我们是向玉石雕刻的创作人员提供他们所需要的人体的结构、比例、动态以及行为特征，这是我雕塑课要解决的问题。所以按照这个方向，我编了教学大纲，有一定的系统性，并且结合专业。解决人体结构是一个重点，但怎么解决呢，我就自己做，学生临摹。

于：当时您个人的这些创作是任务形式的，还是自发坚持创作呢？这种题材是您来选择还是当时有一些布置性的任务？

唐：我是以教学为主，把自己的重点放到准备教具上，就像做雕塑一样，我同时把它当成自己的一个作品来做，它是有生命力的，我把创作与教学结合到一起。那个时候因为时代不同，其他方面就是参加一些美展，美展有专题性，那个时候学习焦裕禄，就以他为题材，和别的老师合作了一个焦裕禄雕塑，高度一米左右。

作品《来到红太阳升起的地方》

于：您所教的学生毕业后去向如何？

唐：我第一次当老师，1968年第一届玉石雕刻班的毕业生，基本上都改行了。

于：调回学校以后，您也是继续在从事之前的教学工作吗？

唐：1973年恢复的时候，安排我回归教学，教黄杨木雕班的雕塑课。那个时候上课，针对教学目的，我还是坚持自己的看法，提供造型能力，木刻不是我教的，我提升学生的造型基础。恢复上课之后，教学相对来讲比以前宽松了。黄杨木雕班的教学结束之后，我又教玉石雕刻1975届的学生。后来我担任1976届的牙雕班的班主任。好几年后政策有变化的时候，有些人就离开了，有考学读书的，国门开放有些人出国，命运就不一样了。

三、个人经历

于：1966—1973年复校期间，您主要在做哪些方面的工作？

唐：1966年停课了，所有业务活动也全部停了。我雕塑还好，遇到一个机会，1966年清华大学在校园里做了一个毛主席像，上海好几个高校一看清华做了也都开始做毛主席像，紧接着全国都做起来了，这个时候我就参加了同济大学的毛主席像的制作。同济大学做了之后，上海成立了一个半官方的组织，叫毛主席塑像委员会。毛主席塑像委员会办公室在上海，委员会把一批刚刚大学毕业的雕塑系毕业生聘过去，组织了一个雕塑创作组。我那个时候，基本上就参加社会上这些做毛主席像的活动。

作品《毛主席胸像》

于：具象雕塑是您创作的主要研究方向吗？

唐：我本身学了雕塑，在雕塑这个领域里面要做一些成绩出来，也为国家做一些贡献，这是一个雕塑家的责任，同时也是我个人发展的一个方向。我比较看重的就是纪念性雕塑。我对历史人物一直很感兴趣，所以我在自己的创作方向里，使用的题材也是从这方面来考虑。

于：请问在这几十年当中，雕塑行业的发展给您最大的体会与感悟是什么？

唐：城市雕塑是在20世纪80年代初提上日程的，我赶上了这个时代，并且为城市雕塑的发展，做了自己应该做的工作。上海城市雕塑设计展览会是国内最早并且最前沿的展览会，各大媒体在宣传的时候，有个编者明确提出来“上海已经行动了，首都怎么样”。接下来我开始组织上海的一些重要的城市雕塑，都是通过竞标产生的，一个是复兴公园的马鞍，一个是五卅运动纪念雕塑，一个陈毅像，还有聂耳，这些就进入了实体实施的项目当中。我在规划院首先立项，这些项目落实的时候有各种因素，我要提出选址规划，一般要选4～5个地方，为了权衡各个地方的利弊，每个地方我要做一个模拟

作品《刘海粟铜像》2017年

设计。另外稿子用什么方式征集，这都是我的工作。在上海雕塑规划上，我刚刚提了几个项目，因为最后实施的时候，我已经被调走了，但是前面这些工作我已经都做好了。我对上海城雕的发展，尤其是早期阶段，是做了贡献的。

于：您创作了非常多的作品，是什么原因一直影响您继续创作？

唐：因为不管怎么样，我都有个立足点，我是雕塑家，是创作人员，这一点我始终坚持。再怎么忙，我自己的创作、自己的业务没有丢。

与唐世储老师合影（左：于洋、中：唐世储、右：袁圆）

采访心得

唐世储老师1964年入校，作为当时美院的高才生从四川分配至上海工艺美术学校，在学校工作了16年，给学校带来了早期美院先进的雕塑教学理念。唐老师勤勤恳恳地在学校教学，由于当时办学的条件艰苦，个人为学校制作了很多教具，在学校开展了双团队教学模式。一个行业的传统技艺与美院严谨的造型基础相结合，为学校培养了一批基础厚重的毕业生。唐老师在教学之余也不忘个人创作，更是将创作、教学融为一体化。

唐老师是一位著名的雕塑艺术家，为上海地区雕塑事业的发展作出了重大贡献。从至上海工艺美校作为一名教师教学，到在上海规划设计院开创了上海地区的城市雕塑的雏形，后到上海油雕院专心创作雕塑直至退休，他始终都在坚持雕塑创作，从没有一点懈怠和放松。唐老师的一生，也是雕塑的一生。

韩国荣

中国工艺美术的意境美

采访人：于　洋
受访人：韩国荣
采访时间：2019年12月6日
采访地点：韩国荣住宅

韩国荣

笔名韩戈，或称妙荣居士，1946年9月生于浙江绍兴。1963年就读于上海工艺美术学校。长期从事艺术家具设计、珍木圆雕创作、古典园林规划和传统文化研究。长期从事工艺美术实践与理论的研究，现为中国高级工艺美术师、上海市工艺美术大师、中国轻工业信息中心东方美学研究院院长。历任上海艺术品雕刻四厂技术厂长，上海明艺家具公司总工艺师，上海遗珠阁紫砂艺术制品厂艺术顾问，合肥市墨荷园总体设计师，《解放日报》《新民晚报》"艺术家具"专版总顾问，并自2007年至2015年连续两届出任中国工艺美术学会工艺设计分会会长。

一、在校经历之谈

于：您是哪一年学习木雕艺术的，当时是一种什么样的机缘让您选择走向木雕艺术？

韩：我学的时候是1962年，那时候不叫学院，叫工艺美术学校，一个班级是红木雕刻班，跟黄杨木雕在一个分校，进去以后对黄杨木雕很感兴趣，那个时候黄杨木雕机还没有流行，都是手工制作。

于：当时在学校学习的教学模式是什么样的呢？

韩：我上学时是传统师徒传承的方式，有专业老师，其中一位老师叫张爱泉，在做红木的小件结构方面非常厉害。还有一位顾老师，专门从事雕花插一类。那时候我不满足，我感到张爱泉用木工的技法，以非常含蓄的线条来表达，这个很好，那位做花插的老师的风格很具象，我的理解还是比较成熟一点，没有像用张爱泉老师那种抽象的线条表达出一种苏州风格。

于：那时候还有雕塑老师一起参与上课吗？

韩：是的，还有唐世储老师，他主要教我们雕塑，他擅长泥塑和造型。

于：您当时上学那会儿，哪些课程对您感觉比较有益？

韩：教素描的张老师教得很好，强调将素描与我们的雕刻结合起来，展现的线条都要清清楚楚，一般我们画素描该虚的地方就虚，她不会，她要你们全部把结构弄清楚，结合我们的专业。后来我们雕刻的时候也是这样，要一丝不苟，不能马马虎虎。我现在对工厂里面各个专业，闭着眼睛都可以做，已经非常熟练各种工艺。

二、对木雕创作之谈

于：在20世纪70年代后期，您也创作了一些黄杨木雕的作品吗？

韩：我是感兴趣，不多，有时候一年做不了一两件，包括那个《皆大欢喜》，我是根据这个绿木造型做的，做了一年多快两年了，慢慢地做，做好丢在旁边，它表达佛教传说的弥勒佛。在我们这个时代比较看重财，给它背上一个元宝，拿一个袋子，边上一个财神爷，如果真的信仰他，它是主张一切都放下，不要你们去聚敛财富，所以我把那个袋子也拿掉了，皆大欢喜，不要吵了，就是这个意思。

作品《皆大欢喜》

于：看您对作品蛮注重思想的，都是按照自己的创造意图去做。

韩：我感到木雕作品是有三个标准：第一，材料美；第二，工艺美；第三，意境美。这三个不是平面的，按照我的观点，材料美不是学故宫里面黄花梨、紫檀，材料美是天然的美，文艺的美，而不是物以稀为贵的材料作为材料美，这个不是美。第二个工艺美，也不能学故宫里面的，密密麻麻地雕，这不是美，这是没有美学思想，我们的美就是好比一个女孩子，要想涂点红的，两个眉毛中间点一点就行了，你不要都是红的，就不好看了，就是要俏。最要紧的就是那个意境美，你创作的东西，构思的东西，表达是很巧的，要叫人家看了以后，不懂的人有味道，懂的人知道，你是用形象的手法，含蓄的语言，表达了深远的、专业的含义。我因为喜欢看古书，我就把古书里面经常教育我们的思想跟人家讲，文归曲折，思归含蓄，真正有本事不是单纯表达，真正的艺术是点到为止。我认为意境是第一位的。

于：之前我们也看新闻报道您做过大陆和台湾地区的两岸展，有一个大型的木雕作品是吗？

韩：对，常熟有一个企业打算雕黄公望的作品，他们聘请我当首席顾问、艺术指导，我讲黄公望生在上海，因为海峡两岸都保存着黄公望的《富春山居图》的一部分，应选此件作品作为雕刻的方向。那时候台湾人也来了，建议一定要参考他们的资料。我说很感谢你们，元代的黄公望的山水画，是文人画，他一切都在胸中，我们要做的就是要懂得黄公望思想里面的东西。

韩国荣（左）与姚向东（右）合影

那时候的文人走到哪感觉好的就记在胸中了，记多了就这么画，就这么回事，随心所欲，寥寥几笔，意境无穷，文人强调的是意境。所以雕刻必须是先要培训工人，在美学上培训他们懂得文人山水画，然后才能雕，照我的意思就是反雕深雕，尽可能把黄公望的随心所欲通过寥寥几笔结合起来。到后来这幅作品很成功，远远一看就是文人山水画，拿到台湾去，大家也都满意。

木雕作品《富春山居图》

于：您当时上学那会儿，班级同学有多少同学？还有从事木雕行业的吗？

韩：25 人，后来在木雕本行业的几乎没人在坚持了。

于：在 20 世纪七八十年代，木雕发展就相对比较难，大部分都是自己做一些作品，就变成个人工作室的性质，国家这个层面上工厂也都很少开办了，木雕创汇的历史可能跟着国有的体制改革由盛转衰了。

韩：当时的木雕行业都发生了很大的变化，特别是黄杨木雕，被机器做坏了。我曾在上海帮劳动局做工艺美术基地，买了这个机器。有了这个机器，你只要做一个模具，然后不断地仿，价格就很便宜，靠手工艺术制作的就很吃亏，很多人在这个行业都坚持不下去，被机器所取代，黄杨木雕就这样没了。就是商品打掉了艺术品，这个现象是很严重的。

机器化生产对纯手工创作冲击还是蛮大的，所以刚才你讲我什么时候对木雕感兴趣，都是从我上学时候看黄杨木雕班的雕刻开始的，加上自己对佛学的研究，感到很有趣，在这方面我也做了努力。

于：我们学院后来的木雕作品，很多像您说的在意境上、艺术上，都要有一定的修养，才能达到一个高度。

韩：实用性不影响它的意境，我专门写过一篇文章，叫《注重实用，寓美其中》。就是它的功能要寄托，它的美要寄托在实用上，寄托在功能上，美和用是不可分的。

三、对工美教学建议之谈

于：如果给我们学院的木雕专业一个培养定位的话，您会给我们一个什么样的建议？

韩：鼓励学生创作，不要给他们限制，有时候看闲书也可以，诗词古文都可以看，传统的民族文化的精华都好。我也是别出心裁，写过一篇文章，介绍明式家具怎么来的。明式家具不是哪个皇帝喜欢家具提出来的，是明代朱元璋开始的，那时封建专制时期，官方反对老百姓家里榿木家具，红的、描金线都不可以。朝廷在太仓码头发现一种木材，是海外贸易压仓用的，叫木工试了一下，木纹非常漂亮，他们称之为文木，开始做家具，不用漆，就这个木材天然的纹理，明式家具就是这么来的，都是含蓄，没有龙凤，但是看上去非常雅。可见，明式家具的产生是在封建专制制度下逼迫出来的，是文人重新找到的一个出路。

于：从行业角度来讲，我们学院现在还在坚守着工艺的传承，继承的同时，我们在找到更好的发展出路。

韩：我感到，思想一定要明确，好东西要继承，真正好的东西在民间，那么同样的比较，台湾的工艺美术还保留着跟民间生活紧密结合的特点就是注重点是境界意境味道，这些东西其实老百姓是看不懂的，但是正因为如此我们整个民族的审美才有待于通过我们的作品去提高我们自己就是知道的太少，忘记的太多。我上文化课，就提出来一个精神体面，叫他们不要去打听多少钱，而是看在这个烟缥缈的时候，你的思想跟着它到哪个境界，你懂了就开始领会它的意境。你们看宋代留下来那么多的好东西，我一直在看宋朝里面的美学，宋代的皇帝也是比较开明的，尊重知识分子，宋代的知识分子地位最高，美学上的造诣也很厉害。

于：宋朝艺术的发展还是蛮昌盛的，包括宋朝的文人画，宋徽宗本来就是一个画家、书法家，当时与这个朝代的支持力度有很大的关系。

韩：我感到教学生，美学上专门要设立一课，什么是美，什么是东方的美，从诗经开始一直到宋代，其实是很好的。每个时代都在创新，明式是创新出来了，清式也创新出来了，目前大家都把故宫里面的东西奉为至宝，不能偏一分，不能走样，全部照老的去做，它不能够发展，不能有新的创作出来。

于：您现在对木雕行业有什么样的了解吗，或者现在是处于什么样的现状，木雕在新工具新设备运用还是蛮大的，对纯手工的木雕竞争很大。但是传承也有一批人在这样做。您对这个情况有什么想法？

韩：如果要做纯手工的艺术品，必须跟文化研究结合起来，比如说我刚才讲到的那个黄金椅子，五福捧寿，你把它研究出来，变成文章，然后手工来做，一般不卖给普通人，专门给博物馆去收藏。外观是差不多的，但是价格差别巨大，你怎么生存，就类似博物馆性质的，做出研究成果，价格就不是一般性的价格。

还有我想到一点，生病之前我到广州去参加活动，会上我看到那些老师拼命地攻击海派艺术。随后我在台上讲，对刚刚这样表达的老师说，你是坐在明式椅子上，还是坐在海派椅子上，你生活在民国留给你的物质当中，你拼命地攻击民国的东西，最后那段历史的精华都到台湾地区去了。你们看南京的中山陵，一层一层上去，真的叫高山仰止，叫你肃然起敬。西方建筑哪有这样的让你感动的地方，这个也是民国的时候的建筑。我们为什么不肯去讲民国的东西，家具也是，如果没有民国家具，我们现在还是这种中式的靠背，穿长衫马褂，靠也不能靠，软体的沙发进不来的，那个时候我的文章里把它称为现代化变革。后来那位老师，也没有说话。旁边一个记者专门要我的名片，他感到闻所未闻。海派就是新中式，只要加上民族元素，中国银行大楼、中山陵都是新中式建筑。家具也这样，我实际上有好多家具的图片，用红木来做，但是功能是软体的沙发，这个社会在进步。

采访心得

韩国荣先生1962年在工艺美院开始学习木雕，他本人对中国传统有着自己独特的见解与诠释，从民国以来黄杨木雕的传承脉络清晰明了。他对木雕创作也有很独到的个人见解。韩国荣先生平常爱读书，崇尚文人情怀，在中国传统艺术领域造诣较深，将中国传统的文人感悟融合在了雕刻艺术之中。他强调材料本身的美，自然的美，艺术的形式来源于自然，提取于自然美。他强调意境美是中国传统文化不可或缺的部分，这是我们民族的精神内核，要将它传承保留下去。

刘巽发

从工艺美校走出来的雕塑家

采 访 人：于　洋
受 访 人：刘巽发
采访时间：2020 年 6 月 18 日
采访地点：刘巽发住宅

刘巽发

1946 年生，1965 年毕业于上海工艺美术学校。曾任职于上海工艺美术研究所、上海工艺美术厂、上海市烈士陵园、上海大学美术学院、上海油画雕塑院，雕塑家、高级美术师。1995 年在德国首次举办主题为“来自中国的现代艺术——当代中国”的个人雕塑作品展。1999 年在德国再次举办主题为“来自中国的新兴艺术”的个人雕塑展。主要作品有《国际歌》《且国忠魂舞——上海烈士群雕》、上海市烈士陵园，曾创下有史以来上海室外大型纪念性雕塑之最的纪录；1996 年以花刚石为材重建上海龙华烈士陵园，并有作品《鲁迅与柔石》《雄峙(牛)》《李白》(大理石 1987，现藏日本，花岗石 1994，现藏于德国)、《会计专家、教育潘序伦先生》《镇海蛟》《泳》《迈向世界》《火树》《光明佼者——上海电机厂大门浮雕》《人民功臣罗炳辉将军》《海子牛》《毛泽东》。亦擅画。有著作《木雕技法述要》《且国为忠魂舞——上海烈士群雕创作谈》《城市雕塑刍议》《(古画吕录)与谢赫辨考》《(人续画品)撰年及作者考辨》等。

一、想法之谈

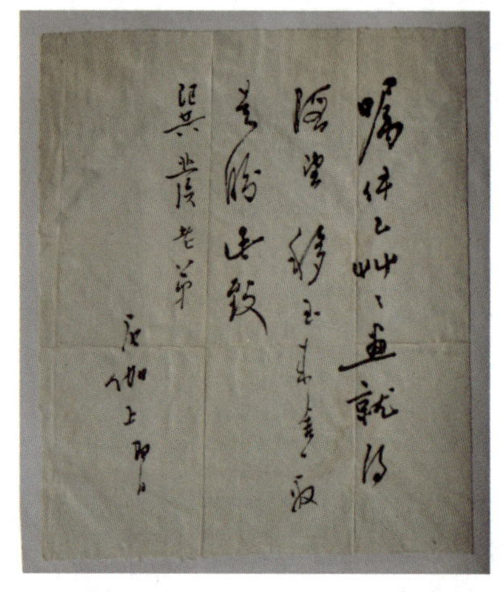
申石伽老师写给刘巽发的信件（一）

于：您在创作之余一直在从事理论方面的研究，请您谈谈您是如何看待创作与理论之间的关联的。

刘：看了那么多美术理论，我总觉得美术史在不断发展，这完全是正常的，有些地方突然就变了，把老的都否定掉了，但是你看欧洲的美术史是有共性的，他们学院派也是这样，资料保存得很好，若干年以后，如果把它翻出来看，它还在。当时看了很多台湾人的艺术，一半是文字，一半是图片，文字写的你可以感受到，但是一看那个图片就要倒吸一口凉气了。艺术没有插图是很难的，有的地方就是要有图，然后再有文字，这样对你的印象就很深，像过去梵高的画展，影像是用电脑做的，对于我们来讲，这可以尝试，但对于一个艺术家，这个就不行了，最好还是看原作。

工艺美校是学艺术的，我们在这个位置上，有我们的优势，但是当然也有弱点，这个没关系的。一个人不可能每一件作品都懂，所以我觉得把一些好的发扬光大，在将来这个底子是越厚越好。

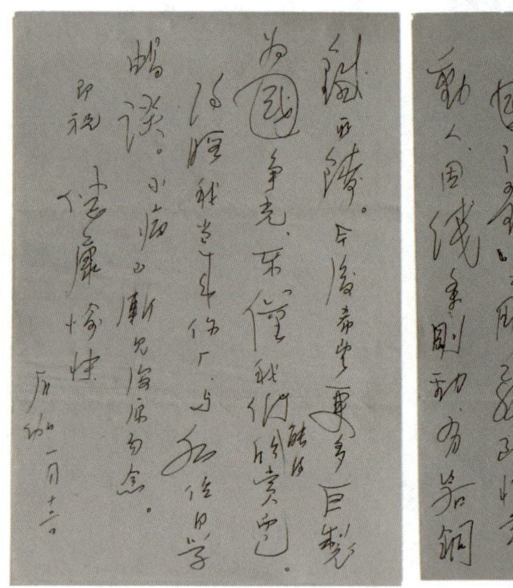
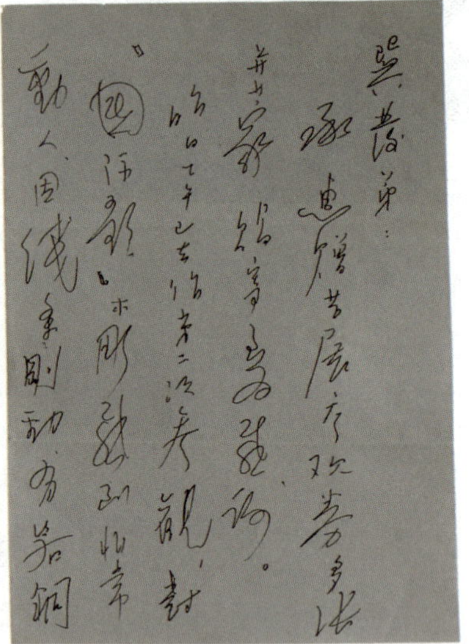
申石伽老师写给刘巽发的信件（二）

二、回忆之谈

于：刘老师您能讲讲您的艺术经历吗？

刘：我们对艺术要怎么样去理解呢？作为一个评论的人，他的眼界很重要，作为创作的人，这种自信也很重要。我考进上海工艺美校的黄杨木雕班，当时的老师是徐宝庆，第二个教我的老师是沈老师，第三个教我的老师就是张充仁，他在上海很有影响力，徐宝庆曾经也和他学过雕塑。还记得当时创作《国际歌》，木雕是做小型的，他们给我取了外号叫作“大洋粗”，第一个是大，第二个是洋，第三个是粗，在雕塑界都还是用翻石膏做作品的，我觉得有很多雕塑，实际上是木匠帮助一些艺术家加工的，但是我们工艺美校出来的毕业生，直接是自己用凿子实实在在做出来的。

木雕作品《国际歌》

我实际上很喜欢雕塑。我们的老师有些地方从观念上也比较丰富，像徐老师，小的雕塑我也不是很愿意做，但是你想他的那个时代，要用雕塑来养活自己，实际上是很困难的，但是他非常喜欢，这是一个矛盾点。1982 年的时候我写了一篇关于我的老师徐宝庆的文章并且发表了，我当时写的时候比较客观公正。当时给他写的一篇文章里，徐老师跟我讲他的雕刻老师是一位西班牙雕刻家。

这段历史很重要，不一定我的艺术流派必须是印象派，但是印象派的历史，应该把它如实地记载下来，因为它在历史的发展上起过作用。所以我们对于一些老的艺术，有时候擦掉的太多了，但是从你的量化来说是可惜的。我们中国哪里都有很多可歌可泣的历史，但是你现在整理多少呢？

我在工艺美术研究所被调到民政局又到了烈士陵园，实际上我的工作单位是新建印刷厂，但是工作室借调在烈士陵园。那个厂是一个大集体，1979 年我做了一些创作雕塑的稿子。

铜雕作品《雄峙——牛》

1994 年我到油雕院工作直到退休。1979 年从工艺行业出来以后，教育界天翻地覆了，我后来被调到民政局。

三、建议之谈

于：请谈谈在雕塑行业和教育方面的建议？

刘：作为雕塑家，应该去调整学生心态，像非物质文化遗产怎么保护呢？我们要保护工艺美校这些毕业生，你不能把他们放之四海不管。我本来还想把木雕做起来，但没有多少钱投资，因为木雕生产，它是要有机器的，木雕放在家里怎么做？这个声音你就受不了。当时在这些厂里面做的时候，本来说也可以一起，但是后来没有做成。现在再做，他们那些人的年龄都已经70多岁了，已经没法进行体力劳作了。

现在我们怎么样去保护呢？有的已经在那里，就应该想办法把这一部分弄好。我因为年龄大了，有时候也顾不到了。还是希望多少能够帮助一些。我们有很多方面，在资料工作上很难做好，过去讲徐老师的作品，日本人买掉了，当时很高兴外汇又来了一笔，但这个作品卖了，作品就没有了，至少照片要把它先留下来。

还有就是非物质文化遗产也好，关于过去的创作也好，第一个是要有作品，第二个是要划分现代主义、后现代主义、当代艺术，这个是西方的美术史，但是我们中国现在没有划分。所以中国的美术史，我们对于今后怎么样去研究，不要一味地讲话去讨好，我们不要忘记作为一个艺术家的身份，应该从两个方面看。

我们现有的作品，欣赏归欣赏，但完全可以朝自己的创作方向走，虽然有难度，但艺术就是这样。有些方面，能工巧匠在技艺上，技艺是要精湛，但是真正作为艺术家的时候，往往不是非常强调这个，可能我这些本事都有，但是我在创作的时候，故意要扔掉一部分。我还写了相关的理论文章，是关于《古画品录》。我现在最大的感受是，当没有人资助你时，要想靠一人之力进行研究，不是那么容易的。

花岗岩作品《且为忠魂舞》

现在就像南朝齐谢赫创作的中国画论著作《古画品录》一样，中国人认为谢赫的艺术方向不会错，我现在认为我讲的是有道理的。现在大家不太注意，我做创作的时候也不写理论文章，因为创作的时候，你没有兴趣看那些理论，都是创作以后再说，像我现在这个年龄一直在看现代美术史，我就能够看得出一点点东西，基本上艺术家在创作的时候，是不大看理论的，都是先有感而发，然后有评论家、理论家写出东西来评价你。

关于非物质文化方面，基本上即使隔了1000年，还可以把它还原。还有我们研究古文化，有一点你不能破坏它，即我的研究成果如果被证明是错的，还可以回到它的原始地方，这样原始的文件还在，资料都要保存好。

采访心得

刘巽发老师是著名的雕塑艺术家，他师从徐宝庆与张充仁老师，在雕塑艺术上具有较深造诣。刘老师的造型艺术始发于木雕艺术，在徐宝庆老师的影响下，他创作了很多黄杨木雕作品，但是他不受材料所限，吸收了雕塑的造型语言，从木雕上大胆尝试立体造型的创作语言的探索，如木雕作品《国际歌》等。在80年代初他创作了很多优秀的雕塑小稿，他的作品《且为忠魂舞》在上海龙华烈士陵园定稿被放大安装，此作品在国内受到了业内同仁的一致好评，也奠定了刘巽发老师的专业能力地位。

刘巽发老师在上海油雕院潜心研究雕塑创作，后期转向了中国的艺术史学研究。刘老师强调做理论研究不容易，一个研究者能够坚守一个学术阵地更不容易，从事艺术创作的年轻人默默无闻地投入到理论研究会更难，刘老师更想通过他的努力，以及他的艺术实践的体会，发现一些新内容，以填补美术理论的空缺，为今后大家进行更深入的研究打下基础。从刘老师身上我们看到了一种精神，这种精神不只是自我奉献的精神，也不只是都在提的“工匠精神”，而是它能够有宏观意识，在世界和中国的视角下看待艺术，将自己的一切都放在其中，用自己的行动默默地前行。

毛关福
海派黄杨木雕的传承者

采 访 人：姚晨阳
受 访 人：毛关福
采访时间：2019年9月23日
采访地点：上海工艺美术职业学院工艺美术研究中心

毛关福

1946年生，上海浦东人。1965年毕业于上海工艺美术学校木雕班，1986年毕业于上海大学美术学院油画系。1989年受聘于上海遗珠阁紫砂厂，任总工艺师、艺术总监。1993年被上海文史馆雕刻研究所聘为特约研究员、第二工作室主任，1995年受聘于上海交通大学中国艺术研究所特约研究员、天翼艺术雕塑工作室主任。中国工艺美术学会会员、雕塑专业委员会会员、设计家分会副会长。毛关福既有深厚的西洋美术功底，又有娴熟的中国传统艺术的技法，学贯中西、技通数门。对木雕、油画、国画颇有研究，并且雕刻也有很高的造诣。他的作品风格独特，艺术造诣极高，极具收藏价值。

一、求学经历

姚：您在学校学习黄杨木雕的初衷是什么？

毛：我学习黄杨木雕实际上是一种缘分。黄杨木雕有一个吸引我的点，并且我感受到了它，被它所打动。

姚：您年轻的时候黄杨木雕的创作给您最大的感受是什么？

毛：上海工艺美术学院的黄杨木雕专业主要教我的是如何反映题材并与创作相结合，这一点给了我很大的触动。因为那些主要以我们周边生活为题材的作品，一下子打动了欣赏者的内心，运用那种有感而发的创作方式，作品就会生动。后来，我又发展到乡村田野劳动人民农耕等题材，这是因为内心有了体会，创作出来的就有生命力。

毛关福工作照

二、教学经历及对木雕更深入的研究

姚：您在毕业之后留在学校当班主任老师，多次去温州（泰兴）学习，海派黄杨木雕和温州的黄杨木雕有什么区别吗？

毛：我毕业以后在工艺美术研究所工作，后来成立了工艺美术厂，做黄杨木雕培训班的班主任。开办这个厂是因为那时候上海海派黄杨木雕的发展很好，所以决定扩招黄杨木雕的人才。我当时为了提高上海黄杨木雕的操作技艺，就去了温州福清。1965 年左右，上海黄杨木雕主要选用工农兵为题材。浙江黄杨木雕有个转换过程，原来就是选用才子佳人的题材，主要是为了对口海外需要。浙江在黄杨木雕的操作技法上领先于上海，主要是浙江的黄杨木雕要出口，不得不讲究经济效益，要讲究产品成本，尽量地提高生产效率，久而久之工人就练出了黄杨木雕超凡的手艺。但上海有一点研究的性质在里面，在技法上比不上浙江。当时我和林翊老师去浙江学习的时候，其实是带着目的性去的，是想学习一下他们提高速度的方法。浙江的技法其实是适合批量的木雕，并不适合上海这种研究型作品。正是这种技法，造就了浙江黄杨木雕的风格。

作品《阿奶秀一把》

姚：浙江黄杨木雕和海派黄杨木雕在风格上区别大吗？

毛：浙江主要是讲传统的历史故事，上海主要以周边生活为题材，是具有代表性的风格，这样看来，上海的风格更加含蓄一点，区别其实还是有的。层次、对比、轻重是上海黄杨木雕在作品上通过技法展现出来的风格，而浙江只有爽快的刀法，风格很单一，失去了作品的灵性。

姚：在当时的时代背景下，海派黄杨木雕发展到顶峰时期的经济价值如何？

毛：经济价值不是首位考虑的问题，我们注重的主要还是它能够传递给人们的精神思想价值。它作为国际文化交流的产品和国际交往互赠的礼品，价值都是非常高的。

姚：当作礼品赠送的黄杨木雕在题材上有什么要求？

毛：这方面一般选用喜闻乐见的，积极向上的题材，甚至会选用带有象征意义的题材。但是出发点都是为了人民的美好生活，追求幸福，鼓励奋斗的方向做题材。

作品《爱民凯歌》（入选 1978 年第二届全国工艺美术大展）

姚：您觉得海派黄杨木雕那种师徒传承和在学院里学习有什么区别？

毛：师徒传承主要是通过不断临摹师父的作品，而学院派比较讲究临摹和创作同步学习，艺术院校多了一层艺术修养的综合培训。这样培养的好处就在于，随着创作研究的深入，理论越来越多，这时候学院的综合学习就派上用处了，包括审美也会随之提高。所以这样看来，两者区别还是蛮大的。师徒传承还有一个弊端，就是只有一个老师，就算你已经学透了这个老师的技能，也会带有一定的局限性，而且由于缺乏理论知识的基础，他们更多时候无法判断师父传授内容的好坏。

姚：海派黄杨木雕在 20 世纪 80 年代开始衰弱了吗？衰弱的原因是什么？

毛：衰弱的原因其实是一个体制的问题。原来我们工艺美术有黄杨木雕小组，人多的时候还编制成了黄杨木雕的车间。后来人逐渐少了，变成了黄杨木雕组。虽然提高了生产力，效益也提高了，但是还是跟不上工厂产值提升的速度。所以体制要改革了，怎么改革，当时也号召我们要开发新品种，即拳头作品，产值高的叫拳头作品。黄杨木雕的成员多才多艺，比如说开发了油画，油画的产量要比黄杨木雕的高，在这种的利益驱使下，黄杨木雕的人员逐渐被抽出，那么人员就这样一点点拔光了。

其他车间缺少干部也从黄杨木雕的成员里面抽走了。像血液一样，有一个底线，抽到一定的数量以后，他的再生能力就弱得不行了，那么剩下的人也不安心了，小组就被拔掉了。

作品《展宏图》（入选 1965 年上海首届工艺美术展）

姚：您这么多年从事黄杨木雕的创作，它给您的生活带来了什么大的影响？

毛：因为黄杨木雕创作的方法，学到的美学理论修养和造型知识、造型的能力，对我面临着体制转变的时候改行做雕塑紫砂带来了不可估量的方便。往往在雕塑征稿时候看小样，小样还是我们做，我们做得细，比较有美感，符合领导的审美。领导喜欢看比较细致的作品，而雕塑专业出身的做两三下，表面模糊不清，审稿领导说这种稿子还没做好。实际上是好了，但是他说没做好，是因为没有做细。那么再反过来又是国家讲究非物质文化遗产传承问题，又讲究文化产业，这个时候需要我们的从业人员，尽量搞好传承项目和回归工艺美术的行当。我中间还有转到紫砂行业，造型就是黄杨木雕的小稿。在 1989 年的时候上海有个单位要做紫砂，我们就是用黄杨木雕创作的知识，紫砂一做就成功了。

紫砂雕塑作品（一）

姚：您在这么多年的黄杨木雕创作中有没有哪一件黄杨木雕作品是您最引以为傲、最欣赏的？

毛：好作品还是有不少的，我引以为傲的是一件毕业创作的《展宏图》比较好，它是我完全独立制作的。

紫砂雕塑作品（二）

三、对学校培养黄杨木雕人才之谈

姚：学校也在建设黄杨木雕，您觉得我们今后在黄杨木雕的传承和发展上需要做些什么，注意哪些问题？

毛：海派黄杨木雕作为非物质文化遗产的一个项目，目前的阶段，主要是传承。然而我们这一批的年龄，包括我学生的年龄，也都六七十岁了，已经过了这个历史阶段的能发挥功能的岁数了。虽然有这个志向，但是心有余而力不足。还有就是逐步营造一个海派黄杨木雕传承的氛围，有氛围才会互相推进。我感觉学校教学培养的方式目前是不错的。能够以比较快的速度提高学员的黄杨木雕技能，而且还会提拔有兴趣爱好的学员，进一步深造。

姚：您觉得海派黄杨的发展应该有哪些方向，现在的一些题材啊，材料等方面？

毛：发展的方向还是要有生命力，肯定还是选择与生活相关的题材，这符合时代的潮流。文艺观点也是从生活中来，到生活中去比较好。有感受，你创作的作品就不一样，生活是创作的源泉，体现了丰富的创作题材。操作的技法上，传承海派黄杨木雕徐宝庆的创作方式肯定要学。另外呢，快速先进的创作方式，比如说浙江黄杨木雕的创作技法也要学习，他们在学我们的创作题材，我们也要学习他们的创作技法。还有现在的高科技，好多的电动工具的应用，浙江已经跑在我们的前面，而且是大大地超越了我们，他们在操作技法和熟练程度上以及工具的使用普及面上也大大地超越我们。不是说死抠着机械操作，但是也要学。在制作中的某个阶段机械操作可以利用它提高速度。

姚：现在黄杨木雕发展电动工具，技艺方面有没有什么革新的？需要学习的哪些东西？

毛：可以借助仿样机，你不用打坯的方式速度就会慢。你做出来稿子在仿样机上也有具体的方式，即便不能仿样到十分，到五六分、六七分也可以，留有余地，剩下来的雕刻去做，速度就快了。它唯一的缺点就是碰到结巴转让有一点麻烦，但是现在的艺术观也在改变。观念也要再变，碰到裂缝也不一定要补，我看用同样的木头，裂缝也是一种美感，它增加自然状态下的一种情趣。它有各种刀头切割产生的各种各样的肌理效果，这种不是人工刻出来的，在作品中有丰富肌理是很好的。

紫砂雕塑作品（三）

姚：您觉得我们学校在培养黄杨木雕人才方面需要注意哪些问题？

毛：要不断地鼓励，用实际意义的鼓励，比如多交流，多展示，作品经常展示本身就是一个很好的动员，传承人员看到自己不断有成就的机会。因为自己做的作品，如果老是不展示，闷在单位里面，那么他就跟不上社会上同样的从业人员，就不能够在技艺上起到交流作用，他也不知道自己的坐标点，水平到底发展到哪一个阶段。适当的交流，比如浙江交流、福建交流，外面好的展览组织去看看。组织方面不做就想办法自己做，向领导反映并积极争取做是最好的。

姚：那么学校在招收学生时要注意学生哪些基本知识素养和知识结构的培养？

毛：招收的学生还是要强调爱好，要有美术基础。作品一般如果学校要留，我就尽量留给学校。因为我觉得应该把好的东西传承下去，要把好的东西教给学生。人们有很多时候会不珍惜眼前，但当你失去的时候，你才会发现它的价值。

姚：海派黄杨木雕作为海派非遗文化需要怎样推动？如果需要政府方面去提供一些帮助，那他们应该给我们提供怎么样的帮助？

毛：政府最好是提供政策支持，在有些方面上优先考虑。第一，要重视，就是一旦有人报的项目，主管部门要跟进，制定相应政策办法；第二，经济上要加以倾斜，东西是好，但是要舍得花一定的资源；第三，提供一些场地，包括生产场地，尽可能多批一点场地，好放进去设备；第四，多提供展示的机会；第五，就是交流，请水平高的、有名望的一些大师，进行现场实操。这也是要费精力，但是要做，这对传承有好处。

姚：海派黄杨木雕今后的发展是面向商业化，它的题材是不是也要有所转变，配合市场做一些调整？

毛：后面来说是要考虑，通常叫作提问逻辑。因为这是迎合大众的口味。这个耗时且耗费精力，比喜闻乐见还要难，那么还是多考虑喜闻乐见的题材。因为这类题材体现了人们共同的价值取向，这个掌握了相对来说卖掉也容易。海派黄杨木雕其实做了很多的抢救中国文化的工作，但我觉得抢救工作还可以加大力度，比如说在2002年上海博物馆开馆的时候做了一次徐宝庆老师个人作品展。他当时就讲到说，他有三个心愿，一个就是想教学生，第二就是想开个人展，最后一个就是他想出书。如果徐宝庆老师在，并且重视黄杨木雕的方案再早5年或10年推出，加上徐宝庆老师的教学，那现在的黄杨木雕行业就完全不一样了。但是好在2006年的时候，文管局做了徐宝庆老师的采访录音，2008年徐宝庆老师辞世，当时业界就开始通过那次采访的录音开始保存徐宝庆老师的刀法等技法，还好保留了一部分技巧下来。

采访心得

毛关福老师1965年毕业于工美木雕班，在黄杨木雕上的研究投入是非常多的，在传承黄杨木雕方面也付出了极大的心血，他将自己的作品都留在了学校，希望能够让黄杨木雕通过一代代学生传承下去，他既有西洋美术深厚的功底，又有娴熟的中国传统艺术的技法，在雕刻方面有着自己独特的风格。

王小蕙
海派木雕的传承与开拓

采 访 人：于 洋
受 访 人：王小蕙
采访时间：2019年7月7日
采访地点：咖啡馆

王小蕙

1954年生于上海，1971年于上海工艺美术厂学习“海派”黄杨木雕艺术，1978年毕业于中央工艺美术学院特艺系，1999年结业于清华大学美术学院绘画研究生班，1986年至2012年任教于原中央工艺美术学院装饰艺术系，现任教于清华大学美术学院雕塑系，1998年出版《当代雕塑家作品集——王小蕙作品选》，2006年出版《清华大学美术学院雕塑系教师作品集——王小蕙雕塑作品》，中国雕塑学会会员、中国工艺美术学会雕塑专业委员会会员、中国工艺美术学会木雕专业委员会委员、中央工艺美术学院《装饰雕塑设计》编委、《中国民间艺术大观》编委。

一、学习经历

于：您1971年就职于上海工艺美术厂学习“海派”黄杨木雕艺术，请问当时是一种什么样的机缘？

王：我哥哥从小学画画，在家里教我们画素描。机缘是毕业的时候学校来了通知，工艺美术厂要招会画画的学生，班主任比较了解我，就推荐了我，通过考试，看了我的作品，就录取了。我就很幸运地留在上海，当时给了名额可以不用上山下乡。黄杨木雕当时在上海像宝一样，上海手工艺局很重视。

于：当时的木雕班对您从事木雕专业有什么影响？是传统师承还是专业教学的模式呢？

王：影响很大。我的基础在黄杨木雕班打得非常好。不管是教学模式还是专业教学的方式，素描、头像临摹、写生，完全按照学校的方法，还有体验生活、创作，我们当时不是光学雕刻，也要学美术，从基础到创作的训练，当时的厂长对我们很重视。木雕专业像个工作室，美校来的老师也在一起，对我们影响也很深，像学院派的方式。

于：除了学习，您有没有参与劳动、生产任务呢？

王：没有生产指标，只是做创作。黄杨木雕原来都是创作，美校老师进厂，也是以创作为主。当时我们也跟随美校的老师，我们也叫他们师父，一起创作，他们带着我们，做大型题材，如反帝风暴、大庆油田，像一个创作团队，作品都是参加展览的。

黄杨木雕是以徐宝庆的风格为主，是小型的黄杨木雕，后来我们又扩展到大型的木材，为了完成创作任务，用非洲来的班卡木做大型木雕，完全是写实的大型组雕。《炮打司令部》的问世代表当时的时代风格和传统黄杨木雕也不一样了，不仅扩展了题材，尺寸也更大了。黄杨木雕是社会主义现实主义，和浙江温州不同，我们是现实主义，带一点夸张、喜庆的素材。

于：你的《惠安女》《梦都飞翔》具有现代雕塑的特点，和传统黄杨木雕不同，对色彩运用有很大的突破，您从海派到中央工艺到清华美院，是如何形成自己独特的风貌的？

王：我从中央工艺回到上海工艺美术厂工作，当时觉得很痛苦，我的想法已经不一样了，中央工艺是以装饰性为主，我受了影响，回来做创作，就想从装饰性上去做木雕。当时创作，一个是从材料上，一个是从装饰性上考虑，而且要去掉烦琐，尽量简洁。中央工艺在装饰性上做得非常好。毕业创作去了云南西双版纳，全系老师带着我们班去写生采风四十天，所有老师都去了，一面采风，一面创作。在色彩上我又学习了欧洲的风格，包括宗教的用色，欧洲雕刻里面有彩色的——宗教的色彩和木头的结合。

木雕作品《梦都飞翔》

我挺幸运的，有机会去中央工艺上学。工厂、手工业局对我们有创作生产的要求，还让我们去温州学习生产的方式方法，学他们怎么打毛坯，去了半年，但是我不是特别喜欢，从那时起就我发现自己喜欢创作，对雕刻古代人物不是很感兴趣。后来恢复高考前一年，轻工部从全国工艺美术系统雕刻专业里面招生，到学校去学习，1976 年我像保送一样的，从工艺美术厂那么多人里面被选了出来。

二、工作经历

于：1978 年毕业到 1986 年调到中央工艺任教，其间有什么工作经历？

王：毕业后还是回工艺美术厂创作，工作了几年，到了 1984 年我就不上班了，结婚生子。当时正好中央工艺特艺系缺木雕的教学，袁运甫先生是系主任，教学上觉得需要师资，我的老师朱耀奎向袁老师推荐了我，一起到上海来了解我的情况，把我调了过去。1984—1986 年我带着孩子，还画了一本壮族故事的插图，这也是受我哥哥的影响。

于：黄杨木雕当初想要创汇，后来难以继续，那个班的学生情况如何？

王：有部分继续，有部分就转变方向了。后来工厂搬到漕河泾，但是木雕工厂的人生产能力还是不行。以前别的车间就比较羡慕我们做创作的有很多采风。我们这批人后来有的考大学，有的画油画或国画，做黄杨木雕的人就很少了。

木雕作品《美甲系列—金地山水》

三、对工美“木雕传承与保护”建议之谈

于：木雕现在纳入非遗保护，但传承人少，您建议作为院校该如何来教学、传承与保护？

王：上海黄杨木雕成为非遗以后，有一个老师带着一些聋哑的学生来学，可能因为经费有限，学生也局限于聋哑的孩子，因为他们心静，别的孩子可能想学的比较少。学校作为教学，学的就是海派的木雕风格，儿童题材。

教学上，应该从材料出发，顺应材料。我们出过一本书，我是写木雕这一部分，你们可以借鉴一下，谈到了木雕的渊源。在历史里面，把黄杨木雕放进去讲，如果要再细一点，可以再深入一点，资料、图片都要搜集。这代人就到我这里了，我也是没有完全继承。

教学上通过木雕历史告诉学生木雕发展风格，学生也可以临摹、模仿性地创作作品，除了海派木雕风格，木雕的其他风格也要教学。继承写实木雕很有难度，和材料没有关系。材料是天然的，尊重材料、顺从材料来挖掘创作，区别于写实雕塑，用简约的方式，体现材料的天然属性，这是非常重要的教学。

同时要让学生知道黄杨木雕的传承，可以临摹创作。现在的教学条件比我们原来好很多，我们从打毛坯开始，时间很长。现在快了，先塑造，不过有可能违背黄杨木雕的初衷了。

徐宝庆出自土山湾教会学校，他的题材也有变化，从宗教变成社会主义现实主义。海派和温州的区别在于，有现实主义含义在作品里面，材料一样，题材不一样，风格变了。

于：还有排课方面，三年的学生出来是专门做木雕的，还是别的雕塑也学？有雕塑和雕刻两个方向，基础课是一起上的。哪些基础课对学生比较重要？

王：造型基础，可以通过雕塑泥塑来训练，一年的训练够了，其间还要掌握材料。我们那时学木雕，从做刀开始，东阳木雕的刀和福建的刀不一样，温州是有木把的，福建的刀是没有木把的。现在买现成的，学会磨刀即可。

我们那个班踏踏实实，花了很多时间来学习。学院的发展要把黄杨木雕传承下去，但学生学了之后，就业、去向就凭他们自己的兴趣，要是喜欢，就会好好学。学校不只教会技法，最重要的是创作思想要教会，木雕这块也不能保证学生最后真的能做。雕塑这块材料很多也很广，材料上都能做，石雕、金属比较辛苦。作为老师需要指引学生，引导他的兴趣和专业精神，这样会让喜欢做、爱做的学生坚持下去。

采访心得

通过对王小蕙老师的访谈，我们逐渐了解了工艺美院当时的教学体制和教学特色，并了解了当时她在整个创作环境中的氛围与在学校专业上对教学学习的理解与总结，这对今后工艺美院木雕专业给予了宝贵的建议，明确了人才培养的方向。

王小蕙女士是海派黄杨木雕传人之一，她从木雕厂出来，转入了专业学院派的教育，从而对木雕的理解更加深刻，在不同方向上的探索与追求有了更进一步的领悟。她从事了一辈子的教学工作，从传统海派木雕转型成为现代的木雕艺术创作，在木雕色彩方面也有一定的突破，融合东西方的造型特点，完成了一系列的个人创作。

瞿启蒙

工艺美术理论研究的践行者

采 访 人：李昊泽
受 访 人：瞿启蒙
采访时间：2019年12月8日
采访地点：上海工艺美术职业学院徐汇校区

瞿启蒙

1956年生，1973—1976年就读于上海工艺美术学校黄杨木雕专业，1976—2016年在上海工艺美术研究所工作至退休。进研究所之初从事黄杨木雕设计制作，后担任研究所科研生产办公室副主任、主任，原创工作室主任，工艺美术设计服务平台负责人。2008年被评为工艺美术师，2013年被评为高级工艺美术师。

一、木雕艺术初接触之谈

李：瞿老师您好，请问您是哪一年开始接触黄杨木雕的？

瞿：我是1973年中学毕业以后直接被分配到上海工艺美术学校学习的。1973年美校一共有8个专业，我被分配到黄杨木雕专业，一个班有25名同学。当时上海工艺美术学校设置这些专业都是在社会上有较强生产能力的行业。因为当时我们国家的创汇很大一部分就是靠工艺品，所以就在这样的一个前提下，上海工艺美术学校开始培养一些接班人，我们才去的学校。

黄杨木雕没有其他专业在社会上有那么大的生产规模，黄杨木雕这个专业，比较强调它的艺术属性，所以它的教学方法或者教师的教育思路都是在这方面有所强调，基础课要求也高一些，我是从这个时候开始逐渐对黄杨木雕有一些了解的。

李：当时您的家人或者您身边有没有人是从事相关的工作？

瞿:我家庭中没有人从事这方面工作。主要是自己对这方面的爱好,并有一定的基础。

二、在校学习之谈

李:当时本学校的教学模式是什么样的?

瞿:从两方面来看,在基础课程方面,比较接近学院派的教学模式。因为当时是根据不同的专业设置不同的课程。学校给我们的感觉就是很正规,但是在一年左右以后,受到一些社会思潮的影响,学校把这一块大大削减了。在一年左右的时间里,同学们基础打得蛮扎实,课程要求也蛮高。从教学的师资讲,当时那些老师确实都很不错。在专业课程方面,以师父带徒弟的方式为主,因为在当时我们每个班都配有专门的专业教师,比较强调师父带徒弟的方式。

在以后的一段时间里,涉及创作环节,又回到学院派。老师带我们体验生活,用速写记录生活,然后要有构思草图,再有一稿的草稿,再到精稿,然后再做雕刻,用这样一个模式,恢复到那种比较正规学院的教育方式当中去。

李:那您在当时除了平时课程的学习之外,您还会参加一些创作活动吗?

瞿:在学校这三年的时间里,我们经历的是一个非常有序的学习历程,从基础教育,即美术的基础教学开始,到专业技艺的学习,最后开始做一些创作。走出学校,到了工作岗位,肯定是有任务的,生产企业会强调作品最后的经济效益,这些都离不开学校教给我们的那些技艺和能力。我们在工作中的表现实际上和上海工艺美校三年的学习经历是分不开,有的时候在一些思路问题,或者探讨结合生产的问题上,都会有作用。

三、经历之谈

李:是什么样的经历让您在研究工艺美术的路上越走越宽呢?

瞿:行业随着社会的整个大趋势变化而变化。工艺美术研究所作为一个研究机构,后来也因为整体的转制而成为一个企业,它就面临自己要养活自己,还得要有所贡献的问题,开发礼品的需求便出现了,社会产品开发的环节实际上非常薄弱,也是为形势所迫,不得不走这一步,尝试怎么来做礼品,就是一个改变。礼品的事情不是一个简单的艺术创作,它要考虑的综合因素实际上有很多。

四、对学校的建议

李:那您对咱们学校黄杨木雕未来发展方向、继承创新方面有什么建议吗?

瞿:黄杨木雕它要传承发展确实有一定的难度,一方面,艺术的成分比较多,想靠作品养活自己,有一定难度。以前为什么黄杨木雕这方面会有比较大的发展?一个是国家有一个扶持政策,另一个外部因素就是作品的题材和当时社会需求有很大关系,这就促使这个专业在一定程度上知名度也很高。一段时间下来以后,做非遗工作都看到,而并不是像当时认为的一样,所有的非遗项目,一些传统工艺都可以通过专业养活自己,这里实际上有一个很大的矛盾,它的生产方式和它最后的社会经济效益,可能会是反向的。这些传统工艺强调的是手工制作,是有个性的,但是如果把它放到现在的生产环境下,可能这些就没了,那么为什么说是原来的因素?尤其上海黄杨木雕特别会显示这一点,徐宝庆老师他每件作品都是有个性的，才会有今天的地位，可以说和浙江的黄杨木雕完全是走的两条道路，浙江的黄杨木雕完全是一种生产方式的做法，在创作方面是超不过我们海派黄杨木雕的，从徐宝庆老师这一代就可以明显地区分出来。

温州的流派，它已经有一个程式化的方式来制作黄杨木雕，所以它的制作很快，但是它有一个缺点就是出来的作品基本上都很类似，比较适合商品化，所以他们能在这方面做出很大的成绩。

从上海来讲，如何把黄杨木雕继承下去确实是一个比较大的难题。现在学校有这个可能性，通过教学培养，抽一点时间来培养下一代，但一些企业就不太可能有这个条件。所以现在我觉得有两个比较可喜的现象，一个就是学校在大力做这方面的工作，学校可以利用各方面的条件。另外一个就是企业应尽一切可能的力量来培养这些优秀的传统技艺的继承人。各个专业可能情况不同，但是对黄杨木雕这个专业来讲，有可能难度比较大一点。

李：那瞿老师认为黄杨木雕或者木雕以后的发展在哪里？

瞿：木雕这个概念比较大，种类也比较多。适合做产品的那些专业，倒是可以有一个很好的发展前途，就看你怎么把握。

我觉得，如果一个企业来做的话，还是要有一个结合现代科技的大胆想法。另外就是像黄杨木雕，可能还是要争取政府资助这方面的投入，这样比较切实可行一点。

不同的技艺内容，或者不同性质的技艺，要有不同的方法理性地对待，不能一概地让其自生自灭，这肯定是不行的，因为不同的东西有不同的内涵在里面，怎么处理最适合这个才是我们要考虑的。

李：培养的学生都要进入社会，您觉得在学校课程设置上更应该加强什么？

瞿：在生源方面，应该选择有特训经历的同学来做这个事情，他会坚持走下去；在教学方面还是要强调系统性，了解整个过程的意义在哪里。说到这个问题，我们黄杨木雕班的同学，心里都有这么一点点小小的自豪，觉得我们这个专业就是比较强调艺术性，他有一种艺术创造的概念，而且他学的东西比较全面。所以这方面相对来讲，基础比较强一点，因此到后期如果转行会比较顺利。

让学生看到黄杨木雕文化。如果在美校有这样一些好的作品，我建议经常给相关的同学做一些分析讲解，它好在哪里？培养他对这个行业的感情，每一个专业肯定有它特别出众的作品，你看了会对它有一种非常羡慕的感觉，而且好的作品确实让你不断地看，不断地会带给你新的想法、新的发现。

李：您觉得咱们这一行在技艺培养上还存在哪些问题呢？

瞿：专业人才还是比较欠缺。做上海的海派黄杨木雕，你不会去请温州的老师来教上海的学生做，这可能不太切题。

李：您能给一些木雕行业这种转变的看法，还有关于您的经历的一些解读吗？

瞿：这个转变也不是个人想转变，实际上还是受社会环境的影响。在体制改革的情况下，当时把所有的能称为科研机构的企业全部从事业性质转化为企业性质。在这样的一个转变以后，研究所的负担就非常重，等于你得靠自己来养活自己。当时还有一个有利条件，就是整个国外的旅游业很兴旺，当时上海对外接待销售的景点不多。但是后来整个开放程度提高以后，工艺美术行业的制作者越来越多了，对外开放的销售点也越来越多了，无形当中对研究所是一个非常严峻的考验。在这种状态下，研究所的业务逐渐萎缩，一直这样过了一段时间，也后继无人了。

李：您对黄杨木雕工艺品有一个什么样的建议？

瞿：我觉得整个社会还处于一个探索的过程当中。黄杨木雕礼品讲了好多年，但是到现在为止还没有真正出现一件比较理想的产品。中国大众有一个误解，是追求材质的保值，而不是追求艺术的保值，凡是材料好的他都喜欢，但是他并没有把概念转向一件艺术品艺术性的保存价值。所以说把黄杨木雕这个工艺品种、技艺推向社会，让社会接受，好像现在还达不到这个程度。

李：您对文创行业也有所了解，在文创的发展和开发上，您对我们专业教学有什么样的想法吗？

瞿：大部分做文创的概念实际上就是做产品，以一个纪念品的概念来做。最后产品的成分就多了，又偏离到产品中去了。所以现在总觉得上海还没有一件非常符合上海精神的作品或产品，文创这个课题实际上也很简单，但不是说搬来搬去就是文创产品，有的时候你可能想法很好，但是在实际上不现实。那么我觉得作为学校来讲，可以培养学生一个理念，就是培养他的创作观，怎么来做一个作品，实际上就是创作，但问题就是你去拿什么东西来放到你的创作中去。海派就是海派的，你就要去总结海派是什么，它的精神在哪里？或者说它的文化在哪里？还要再加上一些地方的特色。

李：我看到您也写了很多关于海派黄杨木雕的文章，海派黄杨木雕的未来发展您是持乐观态度还是持比较悲观的一个态度？

瞿：不太乐观。第一，这是现状，原先做黄杨木雕的那些艺术家或者工艺家，都已经年老，后继也是缺乏的，现在工艺美术学校不可能专门去培养这方面的人才，中间又有一个很大的断层。所以当前人已经走完了，后人却没有跟上，这并不是一个很乐观的情况。

第二，市场对它的接受度还达不到马上建设培养这方面人才的可能性。如果市场有极大的需求，那自然而然会有人去做这个，也就会有人学，自己培养自己，而不需要你抓住他来培养，因此情况不是很乐观。但至少如果能够让它很好地保存下去，我觉得也是很不错的，这个任务就需要工艺美校通过多种手段来培养有认知的后人，了解上海黄杨木雕，那也很不容易的。因为这个专业的个性是一个特色，造成这么一种局面，说它会消失那也不一定，但如果说在近阶段里它不会有很大的发展，那我觉得是肯定的。

李：在我们学校也做了这种人才培养的探索，开了一个实验班，把很多专业课程的壁垒打开，各个专业课程都有，您对这样的人才培养方式有什么意见？

瞿：我觉得有一个好处，就是培养学生那种工艺美术的概念，比较多地了解传统工艺的各个方面，对他会有帮助。我们一直讲，我们在研究所工作有一个最好的便利，就是看到好的作品比较多，因为留在研究所的东西确实是比较好。如果学校从这个方面培养，在大概念上可能会有较好的工艺美术人才，但是从专业上面讲，有可能会有不足，对一个专业的钻研不够。工艺美术这个行当，你学个三年五年还是个皮毛，尤其是进入创作阶段，没有止境的，如果仅仅从学校这三年，确实不错，能够给学生在工艺美术方面有一个比较全面的理解，而且可能会培养出他的兴趣，但问题就是培养了兴趣，他几年学完以后，是不是还会走这条路？如果继续坚持，他可以在今后融会贯通，但是这个过程是在后期，而不是在学校学的，出了学校以后，在工作过程当中他会看到很多东西，看到其他专业、其他领域，这样反过来对自己的创作会有帮助，眼光也会有提升。

李：对于培养学习能力和方法这种人才培养，还有长远的人才培养的方式、战略，您有什么观点？

瞿：这点就是很明确的，从学校来讲现在的方向不是培养某一个专业的技艺人员，讲究的是通用型人才，因为要面对学生到社会，他去接受社会的一些挑战。原工艺美校这个方向是不一样的，他就是有目的性的，尤其这些专业都是有限定目标的企业，所以这就有点问题。学校如果是通用型人才的培养，你去接触各种东西，将来进入那些创作岗位，可以运用学到的知识再继续扩展，继续了解。但如果培养一个专业人才的话，现在是培养，我的专业就是指某一个，你在学校期间没有很好地打好专业基础，他到社会无法再去学习，因为现在不存在这个条件，他要自己去独创也不太可能。我觉得从学校方面来讲，是要培养专业人才，还是培养通用人才，做一些文创、工艺品、一般礼品的设计创作的人才？我觉得这当中要有点区别。这是两种不同的人才培养方向，是应该走什么路的问题，是先走哪个后走哪个的问题。如果学校有这个意图，来传承一些优秀技艺，培养一些专业人才，是不是可以不要太多，开一个班来尝试一下，从头学起，然后扩展眼界，达到他可以自己做一个工作室、创作室的目标。这样的话，或许可能和现在政府的政策可以结合起来，得到一些资助和支持，是不是可行？这样或许在传承一门技艺方面会有一点建树。我们自己体会到，工艺美术这个技艺真不是三年就能学完的，我们在学校学了三年出来，实际上到社会上一看，那个差距还是很大，真的没止境，那怎么办？如果学校这三年不学，要我们在社会上学，那真的是走不下去，现在这种状态下，没有强大的师资在后面做后盾他怎么学？如果要培养继承一门技艺，保留这门技艺做一点事的话，可能还是需要在学校里有一个比较系统的学习专业环境给他们。

李：我们作为工艺美术职业学院，师资的配比是不是也是行业加专教更好？

瞿：行业加专教是比较好的师资配备，现在来讲可能有一个流动性会比较好，为什么呢？因为你可以及时调整，这方面有特长的老师，可以经常地来。不断有新的内容吸收过来，对学生也有吸引力，有很多学生他就是跟着好的老师走。所以我觉得聘请一些客座的教授或者艺术家来讲课，可能有好处，同时对现有的教师也是一种激励。对学生来讲，他有好的内容听，何乐而不为呢？这个涉及不同的内容，一个就是知识性的讲课，那是比较广泛的，以前请侯老师，实际上他真的很好，这种老师你能够请他来讲课，对学校有帮助，对学生也有帮助，他真的可以全身心地教你很多东西，而且一般很难得到的知识，他可以教给你。

采访心得

瞿启蒙先生是上海工艺美校20世纪70年代的老校友，在美校读书时期跟随着老师创作并研究黄杨木雕，毕业后在上海工艺美术研究所从事理论方面的研究，对木雕以及上海的相关行业的发展有深刻的认识，见证了上海工艺美术几十年的发展，并在木雕、文创、行业发展等课题的文章发表中具有深刻的独到之见。

他经历过工艺美术的繁荣期与衰落期，经历过因体制改革带来的市场巨大变化对工艺美术行业的巨大影响。在工艺美术研究所就开始了早期的文创纪念品的开发，从早期的指定销售到后期的文创产品市场化，见证了工艺美术前后的变化。从市场与行业的角度向学校提出了很多建议和好的想法，对于黄杨木雕的未来，瞿启蒙先生始终认为要以师资以及培养学生的兴趣为前提，达成厚基础、宽口径的人才培养目标。

徐侃

“知行合一”的率真艺术家

采 访 人：于　洋
受 访 人：徐　侃
采访时间：2020 年 6 月 12 日
采访地点：工艺美院嘉定校区

徐侃

1955 年出生于上海，1976 年毕业于上海工艺美术学校，留校任教。1978 年恢复高考，成功考取浙江美术学院（现中国美院）雕塑系。本科毕业后到上海园林设计院雕塑工作室工作，期间为上海公共空间创作了一批优秀市外雕塑，其中坐落在上海虹桥路、延安西路的《少女戏水》获全国首届城市雕塑大奖赛优秀作品奖，并成为当时一部时尚电影《街上流行的红裙子》的主要背景。20 世纪 80 年代中期，徐侃赴美国继续深造。在美期间做过很多不同的工种。研究生毕业后，选择了从事商业展示行业。历任梅西公司旧金山橱窗设计部主任、梅西旧金山石头城艺术设计总监、梅西洛杉矶比华利山庄设计总监。2010 年回到上海工艺美术职业学院任教授、展示专业带头人。

一、学习经历

于：徐老师您好，您是 1976 年毕业于上海工艺美术学校，请问您是在哪一年开始接触木雕艺术的？

徐：我从小就喜欢画画。由于当时的特殊历史原因，推行上山下乡政策，专业类的大学和技校几乎都没开放。后来，上海第一年开始恢复技校招生，全市范围内各种技校都开始招生了。于是，我就进入了工艺美校。进到学校之后，大家都很兴奋。大家都很珍惜，也很勤奋，都在讨论跟专业相关的事情，很少讨论其他的。我们的美术老师都很厉害，这支队伍很强大。当时是分配的班级，进到什么班级并不知道。过来之后就被安排学雕刻，是立体的，也挺好的。

于：那么您 1973 年入校以后，在工艺美校学习的时候，学校是以一个什么样的培养模式教学的呢？

徐：我们那批人都是学美术的，所以都非常追崇美院的学习方式。当时，校长反复灌输我们是学工艺美术的，一定要掌握美术的工艺，工艺美术是一个专业，是有传承的。那么大家在这种环境下，自己要学美术，同时再去学工艺。我们这个班是黄杨木雕专业，黄杨木雕没有颜色，所以我们不许用颜色。因为考虑到传承，工艺美术的题材都是从中国画中传承下来的，每个班都有白描课，我们学校把这个定得还蛮清楚。我们上美术课的时候，也是单元制的模式，这一段雕塑课，做一个小人体，两三周做完之后，接下来是素描课，素描课上完之后是专业课。

于：您在工艺美校毕业，好像是 1976 年以后，您是直接去中国美院考了雕塑专业吗？

徐：我们 1976 年毕业，毕业之后我留校。工作了差不多两年，恢复高考了，到了 1978 年的年初，之前报考 77 级的那些人被录取了。当时我们去考的人也蛮多，我当时报考的第一志愿就是浙江美术学院雕塑系。最后录取了两位，我是到了浙江美术学院雕塑系。

于：您当时毕业以后留校了两年，对于您上了浙江美术学院以后学习雕塑专业是不是有很大的帮助呢？

徐：有很大的帮助。毕业留校的都是一些专业比较好的学生，对美术也比较感兴趣。我们从周一到周五都在学校，每天除了学习，有时间就自己做作品自己画画，学校还提供给我们纸、笔、画架等等。

于：除了平常的上课、学习以外，您还会参加一些创作活动，或者是有创作任务吗？

徐：创作从一开始就有了，和现在教学有一点点不太一样的地方，黄杨木雕应该说全部是创作。我们的专业老师不完全是老师傅，特别是上海黄杨木雕本身是一个完全以市井文化为背景的一种雕刻，它本来就是现实主义题材，所以我们接轨接得很快。临摹完了之后，就开始做有一点点情节的创作，这是黄杨木雕的特色。所以我们接触创作很早，创作的时候，我们参考连环画、宣传画。我们当时创作了很多，都是完完全全原创的，老师在你做好泥稿后会帮你讲一讲，这些技术帮我们做一做，然后我们就自己做。在做的过程中，老师再来一个一个地辅导。你开始自己设计一个小人，做的过程中，老师就教你怎么做，这样子成长起来，所以创作的过程和我们的教学过程结合得非常密切。

于：感觉当时这种教学模式在专业上还是很严谨的。

徐：对，教学模式确实是挺不错的，是一种工匠精神，因为工艺美术它要求的是精雕细刻，所以对这一点，我们在设计或者制作时，一直注意这些方面。从教学思想来说，一直在想的也是创新，然后还要反映出革命的主题，所以创作也是一直在不断地做。

二、对工艺美校的建议

于：您认为我们作为一个工艺院校，怎么样培养学生的这种创作能力，是否要吸收一些美院的培养模式和培养方法呢？

徐：这个事情我也想过很多，我们可能站得太近了，我们这一代人受到那些所谓传统的束缚，自己把自己框死了。从老外眼光来看，他就是退后了几步再来看这件事。我们的木雕该怎么做，我在想这个事情，我们做的木雕，结合了东洋传统的雕刻，两者结合，是一种写实的方式。这种模式本身并不具有一个地方特色，或者很有民族特色或者怎么样，它是一个交叉的，和上海文化一样，是一个杂交的文化。至于我们现在说工艺美术怎样发展，实际上可能我们有的时候看得太细了。

我们的黄杨木雕有个大师班，已经有七八年了。我是觉得传承首先是要学会，先把这个留下来。但是作为我们普通的教学来说，我们现在招的一个雕刻班，这一个班就不能够完全按照这么一个路子过来。我们木雕是一个比较容易掌握的东西，它可以变换比较多，而且也比较容易掌握，在这种情况下，我们的木雕该怎么走，是不是可以更加开放一点、步子大一点？到农村去、到民间去，学一些真正是土的、带地方性的、带我们根源的这些东西，因为这些再不学就没了，现在还没人做这件事情。我们是工艺美院，我们注重工艺，我们有木雕，所以这件事情可以抓起来。我们的传统是拿刀这么一条条纹路刻出来的，但同时我们也有一种比较粗结构的结合，这样子也许会有点好处。

还有另外一件事情，学生的三年学习时间，自从我进这个学校就在想这个事情，就从我们美院现在的教学，基础没有放，人体还在做。从西方教育来说，每一个学院它都有不一样的方式。我在读大学的时候，和老师也提过这个问题，我们认为，我们是学雕塑的，要达到罗丹、米开朗琪罗这种水平，我们用一辈子的时间也不一定赶得上，但是我并不需要，达到了又怎么样，我们现在不是走这条路，那为什么非要去花那么多的时间来做这件事情呢？所以在基础上，如何带我们的学生？美院有它的优势，毕竟所有学的东西没有没用的，问题是我们时间有限，我们如何把握这三年训练的时间？在这个方面，也许可以有些东西来探讨一下，我也觉得是很有意思的一件事情。

于：对于未来的话，我们这种木雕方向，包括不分材料的这种，或者是在教学模式上这种大胆的改革，您感觉对这种传统的方式继承会有冲击吗？

徐：我在 1973 年进入学校，学校办了一个黄杨木雕班，仅此一届，我们学校在整个历史上只有两期黄杨木雕班，第一期是 60 年代的老一辈，他们毕业后，组成了一个团体，办了一个工艺美术工厂。后来我们毕业，我们一个班 25 个学生，全部分到了玉雕厂去做玉雕，我们班没有一个人是在做黄杨木雕的，因为它没市场，所以从这个角度来说，我们传统是不是要保存？要保存，只能保住小部分，但是我们希望从传统的里面能够挖掘出东西来，开创一个新的路子。木雕的产品，要能够适应于现代社会，有两条路，一个是木雕变成一种产品，它可以卖，这是一种方式。另外一种方式，现在的工艺已经开始变换了它的角色。就是怎么样把木雕变成一个大家可以接受的，在一个短时间内能够做出一个使人觉得是有成就感的一种工艺品，实际上有它自己投入。那么这样子，我们木雕就在另外一个方向找到了生路，它有两种方向，一种是做产品，怎么样使木雕变成产品，因为这个社会越来越喜欢手工的东西，这是一个倾向。但是这条路恐怕很难走得通，因为它太花时间，我花了 8 个小时，一点都看不出东西，我可能就坚持不住了，你如果能够 8 个小时里面，让我把一样东西做出去，我带回家，这个就成功了。所以我们要在这个方面来想一下，怎么样来设计。

于：雕塑跟木雕的人才培养，您感觉未来的趋势是什么？我们更倾向于这种创新型，还有跟科技结合吗？

徐：数字的结合是必然的趋势，但是同时也不能扔掉手工的，要接受新技术，然后在新和旧之间产生一种新的模式。传统的木雕和现代的设计之间它可能就会碰撞出火花。从教学的角度，如果我们能够把碰撞的过程记录下来，来研究一下这个过程是怎么样的，如果方向对了，今后就会逐渐出现更好的成果。

三、创作经历

于：20 世纪 80 年代初期，您从中国美院毕业以后，回到了上海工作。当时中国城市雕塑也是发展初期，当时您是在园林设计院工作，也涉及很多的城市雕塑方面的工作，您能讲讲在当时这种社会背景下，作为雕塑艺术家的生活跟创作状态吗？

徐：在我大学毕业后，上海是一种全新的气象。之前绿化设计对公共雕塑的重视都不太多，从那时候开始提出来了。我进到园林设计院，上海所有的绿地都属于我们管，那时候开始要做一些绿化的设计，所以就觉得很有广阔的天地。

那时候年纪轻，想要用金属，但是使用传统浇铸金属恐怕负担不起。当时看到温岭来的一帮人在做铁皮的玩具，他们就这么敲，我就让他们帮我敲不锈钢，我脑子里就想，我做的雕塑，要做水泥质感就体现不出来，效果不好，我就让他们做，结果他们做出来了！就变成了中国的第一个用不锈钢锻造出来的城市雕塑。我想锻打因为成本低，当时人工便宜，打钢板毕竟比浇铸要便宜得多，然后再焊接，寻找这些技术，当时就做成了。做完之后大家就觉得这是新技术，挺好的，后来又做了两三个，做完之后我就去美国了，那个年代整个市场开放，做雕塑刚刚开始，我出去以后了解到国内的市场越来越大。

于：您当时也是开拓了不锈钢锻造技术的城市雕塑的发展。

徐：我尝试第一次这样做的作品，后来雕塑还被评为了第一届全国城市雕塑评选的二等奖。出去之后，看了很多的书，雕塑实际上还是一个空间的艺术，要塑造一个空间。《嬉水少女》我做的是三个人，但三个人不在一起，三个人是分散的，三块的，用这种方式来表现空间。

作品《嬉水少女》

四、教学经历

于：20 世纪 80 年代初，您选择了去美国发展，在美国待了有 20 几年，请问当时是什么原因让您回到母校来工作呢？

徐：出去之前的想法是：我是学艺术的，一直是想看看国外的艺术。出去以后，我一边读书，一边准备找点事做，有次看到别人在做橱窗，感觉这个和我的专业很像，蛮对我的胃口，就开始申请这个工作，一做就做了 20 多年。过了多年之后，发觉在这个领域里，我已经走得差不多了。还有一点，我父母都是老师，而且我很想有机会把这么多年的积累教给其他年轻人。在 2010 年回国的时候，学校问我，你回来带这个专业好吗，刚好符合我当时的情怀，就回来了，辞掉那边的工作，回到学校来。2010年回来，现在是2020年，10年了。

于：看到您当时回到学校，发动学生做了很多学校、校园的公共艺术装置。请问您当时在校园中做这样的一个活动想表达什么？或者想给学生做一个什么样的创作指引呢？

徐：在美国的时候，我是一个设计师，当时主要负责橱窗设计。回来之后，我有这么多的学生，所以我就想，这是另外一种空间的形式，也许可以借用这个形式把学生带过来，让他们也玩一玩，也了解一下设计和生活的关系。当时有这么一种想法，我在工艺美校上学的时候，从一开始就接触创作了，创作是伴随着我们学习的每一个步骤，就想把这种想法也带给我们的学生，让他们在做的过程中知道每样物体都是有悟性的，它可以反映出一定的思想，用这种方式来逐渐带领他们走这个路。

当时我考虑到一个事情，用废旧材料再重新组合，让它来表现一个思想。不断地在做这方面工作，包括上课让学生自己来做一些小动物，还是要激发他们创作欲望，让他们有兴趣点、有荣誉感、有成就感，促使他们思维更加开阔一点，他们会花一点心血来研究。所以在做这些作品的时候，基本上也是本着这么一个愿望，不是我做一个作品，而更多的是让他们参与进去，让他们来感觉到创作原来是这么一件事情。

于：作为一个艺术的院校，让学生参与这种装置性的大型活动，对他们来讲是很有意义的，未来您还会再组织这样的一些活动吗？

徐：说实话我很想做，准备在这个学期的一开始就做，没想到疫情一来，学生也来不了，作品就搁置了。当时是想让学生，在这个草坪上面做一些作品，和环境、学生相结合，大家参与。我一直希望在学校里的作品，能够有更多的学生参与到这个活动当中去，想看看究竟最后有多少人参与，这样一个形式就和我们现在说的行为艺术、装置艺术，好像还有一点点不一样，它既是一种行为，但是这个行为是参与的行为，它不是表演性的行为。而这个行为是和这个作品有关的，比方说我做一个木的树，我让他们把纸全部放在树上粘，每一张纸都必须是在学校里找学生用过的草稿纸、画纸，扔掉的这些纸组成的，基本设计的思路都是一样，希望能够表示他们的学习生活，激发他们创作的灵感，而且使他们的思路开阔，我们做展览设计材料是没有规定的，希望用各种各样的媒体和媒介来做成这个展览，在这一点上希望他们能够拓展思路，所以尽量想一些不一样的东西出来，让他们来做做。

雕塑作品《流》(获得第七届“刘开渠奖”国际雕塑大展优秀奖)

采访心得

在与徐侃老师深入交流的两个小时里，感受最深的是“思考”与“实践”。徐侃老师自1973年进入工艺美校学习以来，勤于思索，精于实践，以本土黄杨木雕为从艺源点，不断探索，而后考取美院、工作、远渡重洋学习、打拼，都是在“传统”与“创新”之间不断思考、探求自我的心路历程。

在美国拼搏20余年后，站在事业巅峰的徐侃老师以赤子之心回归母校，为本土学术的传承贡献绵薄之力。教学中的徐侃老师善于引导学生通过积极参与的方式去主动学习，提高学生的学习兴趣，注重学习过程，将自己善于“思考”与“实践”的优点深深烙印在每一位学生心中。徐侃老师是一位身体力行、秉承“知行合一”的率真艺术家。

余积勇

上海公共雕塑的开拓者

采 访 人：于　洋
受 访 人：余积勇
采访时间：2019年12月13日
采访地点：余积勇雕塑工作室

余积勇

男，1956年生，上海人。上海大宇雕塑设计公司董事长、艺术总监。中国美术家协会会员，中国工业设计协会会员，中国雕塑家协会会员。1976年毕业于上海市工艺美术学校。创作木雕《海底擒敌》《战台风》《女娲补天》《哪吒闹海》。1979年毕业于中国美术学院雕塑系。曾创作青铜《刑场上的婚礼》。任职上海市工艺美术研究所。

曾获中国美术馆举办的多项活动三等奖、铜奖、优秀奖等奖项。《奥运之门》《生命之树——火炬台》《未来之门》《思想者》等多个雕塑遍布全国各地。其创作的《思想者》轰动艺术界。

一、求学时期

于：请问您一开始就是接触木雕艺术吗，当时是什么原因让您走上美术这条路的？

余：那时候我们还做不了选择，当时学校来招的时候，已经把你归类好了。

于：当时您是怎么选择上海工艺美校的？

余：这也不是我选择的，当时在中学毕业的时候，工艺美校来招生，上海这个区域里面调研，哪几个区美术活动比较好，到了区就推荐哪几个中学美术活动比较好，然后到了中学，美术老师也推荐，哪几个同学很热衷，就推荐过去。这么一个机会，就是询问你愿意读书吗？喜欢画画吗？那么美术老师就推荐给学校。那时候都不用考试的，他跟你交谈了以后，再看看你的画感，觉得你这个学生还可以，就这样子定了。

于：记得当时像您那批的同学造型能力都蛮强，而且有很好的基础，在学校学习时会明确自己的方向吗？

余：当时都没有这种概念，老师他也不会给你建立什么，他感到这几个人好就推荐了。当时工艺美校里我中学的一个同班同学，他现在是中国摄影家协会副主席，摄影非常厉害。他没有画画，一直在玩摄影。当时他的父亲是市委写作组的，有这个条件接触到照相机，他就接触了这个，他也是我们美术组的，但是可能征求了他意见，他喜欢摄影，就往那个方向发展了。

于：学校的教学模式大概什么样，像木雕的教学是传统的师徒传承的方式，还是像学院教育体系呢？

余：学校没有具体的教学模式，虽然木雕也有传承，我总感觉印象比较深的，对我们影响最大的就是开门办学。那时候就是下乡生活，我们可以速写，功夫就这样练出来了。那时候刚恢复学校的时候，还没有很系统的体系来进行培训。安排你到农村去，然后就定班组，去参加社会劳动实践。创作与学习都与社会的结合度非常高。在这个过程当中，我们掌握了很多技能和方法，学校的基础教育是一个观察事物的过程，对这个社会你怎么来反映它，不是用一个模式来规定好，更容易令我们成长，有了模式以后倒反而不容易成长。这是我对开门办学印象最深的一点，现在好像已经很欠缺了。

于：您提到的开门办学，现在学校也有这种实践课程，到和专业相关的地点进行考察，开门办学跟这种课程考察有什么不一样吗？

余：不一样，他们考察很多不会去速写，也没有像那时候一样，以生活为基础来创作。回来以后必须创作，这能锻炼你的能力，就是创造性的思维。一定要创造性地去考虑这些问题，那时候的体制还不完整，并不知道应该是哪一步，现在越做越完整，但也僵化了。我感到这是一个最大的问题，艺术教育里面，你把所有的框架都给它设定好了，学生怎么成长？你回到课堂的时候，一般都是花一年时间去进行基础训练。西安美院曾有位院长，她当时说大学本科是完成基础教育，我后来就跟她提出不同意见，到了大学的时候要培养你的创作思想，你应该表现什么，要形成自己的一个观念，这种人他才有成长的可能，以后对他从事的职业才会做出贡献。

基础教育应该在很短的时间内完成。重点是培养你的创作思想，对我们艺术家的成长来说，在各种各样的活动当中，可以让你去思考，让你进行创作或者改变的事情都值得去完成。

二、中期的学习与经验之谈

于：工艺美校的这段学习经历对你后来从事雕塑专业的学习有怎样的帮助？

余：我在工艺美校的时候，把造型基础基本上都解决了。在工艺美校的时候，那时候开门办学速写，有基础教育。我们到温州考察，到那去跟木雕师傅一起做，都有口诀，就变成模式化了，这个基础训练很重要。

我们在很小的年纪（中专毕业的时候）就掌握了这些。到了美术学院的时候，我就把大量的时间花在图书馆里，看那些西方第二次世界大战之后产生的当代艺术，不是去看那种过去的依附性时期的东西，传承时不要去学这个东西，这些你只要了解就可以了。美国和西方国家在第二次世界大战以后，怎么能够用艺术来影响世界？它就把所有跟传统相承的，都否定了。这些东西学的时候，看了，了解了就可以，艺术不能作为一个技能去传承。但是对工艺美术来说又不一样了，工艺美术有很多实实在在的技能要传承，当你把创作思想和技艺结合起来以后，你就能创造出好的作品。我去组织这些事情，自己在研究的时候，就发现艺术家的所有创作活动，都是源自大自然。我们现在的学校教育把很多模式固定化，一定要一步一步走过去，然后你才能毕业，但等到你这些都完成了以后，你不是艺术家，你就变成一个工艺的匠人。

于：您当时在美校的时候，像唐世储老师、木雕的林翊老师，这些老师当时是比较厉害的，您感觉这些老师哪些课程包括教育理念对您后面的影响会比较大？

余：唐世储老师的影响比较大，他学的是西洋雕塑，把这个融合进去。他当时也带过我们班，教的泥塑，我是有取舍地学。

于：那对于在后来学习工作当中，学习黄杨木雕或者木雕会有一些帮助吗？

余：这个很明显，我到了中国美术学院的时候，基础课我就没兴趣。你反复做，做得牢固了，往往你就已经失败了，突破不了了，就是因为没有形成我固有的一种创作风格，所以我能突破。传统的东西越强大，创造性的东西，就发挥不出来，所以要把握这个度很难，对老师来说，他应该要想好怎么来教育学生，引导学生往哪个方向走。

三、对于工艺美校学生发展的建议

于：当下我们学院对木雕也做非物质文化遗产的传承教育，您对学院木雕的未来发展方向与继承创新这块有什么建议？

余：研究木雕的时候有些是用黄杨木材料，有些是用红木材料，不同的材料有不同的展示效果，每种木纹的纹理都非常漂亮。

每个树纹表现都有很大的面磨，我用肌理效果或者是用花纹，即从不同的方向都可以去做。老师首先要有观念，没这个观念，就不会教学生这样做。

我们工艺美校就是以继承传统为主，要把传统的东西继承下来，然后发扬光大。对工艺美术行业来说，我们的发展方向到底在哪？这是很大的一个问题，怎么在教学当中把它体现出来？离开传统，就不是木雕了，根本就不用教了。

于：您刚才也提到这种对于木雕的评判标准，我们也应该打破这种思路，对于木头本身的这种自然形态，可能要扩展思路，也在教学上，我们还是以这种创作性、思想在作品中的融入要相对多一点。

余：这里面有个问题，现在外地也有很多这样的工艺美术学校，这次策展我去过很多学校，发现有一个最大的问题是不管是中专、大专或者是本科，办学校的目的到底是什么，最终我们要往哪个方向去发展？要起到什么作用？这很重要。你除了要继承传统，而且你一定要有突破，不仅仅是形式上的突破，要知道更高一层的突破是什么。

我可以把木头做成各种各样的符号，然后再让它构成新的作品，这个是突破，但是对传统来说，这就不是黄杨木雕了，它就变成了另外一种形式，所以要解决这些问题。对领导有很大的考验，你怎么来定教学大纲？这也是个问题，因为现在国外的艺术院校，没有什么人从基础这么一步步走过。

于：目前学校作为一个职业类的院校，很多都是与就业和行业定位有关，学校在定位上，您感觉是不是也跟美院学生的教育体系有点区分？

余：这肯定是有区别的，而且是有非常大的区别。因为美院培养艺术家，工艺美术学院不是培养艺术家，它注重的是实用性、功能性，工艺美术，它就是一种传承。

比如说像日本的浮世绘，人家一看，就知道是日本的，黄杨木雕，不管你是各种各样的类型，也应该一看就是中国的，这一点民族的传承必须要有保存。其实工艺美术它最大的问题在于成本，它在保存的过程当中，如果说能够有一种创造性的模式出来，这就肯定要去开发。尤其像你们年轻的艺术家，在学校里面做了老师，就要去给他们说，那么这里面的结合点是有困难的，这个要想想应该怎么做？

但是另外要开辟一条什么路？学生能够创造出木头的语言，让他充分发挥了以后，就像是一种零配件一样，让它们互相搭起来，形成另外一种可以在生活中使用的物品。

现在又回到那种要讲木雕、琉璃、玉雕、牙雕，可以把艺术在这个范围里面启发，让学生进行各种各样的创作，这一点可以推动它的发展，会有新的发现。

于：您感觉在当时的那种背景下，优势在哪里？对我们工艺美院未来的发展，还有人才的储备，您有什么期待或者其他建议吗？

余：我感到综合性的学科比较好，容易培养出好的学生，比如说在中专阶段的时候，只是完成技能。中专的时候解决掉基础，大学就千万不要再去做这个。到了大学阶段以后，要看看个人能不能处理，能不能有变化，一定要让他们变出来才行。如果学校有这样一个计划，通过综合类学科激发每个人的兴趣，触点不一样，如果他感兴趣也能够做成一个大师了。

如果能够到学校里面，我还是会回到原来第一个主题，开门办学的模式，过去的东西应该要有所传承，这个是突破。这个可以多开设，因为基础学科能学的都很有限，一般三年就能从一个学徒变成一个师傅。技能很快就可以掌握，但你实现创作思想的突破很难。那些专业教技术的老师，他没办法引导你创作思想。

你对自己要定个目标，你想做什么事情，其实也是一个长期的目标。对学生来讲现在学校里可能会出现两种类型的人，一种是师傅，他们把传统的东西传承下去；还有一种是开发设计师，他们可以跟其他学科结合起来。

这应该是学校给出的定位培养，不能让学生自己定自己的专业目标，你要引导他往特定的方向发展。可以启发他，不能把他圈养起来。

作品《五卅运动纪念碑——历史的回声》浮雕

于：感觉您一直在倡导这种艺术思考，包括这种艺术创作，当代性艺术，您还是比较看中它的艺术走向吗？

余：如果要定个目标，就是我们的当代艺术要走向世界，这个怎么走？艺术家的创作是源于大自然的第二自然的陌生形象，其实就这样一个原理，很多符号都是你看到过的，你想出来的东西都可以说是它延伸的一种思考。

作品《五卅运动纪念碑》主雕《五卅魂》

四、专业发展与事业之谈

于：工艺水平会不断提高，工艺品可能会雕得越来越复杂，越来越难，但它又是在工艺上的提高，作品上的本质突破现在很少，还只是在传承工艺。

余：你看传统艺术的发展，到了清代的时候越来越繁复，只是技能在提高。但是传到日本以后，就发展出一条新的路。它不是做得越来越繁复就代表会有各种各样的做法。这里面还有一个局限性，什么局限性？每个人的寿命都有限的，不管你怎么精通，当生命走到尾声的时候，也就什么都没有了。到了生命尽头的时候，他的成就和技艺也就到了尽头。所以说这个思路是有极限，我自己也不清楚。教育不是靠教的，很多传统艺术是师父带徒弟带出来的。

于：可能在这几十年当中，因为我们的科技在发展，我们学校现在也引进了 3D 扫描、3D 雕刻以及这种平板雕刻，包括六头机等，这种机器有的时候是否可以取代手工雕刻？

余：当然可以取代，科技在发展，有很多设备，如果你关注这一点的话，你肯定会发现很多新的东西，因为我不可能去买这么多设备的，这个造价很高，但作为一个学校可以做到，你的创造性思维就是在材料的应用上面有拓展，那么还有很多材料的运用，它就要依靠机器设备，因为靠个人能力已经达不到了。怎么发展？

如果有机械设备在帮你延伸，你就可以把脑子里胡思乱想的东西加以实现。学校已经有了这个，你们就要利用，这样会产生新的行业。而且工艺美术不仅仅是木雕玉雕，不要局限工艺美术的分类。工艺美术只是一部分，它应该是一种设计大类。

为什么国外的建筑师能够设计出小东西？因为思维模式不一样，设计并不局限于大小。他们的思维没有被固化，他们什么都会设计。

于：您在雕塑行业有几十年了，见证了上海包括中国雕塑发展的 40 年，也是最重要的 40 年，您感觉这 40 年当中雕塑行业的发展是不是变化也非常大？

余：在学校体系里面变化不大。但是在社会的发展，中国的城市化发展上都有很大的变化。设计能接上艺术，世博会上有人提出城市让生活更美好，我感到这个概念有局限性，应该是艺术让生活更美好。

作品《五卅运动纪念碑——前赴后继》圆雕

我感到这才是重要的，确实是有精神性的、思想性的，这么大的一个宇宙，人只是当中很小的一部分，那么它另外有什么？是有超自然，我绝对相信这一点。物质上、精神上就是要艺术创造，要强调精神上，技术上的都能解决，任何一个人学一门技术，三年够了，其他时间就是思考怎么提高创作思想，怎么把长期的积累变成实在的作品。

于：看您马上要办全国大学生双年展了，请问是什么原因促使您要办这样的一个活动？这个活动对学生的未来发展会起到一个怎样的作用？

余：我发现有很多艺术院校毕业的学生，他如果毕业的前几年没走到艺术这条路上，他就会转到其他方面，艺术传承就很难。我总感觉要在这个时候给他一些奖励，提起他的兴趣让他走到这条路上，不要毕业了以后就荒废了。这种情况太多了，浪费了很多的资源。这个展览都有奖金，我们过去没这个机会，只能在体制里面待着。其实艺术的培养，更重要的是引导。我们要去启发学生，把各种办法告诉他，然后让他们自己去挑选，挑选到哪以后，就要去鼓励他，启发他，让他往这个方向走，关键还是要坚持。

于：您讲到体制，您在体制里边也待了有20多年，是什么原因促使您离开体制，自己开公司，走向目前的生活方式的？

余：这就是创造的欲望，我总感到要创造出新的东西来，在体制内我实现不了。我离开体制以后，赚到钱就可以做，有时候做很多项目，做完以后我再做自己的作品，在做的过程当中，如果是有心的，不管做什么事情，你都会去思考，都会去仔细地观察，或是去评估一下这个事情应该怎么做，能不能有新的发展？这是一种能养成的习惯。如果你丧失了这一点，就不要做艺术家了，做不了。

作品在刘海粟美术馆展示

采访心得

余积勇先生是上海工艺学校建校初期时在此就学，之后在中国美术学院学习。先后就职于工艺美术研究所和油雕院，然后又成立了个人的公司，他始终坚守在雕塑行业中。对上海的城市雕塑的发展有很大的推动作用，很多大型与公共的雕塑作品坐落于上海的大街小巷。

余积勇先生回忆学生时期，对学校的“开门办学”尤为推崇，他个人也从中受益匪浅，在工艺学校时期他就已经确定了个人基础与个人的发展方向。此次与余积勇先生的交谈让我感受到无论是关于雕塑还是教育他都具有自己的独特见解，而且他强调在个人创作上要更加追求创新以及更进一步的自我突破，不能安于现状。

到现在余积勇先生已经主办过多届“双年大学生艺术展”，每年到毕业季他都会到全国的各个学校考查毕业作品情况，目前很多毕业生都受惠于他的展览，展览获奖名额多，奖金很高，使很多刚毕业的优秀学生能坚持在雕塑艺术上，他给很多刚毕业的学生提供了方向和平台。我们在采访后参观了他正在筹建中的美术馆，旨在为青年艺术家举办个展或联展，为整个雕塑乃至艺术圈提供一个生存空间，让雕塑的发展更加美好。

杨贤龙

发扬艺术精神

采 访 人：李昊泽
受 访 人：杨贤龙
采访时间：2020年6月25日
采访地点：上海工艺美术职业学院嘉定校区雕塑工作室

杨贤龙

1964年生，安徽省合肥人。现任教于上海工艺美术职业学院，高级工艺美术师，中国雕塑家学会会员。作品入选2008中国第三届青年美展、2009动力中国国际雕塑邀请展、2011上海第六届美术大展、2013中国台湾雕塑交流展、2014声东汲西——2014首届中国（合肥）自由艺术展、2015上海第二届中国建筑装设计装饰艺术作品展，获特别贡献奖。

一、成长与求学经历

李：杨老师您好，请您先为我们介绍一下您的学习经历，是什么样的契机让您走上学习美术的道路的？

杨：这话说来很长，从初中的时候我就比较喜欢美术，一直到高中的一个偶然契机遇到一位美术老师，他的作品让我感觉很喜欢，在他的影响下，我就开始接触美术了。在1986年、1987年的时候，当时想考美术，我自认为自己跟了一个好老师，我的素描基本功很好，想报考中国美院的雕塑系，考了两年，最后却没能被录取。每年的专业课都是名列前茅，最后都是文化课的原因不能录取，雕塑一直是我的一个梦想。我进了安徽的一所高校工作，从事艺术设计，在地方的高等院校工作了几年以后，我感到还是想继续从事自己喜欢的专业。偶然的一个机会我到了上海大学，进入了杨剑平的雕塑研习班，就是研究生班，然后就留在了上海，2003年的时候就进入了上海工艺美术职业学院，就是这样的过程。

李：那您当时家里面有人是从事美术专业或者美术创作的吗？

杨：这倒没有，因为我们家是地地道道的农村，没有这方面的资源，家里也没有这方面的条件，纯粹是自己喜欢。

李：就是自己特别爱好。

杨：对。

李：那您觉得当时的这种学习经历对您后来所从事的雕塑专业研究，有怎么样的帮助呢？

杨：我感觉只要是你真心喜欢的事情，做起来也会比较顺心，你愿意去朝这方向走的话，都是能够做好的。

李：那您当时在学习的阶段，除了平时的课程学习之外，会不会有一些创作活动，或者创作任务？

杨：我感觉我们那时候读书还是比较勤奋比较努力的，尤其是从农村出来的孩子，跟现在的孩子完全不同。我记得在上高校的时候，晚上教室熄灯了，我们点着蜡烛还在画画，完全是自觉投入。

二、教学经历

李：当年您是在合肥的哪一所院校任教的？

杨：我是在安徽霍邱师范学校。

李：那您是哪一年进到上海工艺美校的？

杨：我 1989 年进入霍邱师范学校，然后 1999 年来到上海，读了两年的研究生班，确切的时间是 2002 年年底进入这个学校，当时我们学校还在徐家汇，叫上海第二轻工业职工大学。

李：您当时主要的教学任务是什么？

杨：当时还是希望进入学校，因为出于对雕塑专业的喜欢，最后选择了进入学校，当时我们的基础教育，泥塑课程量还比较大，而且也没有其他的雕塑专业老师，我来之前还没有泥塑专业的老师，我来了以后，才慢慢地把基础课里面的泥塑课程开起来，接下来有傅跃惠老师的参加，我们俩在 2002 年、2003 年到 2005 年这一段时间从事泥塑基础课的教育，当时的学校就我们两个人在从事泥塑基础课程的教学。

李：您经历过两校合并，对两校合并的经历和感受能给我们讲一讲吗？

杨：是的，我们学校合并的时候在 2003 年，从前期的上海第二轻工业职工大学，到后来合并变成了上海工艺美术职业学院，我们在工艺美院以后，把上海的一些传统的课程，再继续给它做大、做强。我感觉学校合并过以后，我们又接着建设到现在的程度，学校里的专业在全国都应该算是比较好的，尤其是在工艺美术领域里面，我感觉还是有不少的成绩。

李：您已经从教 30 年了，能为我们讲一讲对学校的雕塑与木雕的教学心得与感受吗？

杨：学校因为涉及方向很多，以后如果有升本的可能性，那些专业就应该更细化一些。到现阶段来说，工艺美院不管是雕塑还是木雕，都是作为一个专业方向，或者是某些常规教学任务来完成。当然泥塑是整个造型的一个基础，那你需要木雕，它在性质上面其实有一定的区别，一个是加法一个是减法。在木雕的整个教学过程中，目前的学校环境，以及我们将来在这个方向的扩展上，我感到学校要提供一个更好的场所和环境，包括师资力量。一门学科的投入，起码要有一些学科的带头人和专业的人来教授学生，跟学生互相建立一种沟通关系。对学校来说师资力量是必不可少的一部分。当然我们学校现在木雕成立也只有一两年的时间，在师资力量方面有所欠缺，还有就是硬件设施与空间还不够完善，包括教师的空间也需要改善，未来估计会好一些。

三、创作经历

李：看过您早些年的雕塑作品，有很多很精彩的架上作品，近几年就是以大型的城市雕塑为主，能为我们讲一讲您的这种创作的心路历程吗？

杨：作为专业老师，你肯定要有自己的作品，我前几年也做过不少架上作品，每年都给自己定一个任务，就是每年都要完成多少件。随着社会发展和需求的增加，城市需要美化，要有声有色，紧接着就是城市发展的需要，需要有大量的城市雕塑点亮环境，给城市一个文化空间的提升，同时又要带来一定的影响，所以城市雕塑是缺少不了的。这几年，外面的任务也比较多，邀请也比较多，主要是面向城市雕塑，其实我认为它跟架上雕塑是没有什么区别的，作为一个雕塑方向，不管是主体性雕塑、装饰性雕塑，还是架上雕塑，它的专业能力的要求是相通的。只是在造型和放置场所上有所区别，比如说架上雕塑纯粹是自己喜欢的一些作品，一些观念上面的、有意思的一些作品。城市雕塑的要求就没有这么宽泛，首先是要美化环境，在提升整个城市文化内涵上起到一定的作用。这些都是互通的，当每个人有机会为社会做一点事情的时候，总可以是双赢，既可以补充平时自己创作上面的费用，又可以有一个充裕的时间，因为做雕塑它跟绘画不一样，它在材料上的投入和损耗都比较多，要想完成自己的创作作品，还要从外面接一点类似于城雕的项目，来作为创作的补充。

作品《霓裳羽衣》

李：您感觉职业院校与美术学院的雕塑或木雕在人才培养发展方面有哪些异同？

杨：其实无论国内外，定性于职业院校，就要求我们的学生技术技艺能力要强，教我们学生去学一门手艺。除了可以发挥自己的特长，还可以去做一些自己的事情，不需要再培训了。本科院校要求把学生培养成创作性的人才偏多，而且在教学安排以及时间的投入上面也不一样，职业院校的教育，就雕塑这一块，不管是泥塑还是木雕，我们更多是培养学生的动手的能力，实践课偏多一点。如果让学生在设计上面能够具备这方面能力，那肯定是更好，这样我们有一门手艺，出去做一点事情也比较容易，能够生存。

李：现在上海工艺美院有雕塑和木雕两个专业方向，学生们的学习和创作也离不开基础的培养，目前我们学校有三大构成的基础课，装饰图案课程比较少，您认为对于造型方向的人才培养，哪些基础课更为重要一些呢？哪些是需要加强学习的呢？

杨：我感觉不管是平面的还是立体造型的，艺术都是互通的，只不过有些是在平面造型完成的，不管是木雕还是泥塑，就是要求我们对空间、对形体的理解。当然这些在原先的基础上构成课上，也教

作品《大驾光临》

上海崇明慎修庵大佛（泥稿）

导我们怎么去理解空间的处理、空间的关系、空间的尺度以及包括体量还有材质。我感觉中国的图案课是一门经典的内容，我们对传统文化，尤其像敦煌的文化、造景图案，以及早期青铜上面的纹饰，都是我们传统的经典，我们一定要在所有的专业上发展，在你传统的基础上面去发掘，我们不能一味地抛开传统，去做现代的，我感觉设计里如果有传统的元素肯定会更好。其实图形不管它是构成也好、图案也好，它都是一种绘画的表现形式，我们认为构成是从西方引进过来的，西方的一些教育观念偏多，我们作为本土绘画的表现形式，单独纹样还是作为图案来表现的，还是要加强，尤其在木雕和浮雕上面，对于这些传统的造型，创作时都会运用到。早期的青铜、漆器，这些都离不开中国传统文化的造型特点，所以这部分的内容必须要增加，它只是一个造型的表现形式，只不过是在平面上面，我们研究很多传统纹饰的一些造型，我们也可以给它拎出来做木雕，或者是作为雕塑的主体的创作，这些都是分不开的。

李：那您认为学院教育，对造型类人才培养上还存在着哪些主要问题，或者说对标行业发展的人才培养，更倾向于哪里？

杨：我刚才讲到了，一个是继承，一个是发展，我们对中国传统的文化、传统的造型，肯定有继承才有发展也才会有突破，我们不能一味地都是主张当代艺术或者现代艺术，包括国内和国外这些著名的艺术家，不管他们是从事当代的还是现代艺术，但他们早期写实造型的能力都非常强，比如说毕加索，早期写实的功夫、造型的功夫都是非常了不得的，最后自己的发展方向，想要做观念，自己想变那你必须有一定的基础，包括梵高，他的素描造型也都非常好，最后才能去走自己的路，才会走得更长更好。我们学校目前的造型培养和以后的发展方向，职业院校的特征还是不能撇开的，因为我们有职业院校的特点，比如像首饰、玉雕，这些造型都需要有很好的造型能力来支撑。你如果撇开了这些造型的能力，不管是首饰、木雕、雕塑还是金属加工，你只有掌握了很好的造型能力，才能把握形体和空间，对它的尺度才能有一个很好的认识。我们本来就是一种视觉艺术，不管是美术院校，还是职业工艺美术院校，造型都是我们的基础，我们都要通过视觉来体会，它是一门视觉艺术，最终都是以画面的形式来呈现，不管是平面的还是立体的造型。我们有我们的特点，因为我们是工艺院校，我们的作品更偏向实用的方面，艺术创作也不可避免有好的经典作品，我校还是偏实用性的比较多，这是我对造型方面初步的小认识。

工作现场

李：您有没有觉得比如哪些学校，或者是机构，它的一些教育模式是比较好的，值得借鉴的，或者是可以让我们的人才培养更加完善一些的？

杨：其实每个院校都有自己的特色，发展的要求、方向都有所侧重。就我们学校来讲，我感觉在专业课程中，课程量要有所增加，因为我们既然是培养学生手头上的造型能力和手艺上的能力，在我们专业课的设置上，就要有所改善和调整，我们可以增加专业课的教学工作量，学生有大量的时间去学习和实践，这个过程是少不了的，学生的动手能力要靠时间和量的积累。课程只是一部分，学生的能力也是一个部分，但是学校还是要尽量在课程上面去增加部分的专业课教学量，因为与本科院校不可能完全一样，本科院校在前期的投入比较多，创作课的时间会更长，有的长达半年甚至一年，像广州美院作为专业泥塑课的雕塑系学生，他们可能创作课有两年的时间，清华和中央美院也都有一年的时间在做创作，但是我们在创作上只有半年的时间，这个时间对我们来说也不少了。在压缩创作课的情况下，我们会不会在专业课上面增加学生动手的时间，这是工艺美院学校专业建设方面的特点。

李：那您对我们上海工艺美术职业学院的学生有什么建议？或者未来对学生有一个怎样的期待？

杨：现在年轻的学生，他们思想都比较活跃，接触的事情也都比较多，本来基础课的时间就少，他们平时花的时间也不是很多，这样就造成了一部分的学生，因为练习时间又比较短，所以在专业技术能力上有所不足。我们学校有一个大优点，不管是专业方向，或者是课程设置上面，都有我们独特的一面，比如我们玉雕或者首饰专业，都分得比较细，这是高校不能媲美的，当然也是整个课程精细化设置的结果，在这上面我们有优势，学生出去了有优秀的，当然也有成绩层次不一样的，有这方面的差异，不可能都一样。好的学生，以后主要是在就业方面有所体现，一个学校的教育水平、教学的质量都是在就业上去体现。我们培养出来的人才，在社会各个层面还是比较受欢迎的，毕竟每年有这么高的就业率。

李：您还有没有什么想再补充一些的内容？

杨：补充一点，我们这个学校，在学校的环境和师资力量上面，这几年有很大的提升，作为学校教育，老师很关键，他们毕竟是在教育的第一线，所以学校的主要任务，是在教师的投入上。更多地关注一下老师的各个方面，这是办好一个学校的首要任务。

采访心得

杨老师是一位一生都在坚持雕塑专业的践行者，因为喜欢所以选择，因为喜欢所以坚持，因为喜欢所以有所成就。杨老师在城市雕塑的建设和发展上早已成为一名业内的知名专家，在多年的实践当中将自己的社会经历一直与专业教学紧紧结合在一起，真正地做到走教学、实践、拓展一体化的教育发展之路。

大胆创新·艺术创作的常青树

工艺美院在60年的办学过程中，除了工艺美术大师，还培养了大批的国画家、当代艺术家和设计师。

20世纪60年代，上海工艺美校的第一批国画教师申石伽、郁慕洁等，多是民国国画名家张大千等人的朋友或者弟子，有着深厚的艺术修养。他们将师徒制教学方式改变为学院制，奠定了国画专业人才培养、课程体系、教学大纲、教学计划的基础，培养出蔡天雄、汪凯民、许韵高、林凡、陶亚杰、杨怀琰等一批上海知名中国画画家。他们中的几位成为工艺美校的第二代教师，在教学中强调临摹、写生、创作三个模块循序渐进，学生通过大量的古画临摹训练具备了扎实的基本功，通过写生获得了一手的现实素材，两者结合成了优质创作的基础。第三代学生万芾等也成为上海知名工笔画家。第四代的学生钱轶士和韩回之除了在绘画风格上自成一派，更是沪上知名收藏家。

抽象艺术是揭示自然外表下内在本质和抒发心灵情感的艺术样式。抽象画诞生至今已经100多年，已成为世界上所有发达国家的主流艺术和经典艺术。上海是中国抽象画的发祥地。早在20世纪30年代，以吴大羽为代表的海归派画家就从欧洲带回抽象艺术理念，影响了著名的华人抽象画家赵无极、朱德群日后的创作，也给20世纪80年代上海出现的抽象画家群体奠定了精神基础，促使上海成为"中国抽象画之都"。"上海工艺美校抽象派"诞生了中国当代艺术史上许多知名人物：余友涵、谷文达、陈箴、丁乙、余积勇、蒋正根、秦一峰、陈耀明、徐震等，其中余友涵、丁乙等更成为"85美术新潮"的代表人物。1981年，余友涵开始《黑与白》《紫色图腾》等抽象作品的创作。1985年3月，余友涵和他的五个学生丁乙、冯良鸿、秦一峰、艾得无、汪谷青举办了"现代绘画六人联展"，这是"上海工艺美校抽象派"的第一次亮相。1984年，谷文达创作了大型水墨装置作品《静则生灵》和《他X她》，被评论家誉为标志着水墨画史上最彻底的革命，成为东方抽象主义的里程碑。1987年移民美国后，他开始创作以中国传统文化为文本的大规模装置和行为艺术，逐步获得西方当代艺术界的承认，成为具有一定国际影响力的华裔当代艺术家。1986年，陈箴画展在上海戏剧学院画廊举行。他是继赵无极之后第二位被法国蓬皮杜艺术中心收藏的华人艺术家，是九十年代后期国际当代艺术舞台上最重要的艺术家之一。1988年，中国丁乙开始创作《十示》，他的绘画创作表现了他对社会、自然、人生深入的观察和思考。进入21世纪后，徐震、乌头组合等新一代当代艺术家也在国际艺术舞台上崭露头角，在当代艺术的理论研究、教育实践、文化推广和市场培育等方面，担负起了更多的社会责任。

工艺美校在20世纪80年代后期开始逐步开设现代设计专业，培养了大批设计师。发展到今天，工艺美院已有24个艺术设计专业，为上海的设计界培养了大批人才。工艺美院培养的设计人才，注重对中国传统文化的学习，注重多种材质的跨界组合，注重审美性和功能性的结合，努力探索具有东方审美特点的现代设计体系，为上海的设计之都建设和中国品牌的国际化推广贡献一份绵薄之力。王克强是其中的佼佼者，他从学生时代就秉承美校动脑和动手相结合的优良传统，抓住时代给予的机会，目前已经成为国内最大的品牌道具供应商之一。黄伟是中国大陆获得“黄铅笔”奖项的第一人，他参与了统一老坛酸菜面、荣威汽车等多个耳熟能详的品牌策划。赵樯是熊猫金币的主设计师之一，他为2008年奥运会设计的纪念金币就是受了在美校学习的瓦当艺术的启发。他们代表了20世纪八九十年代工艺美校众多适应市场经济建设需求的设计专业中的优秀毕业生，他们的设计成就了品牌、成就了城市，也成就了生活和自己。

仓　平

余友涵

为工艺美院打开西方现代艺术设计之窗

采访人：仓　平
受访人：余友涵
采访时间：2020年2月25日
采访地点：余友涵家中

余友涵

1943年出生于上海，1973年毕业于中央工艺美术学院，任教于上海工艺美术学校直至退休。余友涵是中国改革开放后第一批受到国际认可的当代艺术家，他是中国八九十年代前卫艺术运动中抽象艺术和政治波普艺术的代表性艺术家，他的作品融合了东方传统的视觉符号和西方现代艺术的表达方式，对中国艺术界以及后辈艺术家产生了广泛的影响。他在中国现当代艺术史中起到了既具有开创性，又承上启下的关键作用。他的代表作有抽象"圆"系列、政治波普系列、"沂蒙山"风景系列等等。

一、成长和求学经历

仓：余老师，我想请您先谈谈您的家庭和成长环境，您选择走艺术创作的道路主要是受到什么影响？

余：我1943年出生于上海静安区，我家算小康吧，爸爸在一家银行当职员，1949年前后，单位搬迁至香港。我们家孩子多，母亲在抗战胜利前患了精神分裂症，在这种情况下，我们只好留在上海。爸爸离开了银行，因此也失了业。银行发了解职费，爸爸用它尝试创办新的事业，当然创业是困难的。听爸爸讲，这期间他自己拿不到工资，只能靠变卖家中财物和将自己住房出租出去的出租金来养家糊口。所以记忆里我们家一直是很穷的，我除了必要的饭费及上学的车费之外是没有一分零花钱的。

小学时有一回我在弄堂的墙上用粉笔画了两只米－15飞机，它们都在对敌机开火（当时正是抗美援朝时期），大表哥正好看见了，夸奖我有画画天赋。一、二年级上美术课时，老师让我先在黑板上画一个样子，再让全班小朋友临摹（她自己不大会画），这是我关于画画最早的记忆。三年级以后，我们开始有专业的美术老师。他姓谭，个子不高，很喜欢我，他鼓励我画速写、素描，虽然一般不亲手具体地教我怎么画，但帮我确立了对绘画的终生兴趣。毕业前新建成的上海中苏友好大厦开了苏联展览会，谭老师鼓励我去画些什么。我当时就去展览中找到了油画与雕塑部分，对着雕像画了高尔基和马雅可夫斯基的素描写生画，当时很多大人围着我看，我的脸发着烫。幸好，我把他们都画像了，从此我画画的决心更坚定了。大约是五六年级时候，谭老师问我希望自己将来干什么，我说要画画当画家。他非常开心也非常担心，他说年轻时立的志愿常常会改变的。他警告我，绘画是一门孤独的事业，需要一辈子默默地投入，不像音乐家，一曲表演下来全场鼓掌，还有姑娘献花。画家不会有这样的光辉时刻。我记住了，我不喜欢这种时刻，我喜欢默默无闻。

我小时候主要居住在长乐路上新式里弄的一个小区内，虽然我家条件一般，但是小区内以及周边地区住着很多文化艺术界人士，我在一定程度上受到了影响。弄堂里有一家姓范的人家，大概在两三年前从淮海路的一栋法国公寓式的房子里搬迁过来。他们家可称为艺术家庭，范先生有五十多岁，是位艺术家，而且是很高层次的画家，与林风眠、刘海粟都是朋友，他在一所学院当艺术教授。太太是音乐家，是师范学校的老师，子女们也是学习美术和音乐的。他们家的儿子范额伦比我大3岁，他们搬来不久我们就认识了，在一起玩得很好。他无论在艺术方面还是学识等方面都比我强很多，所以他自然就成了我的榜样。额伦先生是我见到过的最博学、最用功也最诚恳的人，他言传身教，带给我做人与艺术的启蒙教育。无论我有艺术方面或其他方面的问题，在他那里都可以得到很好的解答。从初一至高二这五年里，无论是平时还是假期中，我常常跟着他一起画画看展览。

仓：1961年，您应征入伍担任电话兵，这段当兵的经历对您日后的艺术工作有什么影响吗？

余：第一次离开学校到部队，开始的时候自然有些不适应，在部队里我经受了各种考验，身体的、纪律的、社会的等。当兵期间，在画画方面的主要收获是速写，业余时可以画画战友们的头像或者画一些较快的动态速写。我一般利用业余休息时间画速写，比如中午休息的时候，我会画战友和周边的人物、风景，有时候还到猪圈画猪。我请范额伦按期给我寄来苏联的《创作》艺术杂志，里面有时有一些西方十五六世纪大幅的女人人体画。这对60年代早期的部队而言真是惊世骇俗的，但无论是军官还是士兵，都只是看看而已，并没说什么。我入伍的时候还一点不会速写，回来时据范额伦评价，已经有几张可以跟国内的名家放在一起展览了。

仓：1965年，您考进入中央工艺美院，选择了陶瓷专业。请问您当时为什么报考中央工艺美院，为什么选择了这个专业？在中央工艺美院学习的经历，对您未来的艺术教学和创作有什么影响？

余：当兵三年半退伍后正等待分配工作，我尝试去考大学，没想到考上了。这当中有些必然也有些偶然，反正进了中央工艺美院的陶瓷系，就是说我专业思想不稳固的那个系。其实虽然只学了一年陶瓷，但是我终生都喜好它。我觉得中国的陶瓷以及传统家具，都代表着中国的审美风格——一种很高、很智慧的审美，其中材质与工艺的美和缺陷共同组成了审美内容——一种包涵了缺陷的美、一种自然的美。本来我们本科学制是五年，后来暂停毕业分配，就延迟了三年，一共八年。1966年夏，我们就停课了。1967年，在"文化大革命"大串连时患上了肝炎，后来又复发了三次，在校的后几年我都在上海养病。由于肝炎，我一度有些低落，但是我知道，我不能够依附别人，只能凭着感觉走自己的路。我爱好艺术，我追求美，这是我能选择的路，我将摸索着往前走。

1972年，学校组织师生到河北农村写生，当时中央工艺的一些老师也参与了这次活动，有吴冠中、祝大年等，我和这些老师都不熟，交流不多。一天傍晚，我写生回到宿舍，祝大年老师正在和几个学生交谈，当他看到了我带回的画时，说很喜欢我画的那张画，这对当时的我是莫大的鼓励。直到 1973 年初，学校要分配工作了，这意味着我终于要毕业了。

二、教学经历和建议

仓：您毕业后来到上海工艺美校，一直工作到退休，您能简要回顾下您在学校的工作吗？主要从事什么方面的教学工作，对这些教学课程，您当时主要的教学观点是什么？

余：那时候当老师是国家分配的，开始我也不知道好不好，后来发现可以有一些自由支配的时间用来画画，也会碰到喜欢艺术的学生和教师，可以交流学习，所以我后来觉得当老师也不错。

我一直在一线教学岗位工作，先后担任素描、色彩，包括静物、风景、人物、专业水粉、归纳色彩以及摄影等课程的教学工作。工作量每年都安排满，绝大部分超额 30%左右。我对素描、色彩这两门主课具有系统而坚实的理论知识和比较丰富的实践经验。我担任五门以上课程的教学工作，其中部分课程如归纳色彩、专业水粉课在国内同类及大专院校中都是领先的，学校中“归纳色彩”和“专业水粉”两门课的教学大纲是由我编写的。

除了上课，我长期担任色彩教研组长之职务，后来我又担任美术基础科科长职务多年。在教研活动中，我推行科学的教育方法，力争使我校美术基础教学与设计教学衔接，并使教学在中国目前现有条件之下，尽可能面向未来、面向现代化、面向世界。

不管是大专院校还是职业学校，主要任务都应该是训练心智，建立高尚审美观。社会上不缺乏各类职业培训，学生在今后的工作中也有大量的实践机会，唯独审美观的良好基础应该在学校里首先确立。这就是艺术教育的宗旨，也是全体有使命感的艺术类教师为之奋斗的目标。目前，中国各艺术学校普遍存在重技法轻审美的现象，这些学校里出来的学生只可能是匠人，而不可能是艺术家。上海工艺美校以前只是中专，但在社会中之所以有较好的声誉，其最主要原因是毕业的学生有较好的审美意识和较强的创作能力。在总结多年办学经验时，我们要坚持打造一支有良好审美意识、有创作能力的教师队伍。在他们的带动之下，学生的心脑眼手能力全面提高，这应该是我们办学方针的最主要方面。

仓：您先后担任过学校色彩教学教研组长和美术基础教学科科长，承担了一定的教学管理工作，您的艺术教学思想是什么？

余：在色彩课教学中，我坚持“在色彩课中研究色彩”这一正确的教学方针，避免了大部分色彩课研究重点不明确的现象（大部分色彩课以素描代替色彩或以笔触的效果代替对色彩本身的研究）。在色彩研究中，我坚持正确地抓色彩中的主要矛盾，即以“色块”的和谐和平衡为研究重点。这样随着实践经验的积累，学生就会有较强的整体色彩配置能力，这对提高学生色彩的现代感及把色彩运用于广告等现代设计中的能力是有决定性意义的。我在课上坚持不断地向青年教师宣传这个观点，使他们在色彩课中有正确的方向。

“归纳色彩”课是具有本校特色的并领先于其他院校的重要课程，该课不但让学生自由地全方位地运用色彩，而且让学生熟悉了解现代平面表现的各种技巧与风格。对现代艺术有所了解，这对一个学习艺术或现代设计的学生来讲是非常必要的。我在数年前就探索性地开设过该课，几经反复，现在学校对它的重要性已形成共识，青年教师也掌握了该门课程的教授方法。

“专业水粉”是一门专业性的基础课程。我几年来一直担任该课教学工作，随着经验的累积，该课效果越来越好。该课学生作业的水平在全国同等学校中是最高的。

仓：我和当时的一些青年教师沟通过，很多人都说在艺术方面受到您很大的影响，他们回忆您一直很关注西方现代艺术，有新的画报或者书籍，您总是与他们分享和沟通，指导他们的艺术探索。您和丁乙、陈箴等人均为中国当代艺术史上有名的艺术家，您当时为什么关注西方现代艺术，您从什么时候开始尝试他们与中国传统艺术相结合，是什么驱使您做这样的结合？

余：我对艺术的爱好比较广泛，喜欢书法中的石鼓文，偏爱中国民间艺术如彩陶、画像砖、年画等，其共同特点是人物、动物造型潇洒、自由，用笔简练，生活味极浓；或流畅描绘出经典形象，组成概括力与想象力极其丰富的生活与劳动场景。

1973 年我进入工艺美校之后，由于自认为在大学阶段没有学到太多东西，我开始了大约 10 年左右的自学阶段。我上课之余学习素描，画了石膏、写生、画人体，研究了塞尚、凡·高等法国印象派、野兽派艺术家的创作风格。由于没有老师指点，我轮换地学习以上画家的绘画技法，常常临摹一些作品，同时记录下对作品的分析和心得，一方面是为提高自己，一方面也为了能够教授给学生们。西方有很多好的东西，古代埃及也有很多好东西，非洲其他地方也有很多好东西，比如木雕面具就非常美。毕加索讲，艺术只有非洲与中国有。西方的好东西在 19 世纪末，像塞尚、凡·高等，较早的是埃尔·格列柯，我非常喜欢他后期的作品。

现代艺术对中国来说是一个很好的老师，值得借鉴的有三条。一条是创造性，很多绘画是个人的东西还是因循守旧；一条是理性，以一种分析的理性态度进行艺术创作；第三条就是批判性，艺术家创作的作品是不是符合我们的生活，是不是符合我们自己的想法，还是像现代艺术而不是真正的现代艺术。

改革开放后，建设现代化的中国成为全社会的共识。我就将西方现代绘画的创作技巧与中国深厚的民族文化传统结合起来，用以展现现代中国绘画的新风格，并认定这就是现代中国美术家的使命。多年来，我不断揣摩这一课题，并身体力行，进行了一些尝试。从学习现代西方绘画技巧到尝试将其用于表达民族精神，随着创作的深入，我开始不满足形式上的“中西合璧”。为什么画面“洋味太重”？真正的民族精神是什么呢？我应该向民族文化的纵深处开掘。

中华民族睿智、朴素、含蓄，中国的艺术优美、典雅、自然、高度概括，反对自然主义、反对装腔作势、反对过火或炫耀技巧，讲究“乐而不淫，哀而不怨”，从而充分体现了我们的民族特点。我对中国古代以老子为代表的道家朴素辩证法哲学尤其感兴趣，老子“运动、发展”的辩证观点很高明，自然无为、虚静柔弱的主张与我的个性气质比较合拍，于是我构思创作了一种能融会自我与自己对民族文化认识的既淡泊又静中寓动的绘画。我去掉了强烈的色彩，以黑白为主调，略加冷暖变化；运用水墨技法；去掉了直线，改用曲线；更自觉地利用某些偶然效果。我的画从构成出发，但到后来构成的语法不见了，画面的感情因素加强了，“洋味”也基本消失了。它们是不是已经成为中国现代绘画了？“内心的需要”催着我去做新的探索。我想现代绘画作品不能单有一个直观的形式美，也不能单有一些浮躁的情绪波动，必须寻求一种能把高度概括的情感与高度概括的理念结合起来的形象，这是我追求的目标。

我现在觉得是不是现代艺术无所谓，只要是从我们自己的生活中产生出来的艺术才是最重要的，现代艺术不过是一个名词，是针对特别保守的艺术环境所提出来的。中国是不是一定要全盘引进现代艺术还是只引进其中合理的成分，来改正我们目前比较保守的、比较教条的、比较盲目的或者过于崇拜个人名利的艺术，这是我经常在思考的问题。

仓：我感觉您一直对新的艺术形式和社会思潮很敏感，您不仅将这种敏感用于指导自己的学习和创作，并且将其融入自己的教学工作中，深刻地影响了自己身边的同事和学生，您学习和思考的方法是什么，您是如何平衡自己的学习、教学工作和艺术创作的？

余：教师的创作实践对教学实践是非常重要的。首先，教师只有在自己的艺术实践中才能深刻理解课程的真正含义，进而了解各课程之间的联系，融会贯通。其次，教师的创作实践能扩大教师在学

余友涵工作照

生中的影响力，增加信任度。如果教师为学生树立了人格和专业上的榜样，那么他对学生的指导无疑会更有效果。再则从社会角度上看，艺术学校是社会中提高全民族文化艺术修养的重要阵地。学校的教师与学生应该是一支庞大的文明力量和艺术生力军，从选择了艺术作为职业开始，他们就必然也应该不断学习、不断创作、不断传授，直至生命终止。这既是他们的责任，也是他们的荣幸。整个社会也将在他们的带动之下，逐步提高对艺术的兴趣，增加对艺术的理解，提升艺术欣赏的品位。

仓：请问您对于艺术设计学院所培养的人才应该具备的知识体系和思维方法有什么看法，您对改进工艺美院的人才培养模式有什么建议吗？

余：对一个艺术学校来说，它的档次最终就体现在学校教师的审美高度以及整个学校所表现出的艺术品位。对学生的培养，主要是心脑眼手的综合提高。它们的排列顺序是：第一，对社会的责任感。其中主要是职业道德，就当前而言，即一个艺术工作者捍卫社会审美阵地的强烈责任心，对多种艺术风格兼容并蓄的宽阔胸怀；第二，一个明智而有创造力的头脑；第三，眼界，即对古今中外一流艺术所体现的艺术品位的与日俱进的把握；第四，能够体现创作思想的必要的动手能力及技法训练。

三、从艺和创作经历

仓：国内艺术评论家评价您为中国“八五新潮”的代表人物，是中国抽象艺术的代表，您在国际上最早的成名作波普毛泽东系列被称为中国波普艺术，您将 60 年代传统的宣传画和照片中的毛泽东形象用波普艺术方式表现，画面上还绘有中国花卉，其中一幅作品还被选为《时代周刊》亚洲分刊 50 周年特刊的封面，您对此如何看待，您还记得您当时创作此系列作品的想法吗？

余：画毛泽东也是通过毛泽东这个主题来表达自己的这些想法，我还画其他的主题，如人民币、自行车、扑克牌，还有完全抽象的一套“圆”系列及其变体画。选择毛泽东主要是因为这个人物中国人外国人都比较熟悉，我个人也认为他是一个伟人，值得画。但过去的毛主席画像是把其神化，表现出一种政治上的狂热或是迷信，这都是一种不科学的感情。毛泽东本人是提倡“破四旧”的，他反对“龙凤图案”这样的帝王迷信，可悲的是对他的盲目崇拜构成了一种新的“龙凤图案”，这也是当时时代的特征。改革开放后，整个环境比较宽松，人性得到了恢复，思想比过去自由，中国有了很大的变化，我就是想在新的时代气氛下，探索性地重新画毛泽东这个人物，寻求一种新的感觉。

我还在画面上加了“花”，首先是出于视觉上的考虑，加几朵花增加画面的对比，这是增强画面心理效应的方法；另一个原因是突出一个“变”字，从表现狂热、迷信的刻板情绪变为反映轻松又自然的人性；还有一个原因是突出文化的因素，带有民俗意味的花朵图样也是对那种不科学的迷信态度的一种善意的讽刺和警告。

我的画受到波普艺术的启发，但两者本质上并不一样。我理解的波普艺术的本质，就是敢于把最商业化最俗气的东西当作艺术，而我并不是这样。不过西方现代艺术，不光是波普艺术，也包括许多别的流派，给我们一种精神上的启发。它们都使艺术不断扩大自己的领域，把最俗气的或者过去认为是不可思议的东西拉到神圣的艺术殿堂中来，变成新的品种。我在形式上很受启发，艺术不仅仅局限在古典艺术里，应该从未被加工的世界中不断撷取一些新的东西来作为艺术的形式。但是在这个过程中最主要的是要突出艺术家的智慧与魄力、个性和创造性，使艺术形式具有丰富的内涵。

1998 年作品《黑白头》

仓：您的丙烯画创作也很多，我看过早年的外冈系列和后来的沂蒙山系列。在一次的采访中，您说在中央工艺美院读书期间学习的内容不多，后来为了弥补自己练习绘画。丙烯作品侧重具象这与您后面的抽象创作的关系如何？

余：我们中国人总是感性多于理性，在艺术中即表现为具象多于抽象。就一般民众而言，理性思维的建立可能还要等上一些时候。我作为画家，也只好顺乎民意了。尽管如此，观众看到我的这组画仍然会不理解，为什么眉毛一边是绿的，而另一边却是紫的，脸为什么画成各种颜色？我不能说服所有的人。我所能说的是我对绘画的最基本的理解——绘画的本质是平面的，各种造型与各种色块的组合或搭配形成一个对立又统一的整体，不同题材的绘画作品，在这个基本问题上都是一律相同的。

我画过一组风景画——沂蒙山风景系列，这是我继毛泽东系列后的"啊！我们"系列的后续部分——画了人民之后，再画土地，这是自然的事。而画了一段时间具象之后，我又回到抽象语言上来，也是自然的事情。

即使我坚持走抽象一条路，这么多年来，我也会逐步改变风格。我就是喜欢改变，比如说画圆，我先画黑的，再画个白的，接下去还是画黑的，再后来又画了彩色圆，而不是像科学家那样，始终不变地研究一个项目，20 年、50 年直到研究透彻。看到心中的画面出现，我很开心。再从社会上得到刺激来改变自己，从而应付更新的刺激，所以改变对我来说是很自然的。

系列画作"圆"之一

仓：著名的抽象创作"圆"系列是从什么时期开始创作的，您为什么开始这个系列的创作？后期创作时您仍旧采用圆系列中的点和线条的表现方式，但是在构图上突破了圆的造型，这些代表着怎样的艺术思考？

余：80 年代初中国各方面有了新气象，大家感到开始生活在自由的空气中，都想搞些新的画，觉得唯此才能适应和表达新的时代，就是在那样的冲动中开始试验抽象画的。80 年代思想意识控制开始放松，各种西方哲学思潮都流传进来，年轻教师、学生中很多人都争相了解、学习。我看了一些关于尼采哲学、老子道德经、西方自然科学、东方神秘主义、资本主义与基督教新教等的介绍性文章。其中《道德经》对我影响最大，共鸣也最强。我渴望自由、和平、多元的和谐社会。在这样的社会中，每个人都能得到全面的发展。这也是马克思所主张的。

在反复的思考和实践中，我选择了一个简单的形象——圆，作为画面的主要形象。由于圆的安定感，所以它既可以表现一切事物的"始"，也可以表现一切事物的"终"，并由此寓意"一瞬"和"永恒"；圆形象征着循环的运动，也暗示着收缩与膨胀的运动，所以它表现了博大、兼容并蓄以及合理、和谐；圆

既可以被看作一个点，也可以被看作一个无穷大的面，它同时代表着微观的基本粒子与宏观的总括；圆的封闭性有着虚静与内涵的含意。在画面中，我尽可能把质朴与智慧、虚静与生动、永恒与多变、“无”与“有”这些对立的方面统一起来。具体地说，在一系列圆形构图中，我要表现的是如上这些意图。老子说“道生一，一生二，二生三，三生万物”，我要讴歌整个大千世界，归于讴歌大千世界的源起——“一”，我谨以“圆”作为代表；“圆”是一个精神象征，一个特殊的符号。我同时要讴歌万物，万物是宇宙的具体体现；万物有形，我在画面中通过“质”加以暗示。

圆还有对宇宙精神的崇拜。所谓宇宙精神，是指符合宇宙发展总规律的行为及思想状态。宇宙的发展有总规律，也包括各种具体事物发展的具体规律。由于事物总是相联系的，具体规律和总规律相和谐。所以，任何局部的事物发展，只要符合宇宙发展的总规律，我们就可以认为它具有宇宙精神。人类行为中的各种“差错”是因为违背事物发展规律所致。老子哲学特别强调“自然”“无为”，即是要符合宇宙精神，不要去做违反规律的事。

对一个有价值的符合宇宙精神的人生境界的追求。虽然整个人类的理想社会的建立，必须有赖于社会物质的丰富，但作为个人，在任何时代，只要有了认识，完全可以在生与死、个人与他人、精神与物质等方面采取一个正确态度，使我们成为一个真正体现人的价值也就是符合了宇宙精神的个人。我希望我的圆形符号既是宇宙本体的象征，又是宇宙精神的体现，还是我个人内心理想的表白，我希望观众在欣赏画面形象的同时能从中受到精神上的感染。

画家有时候有点像厨师，今天烧红烧肉，就要根据红烧肉的方法做出来，明天炒菠菜了，就会有另外一种方法。我画每一幅作品，大体不会想得那么仔细，在整体的构图方法、表现方法出来以后，画每一幅画都是评判前几幅画，我想今天的画应该有什么不同，会有什么提升，整体会考虑这种问题。大方向定下来之后，从 20 世纪 80 年代到 21 世纪第一个十年，总体上是接近的，我希望它能够更丰富，就好像一幅画当中，这块色彩和那块色彩加在一起会更加丰富，在整体上更加和谐，这样我才一幅幅画下去，扩大这个大家庭的质和量。

仓：还有一个“啊，我们”系列，将历史上传统的形象和现代普通人的形象均绘制在同一幅画面上，给人以非常强的视觉冲击感。您为什么做这个系列的创作，您想表达什么艺术想法？

余：“我们”既是我一生中日日夜夜的情感所系，也是我唯恐躲避不及的人群。我对我们的同胞是既了解又不了解，既熟悉又不明白。我对“我们”既充满同情，又常有愤恨。“哀其不幸，愤其不争”，鲁迅如是说。

兵马俑是秦汉时期国民性的代表，也就是相比明清时代我们民族相对阳刚之气充盈的时代。但是兵马俑在我看来只是一排排缺乏人性的战争机器，他们不能为自己而斗争，他们也不懂得什么是自由。把古代雕塑和当代人形象一同搁置在幽暗的画面中，这是我对历史反思的结果。古代是今天中国的从前，当代是古代中华的延续。“啊！我们”就是有关国家和民族的大问题而引发的对民族的整体反思，我认为是完全必要和现实的。

仓：您对校友和师生有什么寄语吗？

余：我希望大家坚持思考，坚持绘画。我不认为我是一个神童，但就像中国古语曰：愚者千虑，必有一得。我坚持绘画，绘画就像走路，人类发明了汽车和飞机，但还要走路。

采访心得

和余友涵先生的谈话，首先让人感受到浓重的使命感。“艺术应当反映生活”，艺术需要“对自己负责、对别人负责”，是这位现年 77 岁的艺术家固持的历史观。或许是他长达 30 年的教师生涯让他更具有责任感，或许是和新中国一起成长的经历使他更能超然于个人体验之外，这位具有典型中国知识分子"忧天下"思想的中国早期前卫艺术家让观者从他的作品中可以体会到个人与集体的双重经验。他对西方现代艺术非常喜欢，通过长期自学，将其引入工艺美院的教学体系之中，影响了大批师生，成为美院教育史中里程碑式的人物。他不断学习、不断实践、不断创新，对艺术终身的痴迷和探索是最值得后辈学习的方向。

丁乙

艺术家要找到表达时代的独特语言

采 访 人：仓 平 林 迎
受 访 人：丁 乙
采访时间：2020 年 1 月 15 日
采访地点：徐汇西岸丁乙工作室

丁乙

1962 年生于上海，1983 年毕业于上海工艺美术学校，1990 年毕业于上海大学美术学院，先后任职于上海工艺美校和上海视觉艺术学院，是“85 新潮美术”和中国抽象艺术的代表人物，其代表作为“十示”系列等。

一、成长和求学经历

仓：丁老师，非常感谢您接受我们的采访，您是我们学校知名的校友，也是非常著名的当代的抽象艺术家。我想问一问，是什么样的成长经历使得您后来选择了艺术创作的道路？

丁：我是 1962 年出生，那个时候对我来说和艺术最有关的是宣传画和电影海报。那个时候的宣传画都是由人工来画的，电影海报都是由电影院自己的美工来画的。所以这就变成了最早影响我的所谓的艺术。我的父亲是一个商店的经理，我的母亲是幼儿园的老师，基本上都和艺术没有关系。但是在童年，也许受了这种宣传画的影响，我就开始喜欢上了艺术，自己去买最便宜的颜料，我记得是 4 分钱一个颜料板，然后把毛笔在上面拖一拖，有颜色出来，就进行绘画。

当然，童年时代的绘画都是临摹，自己找各种素材临摹，包括当时的连环画。到了中学阶段，就开始负责出黑板报，从班级出到年级，然后出到全校，后来就被选到美术组，有更多的老师辅导，有更多的画画的机会，也跟一群人有交流。那个时候整个中国社会刚刚开始有一点转型，也开始恢复高考，有美术学院开始招生。中学时的目标就是考艺术专业，但是当时上海美术专业院校并不多，我记得本科可能只有戏剧学院、上师大，大专有轻工业专科学校和纺织工业专科学校。另外有两个中专，一个是上海美校，一个是上海工艺美校。当时考生很多，学艺术的人很多，但是上海本地招生的学校非常有限，所以保险起见就决定考工艺美校。

仓：您当时报考了我们学校的装潢专业，当时您选这个专业的想法是什么？

丁：当时工艺美校就两个专业，一个是装潢，一个是造型。装潢实际上就是今天的视觉传达平面设计，造型实际上是产品设计，当时觉得好像装潢离绘画更近一点。我在中学的时候就已经确定了做艺术家的理想，觉得我这一辈子就是要做艺术家。当时上海所有的美术专业里面，可能唯一的、跟艺术最有关的就是上海美校的绘画专业，它有油画和国画两个专业，但是当时非常难考取。所以选择工艺美校装潢专业，跟绘画近一点。

仓：您当时在学校里应该是学习了三年吧？应该遇到了很多老师，您印象比较深的是哪几位老师，他们是如何影响您的？

丁：学习了三年。我觉得影响最深的两位老师，一位是余友涵老师，余老师实际上没有直接教过我绘画，他是教我们班的摄影课。另外一位是我的班主任王珠珍老师，她教我们图案。关于当代艺术，我从余友涵老师那边受到了最早的启蒙。王珠珍老师对于中国传统图案的研究对我帮助很大，因为当时装潢设计的基础课很大一部分与图案有关，她对中国传统的图案包括瓦当、藻井等非常有研究，而且她的备课内容非常详细。余友涵老师是我通过高年级的同学在进学校的第二年认识的，我带着很多自己的画去他那边让他看一看。他当时话很少，就挑了几张觉得还可以的画提一点建议。然后过了一个月我又带一批画给他看，就稍微交流得多一点了。我记得他那边有几本国外现代主义艺术家的画册，我特别想向他借，有一个艺术家叫郁特里罗（Maurice Utrillo），属于巴黎画派的，他是画巴黎街景的，我特别喜欢这个艺术家，我说这本画册能不能借我，他说可以，但是只能借一天。我借了这本画册回到寝室开始临摹，一直到晚上熄灯，我就又去食堂，一个晚上临了好几张画，第二天上午把这本画册还给了他。那个时候工艺美校的这种师生之间的探讨或者是情感的交流，对于学生的帮助是非常大的。

仓：余老师给你们带来了很多当代的绘画文献和作品集，让你们有一个窗口了解当时当代艺术的发展。

丁：从我个人的艺术历程来说，余友涵老师是一个最好的启蒙者。除此之外，我觉得工艺美校当时整个氛围是非常好的。好在什么地方呢？我们上午听老师讲课，下午就去图书馆，只有这样的课程安排我们才能进教师阅览室，里面有最新的国外艺术和设计的杂志。当年，学校的图书馆订了很多国外的画册，我记得有日本出版的印刷很好的25卷的西方现代绘画艺术大师画册。我们利用课程之后的阅览时间仔细去研读，开阔了我们的眼界。当时也有中学同学在上海美校油画专业，他们就得不到这样一种直接看到西方正在发生的艺术事件的机遇。当时国家需要设计很多产品，大量出口赚外汇，所以对设计这个口径比较开放，可以让设计专业征订很多国外当期出版的杂志、文献，所以在第一时间开启了我们对于世界的了解，慢慢地培养了对于艺术的信念。当年几乎所有同学都充满着求知欲，10点寝室熄灯后我们寝室每个同学都会点着蜡烛，边听着收音机里10—11点的西方古典音乐节目，边看着各种最新被翻译过来的西方文史哲艺术理论或国内学者的书。到周末回市区也必然会去南京路新华书店买上几本新版的书。早晨广播操前我们已去外冈镇上画完速写，下午课后会去校园周边画油画风景。

仓：您毕业以后先去工厂做设计师，然后又考入了上海大学的国画专业，这两段经历对您后面的艺术创作有什么影响吗？

丁：当时工艺美校毕业生都分配工作，我被分配到上海玩具十二厂做玩具的包装设计。那个时候

1982 年 8 月，丁乙（左一）和同学在工艺美校

上海玩具十二厂属于二轻局系统，下面有很多规模不是很大的工厂，这些工厂都是第一次接收所谓专业美院毕业的人，所以我就直接进了技术科，然后就直接上手做设计。对于我来说，仍然有一个梦想，那就是要成为一个艺术家，但是这样的分配制度决定了如果不考学，可能永远要在这个工厂做下去。在这个厂里面工作了三年后，我就考入了上海大学美术学院的国画系。当然我觉得在工艺美校装潢专业的学习，包括工厂的工作，对我后来的创作都有很大的帮助。特别是 80 年代中期以后，我不断在想一个问题，在西方百年的现代主义的进程中，所有能够探索的部分都已经被实践了，一个中国艺术家应该怎么来思考未来，应该走什么道路？

我当时有一个观点，要让我的画不像画，让艺术不像艺术，如何不像艺术？我把艺术和设计进行结合。所以 1988 年、1989 年的这些早期作品都是很图案化的。很多艺术家朋友看了都觉得不像艺术了，有点像地板或者是墙纸的设计，绘画性元素少了，它变成了一个陌生的东西。但是我很清楚，未来的艺术要走出一条新的道路，就是要有新的、陌生的、大家没有见过的新事物，它不再是原来绘画的延续，它需要新的理念、新的嫁接。也许艺术和设计之间的嫁接关系是我的道路，所以在之后的创作里面，设计仍然带给我很多的益处。最主要的是帮助我获得了一种看世界的新角度。我在国外旅行都会很注意和设计有关的东西，比如飞机要降落前，我会在高空中感受这个城市是怎样的规划布局；到达城市里面会很注意当地的建筑的一些细节的设计，还有这里的文明……这些是真正去了解、体验这个城市的一种很好的途径。

二、教学经历和建议

仓：大学毕业以后，您已经在现代艺术领域、当代艺术上有很多探索了，是什么样的机缘让您又选择到工艺美校去做老师？

丁：当时上大国画系我们一届有五个同学，四个都去了出版社，我也有这个机遇可以去，因为当时出版社需要大量的大学毕业生。但是我的目标就是要做艺术家，我要找一个工作相对少、业余时间多的地方，所以工艺美校是一个非常合适的选择，除了上课我有很多的时间创作。进入工艺美校之后，我租了虹桥许家宅农民的房子作为工作室，但有课的时候我都住在学校宿舍，我的办公室晚上就是画室，如果宿舍晚上没有其他同事的话，我也会在宿舍里面画画，一天三顿饭在学校食堂吃，这样就集中很多的时间进行创作。我在工艺美校待了差不多 16 年的时间，这 16 年实际上也成为我早期艺术创作中一个非常稳定的时期，我积累了丰富的作品，也参加了包括威尼斯双年展、悉尼双年展等重要国际艺术大展。

仓：您在一篇访谈里面提道，90 年代是创作状态比较好的一个时期，就是刚刚留在工艺美校工作的这个时间。当时工艺美校的教学和工作氛围怎么样？您当时怎么平衡好教师和艺术家的角色？

丁：我先是被分配在装潢设计专业，教设计基础课，不久又到了美术基础部教素描和色彩基础课。工艺美校最大的一个特点是师生之间的交流氛围比较好，特别是老师之间的关系非常和谐，各做各的，每个人都有自己的向往和喜欢的专研领域。还有一个特点是没有权威，我觉得这点很重要，当时余友涵老师就像朋友一样，无论是我做学生时，还是后来跟他一个办公室做年轻老师，我们都像朋友一样交流，他有时候会画了一张画，一起讨论一会儿，非常自由，也没有年轻老师和年长老师、出名老师和不出名老师的界限，中午饭后也会有喜欢艺术的学生来找我讨论艺术的理念和想法。

1998 年余友涵（左）、陈小如（中）、丁乙（右）在工艺美校

仓：一些校友回忆说你们经常对一些艺术画作或者生活当中感兴趣的东西进行评论，当时关于艺术的交流和探讨非常充分吧？

丁：是的。最早的时候学校在外冈，老师们基本上是隔天回去，后来在塔城路的时候天天有班车，但是有些老师也不是天天回市区，所以会在学校待得时间比较多，一般晚上都是用来创作的，老师有很多的时间住在学校，然后把业余的时间全部利用起来。我也有这样的经历。饭后几个老师会一起散步聊天或者在办公室交流，然后再分头去做各自的创作。

仓：我采访刘毅老师时，他回忆说塔城路的建筑是受到包豪斯建筑的影响，后来他去包豪斯参观访问，他觉得那里跟塔城路校园的设计理念很接近，很适合同事、师生之间的深度交流。

丁：对，因为塔城路的建筑不是很高，校园不是很大，布局相对比较集中，人与人之间的关系会更加的接近一点，比如实训楼的布局非常人性化，它便于工作，便于学生实践和创作。

仓：丁老师，您后来在上海视觉艺术学院一直从事艺术设计人才的培养工作，站在国际前沿，您回头看工艺美校的人才培养方式和国内的艺术人才培养，您有些什么建议？学生应该具备哪些基础的知识体系和能力？

丁：我从工艺美校去上海视觉艺术学院一开始就做了一个专业叫综合设计，这多少是我当时的关于设计人才培养理念的一个实践。为什么叫综合设计呢？就是把不同门类的设计放在一起，可以有更大的资源共享空间，同时兼顾学生的专业性。当时有很多的课程，学生都可以自选，面对一个课题，做平面、做产品、做影像，都是可以的。这些课程是放在一个课题之下，学生一起讨论，谈自己的设计理念，其他的学生能够感受到不同类别设计的特点或者它们之间的关系。

当时做了很多的实践课程，也可以说是项目制的课程。学生可以在二年级之后进入社会实践环节，可以有很多的实战和对整个设计系统的了解，做出来的作品也会有更大的应用的针对性和社会对设计的反馈。在人才培养的命题下，在不断学习国际前沿设计的知识结构中，仍然需要挖掘自身很多的东西。对于所有的艺术人才或者设计人才的培养，个性化是最重要的，只有个性化才有未来的开拓性。

设计人才的培养还包含着另外一个部分，就是在保留个性化的前提下，培养前瞻性。教育在变成教学大纲、教学体系的时候，其实已经落后于社会需求了。保持新鲜感和对未来前瞻性的看法，是人才培养里面非常重要的一点，这一点如果失去了，就变成了一种惯性的教育，也不容易激发学生的创造力。

仓：我能不能理解为除了对传统的教学规范的课程模式的要求，应该有一部分前沿的课程允许师生做自由探索？

丁：是的，因为教育在某种模式里面是被绑住双手的。当然，对于如同一张白纸的学生来说，给他任何东西都是可以接受的，但是如何让他成为一个真正的开拓性的人才，光是在白纸上给他任意的东西是不够的，要激发他的某种思想和潜质，让他有一种雄心、有一种野心。这种野心就是要在这个领域里面成为最好、最前瞻性的人物，早期来自老师的这种鼓励是很重要的。

仓：综合设计专业在视觉学院是否探索了近10年？

丁：大概五六年，后来又去美术学院做了公共艺术专业。

仓：现在回头看这个实践和人才培养方向，达到您预期的目标了吗？

丁：我觉得基本上达到了，但还是受很多条件的限制。比如说师资队伍，这样的教学需要更多的师资、更多各方面的专家才能够做到。但是今天教育也必须是要谈成本和产出的，所以是一个矛盾。但是很多的东西都是随着时代的发展不断地在改善的。

三、从艺和创作经历

仓：丁老师，您是“85新潮美术”的亲历者。1985年西方的现代艺术进入中国带来了艺术潮流的改变，在中国的当代艺术史上是浓墨重彩的一笔，您当时也做了一些街头创作，现在回想那些艺术探索对您后面艺术风格的形成有什么帮助吗？

丁：早期的艺术探索会塑造某种价值观，并会改变未来的职业道路。包括当时做的行为艺术，都会让你确立某种新的目标，你会有一个新的设想和对前景的期待。所以无论是早期学习的过程还是实验的过程，它都塑造了后来的创作进程。

仓：您的艺术风格坚持了三十多年，这三十多年是不是可以分为不同的阶段，每个阶段您所创作的主题、技法、艺术创作背后的哲学思考有不同吗？

丁：这30年的创作当然有很多很多的阶段，概括地说分为三个阶段，差不多十年是一个阶段。第一个阶段是一个平视的阶段，就是直面地看世界、看艺术，在创作里开始确立艺术观。80年代做这样创作的时候，我觉得在中国的艺术传统里面缺少形式主义的追求或者视觉纯粹化的追求，当时我最大的一个理想是要做形式主义画家。后来随着整个的社会的变迁，也开始有很多的变化。早期的作品

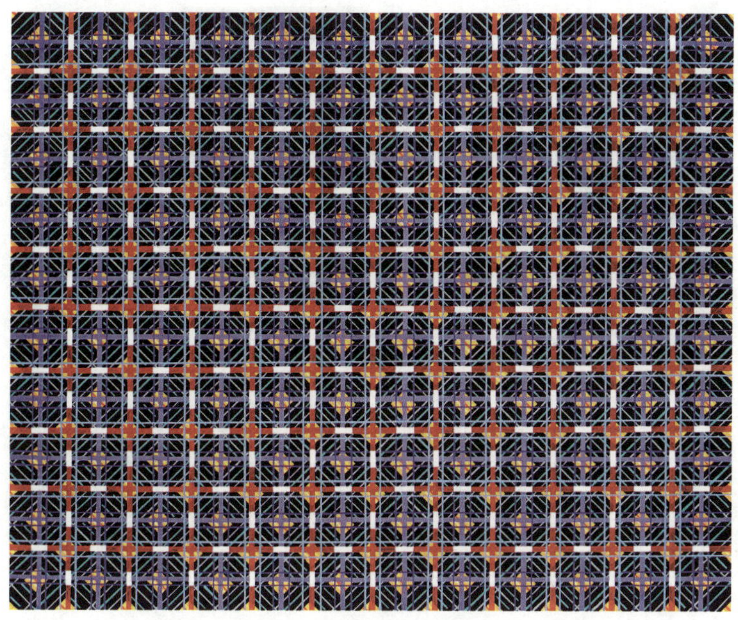

《十示 1989—7》，布面丙烯，1989，100 × 120 cm

有很多都是用工具来画，用尺、鸭嘴笔，非常严谨，也进行了各种材料的实验，如木炭、粉笔、丙烯、反光纸或哑光纸，还有亚麻布、瓦楞纸、成品布做基底或不做基底等，还原形式与材质本身，也是为了去掉所谓的人文色彩，去掉了很多附加在艺术上面的社会性的东西。

《十示 1994—18》，亚麻布上粉笔，炭笔，1994，140 × 160 cm

第二个阶段是从 1998 年开始的 10 年，这个阶段跟上海的城市发展有关，是一个俯视的十年，就是在高空中看城市，看这个世界。这个阶段大部分作品都是荧光色的，有很多表现社会性的图象概念。这个概念是归纳和综合的概念，它并不是直接描摹这个城市，而是把城市的发展信息进行归纳提炼，形成了一种抽象画面。在这个阶段里面，它表述的更多是这个城市发展的强大张力。

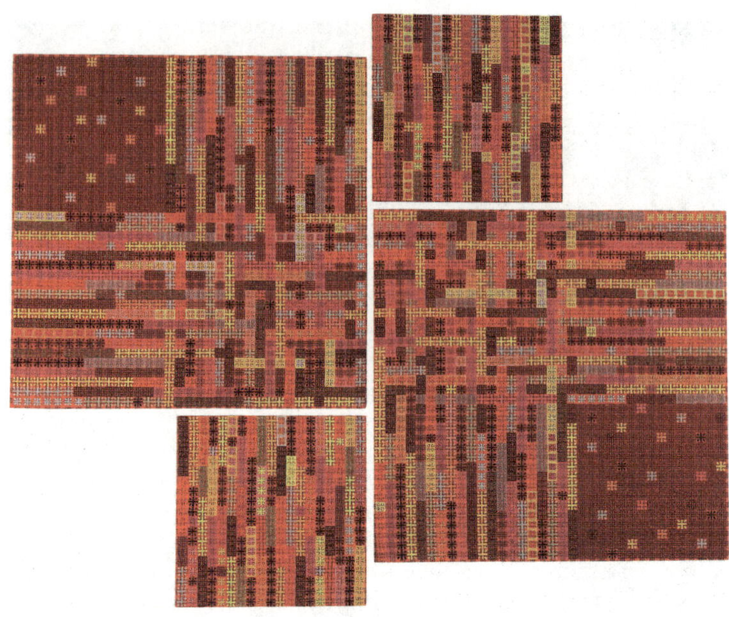

《十示 2008—22》，成品布上丙烯，2008，80 × 80 cm × 2，150 × 150 cm × 2

随着对城市化进程的反思，有了更大的对世界的看法，有了第三个阶段。这个阶段是一种仰视角度，仰视天空、仰视更大的世界。每一个阶段、每一个视角，都会有很多的变化。第三个阶段也跟我去很多第三世界国家旅行有关，我看到中国在很多第三世界国家的影响力。特别是中国的制造业对于第三世界国家的输出和影响，也让我感受到了中国未来更大的发展可能性。所以在第三个阶段里面很多的创作源泉来自于非常主观的精神性，或者在图象的表达里面有很多不同因素，它有时候可能像

《十示 2019—17》，椴木板上综合媒介，2019，120 × 120 cm

《十示 2020—4》，椴木板上综合媒介，2020，120×240 cm

星空或者网络，有时候像拳头或者游戏的图景，像凝聚的某种力量或者像一些主观的光。

在这三个阶段里面，有很多对于今天正在发生的世界的看法和表达。

仓：从平视到俯视到仰视，每一个阶段都反映了您对世界的观察和对这个社会起伏变化的一个思考。作为观者，作品中反映出来的精神的稳定性是高度一致的。您怎么把这些非常充沛的艺术的元素内化为内在的精神力量？

丁：作为一名艺术家，首先是从属于这个时代的，所以创作图象需要具有某种时代性。在这样的背景里，必须要找到一种独特性，一种自己的语言，而这个语言的源泉，对我来说是一个非常独特的经历。我认识很多西方艺术家，他们身上所具有的价值判断和我完全不一样。为什么不一样？因为每个人的经历和人生不一样。我经历了整个中国历史变化最大的 40 年。所以，对于社会变迁的追寻或者强烈的视觉上的变化，会让你有快速吸纳、理解、消化它的欲望。

当然，这个里面也是充满着矛盾。对于一个艺术家来说，寻找矛盾、寻找某种对抗性，是艺术创作里面非常重要的一个因素。只有矛盾和对抗才能产生艺术视觉上或者精神上的一种力量。虽然一个艺术家在工作室的时候是平静的，是一笔一画，但是他的思想应该是非常发散的，能够吸纳和总结很多养分，形成自己的思想，通过作品表现很多正在发生或者是预测将要发生的很多东西。

仓：您的绘画标题大都非常的抽象，我也看到外界对您的艺术有两种看法，一种是认为是极简的抽象主义的代表，另外一种认为更偏向于设计，就像您刚刚提到像墙布或者花布的设计，对于这些观点，您是怎么理解的？

丁：如何界定我的创作是更图案化，还是更极简的抽象？这无关紧要。寻找自我的一种特殊的语言是一个艺术家成立的价值所在，而不在于作品像什么，我觉得这不是一个最核心的问题。

仓：除了绘画您也做了一些雕塑和装饰艺术，对于这方面作品的创作，您的艺术思考是什么？

丁：我在绘画之外的创作很庞杂，一个曾经学过设计的人会有很多另外的想法。对于我来说，绘画创作是一个非常稳定的主线，然后我需要很多认识世界的辅线，绘画之外的创作就是很多辅线在社会实践中的一种实现，比如建筑、雕塑与品牌的合作等。这类创作都需要很多人的合作，比如和建筑师的合作，让我更理解建筑这一个门类；和品牌的合作，让我理解了品牌的传统、运营方式、对于世界的价值判断。所以这些创作帮助我更多地了解这个世界，理解这个社会。

仓：您最早就读于工艺美校，后又读了国画专业，但主要的创作方向属于当代方向，您怎么理解中国传统文化艺术的现代化转型，它未来的发展方向在哪里？

丁：中国的传统文化非常博大精深，毋庸置疑，我认为是几大文明里审美最高的。但是，我觉得中国传统文化艺术的现代化转型非常难，转型意味着对转型后的价值判断和对未来的判断，很难用一两句话来总结。今天是数码时代，能够提供某种便捷，某种和传统之间的连接，但是很难完全达到古人曾达到的高峰，因为整个社会生产方式、意识形态，包括我们的价值取向都已经变化了。当然，我们仍然可以在今天创新，比如创造工艺的高峰，这些都是可能的。在如何传承、保留技艺方面，今天可以做的事情是非常多的。但是仅仅保留它、延续它是不够的，要创造新的技艺或者延续传统技艺新的高峰，无疑需要新的更具开拓性的视角。

仓：丁老师，您对未来的艺术创作有哪些思考，您会坚持原来的方向还是做进一步的探索和创新？

丁：一个艺术家不需要非常刻意地去规划自己的创作的未来，对于我来说，有很多创作的想法仍然需要一步一步地去实现。艺术是真情实感的表达，所以我没有规划，也没有关于未来的计划。但是，仍然会有很多和中国社会的发展相平行的创作思路，会不断地被发掘和拓展下去。

采访心得

丁乙老师和上海工艺美校的渊源颇为深厚，他先后在美校学习、工作了近 20 年。从小受电影海报和宣传画启蒙，少年时就明确了做艺术家的志向，后来专业选择、职业选择和艺术方向的确定均是他孜孜不倦的思考和探索的结果。作为中国抽象艺术的代表人物，他的绘画创作表现了他对社会、自然、人生深入的观察和思考。

李守白

“上海石库门先生”的海派艺术探索之路

采 访 人：仓 平
受 访 人：李守白
采访时间：2020年8月6日
采访地点：亚振家具总部李守白工作室

李守白

1962年出生于上海，籍贯浙江上虞，擅长绘画和剪纸。现为中国民协剪纸艺术委员会副主席，上海市人大代表、上海市文联副主席、上海民间文艺家协会主席、上海市美术家协会会员、上海市工艺美术大师、华东师范大学、上海工艺美院客座教授。“非遗”海派剪纸代表性传承人、上海守白文化艺术有限公司创始人兼艺术总监。40多年来创作和发表了1000多幅艺术作品，尤其是近十几年来积极从事上海题材的作品创作，为当代海派艺术注入了新的活力，被媒体誉为“上海石库门先生”。其先后在北京、上海、广州以及法国、德国、奥地利、古巴、澳大利亚、新加坡、日本等地举办和参展了40余场展览，作品摘取包括中国文化部“文化遗产日奖”在内的10多个金奖。先后被授予中国“德艺双馨剪纸艺术大师”、上海市“德艺双馨文艺工作者”“上海市领军人才”“上海市优秀中青年艺术家”等称号。作品被中国剪纸博物馆、上海市档案馆、上海美术馆收藏委员会、上海城市规划展示馆、上海大剧院画廊、美国星巴克企业管理有限公司、中信泰富广场有限公司等世界多国机构和私人收藏家收藏。

一、成长和求学经历

仓：李老师，您为什么会选择走上艺术创作的道路，您的家庭和您的成长环境是如何影响您的选择的？

李：要说到这个，我非常感谢的就是我的父亲，因为是他把我引到艺术道路上的。他是一个做绘画、剪纸的文艺工作者，他对我影响很深。我记得，小时候的晚上他在挑灯夜战，那个时候家庭条件也不好，没有空调，也没有风扇，就看他拿着扇子一边扇一边在画画。我就在台灯边上看他画，看他剪纸，掉到地上的那些纸屑，我就会拿起来对着灯光照，看到有影子，离灯光远近不同，影子会变换，我很痴迷。那个时候就觉得父亲的形象很伟大。所以父亲的绘画和剪纸给我留下较深的影响。

我觉得我父亲培养我的方式与众不同，我是家里老大，下面还有弟弟跟妹妹。他每天都给三个孩子布置作业，每天回家以后一定要先完成作业，余下的时间就要画画，我们三个人都要画。时间久了弟弟妹妹就开始调皮了，说大哥你帮我们画一张，我们省一粒糖给你。我觉得这个方式也好，给我锻炼的机会，一个人要画三张不同类型的画。我知道父亲有时候也看得出来，但他不揭露，这也是一种激励机制，让我用不同的方式来完成三个任务。我觉得小时候的严厉教育，给我们带来了规范和原则的概念，对现在来说也很有帮助的。

父亲培养我做创作型的人，他背后给我做了很多的资料。那个时候没有电脑，要画一个手，要参考很多资料，他就很用心地把所有的手剪报，各种各样的手，贴在一本本子上面，这样的剪报他帮我做了很多本。

仓：您父亲给您的取名很有意思，守白，您觉得是代表了他自己对中国艺术的什么思考？

李：长大以后大家都说我名字取得好。我的弟弟的名字是守仁，我叫守白，我觉得冥冥之中可能就给我定好了艺术这条路。我成年以后也有幸碰到老师，老师就跟我说画要留白，很多东西要知黑守白，给了我很多理论上面的期许。但我觉得名字就是一个抬头，还是要靠作品讲话。

仓：您是哪一年进入工艺美校的，攻读的什么专业？请问您当时为什么还要报考工艺美校？为什么选择这个专业？

李：我是79届高中毕业生，毕业以后就报考了工艺美校。当年我们准备考美校的时候，上海艺术院校不多的，就只有三个，一个上海美校，一个轻工学校，还有一个工艺美校。我为什么会选择工艺美院？我觉得它有一个吸引点，它在嘉定外冈，要住校的，其他学校都要走读的，那时候有些叛逆，就想快速离开家庭，可以有锻炼的机会。在金陵路考完报完名以后，就乘着大巴来到了外冈，开始工艺美校的生活了。我们年级当时就两个专业，一个是包装装潢班，一个是造型设计班。我更喜欢画，我觉得好像包装装潢班学的绘画多一点，就报名读包装装潢班了。

仓：请您谈谈您在美校的学习经历，这几年您遇到的哪些老师给您留下了比较深的印象？为什么？

李：我们这一届是高中生进来读四年，下一届开始就是初中生来进校了。我记得我们在学校读书的时候蛮有趣的，我记得我的素描老师陈老师，只有上课的时候讲话，平时很严肃的。我们的色彩老师吴克礼，他也是一个很强势的老师。我们的工笔老师是一位女老师，许韵高老师也教过我们山水，还有教文化的朱孝岳老师。我们的班主任是王珠珍老师，后来又是颜鸿蜀老师，那时候我们的校长是汪邦彦老师。当时的老师给我们留下了一个印象，就是无私奉献，他们会追着你，督促你学习，类似像父亲对孩子的感觉。我们同学刚开始进来水平有点参差不齐，但是到了毕业的时候大家成绩基本上一样，因为大家都很努力。

我觉得工艺美院教育体系有一个综合性的特点，在学校里面给学生很多机会，让学生锻炼实践。我现在深深感觉到有了这些综合性的素质铺垫，将来你的选择就会够多，如果你单一地只学一门技能，到了将来毕业以后，你会迷茫，因为你其他都不会，没有经手过，有点不敢下手。

仓：您在美校学习期间还发生了哪些有趣的事情？您如何评价美校的学习对您一生的影响？

李：我们学习自觉性很高，有时候四五点天刚亮了，我们就起来去写生。最高兴的事情就是同学聚餐，或者放学以后大家踢一场球，我觉得这个是调节身心的。我们那个时候有晚间自修，大家很自觉的，吃了晚饭就去到教室里面去。因为我们宿舍没有空调，又在底层，蚊子又多，有一次，有个同学太认真了，不回寝室睡觉，因为寝室到了晚上 10 点就要熄灯了，他就在那边不停地做，不停地画，画到最后老师来敲门了。大家都在孜孜不倦像海绵一样吸收，这也是一个蛮有趣的一件事情。

在工艺美院读书的时候，我一直在画连环画，父亲会一个星期给我一个脚本，让我课余时间画，周末回上海家里要交作业的，他就拿着我画出来的东西送出版社。画的十套里面总有五套左右可以发表，一发表，就鼓励了我，自信心就强了。

学生时代包装设计作业

二、从业和创作经历

仓：您毕业后，从事过哪些工作，各个阶段主要的工作内容是什么？

李：那时候我们是二轻局给分配工作的，工艺美校毕业以后我被分到灯具公司工作。班上同学均分配在二轻局，玩具公司、皮具公司或者是灯具公司。我觉得这段经历很好，给了我们一个落地的实践机会。我来到公司以后，先到一家灯具厂仓库里面实习了一个月，因为我学的是包装装潢，所以单位要让你熟悉工厂里面所有产品的包装。在工厂了解到的和在学校学习的真的是不一样，学校里面设计的都是美观的东西、漂亮的东西，很讲究外观设计、字体设计。到了工厂以后才了解，真正的设计

要重视内在结构，要保护商品。工厂里有跌落试验，我们在学校根本没做过这样的试验，一个灯具要在0.6米的高度往下跌，打开以后不碎的才能过关。通过这么一段时间以后，慢慢摸索到了一些原理，也开始着手对我们自己的产品进行了一些设计制作。

仓：您在灯具厂前后工作了多少年？

李：我在灯具厂工作时间不久，可能因为业绩比较出色，被调到了灯具公司的技术科做美工。工作任务是新产品展示，每年都要去北京开新品博览会，要布置整个公司四十多家厂的产品展示。我觉得这也是一个很好的机会，因为你一个人要承担电工、木工、制作、安装、设计等全部工作，预算也要自己做。那个时候就标新立异，把学校里面学到的东西全部挪出来用。那个时候每一次展会都得奖，而且都名列前茅，在局里面也每次都受到奖励。所以我觉得一个好的设计师，一定要在社会上面有好的一个平台去接受磨练，独立思考，独当一面，出来的东西要与众不同。

仓：您在灯具公司一直工作到什么时候？

李：90年代末的时候，突然有一次机会，上海文联要组织一次上海民间文艺家出国访问，去的国家是新加坡，对方提出来搞民间艺术的人要年轻化。因为当时我比较年轻，又在做民间艺术，一下子被抽中了，就因公出国一个月。那个年代，大家都削尖了脑袋出国，自己掏钱去汉口路排队，似乎突然一下子有一个馅饼掉在我面前，我觉得是一个很好的机会。出去以后给对方一家公司又留下了好的印象，我一个人可以做七样，绘画、美术、工艺什么都可以，他们觉得我是一个可用人才，他们就一直跟我接洽，说我们想个人邀请你过来工作。那个年代大家都是很少辞职的，都是停薪留职。我回来和太太商量，她也觉得是一个机会，我就辞职离开了灯具公司，去了新加坡。

仓：您在新加坡前后工作了多长时间？

李：前前后后加起来大概有7年，先是定居在那5年，后面又零零散散去了两年。我的工作是签约画家，去到那有一个很好的保障，不愁吃穿，生活也过得蛮安逸的。我太太来新加坡探亲的时候就问我"你的画在哪里?"这一句话又把我点醒了，画都卖完了，自己手边没有画了。她说你作为一个上海人，在新加坡这么多年，你是准备一直待在新加坡生活，还是要回上海生活？她和我说这几年上海的变化，台湾人来上海唱老歌，香港人来上海拍老电影。她说你一个上海人在新加坡，你画的全是异域风情，画的题材很散，画到最后一张画都没有，你的文化自信和文化自觉性在哪里？这给我一个很大触动。在新加坡我就想，以前我在新天地这个片区的石库门长大，老上海弄堂的生活给我留下很深的印象，就像放电影一样在脑子里一个个出现。我就构思画石库门，画出来很多人就问这是什么建筑，在哪里？我就跟他们解释，我说这个是上海的文化，就像新加坡的牛车水一样，上海也有很多租界老建筑，无意之中就把我们的上海文化宣扬出去了。我觉得这条路可以走，后来我就下定决心回国发展。回国以后，沉默了几年做准备，因为你出去这么多年，人家也不知道李守白是谁。刚开始也是通过艺博会打进这个市场。这么一步步走到今天，我觉得一个是积淀，一个是生活的磨炼，还有学校给我的艺术训练，这些都很有帮助。

作品《映像》

仓：您的创作风格很有特色，注重对海派文化的挖掘，您是如何形成这样的创作风格的，能和我们分享下这个创作理念的形成过程吗？

李：这个是受到学校学习的影响。我刚开始画石库门的时候，画上海旗袍女郎的时候，一直在想用什么载体呢？是用油画、国画，还是其他方式呢？我记得我在工艺美校读书的时候非常喜欢敦煌壁画。我记得有一个庄小蔚老师，他虽然没有教我们，但他帮我们代过课，她在课余时间给了我看敦煌壁画的图片，我一下子着迷了，我就问她借了很多的图片，又买了很多的高丽纸，埋头就画敦煌壁画。后来就一直喜欢画这种重彩。另外我们老师每个星期布置一张作业，但我起码要完成三张。一张是按照老师的要求画的，为了让老师打分的，想要拿高分的。还有一张用重彩的方法，另外一张用油画的方法，同样的题材我喜欢选择三样一起画，拿来比较一下。就像我们拍照，没有数码的时候我们拍一个正常的，一个曝光多一点的，一个曝光少一点的，一起比较效果看看。这种方法虽然笨，对我来说是多了三次锻炼机会。我就把画敦煌壁画的技巧用到画石库门上面，给人感觉好像建筑有不同的肌理，就这样慢慢走到了今天。

我觉得上海是中国的女人，所以我要把这座城市当作女人一样对待，要爱护她。我家里又有两个女人，一个太太，一个女儿，所以我用她们两个人做模特，画了很多女性的题材。另外我很喜欢画外婆家，我画了一幅画，名字叫《外婆屋里厢》，我太太抱着我女儿站在一个画里面，整个背景是老上海新上海。我觉得上海这座城市就是我们每个人心中的外婆家，它是一个避难所，你小时候调皮的时候，家长要追着你的时候，你可以躲到外婆家，外婆给你吃，给你用，还能关照父母不要打孩子，要好好教育。这就体现了一个包容性，所以我希望用自己的彩笔画出这座城市的包容性。以前老师教了我这么多的方法，我受了这么多的教育，要反馈社会。现在看来我的方法还是正确的，还是受到了读者的欢迎。

作品《摩登午后》

仓：近年来，您的创作涉及绘画、剪纸、文创作品等多个领域，您能和我们分享下您这些年来的创作理念吗？您觉得设计出有海派特色的文创作品应该注重哪些方面？

李：我这个人有点不太安分，不愿意墨守成规，很喜欢琢磨些新的东西。就像老师布置的作业，我起码要完成三张。很多东西不能单守在一个层面，要寻找各式各样的舞台，增加灵动性，这也是一个生存的法则。所以我喜欢用新的材料、新的理念，或者听到我女儿介绍一些网络上面的信息，我也会去学习。我看展览速度很快，我去到国外博物馆，大的展览一天能看完，看完以后我就会有的放矢地学那些有用的东西，我会把它记住，再通过我的实践把它创作出来。比方说我的重彩里面，大家可能会看到剪纸的影子，我的剪纸里面也有重彩的成分，这两者结合又变成一个独特的艺术语言。我有时候会用板材雕刻成一个剪纸模样，跟油画结合起来。表面的基底、色彩的表述往往是剪纸做不到的，也是重彩做不到的。只有不断地挑战自己，才能给人家看到一个新奇的守白艺术。我最近这两年也会做一些文创，包括做一些设计，我觉得工艺美院不是单纯让你学会画画，而是让你学会一直思考，做很落地的设计方案。我有时候会联想很多东西，包括用剪纸来做一个公共文化装置。但是这一切还是要有一个团队的支撑，你后面要有一批人帮着你一起，自己单打独斗是不能成气候的。

仓：您近年来的绘画的风格也有一些变化，您有几幅画有毕加索的立体派这种风格。您能跟我们分享一下近期的一些创作思考吗?

李：刚才也讲过，我的创作比较杂，也不大安分，很多人说你这个画有当代的色彩，但其实是民间艺术给我的启示。我最近为什么会画这样一个油画作品？我就觉得它里面包含着从民间艺术里挖掘出来一些元素。往往民间很多东西与我们当下的生活是没有什么太大的关联，怎样让它重生，我觉得这个责任在我们身上。我就从形态方面作了一些变化，看似跟当代艺术有关联，其实是民间艺术原本的语言。

仓：海派文化和艺术实际上是形成于上海开埠以后，有100多年中西方文化交汇和历史的积淀。您觉得在今天我们探索新海派文化内涵的时候，应该从哪些方面去吸取营养和元素，或者是以什么方式来表达?

李：这个话题是很时髦的。我觉得每个艺术家还是要有自己的理念。我觉得我们当下在做新的海派设计的时候，第一个要考虑环境，考虑生态，在应用材料的同时能创新，能有替代，在环保的状态下再做出一个新的有视觉冲击力的艺术品。所以我就一直在想，当下我们在做艺术品的时候，要用一些再生材料，为我们这座城市作出新的服务。

仓：学校今年进入56所国家“双高”校建设中，我们的目标是要传承非遗和民族文化，并且能够把它运用到当代的创新设计中。在这个方面，您有什么样的建议给到学校的师生?

李：我也听到方方面面的要求，包括中国民间文化要进校园，或者是一些很老土的民间艺术要进校园。但有时候也是要一分为二的，很土很土的东西，原生态的东西，我觉得还是要保证它的自然性，要靠理论家把它的原理总结归纳出来。我举个例子，就是我们中国人吃饭都会用筷子，孩子长大后都会用筷子，但用筷子的理念跟用法未必每个人都清楚。中国文化的内涵不变，但是它的形式和材质，是随着时代改变的。

关于这些民间文化的普及方法，其实我觉得可以借鉴三原色的道理，我一直讲我们要保证三原色的统一性跟分离性。红色代表原生态这一块，拿出来它也能自己生存；黄色代表学院派的，有美术理论的；蓝色代表一个社会性的爱好者。三者结合是最好的，如果三者分离也可以，两两结合也可以。所以我觉得传统的还是让它走传统，学院走学院的，做教学理论这一块，要拔它的高度。你要把一个农民画家培养成一个艺术家，让他学透视，让他学很多很多的颜色原理，学完以后他就不会画了。因为对他来说就是很原始的一个图像，你教了他很多的原理和概念性的东西后，他的手都发抖。我就碰到一个例子，徐州有一个老大妈在波特曼酒店做一个剪纸展，请她来的时候给她穿了一个新的棉袄，给她一把金剪刀，给她亮闪闪的纸让她剪，老太太剪时手都发抖了，但她在自己老家剪的时候，剪出来的图案非常漂亮。我觉得教育就是这样，教育是引领一个人怎么样拔高，但不能揠苗助长，还是要一步一步走过来。

仓：您是上海文联的领导，也是民间文艺家协会的主席。上海在挖掘自己的本土文化，逐步探索形成城市文化特色方面，您觉得探索路径应该如何?

李：上海是一个移民城市，都是外来文化，城市文化跟传统文化的结合也是近年来一直探讨的问题。我们现在要通过网络，通过一些多媒体让年轻人多来关注我们自己本民族的艺术语言。我觉得上海民协的首要责任，就是要培养年轻的作者和爱好者。我们以前开会很伤感的是，台下人的头发白花花一片，现在好了，有很多黑头发加入了，这比较令人欣慰。

三、教育和人才培养建议

仓：李老师，您也常把一些非遗的剪纸艺术带到中小学的教育课堂当中去，在做这些文化普及的时候，您觉得有哪些方面需要再进一步地去完善和提高？

李：我觉得这些教育铺垫越多越好，在铺垫之中发现苗子，你要教他们一些真功夫，让他们去面对。要有一个慧眼，就是伯乐的眼光，甄别出谁真正的需要，我就大大地给他输血，培养他成才。好多人觉得传统的东西就是"教了徒弟饿了师父"，但是我觉得现在这个社会不用那么紧张，因为现在网络这么发达，信息量这么大，不可能保密。你要有恒心，能坐下来，用时间来换这个空间，做出一个作品来，这个是关键。我有时一个人能坐半年，因为我的作品有时候很庞大，长卷的画一做就6个月，甚至10个月。我会带一些学生出来，让他们一起看着我，怎么样一步一步完稿，到最后他们也有参与感和成就感。我同时也告诉他们，"你将来自己做作品，也可以采取我这种方法。"现在我比较欣慰的是，有几个离开公司的小朋友，也在外面闯世界，而且跟国外的品牌在合作，他就用中国的剪纸方式搞包装设计，做一些环境布置，我觉得这些小朋友也是蛮聪明的。

仓：您的创新性非常强，你总是能跟上时代的脉搏，找到新的艺术表达方式，这个是属于艺术家非常难能可贵的一个品质。从培养人才的角度来讲，您觉得学校现在培养艺术设计方面的人才，应该注重哪些素质和能力的培养？

李：我这两年也是带了很多学生。我觉得培养学生，其实还要发扬他们的灵动性、机智性、敏锐性，对一个问题的看法不能死脑筋。我对我的学生就讲七个字，第一个要讲诚信，第二个要自信，第三个是可塑性。只有这样，像块海绵一样不停地吸纳，以后才能对自己有帮助。作为教育机构，我觉得首先要有一个正确的眼光，看得懂这个孩子，看明白这个孩子是可教的，你就多输出一点。有时候我们在选择苗子的时候是关键，好的苗子不能放过。画画就能判断学生的敏锐度跟他的灵动性，这是关键。还有一个是对待事物的态度，就是诚信，做艺术的人一定要诚信，诚信的人做出来的东西也不会差。

仓：今年是学校60周年校庆了，您能不能送给我们的校友和在校的师生几句话？

李：首先恭喜我们的母校又过生日了。我希望学校越来越好，在教育方面有自己独特的理念，我们的学生能被社会更好地认可。

作品《居家保平安》

采访心得

李守白老师自小得益于父亲的精心栽培，他善于学习，勇于创新，喜欢用多种方法表达同一绘画主题，从中进行选择比较。人生的每个工作岗位均做得非常优秀，他勇于自我挑战，从敦煌壁画中吸取重彩的表达方法，作品自成一格，开辟了海派艺术创作风格，尤其是其表现老上海生活的石库门系列，给他赢得了“上海石库门先生”的美誉。

黄伟
中国首个国际“黄铅笔”设计大奖获奖者

采 访 人：仓　平
受 访 人：黄　伟
采访时间：2020 年 8 月 5 日
采访地点：南京路夏逸文化传播公司

黄伟

1973 年生，奥美 OGILVY 在中国大陆培养的第一批创意人，先后担任灵狮 LOWE 及盛世长城、实力传播 SAATCHI、ZENITH 等创意总监。后加盟华扬联众汉唐国际，现任夏逸文化合伙人。亚洲广告创意的代表人物之一，荣获十余座国际金奖。全球奖项中少数来自亚洲的评委，曾受邀担任 2018 年美国纽约广告节评审、2017 年伦敦广告奖评审、美国 One Show 中国区评审等，也是国务院批准的国家级评审。

一、成长和求学经历

仓：黄老师，您为什么会选择走上艺术创作的道路，您的家庭和您的成长环境是如何影响您的选择的？

黄：最初的时候我就发现我自己跟别的孩子不一样，别的孩子喜欢去外玩，去打闹，我是一个特别能静下心来的人。我最喜欢静下心来画画。我有时一画三五个小时不抬头，这不一定叫天赋，可能叫天性，可能是老天赏这口饭吃。因为热爱，并且坚持，所以能够走到现在。赚钱的方式有很多种，我觉得这是我最喜欢、最愉悦的赚钱方式。

仓：您是哪一年进入上海市工艺美术学校的，请问您当时为什么还要报考工艺美校？

黄：我记得是 1991 年，那个夏天好像蛮热的，当时考了三所学校，一个是我们工艺美校，一个是华山美校，一个是上大美院。其实我三个学校都达标了，我比较喜欢工艺美校的氛围。所有的小孩子到十四五岁的时候都有私心，就是想远离父母，能够独立，所以我当时带着一颗叛逆的心远走嘉定。

仓：您当时报的专业名字叫什么？您当时为什么选择这个专业？

黄：这个专业是工艺美校历史上第一次开办的，全称叫工艺品销售与管理专业。开设这个专业的初衷是非常好的，因为国家看到了工艺美术的蓬勃发展，觉得不光要有作品的设计者，还需要设计者具有销售能力，能够说清楚，能够向全世界展示，所以我们当时就进了这个专业，我们读的是四年制。当时的成绩在美术分上面还加了英语分，包括口语分。我们班级里有 21 位同学，除了美术能力不错，英语能力也还很好，甚至外貌也还过得去。那时候我们班级里有很多美女，所以其他班的男生都到我们班窗口来看美女。当时我们进去的时候还是蛮自豪的，觉得我们是颜值最高、专业度最高的一个班级。我们当时除了学习文创设计，还学习了数学跟英语，英语课比传统的更难些。增设数学课是希望我们能够对金融有一定概念，因为文创不仅要会设计，还要会卖、会销售。

仓：请您谈谈您在美校的学习经历，这几年您遇到的哪些老师给您留下了比较深的印象？为什么？

黄：我们现在来说非常感谢母校，也感谢自己选对了这个学校。因为当时华山美校也好，上大美校也好，都属于走读制的学校，工艺美校跟它们最大的差异在于它是一个住宿式的学校，用今天比较流行的话叫做沉浸式的学习，我们的学生也好，老师也好，都沉浸在里面。一年中除了寒暑假和双休日回家，其他时间均住在学校，老师爱教，学生也爱学。我记得我们当时晚上 6—8 点还有补习课，所以我们的专业能力跟学习的爱好度是强于其他走读学校的。嘉定街上也没什么可以玩的，不像市中心，所以你在那里就是要把你手上的漆画磨好，把你手上的素描画漂亮。

当时有很多很多非常厉害的，在今天来说都是大师级的、国宝级的老师，印象比较深的有丁乙老师，有余友涵老师、王珠珍老师，这些都是非常厉害的老师。尤其是丁乙先生对我们的影响非常大，应该说丁先生跟余老师他们打开的不只是我们技能的这扇门，更打开的是我们的世界观。我们在进工艺美校之前，学的是素描，素描是来自于苏联的，中国素描派画的最好的是中央美院，所有校外的老师都说你的目标必须是画得跟中央美院一样。进了工艺美校以后，余老师跟丁老师说“不要看那些东西，我给你们看样好东西”。他们把印象派、立体派、表现主义、后现代派都教给我们，我们的眼光一下子被打开了，我们就知道眼光不能仅放在中央美院了，我们的眼界必须是全球性的，这也造就了我后来一直以全球性的标准要求自己，所以我拿到了全球性的最顶级的奖。名师出高徒，他给你定的目标高，你才有可能去攀登高峰。如果他只是让你去攀登山腰的话，那你一生就只能在山腰上面了。20 世纪 90 年代的时候很多人不懂印象主义、立体派的原理是什么，所以非常感谢这些美校里的老师，让我们一下子开拓了眼界，他们实际上也是非常敢为天下先的一群人。

仓：您在美校学习期间还发生了哪些有趣的事情？您如何评价美校的学习对您一生的影响？

黄：其实有趣的事情非常多。那时候我们不知道很多老师已经是在全球或者是国际上都是顶级的艺术家了。学校给他们每个人一个画室，我们就在他们的画室里面做作业，吃火锅。那时候没有意识到我们身边都是国宝级的作品，到这两年我才发现原来我们老师的作品已经卖到上千万元了，我其实是在上千万元级的国宝的熏陶下学习的，现在回想是非常感叹、非常荣幸的。

二、从业和创作经历

仓：您 1995 年毕业以后就直接开始从事广告行业了，您能跟我们分享一下您职业生涯的发展过程吗？

黄：人生有时候就是因为某些小小的“点”就改变。我记得最后一年应家长的要求，学校增加了广告设计课程。因为当时中国面临改革开放，商业设计起来了，所以我们这拨人吃到的也是这拨红利。当时我们有个老师教广告设计的，有一天在看我课堂作品的时候说"你还蛮有创意的。"其实往往老师一个很小的认可，在学生心里就会萌发出很大的一棵大树。后来我觉得我也许可以去尝试一下做广告创意的事情，就面试了几家广告公司，从此后就在广告行业里滚打了二十多年。你入行的第一家公司往往就决定了你一直要走下去的职业道路。

仓：您当时入职的第一家是4A的奥美公司吗?

黄：我在奥美之前还入职过本土的联合广告公司，后来因为外资进入了，带来了全新的创意理念，通过自身的努力，经过了七轮面试才进入了奥美，我也是中国奥美第一批的大陆员工之一。工艺美校是四年制的中专，奥美这样的4A公司就相当于是我们的大学，我在这样的一个大学里面，像海绵一样吸收知识。

仓：您在奥美先后工作了几年，能跟我分享一下当时做的广告案例吗?

黄：我在奥美待了三年的时间，应该算是忠诚度非常高的。当时也不谈恋爱，非常单纯地学创意。那段时间里，创意技能得到非常好的一个发挥。我跟我的小组搭档给奥美自身品牌做的创意，获得了奥美亚太区总裁的表扬，一旦有人表扬你，你会觉得自己特别有天赋，所以就自信心爆棚，一路逆袭而上。后来创造出很多的优秀作品，统一进入中国，肯德基进入中国，联合利华进入中国，它们的商业成功都有我们最早的努力。

仓：离开奥美以后，您后来又从事过什么样的一些岗位和工作?

黄：离开奥美我基本还是在4A系统里面做，因为4A系统里老外的这些逻辑跟方法论，对于当时的中国商业来说是非常有用的。有一天我的人生又发生一个巨大转折，我到了另外一家4A公司，叫盛世长城。盛世长城媒体公司的CEO是李志恒先生。他说："黄伟，你们本土创意人有没有拿过国际奖项?"我说："我们国内奖项都没有去尝试过，我们很忙，没有空去追逐那些奖项。"李老板说："不行，我要你们本土创业人证明你们一定不输给老外。"我说："不可能，我们英文都不好，读美术的没几个英文好。"他说："没关系，我让师父教你们。"所以他当时就请了盛世长城大中华区的创意总监陈薇薇女士来教我们，她来教我们如何做最顶尖的创意。

第一年我们就拿到了全国广告节的银奖，一共拿了三座，我感觉好像有戏，我去找李老板，李老板说："是啊，你们要相信自己，你们可以的!"我们以为任务结束了，他说："你们明年帮我拿个亚太的奖项。"我说："亚太太难了，亚太要打败日本，要打败新加坡，打破韩国，这些都是创意四小龙。"没想到第二年我们通过努力拿到了亚太金奖，我们好开心，觉得中国人在设计领域不比日本人差。到了第三年，李老板过来说："你们不要洋洋得意，我的最终目标是立在山顶的，你们要打败全世界的创意人，你们要打败英国人，打败美国人，打败法国人。"我说："不可能，他们都是我们师父，我们都是跟他们学的，这是在关公面前舞大刀。"他说："人一定要有梦想。你们有了梦想以后我可以支持你们，你们还有什么需要支持的?"我说："我没有见过天有多高，我怎么去爬上天台?"他说："这样，我送你们去参加戛纳广告节。"所以就送我们去了法国戛纳节。我七天都泡在展馆里面，每一幅作品我都拍下来、记录下来。回国了，李老板来问我："学到什么吗? 看到什么吗? 有什么收获吗? 我请你去的费用什么时候能收回成本?"我说："我最大的收获是看到天有多高了，虽然很高，但是我觉得我够得着，我不害怕了。"李总跟我说："你能不能再给我个惊喜?"我说："我再试试!"我不是一个会打保票的人，我总是说尝试一下。他是2005年送我去的，就是在第二年，2006年我就拿到了纽约广告界的金奖，这也是中国广告人第一次拿到纽约的金奖，所以行业内就沸腾了。

2007年我跳槽了，去到其他公司，但是我没有停止创作。我们在2008年拿到了美国最难拿的一个奖项，叫ONE SHOW，我们拿到的是职业组的银奖。2009年，我又回到了李志恒的公司，我给了他一个惊喜，也给了整个中国一个惊喜。2008年是奥运年，大家都说奥运后中国还能不能给世界一些不一样的东西？2009 年我们在英国艺术指导与设计大奖中，也就是我们行业内都知道的“黄铅笔”(D&AD 黄铅笔)中拿下了金奖，这是全球最顶尖的六星级的奖，跟我同一年拿“黄铅笔”的是斯蒂文·乔布斯的苹果手机设计。我们是凭借着一个包装设计拿下了“黄铅笔”。中国创意人从来没有拿过这个奖项，我代表所有的中国创意人、设计人到了英国的领奖台，拿到了“黄铅笔”。拿到这个奖以后，《广州日报》《东方早报》，包括凤凰网、搜狐网、新浪网都来采访我。

现场全都是老外，没有一个亚洲人。我非常兴奋，因为别的国家获奖者都是 50 多岁的创业总监，头发都白了才会拿到这么至高的一个奖项，我觉得自己三十几岁就拿到这个奖项，非常兴奋。别的国家获奖者去领奖都是披着国旗去的，我也带了五星红旗，但是一紧张就忘带上台了。这个奖项对我们创意行业来说非常重要，因为这个奖项覆盖了很多类别工业设计、包装设计、平面设计、产品设计，甚至覆盖了动画设计、影视设计、建筑设计，全球专业组只颁布 40 支黄铅笔，它是个全方位的奖项。所以斯蒂文·乔布斯拿到“黄铅笔”以后也非常开心，D&AD 黄铅笔是全球最难拿的奖项，这个奖项是宁缺毋滥的，所以也证明了这个奖项的含金量，我也非常感谢学校当年给了我们国际视角，如果当年只有一个国内视角的话，我没法走到那么远。这个奖项是非常非常有意义的。我觉得这个奖项也是母校的荣誉。

黄伟(右二)在 2009 年黄铅笔颁奖典礼现场

仓：黄老师，您的“麻烦制造者”(trouble maker)避孕套产品的设计，跟苹果手机同年获得了 2009 年的黄铅笔的奖项。您跟我分享一下这个创意是怎么形成的？

黄：我一直坚持作品一定需要具有全球性，它不仅仅是中国人自己懂的创意，一定是要基于全球的视野来创作的。我们有一个词叫洞察，好多好作品都是来自于洞察。当时我身边有很多朋友均奉子成婚，奉子成婚也就意味着这个孩子他(她)本来并不想要，因为生了这孩子对一个二十几岁还在努力奋斗、处于上升阶段的人来说是个大麻烦。所以我们的创意就来自于避免麻烦，避免麻烦最好使用避孕套。当时我们的客户叫顽皮套套，我们就跟他说“好的避孕套就是能够让你避免麻烦”。

为什么 D&AD 把那么重的奖项给我们呢？因为过往的包装设计都是美化以及保护这个商品的。我们第一次把“撕”这个动作作为包装的一部分，我们在避孕套上面印上了萨达姆跟希特勒的头像，你撕开这个套套的同时，就把他们给撕掉了，就把这些世界麻烦制造者给撕掉了，所以也不需要有英文，老外一眼就看懂了。我们征服了所有的全球评审，他们从来不乱给奖，工业设计奖空缺了 4 年，2009 年才给斯蒂文·乔布斯的苹果手机。所以这也证明我们的确是突破性的，把“撕”这个动作作为包装的一个主要元素，是颠覆包装设计过往的思路的。

仓：您是哪年开始创业的？当时为什么想着要自己创业？

黄：我原来在 4A 系统里面工作，但是公司是老外的公司，我们中国人会遇到一定的天花板，但是中国人又不服输，我们觉得也能和老外一样能够做好创意，做好内容，所以大家都想开始创业。我们就集结了一群有想法、有经验、有创意的大陆创意设计师在一起尝试，未必一定能成功，但跟当初立下的目标一样，我们希望我们能够给中国文创和中国商业带来新的变革。

仓：现在公司主要是在做哪些方面的业务？

黄：我们最主要的还是帮助商业品牌在商场上能够“攻城略地”，打赢每一场商业战。我们现在也在做一些影视文娱的部分，文化产业这两年最有影响力的是影视行业，我们也愿意帮助影视行业一起来走向国际。

仓：您创业以来您觉得有哪些做得比较好，能跟我们分享一下自己比较认可的一些案例吗？

黄：我们已经过了以纯创意为第一优先的时代，我们现在更注重的是商业成功，所以我们这两年做了很多商业上比较成功的案例，我们开创了很多的品类第一。大家原先都知道康师傅红烧牛肉面是整个市场占比第一的方便面品牌，我们做了统一老坛酸菜系列，从零开始做到了 40 个亿，成为整个行业排名第二的品类，能让客户在商业上获得成功我们也非常开心。

在整个市场上面打造出一个新的影视剧品类，叫仙恋品类，像《三生三世十里桃花》以及《三生三世宸汐缘》，这个是前人没有做过的，所以我们一直强调我们要做创新，做别人没有做过的事情。我们现在也在做城市定位，包括很多文旅的城市。我们原先只是做小的文创，但我们觉得小的文创很难改变一个城市的命运。我们如果要改变这个城市整个的命运，改变当地老百姓的命运，改变他们的收入，改变他们城市的风貌，就要做整个城市的定位以及大的概念包装。

仓：当年在红烧牛肉面已经做到顶峰的时候，老坛酸菜异军突起，我周围的很多朋友都非常喜欢吃这款方便面。想听听您的分享，您当时是从什么角度去挖掘这个概念的？

黄：我们做统一很多年，统一在我手里做起来的有统一 100 方便面，有统一冰红茶、统一绿茶，还有我们 80 年代风靡的统一小浣熊水浒。我们先去了统一四川的厂里，一起做产品研发的创意。我们跟厂方一起来讨论什么样的口味、什么样全新的理念能够征服市场。当时其实是非常难的，我们是一款一款产品试下来的，有泡椒的、有蘑菇鸡的、有酸菜的，还有四川各种风味。但创意最终是要凝聚在一个点上，这一个点我们最后称之为地道四川，地道川味。我们一定要找到最能表达“地道”两个字的口味和符号，后来我们找到老坛，因为大家知道四川泡菜、泡椒、酸菜一定是放在老坛里的，土法酿制的才最好吃。老坛酸菜，就是后面我们通过消费者调研找出来的最适合的口味。所以依据“地道”这个核心的理念，我们研发出了整个产品。落到具体创意的层面，我们就邀请了央视美食节目主持人刘仪伟，他也是四川人，代表着非常挑剔的品味，以挑剔来对抗地道，谁更厉害？最后发现刘仪伟还是被老坛折服。落到具体创意时，我们设计了坛子的造型，还做了一个超长的筷子，放在老坛里，坛子加筷子，快速地让四川当地的消费者知道这个东西才正宗，这个才是家乡味道。在四川卖火了以后辐射到西南、云贵、重庆，再辐射到全国，所以这个产品是这样一步一步打开整个市场的。

仓：您做城市包装的时候，对它的特色和文化挖掘方面，您比较看重哪些点？

黄：我们比较看重讲故事，因为故事是人类区别于动物最大的一个点。我们之前以为动物跟人的区别是动物不会使用工具，后来发现猩猩也会用棍子，水獭也会用石头敲贝壳。所以我们觉得工具不是人和动物的区分原则，而是故事。比如说原始人去打猎，猎物打下来以后，如何协调谁吃头谁吃尾，谁吃最好的肉？就需要讲一个故事。比如说我们中国人相信我们是龙的子孙，每个人都以此为自豪，并凝聚在一起，这是动物没法做到的。具体到每个城市，这个城市是不是有自己文化的传承跟母体来讲这个故事，是否能够吸引到外面的流量、游客、投资、资金，均取决于能否讲好故事。以上海为例，上海是魔都，是冒险家的乐园，是金融产业的聚集地，所以全球都愿意来上海投资。北京讲的是帝都的故事，讲的是中国文化传承的故事。所以每一个城市都应该有以它自己文化为基础而研发出来的特色点。

最近我们也在给慈溪市做文创的包装，慈溪是一个加工型的城市，已经挤入全国的十大工业化城市之一，但是它的文旅做得不好。我们去看了一下，它的文旅资源是非常好的，山清水秀，有水乡、有湖泊、有高山，不输任何一个区域。但是大家都认为慈溪只是去宁波时路过的一个地方而已。慈溪背后的文化故事是什么呢？慈溪慈溪，关键是来自于慈字，它是“母慈子孝”这个成语的发源地，讲的是东汉一个孝子，每天为了给他的老母治眼睛，去远处的一个溪水，来回十公里给老母挑水，后来衍生出了“母慈子孝”这个故事，我们觉得这是能够支撑整个文旅产业背后的故事。

仓：您和您的团队也曾经参与过荣威标志的设计，您可不可以跟我们分享一下设计的理念？

黄：荣威最早是英国的 Rover，后来到中国上海来投资生产，政府对它的期望非常大，希望能够把它做成威仪四海的象征。所以我们用中国元素把原来的北欧船替换成了我们的华表与狮子，也代表了中国自信，荣威荣威，就是威仪四海的理念。

三、教育和人才培养建议

仓：您公司内有一半的学生都是来自工艺美院，从 90 年代到近十年的都有。感谢您给学弟学妹们机会，您是如何看待老带新这样的传统的？

黄：我非常重视的是学校的传承，我以前是被这样的一个传承善待过的，所以我非常愿意做这个传承的继承人。我刚进入奥美的时候，我的师姐，也是我的师父，是中国奥美的第一轮本土创业总监，叫黎音，她也是工艺美校毕业的，她当时非常照顾我，很多事情都会手把手地教我们做。我后来也有这样的一个传承，非常愿意招工艺美校的师弟师妹们，只要是我们学校毕业的，我都对他们另眼相看，希望能够把我们的校风传承下去。同济、复旦、清华都有这样一个传承的校风，有照顾师弟师妹的传统。我说我们工艺美校这么好的一个学校，也要这样传承下去！我们一定不是第一个，但我们要做当中的接力者。

仓：最近几年来整个广告行业发生了非常大的变化，整个行业向新媒体方向发展的趋势非常明显。请您从行业发展的角度跟我们分享一下，广告行业未来对人才能力和素质的需求？

黄：广告学科是与商业息息相关的，90 年代前中国的商业没有那么发达的时候，其实广告是没有太多用武之地的。加入 WTO 以后，全球产品进入中国，广告吃到了这一波红利，蓬勃发展，也创造了无数个商业机会，我们也很荣幸参与其中。未来随着中国商业的持续发展，广告行业这个大市口、大市场一定是在的，学弟学妹们如果从事的是广告设计行业，或者是一些跟商业有关的行业，是有用武之地的，但是在学校里要多与社会接轨。最怕的是当你大四毕业的时候，面对陌生的世界，你不知所措，你们一定得在大二、大三，甚至大一就出来见世界。暑假寒假可以玩，但是要留一部分的时间给你未来的道路。你们每个人都是一个开放的个体，去接触不同的领域，也许你学习的是广告，但是你可以去尝试一下动画公司、游戏公司，或者是纯设计公司，看看哪一个方向才是你未来最愿意从事的事，一句话叫做“你愿意奋斗一生的事业”，因为你中途变跑道的成本太高了，我遇到的人很少有中途换跑道的。试想一下，你做了五六年，发现这个行业你不喜欢，你再去换一根跑道，之前你五六年所有的投入，你认识的人脉都断掉了。所以你选择了一个行业就坚持走下去，不要随便去换行业，跳槽是可以，但不要跳行业。

仓：也想听听您对我们广告专业培养方向的一些建议。我们培养这一类的人才的时候，要注重哪些能力和素质?

黄:我们说的平面也好,短视频也好,这些都是基于媒体的环境而变化的。在商业设计里面,无论你做一个设计还是做一条影片,我们都称之为内容,内容一定是嫁接在媒体上面的,因为没有这个媒体观众是看不见你的。今天媒体环境在变,原先份额最大的平面广告现在逐步在消失。以前我们都是看报纸、看海报的,现在你有多久没有看报纸,多久没有看杂志了,对不对?现在最多的就是看手机、看短视频,抖音、快手、小红书种草。

也许你在学校里面学了几年的东西,等毕业的时候发现已经变化了,所以我们要重视学两件事情。第一个就是学习专业的技巧,会使用软件,软件使用是我们招实习生的第一步,你如果不会photoshop、不会剪辑的软件,可能我们真的没法用你,这个是课程里面要设置的。第二个就是想法,就是idea。媒体在换,但是创新力永远是不会变的。有了创新能力你可以将idea运用到所有的媒体环境上面去,可以把它变成抖音上的短视频,也可以变成120秒的微电影,也可以去拍成影视。所以要设置增加创造力的课程。我知道我们过往的传统艺术类学校不太有这个课程,但是我们发现这个是最后的核心竞争力。当你从一个设计师慢慢变成一个资深设计师,再往上变成艺术指导的时候,你光会手绘、电脑、剪辑是不够用的,头脑是核心生产力。未来决定你升迁、加工资的一定是你的头脑,头脑包括很多面,创新能力、管理能力。我觉得学校里可以加强对这部分的能力的培养,就是对idea的抓取能力,这个非常重要。今天我们所有的4A系统的公司,哪怕是BAT(百度、阿里、腾讯),他们都需要你有创新力,需要你有想东西的能力。

仓:培养这种创意能力有没有好的方法?

黄:这些方法一般都是老外教我们的。中国人喜欢把思维的能力变成一种玄学,诸葛亮跟周瑜每人手里写了一个火字,还不给对方看,神神秘秘的。但是老外不一样,老外希望能够分享,因为你一个人想出来的创意是1,但是我如果跟另外一个人碰击的话,有可能产生3,跟5个人碰撞的话可能产生100,所以老外是希望脑力激荡,是A加上B能叠成C的。所以学校应该引进这样脑力激荡的课程,或者邀请外校的老师,让学生从大一开始学会脑力撞击。学生还要有对外的沟通能力,我觉得一些跨专业、跨领域的沟通会开拓学生的思维。其实这个倒未必一定非得到大三、大四开始,大一就可以让学生看看外面的世界,包括引进一些外面的资源作为一种补充。

仓:今年是60周年校庆了,您有什么话想送给我们的校友和我们在校的师生的?

黄:非常感谢我们的母校,应该说没有学校的培养,我们其实走不了那么远,或者说我们的基础打得没有那么扎实。我们在美校读书这四年应该说扎根扎得非常深,也吸取了国内外的很多文化艺术养分,没有这些养料我觉得可能走不了那么远,非常感谢母校对我们的培养!希望学校能够越走越远,把我们更多的孩子培养成更优秀的艺术人才。

采访心得

黄伟先生是中国第一批4A广告公司的本土员工,代表中国创意人拿了很多国际创意大奖,尤其是在2009年获得了“黄铅笔”奖,更是中国获奖第一人。黄伟先生提倡校友之间老带新的优良传统,自己也身体力行,先后带教了数十位学弟学妹进入广告行业。对于如何培养学生创意思考能力、协调沟通能力、社会适应能力、国际化的视野以及不断挑战自我的能力,黄伟先生均给出了非常好的建议。

赵樯

强调个性化设计风格的熊猫金币设计师

采 访 人：仓 平

受 访 人：赵 樯

采访时间：2020 年 8 月 8 日

采访地点：上海工艺美术职业学院徐汇校区影视多媒体工作室

赵樯

1973 年出生，1992 年毕业于上海工艺美术学校，艺术硕士，文化创意者。主要成就：北京奥运会纪念币设计，上海世博会金币设计，2011 年、2014 年、2015 年、2016 年中国熊猫金币设计，2015 年创意雕塑《风雨同舟》、2020 年中国惠明禅茶博览会吉祥物“山宝”。

一、成长和求学经历

仓：赵老师，您为什么会选择走上艺术创作的道路，您的家庭成长环境是如何影响您的选择的？

赵：我主要受到父亲的影响，他是一位人民币钢版雕刻师，早年毕业于上海美术专科学校。我从小耳濡目染，也喜欢画画，然后进入了少年宫的绘画兴趣班，就这样一步步走上了专业的道路。

仓：您是哪一年进入上海工艺美术学校的，攻读的什么专业？请问您当时为什么要报考工艺美校？为什么选择这个专业？

赵：我是 1988 年初三毕业后考进工艺美校的。当时选择专业的时候曾考虑过室内设计，后来偶然得到美校杨耀老师的指点，选择了装潢专业，至今热情不减。装潢专业的师资力量特别强，老中青、多元化结合。我们学校的图书馆资料也异常丰富，其实当时学校的经费并不多，但是学校仍很有远见地投入大量资金去订购国外的专业期刊，向全体师生开放，我们能从中了解到国际最新的设计思潮，这个非常可贵。

当时开设的课程特别广泛，有平面构成、立体构成、色彩构成、书法和摄影。当时摄影用的还是传统的胶卷，由张苏中老师给我们授课。在神秘的红色暗房里进行特效处理，不仅培养了观察力，动手能力也得到提升。另外还有图案课、国画课、甚至室内设计。学校通过各种课程让学生对设计的方方面面有一个基本的了解，让学生有较宽广的视野和较高的艺术素养。记得当时做化妆品造型设计，我们用了石膏来切削雕刻打磨，后来工作中，有部分时间就是和石膏打交道，居然学以致用了。虽然现在有更多的高科技辅助方式，但是殊途同归，都是让学生能有动脑动手的机会，这是我们工艺美校做得特别好的地方。

仓：您当时是几年制的学制，在哪些校区就读的？

赵：我是四年制的，1988 年入学，1992 年毕业。第一年读书是在嘉定外冈，我在那边体验了一下田园牧歌般的学习生活状态，感觉挺好的，后面塔城路校区建设起来后，就搬到嘉定城中的新校区了。

仓：当时教过您的老师有哪几位让您印象深刻，他们是如何影响您后来的学习？

赵：首先是我的班主任姚逸萍老师，她虽然不教授专业课，却是一位特别称职的可亲可敬的班主任，就像家里的长辈一样关心帮助学生并给予指导，能把如同母爱般的情感融入教学中的老师真的很伟大，令我们终身难忘。让我印象比较深刻的是有一位叫陈耀明的老师，他教授美术字。现在用电脑设计字体很方便，当时是用最传统的鸭嘴笔填墨，既培养耐心，也需要创造力。还有朱孝岳校长，他给我们讲述美术史，很系统完整。另外一位是年轻的徐勤老师，她给我们讲了中国古代瓦当艺术，后来我设计过一套北京奥运会的纪念币，因运用了瓦当的设计理念而中标。我们的老师在多年前给我讲的一些知识点之后用于我的某一个创作中，美校真是让我们受益终身！

仓：您在美校学习期间还发生了哪些有趣的事情？您如何评价美校的学习对您一生的影响？

赵：在美校无论是学习还是生活都挺愉快的。当时在塔城路学校的女生宿舍和教学楼之间有一块排球场，不少同学会争着在里面打排球，包括我，那是一段朦胧美好的青春回忆。我希望同学们不仅德智美全面发展，还要有一个强健的体魄，有一个健全的人格，这样才可以从容应对未来的职场和快节奏的生活方式。

二、从业和创作经历

仓：您毕业以后是被分配到哪里？您工作的岗位有变化吗？

赵：毕业后我进入上海造币厂，工作至今。之前主要做中国钱币的设计和雕刻，近几年针对市场做纪念收藏品的研发，更需要了解消费者心理和把握市场形势变化。

仓：您所参与的熊猫金币的设计，在市场当中有巨大的影响力，能不能跟我们分享一下，您参与设计的一些理念和设计的过程？

赵：说到熊猫金币，我觉得还是和熊猫有不小的缘分。我小学三年级时就听说过熊猫金币，因为我的父亲赵启明是印钞厂的凹版雕刻师，他的好朋友和同学陈坚分配到了上海造币厂，他们在工作之后有很多交集。最早的熊猫金币设计获得了世界最佳金币奖。80 年代中国女排获得世界冠军，熊猫金币获得国际设计大奖，均对国人是一个很大的鼓舞，我们通过艺术创作也能为国争光。熊猫金币初创的时候并非为国人收藏，因为当时刚刚改革开放，国家需要大量资金来进行经济建设。有人提出来，中国是不是也可以发行投资金币用于收藏，也可创汇。开始设计的图案有大象还有华南虎等，最终选择了熊猫，因为它是中国的国宝。熊猫金币一经推出就广受欢迎，从 1982 年发行第一枚至今，每一年熊猫金币的图案都不一样，且延续完整成系列，成为了世界五大著名投资币之一。我有幸参与了从 2009—2018 年这 10 年熊猫币设计竞赛，在每年约 60 位设计师参与的竞赛中，2011 年、2014 年、

2015 年、2016 年这四年我的设计都被采用了。近几年熊猫币除了在零售店进行推广外，还在全国各大银行销售，其影响力迅速增强。熊猫是中国的一个超级 IP，身为设计人以熊猫为载体，将中华文化推向世界，以美术精品表达中国，我深感荣幸。由此也结识了不少国内外的收藏者，他们对熊猫币的喜爱和痴迷，让我十分惊讶和感动。这两年也会围绕着熊猫文化做些不同层面的拓展和传播。

北京奥运会纪念币系列设计中标方案

仓：您现在关注的设计主题和方向集中在哪些方面，能不能给我分享一两个案例？您对中国，尤其是对上海文创产品市场是怎么看待的？

赵：随着经济不断地快速发展，人们的生活水准和审美品位也大幅提升，上海是长三角的龙头，文化创意将会是一个方兴未艾的产业，前景和价值不可估量。这两年在完成本职工作外，我也会利用业余时间去推进熊猫主题的文创及公益创作，如最近为全国惠明茶禅博览会设计的吉祥物“山宝”。

仓：您能给我们展示一下您设计的原创作品，给我们讲讲设计思路吗？

赵：这是我创作的太极熊猫雕塑，用了几何块面的设计手法，以 3D 打印形式呈现。创作时先画手稿，然后做泥稿，通过后期扫描输入电脑中再修整完善。可能还会结合一些功能进行深化，比如在酒瓶、储钱罐、首饰等载体上来进行演绎和变化。

这是为全国首届惠明茶禅博览会设计的吉祥物，唐代有位高僧叫惠明，出家前是一位四品将军，后到浙江丽水景宁创建了惠明寺并种植了惠明茶，民国年间在巴拿马万国博览会一举夺得金奖，从那时起“金奖惠明茶”便成为了景宁畲族自治县的一个显著标志。我将一个拟人化的狮子和将军形象进行组合，狮子鬃毛以茶叶造型构成。狮子也是一个护法形象，表示勇猛精进。我的设计很有幸在诸多的吉祥物设计稿中脱颖而出，并得到了静安寺住持慧明法师的悉心指导，未来会以各种形式的文创衍生品向世人展示并传播中华茶文化。

中国熊猫设计系列

仓：您进入到社会以后应该也接触了非常多的美校的校友，在交流过程中大家觉得美校有什么优良的校风或特色应该继续往下传承的？

赵：我到了社会以后，和不同美术院校的学生都能比较融洽地相处，我觉得大家并没有特定的门户之见或者界别。有一次认识一位中国美院的朋友，他说一看你的作品就知道你是上海工美的，他觉得工艺美院的学生可能更会拓展并突破一些限定，更有一些灵气吧。这得益于我们工艺美院良好的氛围，老师能让学生把他们的特质发挥出来，让每个人能以不同的个性、不同的面目去融入社会，将精彩释放出来。设计行业需要多元化的风格和理念，社会才会更丰富多彩，从而让百姓能有更多美好生活的选择空间。

三、教育和人才培养建议

仓：赵老师，您也一直参加学校“工艺中国”等课程的教学工作，跟学校一直有接触。以您现在对设计人才的理解，你觉得学校在培养学生的时候，在能力、知识结构方面还应该如何加强？

赵：我觉得我们美院有个传统，就是教学与未来的职场相联接，有一个完整的培养体系，同时也能顺致天性，让每一个学生把他的特色和个性发挥出来，做设计、做创意的人还是需要有这样一个比较温和的土壤，让他能够施展出自己的才华。我们学校的最大特点就是有很好的老师，另外有很好的资料库。学校要按照这样的路走下去，让更多的美院学生发展自身的个性和兴趣，这也会对社会和国家有贡献。希望同学们不仅要在课堂中潜心学习，还要走出去看看，这样才会有更全面的认知，提升思考方式。我们学校的课堂不仅限于一片区域，更要扩展到整个社会，我认为在寒暑假是很好的接触社会、参与实践的时机。

仓：今年是60周年校庆，您有什么话想对美院的校友说的？

赵：点线面，真善美，祝福上海工艺美院在教学、在学生的成长中为上海这座城市树立更多的城市精神，把生活中的美传播到千家万户。

采访心得

赵樯曾参加了中国熊猫金币的设计竞赛，其中有四年的设计图稿被采用。他觉得学校给学生提供更高的艺术视野和审美非常重要，学生如果能对未来艺术设计的方向有所了解，并灵活运用老师讲到的知识点，做到动脑和动手相结合，并能结合社会实践，发挥个性，未来成为优秀的设计师并非梦想。

王克强

从班长成长起来的企业家

采 访 人：仓 平
受 访 人：王克强
采访时间：2020 年 6 月 9 日
采访地点：上海邑通道具股份有限公司

王克强

1974 年生，上海邑通道具股份有限公司董事长，公司主要从事以道具为主的连锁品牌形象服务业务，为路易威登、纪梵希、法拉利、林肯、耐克、欧莱雅和法国鳄鱼等诸多国内国际高端品牌提供展示设计及制作服务。在行业内有较高知名度，先后获得上海市高新技术企业、上海市专精特新企业等荣誉称号。

一、成长和求学经历

仓：王老师您家中有人从事过艺术工作吗？您是怎么走上艺术这条道路的？

王：我爷爷和父亲是木匠出身，算是与艺术设计相关，在他们的熏陶下，我在高中时期学习了绘画，参与过电影院的海报设计。在我山东老家每年正月十五有龙车巡演，那时候我就带一些学生刷龙车。我还给我们当地政府做过很多的展厅宣传栏设计，所以我来美校之前就练出了很扎实的美术功底。我来上海是轻工部推荐的。那时候整个山东来了 10 个学生，潍坊两个，济南、烟台、威海、青岛、泰安、临沂、日照每个地方只有一个名额。我上学时候，学校还在塔城路校区。学校对面很多饭店的招牌、菜单和贴窗广告几乎都是我做的。实际上工艺美校有个特点，就是特别宽松，老师鼓励我们自由发挥。上学时候，我们造型班一直在那没事干就做东西，其实特别锻炼我们的手工艺，对我们来说帮助特别大。我在美校待了四年，从 1991 年一直到 1995 年，像我们这种四年制的在学校当时也非常少见，前后不过五年，后面就再也没有了。我们当时只有礼拜三晚上没有晚自习，其他都有。礼拜三下午就一堂课，其他时间全部都满课，可能对现在的学生来说这是高负荷，但我们那时候不这么认为，反而觉得特别有乐趣，不在教室就是在工作室，要么就在外面写生。比我高一届的陈梦红，后来到中国美院去了，我们两个经常是放了暑假就到外面去写生。平时我们两个就画学校周边的一些树林大桥，我们画了好多，当然我们也是很自由地发挥。

仓：您还记得在专业上对您帮助比较大的老师吗？

王：有徐鉴明、陈小如、程慧琴、冯守国、张苏中、王珠珍、许韵高老师。我在美校的时候，整个环境的氛围非常和谐。虽然我们是从外地来到上海的，但是大家对我们外地生反而更加照顾。专业老师、生活老师以及班主任对我们特别好，就连食堂的阿姨看到我们，都会特意给我们多加点菜，怕我们吃不饱。

二、创业和工作经历

仓：毕业之后您就开始创业了是吧？

王：毕业以后，我去一家公司实习了一个月。当时部门的负责人说要不要一起创业去，我答应了，那是 1995 年 8 月。一开始创业做广告灯箱，1 平米灯箱要 1 000 多元，那个时候还是蛮赚钱的。当时和 3M 合作，他们做灯箱，我手写。那时候没有喷绘技术，全靠手写。在工艺美校这么几年，基本功比以前更扎实了，速度超快的。但是当时收益并不好，到了年底我没钱买票回家，只能靠画手绘效果图赚点钱。我就靠这个度过了半年，没钱了就画一张。

仓：您后来在创业方向上有什么转型吗？

王：其实真正创业是在 1995 年的下半年开始的，我看报纸上面说，全球十大富豪里面，有五个人都是沃尔玛家族的。当时我想如果可能的话我也要做连锁品牌。那一年刚好我们隔壁班的一个同学，在达芙妮的广告部，达芙妮当时没有工程部和设计部。他去了之后碰到一个特别着急的事，要做特许经销品牌的牌子，他问我能不能在几个小时里面把铜牌做出来，我说我帮你搞定。我花了四五个小时就搞定了。我用了一个技巧，我去找了个钛金板，钛金板都是金黄色的，就跟铜牌一样。找到替代材质后，我跑到新北路，让朋友按照尺寸给我做两块板，因为我怕一块板坏掉。然后我就拿到专卖店里去，放在橱窗里面，前后不到 5 个小时，这个事情就搞定了。就是这件事情促成了我跟达芙妮的合作，也就是说我的第一家客户就是大客户，从 1995 年开始合作，一直合作到 2019 年的 3 月 31 号，持续了 24 年。达芙妮店铺都是临街的店，店铺的室内装饰和陈列都是我设计的。那时刚好碰到他们的全国专卖店总经理李总从美国回来，我跟他配合两次之后，他特别看好我，很愿意给我机会。那时候我没本钱了，他说你需要多少钱，我说大概 13 万元，他让财务先把 13 万元给我。结果做完了之后，我算了算就只用了 11 万元，我跟刘总说多预支的 2 万我还给你。所以那时候合作特别坦诚。到了 1996 年，我的两个合伙人，一个去了美国，一个要去做别的事情，我就被迫自己创业了。1996 年的 8 月份，就开始走上了陈列道具设计生产之路。

仓：您觉得您的公司发展可以分为哪几个阶段，分别遇到了一些什么类型的客户？

王：我们公司最大的转折点是 2003 年在奉贤盖了工厂，2007 年搬过去。真正快速发展还是 2007 年以后，2008 年开始接触一些更高端的客户，像法国的艾格女装。那时候达芙妮一年给我 1 000 家店，艾格给我 1 000 家店，再加上百家好等其他品牌，我们一年能做 3 000 多家店。2009 年，我们转入轻奢品类，接触了鳄鱼、耐克这两个品牌。这两个品牌把我们又拉高一个高度。现在我们的客户还有奢侈品牌像路易威登、香奈儿、爱马仕、纪梵希、葆蝶家、巴宝莉、UGG 等。还有一些化妆品品牌，比如欧莱雅等也是我们的重要客户。

我们做的是全球的供应商，目标客户分得很清楚，比如说运动品牌类的，我专门找前 5 名的客户，如耐克、阿迪达斯、彪马等。然后在化妆品品类做了欧莱雅，在汽车板块我们做了法拉利、玛莎拉蒂、林肯、阿尔法罗密欧，还有中国的网红汽车蔚来汽车、几何汽车。我们也在和沃尔沃集团里面最高端的新能源汽车北极星谈合作。做这种客户，不是今天想谈了，明天就成功了。像我们进入欧莱雅体系花了两年时间，华为也是花了很长时间才进去，所以要有耐心。其实大牌对供应商有一套标准和要求的，在跟他们逐渐合作的过程中，公司内部的管理和设计能力也面临了很多挑战。

BOSS 青岛海上嘉年华店

仓：您跟这些企业合作中，在设计方面是您主导，还是由对方来提供设计稿您来落实？

王：各占一半吧。礼拜五 Calvin Klein 的团队从香港运过来产品，国内的主管、市场部、营销部、设计部、空间部人员全会到我们公司来，因为我们刚刚给他做了一个样板宣传，我们在公司专门为 Calvin Klein 做了三个 1∶1 的样板间，也就是说我们在商场看到的所有元素的产品，一定是客户在工厂里的样板间全部确认没问题的，我们才可以复制过去。包括用的面板、木纹、颜色、里面的材质，我们都会做出一个非常标准的样板出来。我们会做几块样板，发给他们美国总部、香港总部和上海总部。客户还会让我们再多做几百块给到他第二家供应商，他第三家供应商也需要的话，再做给第三家供应商。一般客户都会选择三家供应商，其中一个是主要供应商。

仓：您作为第一供应商，如果第二、第三供应商很快学习和仿效您，对您的挑战和压力如何？

王：客户不是只看价格、资金实力、品质和设计，还要考量你的综合实力和售后服务。针对售后服务我们还单独成立了一个子公司，叫修建馆，专门为我的客户和同行去服务。我下面的几个分公司业务分工很细，一个分公司专做化妆品展陈，一个分公司专门做维修，还有专门做高端装修和专门做橱窗的，比如说爱马仕、纪梵希、耐克的橱窗。此外我又分了六七个板块，像化妆品、餐饮、汽车、运动品牌橱窗，还有智能道具维修，我的目标是 7～10 个板块。第一块是商业家具板块，第二块是装修板块，第三块是广告标识板块，第四块是会展板块，第五块是我的主业，工业设计板块。所以说我们邑通具备非常强的设计能力。

仓：您在奉贤的工厂有 5 万平方米，具体分成哪些产品系列？

王：我们是根据版块来规划的，四个厂区分别做不同的产品，有的厂区就只做化妆品，有的厂区专

路易威登上海恒隆广场旗舰店

门做橱窗。

仓：今年因为整个疫情的关系，整个线下市场都受到很大的冲击，对公司未来的发展，您有什么样的思考？

王：前段时间虽然说压力特别大，但是如果一个公司综合实力强，研发体系能跟得上时代的发展，那他是未来可期的。我们公司的闭环打造得强，所以存活的能力就很强，即使碰到问题，公司自己就可以解决，不需要借助太多的外力。

三、收藏和人才培养建议

仓：您后来也收藏了很多国画，您是否能够跟我们分享一下，是什么原因让您形成这样的爱好？

王：收藏还是要看身边的人，环境的影响还是蛮大的。我是从2003年开始收藏画的，我一个好朋友开拍卖行，他让我去看看，然后就去了，自此就入了收藏这一行。我收了很多程十发老先生的画作，应该算是国内藏有他画作最多的人吧。也因此去年和程十发艺术馆合作，举办了程十发书画作品特展，提供了我收藏的程十发书画作品八十余件。

仓：您现在也是用人企业，其实也是观察了很多设计师，我们非常希望得到企业的反馈，就是我们现在人才培养到底应该有些什么样的变化？

王：我们正在组建全国的道具联盟，我代表的是上海道具设计创新专业委员会。实际上全球70%以上的道具生产都在中国，所以这一块看起来是一个传统产业，实际上里面还是有很多不传统的东西在里面。所以我们现在还做了很多智能化的尝试，逐渐往多媒体和智能化方向发展，比如智能试衣间。比如我们帮耐克做的一些商标和文字，就把字母一个个分成小的产品，或者组合起来，然后这里面还可以播放音乐和耐克的鞋子跳舞视频，未来要向虚拟现实方向发展。

仓：您刚才提到在美院的经历对您后来发展有很大的影响。您公司也录用了不少我们的毕业生，您认为学校要培养服务于市场的设计师的话，应该注重哪些能力的培养？

王：首先还是要培养动手能力。其实我们讲的设计思路、设计理念跟创新，在动手过程当中就串起来了，因为这个过程会触发创新的灵感。我们公司的设计师画图的同时要到车间去看工人在做的东西是不是跟他画的东西是契合的，有些结构是否还要修改。不去真正的现场，是锻炼不出来空间感的。一个设计师如果没有很好的动手能力，很难做得完美。工艺美校出来的学生如果具备五项能力，肯定会成为一个业务高手。第一是要具备美学基础，包括审美的能力、对色彩的调和度把握。第二是手绘能力，它可以帮助现场沟通。第三是熟悉材料的特性。第四是了解材料的价格。第五是个人语言表达、谈吐。

采访心得

采访王克强，能够感受到他的自信和大气。他在学生时代担任班长，锻炼了非常强的组织和领导能力。学生时代打工的经历让他毕业后就选择了创业，公司在不断扩大的过程中，他不断与时俱进，克服设计、管理、运作上遇到的问题，带领公司成为行业的龙头企业。

韩回之

回眸历史是当代艺术创新的源泉

采访人：仓 平 袁 圆
受访人：韩回之
采访时间：2020年6月24日
采访地点：韩天衡美术馆

韩回之

字无极。1977年生于上海。自幼从其父——中国著名的书画篆刻家韩天衡学习书画篆刻。1997年毕业于上海工艺美术学校绘画专业。1999年留学日本，毕业于日本大东文化大学，为书法专业的第一届毕业生。2008年毕业于中国社会科学院考古所考古研究生院考古系。又投于陈佩秋大师门下，学习绘画和书画鉴定。2019年8月其作品紫砂竹寿壶入选《时代新章——国家博物馆工艺美术作品邀请展》。10月策划《守正求新——韩天衡艺术展》在国家博物馆举行，同时人机互动装置《万毫齐力》也在国家博物馆展出。现为韩天衡美术馆艺术总监、西泠印社社员、中国国家博物馆访问学者、中国艺术研究院篆刻研究院特约讲师、民主建国会中央画院院士、浙江省青田县石雕技术学校名誉校长、上海工艺美术职业学院客座教授、上海市书法家协会会员、上海市吴昌硕艺术研究会理事、上海东元金石书画院秘书长兼理事、福建省高等商业专科学校客座教授、上海浦东篆刻创作研究会理事、上海香梅画院画师、传统文化推广策展人。作品曾获西泠印社第二、第三届国际书法篆刻比赛优秀奖，并入选中国（天津）书法艺术节全国中青年篆刻家作品展等。策划《澄怀观道——历代文人香具特展》《不逾矩不——韩天衡学艺七十年书画印展》《紫电安邦——历代武备文物特展》《朽兮不朽——三百芙蓉斋文房特展》《他山之玉——域外高古印特展》《兰室长物——历代文房具特展》《文心在兹——古今砚文化特展》等，著有《文玩赏读》《砚印赏读》《珠联璧合之美——中国古代漆器与珐琅器精品选》《澄怀观道——历代文人香具》《紫电安邦——中国历代武备文物》《朽兮不朽——三百芙蓉斋文房》《他山之玉——域外高古印特集》《兰室长物——历代文房艺术》《砚赏》等书籍。

一、成长和求学经历

仓：能不能谈谈您的成长的经历和家庭背景，您是受什么样的影响走上了艺术创作的道路？

韩：我父亲韩天衡是画画的，担任过上海中国画院的副院长、上海书协副主席、西泠印社副社长，所以从这三个职务就看得出他是会画画、写字、刻印的人。我自小在艺术的氛围中成长，我父亲是个很开明的人，所以我小时候并没有学画，但是一直对绘画很熟悉。我小时候就超爱玩，工艺美校对我有非常大的吸引力，因为我知道这是一个非常活泼的学院，它有很好的师资力量，而且它还不在市区，在嘉定，须要住校的，更给了学生自由学习和玩耍的空间，所以我首选的就是工艺美校。

仓：您是哪年考这个学校的？当时进的是哪个专业？

韩：我是1993年进入工艺美院的。进的是工艺绘画班。我们那一届有两个班，一个甲一个乙，我们是在乙班的，乙班比较侧重中国绘画。

仓：你当时为什么选工艺绘画这个专业？

韩：当年的选择余地是很多，有实用美术包括装潢班等，但是我觉得绘画是任何东西的一个基础，学好了学通了中国绘画，做什么都方便，所以我还是坚持选择了工艺绘画专业。

仓：当时工艺绘画侧重培养哪些方面，你的同学毕业后的去向如何？

韩：当时我们校长是朱孝岳校长，当时比较注重实用主义的，希望大家在毕业后都会有一个好的去向。有些有能力的同学在四年级实习的时候，就已经去装潢公司广告公司上班了，一部分同学去了上大美院深造，另外一些同学当年就选入了上海博物馆修复和展览部，我也一度想去，后来觉得自己还太年轻，资历不够，所以后来我就出去读书去了。

仓：当时您在美校学习的时候，有哪些老师让您印象比较深的？

韩：我一直认为我读书时候也是工艺美校师资力量最好的时候，老师都是很有才的，高山仰止。他们也教给了我很多传统临摹的方式、对传统绘画的理解，这些都非常重要。

仓：您是哪年去日本的？选择了什么专业？

韩：我是1997年毕业，工作了一年以后，又学习日语，然后在1999年去了日本留学，我到日本再起炉灶学了书法专业。工艺美院的四年学习给我打开了一个工艺美术和艺术的眼界，但打开这个眼界之后，我深深地认识到中国传统艺术特别是绘画，它的根本其实是和书法有关系，因为对于中国传统艺术线条很重要，这些线条源自于书法，所以我到日本去学习书法。因为我对线条的现代化解释非常感兴趣，当时国内还没有很好的书法教育课程，日本的书法教育一直抓得很紧，从基础到高端已经形成体系。所以我去了日本，我想知道一个外国人、一个外国国家，对中国传统的文化，特别是书法，是怎么消化并且使用的。现在我们经济在高速发展，人民的物质生活水平也在高速提高，日本很多方面的经验都值得参考，日本书法巨幅作品都是出现在70年代到80年代日本经济最好的时候，我们现在也是流行巨幅书法作品，这点很相似。

仓：您在日本总共学习了多长时间？在日本的学习跟文化熏陶对您后来做艺术创作有些什么样的影响？

韩：我在日本前前后后待了7年，其中预科1年、大学读了4年，然后我又做交流访问学者做了两年。工艺美校让我拓展了视野，日本让我加深了民族文化意识。到了国外你就突然感觉作为一个中国人很自豪，日本人会跟你说唐代我们就去中国学习了，中国是个了不起的国家，它拥有非常长的历史，对日本文化有很大的影响。我们到日本去找一些中国文化的根，对比现在的中国文化，我们可以更加明确地知道文化的流传，之后我们再把它举一反三，对中国传统文化有一个再理解的过程。近两年我做的很多事情其实也得益于当时在日本学习的一些东西。

仓：您2008年后来又去读了中国社会科学院考古的研究生，为什么做这个选择?

韩：当时中国社科院在上海开了个班，那个班是可以请到当时顶尖的老先生来上课，我觉得这是个太难得的机会。通过这次学习，我又对文物进行了非常好的理论上的梳理。而且确定了今后自我学习和收藏的方向、目标。我开始收藏一些老的工艺品，甚至一些文物，就是杂项类的，竹雕、木雕、牙雕、犀牛角、小的玉件小的铜器、砚台、文房具等，这些都是我的最爱。

仓：那您后来又拜陈佩秋老师为师父，去学习绘画和书法，这段学习现在回想有什么样的收获?

韩：陈佩秋老师是我们心目中的女神，在中国当代画坛，她是泰斗级的，她对中国传统绘画有非常深刻的理解。作为一位女画家，她性格虽然温婉，但她在艺术表现上是非常有气势的，从年轻时候开始，她就以相当现代的一种方式来构图、用色、用笔，她的骨子里是宋元的，但她表现方法完全是现代的，你看她的绘画不会感觉是一个女性的绘画，她的画有一种强悍的气势，我从小就崇拜她，2008年我斗胆跟老师说，我说我想跟您学绘画，学一点鉴定，她说她年纪大了，如果有问题你可以来请教，但是你对外不能说，所以自此我就经常去老师那边去学习。

仓：您一直坚持终身学习，除了前面这些系统的学习经历，您觉得还有哪些渠道的学习对您帮助比较大?

韩：学习源自于兴趣，灌输性和填鸭式的学习是不太可取的。我的学习往往是自发的，比如说我十年前，从日本读书回来，突然发觉有印章这个选题。在公元前4000年，古代阿拉伯半岛就已经出现了印章，中国当时还没有，我在日本读书时候看到了，就去学了。日本在经济高度发展的时候对国外文化也是非常有兴趣的，他们收集了很多有关外国文明的资料，包括中亚、西亚，甚至是意大利、罗马、希腊的资料，从这些日文的资料中我就发现，有比中国更古老的印章历史。在2000年前后，大量的国外文物通过各种贸易渠道来到中国，我就在中间选择了印章收藏，之后很快就有了两三百件藏品，然后进行了遴选。我想梳理一个中国和域外印章的交流的通路，因为西方早我们晚，我认为必定是有通路的，当然后来我深入研究以后，发觉还是没有证据完全支持“印章西来”说，但相互影响肯定是存在的。我阶段性研究了以后，写了一篇1.3万字的域外印章的流传考，稿件投给了西泠印社的一个国际印学的研讨会，很荣幸得了一个奖，随之就入了西泠印社。所以通过这个学习，我有两个收获，一个是知识积累，另一个是一些专家的肯定，从而也加入了中国现在最专业的印学团体。

作品《高山幽壑》

二、工作与创作经历

仓：您从日本回来以后，您的工作方向在哪方面？

韩：我这个人是比较散漫的，因为我的家境还不错，生活不是很窘迫，所以我一直把学习和赏玩结合得很好。我一直保持一个学习状态，希望自己在绘画、书法和篆刻上有所提高，鉴别的文物的眼光有所提高，不管是在社科院的学习，还是在陈佩秋老师那边的学习，只是对我这些鉴定知识的补充。到2012年、2013年，我父亲做一个比较大的决定，就是把家藏的一些文物捐献给国家，我们家族捐献了1 136件文物给嘉定区政府，并在嘉定区设立了一个韩天衡美术馆，这个美术馆的基础就是我们家的捐献品。我从一开始就参与了这个工作，从美术馆的选址、设计、建造、装潢到陈设等，从中也得到了很大的锻炼，所以我现在也是韩天衡美术馆的艺术总监。目前我们美术馆也是开办了近7年了，做得不错。

仓：您能介绍下当时的筹建情况吗？

韩：当时也是很好的机缘，嘉定区正好有一个叫飞联纺织厂的老厂房要改造。当时它有一个三栋楼的厂房，是一个比较新的厂房，还有一幢比较老式的斜顶的厂房，改造尽量兼顾实用和美观。我们国内现在有很多好的美术馆，它的建设是一流的，藏品是二流的，实用性是三流的，因为设计师为了出奇出新，往往忽略了后期使用。甚至有些美术馆有1 600扇玻璃，没有一块玻璃大小一样，碎一块定制一块，这个就太难了。我们这边外观是由同济大学的童明教授设计的，他是业内知名的大教授，刚开始我们在设计上有分歧，因为我作为一个使用者，希望后期维护方便，光线等一定要符合美术馆和博物馆的要求，在很多争论之后，他也很虚心地听取了我的意见，我们达成了一致。比如说我们韩天衡美术馆入门的长廊，这个长廊是我们后来造的，开始只是两栋建筑物的中间一个过道，然后上面加了个顶，就变成一个挑高有四层楼的一个高顶。在这个狭长而高的一个空间里面，我提出了一个概念，制造一个视觉的迷幻效果，中国古代有一个叫计白当黑的一个哲学思想，就是黑和白在中国传统思想里对立而又和谐统一，并不是一个单纯的对立状态，我说我想在这个空间里表现出来，他说你要怎么弄，我说我想用一面墙，用黑色的玻璃来装饰，另外的墙用白色的大理石，但是大理石你帮我做成毛面设计，黑的玻璃的反射和大理石的漫反射，在对立的同时也形成了一个灰度。这个空间它的地板是玻璃的，然后上面的横梁我们也选用了镜像的玻璃，进去以后它就变成一个对立而统一的空间，充分地呈现了黑白并不是一个对立，我把这件事情做成了，现在确实看起来效果也不错，而且非常有艺术感。

仓：长廊里有老烟囱，地板大厅下面还有横机，这些设计时是如何考虑的？

韩：韩天衡美术馆是在飞联纺织厂的基础上改造的，飞联纺织厂是我们建国初期的一个老工业系统，在技术改革大潮中慢慢退出历史舞台，我们在它的基础上建立了起来，所以我们希望把这些工业的元素，融为新东西的一部分，让它继续保持生命力，让它见证历史发展。

仓：您做韩天衡美术馆艺术总监的时候，策划了非常多的有意思的展览，能谈谈您策展的一些想法吗？

韩：我们每年会做一个大展，去年我们做了域外印章，今年我们做了“回眸两宋”。这些展览其实就源自于我的兴趣爱好，我想通过办展积累更多的文物知识。通过老专家筛选的文物真迹利用美术馆的平台对社会开放，这些展览做什么呢，说得时髦点，我们称为民族自信心的树立和民族文化的崛起的积淀。在辉煌的五千年文明中，我们选取他的最好东西，再一次组合陈列以后，给当今的文人或者对艺术有所追求的人一点点小的提醒，希望他们通过看老的东西的陈列，可以想到现在或者今后我们的文化发展，这就是我们办展的目的。

仓：您一直希望把中国的传统文化和当代的生活美学结合起来，您本身也做了很多文创尝试，看过您的海上艺匠的纪录片，您设计了一个砚台，能跟我们讲讲在这方面的探索吗？

韩：我们和工艺美院一起做了一个海上艺匠的项目，我们设定了一个海派砚台的主题，上海地区不产砚台，没有原材料，没有工匠，但是因为它是一个经济文化高度发展的地区，吸引了来自于五湖四海的匠人，取中国最好工匠，得全中国最好砚材，在上海的文人和艺术家的审美指导下，制作出很好的工艺美术品，所以当时我们就选了这个题目做了砚台。其实当今文创只是一个老酒装新瓶的概念，老画家的延伸品、老的画家的茶具、案头的摆设、鼠标垫、文化衫，并不是一个全新的概念，我们希望它有个现代化的包装，从而适应现在年轻人的喜好。

砚刻

仓：上海的美术馆这两年发展非常快，艺术市场非常繁荣，你怎么来看待目前上海艺术市场的状况？

韩：上海过去占据中国艺术品收藏市场的半边天，但在现在上海有点慢慢丧失文化领军的地位。上海中西方文化对撞和交流，让海派文化在上世纪一直处于领军的地位，但是随着现在的交流的扩大和文化传播的加速，现在上海领军人物的地位在逐渐衰弱。我觉得其他省市在很多方面值得上海学习，如杭州的传统文化的保有，北京的当代艺术的推广。上海怎么能够保有地位，这是今后年轻人该考虑的问题。

仓：对于这种原创的创新，您个人有些什么样的建议？

韩：原创能力不是一个人一个学校或者一个社会的问题，它是一个系统的东西。最关键的其实是现在一切发展均太快了，快得我们都来不及想就过去了。现在在传播学上有个 7 天概念，任何事情不过 7 天，它的关注度就没有了，不管几千万上亿的传播量，过 7 天就烟消云散了。什么东西不会被时间的洪水一带而过了，可以沉淀下来呢？这是个问题。所以我近两年一直在推一个轻奢概念，让大家能够过得好一点，穿得好一点，吃得好一点，看得好一点，有一点点小资，小资的概念和上海是挂钩的。

不要去买淘宝里面二三十块的衣服，你可以买个贵点的衣服，买一件顶十件。我们就可以花一点心思，把实用艺术和工艺美术融入这些日常生活用品中去。尽量少用一次性筷子，盒饭里面是一双竹筷子，你为什么不能再使用一次呢？或者你干脆花个100元买一副好的筷子随身带着，这不很环保吗，也很有中国民族性。所以我们希望大家能够用得好一点，长期使用，不要轻易抛弃。

仓：日本的很多设计都具有东方审美哲学，您觉得这点对我们中国现在的美学设计有什么样的启示？

韩：我在日本留学七年，我很辩证地在学日本文化。我不是很推崇日本文化中的有些东西，日本设计有个问题，什么都做得很精巧，但有些小家子气。他可以精致到好像不是人做的，但是也可以粗陋到像个被扔掉的破碗一样，这是日本的一个极端的审美思想。日本超过1000年的店铺都有好几家，中国能实际经营超过100年的店铺就没几家了，通过学习日本文化，我们可以找到一点我们过去的影子，从中看看我们在变的时候掉了什么，哪些应该重新学习和重视。

三、收藏与心得

仓：能谈谈您的收藏的心得吗？

韩：漆器是我的收藏里面一个比较重要的方面。早期我在日本读书时候，因为很好的一个机缘，认识了当时东京国立博物馆的常务副馆长西冈康弘，他是漆器类的专家，也是我们上海博物馆的特约专家。有一次他就跟我说，小韩你知道吗，china是瓷器，japan就漆器。我说我知道，但是我说日本做漆器是跟中国学的，他说不但日本做漆的技艺源自于中国，很多中国的漆器都保存在日本，不管是唐代、宋代的对日贸易，还是明代的对日贸易，漆制品都是其中的重要部分，日本是个中国古代漆器的大仓库。刚才我们说过日本有个惜物的情结，对舶来品的中国漆器他是非常非常看重的，而且日本当地没有什么战乱，它保存了大量的中国漆器。而且日本的气候对漆器的保存也很好，它不是那种温差和湿度差很大的地方，很多漆器在日本就几乎没有被使用过，所以我们可以看到几乎崭新的元代的螺钿。我到日本古玩市场的时候就很开心，因为可以轻松地见到保存得非常好的中国明代漆器，所以我就此机会让我父亲去买，后来就买了不少，宋元漆器也有10来件，后来在此基础上也对漆器有一些研究。

仓：您是什么时候开始收藏杂项的，您为什么选些这些品类？

韩：我从小喜欢玩，在进工艺美校之前我就对工艺美术品有兴趣，小时候常跟着父亲去文物商店和文物市场，也想拿自己一些零用钱试试水，但小孩的钱是有限度，就只能买点小杂货，像刺绣、核雕、玉雕之类的。我进工艺美校以后，每个周末都会骑自行车从家里到当时的老城隍庙文物市场，一个人去逛个一天或者半天，去学习一下去看一下，有时候花点钱有时候不花钱。

仓：现在主要收藏哪些品类？

韩：现在我的收藏品类还是比较杂的，主要是宋和元的玉器以及明清的陈设件。中国以及古代国外的印章、砚台、漆器现在买不起了，价格太贵了，但是好在已经有一些人家买不到的东西。

仓：您在收藏理论上面也有不少的研究，也在一些方向上做过课程，合作带过一些学生，关于这方面您自己对未来的思考是怎么样？

韩：我们现在的社会不缺的就是速度，我们的文化更新得非常快，每年的流行语、每年的穿衣风格都在变化。年轻人的关注点也会被分散，这会让他们找不到方向。我认识一个国外的收藏家，他对中国艺术非常痴迷，30多年前就开始对中国当代艺术家有所关注，也买了很多作品，近两年他跟我说他觉得中国年轻艺术家不知道自己想要做什么，今后怎么办，方向不清楚。我没有资格说大家应该去做什么，因为我也是在这个时间的，我和你们站的高度是一样的，只有站在山顶上才能把一切都看清楚，我只是想让大家往后看，就像我们开车，开车是往前看的，但是后视镜是必须要有的，所以我希望大家在适当的时候回过头来看一看。近的你看一下 90 年代 80 年代，再远一些民国、晚清，再早一点我们看一下明清甚至是宋元唐那些时候的中国的艺术家在做些什么，这些艺术家对当代的中国艺术有没有什么可取的地方，老祖宗玩剩的东西我们还可以再玩一玩。我们现代短短几十年的时间，中国历史有几千年，你总能在几千年中找到一些和当今的审美有共鸣的东西。我现在也很荣幸在我们工艺美院带学生，在外面也经常做一些讲座。所以我觉得我现在不是在教文化，而是在洒文化的小种子。我希望这些年轻人中会有一两个，就像我当年十几岁在工艺美校读书一样，埋下对这些文化、知识渴求的种子，到了某一天，他们自己有所求，就会有自发地去学，那我就在做这个事情。

仓：您说在 70 年代日本经济高速发展的时候，它的一些作品的表现方式和状态和中国现在很相似，但是日本经过失去的 20 年后，现在的很多文化变得更加内敛更加简约，您觉得看我们现在经济的发展趋势，希望沉淀的是哪些东西？

韩：艺术品创作、美术、艺术、工艺美术其实都是跟着经济走的。日本在泡沫经济时代，选用了最好的材料，像金银、象牙、玉石，做了很多很好的艺术品。我收藏的丝织物里面竟然有螺钿织出来的东西，它把贝壳、螺钿切成薄片，粘在纸上，再把纸切成丝去织衣服，不可想象吧，但他们做到了。这个软螺钿是可以折的，但是不能撅，但是过了这段时间，现在你想做都做不了了。今天中国是在腾飞中，我们希望工艺美术家，沉静下来，不要急着去做大量的艺术品，把手上的东西做到无可复加的极致，就能在中国历史上，至少是在中国工艺美术史上留有一席之地。有些东西是走量的，有些东西是走心的，希望我们现在的中青年艺术家多走心，不要多走量。

仓：您对学校的发展和未来创新人才培养方面有些什么样的思考和建议？

韩：作为一个工艺美术学校，我们在上海市独一无二，甚至在长三角地区都是独树一帜的。要发扬上海的优秀的工艺美术基础，结合长三角地区的文化优势，融会贯通，再进行一个大串联，吸取江苏、浙江，乃至云南、贵州的这些元素，放到上海这个大的文化熔炉里面来锻炼一下，看看一个新海派的东西能不能出现，在文人审美的指导下，把这些工艺美术再次提炼一下，让这些后浪年轻人既能看得懂，又能够买得起。

仓：海派文化实际上是当时西方文化和江南文化发生碰撞后形成的，当今新海派文化的形成的过程中，您觉得应该去组合哪些元素？

韩：新海派文化是什么呢，我大胆预测，随着中国的崛起，民族自觉性的提高，自信心的加强，它会来源于对中国传统文化的再提炼。要从我们传统里面去找养分，只要把自己民族的做强了，我自然就能在文化上占有一席之地。我也是这么做的，我希望自己的绘画和篆刻能够再从老祖宗的东西里面去吸收养分，再去找我们可能丢失的东西。

仓：您现在的创作集中在哪些方面？

韩：我近两年主要是把精力放在绘画和篆刻上面，包括石刻、印章、砚台、紫砂壶，这是我的刀笔功夫。另外绘画其实是受我父亲影响，我们一直想做新文人绘画，或者称为新古典文人画，将古典的情怀用新的展示方法来做。比如说传统水墨画以水为媒，以墨为形，要通透、淋漓，要有渲染，这是我们涓涓文气的表示方法。当代水墨的概念很好，但是还是不能丢掉传统水墨的意境。

仓：您父亲是知名的篆刻大家，而且书画也非常好，您前面讲过小时候他对您很宽松，您觉得您父亲的教育方法如何？

韩：我父亲是个教育高手。我小时候并不觉得。我不像其他书法家的小孩从小学写字，我小时候写过，但是没有经过很严格的训练，不用去参加比赛，不用去上课，暑假时候每天在家里写两张字就可以了。我想去做航模，我想去玩刀剑，我想去做任何运动我爸都支持，所以我说我在青少年时代都玩得很开心，等到我真正的进入工艺美校进行系统的学习，我爸也只是在意识形态上对我进行一个指导，他不对我进行技法的指导，他认为技法很简单，但想法更重要，所以我很感谢我爸。我也在自己的学习过程中，刻意地规避我父亲的元素，他的花鸟他的竹子我都避开。齐白石说过，学我者生像我者死，学而不像才是高手。

采访心得

韩回之生长在一个艺术世家，宽松的家庭环境给了他非常好的艺术滋养，他从小开始学习收藏，先后在上海工艺美学校和日本学习国画和书法，回国后担任韩天衡美术馆艺术总监，策划了多个展览。他强调要从中国几千年的文化中寻找养分，作为未来艺术创新发展的源泉。

徐震
跨界的中青年前卫艺术家

采 访 人：仓 平 翟有恒
受 访 人：徐 震
采访时间：2020 年 6 月 4 日
采访地点：没顶公司

徐震

1977 年出生于上海，1996 年毕业于上海工艺美术学校装潢设计专业。2005 年参加第五十一届意大利威尼斯国际艺术双年展，2009 年创立没顶公司，是中国在国际艺术界最活跃的知名当代艺术家之一。

一、成长和求学经历

仓：感谢您接受采访，请您回忆一下当时是什么样的家庭背景使您走上艺术这条道路？

徐：我们的父母都是普通的工人阶级。妈妈是幼儿园老师，爸爸就是工厂工人。小时候我喜欢画画，幼儿园就开始学画画，那时候周六、周日已经有培训课了，我就被送培训班去画素描，到了初中毕业之后，我很自然地准备读美校了，当时上海的美校只有工艺美校、华山美校、上大附中，我直接报的是工艺美校，也就考进了。

仓：您是哪一年进入美校的？我记得您当时是装潢专业。

徐：1992 年。对，是装潢专业。他们说装潢是最好的，我就选了装潢。

仓：您现在回头想四年当中有哪些老师给您留下了深刻的印象？

徐：很多。比如说比较近的是丁乙老师、余友涵老师，包括计文于老师、张苏中老师、陈耀明老师、王珠珍老师，还有颜老师，就是她老公。蛮多的，还有一些老师名字记不起来，工艺美校的专业很多，学的东西也很多，所以老师就很多，一下子说不全了。

仓：对您后来从事艺术道路影响最深的老师是哪位？在哪方面有所影响？

徐：有直接影响的可能就是丁乙老师，因为他自己也是纯艺术类的艺术家。印象中，我在读一、二、三年级时没有那么明确地决定自己将来要做艺术家或者做艺术创作工作，到了四年级时我就渐渐开始明确了。除了上课，有时候我会去丁乙老师的工作室，他会给我看一些画册，还根据我的兴趣爱好，给我一定程度的引导，是丁老师给我比较明显的鼓舞。还有一位邵老师，跟我们介绍了很多，比如说当时西方的一些艺术流派，因为当时没有网络，学生可能没有那么多办法去了解很多资讯，都是从老师那里听来，感觉眼界好像也在慢慢被打开。我觉得其实很多老师都会对学生有些影响，包括王珠珍老师，她当时带我们做壁挂式的设计，但是并不是特别工艺类的壁挂设计，她还比较鼓励材料的创新。一方面让你很自由地发挥，另一方面老师也在引导、启发你。当时一个课程都在三周左右时间，所以对学生来说，一个时间段是在这样一种思维方式里或者说这个课程教学的影响里面。上完一段这样的课，自己明显觉得我有点不一样或者我有点不一样的想法或者趣味，或者说自己主观能动性方面会有明显的不一样。

仓：您讲的授课的方式现在还在保留，这个还是我们美院的传统，现在回头想您整个四年的学习，您对美校的教育是一种什么样的印象和感觉？

徐：我觉得很自由，这个自由不是说你好像可以无法无天随便怎么样，而是老师们的教学都是启发式的，并不是填鸭式的，也不是说你一定要完成一个什么样标准的作业，还是比较多元的，弹性很大。我觉得对于想学的学生来说，这是非常有帮助的。

仓：看到有一次您在采访里提到，离开美校以后，您去北京准备参加艺术高考，在北京停留了一年的时间。能跟我们讲讲那段时间的故事吗？

徐：其实跟工艺美校的教育结果也是有关的，1996 年毕业的时候，中国的大学还没有开始扩招，所以中国美术学院、中央美术学院等知名美术院校里，我想考的油画系的名额很少，可能一届只有四五个人。当时的美院附中等学校就每天盯着学生画素描、色彩，其实是为应试做一些基础的培训。而工艺美校更多的不是这一块，它更多的是各种类型的专业，有工艺类的，有设计类的。所以当时我的素描色彩的应试能力不行，我虽然向两个学院都递交了资料，但都被驳回，他们就说我基础不行。

当时去北京我就是抱着试试看的想法，我在北京跟社会上已经是所谓的艺术家的人在一起，大家一起生活或者说一起混、一起聊艺术，在艺术村里面住了大半年，还是不死心，觉得自己已经来北京了，应该去考个美院，所以就通过朋友关系进中央美术学院壁画系的研修班当了一名进修插班生。在三四个月的时间里，我每天画人体、素描色彩，我接触到美院里的在校生，他们对我讲考进美院以后每天还是画这个，这让我觉得蛮无聊的，我就放弃了考美院的念头。为什么放弃，除了上述原因，还因为工艺美校教的都是包豪斯的设计原理，这套东西其实是跟现代主义绘画、现代主义创作的源头是比较接近的，所以从这种角度来说，我完全可以把在工艺美校所学过的这些知识嫁接到当代艺术。想明白这一点后，我就想很直接地去通过原来在工艺美校的基础去学习一些西方的、比较当代的艺术的东西，所以我就干脆彻底不考什么美院了。现在很多人都觉得我没读艺术学院，其实我认为在工艺美校学到的东西才是很有用的。中国的艺术教育在 2000 年之前是相对保守一点的，相比而言工艺美校则很灵活。你在工艺美校得到的可能是将来自己做设计、做艺术等都需要的基础。所以我是觉得工艺美校的教学是蛮好的，因为我自己是这样一个体会。

仓：很有弹性，能够打开一个眼界，让你有个选择性。

徐：对，我印象中好像除了文化课老师之外，专业课老师没有那种硬性的指标说你一定要怎么样，大家还是比较轻松、比较愉快的。当然每个学生是不一样的，可能从我的角度来说，我会比较明显的感受到这种特点。

仓：在求学的时候有没有什么特别有趣或者难忘的事情？

徐：很多。跟现在小孩不一样，我们那时候进去好像十五六岁。第一次离开父母，大家住在一起，我觉得对于人的性格成长有帮助，比如说我以前比较内向，进入工艺美校后变得比较老练，自己也能够逐步独立，这样的经历也导致我后面去北京、去国外生活闯荡，都是能够无缝对接的，这是第一个。第二个就是工艺美校学生住校，因为它在嘉定，不是在一个城里，学生有很多时间，不可能天天在那儿发呆，而且那时候游戏也没有像现在这么疯狂。所以会花很多时间去做作业、看书、讨论、玩之类的，生活还是非常丰富的。

二、工作经历

仓：从北京回来以后您就进了广告公司工作？

徐：对。我有 3 年时间，从 1997 年底到 2000 年左右，在多个广告公司工作，因为我需要养活自己，所以就得边工作挣钱边做艺术创作。

仓：这段工作经历对您现在从事的工作有什么样的帮助？

徐：因为广告公司不做之后，我就开始跟朋友在非盈利的艺术机构做艺术，一直到今天我们也是以公司的模式在做艺术创作、艺术活动、艺术项目。其实这些都涉及管理、运营，不只需要你懂艺术专业，还需要你有一定经营的头脑或者说商业的头脑，反正我自己感觉工艺美校是这种培养一专多能人才的模式，到现在都是这样。像丁乙老师也这样的，他也是大烟囱 PSA 的顾问，在社会上有很多身份，大家都还是比较灵活的。

仓：从 2001—2008 年长达七八年的时间，您一直在比翼艺术中心工作吗？您当时访谈了很多艺术家，了解了他们的创作方式、创作理念。您是在什么样的背景下做这项工作的，这些访问对您今天的创作有什么样的影响？

徐：如果问工艺美校这种教学背景跟这样的经历是不是有关，我觉得是肯定的，因为我很早就独立生活，什么事情都是自己去弄。说到我们做非盈利比翼中心，它其实更需要你的主观能动性，然后需要你很快作出反应去解决问题，因为在 2000—2010 年左右中国的艺术环境比较严峻，你可能需要去解决如何养活自己这样一个问题。它像公司但其实不是公司，是一个艺术机构，你需要跟不同的艺术家去谈，他们如何在这里做活动，他们有什么想法，这个状态可能持续了八九年。在这样一个节奏里面，非常忙，可能一个月要做十几个活动，而且是各种品类的活动，艺术展、视觉艺术展、演唱会、诗歌朗诵会，当时我们这个机构算是上海最活跃的平台，因为那时还没有美术馆，没有那么多画廊，所以很多活动都会找到我们这里。我们是非盈利，又不挣钱，所以工作人员很少，可能连我在内四五六个人，慢慢撑了很多年。

现在回看，当时工艺美校同学都是一样的，每个月几百块钱生活费。很早你就会安排生活费，去算我还有多少钱，怎么生活，今天在食堂买个什么饭，很早就进入到这样量入而出的一种方式。我们有时候甚至中午去食堂买个包子，省下来钱买颜料买笔。尽管现在条件比以前要好，但是现在的年轻人还是要很清楚，你挣的钱和你可能有的影响力，还是要为你的艺术工作而服务。

仓：当时你们还创办了一个艺术论坛叫 Art-Ba-Ba，能跟我们分享一下这个创办过程吗？

徐：Art-Ba-Ba 是我跟上海的一些艺术家在 2005 年左右创建的，创建之后三四年里面是中国最活跃的讨论艺术的网络论坛，基本上是全国的艺术家或者艺术爱好者都会在上面进行很活跃的发言、讨论或者说批评，提出一些想法。其实我们做的时候也没想过后面它会这样活跃。后来到 2009 年或

2010年左右，它基本上被微博、微信分流了很多功能，现在回看在那样的时代这样一个艺术网站的确非常有必要存在，因为它几乎是影响了一代年轻艺术家，是他们的学习、交流的一个网上平台。

仓：当下的艺术发展和艺术评论应该注意些什么？

徐：对于年轻的艺术评论或者艺术批评家，现在的环境很好，因为有很多机构支持，甚至可以把你送到国外跟一些艺术机构做交流。但是它可能相对削弱了年轻人很生猛的、很野性的、原发的活力——虽然没有人帮助我，我还是要发表意见。现在大家比较专业，比较乖，视角相对比较国际化、比较全球化。但是稍微有点失去来自自身的、原生态的、野性的、直接的冲击。

仓：您公司的名字取的很有意思，为什么叫“没顶”？还有您的微信号为什么取“没老板”？

徐：因为艺术就是没有顶，这是一。第二，因为我们做过很多年非盈利艺术，所以当时就觉得，能不能一群人一起来做一个艺术的品牌来从事艺术创作。因为我们不是一直在艺术第一线工作，但是我们对整个艺术行业还算比较了解，我觉得在这个基础上，是不是应该也再往前走一步去创新，所以当时就做了没顶公司，到了2013年我们继续把“徐震”作为一个艺术品牌，重新把它拿了出来。到了2015年没顶公司又做了一个“没顶画廊”，去代理孵化年轻艺术家，从学术或者从市场角度去跟大家一起成长，2019年底开始做没顶教育。这个公司看上去比较随性，跟着时代不同而变化。随着我们自己在艺术行业涉足的东西慢慢变多，可以有一些模式和结果上的创新，今天外部环境的宽容度是越来越大的。

仓：最近5～10年，上海民间博物馆和机构、私人美术馆层出不穷，各种文化活动丰富多彩。结合这个背景，您是怎么考虑没顶公司未来的发展方向的？

徐：20世纪90年代直到2005年，中国艺术还是相对处于比较偏地下的状态，之后侧重商业化，到2008年金融危机，到2013年上海私人美术馆崛起，我们都经历了这些曲折过程。对我们来说，艺术创作要不断去挖掘、去创造、去可持续性地发展。比如做教育项目、画廊、很多与艺术结合的品牌、艺术和一些乡村的开发。我们并不是一个广告公司的角色，我们更多的是用艺术作为一个由头，嫁接各种行业、各种资源或者专业，使得这些东西不像一个简单的广告公司策划出来的结果。

因为我们工作时间比较长，行业资历比较高，大家也愿意把我们作为一个转接器，汇总各种资源，比如说美术馆、艺术家，不管是个人的，还是机构，重新碰撞产生出一些新的可能性。所以我觉得接下来的五六年，文化的发展还是会继续保持非常汹涌、灵活、有弹性的一个态势。

三、从艺和创作经历

仓：您作为中国当代艺术的领军人物，对国际的当代艺术也非常了解。您觉得中国现在的当代艺术面临的机遇和挑战主要是哪些方面？

徐：中国当代艺术的机会很好，像中国的经济一样。首先人口红利很大，对比西方，比如伦敦、纽约、巴黎，你会发觉我们这里的美术教育、美术传播或者说艺术机构的数量是远远不够的，所以我觉得艺术文化工作者是有大量的工作要去做的。2013年上海的私人美术馆崛起之后，我们看到很多展览票价也不便宜，周末参观也须要排队，整个美术馆消费的习惯开始在养成。第二，在国际化的进程中，不管是艺术家去海外，还是国际艺术家来上海来北京，在艺术作品的创作强度上都有比较明显的差距，群体的认识上也有很多差距。按照我们自己的经验，我相信中国很快就会有自己新的模式、新的特点，在艺术特点上面已经有了苗头，还需要时间成长，去跟国际竞争。所以我觉得现在肯定是比以前条件要好，机会要多。中国的艺术教育面临着这样那样的问题，但国外的艺术教育也同样有着很大的问题，我们不见得要跟着它后面去走，我们完全可以创新与开发。

仓：100 年前的巴黎是当代艺术起源地，再往后这个中心转移到了纽约，艺术市场的繁荣和一个国家城市的经济是密切相关的。您觉得上海未来在艺术市场面临的机遇和挑战是什么？

徐：中国艺术中心一直在上海与北京之间换来换去。相对来说整个市场也是上海、北京为主的，这是一。第二，我觉得中国的艺术市场还并没有完全的国际化，尽管这两年有大量国外的画廊来中国，来上海参加艺博会，去北京参加艺博会，但从整体来看只有进没有出。中国在这方面的输出，包括整个国家在文化形态上的输出，也是遇到很多很具体的问题要去解决和面对。所以我觉得如何梳理文化内容在全球化的背景下去输出，不管是市场还是学术都正面临这样的问题。

仓：2013 年上海艺术市场繁荣到现在，也已经超过 5 年了。您觉得上海作为一线艺术市场，要长久发展的话，应该作哪些努力？

徐：很复杂，因为作为一个市场，首先需要政策扶持。我觉得艺术市场与商业行业是一模一样的，需要政策支持，有没有杰出的人才出现，大家如何去学习国际化的经验，跟这些东西都是有关的。当然这几年，我们会看到，除了一级市场二级市场，也出现了很多商场、品牌，他们很迫切需要跟艺术合作。客观地来说，今天中国所谓的艺术市场已经不再只是一个简单模仿西方的艺术市场。它已经有自身的传统，也有很多问题。像前几年上海出现私人美术馆，北京为什么没有私人美术馆，这其实也是跟每个地区的文化特性有关，北方相对来说豪爽一点，但可能热情有余理性不足，上海相对来说理性一点，但有时候过度理性，可能缺乏冲动。目前看到的是，在北京很多年轻人做艺术空间去支持艺术，这块在上海是没有的。可能到了明年后年，大家就会看到，北京年轻的艺术空间有好几个，它其实跟上海的这些企业、私人藏家做的美术馆是有一个竞争关系的，这个都是良性竞争。所以我为什么会说可能有几年北京比较跑在前面，有几年上海跑在前面。

仓：中国的当代的艺术要想形成自己的特色风格，应该注意哪些东西，探索哪些方面？

徐：首先，你必须是有好的文化内容，简单来说，从艺术批评到艺术创作，到如何去经营画廊，如何去解决一级市场、二级市场的具体问题，都需要有杰出的人才，要有很好的内容。其次，中国对于文化内容的这种觉醒，也就是这两年刚刚开始，可能之前几年大家太热衷于挣钱，但是现在发觉，没有内容也挣不到钱，所以我觉得整个中国会慢慢就进入一个逐步重视文化内容、重视艺术家的创作的时期。我觉得现在还是比较初期，后面会有很多工作要做的。

仓：上海工艺美校是一个比较重视传统的学校，但像余友涵老师、丁乙老师、谷文达老师，他们在中国的当代艺术史上也有自己的艺术表达符号。您现在的艺术表达集中在哪些方面？

徐：艺术家的创作来源于如何去理解这个社会，如何去理解当下的现实。上一代艺术家会侧重某个符号或者说某个题材，我们这一代艺术家成长于互联网时代，知识结构、学习方式跟上一代是完全不一样的，所以选择、目标、着重点都会不一样。所以你会看到，我们二十多年的创作，首先内容比较丰富，主题比较多元，形式媒介跳跃强度也会很大，包括我们现在会同很多品牌、不同的艺术项目合作，我们自己做策划、艺术展览，不只是在工作室里画画。我觉得未来艺术家可能就会像我们这样，很多元，可能随时在学习，随时在创新，会刷新对艺术家的定义。

仓：其实是在跨界，更多“斜杠”。

徐：对未来的艺术工作者来说，跨界是正常的、必然的。可能原有的东西已经被消化得差不多，就要不断往里面放入不同的营养，放入不同的角色来重组或者说创新。以前的艺术家是去表现自己的想法，今天很多艺术家是先表现，反过来影响现实。这个特点可能会在这几代艺术家身上很明显。

仓：您做的很多的活动是非常国际化的，您的资讯也非常丰富，而且您的活动策划频率也非常高，请分享一下您平时学习工作的心得。

徐：对，工作量是蛮大的。但是我们有一个没顶公司，我们有一个团队，这个团队的核心成员已经在一起工作了 20 几年。不像有些公司一岗一位，我们可能是一个人要好几个岗位，我主要是负责偏专业类的，比如说艺术创作、展览主题策划，包括如何去找到一个项目跟艺术的结合点等。可能团队里其他成员就更偏向于整个流程的管理，如何去实施，如何去落地。我们团队里面也有专门做自媒体的，专门负责制作、运输、保险，工作非常杂。一旦策划展览的时候，团队的人全部要移过来参与整个展览的运营。我觉得这种方式蛮适合今天这个社会做艺术的。也可能是因为工艺美校时期留下来的这种很主动的特质，我一般都比较习惯于冲上去，不要让他们来找艺术，其实应该是艺术找他们。艺术不再是去表现社会的什么，而是艺术本身可能就是社会的一个什么。我们做很多艺术项目是因为我们觉得它挺好玩，想去尝试一下。我们的工作基本上处于这样的状态，虽然很忙，但是大家觉得挺高兴的，不断在接触新的事物、新的形态的东西。

仓：您的很多创作都有非常大的社会反响，比如《天下》《永生》《进化》《超市》等，背后创作的思考或者您的艺术哲学是什么？

徐：刚才楼下看到的《永生》，佛像架在希腊雕塑的脖子上，我们当时是觉得西方的美术馆有很多没有脑袋的雕像，在中国也有很多没有脑袋的佛像，他们失去这个脑袋的原因都很像，比如说战乱，比如说历史原因或者说自然风化。我们觉得现在正处在一个东西方高度全球化冲击的时代，为什么不把它对接一下，让他们好像在交流或者在互相对抗。做出来之后，大家会觉得在这个时代，我们对整个社会整个世界的理解和这样一种艺术是蛮契合的。这也就是我说的今天的艺术不只是去表现社会的内容，它应该就是成为社会的一分子。若干年后回看这样的作品，大家会可以理解当时的社会，为什么能够出现这样的作品，它后面肯定是有一些原因的。

欧洲千手古典雕塑

仓：没顶公司最近也拓展到艺术教育，您刚也回顾了您在美校四年的学习，您觉得当今艺术院校要培养艺术人才应该作哪些加强或者调整？

徐：我不是专业的老师，我们没顶艺术教育这个项目中我只是负责其中一个班，比如说我们开了个班叫没顶魔法班，招生对象主要是年轻的职业艺术家。我们这里的学生都是自己迫切性很强，自己意识到很多问题，所以在这种情况下，首先你的教育结构就要很有效，大家会非常高效地讨论问题、面对问题、解决问题。比如说我们第一期项目，现在上到第四周，每周我们上半天课而已，平时有作业，微信交流，大家都是非常迅速，而且推进很快，我们学院里面的研究生觉得这里的四次课可能快赶上学校的一年半了，因为我们布置的作业量很大，需要学生去学习了解的知识范围也很广。我一直觉得艺术是个人的，很难有一个全面式的教育，工艺美校的老师都是很有耐心地帮助你解决问题，而不是说让你抹掉个性去迎合一种普遍的标准。我们现在上课的时候，也是用这样一种态度，所以每个学员的成长变化是很快的。

我现在是中央美术学院实验艺术学院的外聘教授，去年年底招了两个研究生，我不是很在乎我作为老师要教什么，我其实是想知道，这个学生他是怎么样的，他应该怎么成长，老师会的学生不一定要会。我在中央美院读插班生的时候，认识了几位马上要毕业的油画系学生，当时对我们来说，油画系这种毕业生不得了。但过了好几年，有时候在社会上看到，会发觉他们还是这样，而我已经完全不一样了。所以我会觉得，我会比较在意作为个体的主观能动性、学习方式，自己去寻找一些学习方式，主动适应自己的学习环境，这个对学生更重要。我们话说回来，像早年的上海工艺美校，它在郊区。三点半以后就没事了，学生很放松，打打球，去钻研专业去图书馆自己看，这样的一种很轻松的环境其实对于教育是很有帮助的。

仓：这个项目非常有意思，年轻的职业艺术家实际上在中国也是比较新兴的。

徐：很少，因为我们自己有画廊，经常会接触到年轻艺术家，我们做比翼的时候其实跟几百个艺术家有过各种各样的工作接触。我一直认为教育是互相的，也许今天老师可以帮你出一个解决方法的点子，但是明天你要自己会。我们会觉得，其实有很多弯路必须要去走，有很多专业内容要提早接触到，所以我们干脆做一个艺术的魔法班，从作品创作，到如何去跟画廊打交道，再到职业规划，我们根据他具体的现状一起讨论，我觉得这样的教育项目会让人很快成长，他们每个星期都有变化。

《金属的语言——谁会拥有》，铁链，镜面不锈钢，75×97 cm，2017

仓：您认为艺术市场在哪些环节上需要共同提升，让市场进一步繁荣？

徐：中国艺术市场不很健康，但是我觉得随着年轻人不断涌入，市场在快速变化，现在比前几年好很多了。现在更新换代越来越快，相应地淘汰率也越来越高。以前我们在 55 岁退休，但是今天我看到很多 35 岁的人在岗位上其实已经没有用了。今天的社会对于一个人的学习能力要求很高，不管是什么专业、什么行业，如果你忽略了自身的学习和成长，很快地就会被行业淘汰，很快被社会边缘化，这是今天便利性带来的更新换代。

仓：这个时代要求每个人都成为一个终生学习者。

徐：很累，但是我觉得很好，比如说我自己觉得，我现在 40 岁多一点，但我应该把很多人 60 多岁的事情都做掉了，说明我们后面可以再去做更多有趣的、新的尝试。

采访心得

徐震先生的思维非常跳跃、发散和前卫，这也许是创意型人才的普遍特征。虽然他在上海工艺美校毕业后直接投身设计公司和艺术创作，但在今后的人生发展中，这四年的学习给他打下了艺术设计的扎实基础，用徐震的话说，这四年可以让他对接世界上各门各类的造型艺术与国际艺术平台。作为国际知名 70 后艺术家，徐震先生总是充满了对东西方文明的关注与思考，在全球化浪潮中寻找和重塑自己的价值观，在实践中完善更新自我知识结构，从而不断突破自己的艺术创作，这是在校学生需要学习和掌握的一项非常重要的创新之道。

“鸟头”组合（宋涛、季炜煜）
通过摄影和装置表达对生活的看法

采 访 人：仓 平 石 慧
受 访 人：宋 涛 季炜煜
采访时间：2020 年 7 月 3 日
采访地点：“鸟头”松江工作室

“鸟头”

知名的摄影艺术家和装置艺术家组合，成立于 2004 年，由上海工艺美术学校 2000 届毕业生宋涛（1979 年生）和季炜煜（1980 年生）组成，“鸟头”以摄影为创作基础而不被摄影所框限，他们的镜头捕捉任何能涉及的事物，将关于他们自身的成长思考逐渐内化到他们的图像语境中。他们结合照片矩阵、拼贴、装裱、装置、摄影书写等各种对于照片的使用方式，在不同的展览空间和环境中呈现多个自我更新进化的“鸟头世界”。他们的作品被英国泰特美术馆、美国纽约当代艺术博物馆、瑞士尤伦斯基金会等多个世界知名艺术机构收藏。

一、宋涛篇

（一）成长和求学经历

仓：请谈谈您的家庭环境和成长经历，这些是如何影响您后来选择艺术创作道路的？

宋：我父母的工作和艺术没有太大关系。我不太适合应试教育，文化课成绩不太好，就想尝试下艺术的道路。

仓：您 1996 年考入上海工艺美术学校的工艺雕塑专业，您为什么选择报考这个专业？

宋：我 1995 年在工艺美校读了一年预科，认识了工艺美校大部分的基础课老师。记得当时一些老师就跟我说，今年会招工艺雕塑的学生，这个班大概三四年才招一次，如果你能考上，会碰到一些蛮不一样的老师,我就报考了。

仓:您上学时主要接触到了哪些老师,谁给您的影响比较大?为什么?您们后来有什么合作吗?

宋:后来果真就遇到了一些很好的老师,像陆君玖老师、王敏老师、翁纪军老师、李绪红老师等。陆老师很优雅,一直笑眯眯的,但是他要求还是很严格的,他会笑着看完作业,然后坚定地说:重做。李绪红老师是一个慢悠悠的但很温暖的人,我还记得当时她拿着小锤子,我们拿着大锤子在工厂里面敲铜板的情景。当然对我影响最大的还是翁纪军老师,我们经常去拜访他,现在有时还请他帮我们完成一部分作品或者帮助我们解决一些技术上的问题。

仓:学生时代和您关系最好的同学有哪些,您和季炜煜是什么时候决定开始成立"鸟头"组合的,能和我们分享一下当时创建时候的故事吗?

宋:跟我关系最好的同学就是现在的搭档季炜煜。他跟我不是一个专业,但是在学校里就认识,有时还一起聊天、喝酒。我们是2000年毕业的,他一毕业就去英国读书了。有三四年的时间里,我们基本上是靠MSN在联系。我使用的第一台相机,就是他出国前留给我的,是一架尼康相机。我有大半年也没有用,后来我需要拍摄一些自己的作品,就买了胶卷去拍,对摄影的爱好就一发不可收了。他一直喜欢相机,当时英国二手市场的相机品类丰富程度远远超过国内,那边的大学有非常好的暗房,他就一直拍东西。2004年他从英国回来之后,我们就一起玩相机,我们当时还是用底片,底片需要扫描存档在电脑文件夹里,有一天我们想取个名字,就随便敲击了一下键盘,拼音输入法自动联想出"鸟头"这个词组,我们就用这个名字了。一开始也没有固定工作室,去对方家里工作,后面才不断搬迁扩大。

(二)从艺和创作经历

仓:毕业后创建"鸟头"组合之前,您有四年的工作经历,这段期间您主要从事哪方面的工作,这对您后来的艺术创作的影响如何?

宋:我当时过做一些录像,也拍一些照片和短片,也涉猎过一点点行为和装置艺术。

仓:您们的摄影作品不强调单张照片的效果,更重视群组照片的情绪表达,您们这样的创作理念是如何形成的,您们感兴趣的是哪些题材?

宋:我们的创作其实是源于对自己的关心,发散到对于这个世界的关心。你要认识自己的话,需要给自己一个定位,就是你的X轴和Y轴是怎么设立的。有时候是我们想拍的这个东西某个方面打动了我们,这些照片其实都是我们生活的一个个小切片。

仓:回顾您们十多年的创作生涯,您觉得可以分为哪几个阶段?每个阶段您们想表达的主要艺术创作思想是什么?

宋:第一个阶段我们没有出上海,那时因外部条件的限制,也没有钱,拿着相机扫扫街就很开心。从那个时候开始尝试各种各样的机型和镜头,因为中国经济的逐步发展,世界上大量的二手相机都流向了中国,我们有机会进行各种尝试。

第二个阶段是旅行阶段,我们得到一些邀约去拍摄,后来自己也主动出去拍摄。旅行给我们很大的空间去学习和思考。一个人旅行也很有意思,虽然走遍千山万水,但其实是要走入自己的内心。我们一起走了很多地方。我们得到赞助商的赞助,小季提前三周出发去美国,他先飞到旧金山,在奥克兰机场租了车,一路沿着美国的北部开到纽约,我后来飞到纽约等他,先去了下哈佛,然后和小季在纽约碰头,他飞回上海后,我又从美国南部将车开回旧金山还车,中间路过大峡谷和密西西比河,我们两个加在一起围着美国兜了个圈。虽然大家在路上是分开走的,但是有几个元素是大家共同关注的。一是美国的国旗,美国人很喜欢挂国旗;二是公路,美国是个公路国家;三是自然环境。回来后就做了这组照片。

仓：网上对“鸟头”组合的介绍是摄影艺术家组合，您们认为自己是装置艺术家，这两种身份的主要区别是什么？您们为什么更加认同后一个身份？

宋：对于我们来说，艺术的关键是表达，摄影是我们的表达方式之一。摄影的技术历史才200年，我们用的漆艺技术已经几千年了，什么技术合适就用什么。

仓：您们两人平时的工作方式和状态是怎么样的，在工作中如何分工？

宋：我们能够连续合作10多年，最重要的一个原因是互相信任。我们工作中最重要的一条原则，就是一票否决权。当合作伙伴只有两个人的时候，只有两个人都同意，这个方案才会往前推进。在工作上也会有一些侧重，联系工作我会处理的比较多，他可能会处理一些比较精细化的细节问题。

仓：您们近来也加强跨界设计，之前您们和斯沃琪（SWATCH）手表联合设计了水墨大鸟腕表，能和我们分享下合作过程吗？后面您们还打算做什么样的跨界尝试吗？

宋：这个作品是七年前合作的，斯沃琪在全球范围内一直在找艺术家合作。那个表用了水墨题材。我们用了一张用比较慢的快门速度拍下来的飞鸟照片，因颗粒比较粗，跟中国的水墨画有些接近。当时正好我们正在做一本书叫新村，分春夏秋冬去拍摄，所以我们就把这个鸟和春夏秋冬这几个毛笔字放在了一起做了一个平面，截取了当中鸟的部分和春字的一个笔画，做的表盘和表带。最近也有一些跨界合作，杭州一个国潮品牌购买了我们的一些IP，用在服装上。

抽象作品 01

（三）对学校的建议

仓：您觉得未来的艺术创作人才应该具备怎样的知识体系和思维方法，您对工艺美院的人才培养模式有什么改进建议吗？

宋：我觉得需要尽可能宽松的教学环境，尽可能多的信息导入，要让学生看到各种各样的可能性，让他们多动手，多尝试。

二、季炜煜篇

（一）成长和求学经历

仓：请您谈谈您的家庭环境和成长经历，这些是如何影响您后来选择艺术创作道路的？

季：我父母均不是从事艺术工作的。我刚上小学的时候，因为我外婆家后面是黄埔区少年宫，然后我妈妈就让我去学画画，她觉得这是个技能，就一直画到中学，然后就考美校了。

仓：您是哪一年考进上海工艺美术学校的，进入了哪个专业学习，您为什么选择报考这个专业？

季：我妈妈的同事的小孩在美校，就推荐我参加了美校的考前训练班。我 1996 年考进了装潢设计专业。

仓：您学生时代关系最好的同学有哪些？

季：关系最好的是我的搭档宋涛。我进美校前两年是在分校走读的，进总校的时候已经是三年级了。他们班级男生多，喜欢打球，我常常去找他们打球。但他不太打球，他成天就拿个斧头在做东西。我很晚才认识他，后来就一起下棋打牌，一起听音乐，毕业以后关系保持得比较好。

（二）从艺和创作经历

仓：毕业以后您去了英国求学是吧？您去英国读了什么大学什么专业？这对您后来的艺术创作的影响如何？

季：毕业后我工作了一年，然后我去了圣马丁，念的是艺术与设计。我在英国待了四年。我那个时候 20 岁，第一次跑到国外去，受到的冲击其实蛮大的，看到很多以前没有接触过的东西，看到很多以前只有在图书馆里面才可以看到的原作，当时我也没有想过要做艺术家，但这段经历对我后面的影响很大。工艺美校虽然是中专，但是他的教育方式跟大学很相似，所以我到圣马丁很适应。圣马丁的图书馆非常好，也重视对学生的个人指导，这是值得学习的。

仓：您和季炜煜是什么时候决定开始组织“鸟头”组合的，能和我们分享下当时创建时候的故事吗？

季：回国以后我又工作过半年，他一直来我公司玩。那个时候他已经自己在做艺术家这个工作了。因为我们两个对摄影都比较感兴趣，就决定一起做，也就一直合作到现在。

仓：您们在合作的时候处于一种什么样的工作状态？

季：每人独立思考创作理念，然后互相交流，有时候说着说着就觉得这个想法很好，然后就会把它转化到工作当中去。交流过程中，如果另外一个人有疑问的话，就要想办法去把对方的疑问解除掉，如果解除不掉的话，就先搁置一下，自己想一想。

仓：网上对“鸟头”组合的介绍是摄影艺术家组合，您们认为自己是装置艺术家，您认为这两种身份的主要区别是什么，您们为什么更加认同后一个身份？

抽象作品 05

季：其实对我们来说，摄影也是一种表达方式。之后我们慢慢觉得摄影在有些方面有局限性，需要有更多的东西来满足自己的一些想法，就慢慢转化为拼贴和使用一些其他材料，就向装置艺术方向发展了。

仓：您对国际艺术市场比较熟悉，相较之下，对国内的艺术市场的发展有哪些思考和建议？

季：我对艺术市场的熟悉，仅仅是从一个艺术家的角度。但是西方艺术市场要比中国艺术市场要成熟很多，艺术品的生活需求和商业运作均要更成熟，所以我觉得有很多东西值得向他们学习。

（三）对学校的建议

仓：您对学校的下一阶段发展有什么建议吗？

季：我觉得学校原来最好的是比较自由和开放的学习氛围，希望能够一直保持下去，这对艺术学生来说，非常重要。

采访心得

“鸟头”源自一次为文件命名的随意的键盘敲击，这种随意和放松在采访时也能感受到，他们穿着休闲，在镜头前的坐姿也很轻松。但是谈到艺术创作时，他们又变得很认真，他们会花很多时间和你交流作品的材料、工艺、制作步骤以及背后的思考。他们两人之间共同的爱好、深厚的友谊和一票否决制原则是他们持续合作十多年的坚实基础。

刘毅
艺术带给我力量

采 访 人：仓　平
受 访 人：刘　毅
采访时间：2019 年 12 月 27 日
采访地点：莫干山路 50 号（M50）刘毅工作室

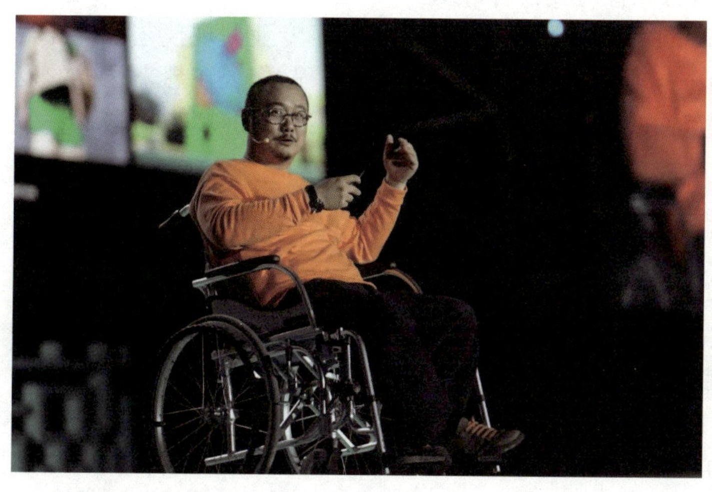

刘毅

1981 年生于上海，上海视觉艺术学院公共艺术专业负责人、副教授，IPA 国际公共艺术协会研究员，上海创意工作者协会理事、61CREATIVE 创办人。曾参与策划众多当代艺术与设计领域的展览与项目，作品涉及公共艺术、多媒体、装置、雕塑、家具和视觉艺术等领域，是当代知名的公共艺术家和设计师。

一、成长和求学经历

仓：在之前的访问中，您谈到小时候因腿部有疾，母亲常常以阿童木的故事来激励您。能谈谈您的成长经历和您为什么选择艺术创作道路吗？

刘：我出生在一个很普通的家庭，爸爸是警察，妈妈在国企。我先天残疾，小时候爸爸就经常会跟我说，你虽然腿有残疾，但是学习绘画，将来你可以通过你的手、你的脑子、你的绘画养活自己。小时候我没法像其他孩子们一样在外面玩，更多的时间是坐在家里，我父母就提供纸笔、材料让我画画，从此我就走上了绘画艺术之路。

阿童木来源于母亲对我的鼓励。我是 1981 年出生的，那个时候刚引进日本卡通动画片，阿童木是我们小孩心中的英雄，他是个会飞的机器人，小腿是红色的，像绑了石膏一样。因为我从小开刀，都是骨科手术，基本上都要绑石膏。妈妈就一直就说："你就像一个阿童木。"这样的鼓励对我影响很大。前几年腿疼的时候，我就想到妈妈这句话，就画了我的一双腿，点了火，成了喷火的腿，重现了小时候对阿童木的记忆。从某种角度上来说，父母对我很放心。他们很信任我，从小都不管我的作业，也让我拥有了很多自信。我现在当爸爸了，我也在反思学习他们的教育方法，我觉得挺有用。

仓：您 1997 年进入上海工艺美术学校学习计算机图形与设计专业，请问您当时为什么选择报考工艺美校？为什么选择计算机图形与设计专业？

刘：我当时去了各种绘画班，老师们都向我推荐工艺美校，市区里有很多的学校，我都去考了。但一轮考试后，我对工艺美校的校园印象最深刻，感觉环境氛围很不一样，当时就下定决心要考我最喜欢的学校。后来也很幸运考进了工艺美校，在塔城路 257 号学习。

当时有各种各样的专业，室内专业、装潢专业都有。计算机图形专业是挺新的一个专业，我是第三届，当时已经用计算机软件来做设计了。我当时第一反应就是觉得很新鲜，进了专业后发现课程非常丰富，我不单单学到了平面设计、装潢设计、空间设计的知识，而且还学会了很多多媒体的知识。我觉得这就是当时的新媒体专业，我们学习的各种软件对我很有帮助。

仓：您进校的时候，美校正处在转型摸索的时期，从原先偏重于工艺美术专业向现代艺术设计大类转型，当时的课程既有传统的工艺美术史又有现代设计类、计算机类等课程，您现在想来这样的授课模式合适吗？记得您说过，当时完成老师布置的作业后，自己还补充做很多设计，您为什么给自己加码？

刘：在美校学的东西真的很丰富。工艺美校对我现在的工作的帮助和影响是非常大的。当时有很多非常棒的艺术家教我们基础的、绘画的、造型的、美学的东西，也有很多老师教我们产品设计、字体设计、环境设计、图案设计等各种设计门类的相关知识。当时也有一些老的工艺美术的老师，我们可以看到很多的传统工艺品。当时还有工坊，我最喜欢了，经常跑过去看，做加工热弯的工艺、做 PVC、做模型，对我来说四年的学习经历是非常丰富的。

除了消化这些课程的知识点之外，我不断地去做一些自己的创作。下课以后，除了作业，我们也会拿一些自己创作的小东西给不同的老师们看。因为老师的专业背景和研究方向不同，他们给我们的反馈也不同。我得到的是一个非常综合、立体的教学环境，这种学习对我来说是最棒的。除了上课，我们课余的时间跟老师同学们聊艺术、设计、音乐、人生，这真是一段很美好的时间。

仓：当时美校的师资相当强，美术基础课有余友涵、丁乙，国画课有蔡天雄、汪凯民、许韵高，工艺美校自己培养出的翁纪军、陆君玖、赵丕成等都是年富力强，处于创作和教学的黄金年代。您上学时主要接触到了哪些老师，谁给您的影响较大？

刘：工艺美校不单单对我的专业有影响，对我的人生的影响也很多，还有对我做人的影响。我刚进美校的班主任颜平老师，每次晚自修的时候会陪着我们，每周带着我们全班去敬老院帮助、看望老人，当时我们觉得很开心很热闹，但现在回想起来，这种教育其实是专业教育的基础，是美的教育。设计也好，艺术也好，我觉得以爱为先才是美的东西，这是对我来说印象很深的教育，我记得团委的张小漪老师就常鼓励我去学生会实践、碰撞。

影响我的专业老师是非常多的。比如给我们上色彩课的丁乙老师，无论是色彩写生还是归纳色彩，给我的印象都很深，我也从此喜欢上了色彩。一次上色彩风景写生丁老师带我们到了外冈工艺美院早期的地方，跟我们讲他早期学习的经历；翁纪军老师在一个冬天带我们在嘉定写生，边流着鼻涕边吃着烘山芋边画画，真是很棒很有趣的回忆。还有余友涵老师、计文于老师、金澜老师、张苏中老师、陆君玖老师、朱孝岳老师、徐勤老师、陈小如老师、李垠老师、王珠珍老师、颜鸿蜀老师、王敏老师、徐建明老师、陈耀明老师、王征天老师、陈雅培老师、董成斌老师、管郁生老师、朱明老师、汪凯民老师、毛毅静老师、肖娅敏老师等，好多老师不是计算机图形专业的，但是也经常指点我。这种课内课外和老师们的关系，让我感觉仿佛找到了好多家人。

仓：您在美校求学时还担任过校学生会干部，这期间发生过什么有趣的事情？这段经历对您日后有帮助吗？

刘：进工艺美校第一年我就去参加学生会竞选，当时我很自豪，记得我是唯一一个脱稿竞选的，后来我就成了学生会的学习部部长，现在想想也挺有意思的，一年级时我真的感觉是什么都不怕。一进美校就感觉脱胎换骨，长大了。因为学校是寄宿制，我开始离开父母独立生活。很多人还反对我父母的做法，认为我这样的情况在学校住宿既不方便也不安全。但我父母只有开学的时候送我去，平时都是我自己来回学校，这些学习和生活上的锻炼让我慢慢在美校里建立起人际交往能力，也让我越来越自信。学生会的工作也一直在锻炼我的专业能力以及组织能力。

仓：离开学校以后，您跟哪些老师还有艺术上的合作呢？

刘：离开学校以后，一直在请教老师们，他们至今影响我。我经常会去丁乙老师的工作室请教他。2006年，丁老师跟我打了一个电话，他说上海视觉艺术学院有个专业叫综合设计专业，问我有兴趣一起来做吗，我说当然有兴趣。本来我要去德国的一个学校读景观设计。我一听挺棒的，能和丁老师一起工作。那时我本科毕业刚刚一两年，其实是边做边跟着丁老师学习。他的教学理念和对艺术的追求一直影响着我，他对我的帮助和教育是持续性的。

还有翁纪军老师，当时我的专业没有他的课，但是我在学校里经常请教他，我当时上计算机图形课的时候，隔壁班在做漆画，我很羡慕，就常在他们下课的时候去看，会问问工艺上和材料上的问题，后来就熟了。

陈小如老师是我上学时对我非常有帮助的一位老师，他是室内设计专业的老师，当时我的专业教室就在他们隔壁，课后他们班有一些学生也会经常围着他一起讨论设计。当时我对建筑、空间也特别喜欢。看到他们做模型，我也很喜欢，就经常混到他们班级里面去一起听，然后他也会鼓励我们做一些有意思的作品，做一些学生展览，这种跨专业的学习真的很有帮助。

王珠珍老师教我们图案课，图案课虽然是很传统的东西，但是到今天我都觉得这是很重要的东西，可惜现在好多学校没有这个课，但临摹和基础太重要了，那个阶段的这些基础课训练对我后阶段的创作的影响是很大的。那个时候我们要自己裱纸，画坏了全部要重新来，老师对我们要求非常严格，对我们的影响太大了。

仓：您后来考入中国美院上海分院，您觉得那里的教学模式和美校有什么差异？

刘：这很难作比较，这是我人生的两个学习阶段。中国美院上海分院是很新的学校，我入学时他们也刚办了三年，学校老师大多数比较年轻，中国美院分院的定位是一个设计学校，我选的专业又是一个新的专业，叫新媒体设计专业。也有当时行业里面的一些设计师来教我们，大学里面学习更加宽广自由，我进行了很多实习，经常在外面工作。

工艺美校的老师年龄结构更完整，资历可能更深，我们生活在校园里面，学习在校园里面，整个的氛围还是相对集中的。我们每年还有艺术节，在食堂二楼舞台上要做各种表演艺术，学生对艺术节的期盼是非常强烈的。那时候同学们都自发地做一些展览，还做一些戏剧表演。记得还有一个英语的演出，英语老师引导我们来排一个戏剧。我当时做了一个用英语对话的戏剧还得了奖。

我觉得这种学习是鲜活的，不管是行政老师还是文化课老师，他们出于对艺术的认同，都认为在这样的艺术的环境和背景下，可以一起做些什么，而且学生也特别积极和开心，很有意思。

二、教学经历和建议

仓：您是何时成为一名大学教师的？您说自己很喜欢教师这个职业，为什么？

刘：我从小就挺喜欢老师的，从小到大我的老师都对我很好，也许是我身体的原因，他们一直鼓励我，我很幸运。我只上过3天幼儿园，所以对老师的记忆差不多从小学开始。老师对我的帮助非常大，让我感觉很自信，很想交流，老师这个职业可能是媒介，它更像一个在学生和专业之间形成的媒介导体。

我觉得做老师有意思的点在于可以做很多试验性的东西。可以不停地做一些不一定要完成的东西，可以一直在一种实验的状态里，在实验中不停地交流总结，这对我的自己的创作也很有帮助。不断地碰到新的东西，无论是新的技术、新的媒介、新的观念，还是新面孔、新学生。我现在最小一届的学生是00后了，我有时也会跟他们学习，这种状态是很鲜活的，也很有生命力。

仓：中国艺术设计院校的学生培养方向主要有三个：一是艺术家，二是设计师，三是美术教师。我想问一下，上海视觉艺术学院的人才培养目标是什么？学生在学习和就业上的自我认知是什么？目前的教学模式是否能够满足学生的需求，有什么是可以改进的？

刘：上海视觉艺术学院现在很大，有不同的学院，每个学院有不同的专业，我只能说说自己的专业。之前说过丁乙老师那时候在设计学院创办的一个专业叫综合设计专业，我其实也是带着某种实验的精神，把艺术和设计全部混合在了一起。

2006年我们开始招生的时候，很多老师都是建筑师、艺术家、策展人、家具设计师、产品设计师、平面设计师等，各种各样在一线工作的人来进行授课挺有意思，有点像当年的包豪斯，也像我读书时候的工艺美校。我们培养的一些学生毕业以后自己做设计师，现在有几个成了明星设计师，有自己的设计品牌和店面，我经常在杂志上看到他们的报道，现在很有成绩。

一个班级只有25个学生，我们因材施教，学生毕业设计可以选择感兴趣的方向，比如说有的学生去做平面设计，有的学生想做声音的、视频、家具、产品、绘画、插图等，各种各样都有。我们就会根据学生想学的门类请不同的设计师。毕业展的时候会有好多丰富的设计形态出现。所以说综合设计的综合性一是体现在老师身份上；二是体现在学生最后的设计成果上；还有就是体现在非常交叉丰富的课程上。也有在校的学生会提到我们专业好像学得很多、很杂。但一些学生毕业以后去国外留学，都会反馈给我们说当时太好了，让我们能看到不同的东西，学习跨界内容。

后来，我们去了美术学院，设立了公共艺术专业，好像是2011年、2012年的时候，国内突然之间出了好多公共艺术专业，这其实应该也是跟我们的整个国家的政策、城市的发展及建设有关，公共艺术像设计的一个工作方法，为了解决一些公共问题服务。传统的公共艺术就是大家看到的雕塑、壁画，但实际上环境设计、景观设计，包括现在一些活动、节庆、策划等都可以被列入公共艺术学科。公共艺术是一个非常复杂的系统，它的媒介表现是很宽泛的，它可以是雕塑、金属、多媒体、灯光、影像、传统绘画等。除了泛媒介的创作之外，它其实还带着一种策划功能，需要去研究、策划，需要在现场去解决一些问题或者回应一个现场。直到今天，我们的老师还在思考怎么教公共艺术，因为我们对公共艺术的理解也一直在更新。

公共艺术到底教什么？教的是一种策划概念，一个艺术家就要学会策划的思路，学习设计师的工作方法论，学习如何调研，如何为现场进行创作；作为一个策展人，你要知道在怎样的时间、地点、现场应该选择怎样的艺术家和怎样的作品。所以公共艺术更像一种策划方法和一种机制的建立。

我们除了注重艺术、设计、美学的基础能力，更注重“实战能力”。学生也要学会如何管理项目，我们经常会让学生到现场进行调研、实践。每年毕业创作之前，要有一、两次社会实践，让他们到现场去安装作品，学会动手安装，这对学生来说也比较重要。作为老师，我们经常会去调研社会上的公司、单位遇到的问题，思考社会需要怎样的学生，再在我们的教学当中进行微调。

仓：我发现您很喜欢带领学生共同创作作品，从早期的《通》《一块布》，到近期在 M50 的涂鸦，您鼓励学生一起参与形成最后的作品。在 M50 的涂鸦创作中，美院的学生参加了您策划的公共艺术活动，您觉得他们的能力怎么样？

刘：当时 M50 与我一起发起一个活动叫"城市微更新"，M50 想请学生来创作，我就推荐了我们学校，我们找到了美院陈小如老师并且带来了公共艺术专业的学生。我们的学生和工艺美校的学生就在这个空间里面进行讨论、提案，就像完成真的项目一样。

这个活动有一个比赛机制，大家出了方案以后一起投票，而且投票的人不只是老师，还有 M50 的员工、普通游客，这是公共艺术一个很重要的机制，不只是专业人士来进行评判，还有老百姓，大家一起评判。

学生可以有机会直接在这里创作，然后进行展示，让自己的作品在城市中落地。一开始出了很多方案。我们工艺美校的学生出了一个老上海的方案，我当时印象很深。就在 M50 园区的一个十字路口，画了一个中华人民共和国成立前的纱厂大门，门口是一个印度交警，是当时具有时代性的标志性人物符号，后面是纱厂原来的名字，画完以后影响很大。现场来了很多人在这个交通要道拍照，给大众留下了很深刻的印象，后来还得了"最具有影响力奖"。我们的工艺美院的学生很认真、踏实。有的女生年纪小小的，一直在那里安安静静地画，而且很有礼貌，每天画完之后都整理好路边的杂物，那些小细节特别让人感动。

仓：您觉得未来的艺术创作人才应该具备什么知识体系和思维方法？工艺美院在人才培养方面想做大类改革，宽基础和感兴趣的专业方向相结合，您对此人才培养模式有什么改进建议吗？

刘：这个特别好，因为学生一定要学自己喜欢的。我们专业现在也有很多问题。我们在教学当中经常遇到学生认为他不喜欢或不适合这个专业。考学之前有些家长来问，家里是做装潢的，儿子学装潢好不好？我说这个问题你不要问我，直接把孩子带来，我问他喜欢什么。因为学喜欢的专业太重要了，那是毕业以后一辈子的事，如果你的工作是你喜欢的，那一辈子就太幸福了。学生能自己选择喜欢专业太棒了，这样就不需要老师盯，不需要上课点名。因为喜欢了，学生随时随刻都在学习，然后不断地积累。有了积累，老师会很兴奋，学生也很兴奋，作品也会触动老师，其实对老师也是一种刺激。如果有些学生特别想跟我聊艺术设计，我就觉得很开心，愿意和学生聊，这种状态是师生都很需要的。

三、从艺和创作经历

仓：您艺术生涯的涉及面可以说是比较广泛，公共艺术家、平面设计师、家具设计师、策展人都是您的身份，当然不同时期各有侧重，似乎和您的教学经历的变化也有对应，那么请问您的这些身份和艺术探索重点的变化有没有一条主线？是什么方面的素养能够支撑您在不同领域都能游刃有余？这些素养多少得益于求学，多少来自于您的自我发展？

刘：我到今天还在学习，因为远远不够，学得越多我越觉得不够，而且越来越觉得时间不够用。您刚刚说的自我的学习状态肯定是要的，我在学生时代就培养了自学的能力。在工艺美校，我虽然是计算机图形专业的，有很多时间在学软件，但是我觉得远远不够，只学软件怎么可以？只学设计怎么可以？

我还会去各种老师的工作室拜访，到各个专业去看、去学，去图书馆里深挖，所以工艺美校时期的

自学对我美学基础的帮助很大。

美学上的学习是最重要的，我们当时有史论课、工艺美术史、工艺美术概论这些课，当然也有绘画基础课，还有技术类的设计、设计观念以及一些设计材料课。这些课程让我知道设计、艺术都需要理论的支撑。

我是蛮"贪心"的，好多有意思的设计，我都想试试。为什么我在学校做老师，也是因为可以去试，实验性和不确定性是最有价值的。我的创作实验带有某种可能性。或者是材料上的一些突破，或者是观念上的，或者是实际形态上的。我可能会讨论家具的材料，比如能不能和人发生关系，做一个交互的感温家具，人的体温能影响家具的色彩变化。这件作品参加了一个交互展，是展览中唯一一个不插电的交互艺术作品。

我在工艺美校的时候，就做了一些需要有人来参与合作和互动的作品。我和一些同学们一起策划，这个作品在工艺美校老校区操场上展览，然后我们就坐在操场上，放各种材料和作品在前面。学校的老师、学生、食堂的大妈包括寝室楼的看门老爷爷都来参与我们的创作。还有一个作品，在工艺美校老教学楼中庭。我当时就去一个个男寝室敲门，"能不能捐一双鞋子给我?"，于是收集到了学长和学弟的鞋子，有的是很臭的球鞋，有的是不穿的鞋子，然后我就把它挂在了中庭。所以要说创作主线，也许我选择了"共同参与、一起创作"的创作思路，选择"人"作为我创作的媒介。

我在做公共艺术的时候，经常想艺术家是不是一个舞台的设计师。艺术家搭了一个台，然后让公众来表演，作品没有人参与，等于这个作品没有结束、没有完成。而不同的人来参加，他的作品呈现的面貌也是不同的。而且这个作品形态一直在变化中，变化有时候是不可控的，这样反而非常具有实验性，这种和公众直接的合作性的创作让作品不停地升级，而不是我一个人把一个作品完成就结束。

我带着学生一起创作，有的是课题里的，有的是课外的。在美术馆的各种工作坊，其实我都是邀请公众一起来参与，然后作为艺术家跟他们一起来创作。工作坊就是一个公共艺术活动。

其实美术馆发起一个工作坊，它周边的社区，或者对艺术有热爱、喜爱美术馆的人都会来参与，一个艺术家介入到工作坊里去，艺术家的作用就是策划一个主题，大家在很短的时间里面做一些东西，做出来的这个东西有艺术家策划的部分，也有公众一起合作的影子。这就是非常棒的一个现场，和大家一起合作艺术很有意思。

我个人的创作里面有一部分就是讲公共艺术合作的艺术，这跟我的工作经历、教育经历也有关，因为我学的全都是和设计相关的内容。这些背景对我来说非常有用，它成为我创作的一种技能和形式的表达手段，我只要有什么想法，就可以用不同的形式手段来表达，而且能够更精确，这是学习背景给我带来的一个优越性。

仓：您为大众所熟知的作品多数为公共艺术作品，请问您创作一件公共艺术作品的最初出发点是什么，是出资方的需求和命题，还是自我的灵感或是对参与者的设想(公共艺术作品的观众参与完成度)? 作为艺术家如何去平衡这些方面，能举例说明您的思考方式吗? 您是怎么克服创作大型作品中的困难的?

刘：困难也许来自你对作品的要求，任何一件作品完成之后，我总觉得下一个会更好。但是把它做出来就是好的。因为每次做出一件作品，就会有很多的积累，这种积累来自于整个创作的过程和最后的反馈，总要克服困难，不同的困难有不同的解决方法，但是有时候公共作品是介于现场的，在现场做作品，它所带来的不确定性更多。公共艺术不像在美术馆里面的作品，公共艺术的场地、受众、周边的环境以及整个的制作落地等等不确定性实在太多了，所以公共艺术是很难的一个工作。做公共艺术之前有更多的研究和调研，还有协调，公共艺术其实是一个定制工作，需要有一定的社会协调能力、策划能力、合作能力。公共艺术不是艺术家个人的创作，需要有资金方、场地方、制作方、政府的政策以及公众的介入。每个个案都是不同的状态，每个个案都是一个挑战，都要用不同的方式来解决，这也是公共艺术的魅力所在。

举个例子，之前我们在三林古镇带着学生做过一个公共艺术项目。当时我们研究发现古镇里面有一块太湖石，就是豫园里面的72孔玲珑石。我们就用镜面的材料“还原”了这块“玲珑石”。布展那天突然就有问题了，我们把“石头”放在了一家当地的住户的门前，他有意见，说不行，怎么可以放一个镜子对着我的门。我们觉得对，的确是一个问题。我们连夜启动调整方案，把它搬到另外一个地方。这对我来说是一个很大的触动，引起了我的反思，公共艺术真的很难做，一不小心就会影响公众对作品的看法。

作品《嘿，人类！》

公众的评判对公共艺术也是非常重要的，公共艺术的评判机制里面最好有老百姓的参与。前年我带了一些学生到天目山的农家去采风，用竹子做作品，做好以后，我就把当地居民全部请过来和老师团队一起给学生打分。我们专业老师觉得不错的一件作品没有得第一名，因为当地的老百姓把更多的票数给了另一件作品，我们很尊重当地老百姓的意见，最终把一等奖给了老百姓们一起评出来的作品，公共艺术的评判机制更要依赖公众的影响力。

仓：有篇您在雅昌的访谈《手机绘画是我治愈的开始》，我特别喜欢。里面展示的您的作品，有一些直接击中人的东西，比如谈到您的身体不便和疼痛，这点其实和您平时给人的豁达乐观的印象有所不同，但表现形式又是幽默和克制的。您坚持每天用手机绘画一小时，每天画一幅，已经坚持三年多了，回头总结您的手机绘画的创作思路对您的创作有什么帮助吗？将来打算集中出版吗？

刘：我特别想要成册出本画册，但是可能现在条件还不成熟，当然我还在积累，我跟您稍微纠正一下，其实我已经坚持将近五年了，从2015年4月14号第一张画出来一直持续到今天。其实我很开心很兴奋，对于这样的一个创作，一开始是很随意随机的，我用手机下载的应用给学生批作业，画着画着我发现用手指可以在那么小的方寸间画画了。那是2015年的时候，我一直想着怎么能够还原小时候那个想要一直画画的梦想。

后来因为有这样的一个契机，我就一发不可收拾了，一开始我一天画两三张，到今天应该两千多张。因为没有任何的工作室的约束，任何地方我都能画画，车站、出租车、床上、医院、咖啡馆，我可以及时地把一些现场记录下来，很快地画下来一些突然的感受和自己的想象，有点像写生不知道是不是已经成为了一种习惯。如果今天不画了，反而有点缺了些什么。它已经成为我生活当中很重要的一部分了，所以我坚信艺术真正的“高大上”就是因为它的简单，就在于你的生活之间，艺术家本来就是艺术家，而不是你要成为一个艺术家。所以我画画也是一种修炼。虽然很多画我还不满意，但有的我也挺满意的，然而不管怎样，画好以后我都会发在朋友圈。感觉我每天都有一个小展，我的朋友们经常会在上面点赞和评论。

这是种特殊的媒介，这个特殊的时代和环境带来了一种特殊的展览，从某种角度说也许这也是公共艺术。对我来说，这是一种持续性的创作。而且我每个阶段的画风也有一些变化，我也在考虑、调整、尝试各种的可能性，包括从主题上、绘画方式上、色彩上，每段时间都会有一些思考和调整，让我不断地能有更深的理解。但在画的时候又是很简单、很直接的一种表达。

现在很多朋友经常会说：“刘毅，你怎么今天还没画?”有的人就在手机上不停地搜我的绘画，挺有意思的，我还会继续绘画创作。我在2017年年底做了第一个关于手机绘画的个展，在德领馆文化教育处叫“living room，12个月”，我的手机绘画都没有起名字，每幅的名字是一串数字，这串数字就是这一天的时间。

我特别享受时间所带来的痕迹或者是有趣的内容。我还在实验，比如说为了回应某种空间我会做一些作品，有时候我会用这些画延伸出来一些别的作品，比如雕塑、服装、家具、产品。所以这些可能性又是无穷的，我又拓开了一个世界，这让我很享受。

作品《蛇亭》

仓：您九月份来做讲座的时候，很多学生跟我讲，他们对您爽朗的笑声记忆犹新，即便有疾病带来的痛苦，还是非常乐观地面对生活。现在我们发现有些年轻的同学对生活不够乐观，您对现在的孩子有什么样的建议?

刘：我现在可以这样是因为我有很好的爸爸妈妈，他们很支持我，很爱我。还有我遇到了很多好的环境和人，对孩子成长最重要的是家长和社会环境。我对现在孩子的建议就是好好运动，运动能够消除很多负面影响，身体是最重要的。

你的思想、一切都会随着身体一起变好。能量是身体最根本的东西，我很喜欢太阳，就是因为我喜欢暖阳给身体带来某种能量。动起来，体会爱。我常和学生说你要去做志愿者，现在大家条件都挺好，但是有时候缺少一些相互的关心，也许这还是和父母有关，可能较少陪伴孩子或者和孩子的交流不够。

做公共艺术首先要为公众服务，而不是做个明星艺术家。有了为社会服务的初心，才能做好公共艺术，才会感受到美的东西，才能传递美，这是最重要的。

仓：关键要让每个人活出正能量，更加积极地面对生活。

刘：其实能量一方面来自家长，一方面来自于环境。环境漂亮一点、温暖一点、人性化一点，都会很舒服。今年德国包豪斯 100 周年庆，德领馆文化教育处歌德中心和沈其岚邀请了四位老师，丁乙老师、卜冰老师、吕永中老师，还有我。每位老师上一门课。我做了一个工作坊，名字叫“先感知后设计”，让所有的公众先学会发现问题，然后再设计。工作坊的内容就是让公众去感受一个坐轮椅的残疾人需要什么，这样你才会去影响身边的人。我借了 30 台轮椅，然后让公众来参与，作为坐轮椅的人、推轮椅的人、路人去游走城市，去做记录，回来了以后，每个人都有分享，分享的时候很多人都流泪了。参与者来自社会不同的层面，有着不同的职业，他们不一定会去设计轮椅，但他们会去关心身边的人，这才是对艺术和设计教育最重要的。

采访心得

刘毅老师先天有残疾，经历了大大小小二十多次手术，至今还需要轮椅代步。但是他乐观地面对生活，通过艺术创作来表达他对生活的热爱和对生命的思考。他热爱学习，勤于思考，不断探索，建议中肯，和他的一席谈话，酣畅淋漓，收获良多。

后记

1960年，为了给工艺美术行业出口创汇培养人才，上海市手工艺局在非常困难的情况下在圆明园路43号创办了上海工艺美术学校，至今已经60年了。1971年因"文化大革命"学校停办，1973年学校在嘉定区外冈社会主义学院复校，1989年在嘉定区塔城路修建塔城路校区，2003年上海工艺美术学校和第二轻工业局职工大学联合组建上海工艺美术职业学院，2005年在嘉定区树屏路建成新校区使用至今。

为了总结上海工艺美术教育的人才培养模式和规律，挖掘上海工艺美术职业学院人才辈出的基因，传承工艺美院优良的文化。2018年年底开始，我和一些老师开始了对60位校友进行采访，60人中最大的被访者已经85岁，最年轻的被访者也已经近40岁。这些校友在自己的行业中均取得了非常好的成就，很多人更是知名的艺术家、设计师和企业家。

全书根据采访对象学习和从事的工作岗位分为六大类：一是教育管理类，主要采访历届校长、教学副校长、教务处长、二级学院院长等，重点了解学校各个阶段的人才培养定位、专业调整、教学特色和课程计划等，采访对象10人，主要由仓平、石慧、袁圆、俞晓菁等负责采访完成。二是工艺绘画类，重点了解学校办学历史最长的专业之一——工艺绘画专业的历史沿革、人才培养规律、四代工艺绘画教师对工艺美院文脉的传承等，采访对象12人，主要由周观淏、仓平等采访完成。三是玉器雕刻类，重点了解海派玉雕和海派牙雕专业的发展及人才培养历史以及工艺特点等，采访对象8人，主要由王彩芸、仓平等采访完成。四是漆器雕刻，重点了解该专业的发展阶段、人才培养特点、工艺特点等，采访对象10人，主要由路玲娟、沈梅丽、杨洋等采访完成。五是木器雕刻，从土山湾时期传承的黄杨木雕专业开始，到今天的雕刻专业、木雕大师工作室，重点了解其发展沿革、人才培养计划和工艺发展等，采访对象10人，主要由于洋、姚晨阳、李昊泽等采访完成。六是艺术设计类，主要是采访当代艺术家和设计师，重点了解上海工艺美校抽象画派的发展形成过程，其艺术主张和对学校设计专业的影响，了解80年代中后期以来设计专业的设置、人才培养和课程改革情况，采访对象10人，主要由仓平、石慧、翟有恒等采访完成。通过采访感受良多，我总结了这些校友的一些共性特点。

第一，他们是一群勤奋的终身学习者，很早就明确了自己的兴趣和爱好，定下目标，持续积累，厚积薄发。采访这些校友，听的最多的一句话就是，"我们那时很用功"。学校在外冈校区的时候，地处偏僻，很多校友天刚刚亮就爬起来去写生，晚上熄灯后还去教师宿舍借光画画。塔城路时代，校友们印象最深刻的就是在图书馆和各个工坊中度过的时光。很多人因为家庭或者师长的熏陶，从小就爱上了艺术，确定了报考工艺美校从事艺术设计工作，将其作为终身事业。在学校中，很多校友并不满足于自己的专业课程，常常去求教别的班级的老师，他们早有长志，再加上海绵般的学习和积累，终能有所成就。

第二，他们秉承美院“动脑和动手相结合”“开门办学”的优良传统，培养了非常强的动手能力和社会实践能力，由此奠定了创新的基础。我们有一个问题，几乎问遍了每一个校友，“您认为学校的人才培养模式哪些方面值得传承”，校友们几乎一致的回答就是要传承美院人善于动手的特点，鼓励同学们多尝试、多探索。很多校友在学生时代就不满足于老师布置的作业，常常自我加量，同一题材用多种表现手法，培养自己的创造力。同时积极参与社会实践，正是基于此培养起来的学习能力、发现问题和解决问题的能力、沟通能力、市场敏锐度和服务意识等，帮助他们在事业上不断更上一层楼。

第三，他们灵活运用所学的知识和技能，适应时代变迁和行业发展，积极面对生活的各种变化。20世纪八九十年代，随着改革开放，工艺美术行业和社会都发生了巨大变化，很多校友离开了原先的工艺美术类工厂，转行到不同行业，甚至到异国他乡去打拼创业。面对时代的变迁，这些校友不是怨天尤人埋怨社会的不公，而是积极拥抱变化，分析自己的特长，寻找合适的机会，重建自己的事业舞台。美院人凭着刻苦勤奋与对艺术的热爱，把握住了时代的脉搏，成为了时代弄潮儿。

感谢美院影视多媒体专业的陈玲老师、林迎老师的帮助，他们带领学生拍摄了大部分的采访，为本次口述史留下了完整的影像资料，并整理了初步的文字稿，为后期的文字整理和编辑奠定了基础。

感谢美院专业基础部的顾振华老师，他帮助联系了“上海工艺美校抽象派”的大部分被采访者，让我们得以了解工艺美院中孵化出的当代艺术家派别及其对中国当代艺术史的影响。

感谢校友会的袁圆老师，她来校后推动了工艺美院校友会的各项工作，和校友们建立了更紧密的联系，她帮助联系了大部分校友的采访和本书的印刷出版工作。

感谢《创意源》校刊的刘中华老师，她促进了本书形成初稿为本项目能够申请到上海文化发展基金会图书出版专项基金资助项目奠定了基础。

感谢各位接受采访的校友，很多人是第一次见面，但是作为校友，我们均受到了最热情的接待。采访时他们谈起在校学习的生活，谈起影响他们一生的老师和同学，谈起自己在艺术设计道路上孜孜不倦的追求，他们眼角泛起的泪花和激动的神情，坚定了我们要将学校办得更好的决心。

最要感谢的是路玲娟、王彩芸、周观淏和于洋4位老师，他们在日常教学之余，抽出大量时间进行采访和文字整理工作。尤其是2020年新冠肺炎疫情后，为了弥补失去的时间，他们几乎每周都要采访，从联系采访、设计采访提纲、现场采访，到文字整理校对，每个采访稿均需要花费大量的时间。没有他们费尽辛劳，就没有对工艺美院校友的整体记录和对校史的系统整理。

工艺美院至今已经培养了近3万名学生，其中优秀的校友非常多，本次采访囿于时间和篇幅，只能采访60位校友代表。当初设定采访对象时，一是考虑六七十年代毕业的校友年纪较大，需要抢救性采访，因此采访校友以中老年为主，对年轻校友的采访未来有待加强。二是本次采访的专业偏重传统工艺美术类的工艺绘画和工艺雕刻，对20世纪八九十年代后开设的各类设计专业的校友采访较少，后期也需要弥补。

十年树木，百年树人。办好一个艺术设计学校需要数代管理者和教师不断地积累和传承，需要每一位校友在社会上的努力和贡献，需要有社会影响力的专业，更需要为城市、为生活、为人民的美好设计。期待每位师生、每位校友传承工艺美院60年的优秀文脉和创新基因，将工艺美院的明天建设得更加美好。

仓　平
2021年5月18日